卓越法律人才培养系列教材

刑法分论

Specific Theories of Criminal Law

叶良芳 著

法律出版社
LAW PRESS · CHINA

目　　录

第一章　刑法分论概述

第一节　刑法分论的研究对象

一、刑法分论的研究对象

刑法体系的核心部分是刑法总则和刑法分则。刑法总则对犯罪的构成要件、刑事责任、量刑制度和刑罚适用等作出一般性规定，刑法分则对具体犯罪的构成要件和法定刑作出个别规定。与刑法总则和刑法分则相对应，刑法学体系通常也分为刑法总论和刑法分论。刑法分论，又称罪刑各论，其研究内容是各个具体犯罪的构成要件及其刑罚适用。因此，刑法分论的研究对象是规定具体犯罪的构成要件及其法定刑的法律规范，即各个具体的刑罚法规。其中，最重要的是刑法典分则关于诸多犯罪的具体规定，以其为对象的，称为狭义的刑法分论。除此之外，将刑法典之外的单行刑法和附属刑法等特别刑罚法规一并纳入研究范围的，则称为广义的刑法分论。广义的刑法分论包括刑法典分则、单行刑法和附属刑法。本书的研究范围主要限于狭义的刑法分论，在必要时亦会涉及若干特别刑罚法规。

刑法典分则即《中华人民共和国刑法》的第二编，其系统地规定了具体犯罪的构成要件及其法定刑。刑法总则与分则之间是抽象与具体、一般与个别、普遍与特殊的关系。总则指导、制约分则；分则体现、丰富总则。例如，在确定具体犯罪的构成要件时，应当以总则为指导；当分则条文没有完整地规定某一犯罪的全部构成要件时，应当根据总则的规定予以补充。

单行刑法一般仅规定具体犯罪的构成要件及其法定刑，较少有总则性规定。因此，单行刑法与刑法典分则基本处于平行并列的地位，都应当以刑法典总则为指导和补充。刑法[1]第101条规定："本法总则适用于其他有刑罚规定的法律，但是其他法律有特别规定的除外。"可见，单行刑法原则上也受刑法总则规定的指导和制约。不过，单行刑法属于特别法，刑法典属于普通法，如果某种犯罪行为同时触犯单

---

〔1〕 本书中所述"刑法第×条"均指"《中华人民共和国刑法》第×条"。

行刑法与刑法典分则时，根据特别法优于普通法的原则，应当适用单行刑法。在个别情况下，单行刑法可能也有总则性的特别规定，对此，亦应适用该特别规定，而不应适用刑法典总则的有关规定。

严格意义上的附属刑法，应当对具体犯罪的构成要件和法定刑作出详细规定，其地位亦相当于刑法典分则，适用时只需以刑法总则为指导即可。宽泛意义上的附属刑法，只是笼统地宣示“依法追究刑事责任”，缺乏相应的明确的罪刑内容，通常需要借助刑法典分则对应的罪刑规范条款，才能追究相关犯罪行为的刑事责任；如果刑法典分则亦没有对应的罪刑规范条款，则该附属刑法完全可能成为“无箭之弩”。

在刑法分论中，关于具体犯罪的构成要件的解释，是研究的重点；而关于具体犯罪的刑罚，由于其种类、范围都已经法定化，因而缺乏理论上进一步研究的余地。不过，明确与具体犯罪行为相适应的法定刑的适用标准，也是刑法分论的研究课题之一。

研究刑法分论对促进刑事司法、刑事立法和丰富刑法理论，都具有极其重要的意义。首先，通过学习和研究刑法分论，可以掌握各种具体犯罪的定罪量刑标准，有助于在司法实践中正确适用刑法。其次，通过学习和研究刑法分论，可以发现具体罪刑规范中可能存在的缺陷疏漏，并提出相应的修改建议，有助于刑事立法的完善和发展。最后，通过学习和研究刑法分论，可以加深对刑法总论中犯罪概念、犯罪构成、犯罪形态、刑罚制度等原理的理解，有助于推动刑法总论向精细化方向发展。

二、刑法分论的体系

刑法分论体系有两种建构方式：一是以刑法分则体系为根据，逐条论述各个具体犯罪，并在体系上基本保持一致；二是以侵犯的法益为标准，将犯罪分为侵犯个人法益的犯罪、侵犯社会法益的犯罪和侵犯国家法益的犯罪，进而逐一论述各个具体犯罪。为便于阅读和查找，本书采取第一种建构方式。

刑法分则体系，是指刑法分则对具体犯罪的分类及其排序。刑法分则规定具体犯罪的构成要件及其法定刑，而具体犯罪的种类繁多，因而需要根据一定的标准，将这些犯罪分成若干类，再根据一定的标准将这些类罪排序，然后对这些类罪中的具体犯罪进行排序。经过分门归类后，每一个具体犯罪在刑法分则中均有了自己的“座位”。这样，不仅有利于对刑法分论的学习，而且便于司法机关适用。

我国刑法典分则共有十章，每一章规定一类犯罪，从而将所有的具体犯罪分为十类。这十类犯罪（大类罪名）依次为：危害国家安全罪；危害公共安全罪；破坏社会主义市场经济秩序罪；侵犯公民人身权利、民主权利罪；侵犯财产罪；妨害社会管理秩序罪;危害国防利益罪;贪污贿赂罪;渎职罪;军人违反职责罪。其中,在第三章破坏社会主义市场经济秩序罪和第六章妨害社会管理秩序罪两个罪章之下,又划分出若干节罪(小类罪名)。具体地说,破坏社会主义市场经济秩序罪罪章分为八节,分别是:生产、销售伪劣产品罪;走私罪;妨害对公司、企业的管理秩序罪;破坏金融管理秩序罪;金融诈骗罪;危害税收征管罪;侵犯知识产权罪;扰乱市场秩序罪。妨害社会管理秩序罪罪章分为九节,分别是:扰乱公共秩序罪;妨害司法罪;妨害国(边)境管理罪;妨害文物管理罪;危害公共卫生罪;破坏环境资源保护罪;走私、贩卖、运输、制造毒品罪;组织、强迫、引诱、容留、介绍卖淫罪;制作、贩卖、传播淫秽物品罪。这些类(节)罪,各自包含了诸多具体犯罪,并按照一定的标准排序,从而完成了刑法分则体系的建构。

我国刑法分则体系的特点是:(1)根据犯罪侵犯的同类法益对犯罪进行分类。例如,放火罪、决水罪、爆炸罪、投放危险物质罪、破坏交通工具罪等具体犯罪,侵犯的法益均是公共安全,因而均归入危害公共安全罪罪章中。又如,虚报注册资本罪、妨害清算罪、虚假破产罪、背信损害上市公司利益罪等具体犯罪,侵犯的法益均是公司的管理秩序,因而均归入妨害对公司、企业的管理秩序罪罪节中。不同种类的犯罪所侵犯的法益不同,因而其危害程度不同;根据犯罪的同类法益对犯罪进行分类,有利于正确把握犯罪的性质和特征。(2)根据犯罪侵犯的主要法益对犯罪进行分类。如果某种犯罪同时侵犯了两种以上的法益,则根据该犯罪侵犯的主要法益将其归入不同的罪章(节)。例如,抢劫罪,既侵犯了他人的财产权益,也侵犯了他人的人身权益,但其侵犯的主要法益是财产法益,因而将其归入侵犯财产罪罪章之中,而未归入侵犯人身权利、民主权利罪罪章之中。(3)根据各类犯罪的危害程度对类罪进行排序。例如,危害国家安全罪侵犯的是国家安全,而国家安全是我国的根本利益,是最重要的法益,因而这类犯罪的危害最为严重,故而刑法将其排在各罪章之首。类罪的排列反映了立法者对各类犯罪的认识与态度。我国刑法基本上是以各类犯罪的法益重要程度为根据,按由重到轻的顺序进行排列。(4)根据具体犯罪的危害程度以及各罪之间的内在联系对个罪进行排序。例如,在危害国家安全罪罪章中,背叛国家罪的危害性最为严重,故而立法者将其排在该罪章之首。刑法分则在安排具体犯罪的序位时,优先考虑的因素也是具体犯罪的危害程度。但是,在有的情况下,也会兼顾具体犯罪彼此之间的逻辑联系,予以必要的微调。例如,故意杀人罪排在侵犯公民人身权利、民主权利罪之首,紧接其后的是过失致人死亡罪,而危害程度更大的故意伤害罪、绑架罪等却排在过失致人死亡罪之后。这种排序就是考虑到故意杀人罪和过失致人死亡罪均是侵犯公民生命权利的犯罪,二者的犯罪性质更具同质性,因而将其编排在一起。

第二节　刑法分则的条文结构

一、刑法分则条文结构概述

刑法分则通常由罪状和法定刑两个部分组成，通常的表述方式为："……的，处……"。"……的"部分，表述的内容是罪状（假定条件）；"处……"部分，表述的内容是法定刑（法律后果）。例如，刑法第392条第1款规定："向国家工作人员介绍贿赂，情节严重的，处三年以下有期徒刑。"其中，"向国家工作人员介绍贿赂，情节严重的"这部分内容为罪状；"处三年以下有期徒刑"这部分内容为法定刑。这种规范被认为是典型的罪刑规范。除典型的罪刑规范外，刑法分则也有一些非典型的罪刑规范。例如，刑法第391条第2款规定："单位犯前款罪的，对单位判处罚金，并对其直接负责的主管人员和其他直接责任人员，依照前款的规定处罚。"

基于简明的需要，刑法分则条文对罪刑规范的表述往往是不完整的。这主要表现为刑法分则对罪状的规定只是包含成立具体犯罪所必备的特有的构成要件要素，而共通的构成要件要素则由刑法总则来规定。如上述第392条规定的介绍贿赂罪的罪状，只限于客观构成要件要素的部分内容，至于主体要素和责任要素等内容则需根据刑法总则的相关规定予以确定。此外，一些法定刑的具体期限，往往也由刑法总则来规定。如上述第392条规定的介绍贿赂罪的法定刑，仅规定了最高期限为3年有期徒刑，其最低期限则需根据刑法总则第45条的规定来确定，即为6个月。

除罪状和法定刑外，有的刑法分则条款规定的内容是具体犯罪的定义。例如，刑法第382条第1款规定："国家工作人员利用职务上的便利，侵吞、窃取、骗取或者以其他手段非法占有公共财物的，是贪污罪。"但这仅限于个别罪名，绝大多数犯罪的定义，刑法分则都没有规定。

二、罪状

（一）罪状的定义

罪状，是指刑法分则罪刑规范对具体犯罪的最主要的构成特征的描述。罪状指明了适用特定分则条文的条件，行为事实只有符合该条文的罪状，才能适用该罪刑规范。

刑法分则条文中的"……的，"是罪状的标识。只要一个刑法分则条文规定的是具体犯罪及其法定刑，则"处……"之前的"……的，"所表示的就是罪状。"……的，"通常表示分则条文对某种具体犯罪的罪状的表述已经完结，逗号之后的部分则属于法定刑。如果“……的,”之后还有其他表述,则既可能是另一种罪状,也可能是具体犯罪的另一种情形,甚至可能是立法者的笔误。究竟属于哪种情况,需要根据具体情况确定。例如,刑法第 385 条第 1 款规定:“国家工作人员利用职务上的便利,索取他人财物的,或者非法收受他人财物,为他人谋取利益的,是受贿罪。”本款中的第一个“的”字,应属于立法者的笔误,“为他人谋取利益”应是索贿或收贿成立受贿罪的必要要素。这是因为,索取他人财物和收受他人财物,同属于受贿罪,而受贿罪的本质特征则是权钱交易——利用职权为他人谋利以换取对方的财物。如果行为人在获取他人财物的同时,并无为他人谋取利益的,不能谓之“受贿”。这一理解,亦有相关立法条文佐证。例如,刑法第 163 条第 1 款规定:“公司、企业或者其他单位的工作人员利用职务上的便利,索取他人财物或者非法收受他人财物,为他人谋取利益,数额较大的,处五年以下有期徒刑或者拘役;数额巨大的,处五年以上有期徒刑,可以并处没收财产。”该条规定的非国家工作人员受贿罪,与受贿罪的区别在于犯罪主体的身份不同,在行为构造方面同属权钱交易,并无本质差异。但该罪“索取他人财物”的后面,则并无“的”字与“或者非法收受他人财物”相分隔。因此,“为他人谋取利益”是本条规定的索贿构罪的必要要素。

此外,如果分则条文表述两种以上罪状或者具体的犯罪情形,但在表述第一种罪状时没有使用“……的”,在第二种罪状的表述后,又有补充或递进规定时,则应当注意判断这一补充或递进规定是否也适用于第一种罪状。通常,这一补充或递进规定是限制整个法条所规定的行为的,因而其亦属于之前的罪状的内容。例如,刑法第 159 条规定:“公司发起人、股东违反公司法的规定未交付货币、实物或者未转移财产权,虚假出资,或者在公司成立后又抽逃其出资,数额巨大、后果严重或者有其他严重情节的,处五年以下有期徒刑或者拘役,并处或者单处虚假出资金额或者抽逃出资金额百分之二以上百分之十以下罚金。”根据“……的,”这一标识,本条所规定的“数额巨大、后果严重或者有其他严重情节”,都是虚假出资和抽逃出资这两种行为构罪的必要要素。

(二)罪状的分类

1. 基本罪状和加减罪状

这是根据罪状所描述的内容不同对其所作的分类。基本罪状,是指对具体犯罪的成立条件所作的描述。加减罪状,是指对具体犯罪的加重或减轻法定刑的适用条件所作的描述。加减罪状,可以进一步划分为加重罪状或减轻罪状。例如,刑法第 236 条第 1 款和第 2 款规定的罪状,是对强奸罪构成要件的描述,不符合这一描述情形的,不能构成强奸罪,故其属于基本罪状。而该条第 3 款规定的五项内容,是对强奸行为法定刑升格条件的描述,故属于加重罪状。又如,刑法第 239 条第 1 款关于绑架罪的规定,前半段属于基本罪状,后半段规定的“情节较轻”,则属于减轻罪状。

刑法分则对所有具体犯罪都规定了基本罪状,但并非所有具体犯罪都有加减罪状。刑法分则对加重罪状的规定有以下三种情况:(1)设立专条规定,如刑法第115条关于放火罪、决水罪、爆炸罪、投放危险物质罪等结果犯的规定;(2)设立专款规定,如刑法第260条关于虐待罪的结果犯的规定;(3)同款规定,即在基本罪状和法定刑之后,紧接着在同款内规定加重罪状与法定刑,如刑法第263条关于抢劫罪的结果加重犯和情节加重犯的规定。加重罪状的内容主要有:特殊身份、特殊对象、致人重伤死亡、造成严重后果、造成特别严重后果、情节恶劣、情节特别恶劣、情节严重、情节特别严重、犯罪数额巨大、犯罪数额特别巨大等。刑法分则对减轻罪状的规定,通常设立在规定基本罪状与法定刑的同一条款内,并不设立专条或专款予以规定。减轻罪状的内容都是"情节较轻"。

2. 简单罪状、叙明罪状、引证罪状和空白罪状

这是根据分则条文对基本罪状的描述方式不同,对基本罪状所作的分类。简单罪状,是指分则条文只是简单地描述了犯罪行为的基本特征的基本罪状。例如,刑法第232条"故意杀人的",第232条"过失致人死亡的",都是简单罪状。之所以采用简单罪状,是因为具体犯罪的构成特征为公众所熟知,因而无需作具体描述。简单罪状的特点是,简单概括,避免烦琐。

叙明罪状,是指分则条文对具体犯罪的构成特征予以详细的描述的基本罪状。例如,刑法第224条之一规定:"组织、领导以推销商品、提供服务等经营活动为名,要求参加者以缴纳费用或者购买商品、服务等方式获得加入资格,并按照一定顺序组成层级,直接或者间接以发展人员的数量作为计酬或者返利依据,引诱、胁迫参加者继续发展他人参加,骗取财物,扰乱经济社会秩序的传销活动的,处五年以下有期徒刑或者拘役,并处罚金;情节严重的,处五年以上有期徒刑,并处罚金。"本条对组织、领导传销罪的构成要件作了相当详细的描述,是典型的叙明罪状。之所以采用叙明罪状,往往是具体犯罪的构成特征不为一般人所知,因而需要作详细描述。叙明罪状在经济刑法规范、行政刑法规范等法定犯中采用的较多,其特点是,要件明确,避免歧义。

引证罪状,是指引用同一法律的其他条款来说明和确定具体犯罪的构成特征的基本罪状。例如,刑法第370条第1款规定了故意提供不合格武器装备、军事设施罪的罪状与法定刑,其第2款规定:"过失犯前款罪,造成严重后果的,处三年以下有期徒刑或者拘役;造成特别严重后果的,处三年以上七年以下有期徒刑。"该款引用了第1款的罪状的部分内容来说明过失提供不合格武器装备、军事设施罪的罪状。之所以采用引证罪状,是因为具体犯罪的部分构成特征在同一法律的其他条款中已有规定,不必再重复描述。引证罪状的特点是,条文简练,避免重复。

空白罪状,又称参见罪状,是指分则条文没有具体规定具体犯罪的构成特征,但

指明了必须参照的其他法律法规的基本罪状。规定空白罪状的法条,在理论上称为空白法条或白地法条。空白罪状,有绝对空白罪状和相对空白罪状之分,二者的区别在于空白的程度不同。绝对空白罪状,是不包含具体犯罪的任何构成特征的罪状;相对空白罪状,是指部分构成要件的内容必须参照其他法律法规来确定的罪状。从我国刑法的规定来看,绝大多数空白罪状都属于相对空白罪状,在指明应当参照的法律法规的同时,也描述了具体犯罪的部分构成特征。例如,刑法第 131 条规定:"航空人员违反规章制度,致使发生重大飞行事故,造成严重后果的,处三年以下有期徒刑或者拘役;造成飞机坠毁或者人员死亡的,处三年以上七年以下有期徒刑。"根据该条规定,在认定某一行为是否构成重大飞行事故罪时,既要审查该行为有无违反有关航空管理法规的规定,又要确定该行为是否造成严重后果。之所以采用空白罪状,一般是因为这些犯罪的成立以触犯其他法律法规为前提,行为内容在其他法律法规中已有规定,分则条文又难以作简短描述。空白罪状的特点是,参照其他法规,避免重复表述。

3. 单一罪状和混合罪状

这是根据分则条文对罪状描述方式的单复进行的分类。单一罪状,是指分则条文仅采用简单罪状、叙明罪状、引证罪状、空白罪状中的一种方式对具体犯罪的构成特征进行的描述。分则条文中的大多数罪状,都属于单一罪状。

混合罪状,是指分则条文采用简单罪状、叙明罪状、引证罪状、空白罪状中的两种以上的方式对具体犯罪的构成特征进行的描述。例如,刑法第 338 条规定:"违反国家规定,排放、倾倒或者处置有放射性的废物、含传染病病原体的废物、有毒物质或者其他有害物质,严重污染环境的,处三年以下有期徒刑或者拘役,并处或者单处罚金;后果特别严重的,处三年以上七年以下有期徒刑,并处罚金。"本条罪状中"违反国家规定",属于空白罪状,指出确定污染环境罪的构成要件需要参照国家环保法律法规;后半段的规定则属于叙明罪状,详细描述了污染环境罪的行为方式、特定污染物质等要素。本条使用了两种方式来具体描述污染环境罪的罪状,因而属于混合罪状。之所以采用混合罪状,通常是因为具体犯罪的构成特征较为复杂,需要结合多部法律法规来确定。

三、法定刑

(一)法定刑的定义

法定刑,是指刑法分则性条文对各种具体犯罪所规定的刑种(刑罚种类)和刑度(刑罚幅度)。法定刑,是刑法分则性条文的重要组成部分,反映了罪与刑之间的质和量的对应关系,是审判机关裁量适用刑罚的依据。

法定刑不同于宣告刑。宣告刑,是指审判机关在审理具体案件时确定的对罪犯实际适用的刑罚。法定刑是立法的共通规定,有可供选择的刑种和刑度;宣告刑则是法定刑的具体适用,必须以法定刑为依据,表现为特定的刑种和固定的刑度。与一般意义上的刑度不同,这种固定的刑度,实际上只有一个确定的数值,而非一个可供选择的区间,不妨谓之为"刑量"。

法定刑也不同于执行刑。执行刑,是对罪犯实际执行的刑罚。宣告刑,是对罪犯应当执行的刑罚,因而宣告刑是执行刑的依据。执行刑既可能与宣告刑相等,也可能因为减刑、赦免等原因而低于宣告刑。法定刑与执行刑存在明显的区别:法定刑是刑法规定的刑种与刑度,执行刑则是罪犯实际被执行的刑罚。执行刑受制于宣告刑,宣告刑又受制于法定刑,而执行刑在实际执行过程中又只有减轻而无加重的可能,因而执行刑只能低于或者等于法定刑。

(二)法定刑的分类

根据立法实践,在刑法理论上通常以法定刑的刑种、刑度是否确定为标准,将法定刑分为绝对确定的法定刑、绝对不确定的法定刑和相对确定的法定刑。

1. 绝对确定的法定刑

绝对确定的法定刑,是指分则条文对具体犯罪仅规定单一的刑种和刑量的法定刑。例如,1951 年 2 月 21 日中央人民政府颁布的《惩治反革命条例》第 5 条规定:"持械聚众叛乱的主谋者、指挥者及其他罪恶重大者处死刑;其他积极参加者处五年以上徒刑。"该条前段规定的法定刑即为绝对确定的法定刑。绝对确定的法定刑缺乏灵活性,审判机关没有自由裁量的余地,难以针对案件的具体情况判处轻重适当的刑罚,因而在刑事立法中极少采用。我国 1979 年刑法并未规定这种法定刑,但此后的个别单行刑法曾有少量规定。现行规定亦有相关条款涉及绝对确定的法定刑,且通常为死刑。例如,刑法第 121 条规定:"以暴力、胁迫或者其他方法劫持航空器的,处十年以上有期徒刑或者无期徒刑;致人重伤、死亡或者使航空器遭受严重破坏的,处死刑。"该条后段规定的法定刑就是绝对确定的法定刑。类似的条款还有:刑法第 240 条第 1 款后段规定的拐卖妇女、儿童具有八种加重情形之一,且"情节特别严重的,处死刑,并处没收财产";刑法第 317 条第 2 款后段规定的暴动越狱或者聚众持械劫狱的首要分子和积极参加者,"情节特别严重的,处死刑"。应当说明的是,上述规定的绝对确定的法定刑并非适用于具体犯罪的所有情节,而是适用于后果特别严重或者情节特别严重的情形,法官仍有一定的自由裁量空间,因而与严格意义上的绝对确定的法定刑有所不同。

2. 绝对不确定的法定刑

绝对不确定的法定刑,是指分则条文仅规定追究某种犯罪行为的刑事责任,但不规定具体的刑种和刑度的法定刑。例如,分则条文对具体犯罪只规定"依法制裁""依法严惩""依法追究刑事责任"等,至于如何具体处罚,则完全由审判机关决定。

绝对不确定的法定刑在建国初期曾经出现过,但由于这种法定刑没有统一的量刑幅度和处刑标准,不利于贯彻罪刑相适应原则,因而现行刑法没有采用。应当指出的是,在我国行政法律、经济法律中的刑事责任条款往往规定有"依法追究刑事责任"。例如,《专利法》第58条规定:"假冒他人专利的,除依法承担民事责任外,由管理专利工作的部门责令改正并予公告,没收违法所得,可以并处违法所得三倍以下的罚款,没有违法所得的,可以处五万元以下的罚款;构成犯罪的,依法追究刑事责任。"本条后段规定了刑事责任,但这并非绝对不确定的法定刑。因为"依法追究刑事责任",实际上是依照刑法来追究刑事责任,而刑法第216条对假冒他人专利的行为已经规定了相应的法定刑,上述条款只是重申、提示刑法的有关规定而已。

绝对不确定的法定刑不同于援引法定刑。所谓援引法定刑,是指分则条文不直接规定某种具体犯罪的刑种和刑度,而仅指明适用其他具体犯罪的法定刑。例如,刑法第386条规定:"对犯受贿罪的,根据受贿所得数额及情节,依照本法第三百八十三条的规定处罚。索贿的从重处罚。"绝对不确定的法定刑,是法定刑未作任何规定;援引法定刑,是法定刑未直接规定。因此,通常情况下二者并不难区分,但个别刑法条文规定的法定刑较为特殊,需要仔细甄别。例如,1979年刑法第138条规定:"严禁用任何方法、手段诬告陷害干部、群众。凡捏造事实诬告陷害他人(包括犯人)的,参照所诬陷的罪行的性质、情节、后果、量刑标准给予刑事处分。"从形式上看,该条既未规定诬告陷害罪应当适用的刑种,也未规定应当适用的刑度,似乎是一种绝对不确定的法定刑。但实际上,对于诬告陷害罪的法定刑,该条规定是参照所诬陷的罪行的量刑标准予以处罚,即参照所诬陷的罪行的法定刑给予处罚。因此,该条实际上规定的是一种援引法定刑。

3. 相对确定的法定刑

相对确定的法定刑,是指分则条文对某种犯罪规定了一定的刑种与刑度,并明确规定最高刑与最低刑。其特点是立法上有确定的刑种和刑度,司法上又有一定的裁量空间。这种法定刑适应打击犯罪的需要,有利于实现刑罚个别化原则;适应法制的协调统一,有利于实现罪刑相适应原则;适应犯罪危害程度的变化,有利于保证刑法的相对稳定。相对确定的法定刑主要有以下情形:

(1)规定最高限度的法定刑。即分则条文仅规定刑罚的最高限度,刑罚的最低限度则根据刑法总则的规定确定。例如,刑法第431条前段规定:"以窃取、刺探、收买方法,非法获取军事秘密的,处五年以下有期徒刑。"根据刑法总则的规定,有期徒刑的最低期限为6个月,因此,审判机关应当在6个月以上5年以下有期徒刑的幅度内裁量刑罚。

(2)规定最低限度的法定刑。即分则条文仅规定刑罚的最低限度,刑罚的最高限度则根据刑法总则的规定确定。例如,刑法第316条第2款后一段规定:劫夺押解途中的罪犯、被告人、犯罪嫌疑人,"情节严重的,处七年以上有期徒刑"。根据刑法总则的规定,有期徒刑的最高期限为 15 年,因此,审判机关应当在 7 年以上 15 年以下有期徒刑的幅度内裁量刑罚。

(3)规定最高限度与最低限度的法定刑。即分则条文同时规定了刑罚的最高限度和最低限度,审判机关在适用时无须再根据刑法总则的规定确定法定最高刑或者法定最低刑。例如,刑法第 371 条前段规定:"聚众冲击军事禁区,严重扰乱军事禁区秩序的,对首要分子,处五年以上十年以下有期徒刑"。对此,审判机关应当在 5 年以上 10 年以下有期徒刑的幅度内裁量刑罚。

(4)规定两种以上主刑或者两种以上主刑并规定附加刑的法定刑。这种情况,由于分则条文规定了两种以上的刑种,因而在适用时较为复杂。例如,刑法第 131 条前段规定:"航空人员违反规章制度,致使发生飞行事故,造成严重后果的,处三年以下有期徒刑或者拘役"。这里规定了两种主刑,其中有期徒刑的最高刑期为 3 年,最低刑期则根据刑法总则的相关规定应为 6 个月;拘役的刑期幅度,根据刑法总则的相关规定应为 1 个月以上 6 个月以下。又如,刑法第 277 条第 1 款规定:"以暴力、威胁方法阻碍国家机关工作人员依法执行职务的,处三年以下有期徒刑、拘役、管制或者罚金。"这里规定了三种主刑和一种附加刑,法院可以根据案件具体情节选择适用其中的一种主刑或者附加刑。

(5)规定浮动法定刑。即分则条文不直接规定某种犯罪的法定刑的具体刑度或具体数量,而是根据一定的标准处于升降不居的游移状态。其特点是,法定刑的最高限度和最低限度并非一个确定的数值,而是根据某个参数乘以一定的倍数或比率来确定。这种法定刑主要见于罚金这一附加刑。例如,刑法第 227 条第 2 款规定:"倒卖车票、船票,情节严重的,处三年以下有期徒刑、拘役或者管制,并处或者单处票价金额一倍以上五倍以下罚金。"该款规定的法定刑,除主刑外,还规定了罚金。而罚金的最低限度和最高限度均非一个固定的数值,而是将具体案件的票价金额,分别乘以 1 倍和 5 倍,所得出的数值才是罚金的法定最低限度和最高限度。又如,刑法第 228 条前段规定:"以牟利为目的,违反土地管理法规,非法转让、倒卖土地使用权,情节严重的,处三年以下有期徒刑或者拘役,并处或者单处非法转让、倒卖土地使用权价额百分之五以上百分之二十以下罚金"。本段的法定刑,除主刑外,还规定了附加刑罚金。罚金的最低限度和最高限度都不是一个确定的数额,而是将非法转让、倒卖土地使用权价额分别乘以 5% 和 20%,所得出的数值才是罚金的法定最低限度和最高限度。应当注意的是,刑法分则条文规定的罚金并非都是浮动法定刑,有的条文规定的是无限额罚金。这种罚金刑类似于一种绝对不确定的法定刑。例如,刑法第 360 条第 1 款规定:"明知自己患有梅毒、淋病等严重性病卖淫、嫖娼的,处五年以下有期徒刑、拘役或者管制,并处罚金。"该款规定的罚金刑,既未直接赋予一个数值，也未设置一个确定的计算公式，因而是一种无限额罚金。

(6)规定援引法定刑。即分则条文不直接规定某种犯罪的法定刑，而是指明依照其他条款规定的具体犯罪的法定刑来处罚。例如，刑法第237条第3款规定："猥亵儿童的，依照前两款的规定从重处罚。"根据该款规定，猥亵儿童罪的法定刑，与强制猥亵、侮辱罪的法定刑完全相同，均是5年以下有期徒刑或者拘役；如果是聚众或者在公共场所当众猥亵儿童的，或者有其他恶劣情节的，处5年以上有期徒刑。

四、罪名

(一)罪名的定义

罪名，即犯罪的名称，是对犯罪本质特征的高度概括。罪名有广义和狭义之分，广义的罪名包括类罪名、节罪名和具体罪名。狭义的罪名仅指具体罪名。这里讲的罪名，是指狭义的罪名。

(二)罪名的分类

1.立法罪名、司法罪名和学理罪名

这是根据罪名是否具有法律效力而对其所作的分类。立法罪名，是指最高立法机关在刑法分则条文中明确规定的罪名。如贪污罪、受贿罪、挪用公款罪、行贿罪等都是由刑法典分则条文明确规定的罪名。立法罪名具有普遍的法律效力，司法机关在刑事审判实践中不得使用与立法罪名不同的罪名。

司法罪名，是指最高人民法院或最高人民检察院以司法解释的形式所确定的罪名。例如，最高人民法院于1997年12月16日发布的《关于执行〈中华人民共和国刑法〉确定罪名的规定》所规定的罪名，即属于司法罪名。司法罪名对司法机关办理刑事案件具有法律约束力。据统计，1979年刑法典共有129个罪名，经修订保留了116个；单行刑法和附属刑法增加了133个罪名，经修订保留了132个；修订中又新设了164个罪名，因此，1997年修订的刑法典共有412个罪名。之后，一个单行刑法增加了1个罪名，九个刑法修正案新增了57个罪名、合并2个罪名，取消1个罪名，因此，现行刑法规定的罪名总数为468个。

学理罪名，是指非官方机构或专家、学者、司法从业人员等根据刑法分则条文规定的内容，对犯罪所概括的罪名。学理罪名没有法律效力，但对司法实践确定罪名具有指导和参考价值。

2.单一罪名、选择罪名和概括罪名

这是根据罪名所包含的犯罪构成内容的数量单复所作的分类。单一罪名，是指所包含的犯罪构成的具体内容单一，仅反映一种行为类型，不能分解拆开使用的罪名。例如，故意杀人罪、故意伤害罪、强奸罪等。

选择罪名，是指所包含的犯罪构成的具体内容复杂，反映出多种行为类型，既可概括使用也可分解拆开使用的罪名。例如,窝藏、包庇罪是一个罪名,但它既包括窝藏罪犯的行为,也包括包庇罪犯的行为,因而可以拆分为三个罪名。仅窝藏罪犯的,定窝藏罪;仅包庇罪犯,定包庇罪;既窝藏又包庇罪犯的,定窝藏、包庇罪(不实行数罪并罚)。选择罪名大致可分为以下三种情形:(1)行为选择,即罪名中包括了多种行为方式,如走私、贩卖、运输、制造毒品罪;(2)对象选择,即罪名中包括了多种行为对象,如拐卖妇女、儿童罪;(3)行为与对象同时选择,即罪名中包括了多种行为与多种对象,如非法制造、买卖、运输、邮寄、储存枪支、弹药、爆炸物罪,包括五种行为和三种对象,可以分解成诸多罪名。

概括罪名,是指所包含的犯罪构成的具体内容复杂,反映出多种行为类型的罪名,但只能概括使用,不能分解拆开使用的罪名。例如,信用卡诈骗罪,包括使用伪造的信用卡或者使用以虚假的身份骗领的信用卡、使用作废的信用卡、冒用他人信用卡、恶意透支等具体行为类型。无论行为人实施其中一种或数种行为,均认定为信用卡诈骗罪。如冒用他人信用卡的,认定为信用卡诈骗罪,而非冒用信用卡罪;既使用作废的信用卡又冒用他人信用卡的,仍认定为信用卡诈骗罪(不实行数罪并罚)。

(三)罪名的确定

关于罪名的规定,主要有两种模式:(1)标题式,即在分则条文中以标题方式明确规定罪名;(2)定义式,即在分则条文中以定义的方式规定罪名。刑法分则对罪名的确定,部分采用的是定义式。例如,刑法第 382 条规定:"国家工作人员利用职务上的便利,侵吞、窃取、骗取或者以其他手段非法占有公共财物的,是贪污罪。"这种定义式罪名在我国刑法分则中很少,绝大多数刑法分则条文均未明确规定罪名。对于这些未明确规定罪名的条文,司法机关应当根据分则的具体规定概括其具体罪名,此即罪名的确定。

罪名的确定,需要明确以下三点内容:(1)刑法分则条文规定的是一个罪名还是数个罪名?如刑法第 236 条规定的是一个罪名还是两个罪名?刑法第 415 条规定的是一个罪名还是两个罪名?这些条文罪名的确定不仅直接影响一罪与数罪的认定,而且会影响此罪与彼罪的区分。(2)结果加重犯、结合犯等,应否确定为独立的罪名?例如,是否存在抢劫致死罪、绑架杀人罪的罪名?(3)如何确定一个具体犯罪的名称?例如,刑法第 201 条所规定的犯罪,是概括为偷税罪合适,还是概括为逃税罪合适?

在确定罪名时,应当遵循合法性原则、概括性原则和科学性原则。现行刑法颁布之初,刑法理论界对部分罪名的确定曾经存在争议。后来,最高司法机关以司法解释的形式确定分则条文中的所有罪名,从而平息了争论。应当肯定的是,司法解释确定的罪名绝大多数是比较合理的,但对个别条文的罪名的确定,则缺乏合理性,有待改进。

第二章　危害国家安全罪

第一节　危害国家安全罪概述

一、危害国家安全罪的概念和构成要件

（一）危害国家安全罪的概念

危害国家安全罪，是指故意危害中华人民共和国的主权、领土完整与安全，颠覆国家政权、推翻社会主义制度的行为。危害国家安全罪的法益，是国家安全，即中华人民共和国的主权、领土完整与安全以及人民民主专政的政权和社会主义制度。国家安全，是全国各族人民的根本利益所在。一切危害国家安全的犯罪行为，都将动摇国之根本，对此，必须予以严厉打击。现行刑法将危害国家安全罪排列在分则各章犯罪之首，表明这类犯罪有着严重的社会危害性。

关于本章罪的名称，旧刑法曾经使用“反革命罪”的称谓，现行刑法将其改为危害国家安全罪。这一修改与我国政治经济形势的发展变化是相适应的，也有利于刑法的协调与完善。应当注意的是，这一修改主要是类罪名名称的修改。详言之，现行刑法虽然取消了“反革命罪”这一类罪名，但并非将旧刑法规定的具体反革命罪实行非犯罪化，更不是将旧刑法分则第一章的规定全部删除，而是以危害国家安全罪这一类罪名取代了反革命罪的类罪名，并对一些具体犯罪的归类进行了调整。例如，旧刑法第 101 条规定的反革命杀人、伤人罪，就被整合至现行刑法第 232 条和第 234 条规定的故意杀人罪和故意伤害罪中。

（二）危害国家安全罪的构成要件

1. 本章罪的客观要件表现为实施危害中华人民共和国国家安全的行为。危害国家安全的行为，是指侵害国家的独立与完整、破坏国家的国体与政体，妨害国家的机能与作用的行为。判断某种行为是否属于危害国家安全的行为，应当以刑法分则的具体规定为标准，不能任意扩大其范围。行为人仅仅发表某种言论，或者仅仅具有某种政治偏见，但没有实施危害国家安全的行为的，不能构成危害国家安全罪。

2. 本章罪的主观要件为故意，即明知自己的行为会发生危害中华人民共和国国

家安全的结果,并且希望或者放任这种结果的发生。

二、危害国家安全罪的类型

本章共有 12 个条文,规定了 12 个罪名,具体为:背叛国家罪,分裂国家罪,煽动分裂国家罪,武装叛乱、暴乱罪,颠覆国家政权罪,煽动颠覆国家政权罪,资助危害国家安全犯罪活动罪,投敌叛变罪,叛逃罪,间谍罪,为境外窃取、刺探、收买、非法提供国家秘密、情报罪,资敌罪。

第二节 危害国家安全罪分述

一、背叛国家罪

背叛国家罪,是指勾结外国或与境外机构、组织、个人相勾结,危害中华人民共和国的主权、领土完整和安全的行为。所谓勾结,是指与外国或境外机构、组织、个人共同联络、策划或谋议等。所谓境外机构、组织,既包括在中华人民共和国境外设立的机构、组织,也包括在中华人民共和国境内设立的分支(代表)机构、组织。所谓境外个人,既包括在中华人民共和国境外的外国人、无国籍人,也包括在中华人民共和国境内的外国人、无国籍人。本罪的主观要件为故意,即明知自己的行为会发生危害国家的主权、领土完整与安全的结果,并且希望或者放任这种结果发生。

根据刑法第 102 条的规定,犯本罪的,处无期徒刑或者 10 年以上有期徒刑。根据刑法第 113 条的规定,犯本罪,对国家和人民危害特别严重、情节特别恶劣的,可以判处死刑;犯本罪的,可以并处没收财产。根据刑法第 56 条的规定,犯本罪的,应当附加剥夺政治权利。

二、分裂国家罪

分裂国家罪,是指组织、策划、实施分裂国家、破坏国家统一的行为。所谓分裂国家、破坏国家统一,是指割据一方、另立政府、对抗中央政府的领导,或者制造民族分裂、破坏国家统一。本罪的主观要件为故意,即明知自己的行为会发生分裂国家、破坏国家统一的结果,并且希望或者放任这种结果发生。

值得研究的是,勾结外国犯本罪的,应当如何处理?对此,主要有两种观点:一种观点认为,刑法第 106 条规定的"与境外机构、组织、个人相勾结",包括勾结外国,因而勾结外国犯本罪的,以分裂国家罪从重处罚;另一种观点认为,刑法第 106 条所规定的"与境外机构、组织、个人相勾结"不包括勾结外国,因而勾结外国犯本罪的,应以刑法第102条的背叛国家罪论处。本书认为,根据刑法第106条的规定,勾结境外机构、组织或者个人犯本罪的,要从重处罚。既然如此,则勾结外国犯本罪的,没有理由不从重处罚。而且,国家本质上也是一种机构或组织,因而,第一种观点较为可取。

根据刑法第103条第1款的规定,犯本罪的,对首要分子或者罪行重大的,处无期徒刑或者10年以上有期徒刑;对积极参加的,处3年以上10年以下有期徒刑;对其他参加的,处3年以下有期徒刑、拘役、管制或者剥夺政治权利。根据刑法第113条的规定,犯本罪,对国家和人民危害特别严重、情节特别恶劣的,可以判处死刑;犯本罪的,可以并处没收财产。应当注意的是,只有对首要分子与罪行重大者,才可能适用死刑;对其他犯罪主体,应无死刑适用的余地。另外,根据刑法第56条的规定,犯本罪的,应当附加剥夺政治权利。根据刑法第106条的规定,与境外机构、组织、个人相勾结,犯本罪的,从重处罚。

三、煽动分裂国家罪

煽动分裂国家罪,是指煽动分裂国家,破坏国家统一的行为。所谓煽动,是指引起不特定人或多数人产生分裂国家的犯罪决意,或者刺激、助长其已经产生的分裂国家的犯罪决意。煽动,是一种特殊的教唆行为,其对象是不特定人或多数人,而非特定的个人。这是其与共犯教唆行为的区别之处。立法将煽动行为上升为实行行为之后,只要行为人实施了煽动行为即构成本罪,被煽动者是否接受煽动进而实施分裂国家、破坏国家统一的行为,不影响本罪的成立。煽动的方式,既可以是口头的,也可以是书面的;既可以是公然进行的,也可以是暗中进行的。本罪的主观要件为故意,即明知自己的行为会使他人实施分裂国家、破坏国家统一的行为,发生分裂国家、破坏国家统一的结果,并且希望或者放任这种结果发生。

示例2-1　艾某煽动分裂国家案

一审法院认为:"根据现有证据,能够认定被告人艾某明知涉案图片中有分裂国家的内容,仍上传至互联网进行传播,且未设定浏览限制,目的是让不特定的多数人浏览,希望或者放任他人接受或者相信图片内容并产生分裂国家的决意或者实行所煽动的分裂国家的行为,应当以分裂国家罪追究其刑事责任。"[1]

根据刑法第103条第2款的规定,犯本罪的,处5年以下有期徒刑、拘役、管制或

---

〔1〕"艾某煽动分裂国家案一审判决书",辽宁省大连市中级人民法院刑事判决书(〔2015〕大刑二初字第38号)。

者剥夺政治权利;首要分子或者罪行重大的,处5年以上有期徒刑。根据刑法第113条的规定,犯本罪的,可以并处没收财产。根据刑法第56条的规定,犯本罪的,应当附加剥夺政治权利。根据刑法第106条的规定,与境外机构、组织、个人相勾结,犯本罪的,从重处罚。

四、武装叛乱、暴乱罪

武装叛乱、暴乱罪,是指组织、策划、实施武装叛乱、暴乱的行为。所谓组织,是指组织、领导、指挥他人进行武装叛乱、暴乱;所谓策划,是指策动、胁迫、勾引、收买他人进行武装叛乱、暴乱;所谓实施,是指直接实行武装叛乱、暴乱。武装叛乱与武装暴乱,都表现为以武力或暴力的方式及较大规模形式实施危害国家安全的破坏行为。二者的区别在于:叛乱具有涉外因素,即具有叛变或者投奔境外的目的;而暴乱则不具有叛变或者投奔境外的目的,只是在境内实施破坏行为。本罪的主观要件为故意,即明知武装叛乱或者武装暴乱的行为会发生危害国家安全的结果,并且希望或者放任这种结果发生。

根据刑法第104条的规定,犯本罪的,对首要分子或者罪行重大的,处无期徒刑或者10年以上有期徒刑;对积极参加的,处3年以上10年以下有期徒刑;对其他参加的,处3年以下有期徒刑、拘役、管制或者剥夺政治权利;策动、胁迫、勾引、收买国家机关工作人员、武装部队人员、人民警察、民兵进行武装叛乱、暴乱的,从重处罚。根据刑法第113条的规定,犯本罪对国家和人民危害特别严重、情节特别恶劣的,可以判处死刑。犯本罪的,可以并处没收财产。根据刑法第56条的规定,犯本罪的,应当附加剥夺政治权利。根据刑法第106条的规定,与境外机构、组织、个人相勾结,犯本罪的,从重处罚。

五、颠覆国家政权罪

颠覆国家政权罪,是指组织、策划、实施颠覆国家政权、推翻社会主义制度的行为。所谓颠覆国家政权,是指颠覆中央或地方的人民民主专政政权。所谓推翻社会主义制度,是指推翻社会主义制度的整体或者某一部分。颠覆、推翻的手段,既可以是暴力,也可以是非暴力。本罪的主观要件为故意,即明知自己的行为会发生颠覆国家政权、推翻社会主义制度的结果,并且希望或者放任这种结果发生。

示例2-2 谢某颠覆国家政权案

一审法院认为:"被告人谢某主观上具有推翻我国人民民主专政的国家政权的目的,客观上实施了组建'中国民主党'、非法集会、写文章准备传播制造舆论等一系列的紧密相连的颠覆国家政权的行为，完全符合颠覆国家政权罪的犯罪构成要件，其行为已构成颠覆国家政权罪。"[2]

根据刑法第105条第1款的规定，犯本罪的，对首要分子或者罪行重大的，处无期徒刑或者10年以上有期徒刑；对积极参加的，处3年以上10年以下有期徒刑；对其他参加者，处3年以下有期徒刑、拘役、管制或者剥夺政权权利。根据刑法第113条的规定，犯本罪的，可以并处没收财产。根据刑法第56条的规定，犯本罪的，应当附加剥夺政权权利。根据刑法第106条的规定，与境外机构、组织、个人相勾结，犯本罪的，从重处罚。

六、煽动颠覆国家政权罪

煽动颠覆国家政权罪，是指以造谣、诽谤或者其他方式煽动颠覆国家政权、推翻社会主义制度的行为。所谓造谣、诽谤，是指编造、捏造歪曲、损害、诋毁、诬蔑国家政权和社会主义制度的事实；所谓其他方式，是指除造谣、诽谤以外的方式。不管行为人采取何种方式，其目的均在于怂恿、鼓动不特定人或多数人颠覆国家政权、推翻社会主义制度。本罪的主观要件为故意，即行为人明知自己的行为会使他人产生颠覆国家政权、推翻社会主义制度的犯罪意图，并且希望或者放任这种结果发生。

示例2－3　巴某颠覆国家政权案

一审法院认为："被告人巴某因不能正确对待组织安排而对社会主义制度不满，出于颠覆国家政权的目的，与境外敌对组织和个人建立联系，长期收听境外敌对广播宣传并向他人进行传播，提议组建反动组织。……被告人巴某的行为符合《刑法》第一百零五条之规定，构成煽动颠覆国家政权罪。"[3]

根据刑法第105条第2款的规定，犯本罪的，处5年以下有期徒刑、拘役、管制或者剥夺政治权利；首要分子或者罪行重大的，处5年以上有期徒刑。根据刑法第113条的规定，犯本罪的，可以并处没收财产。根据刑法第56条的规定，犯本罪的，应当附加剥夺政治权利。根据刑法第106条的规定，与境外机构、组织、个人相勾结，犯本罪的，从重处罚。

---

〔2〕"谢某颠覆国家政权案一审判决书"，湖南省长沙市中级人民法院刑事判决书（〔2009〕长中刑一初字36号）。

〔3〕"巴某煽动颠覆国家政权案一审判决书"，新疆维吾尔自治区哈密地区中级人民法院刑事判决书（〔2001〕哈刑初字第20号）。

七、资助危害国家安全犯罪活动罪

资助危害国家安全犯罪活动罪，是指境内外机构、组织或者个人资助实施背叛国家罪、分裂国家罪、煽动分裂国家罪、武装叛乱、暴乱罪、颠覆国家政权罪、煽动颠覆国家政权罪的行为。

本罪的行为主体既包括境内的机构、组织或者个人，也包括境外的机构、组织或者个人。本罪的行为方式限于资助。所谓资助，是指通过提供场所、经费、物资等进行支持和帮助。资助的行为必须是刑法第 102 条至第 105 条规定的特定的犯罪行为，即背叛国家罪、分裂国家罪、煽动分裂国家罪、武装叛乱、暴乱罪、颠覆国家政权罪、煽动颠覆国家政权罪。资助的时间没有限定，在境内组织或者个人实施上述特定犯罪之前、之中、之后进行资助的，都成立本罪。如果境内外机构、组织或者个人的行为超出了资助的范围，与境内组织或者个人，共同故意组织、策划、实施上述特定犯罪的，应以共同犯罪论处。本罪的主观要件为故意，即明知他人即将实施、正在实施或者已经实施了上述特定的危害国家安全犯罪而予以资助，并且希望或者放任危害国家安全的结果发生。

根据刑法第 107 条的规定，犯本罪的，对直接责任人员，处 5 年以下有期徒刑、拘役、管制或者剥夺政治权利；情节严重的，处 5 年以上有期徒刑。根据刑法第 113 条的规定，犯本罪的，可以并处没收财产。根据刑法第 56 条的规定，犯本罪的，应当附加剥夺政治权利。

八、投敌叛变罪

投敌叛变罪，是指中国公民投奔敌人营垒，或者在被敌人捕俘后投降敌人的行为。本罪的行为主体是中国公民，行为表现有以下两种：(1)投奔敌人营垒，即主动投靠与我国处于敌对关系的势力；(2)在被敌人捕俘后投降变节。本罪是抽象危险犯，即行为人只要实施了投敌叛变行为，即认为国家安全法益已经受到侵犯。因此，如果行为人投敌叛变后又实施了其他危害国家安全的犯罪行为，构成数罪的，可以按吸收犯的处理原则，择一重罪处断。本罪的主观要件为故意，即明知自己的投敌叛变行为会危害国家安全，却希望或者放任这种危害结果发生。

根据刑法第 108 条的规定，犯本罪的，处 3 年以上 10 年以下有期徒刑；情节严重或者带领武装部队人员、人民警察、民兵投敌叛变的，处 10 年以上有期徒刑或者无期徒刑。根据刑法第 113 条的规定，对国家和人民危害特别严重、情节特别恶劣的，可以判处死刑；犯本罪的，可以并处没收财产。根据刑法第 56 条的规定，犯本罪的，应当附加剥夺政治权利。

九、叛逃罪

叛逃罪，是指国家机关工作人员以及掌握国家秘密的其他国家工作人员，在履行公务期间，擅离岗位，叛逃境外或者在境外叛逃的行为。

本罪的行为主体是国家机关工作人员，以及掌握国家秘密的国家工作人员。行为时间是在履行公务期间。所谓履行公务，是指执行职务或者执行某项工作任务。行为方式有两种：一是擅离岗位，叛逃境外；二是撤离岗位，在境外叛逃。应当注意的是，《刑法修正案（八）》删除了本罪罪状中的“危害中华人民共和国国家安全”，这表明立法者已将本罪由具体危险犯调整为抽象危险犯。因此，在具体个案处理时，只要认定行为人实施了叛逃行为，即可以推定国家安全的法益已经受到侵犯，无须再具体判断叛逃行为是否已经危害了国家安全。本罪的主观要件是故意，即明知自己的行为会发生危害国家安全，却希望或者放任这种危害结果发生。

示例 2-4　王某徇私枉法、叛逃、滥用职权、受贿案

一审法院认为：“王某作为国家机关工作人员，在履行公务期间，擅离岗位，叛逃外国驻华使领馆，其行为已构成叛逃罪，且情节严重。”[4]

根据刑法第 109 条的规定，犯本罪的，处 5 年以下有期徒刑、拘役、管制或者剥夺政治权利；情节严重的，处 5 年以上 10 年以下有期徒刑；掌握国家秘密的国家工作人员犯本罪的，从重处罚。根据刑法第 113 条的规定，犯本罪的，可以并处没收财产。根据刑法第 56 条的规定，犯本罪的，应当附加剥夺政治权利。

十、间谍罪

间谍罪，是指参加间谍组织，接受间谍组织及其代理人的任务，或者为敌人指示轰击目标的行为。

本罪的行为方式有以下三种：(1)参加间谍组织，即充当间谍；(2)接受间谍组织及其代理人的任务，在中华人民共和国境内实施间谍活动；(3)为敌人指示轰击目标。本罪为概括罪名，行为人实施上述三种行为之一的，即构成本罪；同时实施上述两种或三种行为的，亦只构成一罪，不实行并罚。本罪的主观要件为故意，即明知自己实施的间谍行为会发生危害国家安全的结果，并且希望或者放任这种结果发生。

示例 2-5　张某间谍案

再审法院认为：“被告人张某接受间谍组织的派遣任务，先后五次潜回国内，发展间谍人员三名，搜集了我国大量军事、政治、经济情报，并将部分情报交给了间谍组织，其行

---

〔4〕“王某徇私枉法、叛逃、滥用职权、受贿案一审判决书”，四川省成都市中级人民法院刑事判决书。

为已构成间谍罪,且情节严重。"[5]

根据刑法第110条的规定,犯本罪的,处10年以上有期徒刑或者无期徒刑;情节较轻的,处3年以上10年以下有期徒刑。根据刑法第113条的规定,犯本罪,对国家和人民危害特别严重、情节特别恶劣的,可以判处死刑。犯本罪的,可以并处没收财产。根据刑法第56条的规定,犯本罪的,应当附加剥夺政治权利。

十一、为境外窃取、刺探、收买、非法提供国家秘密、情报罪

为境外窃取、刺探、收买、非法提供国家秘密、情报罪,是指为境外的机构、组织或者个人窃取、刺探、收买、非法提供国家秘密或者情报的行为。

本罪的服务对象,必须是境外的机构、组织或者个人,而不能是境内的机构、组织或者个人。本罪的行为方式表现为以下四种:(1)窃取,即通过盗取文件或者使用计算机、电磁波、照相机等方式取得国家秘密或者情报;(2)刺探,即使用探听、侦察、骗取等方式获取国家秘密或者情报;(3)收买,即利用金钱、物质或者其他利益换取国家秘密或者情报;(4)非法提供,即违反法律规定,将国家秘密、情报直接或者间接使境外机构、组织或者个人知悉。根据2001年1月17日最高人民法院《关于审理为境外窃取、刺探、收买、非法提供国家秘密、情报案件具体应用法律若干问题的解释》(以下简称《国家秘密解释》)第6条的规定,通过互联网将国家秘密或者情报发送给境外机构、组织或者个人的,以本罪定罪处罚;将国家秘密通过互联网予以发布,情节严重的,以故意泄露国家秘密罪、过失泄露国家秘密罪定罪处罚。

本罪的行为对象,必须是国家秘密或者情报。所谓国家秘密,是指关系国家安全和利益,依照法定程序确定,在一定时间内只限一定范围的人员知悉的事项。根据2010年4月29日修订的《国家秘密法》第8条的规定,下列涉及国家安全和利益的事项,泄露后可能损害国家在政治、经济、国防、外交等领域的安全和利益的,应当确定为国家秘密:(1)国家事务重大决策中的秘密事项;(2)国防建设和武装力量活动中的秘密事项;(3)外交和外事活动中的秘密事项以及对外承担保密义务的秘密事项;(4)国民经济和社会发展中的秘密事项;(5)科学技术中的秘密事项;(6)维护国家安全活动和追查刑事犯罪中的秘密事项;(7)经国家保密行政管理部门确定的其他秘密事项。政党的秘密事项中符合前款规定的,属于国家秘密。根据《国家秘密法》第10条的规定,国家秘密的密级分为绝密、机密、秘密三级。绝密级国家秘密是最重要的国家秘密,泄露会使国家安全和利益遭受特别严重的损害;机密级国家

---

[5] "张某等间谍案再审裁定书",河北省高级人民法院刑事裁定书([2000]冀刑再终字第4号)。

秘密是重要的国家秘密，泄露会使国家安全和利益遭受严重的损害；秘密级国家秘密是一般的国家秘密，泄露会使国家安全和利益遭受损害。根据《国家秘密解释》第1条的规定，所谓“情报”，是指关系国家安全和利益、尚未公开或者依照有关规定不应公开的事项。

本罪的主观要件为故意，即明知是国家秘密、情报，而故意为境外机构、组织、个人窃取、刺探、收买或者非法提供。根据《国家秘密解释》第5条的规定，行为人知道或者应当知道没有标明密级的事项关系国家安全和利益，而为境外窃取、刺探、收买、非法提供的，成立本罪。

示例2-6　林某为境外刺探国家秘密案

一审法院认为：“在案的鉴定意见表明，案发期间被告人林某对厦门港码头的观测记录之所以被认定为‘机密级’军事秘密，是因为其动态反映了厦门水警区某大队某船参加反袭扰演练及编队位厦门港内训练等情况，无论该码头设施是否存在保密性的欠缺，随手摄制的静态照片是否构成军事秘密，被告人在同一时间段、同一区域的观测形成了动态记录，即使其记录中存有个别无关或不实信息，仍能够反映上述军用船艇的相关部署和调动情况，不影响该项‘机密级’军事秘密的认定。”〔6〕

根据刑法第111条的规定，犯本罪的，处5年以上10年以下有期徒刑；情节特别严重的，处10年以上有期徒刑或者无期徒刑；情节较轻的，处5年以下有期徒刑、拘役、管制或者剥夺政治权利。根据刑法第113条的规定，犯本罪，对国家和人民危害特别严重、情节特别恶劣的，可以判处死刑。犯本罪的，可以并处没收财产。根据刑法第56条的规定，犯本罪的，应当附加剥夺政治权利。

十二、资敌罪

资敌罪，是指战时供给敌人武器装备、军用物资的行为。所谓武器装备，是指枪支、弹药、坦克、大炮等武器以及装甲车、指挥通讯设备等直接为战斗服务的设备。所谓军用物资，是指武器装备以外的供部队使用的物品，如军服、军被、军用帐篷、军用药品等。本罪的行为时间仅限于战时，即国家宣布进入战争状态、部队受领作战任务或者遭敌突然袭击时。本罪的主观要件为故意，即明知对方是敌人而故意供给武器装备、军用物资。

根据刑法第112条的规定，犯本罪的，处10年以上有期徒刑或者无期徒刑；情

---

〔6〕“林某为境外刺探国家秘密案一审判决书”，福建省厦门市中级人民法院刑事判决书（〔2014〕厦刑初字第134号）。

节较轻的,处3年以上10年以下有期徒刑。根据刑法第113条的规定,犯本罪,对国家和人民危害特别严重、情节特别恶劣的,可以判处死刑。犯本罪的,可以并处没收财产。根据刑法第56条的规定,犯本罪的,应当附加剥夺政治权利。

第三章　危害公共安全罪

第一节　危害公共安全罪概述

一、危害公共安全罪的概念和构成要件

（一）危害公共安全罪的概念

危害公共安全罪，是指故意或者过失地危害不特定或者多数人的生命、健康和财产的安全以及公众生活的平稳与安宁的行为。

本章罪的保护法益是公共安全，即不特定或者多数人的生命、身体或财产的安全以及公众生活的平稳与安宁。危害公共安全罪是公共危险犯，公共危险犯有具体危险犯和抽象危险犯之分。前者将公共危险规定为犯罪的构成要素，只有发生了具体的公共危险才成立犯罪；后者未将公共危险规定为犯罪的构成要素，只要存在相当于构成要素的事实，即拟制当然存在公共危险。关于公共危险的具体内容，国外刑法理论界存在以下四种不同的观点：第一种观点认为，公共危险是指对不特定的生命、身体或者财产的危险；第二种观点认为，不问特定与否，只要是对多数人的生命、身体或者财产的危险，就是公共危险；第三种观点认为，公共危险是指针对不特定或者多数人的生命、身体或者重要财产的危险；第四种观点认为，公共危险是指对不特定多数人的生命、身体或财产的危险。[1] 我国刑法理论界大多采取上述第四种观点。不过，这一观点有不当缩小危害公共安全罪的范围之虞，值得重新检视。危害公共安全罪是以危害"公众"的生命、健康等为内容的犯罪，故应注重其公众性；刑法规定危害公共安全罪的目的，是将生命、身体等个人法益抽象为社会利益加以保护，故应注重其社会性。"公众性"和"社会性"的核心，在于数量的"多数"。"不特定人"，意味着侵害对象的数量处于可能随时扩大或增加的动态发展状态，行为人既无法具体预料也难以实际控制，因而在数量上必然为"多数"；"特定多数人"，则表明侵害的对象客观上已经是"多数"。综上，上述第三种观点较为可取。

---

〔1〕　参见[日]大塚仁：《刑法概说（各论）》，冯军译，中国人民公安大学出版社2003年版，第346页。

应当注意的是,单纯的财产安全,并不属于公共安全。详言之,某种行为侵害了不特定或者多数人的财产,并不必然危及公共安全。只有某种行为既侵害了不特定或者多数人的财产,同时又因这种侵害进一步侵害或威胁不特定或者多数人的生命、身体安全,才能成立危害公共安全罪。另外,公共安全,除了不特定或多数人的生命、身体或财产的安全外,还应包括公众生活的平稳和安宁。例如,破坏广播电视设施、公用电信设施,并不直接侵害和威胁公众的生命、身体,而是扰乱公众生活的平稳与安宁。

(二)危害公共安全罪的构成要件

本章罪的客观要件表现为实施危害不特定或者多数人的生命、身体或者财产的安全以及公众生活的平稳与安宁的行为,并且造成相应的危险或者侵害结果。危害行为的方式多种多样,但无论是何种方式,都必须具有危害公共安全的特质。否则,不能构成犯罪。

本章罪的主观要件既包括故意,也包括过失。其中,具体危险犯,通常要求行为人认识到具体的公共危险。

二、危害公共安全罪的类型

本章共有 35 个条文,52 个具体罪名。具体可以分为以下五种类型:(1)以危险方法危害公共安全的犯罪;(2)破坏公用设备、设施的犯罪;(3)实施恐怖危险活动的犯罪;(4)违反枪支弹药管理规定的犯罪;(5)违反安全管理规定的犯罪。

第二节 危害公共安全罪分述

一、放火罪

(一)放火罪的概念和构成要件

放火罪,是指故意引起火灾,危害公共安全的行为。本罪的法益,是公共安全。

1. 本罪的客观要件为实施放火行为,危害公共安全。所谓放火,是指使对象物燃烧,引起火灾。放火的方法没有限制,既可以是作为,也可以是不作为;既可以直接使对象物燃烧,也可以通过引火物使对象物燃烧,还可以通过既有的火力使对象物燃烧。燃烧的对象物既可以是财物,也可以是其他物质。财物是否属于行为人所有,不影响本罪的成立。即使燃烧自己的财物,但足以危害公共安全的,仍然成立放火罪;反之,即使燃烧他人的财物,但不足以危害公共安全的,则不成立放火罪。自焚原则上不构成犯罪,但如果危及公共安全的,则可以构成本罪。

示例3-1 霍某放火案

二审法院认为:"上诉人霍某与其妻子李某甲因家庭琐事产生矛盾后,霍某以往自己身上泼洒汽油并点燃的方法危害公共安全,其行为已经构成放火罪。"〔2〕

放火罪是具体危险犯,只要行为发生了危害公共安全的具体危险,即使未造成任何实害结果,仍然成立犯罪。放火罪的既遂标准,通说采用独立燃烧说。即只要对象物被点燃之后能够独立燃烧,即为既遂;反之,如果不能独立燃烧,则为未遂。将对象物能否独立燃烧作为放火罪既遂与否的判断标准,事实上隐含着以下前提:燃烧对象物的行为已经危害或威胁了公共安全,造成了具体危险。在判断燃烧对象物的行为是否造成具体危险时,应当全面考察案情,正确分析判断。一方面要考察案件的全部客观事实,如行为本身的危险性、对象物的物理属性、对象物的空间位置、行为实施之时的气候条件等;另一方面要根据因果法则,正确判断燃烧对象物的行为是否足以形成无法控制的燃烧状态。

放火是危害公共安全的行为,可能造成多种实害结果。行为人实施一个故意放火行为,造成多种实害结果(致人重伤、死亡或者重大财产损失等)的,只能认定为一个放火罪。但是,如果行为人实施了其他犯罪行为后,为了毁灭证据而放火,或者为了骗取保险金而放火的,应当实行数罪并罚。另外,要注意区分本罪和以放火的方式实施的其他犯罪,如为了杀人而燃烧他人住宅,或者为了破坏生产经营而焚烧机器设备等。对此,关键是看放火行为是否足以危害公共安全。如果放火行为足以危害公共安全的,则应当认定为构成放火罪;反之,则应按相应的犯罪处理。

示例3-2 王某等放火案

王某与赵某合谋骗取保险金,由赵某携带汽油将王某停放在车站内的客车烧毁。当时车站内停有车辆十余辆,燃烧地点距家属楼16米,距加油站25米,距气象站7米。对此,一审法院认为:"被告人王某、赵某共同预谋并由赵某在公共场所实施放火,足以使公共安全处于危险状态,且造成一定经济损失,其行为均已构成放火罪。被告人赵某的辩护人辩称本案应定故意毁坏财物罪,以及两被告人均辩解自己系从犯,理由均不足,不予支持。"〔3〕

---

〔2〕"霍某放火案二审裁定书",内蒙古自治区赤峰市中级人民法院刑事裁定书(〔2014〕赤刑一终字第75号)。

〔3〕"王某等放火案一审判决书",载《刑事审判参考》2002年第1集,指导案例第150号。

2. 本罪的主观要件为故意，即明知自己的放火行为会发生危害公共安全的结果，并且希望或者放任这种结果的发生。

(二)放火罪的处罚

根据刑法第 114 条和第 115 条第 1 款的规定，犯本罪，尚未造成严重后果的，处 3 年以上 10 年以下有期徒刑；致人重伤、死亡或者使公私财产遭受重大损失的，处 10 年以上有期徒刑、无期徒刑或者死刑。所谓尚未造成严重后果，是指尚未造成严重的实害结果，具体包括以下两种情形：一是放火行为没有造成任何实害结果；二是放火行为已经造成一定的实害结果，但不属于严重后果。

二、决水罪

决水罪，是指故意制造水患，危害公共安全的行为。所谓决水，是指使受到控制的水的自然力得以释放，导致水流横溢、泛滥成灾。决水行为必须危害公共安全，才能构成本罪；如果不足以危害公共安全的，则不构成本罪。本罪的主观要件为故意，即明知自己的决水行为会造成水患，危害公共安全，并且希望或者放任这种危害结果的发生。

根据刑法第 114 条、第 115 条第 1 款的规定，犯本罪，尚未造成严重后果的，处 3 年以上 10 年以下有期徒刑；致人重伤、死亡或者使公私财产遭受重大损失的，处 10 年以上有期徒刑、无期徒刑或者死刑。

三、爆炸罪

爆炸罪，是指故意引起爆炸物或者其他设备、装置爆炸，危害公共安全的行为。所谓爆炸物，是指炸弹、炸药包、手榴弹、雷管以及各种易爆的固体、液体、气体等物品。所谓其他设备、装置，是指机器、锅炉等。爆炸行为必须危及公共安全，才能构成本罪；但成立本罪不需要发生危害公共安全的实害结果。

在爆炸、放火、决水等多种方式并存的案件中，应当以对危害结果的发生起最重要作用的手段作为定性的根据。一般而言，行为人采用爆炸方法引起火灾，因火灾而危害公共安全的，应当认定为放火罪；采用爆炸方法制造水患，因水患而危害公共安全的，应当认定为决水罪。但在爆炸引起火灾、水灾的情况下，如果爆炸行为本身也足以危害公共安全的，则同时构成爆炸罪和放火罪、决水罪，应当按照想象竞合犯的处罚原则，从一重处罚。但由于这三个犯罪的法定刑相同，因而应考察爆炸、放火、决水各自的情节轻重，确定对危害结果最具原因力的手段，以其作为定性的根据。如果以爆炸为手段来杀害特定的人，但不危及公共安全的，构成故意杀人罪；如果以爆炸为手段来杀害特定的人，同时危及公共安全的，则构成爆炸罪。

本罪的主观要件为故意,即明知爆炸行为会发生危害公共安全的结果,并且希望或者放任这种结果的发生。

示例3-3　赖某爆炸案

二审法院认为:"上诉人赖某因生活琐事与他人产生纠纷后,为泄愤报复他人,自制爆炸物并有预谋、有目的地实施爆炸,虽然目的是致扎某、普某死亡,但对客观上危害不特定人尼某及其婴儿生命健康与左邻右舍的生命财产安全持放任态度的行为,应以爆炸罪论处。"[4]

根据刑法第114条和第115条第1款的规定,犯本罪,尚未造成严重后果的,处3年以上10年以下有期徒刑;致人重伤、死亡或者使公私财产遭受重大损失的,处10年以上有期徒刑、无期徒刑或者死刑。

四、投放危险物质罪

投放危险物质罪,是指故意投放毒害性、放射性、传染病病原体等物质,危害公共安全的行为。本罪的行为对象是危险物质,包括毒害性、放射性、传染病病原体等物质。所谓毒害性物质,是指基于化学作用,能够致有机体死亡或者损伤的有机物或无机物,如砒霜、氰化钾、敌敌畏等。所谓放射性物质,是指能够发出射线,造成人体放射性损伤甚至死亡的物质。所谓传染病病原体,又称病原物、病原生物,是指能够引起疾病的微生物或寄生虫,其具体范围应限于《传染病防治法》规定的属于甲类、乙类、丙类传染病的病原体。本罪的行为场所没有限制,包括工厂、矿场、油田、港口、河流、水源、仓库、住宅、森林、农场、谷场、重要管道、公共建筑物等。投放行为只有危害了公共安全的,才能构成本罪。如果采用投放危险物质的方式杀害某个特定人或者牲畜,未危及公共安全的,应当认定故意杀人罪或者故意毁坏财物罪。本罪的主观要件为故意,即明知自己的投放危险物质的行为会发生危害公共安全的结果,并且希望或者放任这种结果的发生。

示例3-4　胡某、丁某投放危险物质案

二审法院认为:"胡某、丁某明知其公司在生产过程中所产生的废水含有毒害性物质,仍然直接或间接地向其公司周边的河道大量排放,放任危害不特定多数人的生命、健

---

〔4〕"赖某爆炸罪二审判决书",载《刑事审判参考》2001年第11集,指导案例第137号。

康和公私财产安全结果的发生，使公私财产遭受重大损失，构成投放危险物质罪。”[5]

根据刑法第114条和第115条第1款的规定，犯本罪尚未造成严重后果的，处3年以上10年以下有期徒刑；致人重伤、死亡或者使公私财产遭受重大损失的，处10年以上有期徒刑、无期徒刑或者死刑。

五、以危险方法危害公共安全罪

（一）以危险方法危害公共安全罪的概念和构成要件

以危险方法危害公共安全罪，是指故意使用放火、决水、爆炸、投放危险物质以外的危险方法危害公共安全的行为。

1. 本罪的客观要件为使用放火、决水、爆炸、投放危险物质以外的危险方法危害公共安全。刑法条文没有描述其他危险方法的具体行为方式，而是完全授权司法机关加以认定，因此，所谓“其他危险方法”，事实上处于范围不明的状态。严格地说，本罪的罪状设定直接违反了罪刑法定原则的明确性要求，这也是司法实践中本罪成为“口袋罪”的一个重要原因。为了防止本罪在司法实践中的滥用，有必要对本罪的构成要素采取严格解释的立场。“以其他危险方法”，应限于与放火、决水、爆炸、投放危险物质相当的方法，而不是泛指任何具有危害公共安全性质的方法。(1)从法条排序来看，本罪规定在刑法第114条和第115条第1款中，而不是规定在本章之首或者之尾，因而“以其他危险方法”只是放火罪、决水罪、爆炸罪和投放危险物质罪的兜底规定，而不是刑法分则第二章“危害公共安全罪”的兜底规定。换言之，本罪只是刑法第114条和第115条第1款的补充罪名，而非刑法分则第二章的补充罪名。因此，不能因为某种行为具有危害公共安全的性质，刑法又没有明文规定，就考虑适用本罪。(2)从危险性来看，“以其他危险方法”应当是具有致不特定或多数人重伤、死亡或公私财产重大损失的危险的特质。对于不具有这种高度危险的行为，即使具有危害公共安全的性质，也不能成立本罪。(3)从社会观念来看，放火、决水、爆炸等是具有高度危险性的犯罪，与之相提并论的“以危险方法危害公共安全罪”中的“危险”，自然不是普通危险，亦应当是足以震动公众法秩序感的严重危险。因此，“危险方法”仅是成立本罪的条件之一，而核心内容是“危险方法”在公众观念中应该达到与放火等罪相同的惊恐性。[6] 总之，在解释“以其他危险方法”时，应当遵循同类解释原则，即本罪的行为方式必须与这两个条款所列举的行为方式相当。对于

---

[5] “胡某、丁某投放危险物质案二审裁定书”，载《最高人民法院公报》2014年第3期。

[6] 参见高艳东：《谨慎判定“以危险方法危害公共安全罪”的危险相当性》，载《中国刑事法杂志》2006年第5期。

那些与放火、决水等危险方法不相当的行为，无论是否危及公共安全，都不应认定为本罪。

示例3-5 刘某等以危险方法危害公共安全案

一审法院认为："被告人刘某、蒋某、王某、刘某某、房某、王某某结伙在水库内修筑拦水坝，足以危害不特定多数人生命、健康或者重大公私财产的安全，其行为均已构成以危险方法危害公共安全罪。"〔7〕

2. 本罪的主观要件为故意，即明知自己的危险行为会造成不特定或多数人的生命、身体或者公私财产的重大损害，并且希望或者放任这种危害结果的发生。

示例3-6 孙某以危险方法危害公共安全案

二审法院认为："被告人孙某无视交通法规和公共安全，在未取得驾驶证的情况下，长期驾驶机动车辆，多次违反交通法规，且在醉酒驾车发生交通事故后，继续驾车超限速行驶，冲撞多辆车辆，造成数人伤亡的严重后果，说明其主观上对危害结果的发生持放任态度，具有危害公共安全的间接故意，其行为已构成以危险方法危害公共安全罪。"〔8〕

（二）以危险方法危害公共安全罪的处罚

根据刑法第114条和第115条第1款的规定，犯本罪，尚未造成严重后果的，处3年以上10年以下有期徒刑；致人重伤、死亡或者使公私财产遭受重大损失的，处10年以上有期徒刑、无期徒刑或者死刑。

六、失火罪

失火罪，是指过失引起火灾，危害公共安全，致人重伤、死亡或者使公私财产遭受重大损失的行为。

本罪的客观要件为引起火灾，危害公共安全，致人重伤、死亡或者使公私财产遭受重大损失。本罪是结果犯，如果仅有失火行为，但没有造成严重后果的，或者虽然造成了严重后果，但没有危害不特定或多数人的生命、身体、财产的安全的，不能认定为本罪。构成本罪，还要求失火行为与严重后果之间具有刑法上的因果关系。

---

〔7〕"刘某等以危险方法危害公共安全案一审判决书"，天津市滨海新区人民法院刑事判决书（〔2011〕滨刑初字第1号）。

〔8〕"孙某以危险方法危害公共安全案二审判决书"，载《最高人民法院公报》2009年第11期。

示例 3-7 叶某等失火案

二审法院认为："台州市公安局消防支队根据现场勘查情况，并结合本案相关的证人证言，在排除该场火灾系人为放火、生活用火、遗留火种、物品自燃、化学危险品燃烧、电器线路故障引起的可能后作出责任认定，确认被告人叶某、金某燃放的烟花是引起火灾的直接原因，二被告人对火灾的发生共同承担责任。"〔9〕

根据2008年6月25日最高人民检察院、公安部《关于公安机关管辖的刑事案件立案追诉标准的规定(一)》[以下简称《立案追诉标准(一)》]第1条的规定，过失引起火灾，涉嫌下列情形之一的，应予立案追诉：(1)导致死亡1人以上，或者重伤3人以上的；(2)造成公共财产或者他人财产直接经济损失50万元以上的；(3)造成10户以上家庭的房屋以及其他基本生活资料烧毁的；(4)造成森林火灾，过火有林地面积2公顷以上，或者过火疏林地、灌木林地、未成林地、苗圃地面积4公顷以上的；(5)其他造成严重后果的情形。

本罪的主观要件为过失，既可能是疏忽过失，也可能是轻率过失。

示例 3-8 王某失火案

王某在林区乱扔烟蒂，导致发生森林火灾，造成重大损失。王某以不懂森林防火常识为由要求从轻判处。对此，二审法院认为："王某应当预见到在森林内吸烟可能引起火灾。但因疏忽大意吸烟失火，使国家财产和人民生命安全遭受重大损失，上诉理由不能成立。"〔10〕

根据刑法第115条第2款的规定，犯失火罪的，处3年以上7年以下有期徒刑；情节较轻的，处3年以下有期徒刑或者拘役。

七、过失决水罪

过失决水罪，是指过失制造水患，危害公共安全，致人重伤、死亡或者使公私财产遭受重大损失的行为。过失决水行为，只有已经危害公共安全，造成现实的实害结果的，才可能构成本罪。本罪的主观要件为过失，包括疏忽过失和轻率过失。

根据刑法第115条第2款的规定，犯本罪的，处3年以上7年以下有期徒刑；情

〔9〕"叶某等失火案二审裁定书"，浙江省台州市中级人民法院刑事裁定书(〔2009〕浙台刑一终字第27号)。

〔10〕"王某失火案二审裁定书"，载《最高人民法院公报》1988年第4号。

节较轻的,处 3 年以下有期徒刑或者拘役。

八、过失爆炸罪

过失爆炸罪,是指过失引起爆炸,危害公共安全,致人重伤、死亡或者使公私财产遭受重大损失的行为。

根据刑法第 115 条第 2 款的规定,犯本罪的,处 3 年以上 7 年以下有期徒刑;情节较轻的,处 3 年以下有期徒刑或者拘役。

九、过失投放危险物质罪

过失投放危险物质罪,是指过失投放毒害性、放射性、传染病病原体等物质,危害公共安全,致人重伤、死亡或者公私财产遭受重大损失的行为。

根据刑法第 115 条第 2 款的规定,犯本罪的,处 3 年以上 7 年以下有期徒刑;情节较轻的,处 3 年以下有期徒刑或者拘役。

十、过失以危险方法危害公共安全罪

过失以危险方法危害公共安全罪,是指过失使用放火、决水、爆炸、投放危险物质以外的危险方法危害公共安全,致不特定人或多数人重伤、死亡或者使公私财产遭受重大损失的行为。

示例 3-9 李某过失以危险方法危害公共安全案

针对抗诉机关认为原审被告人李某的行为属于间接故意的抗诉意见,二审法院认为:"李某在刹车失控后采取了一系列其能力范围之内所能采取的措施后选择放弃对车辆的控制,其主观目的是想通过撞击前车使其所驾驶车辆停止,对最终所驾驶车辆滑出车道外与停放路边的车辆撞击,并导致一人死亡,数辆车相撞,三人受轻伤、轻微伤这一危害结果是其所应预见到,但因为疏忽大意而未能预见到的,其案发时的主观心态是疏忽大意的过失,并非放任危害结果发生的间接故意心态,其行为构成过失以危险方法危害公共安全罪。"〔11〕

根据刑法第 115 条第 2 款的规定,犯本罪的,处 3 年以上 7 年以下有期徒刑;情节较轻的,处 3 年以下有期徒刑或者拘役。

---

〔11〕 "李某过失以危险方法危害公共安全案二审裁定书",云南省昆明市中级人民法院刑事裁定书(〔2009〕昆刑抗字第 18 号)。

十一、破坏交通工具罪

（一）破坏交通工具罪的概念和构成要件

破坏交通工具罪，是指故意破坏火车、汽车、电车、船只、航空器，足以使其发生倾覆、毁坏危险的行为。

1. 本罪的客观要件为破坏火车、汽车、电车、船只、航空器，足以使其发生倾覆、毁坏危险。

（1）本罪的行为对象是特定的交通工具，即火车、汽车、电车、船只、航空器。自行车、马车、三轮车、手推车等非机动车，由于不涉及公共安全，通常不包括在内。

（2）本罪的行为方式是实施破坏行为。所谓破坏，是指对特定的交通工具的整体或者重要部件加以毁坏，从而使其丧失全部或部分的安全运输机能。劫持火车、汽车的行为，由于未对火车、汽车的整体或重要部件加以毁坏，因而不能构成本罪。如果行为人以火车、汽车上的乘客作为人质，勒索财物或者提出其他非法要求的，可以绑架罪定罪处罚。

（3）本罪的行为结果是足以使特定的交通工具发生倾覆、毁坏的危险。所谓倾覆，是指火车出轨、汽车翻车、船只翻沉、航空器坠落等。所谓毁坏，是指造成特定的交通工具的性能丧失、报废或者其他重大毁损，因而对人的生命、身体产生危险。本罪的成立，并不要求发生交通工具倾覆、毁坏的实害结果，而是只要求具有倾覆、毁坏的具体危险。判断破坏行为是否足以发生倾覆、毁坏的危险，主要从两个方面予以考察：第一，看交通工具是否处于正在使用的状态。所谓正在使用，既包括正在行使或航运的状态，也包括停放待命、随时开动的状态，还包括检修完毕、交付使用的状态。第二，看破坏的方法和部位。破坏必须达到一定的程度，导致交通工具无法安全运行，才能构成本罪。例如，炸毁列车的一节车厢而使其无法继续安全行驶，应属于本罪的破坏行为。又如，砸毁车窗玻璃、拆卸非关键部位的螺钉的，由于并未达到影响车辆安全行驶的程度，因而不属于本罪的破坏行为。

示例3-10　黄某破坏交通工具、故意毁坏财物案

二审法院认为："上诉人黄某明知是正在使用的大型客车而分别对其实施剪断各种线路、塞泥沙进机油管道的破坏行为，足以造成使其发生倾覆、毁坏的危险，其行为已构成破坏交通工具罪。"〔12〕

2. 本罪的主观要件为故意，即明知自己的破坏行为会导致特定的交通工具发生

〔12〕"黄某破坏交通工具、故意毁坏财物案二审裁定书"，广东省佛山市中级人民法院刑事裁定书（〔2014〕佛中法刑一终字第93号）。

倾覆、毁坏进而危及他人的生命、身体的结果，并且希望或者放任这种结果的发生。犯罪动机不影响本罪的成立。

（二）破坏交通工具罪的处罚

根据刑法第116条和第119条第1款的规定，犯本罪，尚未造成严重后果的，处3年以上10年以下有期徒刑；造成严重后果的，处10年以上有期徒刑、无期徒刑或者死刑。

十二、过失损坏交通工具罪

过失损坏交通工具罪，是指过失损坏火车、汽车、电车、船只、航空器，危害交通运输安全，造成严重后果的行为。

根据刑法第119条第2款的规定，犯本罪的，处3年以上7年以下有期徒刑；情节较轻的，处3年以下有期徒刑或者拘役。

十三、破坏交通设施罪

破坏交通设施罪，是指故意破坏轨道、桥梁、隧道、公路、机场、航道、灯塔、标志或者进行其他破坏活动，足以使火车、汽车、电车、船只、航空器发生倾覆、毁坏危险的行为。本罪的行为对象是特定的交通设施，即轨道、桥梁、隧道、公路、机场、航道、灯塔、标志等。其中，机场应当限于民用机场。如果是破坏军用机场的，则成立破坏军事设施罪。本罪的行为方式是实施了破坏行为。破坏，是指使交通设施本身遭受毁损和使交通设施丧失应有性能，如拆卸铁轨、拔掉枕木、砸碎灯塔等。其他破坏活动，是指虽未直接破坏交通设施，但足以使交通工具发生倾覆、毁坏危险的行为，如乱发指示信号、故意扳错道岔等。本罪的行为结果是足以使交通工具发生倾覆、毁坏的危险。本罪是具体危险犯，不要求实害结果发生。如果发生交通工具倾覆、毁坏实害结果的，则成立加重犯。

示例3－11　曹某破坏交通设施案

曹某先后六次在交通道路路面上盗窃窨井盖12个（价值人民币2200元）。对此，一审法院认为：“被告人曹某故意破坏交通道路路面设施，足以使行驶于路面上的车辆发生倾覆、毁坏危险，尚未造成严重后果，其行为已构成破坏交通设施罪，应依法追究其刑事责任。”〔13〕

本罪的主观要件为故意，即明知破坏交通设施会造成交通工具倾覆、毁坏，并且

---

〔13〕“曹某破坏交通设施案一审判决书”，江苏省连云港市新浦区人民法院刑事判决书（〔2009〕新刑初字第378号）。

希望或者放任这种结果的发生。行为人的动机多种多样，但动机如何不影响本罪的成立。

根据刑法第 117 条和第 119 条第 1 款的规定，犯本罪，尚未造成严重后果的，处 3 年以上 10 年以下有期徒刑；造成严重后果的，处 10 年以上有期徒刑、无期徒刑或者死刑。

十四、过失损坏交通设施罪

过失损坏交通设施罪，是指过失损坏轨道、桥梁、隧道、公路、机场、航道、灯塔、标志或者进行其他破坏活动，危害交通运输安全，造成严重后果的行为。

示例 3－12 张某过失损坏交通设施案

一审法院认为："被告人张某道路交通安全意识淡薄，明知自己驾驶装有超高物品的机动车可能对道路交通设施造成危害后果，由于轻信能够避免，导致了公共交通设施被损坏结果的发生，其行为危害了交通运输安全，造成了严重的后果，触犯了刑法，已构成过失损坏交通设施罪。"[14]

根据刑法第 119 条第 2 款的规定，犯本罪的，处 3 年以上 7 年以下有期徒刑；情节较轻的，处 3 年以下有期徒刑或者拘役。

十五、破坏电力设备罪

破坏电力设备罪，是指故意破坏电力设备，危害公共电力安全的行为。本罪的行为对象是正在使用或者已经交付使用的电力设备，包括各种发电设备、供电设备和输变电设备。具体包括处于运行、应急等使用中的电力设备；已经通电使用，只是由于枯水季节或电力不足等原因暂停使用的电力设备；已经交付使用但尚未通电的电力设备。尚未安装完毕，或者已经安装完毕但尚未交付使用的电力设备，不属于本罪的行为对象。破坏行为必须危害公共安全，才能成立本罪。本罪的主观要件为故意，即明知自己的破坏电力设备的行为会发生危害公共电力安全的结果，并且希望或者放任这种结果的发生。

实践中，破坏电力设备案件时有发生，既涉及罪与非罪的界限，也涉及本罪与盗窃罪的关系。根据 2007 年 8 月 15 日最高人民法院《关于审理破坏电力设备刑事案件具体应用法律若干问题的解释》（以下简称《电力设备解释》）第 2 条的规定，盗窃

---

〔14〕 "张某过失损坏交通设施案一审判决书"，北京市朝阳区人民法院刑事判决书（〔2008〕朝刑初字第 02175 号）。

电力设备，危害公共安全，但不构成盗窃罪的，以破坏电力设备罪定罪处罚；同时构成盗窃罪和破坏电力设备罪的，依照刑法处罚较重的规定定罪处罚。盗窃电力设备，没有危及公共安全，但应当追究刑事责任的，可以根据案件的不同情况，按照盗窃罪等犯罪处理。

示例 3－13　陈某破坏电力设备案

二审法院认为："上诉人陈某伙同他人盗割正在使用的电力线路，危害公共安全，其行为已构成破坏电力设备罪。"〔15〕

根据刑法第 118 条和第 119 条第 1 款的规定，犯本罪，尚未造成严重后果的，处 3 年以上 10 年以下有期徒刑；造成严重后果的，处 10 年以上有期徒刑、无期徒刑或者死刑。

十六、过失损坏电力设备罪

过失损坏电力设备罪，是指过失损坏电力设备，危害公共电力安全，造成严重后果的行为。

根据刑法第 119 条第 2 款的规定，犯本罪的，处 3 年以上 7 年以下有期徒刑；情节较轻的，处 3 年以下有期徒刑或者拘役。

十七、破坏易燃易爆设备罪

破坏易燃易爆设备罪，是指故意破坏燃气或者其他易燃易爆设备，危害公共安全的行为。本罪的行为对象是正在使用、已经交付使用的燃气或者其他易燃易爆设备。正在使用的油田输油管道，属于易燃易爆设备。本罪的主观要件为故意，即明知自己的破坏燃气或者其他易燃易爆设备的行为会发生危害公共安全的结果，并且希望或者放任这种结果的发生。

示例 3－14　雷某等破坏易燃易爆设备案

二审法院认为："上诉人雷某、梁某、王某，原审被告人张某、郑某违反国家法律，在盗窃燃气过程中，采取打孔手段破坏正在使用中的油田输气管线，该行为危害公共安全，

〔15〕"陈某破坏电力设备案二审裁定书"，安徽省亳州市中级人民法院刑事裁定书（〔2017〕皖 16 刑终 13 号）。

五原审被告人均已构成破坏易燃易爆设备罪。"[16]

根据刑法第118条和第119条第1款的规定，犯本罪，尚未造成严重后果的，处3年以上10年以下有期徒刑；造成严重后果的，处10年以上有期徒刑、无期徒刑或者死刑。

十八、过失损坏易燃易爆设备罪

过失损坏易燃易爆设备罪，是指过失损坏燃气或者其他易燃易爆设备，危害公共安全，造成严重后果的行为。

示例3-15 王某等过失损坏易燃易爆设备案

一审法院认为："被告人王某在不具备安全生产的条件下，安排没有特种作业操作资格证的被告人邓某违章操作挖掘机，在组织施工中疏忽大意，将煤气管道挖断后致煤气泄露，造成一人死亡、一人中毒的后果，二被告人的行为均已构成过失损坏易燃易爆设备罪。"[17]

根据刑法第119条第2款的规定，犯本罪的，处3年以上7年以下有期徒刑；情节较轻的，处3年以下有期徒刑或者拘役。

十九、组织、领导、参加恐怖组织罪

（一）组织、领导、参加恐怖组织罪的概念和构成

组织、领导、参加恐怖组织罪，是指组织、领导、参加恐怖活动组织的行为。

1. 本罪的客观要件为组织、领导或者参加恐怖活动组织。根据《反恐怖主义法》第3条的规定，所谓恐怖主义，是指通过暴力、破坏、恐吓等手段，制造社会恐慌、危害公共安全、侵犯人身财产，或者胁迫国家机关、国际组织，以实现其政治、意识形态等目的的主张和行为。所谓恐怖活动，是指恐怖主义性质的下列行为：(1)组织、策划、准备实施、实施造成或者意图造成人员伤亡、重大财产损失、公共设施损坏、社会秩序混乱等严重社会危害的活动的；(2)宣扬恐怖主义，煽动实施恐怖活动，或者非法持有宣扬恐怖主义的物品，强制他人在公共场所穿戴宣扬恐怖主义的服饰、标志

---

〔16〕"雷某等破坏易燃易爆设备案二审裁定书"，辽宁省辽河中级人民法院刑事裁定书(〔2016〕辽74刑终10号)。

〔17〕"王某等过失损坏易燃易爆设备案一审判决书"，河南省平顶山市汝州市人民法院刑事判决书(〔2014〕汝刑初字第274号)。

的；（3）组织、领导、参加恐怖活动组织的；（4）为恐怖活动组织、恐怖活动人员、实施恐怖活动或者恐怖活动培训提供信息、资金、物资、劳务、技术、场所等支持、协助、便利的；（5）其他恐怖活动。所谓恐怖活动组织，是指三人以上为实施恐怖活动而组成的犯罪组织。组织，是指组建、成立恐怖活动组织。领导，是指策划、指挥恐怖组织的具体活动。参加，是指加入恐怖活动组织，成为其中的一个成员。行为人实施组织、领导、参加行为之一的，即成立本罪。犯本罪同时实施杀人、爆炸、绑架等犯罪的，依照数罪并罚的规定处罚。

示例 3－16 阿某故意杀人罪、组织、领导恐怖组织罪、放火罪案

最高人民法院认为："被告人阿某受极端宗教思想影响，成立恐怖组织，策划、指挥组织成员实施暴力恐怖活动，故意剥夺他人生命，放火焚烧公私财物，其行为依法分别构成组织、领导恐怖组织罪、故意杀人罪和放火罪。"〔18〕

2. 本罪的主观要件为故意，且具有实施恐怖活动的目的。

（二）组织、领导、参加恐怖活动组织罪的处罚

根据刑法第 120 条的规定，犯本罪的，处 10 年以上有期徒刑或者无期徒刑，并处没收财产；积极参加的，处 3 年以上 10 年以下有期徒刑，并处罚金；其他参加的，处 3 年以下有期徒刑、拘役、管制或者剥夺政治权利，可以并处罚金。

二十、帮助恐怖活动罪

帮助恐怖活动罪，是指故意资助恐怖活动组织、实施恐怖活动的个人、恐怖活动的培训，或者为恐怖活动组织、实施恐怖活动或者恐怖活动培训招募、运送人员的行为。

本罪的客观要件为，帮助恐怖活动。具体有以下两种行为表现：（1）资助恐怖活动组织、实施恐怖活动的个人、恐怖活动的培训。所谓资助，是指为恐怖活动组织或者实施恐怖活动的个人筹集、提供经费、物资或者提供场所以及其他物质便利的行为。实施恐怖活动的个人，包括预谋实施、准备实施和实际实施恐怖活动的个人。资助，实际上是一种帮助行为，但立法者将其提升为实行行为，成为一种独立的犯罪形式。资助，应当限于物质资助，而不包括精神鼓励。（2）为恐怖活动组织、实施恐怖活动或者恐怖活动培训招募、运送人员。本罪的行为仅限于资助、招募或者运送人员，如果行为超出了资助、招募或者运送人员的范围，直接参与组织、领导、参加恐怖活动组织行为的，应以组织、领导、参加恐怖组织犯罪论处。

---

〔18〕"阿某故意杀人罪、组织、领导恐怖组织罪、放火罪案死刑复核裁定书"，最高人民法院刑事裁定书（〔2012〕刑二复 50411079 号）。

本罪的主观要件为故意,即明知是恐怖活动组织、实施恐怖活动的个人或者恐怖活动培训而予以资助或者招募、运送人员。

根据刑法第120条之一的规定,犯本罪的,处5年以下有期徒刑、拘役、管制或者剥夺政治权利,并处罚金;情节严重的,处5年以上有期徒刑,并处罚金或者没收财产。单位犯本罪的,对单位判处罚金,并对其直接负责的主管人员和其他直接责任人员,依照上述规定处罚。

二十一、准备实施恐怖活动罪

准备实施恐怖活动罪,是指为实施恐怖活动准备工具或者进行联络、培训、策划等准备活动的行为。

本罪的客观要件为为实施恐怖活动犯罪进行准备活动。具体有以下四种行为表现:(1)为实施恐怖活动准备凶器、危险物品或者其他工具;(2)组织恐怖活动培训或者积极参加恐怖活动培训;(3)为实施恐怖活动与境外恐怖活动或者人员联络;(4)为实施恐怖活动进行策划或者其他准备。犯本罪同时构成其他犯罪的,依照处罚较重的规定定罪处罚。本罪的主观要件为故意,即明知是恐怖活动而为其实施准备工具或者进行联络、培训、策划等准备活动。

根据刑法第120条之二的规定,犯本罪的,处5年以下有期徒刑、拘役、管制或者剥夺政治权利,并处罚金;情节严重的,处5年以上有期徒刑,并处罚金或者没收财产。

二十二、宣扬恐怖主义、极端主义、煽动实施恐怖活动罪

宣扬恐怖主义、极端主义、煽动实施恐怖活动罪,是指故意实施宣扬恐怖主义、极端主义,或者故意煽动他人实施恐怖活动的行为。

本罪的客观要件为以制作、散发宣扬恐怖主义、极端主义的图书、音频视频资料或者其他物品,或者通过讲授、发布信息等方式宣扬恐怖主义、极端主义,或者煽动实施恐怖活动。行为人只要实施宣扬恐怖主义、宣扬极端主义、煽动实施恐怖活动三种行为之一的,即可构成本罪,至于采用的手段,不影响本罪的构成。本罪的主观要件为故意,即明知是恐怖主义、极端主义而实施宣扬行为,或者明知是恐怖活动而煽动实施。

示例3-17　李某宣扬恐怖主义案

二审法院认为:"上诉人李某利用手机微信社交平台,向5个微信群共计449人,发布'斩首'暴恐音视频,其行为构成宣扬恐怖主义罪,应依法惩处。"[19]

---

〔19〕"李某宣扬恐怖主义案二审裁定书",新疆生产建设兵团第一师中级人民法院刑事裁定书(〔2017〕兵01刑终1号)。

根据刑法第120条之三的规定，犯本罪的，处5年以下有期徒刑、拘役、管制或者剥夺政治权利，并处罚金；情节严重的，处5年以上有期徒刑，并处罚金或者没收财产。

二十三、利用极端主义破坏法律实施罪

利用极端主义破坏法律实施罪，是指利用极端主义煽动、胁迫群众破坏国家法律确立的婚姻、司法、教育、社会管理等制度实施的行为。行为人本人并不直接实施破坏国家法律确立的婚姻、司法、教育、社会管理等制度的实施，而是利用极端主义煽动、胁迫群众去实施破坏行为。如果行为人本人直接实施破坏行为，则不构成本罪，而应构成其他犯罪。本罪的主观要件为故意，即明知其利用极端主义的煽动、胁迫行为会导致群众破坏国家法律确立的婚姻、司法、教育、社会管理等制度，仍然希望其煽动、胁迫的对象实施破坏国家法律确立的上述制度的行为。

根据刑法第120条之四的规定，犯本罪的，处3年以下有期徒刑、拘役或者管制，并处罚金；情节严重的，处3年以上7年以下有期徒刑，并处罚金；情节特别严重的，处7年以上有期徒刑，并处罚金或者没收财产。

二十四、强制穿戴宣扬恐怖主义、极端主义服饰、标志罪

强制穿戴宣扬恐怖主义、极端主义服饰、标志罪，是指强制他人在公共场所穿着、佩戴宣扬恐怖主义、极端主义的服饰、标志。对于强制的手段，没有限定，但要求实施强制的地点必须是公共场所，而且强制他人穿戴的必须是宣扬恐怖主义、极端主义的服饰、标志。本罪的主观要件为故意，即明知强制他人在公共场所穿着、佩戴的是宣扬恐怖主义、极端主义服饰、标志。

根据刑法第120条之五的规定，犯本罪的，处3年以下有期徒刑、拘役或者管制，并处罚金。

二十五、非法持有宣扬恐怖主义、极端主义物品罪

非法持有宣扬恐怖主义、极端主义物品罪，是指明知是宣扬恐怖主义、极端主义的图书、音频视频资料或者其他物品而非法持有，情节严重的行为。本罪的主观要件为故意，即明知自己持有的是宣扬恐怖主义、极端主义的物品。

示例3－18　夏某非法持有宣扬恐怖主义、极端主义物品案

夏某通过加入“暗网”QQ群，多次用电脑或手机下载宣扬恐怖主义、极端主义的视频、文档，共计22部，保存在电脑和手机里。对此，一审法院认为：“被告人夏某

某明知是宣扬恐怖主义、极端主义的物品而非法持有，情节严重，其行为已构成非法持有宣扬恐怖主义、极端主义物品罪。”[20]

根据刑法第120条之六的规定，犯本罪的，处3年以下有期徒刑、拘役或者管制，并处或者单处罚金。

二十六、劫持航空器罪

（一）劫持航空器罪的概念和构成要件

劫持航空器罪，是指以暴力、胁迫或者其他方法劫持航空器，危害航空运输安全的行为。

1. 本罪的客观要件为以暴力、胁迫或者其他方法劫持航空器。

（1）本罪的行为对象是正在飞行中或使用中的航空器。所谓航空器，是指各种运送旅客和运输物资的空中运输工具，通常是指飞机。根据使用目的不同，航空器可以分为民用航空器和国家航空器（用于军事、海关、警察部门的航空器）。作为本罪对象的航空器只能是民用航空器，不包括国家航空器。这是因为：一方面，本罪侵犯的法益是民用航空运输安全，而非泛泛的公共安全。劫持国家航空器的行为，侵犯的是特殊的国家法益，而非民用航空安全。对于这类行为，应由特别的军事刑法、特别刑法来调整。另一方面，从本罪的立法沿革来看，也不可能涵括劫持国家航空器的行为。旧刑法第100条仅规定了以反革命为目的的劫持飞机罪，对普通的劫持飞机犯罪没有作相应的规定。随着我国民用航空事业的迅猛发展，国内一些不法分子劫持民航飞机出逃境外的事件时有发生，严重危害民用航空运输安全。为有效打击这种犯罪，保护旅客的生命财产安全，加强国际反劫机犯罪的合作，我国政府相继加入了关于防止劫持航空器的三大国际公约，即《关于在航空器内犯罪和其他某些行为的公约》（以下简称《东京公约》）、《关于制止非法劫持航空器的公约》（以下简称《海牙公约》）和《关于制止危害民用航空安全的非法行为的公约》（以下简称《蒙特利尔公约》）。1992年12月28日全国人大常委会通过了《关于惩治劫持航空器的犯罪分子的决定》，对旧刑法的规定作了重大修改，根据国际公约的要求重新设定了劫机犯罪的罪刑规范。1997年修订刑法时立法机关将上述决定的内容予以吸收，纳入现行刑法典。因此，在对本罪的行为对象进行阐释时，不能不考虑设立本罪的立法背景和立法目的。换言之，基于本罪源于有关的国际公约的事实，作为本罪的行为对象亦应限定于公约的规定，而三大公约均无例外地规定——“本公约不适用

[20] “夏某某非法持有宣扬恐怖主义、极端主义物品案一审判决书”，浙江省绍兴市越城区人民法院刑事判决书（〔2016〕浙0602刑初1390号）。

于供军事、海关或者警察使用的航空器"。这一规定不仅仅是刑事管辖权的问题，而且还涉及了犯罪构成要件的问题。

关于"正在飞行中"或者"正在使用中"，根据《东京公约》第1条第3款的规定，是指"航空器从其开动马力起飞到着陆冲程完毕这一时间，都应被认为是在飞行中"；根据《海牙公约》第3条第1款的规定，是指"航空器从装载完毕、机舱外部各门均已关闭时起，直至打开任一机舱门以便卸载时为止，应被认为是在飞行中。航空器强迫降落时，在主管当局接管对该航空器及其所载人员和财产的责任前，应被认为仍在飞行中"；根据《蒙特利尔公约》第2条的规定，是指"航空器从装载完毕、机舱外部各门均已关闭时起，直至打开任一机舱门以便卸载时为止，应被认为是在飞行中；航空器强迫降落时，在主管当局接管对该航空器及其所载人员和财产的责任前，应被认为仍在飞行中。从地面人员或机组为某一特定飞行而对航空器进行飞行前的准备时起，直到降落后24小时止，该航空器应被认为是在使用中；在任何情况下，使用的期间应包括本条第1款所规定的航空器是在飞行中的整个时间。"显然，上述三个公约的规定，并不完全一致，而是呈现不断明确、递次扩大的趋势。由于这三个公约我国都已经加入，因而应根据相对更为严格的《蒙特利尔公约》规定的标准来解释"正在飞行中"或"正在使用中"。

（2）本罪的行为方式是使用暴力、威胁或者其他方法劫持航空器。所谓暴力，是指对他人使用有形力，并足以抑制其反抗。例如，杀伤、殴打、捆绑机组人员，使其不敢反抗、被迫服从。所谓胁迫，是指以使他人产生恐怖心理为目的，以恶害相通知为内容，并且足以抑制对方反抗。例如，以炸毁飞机、枪杀旅客等恶害相威胁，强迫机组人员服从其命令。胁迫的内容，应当限于暴力侵害，且能够立即付诸实施。非暴力胁迫，如揭发隐私、举报犯罪、日后报复等，不包括在内。所谓其他方法，是指与暴力、胁迫性质相当，使航空器上的机组人员或者其他人员不能反抗、不敢反抗或者不知反抗。例如，投放麻醉药，使机组人员丧失反抗能力等。所谓劫持，主要有两种情形：一是劫夺航空器，行为人直接驾驶或者操作航空器；二是强迫航空器驾驶、操作人员听从自己的指挥，从而控制航空器的起飞、航行线路、速度与降落地点。行为人控制了航空器，构成本罪的既遂。

2. 本罪的主观要件为故意，即明知劫持航空器的行为会发生危害航空安全的结果，并且希望或者放任这种结果的发生。行为人的动机多种多样，但动机如何不影响本罪的成立。

（二）劫持航空器罪的处罚

根据刑法第121条的规定，犯本罪的，处10年以上有期徒刑或者无期徒刑；致人重伤、死亡或者使航空器遭受严重破坏的，处死刑。这里的"致人重伤、死亡"，不仅包括劫机行为过失致人重伤、死亡，而且包括故意致人重伤与故意杀人；不仅包括劫机行为导致机组人员重伤、死亡，而且包括导致乘客重伤、死亡。

二十七、劫持船只、汽车罪

劫持船只、汽车罪，是指使用暴力、胁迫或者其他方法劫持船只、汽车，危害公共安全的行为。本罪的行为对象是正在使用中的船只、汽车。船只，是指能航行或停泊于水域进行运输或作业的交通工具。汽车，是指以可燃气体作动力，具有四个或四个以上车轮，不依靠轨道或架线而在陆地行驶的运输工具。行为结果，必须危害或威胁到公共安全。本罪的主观要件为故意，即明知自己劫持船只、汽车的行为会危害公共安全，并且希望或者放任这种结果的发生。

示例3－19 任某劫持船只、妨害公务案

二审法院认为："上诉人任某为抢占海域捕捞权，谋求不正当经济利益，指使他人以暴力、胁迫手段劫持船只，其行为已构成劫持船只罪，应予惩处。"[21]

根据刑法第122条的规定，犯本罪的，处5年以上10年以下有期徒刑；造成严重后果的，处10年以上有期徒刑或者无期徒刑。

二十八、暴力危及飞行安全罪

暴力危及飞行安全罪，是指对飞行中的航空器上的人员使用暴力，危及飞行安全的行为。本罪的行为对象是航空器上的人员，而非航空器本身。行为方式限于暴力，但其程度较劫持航空器罪的暴力要低。行为结果，并不要求暴力行为造成现实的侵害结果，但必须危及飞行安全。行为人以杀人、伤害等罪的故意，对飞行中的航空器上的人员使用暴力，危及飞行安全的，属于想象竞合犯，应从一重论处。本罪的主观要件为故意，即明知自己的暴力行为会危及飞行安全，并且希望或者放任这种结果的发生。实践中，行为人通常并不具有控制航空器的目的。行为人以劫持航空器的故意，对飞行中的航空器上的人员使用暴力，非法控制航空器的，应认定为劫持航空器罪。

根据刑法第123条的规定，犯本罪的，处5年以下有期徒刑或者拘役；造成严重后果的，处5年以上有期徒刑。

二十九、破坏广播电视设施、公用电信设施罪

破坏广播电视设施、公用电信设施罪，是指故意破坏广播电视设施、公用电信设

---

〔21〕“任某劫持船只、妨害公务案二审裁定书”，天津市第二中级人民法院刑事裁定书（〔2017〕津02刑终217号）。

施,危害公共安全的行为。本罪的行为对象是正在使用或者已经交付使用的广播电视、公用电信设施。广播电视设施,是指发射无线电广播信号的发射台站,传播新闻信息的电视发射台、转播台等。公用电信设施,是指公用电报、电话及其他通讯设施。没有安装完毕、没有交付使用或者已经报废的广播电视设施、公用电信设施不能成为本罪对象。本罪的行为方式是实施破坏行为,包括使上述设施毁损或者丧失应有性能。本罪的行为结果是造成危害公共安全的具体危险,但不要求造成侵害结果。故意破坏正在使用的广播电视、公用电信设施尚未危害公共安全,或者故意毁坏尚未投入使用的广播电视、公用电信设施,造成财物损失数额较大或者有其他严重情节的,以故意毁坏财物罪定罪处罚。盗窃广播电视、公用电信设施价值不大,但是构成危害公共安全犯罪的,以破坏广播电视设施、公用电信设施罪定罪处罚。盗窃公用电信设施同时构成盗窃罪和破坏广播电视设施、公用电信设施罪的,依照处罚较重的规定定罪处罚。本罪的主观要件为故意,过失不构成本罪。

示例 3-20 王某等破坏公用电信设施罪案

二审法院认为:"上诉人王某、周某在未取得电信设备进网许可和无线电发射设备型号核准的情况下,通过非法占用公众移动通信频率,强行向不特定的手机用户发送广告短信,致使公众手机与正常网络连接中断,破坏正在使用的公用电信设施,且已达到危害公共安全的程度,其行为已构成破坏公用电信设施罪,且系共同犯罪。"〔22〕

根据刑法第 124 条第 1 款的规定,犯本罪的,处 3 年以上 7 年以下有期徒刑;造成严重后果的,处 7 年以上有期徒刑。

三十、过失损坏广播电视设施、公用电信设施罪

过失损坏广播电视设施、公用电信设施罪,是指过失损坏广播电视设施、公用电信设施,危害公共安全,并且造成严重后果的行为。

示例 3-21 张某等过失损坏广播电视设施、公用电信设施案

"被告人张某、蔡某在施工过程中,由于疏忽大意,将正在使用的光缆挖断,造成省级以上广播电视传输网内的设施无法使用 3 小时以上,其行为已构成过失损坏广播电视设

〔22〕 "王某等破坏公用电信设施罪案二审裁定书",江苏省连云港市中级人民法院刑事裁定书(〔2014〕连刑终字第 00137 号)。

施、公用电信设施罪。”〔23〕

根据刑法第119条第2款的规定，犯本罪的，处3年以上7年以下有期徒刑；情节较轻的，处3年以下有期徒刑或者拘役。

三十一、非法制造、买卖、运输、邮寄、储存枪支、弹药、爆炸物罪

(一)非法制造、买卖、运输、邮寄、储存枪支、弹药、爆炸物罪的概念和构成要件

非法制造、买卖、运输、邮寄、储存枪支、弹药、爆炸物罪，是指违反国家有关枪支、弹药、爆炸物管理法规，擅自制造、买卖、运输、邮寄、储存枪支、弹药、爆炸物，危害公共安全的行为。

1. 本罪的客观要件为非法制造、买卖、运输、邮寄、储存枪支、弹药、爆炸物，危害公共安全。

(1)本罪的行为对象是枪支、弹药、爆炸物。根据《枪支管理法》第46条的规定，所谓枪支，是指以火药或者压缩气体等为动力，利用管状器具发射金属弹丸或者其他物质，足以致人伤亡或者丧失知觉的各种枪支。具体包括军用的手枪、步枪、冲锋枪和机枪，射击运动用的各种枪支，狩猎用的有膛线枪、散弹枪、火药枪，麻醉动物用的注射枪，以及能发射金属弹丸的气枪等。所谓弹药，是指上述枪支所使用的子弹、火药等。所谓爆炸物，是指含有火药、炸药或其他装填物，具有较大爆破性或杀伤性的物品。具体包括手榴弹、枪榴弹、航空炸弹、火箭弹、导弹、鱼雷、水雷、地雷、爆破筒、爆破药包等。

示例3-22　庄某非法买卖枪支案

一审法院认为：“本案中缴获的3支枪支经鉴定为自制转轮手枪，系以火药为动力发射弹丸的非军用枪，检验过程中亦有体现3支枪支以弹内火药为动力可发射自制小口径弹，且击发、发射动作可靠，符合司法解释关于构罪枪支的规定。”〔24〕

(2)本罪的行为方式是非法制造、买卖、运输、邮寄、储存枪支、弹药、爆炸物。所谓非法制造，是指违反有关法规，擅自制造(包括改装、配装)枪支、弹药、爆炸物。所

〔23〕“张某等过失损坏广播电视设施、公用电信设施案一审判决书”，河北省沧州市新华区人民法院刑事判决书(〔2016〕冀0902刑初166号)。

〔24〕“庄某非法买卖枪支案一审判决书”，福建省厦门市翔安区人民法院刑事判决书(〔2010〕翔刑初字第264号)。

谓非法买卖,是指违反有关法规,擅自购买或者销售枪支、弹药、爆炸物。所谓非法运输,是指违反有关法规,擅自转移枪支、弹药、爆炸物存放地。非法运输行为应当与非法制造、买卖行为相关联,即明知是他人非法制造的枪支、弹药或爆炸物,而将其非法运送至目的地,或者将枪支、弹药或爆炸物运送至目的地,以便非法销售。所谓非法邮寄,是指违反有关法规,通过邮政部门寄送枪支、弹药、爆炸物。邮寄与运输的区别,在于运输方式的不同:一个是通过邮政系统,一个是通过交通工具。此外,运输一般较邮寄的数量更多。所谓非法储存,是指违反有关法规,非法存放枪支、弹药、爆炸物。非法储存行为应当与非法制造、买卖、运输、邮寄行为相关联。不过,司法解释却并不要求这一点,而是对其作了相当宽泛的解释。根据最高人民法院 2001 年 5 月 15 日公布、2009 年 11 月 9 日修正的《关于审理非法制造、买卖、运输枪支、弹药、爆炸物等刑事案件具体应用法律若干问题的解释》(以下简称《枪支解释》)第 8 条第 1 款的规定,所谓非法储存,是指明知是他人非法制造、买卖、运输、邮寄的枪支、弹药而为其存放的行为,或者非法存放爆炸物的行为。介绍买卖枪支、弹药、爆炸物的,以买卖枪支、弹药、爆炸物罪的共犯论处。

2. 本罪的主观要件为故意,即明知是枪支、弹药、爆炸物而非法制造、买卖、运输、邮寄或者储存。

(二)非法制造、买卖、运输、邮寄、储存枪支、弹药、爆炸物罪的处罚

根据刑法第 125 条第 1 款和第 3 款的规定,犯本罪的,处 3 年以上 10 年以下有期徒刑;情节严重的,处 10 年以上有期徒刑、无期徒刑或者死刑。单位犯本罪的,对单位判处罚金,并对其直接负责的主管人员和其他直接责任人员,依照上述规定的法定刑处罚。

根据《枪支解释》第 1 条第 1 款的规定,具有下列情形之一的,以本罪论处:(1)非法制造、买卖、运输、邮寄、储存军用枪支 1 支以上的;(2)非法制造、买卖、运输、邮寄、储存以火药为动力发射枪弹的非军用枪支 1 支以上或者以压缩气体等为动力的其他非军用枪支 2 支以上的;(3)非法制造、买卖、运输、邮寄、储存军用子弹 10 发以上、气枪铅弹 500 发以上或者其他非军用子弹 100 发以上的;(4)非法制造、买卖、运输、邮寄、储存手榴弹 1 枚以上的;(5)非法制造、买卖、运输、邮寄、储存爆炸装置的;(6)非法制造、买卖、运输、邮寄、储存炸药、发射药、黑火药 1 千克以上或者烟火药 3 千克以上、雷管 30 枚以上或者导火索、导爆索 30 米以上的;(7)具有生产爆炸物品资格的单位不按照规定的品种制造,或者具有销售、使用爆炸物品资格的单位超过限额买卖炸药、发射药、黑火药 10 千克以上或者烟火药 30 千克以上、雷管 300 枚以上或者导火索、导爆索 300 米以上的;(8)多次非法制造、买卖、运输、邮寄、储存弹药、爆炸物的;(9)虽未达到上述最低数量标准,但具有造成严重后果等其他恶劣情节的。

根据《枪支解释》第1条第2款的规定，具有下列情形之一的，应当认定为“情节严重”：(1)非法制造、买卖、运输、邮寄、储存枪支、弹药、爆炸物的数量达到本解释第1条第1、2、3、6、7项规定的最低数量标准5倍以上的；(2)非法制造、买卖、运输、邮寄、储存手榴弹3枚以上的；(3)非法制造、买卖、运输、邮寄、储存爆炸装置，危害严重的；(4)达到本解释第1条规定的最低数量标准，并具有造成严重后果等其他恶劣情节的。

根据《枪支解释》第7条的规定，非法制造、买卖、运输、邮寄、储存、盗窃、抢夺、持有、私藏、携带成套枪支散件的，以相应数量的枪支计；非成套枪支散件以每30件为1成套枪支散件计。根据《枪支解释》第9条的规定，因筑路、建房、打井、整修宅基地和土地等正常生产、生活需要，或者因从事合法的生产经营活动而非法制造、买卖、运输、邮寄、储存爆炸物，数量达到本解释第1条规定标准，没有造成严重社会危害，并确有悔改表现的，可依法从轻处罚；情节轻微的，可以免除处罚。具有前款情形，数量虽达到本解释第2条规定标准的，也可以不认定为刑法第125条第1款规定的“情节严重”。

示例3-23 徐某非法买卖爆炸物案

最高人民法院经复核认为：“被告人徐某违反国家关于爆炸物品管理规定，未经国家有关部门批准，私自购买炸药、雷管、导火索，其行为已构成非法买卖爆炸物罪，且情节严重，应依法惩处。鉴于被告人徐某购买爆炸物确因生产所需，未造成严重社会危害，且归案后认罪态度较好，有悔改表现，虽不具有法定减轻处罚情节，但根据本案的具体情况，可以在法定刑以下判处刑罚。”[25]

三十二、非法制造、买卖、运输、储存危险物质罪

非法制造、买卖、运输、储存危险物质罪，是指非法制造、买卖、运输、储存毒害性、放射性、传染病病原体等物质，危害公共安全的行为。本罪的行为对象是毒害性、放射性、传染病病原体等物质，如国家明令禁止的毒鼠强、氟乙酰胺、氟乙酸钠、毒鼠硅、甘氟等。本罪的主观要件为故意，即明知非法制造、买卖、运输、储存危险物质会危害公共安全，并且希望或者放任这种结果的发生。

示例3-24 王某等非法买卖、储存危险物质案

一审法院认为：“被告人王某、金某、孙某、钟某、周某在未取得剧毒化学品使用许可证的情况下，违反国务院《危险化学品安全管理条例》等规定，明知氰化钠是剧毒化学品

---

〔25〕“徐某非法买卖爆炸物案复核裁定书”，载《刑事审判参考》2005年第5集，指导案例第360号。

仍非法买卖、储存,危害公共安全,其行为均已构成非法买卖、储存危险物质罪,且系共同犯罪。"[26]

根据刑法第125条第2款和第3款的规定,犯本罪的,处3年以上10年以下有期徒刑;情节严重的,处10年以上有期徒刑、无期徒刑或者死刑。单位犯本罪的,对单位判处罚金,并对其直接负责的主管人员和其他直接责任人员,依照上述规定处罚。

三十三、违规制造、销售枪支罪

违规制造、销售枪支罪,是指依法被指定、确定的枪支制造企业、销售企业违反枪支管理规定,擅自制造、销售枪支的行为。本罪的行为主体是依法被指定、确定的枪支制造企业或销售企业,其他企业或者个人非法制造、销售枪支的,构成非法制造、买卖枪支罪。本罪的行为方式是非法制造、销售枪支。具体有三种类型:(1)以非法销售为目的,超过限额或者不按照规定的品种制造、配售枪支;(2)以非法销售为目的,制造无号、重号、假号的枪支;(3)非法销售枪支或者在境内销售为出口制造的枪支。本罪的主观要件为故意,并且具有非法销售的目的。

根据刑法第126条的规定,犯本罪的,对单位判处罚金,并对其直接负责的主管人员和其他直接责任人员,处5年以下有期徒刑;情节严重的,处5年以上10年以下有期徒刑;情节特别严重的,处10年以上有期徒刑或者无期徒刑。

根据《枪支解释》第3条的规定,具有下列情形之一的,以违规制造、销售枪支罪定罪处罚:(1)违规制造枪支5支以上的;(2)违规销售枪支2支以上的;(3)虽未达到上述最低数量标准,但具有造成严重后果等其他恶劣情节的。

具有下列情形之一的,属于"情节严重":(1)违规制造枪支20支以上的;(2)违规销售枪支10支以上的;(3)达到本条第1款规定的最低数量标准,并具有造成严重后果等其他恶劣情节的。具有下列情形之一的,属于"情节特别严重":(1)违规制造枪支50支以上的;(2)违规销售枪支30支以上的;(3)达到本条第2款规定的最低数量标准,并具有造成严重后果等其他恶劣情节的。

三十四、盗窃、抢夺枪支、弹药、爆炸物、危险物质罪

盗窃、抢夺枪支、弹药、爆炸物、危险物质罪,是指以非法占有为目的,盗窃、抢夺枪支、弹药、爆炸物的,或者盗窃、抢夺毒害性、放射性、传染病病原体等危险物质,危害公共安全的行为。所谓盗窃,是指采取自认为不被发觉的方法,秘密窃取枪支、弹

〔26〕"王某等非法买卖、储存危险物质案一审判决书",浙江省绍兴市越城区人民法院刑事判决书(〔2011〕绍越刑初字第205号)。

药、爆炸物、危险物质。所谓抢夺，是指乘人不备，公然夺取枪支、弹药、爆炸物、危险物质。本罪的主观要件为故意，并且具有非法占有的目的。行为人意图窃取普通财物但实际窃取枪支、弹药的，不构成本罪，而应认定为盗窃罪；发现所盗物品是枪支、弹药后又非法持有、私藏的，则另构成非法持有、私藏枪支、弹药罪，应当实行数罪并罚。

根据刑法第127条的规定，犯本罪的，处3年以上10年以下有期徒刑；情节严重的，处10年以上有期徒刑、无期徒刑或者死刑。盗窃、抢夺国家机关、军警人员、民兵的枪支、弹药、爆炸物的，处10年以上有期徒刑、无期徒刑或者死刑。

根据《枪支解释》第4条的规定，具有下列情形之一的，以盗窃、抢夺枪支、弹药、爆炸物罪定罪处罚：(1)盗窃、抢夺以火药为动力的发射枪弹非军用枪支1支以上或者以压缩气体等为动力的其他非军用枪支2支以上的；(2)盗窃、抢夺军用子弹10发以上、气枪铅弹500发以上或者其他非军用子弹100发以上的；(3)盗窃、抢夺爆炸装置的；(4)盗窃、抢夺炸药、发射药、黑火药1千克以上或者烟火药3千克以上、雷管30枚以上或者导火索、导爆索30米以上的；(5)虽未达到上述最低数量标准，但具有造成严重后果等其他恶劣情节的。

具有下列情形之一的，属于"情节严重"：(1)盗窃、抢夺枪支、弹药、爆炸物的数量达到本解释第1条第1款规定的最低数量标准5倍以上的；(2)盗窃、抢夺军用枪支的；(3)盗窃、抢夺手榴弹的；(4)盗窃、抢夺爆炸装置，危害严重的；(5)达到本解释第1条第1款规定的最低数量标准，并具有造成严重后果等其他恶劣情节的。

示例3-25 王某等故意杀人、盗窃枪支、玩忽职守案

重审二审法院认为："被告人邓某为报复他人，采取秘密手段窃取军事机关枪支后，交给王某杀人，致使四人被杀害，并参与王某杀死二人的行为，其行为分别构成盗窃枪支罪、故意杀人罪，犯盗窃枪支罪情节特别严重，依法应予严惩。"〔27〕

三十五、抢劫枪支、弹药、爆炸物、危险物质罪

抢劫枪支、弹药、爆炸物、危险物质罪，是指以非法占有为目的，抢劫枪支、弹药、爆炸物的，或者抢劫毒害性、放射性、传染病病原体等危险物质，危害公共安全的行为。

根据刑法第127条第2款的规定，犯本罪的，处10年以上有期徒刑、无期徒刑或者死刑。

---

〔27〕"王某等故意杀人、盗窃枪支、玩忽职守案重审二审裁定书"，湖北省高级人民法院刑事裁定书(〔1998〕鄂刑一终字第112号)。

三十六、非法持有、私藏枪支、弹药罪

(一)非法持有、私藏枪支、弹药罪的概念和构成要件

非法持有、私藏枪支、弹药罪,是指违反有关法规,非法持有、私藏枪支、弹药的行为。

1. 本罪的客观要件为非法持有、私藏枪支、弹药。所谓非法持有,是指没有合法根据地实际占有或控制枪支、弹药。私藏,是指私下藏匿,属于非法持有的一种方式。但司法解释认为持有和私藏不是包含与被包含的关系,而是并列关系。根据《枪支解释》第2款和第3款的规定,"非法持有",是指不符合配备、配置枪支、弹药条件的人员,违反枪支管理法律、法规的规定,擅自持有枪支、弹药的行为。"私藏",是指依法配备、配置枪支、弹药的人员,在配备、配置枪支、弹药的条件消除后,违反枪支管理法律、法规的规定,私自藏匿所配备、配置的枪支、弹药且拒不交出的行为。不过,这种严格区分并无必要,因为持有和私藏是具有相同性质的违法行为。枪支、弹药的来源没有限制,无论是赠与、拾遗、保管或者其他方式获得的,均不影响持有的认定。不过,如果是非法制造、买卖枪支后又持有、私藏的,应以非法制造、买卖枪支、弹药罪论处,不实行数罪并罚。

2. 本罪的主观要件为故意,即明知是枪支、弹药而予以持有、私藏。

(二)非法持有枪支、弹药罪的认定

1. 正确区分罪与非罪的界限。根据《枪支解释》第5条第1款的规定,具有下列情形之一的,以非法持有、私藏枪支、弹药罪定罪处罚:(1)非法持有、私藏军用枪支1支的;(2)非法持有、私藏以火药为动力发射枪弹的非军用枪支1支或者以压缩气体等为动力的其他非军用枪支2支以上的;(3)非法持有、私藏军用子弹20发以上,气枪铅弹1000发以上或者其他非军用子弹200发以上的;(4)非法持有、私藏手榴弹1枚以上的;(5)非法持有、私藏的弹药造成人员伤亡、财产损失的。

2. 正确区分非法持有、私藏枪支、弹药罪与非法储存枪支、弹药罪的界限。非法持有、私藏和非法储存都是非法保存、控制、支配枪支、弹药,因而极易混淆。二者的界限主要有:(1)与上下游行为的关系不同。非法持有、私藏枪支、弹药的行为,通常根据现有证据难以证实枪支、弹药来源于非法制造或买卖行为;而非法储存枪支、弹药的行为则与非法制造、买卖枪支、弹药的行为具有直接关联。(2)涉及的枪支、弹药的数量不同。行为人非法保存的枪支、弹药数量有限的,可以认定为非法持有、私藏;而非法保存、控制大量的枪支、弹药的,则可以推定与非法制造、销售有直接关联,可以认定为非法储存枪支、弹药。

(三)非法持有、私藏枪支、弹药罪的处罚

根据刑法第128条第1款的规定,犯本罪的,处3年以下有期徒刑、拘役或者管制;情节严重的,处3年以上7年以下有期徒刑。

根据《枪支解释》第5条第2款的规定，具有下列情形之一的，属于“情节严重”：(1)非法持有、私藏军用枪支2支以上的；(2)非法持有、私藏以火药为动力发射枪弹的非军用枪支2支以上或者以压缩气体等为动力的其他非军用枪支5支以上的；(3)非法持有、私藏军用子弹100发以上，气枪铅弹5000发以上或者其他非军用子弹1000发以上的；(4)非法持有、私藏手榴弹3枚以上的；(5)达到本条第1款规定的最低数量标准，并具有造成严重后果等其他恶劣情节的。

三十七、非法出租、出借枪支罪

非法出租、出借枪支罪，是指依法配备公务用枪的人员或单位，非法出租、出借枪支，或者依法配置枪支的人员或单位，非法出租、出借枪支，造成严重后果的行为。

本罪的行为方式有以下两种类型：(1)依法配备公务用枪的人员或单位，非法出租、出借枪支。根据《枪支管理法》第5条第1款和第2款的规定，公安机关、国家安全机关、监狱、劳动教养机关的人民警察，人民法院的司法警察，人民检察院的司法警察和担负案件侦查任务的检察人员，海关的缉私人员，在依法履行职责时确有必要使用枪支的，可以配备公务用枪。国家重要的军工、金融、仓储、科研等单位的专职守护、押运人员在执行守护、押运任务时确有必要使用枪支的，可以配备公务用枪。所谓非法出租，是指违反法律规定，擅自将依法配备的公务用枪有偿提供给他人使用的行为。所谓非法出借，是指违反法律规定，擅自将依法配备的公务用枪无偿提供给他人使用的行为。擅自将依法配备的公务用枪赠与他人的，可以视为永久性无偿提供给他人使用，应认定为非法出借枪支。依法配备公务用枪的人员，违反法律规定，将公务用枪用作借债质押物，使枪支处于非依法持枪人的控制、使用之下的，成立非法出借枪支罪；接受枪支质押的人员，成立非法持有枪支罪。非法出租、出借的对象应是没有配备公务用枪资格的人员或单位，将公务用枪出租、出借给其他具有配备公务用枪资格的人员或单位的，不构成本罪。(2)依法配置枪支的人员或单位，非法出租、出借枪支，造成严重后果。根据《枪支管理法》第6条第1款和第2款的规定，下列单位可以配置枪支：一是经省级人民政府体育行政主管部门批准专门从事射击竞技体育运动的单位、经省级人民政府公安机关批准的营业性射击场，可以配置射击运动枪支；二是经省级以上人民政府林业行政主管部门批准的狩猎场，可以配置猎枪；三是野生动物保护、饲养、科研单位因业务需要，可以配置猎枪、麻醉注射枪。猎民在猎区、牧民在牧区，可以申请配置猎枪。依法配置枪支的人员或单位，只有非法出租、出借枪支，造成严重后果的，才能构成本罪。

本罪的主观要件为故意，即明知非法出租、出借枪支的行为违反法律规定，却仍然予以出租、出借。

根据刑法第128条的规定，犯本罪的，处3年以下有期徒刑、拘役或者管制；情节严重的,处3年以上7年以下有期徒刑。单位犯本罪的,对单位判处罚金,并对其直接负责的主管人员和其他直接责任人员,依照上述法定刑处罚。

三十八、丢失枪支不报罪

丢失枪支不报罪,是指依法配备公务用枪的人员,丢失枪支不及时报告,造成严重后果的行为。

本罪的行为主体是依法配备公务用枪的人员,不包括依法配置枪支的人员。行为方式是丢失枪支不及时报告,包括丢失枪支后根本没有报告和丢失枪支后迟延报告。根据《枪支管理法》第25条的规定,配备、配置枪支的单位和个人,枪支被盗、被抢或者丢失的,应当立即报告公安机关。据此,依法配备公务用枪的人员丢失枪支后负有及时报告的义务,没有履行这一义务的,则是一种不作为。本罪的行为结果是造成严重后果,如枪支被不法分子用于实施违法犯罪活动,进而造成严重后果的。本罪是结果犯;如果丢失枪支后,虽未及时报告,但也未造成严重后果,则不构成犯罪。

本罪的主观要件为故意,即明知自己丢失枪支不及时报告的行为,会导致有关国家机关不能及时知道枪支丢失,使枪支继续处于失控状态,并且希望或者放任这种结果发生。关于本罪的主观内容,主要存在以下三种观点:(1)故意说,即认为本罪归责的对象是不及时报告的行为,就此而言,行为人显然是故意;(2)过失说,即认为本罪归责的根据是造成严重后果,就此而言,行为人应当是过失;(3)过失与间接故意并存说,即认为对于严重结果而言,行为人的心理状态既可能是过失,也可能是间接故意。本书赞同第一种观点。罪过的心理结构包括认识因素和意志因素两个层面的内容,其中,认识因素,既包括对危害行为的认知,也包括对危害结果的认知;意志因素,则是指对危害行为可能造成的危害结果的心理态度,而非任何结果的心理态度。就丢失枪支不报告而言,行为人对丢失枪支的行为是明知的,对不报告的行为是有意的,对不报告行为造成的枪支失控的状态也是清楚的,因而其对此的心理态度应是故意。但是,对于枪支可能被不法分子利用,进而造成更加严重的危害结果,则并非行为人的不报告行为直接造成的,而是不法分子直接造成的。行为人对自己的不报告行为能够有效控制,但对不法分子将枪支用于违法犯罪行为却无法控制,因而属于"客观的超过要素",无须判断行为人对此的心理态度。

根据刑法第129条的规定,犯本罪的,处3年以下有期徒刑或者拘役。

三十九、非法携带枪支、弹药、管制刀具、危险物品危及公共安全罪

非法携带枪支、弹药、管制刀具、危险物品危及公共安全罪,是指非法携带枪支、弹药、管制刀具或者爆炸性、易燃性、放射性、毒害性、腐蚀性物品,进入公共场所或

者公共交通工具,危及公共安全,情节严重的行为。

所谓携带,是指在进入公共场所或者公共交通工具时,将枪支、弹药、管制刀具及其他危险物品带在身上或者置于身边,使其置于现实的支配之下。所谓管制刀具,是指国家依法进行管控,只能由特定人员持有、使用,禁止私自生产、买卖、持有的刀具,如匕首、三棱刮刀、弹簧刀以及类似的单刃刀、双刃刀和三棱尖刀等。所谓公共场所,是指公众进行公开活动的场所,如商场、影剧院、体育场、街道等。所谓交通工具,是指火车、汽车、轮船、飞机、长途客车、公共汽车等。本罪是具体危险犯,需要根据携带物品的种类、数量、杀伤力的强弱,公共场所与公共交通工具的特点,携带的方式、方法、次数,以及形成的危险状态等判断携带行为是否危及公共安全。除危及公共安全外,成立本罪,还要求情节严重。

示例 3-26　王某非法携带危险物品危及公共安全案

一审法院认为:"被告人王某明知汽油乃易燃的危险物品,而非法携带进入公共交通工具,危及公共安全,且情节严重,其行为已构成非法携带危险物品危及公共安全罪。"〔28〕

本罪的主观要件为故意,即明知是枪支、弹药、管制刀具或者其他危险物品,并且明知自己进入了公共场所或者公共交通工具而仍然携带。

携带是持有的一种表现形式,因而本罪与非法持有枪支、弹药罪存在交叉。非法携带枪支、弹药进入公共场所或者公共交通工具的行为,是一种特殊的持有行为,即在特定场所非法持有。对此,应当根据特别法优先原则,认定为本罪,不能认定为非法持有枪支、弹药罪。对于行为人先是非法携带枪支、弹药,后又进入公共场所或者公共交通工具的,应当根据场所不同作出不同的认定:在非特定场所携带枪支、弹药的,构成非法持有枪支、弹药罪;在特定场所携带枪支、弹药的,构成非法携带枪支、弹药危及公共安全罪。对此,原则上应当数罪并罚。

根据刑法第 130 条的规定,犯本罪的,处 3 年以下有期徒刑、拘役或者管制。根据《枪支解释》第 6 条的规定,具有下列情形之一的,属于"情节严重":(1)携带枪支或者手榴弹的;(2)携带爆炸装置的;(3)携带炸药、发射药、黑火药 500 克以上或者烟火药 1 千克以上、雷管 20 枚以上或者导火索、导爆索 20 米以上的;(4)携带的弹药、爆炸物在公共场所或者公共交通工具上发生爆炸或者燃烧,尚未造成严重后果的;(5)具有其他严重情节的。

---

〔28〕"王某非法携带危险物品危及公共安全案一审判决书",成都铁路运输法院刑事判决书(〔2010〕成铁刑初字第 54 号)。

四十、重大飞行事故罪

重大飞行事故罪，是指航空人员违反规章制度，致使发生重大飞行事故，造成严重后果的行为。

本罪的行为主体是航空人员。所谓航空人员，是指从事民用航空活动的空勤人员和地面人员。空勤人员包括驾驶员、领航员、飞行机械人员、飞行通信员、乘务员；地面人员包括民用航空器维修人员、空中交通管制员、飞行签派员、航空电台通信员、本罪的行为方式是违反规章制度，致使发生重大飞行事故。所谓违反规章制度，是指违反对民用航空器的维修、操作管理、空域管理、运输管理及安全飞行管理等方面的规章制度。所谓重大飞行事故，是指在航空器飞行过程中发生的航空器严重毁坏、破损造成人身伤亡的事件等。本罪的行为结果是造成了严重后果。所谓造成严重后果，是指造成人员重伤死亡或者航空器严重损坏以及承运的货物毁坏等重大损失的情形。本罪的主观要件为过失，即对于自己违反规章制度的行为可能发生重大飞行事故、造成严重后果具有预见可能性而没有预见，或者已经预见但轻信能够避免。

示例 3-27　齐某重大飞行事故罪案

二审法院认为："上诉人齐某作为客运航班当班机长，违反航空运输管理的有关规定，违规操纵飞机实施进近着陆，致使飞机坠毁，造成多人伤亡和重大经济损失，其行为已构成重大飞行事故罪。"〔29〕

根据刑法第 131 条的规定，犯本罪的，处 3 年以下有期徒刑或者拘役；造成飞机坠毁或者人员死亡的，处 3 年以上 7 年以下有期徒刑。

四十一、铁路运营安全事故罪

铁路运营安全事故罪，是指铁路职工违反规章制度，致使发生铁路运营安全事故，造成严重后果的行为。

根据刑法第 132 条的规定，犯本罪的，处 3 年以下有期徒刑或者拘役；造成特别严重后果的，处 3 年以上 7 年以下有期徒刑。

四十二、交通肇事罪

（一）交通肇事罪的概念和构成要件

交通肇事罪，是指违反交通运输管理法规，因而发生重大交通事故，致人重伤、

〔29〕“齐全军重大飞行事故罪案二审裁定书”，黑龙江省伊春市中级人民法院刑事裁定书（〔2015〕伊中刑一终字第 2 号）。

死亡或者使公私财产遭受重大损失的行为。

1. 本罪的客观要件为违反交通运输管理法规,因而发生重大交通事故,致人重伤、死亡或者使公私财产遭受重大损失。

(1)本罪的行为主体是一般主体。实践中,主要是从事交通运输的人员,包括从事公路交通运输、水上交通运输的人员,如车辆、船舶的驾驶员、车长、船长等,以及对上述交通运输的正常、安全运行负有职责的其他有关人员。但是,非交通运输人员也能成为本罪的行为主体。根据2000年11月15日最高人民法院《关于审理交通肇事刑事案件具体应用法律若干问题的解释》(以下简称《交通肇事解释》)第5条第2款的规定,交通肇事后,单位主管人员、机动车辆所有人、承包人或者乘车人指使肇事人逃逸,致使被害人因得不到救助而死亡的,以交通肇事罪的共犯论处。根据第7条的规定,单位主管人员、机动车辆所有人或者机动车辆承包人指使、强令他人违章驾驶造成重大交通事故,以交通肇事罪定罪处罚。

(2)本罪的行为方式是违反交通运输管理法规,因而发生重大交通事故。所谓违反交通运输管理法规,是指违反交通运输管理方面的法律、法规。

(3)本罪的行为结果是致人重伤、死亡或者使公私财产遭受重大损失。本罪是结果犯,必须以发生现实的危害结果为构成要件。虽然有交通违规行为,但未发生交通事故,或者虽发生交通事故,但未造成重大危害结果,均不能成立本罪。另外,违规行为与危害结果之间必须具有因果关系,即交通肇事的重大危害结果必须是因行为人违反规范保护目的的行为所引起的,如果危害结果超出了规范保护的目的,也不能认定成立本罪。例如,行为人驾驶的车辆未经年检,将被害人撞死,但车辆本身并无故障,事故的原因是被害人横穿马路所致。对此,对行为人不能以交通肇事罪论处。

2. 本罪的主观要件为过失,即行为人对于违反交通运输管理法规的行为会导致的严重后果具有预见可能性而没有预见,或者虽有预见但轻信可以避免。这里的"过失",是针对行为人对所造成的严重危害后果的心理态度而言的,至于对违反交通运输管理法规本身,则往往是明知故犯。

示例3-28 梁某、周某等交通肇事案

一审法院认为:"被告人梁某身为'榕建'号客船所有人,即格山建筑公司的法定代表人,对客船有管理职责。但梁某不吸取违章试航被处罚的教训,又决定对该船驾驶室等进行改造,未经船舶检验机构检验就投入营运,违反了《中华人民共和国船舶检验规则》,并为该船顶棚甲板非法载客创造了条件;被告人梁某不为客船配足船员,所聘驾驶员只具有四等二副资格(应具备四等大副资格),使之长期违章作业;被告人梁某不履行安全管理职责,使该船长期超载运输,均违反了《中华人民共和国内河交通安全管理条例》第十条和第十六条的规定。被告人梁某违反交通运输管理法规的行为与造成'榕建'号客船翻沉的严重后果有直接的因果关系，构成交通肇事罪。"〔30〕

（二）交通肇事罪的认定

1.交通肇事罪与一般交通违章的界限。行为人虽然违反交通运输管理法规，但并没有造成任何交通事故，或者仅造成一般交通事故，而非重大交通事故，则不能认定为成立本罪。违章行为，只有造成重大交通事故的，才可以认定构成本罪。而且，在发生重大交通事故的情况下，行为人对事故至少应负同等责任，才可能以犯罪论处。根据《交通肇事解释》第2条第1款的规定，交通肇事具有下列情形之一的，构成犯罪：（1）死亡1人或者重伤3人以上，负事故全部或者主要责任的；（2）死亡3人以上，负事故同等责任的；（3）造成公共财产或者他人财产直接损失，负事故全部或者主要责任，无能力赔偿数额在30万元以上的。根据第1条第2款的规定，交通肇事致1人以上重伤，负事故全部或者主要责任，并具有下列情形之一的，亦构成犯罪：（1）酒后、吸食毒品后驾驶机动车辆的；（2）无驾驶资格驾驶机动车辆的；（3）明知是安全装置不全或者安全机件失灵的机动车辆而驾驶的；（4）明知是无牌证或者已报废的机动车辆而驾驶的；（5）严重超载驾驶的；（6）为逃避法律追究逃离事故现场的。

2.交通肇事罪与相关犯罪的界限。在公共交通管理的范围外，驾驶机动车辆或者使用其他交通工具致人伤亡或者致使公私财产遭受重大损失，分别构成重大责任事故罪、重大劳动安全事故罪、过失致人死亡罪。航空人员、铁路职工违反有关规章制度，造成重大事故的，分别构成重大飞行事故罪、铁路运营安全事故罪。非航空人员、铁路职工违反有关规章制度，造成重大事故的，构成交通肇事罪。利用交通工具故意杀害或者伤害特定的人的，构成故意杀人罪、故意伤害罪。利用交通工具，在道路上或者公共场所横冲直撞，造成不特定人或多数人伤亡的，构成以危险方法危害公共安全罪。行为人在交通肇事后为逃避法律追究，将被害人带离事故现场后隐藏或者遗弃，致使被害人无法得到救助而死亡或者严重残疾的，构成故意杀人罪或者故意伤害罪。

示例3－29　胡某交通肇事案

一审法院认为："被告人胡斌违反交通运输管理法规，因而发生重大事故，致一人死亡并负事故全部责任，其行为已构成交通肇事罪。公诉机关指控的罪名成立。被告人胡

〔30〕"梁某、周某等交通肇事案一审判决书"，载《刑事审判参考》2001年第2集，指导案例第84号。

某肇事后及时报警并在现场等候,该行为属于履行道路交通安全法规定的义务,且刑法已将交通肇事后逃逸的行为规定为加重情节,依法不应将肇事后报警并在现场等候的行为重复评价为自动投案。故辩护人提出胡某有自首情节的理由不能成立,不予采纳。被告人胡某案发后虽未逃避法律追究,其亲属也能积极赔偿被害人亲属的经济损失。但胡某无视交通法规,案发时驾驶非法改装的车辆在城市主要道路上严重超速行驶,沿途时而与同伴相互追赶,在住宅密集区域的人行横道上肇事并致人死亡,犯罪情节严重,并造成恶劣的社会影响。故公诉机关建议对被告人胡某从重处罚的理由成立,应予支持。"[31]

3. 交通肇事罪的一罪与数罪。在盗窃他人机动车过程中或者盗窃后,违反交通运输管理法规,造成交通事故,构成犯罪的,应当以交通肇事罪和盗窃罪实行并罚。

(三)交通肇事罪的处罚

根据刑法第133条的规定,犯本罪的,处3年以下有期徒刑或者拘役;交通运输肇事后逃逸或者有其他特别恶劣情节的,处3年以上7年以下有期徒刑;因逃逸致人死亡的,处7年以上有期徒刑。

根据《交通肇事解释》第3条的规定,"交通运输肇事后逃逸",是指行为人在发生交通事故后,为逃避法律追究而逃跑的行为。根据第4条的规定,"有其他特别恶劣情节",是指交通肇事具有下列情形之一:(1)死亡2人以上或者重伤5人以上,负事故全部或者主要责任的;(2)死亡6人以上,负事故同等责任的;(3)造成公共财产或者他人财产直接损失,负事故全部或者主要责任,无能力赔偿数额在60万元以上的。根据《交通肇事解释》第5条第1款的规定,"因逃逸致人死亡",是指行为人在交通肇事后为逃避法律追究而逃跑,致使被害人因得不到救助而死亡的情形。"因逃逸致人死亡"的认定需以逃逸行为的存在为前提,且逃逸行为与死亡结果之间应具有因果关系。

示例3-30 邵某交通肇事案

二审法院认为:"上诉人邵某交通肇事逃逸致人死亡,其行为已构成交通肇事罪。邵某交通肇事后驾车逃离事故现场,致被害人因伤无法离开现场而被其他车辆再次碰撞,并最终死亡。邵的行为与危害结果之间具有刑法意义上的因果关系,应认定为交通肇事逃逸致人死亡。邵某犯罪以后自动投案并如实供述罪行,系自首;案发后积极赔偿被害人亲属经济损失并取得被害人亲属谅解等,可依法减轻处罚。根据邵某的犯罪事

[31] "胡某交通肇事案一审判决书",杭州市西湖区人民法院刑事判决书([2009]杭西刑初字第337号)。

实、情节及悔罪表现等,可对其适用缓刑。”〔32〕

四十三、危险驾驶罪

(一)危险驾驶罪的概念和构成要件

危险驾驶罪,是指在道路上驾驶机动车具有追逐竞驶、醉酒驾驶等特定危险驾驶情形的行为。

1. 本罪的客观要件为在道路上驾驶机动车具有特定危险驾驶的情形。本罪的行为地域是道路,行为对象是机动车。根据《道路交通安全法》第119条的规定,所谓道路,是指公路、城市道路和虽在单位管辖范围但允许社会机动车通行的地方,包括广场、公共停车场等用于公众通行的场所。机关、企事业单位、厂矿、校园、住宅小区等单位管辖范围内的路段、停车场,无论管理方式是收费还是免费、机动车进出是否需要登记,只要允许不特定的社会机动车自由通行,就属于道路;如果仅允许与管辖单位及其人员有业务往来、亲友关系等特定事由的来访者的机动车通行的,则不属于允许社会机动车通行的地方,不能认定为道路。所谓机动车,是指以动力装置驱动或者牵引,上道路行驶的供人员乘用或者用于运送物品以及进行工程专项作业的轮式车辆。在大学校园、大型厂矿内的道路上,因涉及不特定人或多数人的生命、身体安全,可以构成本罪。驾驶非机动车,即以人力或者畜力驱动在道路行驶的交通工具,以及虽有动力装置驱动但设计最高时速、空车质量、外形尺寸符合有关国家标准的残疾人机动轮椅车、电动自行车等交通工具的,不能构成本罪。

本罪的行为类型有四种:

(1)追逐竞驶,情节恶劣。所谓追逐竞驶,即俗称的“飙车”,是指在道路上,以同行的其他车辆为竞争目标,追逐行驶。如在道路上高速、超速行驶;随意追逐、超越其他车辆;频繁、突然变线;近距离插在其他车辆前面等。追逐竞驶,情节恶劣的,才成立本罪。“情节恶劣”的判断根据,是追逐竞驶的危险程度。对此,应根据道路上车辆的数量、行人的数量、驾驶的路段、驾驶的时间、驾驶的速度、驾驶的方式等综合分析判断。

示例3-31　张某、金某危险驾驶案

一审法院认为:“法律规定的‘情节恶劣’,一般需结合行为人是否有驾驶资格、是否改装大功率车辆及有无合法号牌、是否大幅度超速、是否在密集路段竞驶、是否多次多人竞驶、是否引发事故及恐慌、是否抗拒或躲避执法、是否有饮酒或吸毒等导致控制力下降

〔32〕“邵某交通肇事案二审判决书”,载《刑事审判参考》2017年第105集,指导案例第1118号。

行为等因素综合判断，其核心应当是该追逐竞驶行为是否导致公共交通安全处于危险状态之下。”[33]

(2)醉酒驾驶。所谓醉酒驾驶，是指在醉酒状态下在道路上驾驶机动车。根据2013年12月18日最高人民法院、最高人民检察院、公安部《关于办理醉酒驾驶机动车刑事案件适用法律若干问题的意见》(以下简称《醉酒驾驶意见》)第1条的规定，在道路上驾驶机动车，血液酒精含量达到80毫克/100毫升以上的，属于醉酒驾驶机动车。[34] 醉酒状态的认定，是法规范设定的统一的、无差别的客观标准。因此，即使个体因特殊体质达到法定的“醉酒”的程度，但实际驾驶能力并无减弱，也不影响醉酒驾驶的认定。醉酒驾驶是抽象的危险犯，不需要司法人员具体判断醉酒行为是否具有公共危险。只要在道路上醉酒驾驶机动车的，即可推定具有抽象的危险。

示例3-32　廖某危险驾驶案

廖某在某小区倒车入库时不慎与旁边车辆碰撞。公安人员闻讯赶到现场将廖某抓获，并认定其负事故全部责任。经鉴定，廖某血液酒精含量大于300毫克/100毫升。对此，一审法院认为：“被告人廖某违反道路交通安全法规，在道路上醉酒驾驶机动车，其行为构成危险驾驶罪。”[35]

(3)从事校车业务或者旅客运输，严重超过额定乘员载客，或者严重超过规定时速行驶。根据公安部2015年11月20日《严重超员、严重超速危险驾驶刑事案件立案标准(试行)》第1条的规定，在道路上驾驶机动车从事校车业务或者公路客运、旅游客运、包车客运，有下列严重超过额定乘员载客情形之一的，可以立案侦查：一是驾驶大型载客汽车，载客超过额定乘员50%以上或者超过额定成员15人以上的；二是驾驶中型载客汽车，载客超过额定乘员80%以上或者超过额定成员10人以上的；三是驾驶小型、微型载客汽车，载客超过额定乘员100%以上或者超过额定成员7人以上的。根据该标准第2条的规定，在道路上驾驶机动车从事校车业务或者公路客运、旅游客运、包车客运，有下列严重超过规定时速行驶情形之一的，可以立案侦查：一是在高速公路、城市快速路上行驶，超过规定时速50%以上，且行驶时速达

[33] “张某、金某危险驾驶案一审判决书”，载《最高人民法院公报》2013年第12期。

[34] 另根据2004年5月31日国家质检总局和国家标委会公布的《车辆驾驶人员血液、呼气酒精含量阈值与检验》的规定，车辆驾驶人员血液中的酒精含量大于或者等于20mg/100mL，小于80mg/100mL的驾驶行为，属于饮酒驾车；车辆驾驶人员血液中的酒精含量大于或者等于80mg/100mL的驾驶行为，属于醉酒驾车。

[35] “廖某危险驾驶案一审判决书”，载《刑事审判参考》2013年第5集，指导案例第894号。

到90公里以上；二是在高速公路、城市快速路以外的道路上行驶，超过规定时速100%以上，且行驶时速达到60公里以上的；三是通过铁路道口、急弯路、窄路、窄桥或者在冰雪、泥泞的道路上行驶，或者掉头、转弯、下陡坡，以及遇雾、雨、雪、沙尘、冰雹等低能见度气象条件时，超过规定时速50%以上，且行驶时速达到30公里以上的；四是通过傍山险路、连续下坡、连续急弯等事故易发路段，超过规定时速50%以上，且行驶时速达到30公里以上的。

示例3-33　臧某危险驾驶案

一审法院认为："被告人臧某在道路上驾驶机动车，从事校车业务，严重超过额定乘员载客，其行为已构成危险驾驶罪。"〔36〕

(4)违反危险化学品安全管理规定运输危险化学品，危及公共安全。本项规定因法条中明确规定了"危及公共安全"这一要素，因而属于具体危险犯。因此，运输危险化学品行为要成立本罪，不仅运输行为必须已经违反相关的安全管理规定，如车辆不能承运危险化学品、包装不符合要求、车速超过限定、司机没有资质等，而且要看这种违规是否存在导致危险化学品泄漏、车辆倾覆等危险。只有存在这种危险隐患的，才能够认定成立本罪。如果行为人虽然违反了化学品安全管理规定运输危险化学品，但不具有危害公共安全的危险的，则只能以行政违法论处。

2. 本罪的主观要件为故意，即明知自己的危险驾驶会危及公共安全，仍希望或者放任这种危险的发生。但是，不需要行为人认识到追逐竞驶具体违反哪条法规，或者血液中的酒精具体含量，或者从事校车业务或旅客运输中"严重超载"和"严重超速"时实际运载乘客数量或实际时速，或者运输危险化学品具体违反哪条法规，而只要认识到追逐竞驶行为是一种违章行为，或者认识到自己已经饮酒，或者认识到超载超速，或者认识到运输危险化学品违反危险化学品安全管理规定，即可以认定具有危险驾驶的故意。

(二)危险驾驶罪的处罚

根据刑法第133条之一的规定，犯危险驾驶罪的，处拘役，并处罚金。犯本罪，同时构成其他犯罪的，依照处罚较重的规定定罪处罚。

根据《醉酒驾驶意见》第2条的规定，醉酒驾驶机动车，具有下列情形之一的，应当从重处罚：(1)造成交通事故且负事故全部或者主要责任，或者造成交通事故后逃逸，尚未构成其他犯罪的；(2)血液酒精含量达到200毫克/100毫升以上的；(3)在

〔36〕"臧某危险驾驶案一审判决书"，江苏省仪征市人民法院刑事判决书(〔2016〕苏1081刑初11号)。

高速公路、城市快速路上驾驶的;(4)驾驶载有乘客的营运机动车的;(5)有严重超员、超载或者超速驾驶,无驾驶资格驾驶机动车,使用伪造或者变造的机动车牌证等严重违反道路交通安全法的行为的;(6)逃避公安机关依法检查,或者拒绝、阻碍公安机关依法检查尚未构成其他犯罪的;(7)曾因酒后驾驶机动车受过行政处罚或者刑事追究的;(8)其他可以从重处罚的情形。

四十四、重大责任事故罪

重大责任事故罪,是指在生产、作业中违反有关安全管理的规定,因而发生重大伤亡事故或者造成其他严重后果的行为。本罪的行为主体是对生产、作业负有组织、指挥或者管理职责的负责人、管理人员、实际控制人、投资人等人员,以及直接从事矿山生产、作业的人员。本罪的行为方式是在生产、作业中违反有关安全管理的规定,表现为一种不作为。本罪的行为结果是发生重大伤亡事故或者造成其他严重后果。本罪的主观要件为过失,包括疏忽过失和轻率过失。

示例3-34 岳某、谢某重大责任事故案

一审法院认为:"被告人岳某、谢某在生产中违反安全管理规定,发生重大伤亡事故,均已构成重大责任事故罪。被告人岳某作为矿长,多次拒不执行煤矿监察部门停产整改指令,组织违法生产,对违章作业监管不力,在发生煤与瓦斯突出事故后,现场指挥中未下令切断瓦斯突出波及的二水平区域电源,造成特别重大事故,后果特别严重,应依法从重处罚。被告人谢某作为主管'一通三防'副矿长,拒不执行煤矿监察部门停产整改指令而违法生产,在违法生产中,多次不履行打超前钻探、排除安全隐患职责,发生煤与瓦斯突出事故后,现场指挥中未下令切断瓦斯突出波及的二水平区域电源,造成特别重大事故,后果特别严重,应从重处罚。"[37]

根据刑法第134条第1款的规定,犯本罪的,处3年以下有期徒刑或者拘役;情节特别恶劣的,处3年以上7年以下有期徒刑。根据2015年12月14日最高人民法院、最高人民检察院《关于办理危害生产安全刑事案件适用法律若干问题的解释》(以下简称《生产安全解释》)第6条的规定,具有下列情形之一的,应当认定为"重大伤亡事故或者其他严重后果":(1)造成死亡1人以上,或者重伤3人以上的;(2)造成直接经济损失100万元以上的;(3)造成其他严重后果的情形。《生产安全解释》第7条规定,具有下列情形之一的,应当认定为"情节特别恶劣":(1)造成死亡3人以上,或者重伤10人以上的,负事故主要责任的;(2)造成直接经济损失300万元以上

〔37〕"岳某、谢某重大责任事故案一审判决书",载《最高人民法院公报》2012年第3期。

的，负事故主要责任的；(3)其他造成特别严重后果、情节特别恶劣或者后果特别严重的情形。

四十五、强令违章冒险作业罪

强令违章冒险作业罪，是指强令他人违章冒险作业，因而发生重大伤亡事故或者造成其他严重后果的行为。本罪的行为主体是对生产、作业负有组织、指挥或者管理职责的负责人、管理人员、实际控制人、投资人等人员。本罪的行为方式是强令他人违章冒险作业。所谓强令违章冒险作业，是指明知自己的决定违反安全生产、作业的规章制度，可能会发生安全事故，却心存侥幸，强行命令他人违章冒险作业。本罪的行为结果是发生重大伤亡事故或者造成其他严重后果。本罪的主观要件为过失，通常表现为轻率过失。

根据刑法第 134 条第 2 款的规定，犯本罪的，处 5 年以下有期徒刑或者拘役；情节特别恶劣的，处 5 年以上有期徒刑。

四十六、重大劳动安全事故罪

重大劳动安全事故罪，是指安全生产设施或者安全生产条件不符合国家规定，因而发生重大伤亡事故或者造成其他严重后果的行为。本罪的行为主体是直接负责的主管人员和其他直接责任人员，包括对安全生产设施或者安全生产条件不符合国家规定负有直接责任的生产经营单位负责人、管理人员、实际控制人、投资人，以及对安全生产设施或者安全生产条件负有管理、维护职责的电工、瓦斯检查工等人员。本罪的行为结果是发生重大伤亡事故或者造成其他严重后果。本罪的主观要件为过失，即对发生的重大伤亡事故或者造成的其他严重后果应当预见，由于疏忽大意而没有预见，或者已经预见但轻信能够避免。

根据刑法第 135 条的规定，犯本罪的，处 3 年以下有期徒刑或者拘役；情节特别恶劣的，处 3 年以上 7 年以下有期徒刑。

四十七、大型群众性活动重大安全事故罪

大型群众性活动重大安全事故罪，是指举办大型群众性活动违反安全管理规定，因而发生重大伤亡事故或者造成其他严重后果的行为。

根据刑法第 135 条之一的规定，犯本罪的，对直接负责的主管人员和其他直接责任人员，处 3 年以下有期徒刑或者拘役；情节特别恶劣的，处 3 年以上 7 年以下有期徒刑。

四十八、危险物品肇事罪

危险物品肇事罪，是指违反爆炸性、易燃性、放射性、毒害性、腐蚀性物品的管理

规定,在生产、储存、运输、使用中发生重大事故,造成严重后果的行为。本罪的行为方式是违反有关危险物品的管理规定,表现为一种不作为。本罪的行为时域是发生在生产、储存、运输、使用上述危险物品的过程中。本罪的行为结果是发生重大事故,造成严重后果。本罪的主观要件为过失,包括疏忽过失和轻率过失。

示例 3-35 康某、王某危险物品肇事案

一审法院认为:"被告人康某驾驶不符合安全标准的机动车超载运输剧毒危险化学品液氯,被告人王某不尽押运职责,纵容康某实施上述违法行为,二人共同违反毒害性物品的管理规定,以致在运输中发生液氯泄漏的重大事故,其行为已经触犯《刑法》第一百三十六条规定,构成危险物品肇事罪。"[38]

根据刑法第 136 条的规定,犯本罪的,处 3 年以下有期徒刑或者拘役;后果特别严重的,处 3 年以上 7 年以下有期徒刑。

四十九、工程重大安全事故罪

工程重大安全事故罪,是指建设单位、设计单位、施工单位、工程监理单位违反国家规定,降低工程质量标准,造成重大安全事故的行为。本罪的行为主体是建设单位、设计单位、施工单位、工程监理单位,但受罚主体是上述单位的直接责任人员。本罪的行为方式是违反国家有关建筑工程质量方面的管理法规,降低工程质量标准。本罪的行为结果是造成重大安全事故。本罪的主观要件为过失,包括疏忽过失和轻率过失。

示例 3-36 赵某工程重大安全事故案

一审法院认为:"被告人赵某身为重庆市市政工程质量监督站站长,不认真履行对虹桥工程质量监督管理职责,降低工程质量,以致造成重大安全事故,其行为构成工程重大安全事故罪。后果特别严重,依法应予惩处。"[39]

根据刑法第 137 条的规定,犯本罪的,对直接责任人员,处 5 年以下有期徒刑或者拘役,并处罚金;后果特别严重的,处 5 年以上 10 年以下有期徒刑,并处罚金。

---

〔38〕"康某、王某危险物品肇事案一审判决书",载《最高人民法院公报》2006 年第 8 期。
〔39〕"赵某工程重大安全事故案一审判决书",载《刑事审判参考》2000 年第 1 集,指导案例第 39 号。

五十、教育设施重大安全事故罪

教育设施重大安全事故罪，是指明知校舍或者教育教学设施有危险，而不采取措施或者不及时报告，致使发生重大伤亡事故的行为。本罪的行为主体是对教育教学设施负有管理责任的人员，如校长、后勤科长等。行为方式是对有安全隐患的校舍或者教育教学设施，不采取措施或者不及时报告，因而是一种不作为。本罪的行为结果是发生重大伤亡事故。不作为与危害结果之间必须具有刑法上的因果关系；但是，如果行为人采取补救措施或者及时报告后，危害结果仍然发生的，则不成立本罪。本罪的主观要件为过失，通常为轻率过失。

示例3－37　杜某等国有事业单位人员失职、教育设施重大安全事故案

二审法院认为："本案发生的直接原因是宿舍楼铁门未被值班人员及时打开，且铁门锈蚀严重，被挤垮后，加剧了踩踏造成的后果，杜某作为该学校校长，对学校教育设施安全、值班领导负责每天早晨5点55分为学生开启宿舍楼梯道铁栅门这一值班制度的落实情况负有领导、督促落实之责，而杜某对案发当晚值班制度落实情况，疏于领导、监督落实，以致酿成学生踩踏事故的发生。"〔40〕

根据刑法第138条的规定，犯本罪的，对直接责任人员，处3年以下有期徒刑或者拘役；后果特别严重的，处3年以上7年以下有期徒刑。

五十一、消防责任事故罪

消防责任事故罪，是指违反消防管理法规，经消防监督机构通知采取改正措施而拒绝执行，造成严重后果的行为。

根据刑法第139条的规定，犯本罪的，对直接责任人员，处3年以下有期徒刑或者拘役；后果特别严重的，处3年以上7年以下有期徒刑。

五十二、不报、谎报安全事故罪

不报、谎报安全事故罪，是指在安全事故发生后，负有报告职责的人员不报或者谎报事故情况，贻误事故抢救，情节严重的行为。本罪的行为主体是负有报告职责的人员，包括生产经营单位的负责人、实际控制人、负责生产经营管理的投资人以及其他负有报告职责的人员；行为方式是不报或者谎报事故情况；行为结果是贻误事故抢救，情节严重。不报、谎报行为与贻误事故抢救的危害结果之间必须具有刑法

〔40〕"杜某等国有事业单位人员失职、教育设施重大安全事故案二审裁定书"，湖北省襄阳市中级人民法院刑事裁定书（〔2014〕鄂襄阳中刑终字第00093号）。

上的因果关系,即因为不报、谎报导致危害结果的加重或者扩大。本罪的主观要件为故意,即明知不报或者谎报事故情况的行为,会发生贻误事故抢救的结果,并且希望或者放任这种结果发生。

示例3-38 何某等不报、谎报安全事故、重大责任事故案

二审法院认为:“上诉人何某及原审被告人何某某身为郴州市北湖区原鲁塘石墨矿三工区的主要负责人、投资人,在该工区发生‘3·7’矿难后,未按规定在一小时内向郴州市北湖区鲁塘镇政府及相关职能部门汇报矿难情况,贻误了事故的抢救工作,造成死亡6人的安全事故,情节特别严重,其行为均已构成不报、谎报安全事故罪。”〔41〕

根据刑法第139条之一的规定,不报、谎报事故情况,情节严重的,处3年以下有期徒刑或者拘役;情节特别严重的,处3年以上7年以下有期徒刑。

根据《生产安全解释》第8条的规定,具有下列情形之一的,应当认定为“情节严重”:(1)导致事故后果扩大,增加死亡1人以上,或者增加重伤3人以上,或者增加直接经济损失100万元以上的;(2)实施下列行为之一,致使不能及时有效开展事故抢救的:决定不报、谎报事故情况或者指使、串通有关人员不报、谎报事故情况的;在事故抢救期间擅离职守或者逃匿的;伪造、破坏事故现场,或者转移、藏匿、毁灭遇难人员尸体,或者转移、藏匿受伤人员的;毁灭、伪造、隐匿与事故有关的图纸、记录、计算机数据等资料以及其他证据的;(3)其他严重的情节。具有下列情形之一的,应当认定为“情节特别严重”:(1)导致事故后果扩大,增加死亡3人以上,或者增加重伤10人以上,或者增加直接经济损失300万元以上的;(2)采用暴力、胁迫、命令等方式阻止他人报告事故情况导致事故后果扩大的;(3)其他特别严重的情节。

---

〔41〕“何某等不报、谎报安全事故、重大责任事故案二审裁定书”,湖南省郴州市中级人民法院刑事裁定书(〔2011〕郴刑一终字第24号)。

第四章　破坏社会主义市场经济秩序罪

第一节　破坏社会主义市场经济秩序罪概述

一、破坏社会主义市场经济秩序罪的概念和构成要件

(一)破坏社会主义市场经济秩序罪的概念

破坏社会主义市场经济秩序罪,是指违反国家经济管理法规,破坏社会主义市场经济秩序,严重危害市场经济发展的行为。

我国的经济体制原来是计划经济体制,后来转变为市场经济体制。相应地,规范经济活动方面的罪章,也由旧刑法的“破坏社会主义经济秩序罪”变更为“破坏社会主义市场经济秩序罪”。所谓社会主义市场经济,是指社会主义条件下的市场经济,是以公有制经济为主体,多种所有制经济共同发展,由社会主义国家的法律、政策、必要的计划实行调节和管理的市场经济。所谓社会主义市场经济秩序,是指国家通过法律对由市场资源配置的经济运行过程进行调节和实行管理所形成的正常、有序的状态。经济秩序本质上是一种经济利益的表现,一定的经济秩序总是为维系相应的经济利益格局而存在的。相反,经济利益的调整和变动,必将导致经济秩序状态的变化。就此而言,本章的罪实际上都侵害了国家、社会与市场主体的经济利益。社会主义市场经济秩序的主体相当广泛,包括产品质量管理秩序、进出口管理秩序、对公司、企业的管理秩序、金融管理秩序、税收管理秩序、市场活动秩序等。

(二)破坏社会主义市场经济秩序罪的构成要件

本章罪的客观要件,是违反国家经济管理法规,破坏社会主义市场经济秩序,严重危害市场经济发展。本章罪的行为主体,大部分是自然人,少数是单位。本章罪的危害行为应当具备三个要素:(1)违反国家经济管理法规。本章罪的成立,必须以违反国家的市场经济管理法规为前提,如生产、销售伪劣产品罪须以违反产品质量管理法规为前提,走私罪须以违反海关法规为前提。(2)从事非法经济活动。本章罪都是在市场经济运行或经济管理活动中发生的各种破坏、干扰经济活动正常进行的行为,既是一种非法活动,也是一种经济行为。如生产、销售伪劣商品罪,首先表

现为商品的生产、销售这一经济行为。(3)严重破坏社会主义市场经济秩序。对违反市场经济管理法律法规的行为,采用二元处罚体系:对于一般违法行为,没有严重破坏社会主义市场经济秩序的,处以行政处罚;对于严重破坏社会主义市场经济秩序的,则处以刑事制裁。因此,只有严重破坏社会主义市场经济秩序的行为,才能构成犯罪。为此,本章罪基本都有"数额较大""数额巨大""情节严重""情节特别严重""造成严重后果"等构成要件要素,这是区分罪与非罪的界限。

本章罪的主观要件,绝大多数犯罪是故意,即明知自己的行为会发生破坏社会主义市场经济秩序的结果,并且希望或者放任这种结果的发生。其中,部分犯罪还要求具有特定的目的,如高利转贷罪必须以"转贷牟利为目的"。个别犯罪的主观要件是过失,如国有公司、企业、事业单位人员失职罪。

二、破坏社会主义市场经济秩序罪的类型

本章共分八节,有 101 个条文,规定了 107 个具体罪名。另外,1998 年 12 月 29 日全国人大常委会公布的《关于惩治骗购外汇、逃汇和非法买卖外汇犯罪的决定》增加了一个条文和骗购外汇罪一个罪名。因此,本章罪的条文总数 102 条,罪名数额为 108 个。本章罪可以分为以下八类:生产、销售伪劣商品罪,走私罪,妨害对公司、企业的管理秩序罪,破坏金融管理秩序罪,金融诈骗罪,危害税收征管罪,侵犯知识产权罪,扰乱市场秩序罪。

第二节 生产、销售伪劣商品罪

一、生产、销售伪劣产品罪

(一)生产、销售伪劣产品罪的概念和构成要件

生产、销售伪劣产品罪,是指生产者、销售者在产品中掺杂、掺假,以假充真,以次充好或者以不合格产品冒充合格产品,销售金额较大的行为。

1. 本罪的客观要件为生产者、销售者在产品中掺杂、掺假,以假充真,以次充好或者以不合格产品冒充合格产品,销售金额较大。

(1)本罪的行为主体是生产者、销售者。这里的"生产者",既包括产品的制造者,也包括产品的加工者;这里的"销售者",既包括批量销售者、零散销售者以及生产后的直接销售者。生产者、销售者是否具有有关产品的生产许可证或营业证照,并不影响本罪的成立。

(2)本罪的行为对象是伪劣产品。这里的"产品",主要是指经过加工、制作、用

于销售的产品。其中,伪产品,主要是指以假充真的产品。劣产品,主要是指掺杂、掺假,以次充好或者以不合格冒充合格的产品。产品的类别、用途、性能等均不影响本罪的成立,无论是工业用品还是农业用品、生活用品还是生产资料,有安全隐患的产品还是无安全隐患的产品,均可能包括在伪劣产品之中。例如,生产、销售伪劣卷烟、雪茄烟等烟草专卖品(包括卷烟、雪茄烟、烟丝、复烤烟叶、烟叶、卷烟纸、滤嘴棒、烟用丝束、烟草专用机械),同时具备其他要素的,成立本罪。

(3)本罪的行为方式有四种类型,即在产品中掺杂、掺假,以假充真,以次充好,以不合格产品冒充合格产品。根据2001年4月9日最高人民法院、最高人民检察院《关于办理生产、销售伪劣商品刑事案件具体应用法律若干问题的解释》(以下简称《伪劣商品解释》)第1条的规定,"在产品中掺杂、掺假",是指在产品中掺入杂质或者异物,致使产品质量不符合国家法律、法规或者产品明示质量标准规定的质量要求,降低、失去应有使用性能的行为;"以假充真",是指以不具有某种使用性能的产品冒充具有该种使用性能的产品的行为;"以次充好",是指以低等级、低档次产品冒充高等级、高档次产品,或者以残次、废旧零配件组合、拼装后冒充正品或者新产品的行为;"不合格产品",是指不符合《产品质量法》第26条第2款规定的质量要求的产品。对本条规定的上述行为难以确定的,应当委托法律、行政法规规定的产品质量检验机构进行鉴定。根据《产品质量法》第26条第2款的规定,产品质量应当符合下列要求:不存在危及人身、财产安全的不合理的危险,有保障人体健康和人身、财产安全的国家标准、行业标准的,应当符合该标准;具备产品应当具备的使用性能,但是,对产品存在使用性能的瑕疵作出说明的除外;符合在产品或者其包装上注明采用的产品标准,符合以产品说明、实物样品等方式表明的质量状况。

示例4-1　王某等生产、销售伪劣产品案

二审法院认为:"被告人王某生产、销售的重油膨化剂、重柴油膨化剂不具有节油的性能,属不合格产品。被告人及其辩护人的辩护理由不能成立。被告人王某在生产、销售重油膨化剂、重柴油膨化剂过程中,以不合格产品冒充合格产品。违法所得数额在数百万元以上,其行为已构成生产、销售伪劣商品罪。"[1]

(4)本罪的行为结果是销售金额在5万元以上。所谓"销售金额",是指生产者、销售者出售伪劣产品后所得和应得的全部违法收入。销售金额通常能够反映行为人生产、销售伪劣产品的规模、持续时间、危害范围、危害程度等,且具有较强的可

---

[1] "王某生产、销售伪劣产品案二审判决书",载《刑事审判参考》1992年第1集,指导案例第8号。

操作性,因而是认定本罪的一个较为合理的构成要件要素。不过,在实践中,也可能存在伪劣产品尚未来得及销售即被查获的情形。对此,《伪劣商品解释》第2条规定,伪劣产品尚未销售,货值金额达到刑法第140条规定的销售金额3倍以上的,以生产、销售伪劣产品罪(未遂)定罪处罚。货值金额以违法生产、销售的伪劣产品的标价计算;没有标价的,按照同类合格产品的市场中间价格计算。货值金额难以确定的,按照国家计划委员会、最高人民法院、最高人民检察院、公安部1997年4月22日联合发布的《扣押、追缴、没收物品估价管理办法》的规定,委托指定的估价机构确定。多次实施生产、销售伪劣产品行为,未经处理的,伪劣产品的销售金额或者货值金额累计计算。另根据2010年3月2日最高人民法院、最高人民检察院《关于办理非法生产、销售烟草专卖品等刑事案件具体应用法律若干问题的解释》(以下简称《烟草解释》)第2条的规定,伪劣卷烟、雪茄烟等烟草专卖品尚未销售,货值金额达到刑法第140条规定的销售金额定罪起点数额标准的3倍以上的,或者销售金额未达到5万元,但与未销售货值金额合计达到15万元以上的,以生产、销售伪劣产品罪(未遂)定罪处罚。销售金额和未销售货值金额分别达到不同的法定刑幅度或者均达到同一法定刑幅度的,在处罚较重的法定刑幅度内酌情从重处罚。

示例4-2　薛某、李某生产、销售伪劣产品案

一审法院认为:"被告人薛某、李某某违反国家法律规定,对生猪注水屠宰销售,以次充好,产品虽尚未销售,但货值达人民币21万余元,已超过刑法第一百四十条规定的销售金额三倍以上,应当以生产、销售伪劣产品罪(未遂)追究其刑事责任,且二被告属共同犯罪。"[2]

2. 本罪的主观要件为故意,过失不构成本罪。但是,如果行为人先是基于过失生产、收购伪劣产品,事后明知所生产、收购的产品是伪劣产品却仍然予以销售的,则构成本罪。

(二)生产、销售伪劣产品罪的认定

1. 关于本罪的未遂形态。伪劣产品尚未销售,或者销售金额尚未达到5万元的,能否认定为本罪的未遂犯?对此,理论界存在肯定说和否定说两种观点。司法解释坚持肯定说,但本书赞同否定说。(1)单纯的生产行为或收购行为,并未造成法益的现实侵害。仅生产或者仅收购伪劣产品的行为,还没有使伪劣产品流入市场,既没有破坏市场竞争秩序,也没有损害消费者的合法权益,没有对本罪的保护法益

---

〔2〕"薛某、李某生产、销售伪劣产品案一审判决书",江苏省灌南县人民法院刑事判决书(〔2013〕南刑初字第114号)。

造成现实侵害。本罪的罪状虽然将“生产”和“销售”并列，但二者对于法益的侵犯不能等量齐观。“生产”充其量只是威胁法益，类似于一种预备行为；“销售”是侵害法益，是真正的实行行为。虽然实践中生产者必定是销售者，但生产行为不能混同于销售行为，因此，对二者不应给予同样的刑法评价。(2)对单纯的生产行为或收购行为，完全可以以行政处罚来规制。对于违反产品质量管理的行为，现行法律制度是典型的二元执法体系，因此，对单纯的生产或收购行为，由工商行政管理机关或产品质量监督部门予以行政处罚，即可实现规范目的，并不会造成处罚漏洞。(3)货值金额和销售金额是两个不同的概念，不应混同。刑法第140条明确规定销售金额在5万元以上的才以犯罪论处，这显然是基于限制处罚范围所特设的构成要件要素。司法解释将货值金额类比为销售金额(尽管在计数比例上标准不同)，则是一种类推解释，扩大了处罚范围。

2. 关于本罪的共犯形态。根据《伪劣商品解释》第9条的规定，知道或者应当知道他人实施生产、销售伪劣商品犯罪，而为其提供贷款、资金、账号、发票、证明、许可证件，或者提供生产、经营场所或者运输、仓储、保管、邮寄等便利条件，或者提供制假生产技术的，以生产、销售伪劣商品犯罪的共犯论处。

示例4-3　李某甲等生产、销售伪劣产品案

二审法院认为：“上诉人李某甲、吕某甲、李某乙、吕某乙明知他人实施生产、销售伪劣产品而提供运输劳务，是生产、销售伪劣产品犯罪的共犯，其行为均构成生产、销售伪劣产品罪。四名上诉人参与生产、销售伪劣产品的货值金额超过了200万元，应当适用‘十五年有期徒刑或者无期徒刑，并处销售金额百分之五十以上二倍以下罚金或者没收财产’的法定刑幅度予以处罚。涉案伪劣产品尚未销售，故四名上诉人属犯罪未遂，依法可以比照既遂犯从轻或者减轻处罚。鉴于现有证据仅足以认定四名上诉人参与了生产、销售伪劣产品的仓储、运输环节，目前没有证据证明其四人是涉案伪劣产品的经营者或者违法利益的主要获得者，故在共同犯罪中起次要作用，是从犯，依法可以从轻、减轻处罚或者免除处罚。”〔3〕

3. 关于本罪的罪数形态。根据刑法第149条的规定，生产、销售本节第141条至第148条所列产品，不构成各该条规定的犯罪，但是销售金额在5万元以上的，依照生产、销售伪劣产品罪定罪处罚。生产、销售本节第141条至第148条所列产品，构成各该条规定的犯罪，同时又构成生产、销售伪劣产品罪的，依照处罚较重的规定定

〔3〕“李某甲等生产、销售伪劣产品案二审判决书”，广东省广州市中级人民法院刑事判决书(〔2017〕粤01刑终733号)。

罪处罚。本条第1款是关于犯罪认定的注意规定。所谓"不构成各该条规定的犯罪",是指虽然生产、销售了刑法第141条至第148条所列的特定伪劣产品,但未发生各该条所规定的侵害结果或者具体危险。例如,生产、销售劣药,但未对人体造成严重危害;生产、销售不符合卫生标准的化妆品,但未造成严重后果。在这种情形下,如果销售金额超过5万元的,则构成刑法第140条规定的生产、销售伪劣产品罪。不过,刑法第141条规定的生产、销售假药罪和第144条规定的生产、销售有毒、有害食品罪,是抽象的危险犯,不要求发生具体危险,更不要求发生侵害结果,因而生产、销售假药或者有毒、有害食品的,原则上均构成生产、销售假药罪或生产、销售有毒、有害食品罪。如果销售数额在5万元以上,则同时构成生产、销售伪劣产品罪和生产、销售假药罪或生产、销售有毒、有害食品罪,择一重罪处罚。如果行为人实施数个不同的行为,分别触犯生产、销售伪劣产品罪和本节其他犯罪的,则应实行数罪并罚。

示例4-4 柳某等生产、销售有毒、有害食品、生产、销售伪劣产品案

二审法院认为:"柳某利用餐厨废弃油加工劣质食用油脂,销往粮油食品经营户,并致劣质油脂流入食堂、居民家庭等,供人食用,其行为已构成生产、销售有毒、有害食品罪。柳某还明知下家购买其用餐厨废弃油加工的劣质油脂冒充合格豆油等,仍予以生产、销售,流入饲料、药品加工等企业,其行为又构成生产、销售伪劣产品罪,应予二罪并罚。……鲁某、李某、柳某某、于某、刘某、王某明知柳某利用餐厨废弃油加工劣质油脂并予销售,仍积极参与,其行为分别构成生产、销售有毒、有害食品罪和生产、销售伪劣产品罪,亦应并罚。"〔4〕

本条第2款是关于法条竞合的特别规定。刑法第140条对生产、销售的伪劣产品的种类没有任何限定,因而是关于生产、销售伪劣商品犯罪的普通法条;第141条至第148条对生产、销售的伪劣产品的种类作了特别规定,因而是关于生产、销售伪劣商品犯罪的特别法条。对于法条竞合,原则上应当按照特别法条优于普通法条的原则处理。但是,立法机关鉴于罪刑均衡的考虑,特别规定了重法优于轻法的处理原则,即在生产、销售特定的伪劣产品的行为,既触犯了刑法第140条的规定,同时也触犯了刑法第141条至第148条的规定,则应选择处罚较重的法条定罪处罚。

---

〔4〕"柳某等生产、销售有毒、有害食品、生产、销售伪劣产品案二审裁定书",载《最高人民检察院公报》2014年第4号。

示例 4-5　石家庄三鹿集团股份有限公司、田某等生产、销售伪劣产品案

二审法院认为："原审被告单位石家庄三鹿集团股份有限公司、上诉人田某、王某明知其生产的三鹿牌婴幼儿奶粉中含有三聚氰胺，且明知三聚氰胺是对人体有害的非食品原料，仍继续生产、销售含有三聚氰胺的婴幼儿奶粉；原审被告单位石家庄三鹿集团股份有限公司、上诉人田某、杭某、吴某明知其收购的原奶中含有三聚氰胺，且明知三聚氰胺是对人体有毒、有害的非食品原料，仍将原奶调配到本集团下属企业，生产、销售含三聚氰胺的液态奶。其生产、销售的含有三聚氰胺的食品，既是有毒食品，又是伪劣产品。原审被告单位及各上诉人的行为均已构成生产、销售有毒食品罪。同时，其行为又符合生产、销售伪劣产品罪的构成要件，依法应当依照处罚较重的规定定罪处罚。因现有证据不足以证实被告单位及各被告人在2008年8月1日得知其产品中含有三聚氰胺以后，继续生产、销售的奶制品流入市场造成了危害结果，故应以生产、销售伪劣产品罪对原审被告单位及各上诉人定罪处罚。"〔5〕

另外，根据《伪劣商品解释》第10条的规定，实施生产、销售伪劣商品犯罪，同时构成侵犯知识产权、非法经营等其他犯罪的，依照处罚较重的规定定罪处罚。不过，本书认为，生产、销售伪劣商品罪和侵犯知识产权罪、非法经营罪侵犯的法益并不相同。生产、销售伪劣商品罪侵犯的是产品质量管理制度和消费者的合法权益，知识产权罪侵犯的是知识产权所有人的合法权益，非法经营罪侵犯的是国家特殊经济行为的管理制度，而且这些犯罪行为的客观要件也存在重大区别，因而实施生产、销售伪劣商品，同时构成侵犯知识产权、非法经营等其他犯罪的，应当属于异种数罪。对此，原则上应当根据异种数罪的处罚原则，实行数罪并罚。

示例 4-6　李某假冒注册商标案

二审法院认为："上诉人李某在自己灌装生产的白酒上使用剑南春、五粮液、泸州老窖等品牌名酒的包装并对外销售，上诉人李某的行为系未经注册商标所有人许可，在同一种商品上使用与其注册商标相同的商标的行为，非法经营数额达130万元，且假冒两种以上的注册商标，情节特别严重，其行为已构成假冒注册商标罪。一审法院认为李玉占以低等级、低档次白酒冒充高等级、高档次白酒，属于'以次充好'，并以生产、销售假冒伪劣产品罪定罪量刑。但刑法意义上的以次充好，是指等级、档次极低，已达到不符合质量标准和要求，影响使用性能的程度。而本案中，李某生产、郑州鑫铭诺商贸有限公司销售

---

〔5〕"石家庄三鹿集团股份有限公司、田某等生产、销售伪劣产品案二审裁定书"，载《最高人民检察院公报》2009年第4号。

的白酒经鉴定为合格产品，符合国家对于白酒的质量要求，也未失去白酒应有的使用性能，故李某的行为不构成生产、销售伪劣产品罪。”〔6〕

此外，根据该解释第 11 条的规定，实施刑法第 141 条至第 148 条规定的犯罪，又以暴力、威胁方法抗拒查处，构成其他犯罪的，依照数罪并罚的规定处罚。

（三）生产、销售伪劣产品罪的处罚

刑法第 140 条根据销售金额的不同，对生产、销售伪劣产品罪设置了四个档次的法定刑：犯本罪，销售金额在 5 万元以上不满 20 万元的，处 2 年以下有期徒刑或者拘役，并处或者单处销售金额 50% 以上 2 倍以下罚金；销售金额在 20 万元以上不满 50 万元的，处 2 年以上 7 年以下有期徒刑，并处销售金额 50% 以上 2 倍以下罚金；销售金额在 50 万元以上不满 200 万元的，处 7 年以下有期徒刑，并处销售金额 50% 以上 2 倍以下罚金；销售金额在 200 万元以上的，处 15 年有期徒刑或者无期徒刑，并处销售金额 50% 以上 2 倍以下罚金或者没收财产。根据刑法第 150 条的规定，单位犯本罪的，对单位判处罚金，并对其直接负责的主管人员和其他直接责任人员，依照上述规定处罚。

二、生产、销售假药罪

（一）生产、销售假药罪的概念和构成要件

生产、销售假药罪，是指生产、销售假药的行为。

1. 本罪的客观要件是生产、销售假药的行为。本罪的行为主体是自然人或单位。医疗机构明知是假药而销售的，成立销售假药罪。为他人生产、销售假药提供资金、贷款、账号、发票、证明、许可证的，提供生产、经营场所、设备或者运输、仓储、保管、邮寄等便利条件的，提供生产技术，或者提供原料、辅料、包装材料的，以及提供广告等宣传的，以生产、销售假药罪的共犯论处。

示例 4－7　饶某生产、销售假药案

饶某利用自己在医院做保洁工的便利条件，明知他人生产、销售假药，仍从医院病区配药房的垃圾箱内收集外观完整、整洁的泰能药品药盒，出售给他人，共计获利五百余元。对此，一审法院认为：“被告人饶某应当知道他人收购药品包装用于制售假药，其为谋取不法利益，违反医院严禁私下出售医疗废弃物的规定，收集药品外包装并出

〔6〕“李某假冒注册商标案二审判决书”，四川省德阳市中级人民法院刑事判决书（〔2015〕德知刑终字第 1 号）。

售，为制售假药者提供帮助，其行为已构成生产、销售假药罪”。[7]

本罪的行为对象是假药。所谓“假药”，是指依照《药品管理法》的规定属于假药和按照假药处理的药品、非药品。根据《药品管理法》第48条第2款、第3款的规定，有下列情形之一的，为假药：(1)药品所含成分与国家药品标准规定的成分不符的；(2)以非药品冒充药品或者以他种药品冒充此种药品的。有下列情形之一的药品，按假药论处：(1)国务院药品监督管理部门规定禁止使用的；(2)依照本法必须批准而未经批准生产、进口，或者依照本法必须检验而未经检验即销售的；(3)变质的；(4)被污染的；(5)使用依照本法必须取得批准文号而未取得批准文号的原料药生产的；(6)所标明的适应症或者功能主治超出规定范围的。上述假药限于用于人体的药品与非药品，如果生产、销售假农药、假兽药的，则不构成本罪。但是，有些物品虽然不能用于人体，但行为人将其假冒为药品而提供给人使用的，仍然属于本罪中的假药，可以成立本罪。

示例4－8　陆某妨害信用卡管理、销售假药案

陆某因患慢粒白血病长期服用瑞士诺华公司生产的名为“格列卫”的抗癌药，售价是2.35万元一盒。后陆某偶然了解到印度也生产类似“格列卫”的抗癌药，药效几乎相同，但一盒仅售4000元。陆某遂开始服用印度“格列卫”，并在病友群里分享了这一消息。千余名白血病患者都请陆某帮助购买印度“格列卫”。为方便汇款，陆某从网上买了3张借记卡，并将其中一张卡交给印度公司作为收款账户，另外两张卡因无法激活，被他丢弃。对此，检察机关认为：“陆某的购买和帮助他人购买未经批准进口的抗癌药品的行为，违反了《中华人民共和国药品管理法》的相关规定，但陆某的行为不是销售行为，不符合《中华人民共和国刑法》第一百四十一条的规定，不构成销售假药罪。陆某通过淘宝网从郭某处购买3张以他人身份信息开设的借记卡，并使用其中户名为夏某的借记卡的行为，违反了金融管理法规，但其目的和用途完全是白血病患者支付自服药品而购买抗癌药品款项，且仅使用1张，情节显著轻微，危害不大，根据《中华人民共和国刑法》第十三条的规定，不认为是犯罪。”[8]

本罪的行为方式是生产、销售假药。生产假药，包括以某种原材料制造、加工成不合格药品，采集非药品当成药品，将此种药品冒充彼种药品，收集禁止使用的、变

---

〔7〕“饶某生产、销售假药案一审判决书”，载《最高人民法院公报》2013年第6期。

〔8〕“陆某妨害信用卡管理、销售假药案不起诉决定书”，湖南省沅江市人民检察院不起诉决定书（沅检公刑不诉〔2015〕1号）。

质不能药用的物品或被污染不能药用的物品等行为。销售假药,包括各种有偿提供假药的行为。本罪是抽象危险犯,行为人只要实施了生产、销售假药的行为,即认为足以严重危害人体健康,成立犯罪。

2. 本罪的主观要件是故意,即明知是假药而仍然予以生产、销售。对于行为人主观上是否具有故意的认定,不能仅仅依照行为人的供述,还应当综合整个案情和现有证据,根据涉案药品交易的销售渠道、销售价格、药品包装、药品本身的质量,结合行为人的职业、文化程度等因素,进行全面分析。

(二)生产、销售假药罪的处罚

根据刑法第 141 条和第 150 条的规定,犯本罪的,处 3 年以下有期徒刑或者拘役,并处罚金;对人体健康造成严重危害或者有其他严重情节的,处 3 年以上 10 年以下有期徒刑,并处罚金;致人死亡或者有其他特别严重情节的,处 10 年以上有期徒刑、无期徒刑或者死刑,并处罚金或者没收财产。单位犯本罪的,对单位判处罚金,并对其直接负责的主管人员和其他责任人员,依照上述规定处罚。

根据 2014 年 11 月 3 日最高人民法院、最高人民检察院《关于办理危害药品安全刑事案件适用法律若干问题的解释》(以下简称《药品安全解释》)第 2 条的规定,生产、销售的假药被使用后,造成轻伤以上伤害,或者轻度残疾、中度残疾,或者器官组织损伤导致一般功能障碍或者严重功能障碍,或者有其他严重危害人体健康情形的,应当认定为“对人体健康造成严重危害”;根据《药品安全解释》第 3 条的规定,造成较大突发公共卫生事件,或者生产、销售金额 20 万元以上不满 50 万元,或者生产、销售金额 10 万元以上不满 20 万元但具有该解释第 1 条规定的酌情从重处罚情形之一,或者根据生产、销售的时间、数量、假药种类等应当认定为情节严重的,应当认定为“有其他严重情节”;根据《药品安全解释》第 4 条的规定,致人重度残疾,或者造成 3 人以上重伤、中度残疾或者器官组织损伤导致严重功能障碍,或者造成 5 人以上轻度残疾或者器官组织损伤导致一般功能障碍,或者造成 10 人以上轻伤,或者造成重大、特别重大突发公共卫生事件,或者生产、销售金额 50 万元以上,或者生产、销售金额20 万元以上不满50 万元,并具有该解释第1 条规定的酌情从重处罚情形之一,或者根据生产、销售的时间、数量、假药种类等,应当认定为情节特别严重的,应当认定为“有其他特别严重情节”。

三、生产、销售劣药罪

生产、销售劣药罪,是指生产、销售劣药,对人体健康造成严重危害的行为。

本罪的客观要件为生产、销售劣药,对人体健康造成严重危害。根据《药品管理法》第 49 条第 2 款、第 3 款的规定,药品成分的含量不符合国家药品标准的,为劣药。有下列情形之一的药品,按劣药论处:(1)未标明有效期或者更改有效期的;

(2)不注明或者更改生产批号的;(3)超过有效期的;(4)直接接触药品的包装材料和容器未经批准的;(5)擅自添加着色剂、防腐剂、香料、矫味剂及辅料的;(6)其他不符合药品标准规定的。本罪是实害犯,生产、销售劣药的行为,必须对人体健康造成了严重危害的,才构成犯罪;没有造成任何危害,或者虽然造成一定的危害,但未达到严重程度的,不构成本罪。根据《药品安全解释》第5条的规定,生产、销售的劣药被使用后,造成轻伤以上伤害,或者轻度残疾、中度残疾,或者器官组织损伤导致一般功能障碍或者严重功能障碍,或者有其他严重危害人体健康情形的,应当认定为"对人体健康造成严重危害"。本罪的主观要件为故意,即明知自己生产、销售劣药的行为会发生危害人体健康的结果,并且希望或者放任这一危害结果的发生。

示例4-9　苑某等生产、销售伪劣产品案

二审法院认为:"本案中,苑某等人以谋取非法利益为目的,低价购买无标识瓶装胶囊,自行编造药品名称,非法印制标签、包装盒、使用说明书、门诊收据等,并进行包装制成假药予以销售,该行为同时构成生产、销售假药罪和生产、销售伪劣产品罪,且根据具体案情,依照生产、销售伪劣产品罪定罪处罚较重,故本案应当以生产、销售伪劣产品罪定罪处罚。"[9]

根据刑法第142条和第150条的规定,犯本罪的,处3年以上10年以下有期徒刑,并处销售金额50%以上2倍以下罚金;后果特别严重的,处10年以上有期徒刑或者无期徒刑,并处销售金额50%以上2倍以下罚金或者没收财产。根据《药品安全解释》第5条的规定,生产、销售的劣药被使用后,致人死亡、重度残疾、3人以上重伤、3人以上中度残疾或者器官组织损伤导致严重功能障碍、10人以上轻伤、5人以上轻度残疾或者器官组织损伤导致一般功能障碍,或者造成重大、特别重大突发公共卫生事件的,应当认定为"后果特别严重"。

四、生产、销售不符合安全标准的食品罪

生产、销售不符合安全标准的食品罪,是指生产、销售不符合安全标准的食品,足以造成严重食物中毒事故或者其他严重食源性疾病的行为。

本罪的客观要件为生产、销售不符合安全标准的食品,足以造成严重食物中毒事故或者其他严重食源性疾病。所谓食品,是指各种供人食用或者饮用的成品和原

[9] "苑某等生产、销售伪劣产品案二审判决书",江苏省徐州市中级人民法院刑事判决书([2014]徐刑二终字第66号)。

料以及按照传统既是食品又是药品的物品,但是不包括以治疗为目的的物品。所谓食物中毒,是指食用被有毒有害物质污染的食品或者食用含有毒有害物质的食品后出现急性、亚急性疾病。所谓食源性疾病,是指食品中致病因素进入人体引起的感染性、中毒性等疾病。本罪是具体危险犯,生产、销售不符合安全标准的食品,必须足以造成严重食物中毒事故或者其他严重食源性疾病的,才构成本罪。根据2013年5月2日最高人民法院、最高人民检察院《关于办理危害食品安全刑事案件适用法律若干问题的解释》(以下简称《食品安全解释》)第1条的规定,具有下列情形之一的,应当认定为"足以造成严重食物中毒事故或者其他严重食源性疾病":(1)含有严重超出标准限量的致病性微生物、农药残留、兽药残留、重金属、污染物质以及其他危害人体健康的物质的;(2)属于病死、死因不明或者检验检疫不合格的畜、禽、兽、水产动物及其肉类、肉类制品的;(3)属于国家为防控疾病等特殊需要明令禁止生产、销售的;(4)婴幼儿食品中生长发育所需营养成分严重不符合食品安全标准的;(5)其他足以造成严重食物中毒事故或者严重食源性疾病的情形。在食品加工、销售、运输、贮存等过程中,超限量或者超范围滥用食品添加剂,或者在食用农产品种植、养殖、销售、运输、贮存等过程中,超限量或者超范围滥用添加剂、农药、兽药等,足以造成严重食物中毒事故或者其他严重食源性疾病的,构成本罪。

本罪的主观要件为故意,过失不构成本罪。

示例4－10 陈某甲等生产、销售不符合安全标准的食品案

二审法院认为:"被告人陈某低价收购病死猪肉并转售;被告人陈某乙、林某向他人收购病死猪屠宰后销售;被告人李某、陈某丙、张某明知陈某甲、陈某乙生产、销售的是国家禁止经营的病死猪肉,仍为其提供运输等帮助,各被告人的行为均已构成生产、销售伪劣产品罪,生产、销售不符合安全标准的食品罪,非法经营罪,应择一重罪处断;被告人周某、孙某等明知是病死猪肉仍购买,加工后销售或直接销售,构成生产、销售不符合安全标准的食品罪。"〔10〕

根据刑法第143条和第150条的规定,犯本罪的,处3年以下有期徒刑或者拘役,并处罚金;对人体健康造成严重危害或者有其他严重情节的,处3年以上7年以下有期徒刑,并处罚金;后果特别严重的,处7年以上有期徒刑或者无期徒刑,并处罚金或者没收财产。

根据《食品安全解释》第2条的规定,具有下列情形之一的,应当认定为"对人体

〔10〕"陈某甲等生产、销售不符合安全标准的食品案一审判决书",载《最高人民法院公报》2013年第10期。

健康造成严重危害”:(1)造成轻伤以上伤害的;(2)造成轻度残疾或者中度残疾的;(3)造成器官组织损伤导致一般功能障碍或者严重功能障碍的;(4)造成10人以上严重食物中毒或者其他严重食源性疾病的;(5)其他对人体健康造成严重危害的情形。根据《食品安全解释》第3条的规定,具有下列情形之一的,应当认定为“其他严重情节”:(1)生产、销售金额20万元以上的;(2)生产、销售金额10万元以上不满20万元,不符合食品安全标准的食品数量较大或者生产、销售持续时间较长的;(3)生产、销售金额10万元以上不满20万元,属于婴幼儿食品的;(4)生产、销售金额10万元以上不满20万元,1年内曾因危害食品安全违法犯罪活动受过行政处罚或者刑事处罚的;(5)其他情节严重的情形。根据《食品安全解释》第4条的规定,具有下列情形之一的,应当认定为“后果特别严重”:(1)致人死亡或者重度残疾的;(2)造成3人以上重伤、中度残疾或者器官组织损伤导致严重功能障碍的;(3)造成10人以上轻伤、5人以上轻度残疾或者器官组织损伤导致一般功能障碍的;(4)造成30人以上严重食物中毒或者其他严重食源性疾病的;(5)其他特别严重的后果。

示例4-11 吐某生产、销售不符合安全标准的食品案

一审法院认为:“被告人吐某无视国家法律和社会公德,在明知自己销售的烤鸡是不符合卫生标准的变质鸡肉,但仍然煮(卤)(烤)后进行销售,结果导致两人严重食物中毒死亡、193人不同程度中毒的食品安全事件,造成特别严重的后果,严重侵犯了公民的人身权利,其行为构成生产、销售不符合安全标准的食品罪,应依法严惩。”[11]

五、生产、销售有毒、有害食品罪

(一)生产、销售有毒、有害食品罪的概念和构成要件

生产、销售有毒、有害食品罪,是指在生产、销售的食品中掺入有毒、有害的非食品原料,或者销售明知掺有有毒、有害食品原料的食品的行为。

1. 本罪的客观要件是在生产、销售的食品中掺入有毒、有害的非食品原料,或者销售明知掺有有毒、有害食品原料的食品。

本罪的行为方式有两种类型:(1)在生产、销售的食品中掺入有毒、有害的非食品原料。所谓“有毒、有害的非食品原料”,是指对人体具有生理毒性,食用后会引起不良反应,损害肌体健康的不能食用的原料。根据《食品安全解释》第20条的规定,下列物质应当认定为“有毒、有害的非食品原料”:法律、法规禁止在食品生产经营活

---

〔11〕“吐某生产、销售不符合安全标准的食品案”,《最高人民法院公布打击危害食品、药品安全违法犯罪典型案例》,2015年12月4日。

动中添加、使用的物质;国务院有关部门公布的《食品中可能违法添加的非食用物质名单》《保健食品中可能非法添加的物质名单》上的物质;国务院有关部门公告禁止使用的农药、兽药以及其他有毒、有害物质;其他危害人体健康的物质。实践中,行为人在食品生产经营中添加的虽然不是国务院有关部门公布的《食品中可能违法添加的非食用物质名单》和《保健食品中可能非法添加的物质名单》中的物质,但如果该物质与上述名单中所列物质具有同等属性同等危害的,应当认定为“有毒、有害的非食品原料”。(2)销售明知掺有有毒、有害食品原料的食品的行为,包括销售含有有毒、有害的非食品原料的食品,或者直接将含有非食品原料的有毒有害物质当作食品销售。在食品加工、销售、运输、贮存等过程中,掺入有毒、有害的非食品原料,或者使用有毒、有害的非食品原料加工食品,或者在食用农产品种植、养殖、销售、运输、贮存等过程中,使用禁用农药、兽药等禁用物质或者其他有毒、有害物质,或者在保健食品或者其他食品中非法添加国家禁用药物等有毒、有害物质的,构成本罪。

示例4-12 北京阳光一佰生物技术开发有限公司、习某等生产、销售有毒、有害食品案

二审法院认为:“被告单位阳光一佰公司、被告人习某作为阳光一佰公司生产、销售山芪参胶囊的直接负责的主管人员,被告人杨某、钟某、王某作为阳光一佰公司生产、销售山芪参胶囊的直接责任人员,明知阳光一佰公司生产、销售的保健食品山芪参胶囊中含有国家禁止添加的盐酸丁二胍成分,仍然进行生产、销售;被告人尹某、谭某明知其提供的含有国家禁止添加的盐酸丁二胍的原料被被告人习某用于生产保健食品山芪参胶囊并进行销售,仍然向习某提供该种原料,因此,上述单位和被告人均依法构成生产、销售有毒、有害食品罪。”〔12〕

本罪是抽象危险犯,只要实施了在生产、销售的食品中掺入有毒、有害的非食品原料或者销售明知掺有有毒、有害的非食品原料的行为,即成立本罪的既遂。如果进而对人体健康造成严重危害结果的,则构成本罪的结果犯或结果加重犯,应当按照相应的法定刑处罚。

2.本罪的主观要件是故意,即明知在生产、销售的食品掺入有毒、有害的非食品原料,或者销售掺有有毒、有害的非食品原料的食品,会对消费者的健康造成严重危害,并且希望或者放任这一危害结果的发生。

---

〔12〕“北京阳光一佰生物技术开发有限公司、习某等生产、销售有毒、有害食品案二审裁定书”,江苏省扬州市中级人民法院刑事裁定书(〔2014〕扬刑二终字第0032号)。

（二）生产、销售有毒、有害食品罪的认定

1. 本罪与生产、销售不符合安全标准的食品罪的界限。二者的主要区别在于：（1）犯罪对象不同。前者的对象是有毒、有害食品，对人体健康的危害程度很高；后者的对象是不符合安全标准的食品，对人体健康的危害程度相对较低。（2）犯罪形态不同。前者是抽象危险犯，不要求发生现实的危害结果；后者是结果犯，必须以发生现实的危害结果为构成前提。

2. 本罪与投放危险物质罪的界限。二者的主要区别在于：（1）主观目的不同。前者的目的是非法牟利，至于是否会造成他人健康受损或死亡的结果，则在所不问；后者的目的，则是直接追求他人伤亡的结果。（2）侵犯法益不同。前者侵犯的法益是公众的健康权益和产品质量制度；后者侵犯的法益是公共安全。

（三）生产、销售有毒、有害食品罪的处罚

根据刑法第144条和第150条的规定，犯本罪的，处5年以下有期徒刑，并处罚金；对人体健康造成严重危害或者有其他严重情节的，处5年以上10年以下有期徒刑，并处罚金；致人死亡或者有其他特别严重情节的，依照本法第141条的规定处罚，即处10年以上有期徒刑、无期徒刑或者死刑，并处罚金或者没收财产。根据《食品安全解释》第5条的规定，具有本解释第2条规定情形之一的，应当认定为“对人体健康造成严重危害”。根据《食品安全解释》第6条的规定，具有下列情形之一的，应当认定为“其他严重情节”：（1）生产、销售金额20万元以上不满50万元的；（2）生产、销售金额10万元以上不满20万元，有毒、有害食品的数量较大或者生产、销售持续时间较长的；（3）生产、销售金额10万元以上不满20万元，属于婴幼儿食品的；（4）生产、销售金额10万元以上不满20万元，1年内曾因危害食品安全违法犯罪活动受过行政处罚或者刑事处罚的；（5）有毒、有害的非食品原料毒害性强或者含量高的；（6）其他情节严重的情形。根据《食品安全解释》第7条的规定，生产、销售有毒、有害食品，生产、销售金额50万元以上，或者具有本解释第4条规定的情形之一的，应当认定为“致人死亡或者有其他特别严重情节”。

六、生产、销售不符合标准的医用器材罪

生产、销售不符合标准的医用器材罪，是指生产不符合保障人体健康的国家标准、行业标准的医疗器械、医用卫生材料，或者销售明知是不符合保障人体健康的国家标准、行业标准的医疗器械、医用卫生材料，足以危害人体健康的行为。

本罪的客观要件为生产、销售不符合保障人体健康的国家标准、行业标准的医疗器械、医用卫生材料，足以危害人体健康。所谓医疗器械，是指用于治疗人体疾病的机械设备、仪器、用具等。所谓医用卫生材料，是指在医疗过程中使用的辅助性、消耗性物品。所谓国家标准，是指国务院标准化行政主管部门制定的，在全国范围

内的统一技术要求。所谓行业标准，是指对于没有国家标准的产品，由国务院有关行政主管部门制定的，在全国某个行业范围内的统一技术要求。没有国家标准、行业标准的医疗器械，注册产品标准可视为“保障人体健康的行业标准”。本罪是具体危险犯，要求生产、销售不符合标准的医用器材的行为足以危害人体健康。

本罪的主观要件为故意，过失不构成本罪。根据《伪劣商品解释》第6条第4款的规定，医疗机构或者个人，知道或者应当知道是不符合保障人体健康的国家标准、行业标准的医疗器械、医用卫生材料而购买、使用，对人体健康造成严重危害的，以销售不符合标准的医用器材罪定罪处罚。这里的“应当知道”，不应是指行为人实际上不知道，而是指根据案件的具体情形，可以推定行为人实际上知道。否则，会得出过失也能成立本罪的错误结论。不过，应当注意的是，本解释将医疗机构或者个人的购买、使用医用器材的行为认定为销售行为，并不妥当。销售，是指出售方以购买方支付对价为条件而转移物的所有权的法律行为。医疗机构或者个人购买不符合标准的医用器材后又供他人使用的，如果这种使用是无偿的，则其既未再次转移医用器材的所有权，也未收到任何对价，因而不可能属于销售；如果这种使用是有偿的，医疗机构或个人所收取的实际上是为患者提供医疗服务的检查等费用，而不是医用器材的对价，因而也不涉及所有权的转移问题，同样不应评价为销售。只有当医疗机构或个人的“使用”方法是将医用器械、医用卫生材料一次性出卖给患者，收取的是医疗器材的对价，其中没有医疗服务行为，才可以认定为销售行为。

根据刑法第145条和第150条的规定，犯本罪的，处3年以下有期徒刑或者拘役，并处销售金额50%以上2倍以下罚金；对人体健康造成严重危害的，处3年以上10年以下有期徒刑，并处销售金额50%以上2倍以下罚金；后果特别严重的，处10年以上有期徒刑或者无期徒刑，并处销售金额50%以上2倍以下罚金或者没收财产。单位犯本罪的，对单位判处罚金，并对其直接负责的主管人员和其他直接责任人员，依照上述规定处罚。根据《伪劣商品解释》第6条第1款、第2款和第3款的规定，生产、销售不符合标准的医疗器械、医用卫生材料，致人轻伤或者其他严重后果的，应认定为“对人体健康造成严重危害”；造成感染病毒性肝炎等难以治愈的疾病、1人以上重伤、3人以上轻伤或者其他严重后果的，应认定为“后果特别严重”；致人死亡、严重残疾、感染艾滋病、3人以上重伤、10人以上轻伤或者造成其他特别严重后果的，应认定为“情节特别恶劣”。

示例4-13 杨某生产、销售不符合标准的医用器材案

杨某生产型号为TK－Ⅱ型和TK－Ⅲ型的体控保健仪器多台，并向杨某等人销售上述仪器。杨某在销售时，造成被害人黄某在使用过程中昏迷，后经送医院抢救

无效死亡。经检验：上述体控保健仪器不符合 GB9706.1 – 2007（医用电气设备第 1 部分的安全通用要求）和 YY0607 – 2007 标准（医用电气设备第 2 部分的神经和肌肉刺激器安全专用要求）的要求，属不合格产品。对此，二审法院认为："上诉人杨某生产、销售不符合保障人体健康的国家标准的医疗器械，致一人死亡，后果特别严重，其行为已构成生产、销售不符合标准的医用器材罪。"〔13〕

七、生产、销售不符合安全标准的产品罪

生产、销售不符合安全标准的产品罪，是指生产不符合保障人身、财产安全的国家标准、行业标准的电器、压力容器、易燃易爆产品或者其他不符合保障人身、财产的安全的国家标准、行业标准的产品，或者销售明知是以上不符合保障人身、财产安全的国家标准、行业标准的产品，造成严重后果的行为。

根据刑法第 146 条和第 150 条的规定，犯本罪的，处 5 年以下有期徒刑，并处销售金额 50% 以上 2 倍以下罚金；后果特别严重的，处 5 年以上有期徒刑，并处销售金额 50% 以上 2 倍以下罚金。单位犯本罪的，对单位判处罚金，并对其直接负责的主管人员和其他直接责任人员，依照上述规定处罚。

示例 4 – 14　刘某、温某生产、销售不符合安全标准的产品案

二审法院认为："上诉人刘某在明知该产品有可能不符合保障人身、财产安全而将产品予以改装，改装过程中撤掉了安全阀、报警器、压力表等安全附件，后在使用过程中发生爆炸事故，导致三人死亡的严重后果，其行为构成生产、销售不符合安全标准的产品罪。"〔14〕

八、生产、销售伪劣农药、兽药、化肥、种子罪

生产、销售伪劣农药、兽药、化肥、种子罪，是指生产假农药、假兽药、假化肥，销售明知是假的或者失去使用价值的农药、兽药、化肥、种子，或者生产者、销售者以不合格的农药、兽药、化肥、种子冒充合格的农药、兽药、化肥、种子，使农业遭受较大的损失的行为。

根据刑法第 147 条和第 150 条的规定，犯本罪的，处 3 年以下有期徒刑或者拘役，并处或者单处销售金额 50% 以上 2 倍以下罚金；使生产遭受重大损失的，处 3 年

---

〔13〕"杨某生产、销售不符合标准的医用器材案二审裁定书"，广东省广州市中级人民法院刑事裁定书（〔2012〕穗中法刑二终字第 294 号）。

〔14〕"刘某、温某生产、销售不符合安全标准的产品案二审裁定书"，黑龙江省鸡西市中级人民法院刑事裁定书（〔2015〕鸡中法刑终字第 75 号）。

以上7年以下有期徒刑,并处销售金额50%以上2倍以下罚金;使生产遭受特别重大损失的,处7年以上有期徒刑或者无期徒刑,并处销售金额50%以上2倍以下罚金或者没收财产。单位犯本罪的,对单位判处罚金,并对其直接负责的主管人员和其他直接责任人员,依照上述规定处罚。

九、生产、销售不符合卫生标准的化妆品罪

生产、销售不符合卫生标准的化妆品罪,是指生产不符合卫生标准的化妆品,或者销售明知是不符合卫生标准的化妆品,造成严重后果的行为。

根据刑法第148条和第150条的规定,犯本罪的,处3年以下有期徒刑或者拘役,并处或者单处销售金额50%以上2倍以下罚金。单位犯本罪的,对单位判处罚金,并对其直接负责的主管人员和其他直接责任人员,依照上述规定处罚。

第三节 走 私 罪

一、走私武器、弹药罪

(一)走私武器、弹药罪的概念和构成要件

走私武器、弹药罪,是指违反海关法规,逃避海关监管,非法运输、携带、邮寄武器、弹药进出国(边)境的行为。

本罪的客观要件为违反海关法规,逃避海关监管,非法运输、携带、邮寄武器、弹药进出国(边)境。所谓违反海关法规,是指违反《海关法》《关税条例》《进出口税则》《禁止进出境物品表》等法律法规。所谓逃避海关监管,是指绕过海关,非法运输、携带、邮寄货物、物品进出国(边)境,或者虽然经过海关,但采取隐匿、伪装、谎报等方法,逃避海关监管、检查,非法偷运、偷带、偷寄货物、物品进出国(边)境。本罪的行为对象是武器、弹药。"武器、弹药"的种类,参照《进口税则》及《禁止进出境物品表》的有关规定确定。武器、弹药,包括枪支散件、各种弹药的弹头、弹壳等,但不包括管制刀具、仿真枪、报废的弹头、弹壳等。本罪必须发生在进出国(边)境的场合,如果不涉及进出国(边)境,仅在境内非法买卖、运输、邮寄的,应以非法买卖、运输、邮寄、储存枪支、弹药罪定罪处罚。

本罪的主观要件为故意,即明知是国家禁止的武器、弹药而予以走私。

(二)走私武器、弹药罪的认定

实践中,走私罪(包括本罪)认定存在一些共性问题,需要注意:

1. 关于间接走私。根据刑法第155条的规定,对于下列情形,应当以走私罪论

处：(1)直接向走私人非法收购国家禁止进口物品的，或者直接向走私人非法收购走私进口的其他货物、物品数额较大的；(2)在内海、领海、界河、界湖运输、收购、贩卖国家禁止进出口物品的，或者运输、代购、贩卖国家限制进出口货物、物品，数额较大，没有合法证明的。上述第一种情形，实际上是第二手交易，即俗称的"二贩子"。这种走私行为由于发生在境内，不涉及进出国(边)境，因而一般不能认定为走私。但是，如果交易对象是走私分子，则可以走私罪论处。上述第二种情形，虽然交易行为同样发生在境内，但却是内海、领海这一特殊的场所。在这种场合交易，极易使走私货物、物品流向社会，因而立法规定对其以走私罪论处。

2. 关于武装走私。根据刑法第157条第1款规定，武装掩护走私的，依照本法第151条第1款的规定从重处罚。所谓武装掩护走私，是指走私分子携带武器进行各类走私活动的行为。武器是否实际使用，不影响武装掩护走私的成立。武装掩护走私不是独立的罪名，应根据走私的具体对象的不同分别确定不同的罪名。

3. 关于抗拒缉私。根据刑法第157条第2款的规定，以暴力、威胁方法抗拒缉私的，以走私罪和本法第277条规定的阻碍国家机关工作人员依法执行职务罪，依照数罪并罚的规定处罚。应当注意的是，在这种情形下，走私行为必须已经构成犯罪，才可以数罪并罚。如果走私行为尚不构成犯罪，则虽然以暴力、威胁方法抗拒缉私，仅构成妨害公务罪。

4. 关于走私共犯。根据刑法第156条规定，与走私罪犯通谋，为其提供货款、资金、账号、发票、证明，或者为其提供运输、保管、邮寄或者其他方便的，以走私罪的共犯论处。所谓通谋，是指犯罪行为人之间事先或者事中形成的共同的走私故意。在这种情况下，对行为人应当按照其在走私共同犯罪中所处的地位和作用，按照所实施的具体走私罪名和相应的法定刑定罪处罚。

5. 关于明知的认定。走私罪都是故意犯罪，要求行为人明知自己行为的性质、对象、后果等。根据2002年7月8日最高人民法院、最高人民检察院、海关总署《关于办理走私刑事案件适用法律若干问题的意见》(以下简称《走私意见》)第5条的规定，行为人明知自己的行为违反国家法律法规，逃避海关监管，偷逃进出境货物、物品的应缴税额，或者逃避国家有关进出境的禁止性管理，并且希望或者放任危害结果发生的，应认定为具有走私的主观故意。走私主观故意中的"明知"是指行为人知道或者应当知道所从事的行为是走私行为。具有下列情形之一的，可以认定为"明知"，但有证据证明确属被蒙骗的除外：(1)逃避海关监管，运输、携带、邮寄国家禁止进出境的货物、物品的；(2)用特制的设备或者运输工具走私货物、物品的；(3)未经海关同意，在非设关的码头、海(河)岸、陆路边境等地点，运输(驳载)、收购或者贩卖非法进出境货物、物品的；(4)提供虚假的合同、发票、证明等商业单证委托他人办理通关手续的；(5)以明显低于货物正常进(出)口的应缴税额委托他人代理进(出)口业务的;(6)曾因同一种走私行为受过刑事处罚或者行政处罚的;(7)其他有证据证明的情形。"明知"是否应当认识到走私对象的具体种类,实践中有不同的主张。根据《走私意见》第6条规定,走私犯罪嫌疑人主观上具有走私犯罪故意,但对其走私的具体对象不明确的,不影响走私犯罪构成,应当根据实际的走私对象定罪处罚。但是,确有证据证明行为人因受蒙骗而对走私对象发生认识错误的,可以从轻处罚。

示例4-15 袁某、林某走私武器、弹药案

一审法院认为:"被告人袁某无视国家法律,违反海关法规,走私枪支3支入境,其行为已构成走私武器罪。被告人林某无视国家法律,违反海关法规,走私枪支3支、铅弹500发入境,其行为已构成走私武器、弹药罪。"[15]

6. 关于走私既遂的标准。实施走私犯罪,具有下列情形之一的,应当认定为犯罪既遂:(1)在海关监管现场被查获的;(2)以虚假申报方式走私,申报行为实施完毕的;(3)以保税货物或者特定减税、免税进口的货物、物品为对象走私,在境内销售的,或者申请核销行为实施完毕的。

(三)走私武器、弹药罪的处罚

根据刑法第151条第1款、第4款的规定,犯本罪的,处7年以上有期徒刑,并处罚金或者没收财产;情节特别严重的,处无期徒刑,并处没收财产;情节较轻的,处3年以上7年以下有期徒刑,并处罚金。单位犯本罪的,对单位判处罚金,并对其直接负责的主管人员和其他直接责任人员,依照上述规定处罚。根据刑法第157条的规定,武装掩护走私的,从重处罚。

根据2014年8月12日最高人民法院、最高人民检察院《关于办理走私刑事案件适用法律若干问题的解释》(以下简称《走私解释》)第1条的规定,具有下列情形之一的,可以认定为"情节较轻":(1)走私以压缩气体等非火药为动力发射枪弹的枪支2支以上不满5支的;(2)走私气枪铅弹500发以上不满2500发,或者其他子弹10发以上不满50发的;(3)未达到上述数量标准,但属于犯罪集团的首要分子,使用特种车辆从事走私活动,或者走私的武器、弹药被用于实施犯罪等情形的;(4)走私各种口径在60毫米以下常规炮弹、手榴弹或者枪榴弹等分别或者合计不满5枚的。具有下列情形之一的,处7年以上有期徒刑,并处罚金或者没收财产:(1)走私以火药为动力发射枪弹的枪支1支,或者以压缩气体等非火药为动力发射枪弹的枪支5支以上

[15] "袁某、林某走私武器、弹药案一审判决书",广东省深圳市中级人民法院刑事判决书([2016]粤03刑初575号)。

不满 10 支的;(2)走私第 1 款第 2 项规定的弹药,数量在该项规定的最高数量以上不满最高数量 5 倍的;(3)走私各种口径在 60 毫米以下常规炮弹、手榴弹或者枪榴弹等分别或者合计达到 5 枚以上不满 10 枚,或者各种口径超过 60 毫米以上常规炮弹合计不满 5 枚的;(4)达到第 1 款第 1、2、4 项规定的数量标准,且属于犯罪集团的首要分子,使用特种车辆从事走私活动,或者走私的武器、弹药被用于实施犯罪等情形的。具有下列情形之一的,应当认定为"情节特别严重":(1)走私第 2 款第 1 项规定的枪支,数量超过该项规定的数量标准的;(2)走私第 1 款第 2 项规定的弹药,数量在该项规定的最高数量标准 5 倍以上的;(3)走私第 2 款第 3 项规定的弹药,数量超过该项规定的数量标准,或者走私具有巨大杀伤力的非常规炮弹 1 枚以上的;(4)达到第 2 款第 1 项至第 3 项规定的数量标准,且属于犯罪集团的首要分子,使用特种车辆从事走私活动,或者走私的武器、弹药被用于实施犯罪等情形的。走私其他武器、弹药,构成犯罪的,参照本条各款规定的标准处罚。根据《走私解释》第 3 条、第 4 条的规定,成套枪支散件以相应数量的枪支计,非成套枪支散件以每 30 件为 1 套枪支散件计。走私各种弹药的弹头、弹壳,构成犯罪的,具体的定罪量刑标准,按照本解释第 1 条规定的数量标准的 5 倍执行。

二、走私核材料罪

走私核材料罪,是指违反海关法规,逃避海关监管,非法运输、携带、邮寄核材料进出国(边)境的行为。所谓核材料,是指钚,但钚 -238 同位素含量超过 80% 者除外;铀 -233;同位素 235 或 233 浓缩的铀;非矿石或矿渣形式的含天然存在的同位素混合物的铀;任何含有上述一种或多种成分的材料。

根据刑法第 151 条第 1 款、第 4 款的规定,犯本罪的,处 7 年以上有期徒刑,并处罚金或者没收财产;情节特别严重的,处无期徒刑,并处没收财产;情节较轻的,处 3 年以上 7 年以下有期徒刑,并处罚金。单位犯本罪的,对单位判处罚金,并对其直接负责的主管人员和其他直接责任人员,依照上述规定处罚。根据刑法第 157 条的规定,武装掩护走私的,从重处罚。

三、走私假币罪

走私假币罪,是指违反海关法规,逃避海关监管,非法运输、携带、邮寄伪造的货币进出国(边)境的行为。所谓货币,包括正在流通的人民币和境外货币。伪造的境外货币数额,折合成人民币计算。

示例 4-16 罗某、苏某走私假币案

一审法院认为:"被告人罗某、苏某为牟取非法利益,违反海关法规,逃避海关监管,在明知受托欲从金门运到厦门的货物中夹带伪造的人民币的情况下,仍居中联系,委托他人从金门运输货物入境,其行为均已构成走私假币罪。"〔16〕

根据刑法第 151 条第 1 款、第 4 款的规定,犯本罪的,处 7 年以上有期徒刑,并处罚金或者没收财产;情节特别严重的,处无期徒刑,并处没收财产;情节较轻的,处 3 年以上 7 年以下有期徒刑,并处罚金。单位犯本罪的,对单位判处罚金,并对其直接负责的主管人员和其他直接责任人员,依照上述规定处罚。根据刑法第 157 条的规定,武装掩护走私的,从重处罚。

根据《走私解释》第 6 条的规定,走私伪造的货币,数额在 2 千元以上不满 2 万元,或者数量在 200 张(枚)以上不满 2 千张(枚)的,可以认定为"情节较轻"。具有下列情形之一的,处 7 年以上有期徒刑,并处罚金或者没收财产:(1)走私数额在 2 万元以上不满 20 万元,或者数量在 2 千张(枚)以上不满 2 万张(枚)的;(2)走私数额或者数量达到第 1 款规定的标准,且具有走私的伪造货币流入市场等情节的。具有下列情形之一的,应当认定为"情节特别严重":(1)走私数额在 20 万元以上,或者数量在 2 万张(枚)以上的;(2)走私数额或者数量达到第 2 款第 1 项规定的标准,且属于犯罪集团的首要分子,使用特种车辆从事走私活动,或者走私的伪造货币流入市场等情形的。

四、走私文物罪

走私文物罪,是指违反海关法规,逃避海关监管,非法运输、携带、邮寄禁止出口的文物出国(边)境的行为。本罪的行为对象是国家禁止出口的文物。根据 2005 年 12 月 29 日《关于〈中华人民共和国刑法〉有关文物的规定适用于具有科学价值的古脊椎动物化石、古人类化石的解释》的规定,刑法有关文物的规定,适用于具有科学价值的古脊椎动物化石、古人类化石。根据 2006 年 8 月 7 日文化部《古人类化石和古脊椎动物化石保护管理办法》第 2 条的规定,本办法所称古人类化石和古脊椎动物化石,指古猿化石、古人类化石及其与人类活动有关的第四纪古脊椎动物化石。据此,走私与人类活动人类活动有关的第四纪古脊椎动物化石的,应以本罪论处。对于时间过于久远而与人类活动无关的古脊椎动物化石,不适用国家有关文物管理保护的规定。本罪的行为方式,仅限于将文物从境内运送至境外。如果将文物从境

〔16〕"罗某、苏某走私假币案一审判决书",福建省厦门市中级人民法院刑事判决书(〔2008〕厦刑初字第 23 号)。

外运送至境内的，不构成本罪。

示例 4－17　蓑某走私文物案

蓑某携带分装在两个行李箱中的一批古生物化石，准备从北京首都机场海关出境时，被当场查获。经鉴定，这些化石中有 1 件古脊椎动物化石视同国家二级文物，1 件古脊椎动物化石视同国家三级文物。对此，一审法院认为："被告人蓑某在中华人民共和国领域内，违反中华人民共和国海关法规和中华人民共和国文物保护法律法规，逃避海关监管，携带视同文物的古脊椎动物化石出境，其行为已构成走私文物罪，依法应予惩处。"〔17〕

示例 4－18　朱某走私文物案

朱某以假名通过快递公司将一块鸟类化石托运至珠海市，并委托林某将其托运至澳门买家，后被查获。经鉴定，该鸟类化石属于珍稀古生物化石，形成于距今 6700 万年至 2.3 亿年前期间的白垩纪，与人类活动无关。对此，二审法院认为："上诉人朱某违反国家古生物化石管理的有关规定，逃避海关监管，走私珍稀古生物化石出境，其行为已构成走私国家禁止出口的物品罪。"〔18〕

根据刑法第 151 条第 2 款、第 4 款的规定，犯本罪的，处 5 年以上 10 年以下有期徒刑，并处罚金；情节特别严重的，处 10 年以上有期徒刑或者无期徒刑，并处没收财产；情节较轻的，处 5 年以下有期徒刑，并处罚金。单位犯本罪的，对单位判处罚金，并对其直接负责的主管人员和其他直接责任人员，依照上述规定处罚。根据刑法第 157 条的规定，武装掩护走私的，依照刑法第 151 条第 1 款的规定从重处罚。

根据《走私解释》第 8 条的规定，走私国家禁止出口的三级文物 2 件以下的，可以认定为"情节较轻"。具有下列情形之一的，处 5 年以上 10 年以下有期徒刑，并处罚金：(1)走私国家禁止出口的二级文物不满 3 件，或者三级文物 3 件以上不满 9 件的；(2)走私国家禁止出口的三级文物不满 3 件，且具有造成文物严重毁损或者无法追回等情节的。具有下列情形之一的，应当认定为"情节特别严重"：(1)走私国家禁止出口的一级文物 1 件以上，或者二级文物 3 件以上，或者三级文物 9 件以上的；(2)走私国家禁止出口的文物达到第 2 款第 1 项规定的数量标准，且属于犯罪集团

〔17〕"蓑某走私文物案一审判决书"，载《刑事审判参考》2006 年第 6 集，指导案例第 416 号。

〔18〕"朱某走私文物案二审裁定书"，广东省高级人民法院刑事裁定书(〔2010〕粤高法刑二终字第 220 号)。

的首要分子,使用特种车辆从事走私活动,或者造成文物严重毁损、无法追回等情形的。

五、走私贵重金属罪

走私贵重金属罪,是指违反海关法规,逃避海关监管,非法运输、携带、邮寄国家禁止出口的黄金、白银或者其他贵重金属的行为。本罪的行为对象是贵重金属。本罪的行为方式,限于将贵重金属从境内运送至境外。如果将贵重金属从境外运送至境内的,则不构成本罪。而且本书认为,对于这种行为,亦不能以走私普通货物、物品罪定罪处罚。

示例4-19 黄某走私贵重金属案

黄某将黄金金块12块绑在腰腹部位准备从罗湖口岸出境时,被海关查获。一审法院认为:"被告人黄某违反海关法律法规,逃避海关监管,走私国家禁止出口的黄金出境,其行为构成了走私贵重金属罪。"[19]

根据刑法第151条第2款、第4款的规定,犯本罪的,处5年以上10年以下有期徒刑,并处罚金;情节特别严重的,处10年以上有期徒刑或者无期徒刑,并处没收财产;情节较轻的,处5年以下有期徒刑,并处罚金。单位犯本罪的,对单位判处罚金,并对其直接负责的主管人员和其他直接责任人员,依照上述规定处罚。根据刑法第157条的规定,武装掩护走私的,依照刑法第151条第1款的规定从重处罚。

六、走私珍贵动物、珍贵动物制品罪

走私珍贵动物、珍贵动物制品罪,是指违反海关法规,走私国家禁止进出口的珍贵动物或者珍贵动物制品的行为。本罪的行为对象是珍贵动物、珍贵动物制品。所谓珍贵动物,包括列入《国家重点保护野生动物名录》中的国家一、二级保护野生动物,《濒危野生动植物种国际贸易公约》附录Ⅰ、附录Ⅱ中的野生动物,以及驯养繁殖的上述动物。所谓珍贵动物制品,是指珍贵动物的皮肉毛骨等制成品。不以牟利为目的,为留作纪念而走私珍贵动物制品进境,数额不满10万元的,可以免予刑事处罚;情节显著轻微的,不作为犯罪处理。

---

〔19〕"黄某走私贵重金属案一审判决书",广东省深圳市中级人民法院刑事判决书(〔2016〕粤03刑初739号)。

示例4-20　李某走私珍贵动物制品案

李某经深圳皇岗口岸旅检大厅入境时，海关人员在其随身携带的手提电脑包内发现装有象牙牙冠4条、象牙制筷子24双、象牙制印章胚6个、象牙制项链7条、象牙制手镯13个、象牙制梳子6把、象牙制手链2条、象牙戒指4个、象牙制心形吊坠9个、象牙制烟嘴1个，共计100件物品。对此，一审法院认为："被告人李某无视国家法律，违反海关法规，逃避海关监管，走私国家禁止进出口的珍贵动物制品价值人民币32万余元，其行为已构成走私珍贵动物制品罪。公诉机关指控的犯罪成立。考虑到涉案象牙制品是李某在尼日利亚合法购买，主要目的是个人收藏，并非牟利，根据最高人民法院、最高人民检察院、海关总署《关于办理走私刑事案件适用法律若干问题的意见》第7条之规定，可对李某处以5年以上有期徒刑的刑罚。"〔20〕

根据刑法第151条第2款、第4款的规定，犯本罪的，处5年以上10年以下有期徒刑，并处罚金；情节特别严重的，处10年以上有期徒刑或者无期徒刑，并处没收财产；情节较轻的，处5年以下有期徒刑，并处罚金。单位犯本罪的，对单位判处罚金，并对其直接负责的主管人员和其他直接责任人员，依照上述规定处罚。根据刑法第157条的规定，武装掩护走私的，依照刑法第151条第1款的规定从重处罚。

七、走私国家禁止进出口的货物、物品罪

走私国家禁止进出口的货物、物品罪，是指违反海关法规，逃避海关监管，非法运输、携带、邮寄珍稀植物及其制品等国家禁止进出口的其他货物、物品的行为。本罪的行为对象是珍稀植物及其制品等国家禁止进出口的其他货物、物品。所谓珍稀植物，包括列入《国家重点保护野生植物名录》《国家重点保护野生药材物种名录》《国家珍贵树种名录》中的国家一、二级保护野生植物、国家重点保护的野生药材、珍贵树木，《濒危野生动植物种国际贸易公约》附录Ⅰ、附录Ⅱ中的野生植物，以及人工培育的上述植物。所谓珍稀植物制品，是指利用珍稀植物加工制作的标本、药材及其他制成品。所谓其他禁止进出口的货物、物品，是指除刑法典151条第1款和第2款、第152条、第347条、第350条所规定的货物、物品以及珍稀植物及其制品以外的国家禁止进出口的货物、物品。走私国家禁止或者限制进出口的仿真枪、管制刀具，构成犯罪的，应以本罪论处。

根据刑法第151条第3款、第4款的规定，犯本罪的，处5年以下有期徒刑或者拘役，并处或者单处罚金；情节严重的，处5年以上有期徒刑，并处罚金。单位犯本

〔20〕"李某走私珍贵动物制品案一审判决书"，广东省深圳市中级人民法院刑事判决书（〔2011〕深中法刑二初字第261号）。

罪的,对单位判处罚金,并对其直接负责的主管人员和其他直接责任人员,依照上述规定处罚。根据刑法第157条的规定,武装掩护走私的,依照刑法第151条第1款的规定从重处罚。

根据《走私解释》第11条的规定,具有下列情形之一的,处5年以下有期徒刑或者拘役,并处或者单处罚金:(1)走私国家一级保护野生植物5株以上不满25株,国家二级保护野生植物10株以上不满50株,或者珍稀植物、珍稀植物制品数额在20万元以上不满100万元的;(2)走私重点保护古生物化石或者未命名的古生物化石不满10件,或者一般保护古生物化石10件以上不满50件的;(3)走私禁止进出口的有毒物质1吨以上不满5吨,或者数额在2万元以上不满10万元的;(4)走私来自境外疫区的动植物及其产品5吨以上不满25吨,或者数额在5万元以上不满25万元的;(5)走私木炭、硅砂等妨害环境、资源保护的货物、物品10吨以上不满50吨,或者数额在10万元以上不满50万元的;(6)走私旧机动车、切割车、旧机电产品或者其他禁止进出口的货物、物品20吨以上不满100吨,或者数额在20万元以上不满100万元的;(7)数量或者数额未达到本款第1项至第6项规定的标准,但属于犯罪集团的首要分子,使用特种车辆从事走私活动,造成环境严重污染,或者引起甲类传染病传播、重大动植物疫情等情形的。具有下列情形之一的,应当认定为"情节严重":(1)走私数量或者数额超过前款第1项至第6项规定的标准的;(2)达到前款第1项至第6项规定的标准,且属于犯罪集团的首要分子,使用特种车辆从事走私活动,造成环境严重污染,或者引起甲类传染病传播、重大动植物疫情等情形的。

八、走私淫秽物品罪

走私淫秽物品罪,是指以牟利或者传播为目的,违反海关法规,逃避海关监管,非法运输、携带、邮寄淫秽的影片、录像带、录音带、图片、书刊或者其他淫秽物品进出国(边)境的行为。所谓以牟利为目的,是指走私淫秽物品是为了出卖、出租或者以其他方式牟取非法利润。所谓以传播为目的,是指走私淫秽物品是为了在社会上传播、扩散。所谓淫秽物品,是指具体描绘性行为或露骨宣扬色情的淫秽性的书刊、影片、录像带、录音带、图片及其他淫秽物品。所谓其他淫秽物品,是指除淫秽的影片、录像带、录音带、图片、书刊以外的,通过文字、声音、形象等形式表现淫秽内容的影碟、音碟、电子出版物等物品。有关人体生理、医学知识的科学著作不是淫秽物品,包含有色情内容的有艺术价值的文学、艺术作品不视为淫秽物品。

根据刑法第152条第1款、第3款的规定,犯本罪的,处3年以上10年以下有期徒刑,并处罚金;情节严重的,处10年以上有期徒刑或者无期徒刑,并处罚金或者没收财产;情节较轻的,处3年以下有期徒刑、拘役或者管制,并处罚金。单位犯本罪的,对单位判处罚金,并对其直接负责的主管人员和其他直接责任人员,依照上述规定处罚。根据刑法第 157 条的规定武装掩护走私的，依照刑法第 151 条第 1 款的规定从重处罚。

根据《走私解释》第 13 条的规定，走私淫秽物品达到下列数量之一的，可以认定为“情节较轻”：(1)走私淫秽录像带、影碟 50 盘(张)以上至 100 盘(张)的；(2)走私淫秽录音带、音碟 100 盘(张)以上至 200 盘(张)的；(3)走私淫秽扑克、书刊、画册 100 副(册)以上至 200 副(册)的；(4)走私淫秽照片、画片 500 张以上至 1000 张的；(5)走私其他淫秽物品相当于上述数量的。走私淫秽物品在本条第 2 款规定的最高数量以上不满最高数量 5 倍的，属于情节一般。走私淫秽物品在本条第 2 款规定的最高数量 5 倍以上，或者虽不满最高数量 5 倍，但具有是犯罪集团的首要分子或者使用特种车进行走私等严重情节的，属于走私淫秽物品罪“情节严重”。

示例 4-21　周某走私淫秽物品案

周某走私的 41 个品种的性药外包装盒及说明书上共有 603760 张图片属于淫秽物品，走私的壮阳皂外包装上共有 2592 张图片属于淫秽物品，走私的同款壮阳茶样品外包装盒上有 3 张图片属于淫秽物品。对此，一审法院认为：“被告人周某以牟利为目的，违反国家对淫秽物品的管制规定和海关管理法规，逃避海关监管，非法运输印有大量淫秽图片的货物出境，情节严重，其行为已构成走私淫秽物品罪。”[21]

九、走私废物罪

走私废物罪，是指违反海关法规，逃避海关监管，将境外固体废物、液态废物和气态废物运输进境，情节严重的行为。本罪的行为方式仅限于将废物运输进境，将废物运输出境的行为不构成本罪。根据刑法第 339 条第 3 款的规定，以原料利用为名，进口不能用作原料的固体废物、液态废物和气态废物的，以本罪论处。走私报废或者无法组装并使用的各种弹药的弹头、弹壳，经国家有关技术部门鉴定为废物的，以走私废物罪定罪处罚。

示例 4-22　程某等走私废物案

二审法院认为：“被告人程某等 11 人违反海关法规和国家关于固体废物管理的规定，逃避海关监管，驾船将国家禁止进口的境外废旧电器 263.83 吨运输进境，其行为均构

〔21〕“周某走私淫秽物品案一审判决书”，浙江省金华市中级人民法院刑事判决书(〔2013〕浙金刑二初字第 19 号)。

成走私废物罪，且属于情节特别严重，应当依法惩处。”[22]

根据刑法第152条第2款、第3款的规定，犯本罪的，处5年以下有期徒刑，并处或者单处罚金；情节特别严重的，处5年以上有期徒刑，并处罚金。单位犯本罪的，对单位判处罚金，并对其直接负责的主管人员和其他直接责任人员，依照上述规定处罚。根据刑法第157条的规定，武装掩护走私的，依照刑法第151条第1款的规定从重处罚。

根据《走私解释》第14条的规定，逃避海关监管，走私国家禁止进口的废物或者国家限制进口的可用作原料的废物，具有下列情形之一的，属于“情节严重”：(1)走私国家禁止进口的危险性固体废物、液态废物分别或者合计达到1吨以上不满5吨的；(2)走私国家禁止进口的非危险性固体废物、液态废物分别或者合计达到5吨以上不满25吨的；(3)未经许可，走私国家限制进口的可用作原料的固体废物、液态废物分别或者合计达到20吨以上不满100吨的；(4)未达到上述数量标准，但属于犯罪集团的首要分子，使用特种车辆从事走私活动，或者造成环境严重污染等情形的。具有下列情形之一的，应当认定为“情节特别严重”：(1)走私数量超过前款规定的标准的；(2)达到前款规定的标准，且属于犯罪集团的首要分子，使用特种车辆从事走私活动，或者造成环境严重污染等情形的；(3)未达到前款规定的标准，但造成环境严重污染且后果特别严重的。走私置于容器中的气态废物，构成犯罪的，参照前两款规定的标准处罚。

十、走私普通货物、物品罪

(一)走私普通货物、物品罪的概念与构成要件

走私普通货物、物品罪，是指违反海关法规，逃避海关监管，非法运输、携带、邮寄普通货物、物品进出国(边)境，偷逃应缴税额数额较大或者1年内曾因走私被给予2次以上行政处罚后又走私的行为。

1. 本罪的客观要件为，违反海关法规，逃避海关监管，非法运输、携带、邮寄普通货物、物品进出国(边)境，偷逃应缴税额数额较大或者一年内曾因走私被给予2次以上行政处罚后又走私。

(1)本罪的行为对象是普通货物、物品，即除武器、弹药、核材料、伪造的货币、文物、黄金、白银和其他贵重金属、珍贵动物及其制品、珍稀植物及其制品等国家禁止进出口的其他货物、物品、淫秽物品、废物、毒品、制毒物品以及国家禁止进出口的其他货物、物品以外的其他货物、物品。刑法第153条和上述走私罪各法条是并列关

---

[22] “程某等走私废物案二审裁定书”，载《刑事审判参考》2012年第3集，指导案例第773号。

系，而非普通法条与特别法条的关系，因此，不能认为，不构成其他走私罪的走私行为，都可以构成走私普通货物、物品罪。

（2）本罪的行为方式主要有以下三种：第一，直接走私，即绕过海关，或者虽然经过海关，但采取隐匿、伪装、假报等欺骗手段，违反海关法规，逃避海关监管，非法运输、携带、邮寄普通货物、物品进出国（边）境的。第二，间接走私，即直接向走私人非法收购走私进口的普通货物、物品，或者在内海、领海、界河、界湖运输、收购、贩卖国家限制进出口的货物、物品，没有合法证明的。这里的"内海"，包括内河的入海口水域。第三，变相走私，即未经海关许可并且未补缴应缴税额，擅自将批准进口的来料加工、来件装配、补偿贸易的原材料、零件、制成品、设备等保税货物，在境内销售牟利的；或者未经海关许可并且补缴应缴税额，擅自将特定减税、免税进口的货物、物品，在境内销售牟利的。所谓保税货物，是指经海关批准，未办理纳税手续进境，在境内储存、加工、装配后应予复运出境的货物，包括通过加工贸易、补偿贸易等方式进口的货物，以及在保税仓库、保税工厂、保税区或者免税商店内等储存、加工、寄售的货物。上述货物、物品，由于未办理纳税手续或者减征、免征手续，只能加工、装配生产后复运出境，或者只能用于特定企业、特定用途。如果擅自在境内销售牟利，则可能构成本罪。

（3）本罪的行为结果，是偷逃应缴税额数额较大，或者 1 年内曾因走私被给予 2 次行政处罚后又走私。所谓"应缴税额"，包括进出口货物、物品应当缴纳的进出口关税和进口环节海关代征税的税额。应缴税额以走私行为实施时的税则、税率、汇率和完税价格计算；多次走私的，以每次走私行为实施时的税则、税率、汇率和完税价格逐票计算；走私行为实施时间不能确定的，以案发时的税则、税率、汇率和完税价格计算。所谓"一年内曾因走私被给予 2 次行政处罚后又走私"，是指第三次走私偷逃应缴税额未达到数额较大的情形。如果第三次走私偷逃应缴税额较大、巨大、特别巨大或者情节严重、情节特别严重的，应当适用对应的法定刑分别处罚，行为人之前受到两次行政处罚的事实可以作为量刑的酌定情节。"一年内曾因走私被给予 2 次行政处罚后又走私"中的"1 年内"，以因走私第一次受到行政处罚的生效之日与"又走私"行为实施之日的时间间隔计算确定；"被给予 2 次行政处罚"的走私行为，包括走私普通货物、物品以及其他货物、物品；"又走私"行为仅指走私普通货物、物品。

2. 本罪的主观要件为故意，且具有非法牟利的目的。

（二）走私普通货物、物品罪的认定

1. 关于利用涉税单证进口货物的认定。涉税单证是海关根据国家法律法规以及有关政策性规定，给予特定企业用于保税货物经营管理和减免税优惠待遇的凭证。利用购买的加工贸易登记手册、特定减免税批文等涉税单证进口货物，实质是将一般贸易货物伪报为加工贸易保税货物或者特定减免税货物进口,以达到偷逃应缴税款的目的,应以走私普通货物、物品罪定罪处罚。如果行为人与走私分子通谋出售上述涉税单证,或者在出卖批文后又以提供印章、向海关伪报保税货物、特定减免税货物等方式帮助买方办理进口通关手续的,对卖方以走私罪共犯定罪处罚。尚未进口货物的,以买卖国家机关公文、证件、印章罪定罪处罚。

2. 关于骗取海关核销的认定。在加工贸易经营活动中,以假出口、假结转或者利用虚假单证等方式骗取海关核销,致使保税货物、物品脱离海关监管,造成国家税款流失,情节严重的,以走私普通货物、物品罪追究刑事责任。

3. 关于实际成交价格的认定。走私犯罪案件的伪报价格,是指行为人在进出口货物、物品时,向海关申报进口或者出口的货物、物品的价格低于或者高于进出口货物的实际成交价格。对实际成交价格的认定,在无法提取真、伪两套合同、发票等单证的情况下,可以根据犯罪嫌疑人、被告人的付汇渠道、资金流向、会计账册、境内外收发货人的真实交易方式,以及其他能够证明进出口货物实际成交价格的证据材料综合认定。

4. 关于走私废物的认定。经许可进口国家限制进口的可用作原料的废物时,偷逃应缴税额,构成犯罪的,以走私普通货物罪定罪处罚。既未经许可,又偷逃应缴税额,同时构成走私废物罪和走私普通货物罪的,应当按照处罚较重的犯罪定罪处罚。虽经许可,但超过许可数量进口国家限制进口的可用作原料的废物,超过部分以未经许可论。

5. 关于走私多种物品的认定。对在走私的普通货物、物品或者废物中藏匿刑法第151条、第152条、第347条、第350条规定的货物、物品,构成犯罪的,以实际走私的货物、物品定罪处罚;构成数罪的,实行数罪并罚。在一次走私活动中,既走私普通货物、物品,又走私武器、弹药等物品的,行为人实际实施了数个行为,造成了数个危害结果,应实行数罪并罚。

示例4-23 应某、陆某走私废物、走私普通货物案

一审法院认为:“本案在案证据证实,应某、陆某主观上具有走私废旧电子产品入境的明确故意,亦即二被告人主观上明确知道其帮助走私的对象是废旧电子产品,二被告人自始至终都不知道也无法知道走私的货物中含有其他普通货物。即在案证据无法证实二被告人对走私对象中含有普通货物主观上具有放任态度,由此证实二被告人不具有走私的概括故意。在确定应某、陆某缺乏走私普通货物主观故意的前提下,仅凭其走私的废旧电子产品中混有普通货物,认定应某、陆某构成走私普通货物罪与走私废物罪两

个罪名，显然属于客观归罪。”〔23〕

（三）走私普通货物、物品罪的处罚

根据刑法第153条的规定，犯本罪的，根据情节轻重，分别按照下列规定处罚：走私普通货物、物品偷逃应缴税额较大或者1年内曾因走私被给予2次行政处罚后又走私的，处3年以下有期徒刑或者拘役，并处偷逃税额1倍以上5倍以上罚金；走私普通货物、物品偷逃应缴税额巨大或者有其他严重情节的，处3年以上10年以下有期徒刑，并处偷逃应缴税额1倍以上5倍以下罚金；走私普通货物、物品偷逃应缴税额数额特别巨大或者有其他特别严重情节的，处10年以上有期徒刑或者无期徒刑，并处偷逃应缴税额1倍以上5倍以下罚金或者没收财产。单位犯本罪的，对单位判处罚金，并对其直接负责的主管人员和其他直接责任人员，处3年以下有期徒刑；情节严重的，处3年以上10年以下有期徒刑；情节特别严重的，处10年以上有期徒刑。根据刑法第157条的规定，武装掩护走私的，依照刑法第151条第1款的规定从重处罚。对多次走私未经处理的，按照累计走私货物、物品的偷逃应缴税额处罚。所谓“对多次走私未经处理的”，是指对多次走私未经行政处罚处理的。

根据《走私解释》第16条的规定，走私普通货物、物品，偷逃应缴税额在10万元以上不满50万元的，应当认定为“偷逃应缴税额较大”；偷逃应缴税额在50万元以上不满250万元的，应当认定为“偷逃应缴税额巨大”；偷逃应缴税额在250万元以上的，应当认定为“偷逃应缴税额特别巨大”。具有下列情形之一，偷逃应缴税额在30万元以上不满50万元的，应当认定为“其他严重情节”；偷逃应缴税额在150万元以上不满250万元的，应当认定为“其他特别严重情节”：（1）犯罪集团的首要分子；（2）使用特种车辆从事走私活动的；（3）为实施走私犯罪，向国家机关工作人员行贿的；（4）教唆、利用未成年人、孕妇等特殊人群走私的；（5）聚众阻挠缉私的。根据第24条的规定，单位犯走私普通货物、物品罪，偷逃应缴税额在20万元以上不满100万元的，对单位判处罚金，并对其直接负责的主管人员和其他直接责任人员，处3年以下有期徒刑或者拘役；偷逃应缴税额在100万元以上不满500万元的，应当认定为“情节严重”；偷逃应缴税额在500万元以上的，应当认定为“情节特别严重”。

---

〔23〕“应某、陆某走私废物、走私普通货物案一审判决书”，载《最高人民法院公报》2014年第5期。

第四节 妨害对公司、企业的管理秩序罪

一、虚报注册资本罪

虚报注册资本罪，是指申请公司登记使用虚假证明文件或者采取其他欺诈手段虚报注册资本，欺骗公司登记主管部门，取得公司登记，虚报注册资本数额巨大、后果严重或者有其他严重情节的行为。

本罪的客观要件包括以下四个要素：(1)虚报注册资本。行为人在不具有法定注册资本最低限额的情况下作出具有法定注册最低限额的申报，或者虽然达到法定注册资本最低限额，却作出高于实缴资本的申报。(2)采取欺诈手段。包括使用虚假证明文件和其他欺诈手段。前者是指使用不真实的验资、验证、评估报告书等证明文件，后者是指采用虚假证明文件以外的欺骗手段，如使用无权支配的他人所有的资金或者产权证明进行申报。(3)取得公司登记。即已被公司登记机关批准登记注册并已发给《企业法人营业执照》，欺诈手段被公司登记机关发现而未予登记的，不成立本罪。(4)虚报注册资本数额巨大、后果严重或者有其他严重情节。根据2010年5月7日最高人民检察院、公安部《关于公安机关管辖的刑事案件立案追诉标准的规定(二)》[以下简称《追诉标准(二)》]第5条的规定，涉嫌下列情形之一的，应予立案追诉：(1)超过法定出资期限，实缴注册资本不足法定注册资本最低限额，有限责任公司虚报数额在30万元以上并占其应缴出资数额60%以上的，股份有限公司虚报数额在300万元以上并占其应缴出资数额30%以上的；(2)超过法定出资期限，实缴注册资本达到法定注册资本最低限额，但仍虚报注册资本，有限责任公司虚报数额在100万元以上并占其应缴出资数额60%以上的，股份有限公司虚报数额在1000万元以上并占其应缴出资数额30%以上的；(3)造成投资者或者其他债权人直接经济损失累计数额在10万元以上的；(4)虽未达到上述数额标准，但具有下列情形之一的：两年内因虚报注册资本受过行政处罚2次以上，又虚报注册资本的；向公司登记主管人员行贿的；为进行违法活动而注册的；(5)其他后果严重或者有其他严重情节的情形。

根据刑法第158条的规定，犯本罪的，处3年以下有期徒刑或者拘役，并处或者单处虚报注册资本金额1%以上5%以下罚金。单位犯本罪的，对单位判处罚金，并对其直接负责的主管人员和其他直接责任人员，处3年以下有期徒刑或者拘役。

示例4-24　天姿娇服饰有限公司虚报注册资本案

二审法院认为："第十二届全国人民代表大会常务委员会在2014年4月24日通过了《全国人民代表大会常务委员会关于〈中华人民共和国刑法〉第一百五十八条、第一百五十九条的解释》，明确了虚报注册资本罪的适用范围。根据该解释的规定，虚报注册资本罪只适用于依法实行注册资本实缴登记制的公司。而根据《公司法》第二十六条第二款之规定，本案的被告单位天姿娇公司属于注册资本认缴登记制的公司，因此不应再适用《刑法》第一百五十八条之规定，天姿娇公司不构成虚报注册资本罪；公司直接负责的主管人员被告人张某、袁某不构成虚报注册资本罪，之前认定的共同犯罪人原审被告人刘某也不构成虚报注册资本罪。"〔24〕

二、虚假出资、抽逃出资罪

虚假出资、抽逃出资罪，是指公司发起人、股东违反公司法的规定，未交付货币、实物或者未转移财产权，虚假出资，或者在公司成立后又抽逃其出资，数额巨大、后果严重或者有其他严重情节的行为。

本罪的行为主体是公司发起人、股东。所谓公司发起人，是指设立公司的个人或单位。所谓股东，是指公司的出资人。本罪的行为方式是虚假出资或者抽逃出资。所谓虚假出资，是指违反公司法的规定，未交付应当认缴的出资额或者未办理出资额中的财产权转移手续。所谓抽逃出资，是指虽然在公司成立时认缴了所应认缴的出资，但在公司成立后又撤出其出资。根据2010年12月6日最高人民法院《关于适用〈中华人民共和国公司法〉若干问题的规定(三)》第12条的规定，下列行为属于抽逃出资：(1)将出资款项转入公司账户后又转出；(2)通过虚构债权债务关系将其出资转出；(3)制作虚假财务会计报表虚增利润进行分配；(4)利用关联交易将出资转出；(5)其他未经法定程序将出资抽回的行为。

本罪的行为结果是虚假出资或抽逃出资数额巨大、后果严重或者有其他严重情形。根据《追诉标准(二)》第4条的规定，涉嫌下列情形之一的，应予立案追诉：(1)超过法定出资期限，有限责任公司股东虚假出资数额在30万元以上并占其应缴出资数额60%以上的，股份有限公司发起人、股东虚假出资数额在300万元以上并占其应缴出资数额30%以上的；(2)有限责任公司股东抽逃出资数额在30万元以上并占其实缴出资数额60%以上的，股份有限公司发起人、股东抽逃出资数额在300万元以上并占其实缴出资数额30%以上的；(3)造成公司、股东、债权人的直接经济损失累计数额在10万元以上的；(4)虽未达到上述数额标准，但具有下列情形之一

〔24〕"天姿娇服饰有限公司虚报注册资本案二审判决书"，四川省眉山市中级人民法院刑事判决书(〔2014〕眉刑终字第17号)。

的;致使公司资不抵债或者无法正常经营的;公司发起人、股东合谋虚假出资、抽逃出资的;两年内因虚假出资、抽逃出资受过行政处罚2次以上,又虚假出资、抽逃出资的;利用虚假出资、抽逃出资所得资金进行违法活动的;(5)其他后果严重或者有其他严重情节的情形。

根据刑法第159条的规定,犯本罪的,处5年以下有期徒刑或者拘役,并处或者单处虚假出资金额或者抽逃出资金额2%以上10%以下罚金。单位犯本罪的,对单位判处罚金,并对其直接负责的主管人员和其他直接责任人员,处5年以下有期徒刑或者拘役。

三、欺诈发行股票、债券罪

欺诈发行股票、债券罪,是指在招股说明书、认股书、公司、企业债券募集办法中,隐瞒重要事实或者编造重大虚假内容,发行股票或者公司、企业债券,数额巨大、后果严重或者有其他严重情节的行为。所谓重要事实,是指能够影响一般投资者做出投资或不投资,大量投资或者少量投资决定的、反映投资对象客观情况的信息。所谓重大虚假内容,是指行为人编造的有关上述重要事实的信息。本罪是结果犯,造成数额巨大、后果严重或者有其他严重情节是必要构成要素。根据《追诉标准(二)》第5条的规定,涉嫌下列情形之一的,应予立案追诉:(1)发行数额在500万元以上的;(2)伪造、变造国家机关公文、有效证明文件或者相关凭证、单据的;(3)利用募集的资金进行违法活动的;(4)转移或者隐瞒所募集资金的;(5)其他后果严重或者有其他严重情节的情形。

根据刑法第160条的规定,犯本罪的,处5年以下有期徒刑或者拘役,并处或者单处非法募集资金金额1%以上5%以下罚金。单位犯本罪的,对单位判处罚金,并对其直接负责的主管人员和其他直接责任人员,处5年以下有期徒刑或者拘役。

四、违规披露、不披露重要信息罪

违规披露、不披露重要信息罪,是指依法负有信息披露义务的公司、企业向股东和社会公众提供虚假的或者隐瞒重要事实的财务会计报告,或者对依法应当披露的其他重要信息不按照规定披露,严重损害股东或者其他人利益,或者有其他严重情节的行为。

示例4-25　于某违规不披露重要信息案

一审法院认为:"江苏琼花对依法应当披露的重要担保信息不按规定披露,情节严重,被告人于某是江苏琼花上述行为的直接主管人员,其行为已构成违规不披露重要信

息罪。”〔25〕

根据《追诉标准（二）》第6条的规定，涉嫌下列情形之一的，应予立案追诉：(1)造成股东、债权人或者其他人直接经济损失数额累计在50万元以上的；(2)虚增或者虚减资产达到当期披露的资产总额30%以上的；(3)虚增或者虚减利润达到当期披露的利润总额30%以上的；(4)未按照规定披露的重大诉讼、仲裁、担保、关联交易或者其他重大事项所涉及的数额或者连续12个月的累计数额占净资产50%以上的；(5)致使公司发行的股票、公司债券或者国务院依法认定的其他证券被终止上市交易或者多次被暂停上市交易的；(6)致使不符合发行条件的公司、企业骗取发行核准并且上市交易的；(7)在公司财务会计报告中将亏损披露为盈利，或者将盈利披露为亏损的；(8)多次提供虚假的或者隐瞒重要事实的财务会计报告，或者多次对依法应当披露的其他重要信息不按照规定披露的；(9)其他严重损害股东、债权人或者其他人利益，或者有其他严重情节的情形。

根据刑法第161条的规定，犯本罪的，对直接负责的主管人员和其他直接责任人员，处3年以下有期徒刑或者拘役，并处或者单处2万元以上20万元以下罚金。

五、妨害清算罪

妨害清算罪，是指公司、企业在进行清算时，隐匿财产，对资产负债表或者财产清单作虚伪记载或者在未清偿债务前分配公司、企业的财产，严重损害债权人或者其他人利益的行为。

根据《追诉标准（二）》第7条的规定，涉嫌下列情形之一的，应予立案追诉：(1)隐匿财产价值在50万元以上的；(2)对资产负债表或者财产清单作虚伪记载涉及金额在50万元以上的；(3)在未清偿债务前分配公司、企业财产价值在50万元以上的；(4)造成债权人或者其他人直接经济损失数额累计在10万元以上的；(5)虽未达到上述数额标准，但应清偿的职工的工资、社会保险费用和法定补偿金得不到及时清偿，造成恶劣社会影响的；(6)其他严重损害债权人或者其他人利益的情形。

根据刑法第162条的规定，犯本罪的，对直接负责的主管人员和其他直接责任人员，处5年以下有期徒刑或者拘役，并处或者单处2万元以上20万元以下罚金。

六、隐匿、故意销毁会计凭证、会计账簿、财务会计报告罪

隐匿、故意销毁会计凭证、会计账簿、财务会计报告罪，是指故意隐匿、销毁依法应当保存的会计凭证、会计账簿、财务会计报告，情节严重的行为。

---

〔25〕“于某违规不披露重要信息案一审判决书”，载《刑事审判参考》2013年第1集，指导案例第824号。

根据《追诉标准(二)》第8条的规定,涉嫌下列情形之一的,应予立案追诉:(1)隐匿、故意销毁的会计凭证、会计账簿、财务会计报告涉及金额在50万元以上的;(2)依法应当向司法机关、行政机关、有关主管部门等提供而隐匿、故意销毁或者拒不交出会计凭证、会计账簿、财务会计报告的;(3)其他情节严重的情形。

根据刑法第162条之一的规定,犯本罪的,处5年以下有期徒刑或者拘役,并处或者单处2万元以上20万元以下罚金。单位犯本罪的,对单位判处罚金,并对其直接负责的主管人员和其他直接责任人员依照上述规定处罚。

七、虚假破产罪

虚假破产罪,是指公司、企业通过隐匿财产、承担虚构的债务或者以其他方法转移、处分财产,实施虚假破产,严重损害债权人或者其他人利益的行为。

这里的“虚假破产”,包括以下两种情形:(1)实体上并没有真实的财产,以假破产的方式严重损害债权人或者其他人的利益;(2)实体上真实破产,但在破产程序中实施了严重损害债权人或者其他人利益的行为。根据《追诉标准(二)》第9条的规定,涉嫌下列情形之一的,应予立案追诉:(1)隐匿财产价值在50万元以上的;(2)承担虚构的债务涉及金额在50万元以上的;(3)以其他方法转移、处分财产价值在50万元以上的;(4)造成债权人或者其他人直接经济损失数额累计在10万元以上的;(5)虽未达到上述数额标准,但应清偿的职工的工资、社会保险费用和法定补偿金得不到及时清偿,造成恶劣社会影响的;(6)其他严重损害债权人或者其他人利益的情形。

根据刑法第162条之二的规定,犯本罪的,对直接负责的主管人员和其他直接责任人员,处5年以下有期徒刑或者拘役,并处或者单处2万元以上20万元以下罚金。

八、非国家工作人员受贿罪

(一)非国家工作人员受贿罪的概念和构成要件

非国家工作人员受贿罪,是指公司、企业或者其他单位的工作人员利用职务上的便利,索取他人财物或者非法收受他人财产,为他人谋取利益,数额较大的行为。

1.本罪的客观要件为公司、企业或者其他单位的工作人员利用职务上的便利,索取他人财物或者非法收受他人财产,为他人谋取利益,数额较大。本罪的行为主体是特殊主体,即必须是公司、企业或者其他单位的工作人员。所谓“其他单位”,既包括事业单位、社会团体、村民委员会、居民委员会、村民小组等常设性的组织,也包括为组织体育赛事、文艺演出或者其他正当活动而成立的组委会、筹委会、工程承包队等非常设性的组织。应当注意的是,这些主体所从事的活动必须是经营管理等非公务活动，才能以本罪论处。如果从事的是国家机关、国有公司、公共机构或者其他法定的公共团体的公务活动，则应以受贿罪论处。例如，村民委员会等基层组织人员在从事村民自治范围内的经营、管理等事项时（出售集体财产、筹办村所有企业、建设村级道路、修建村农贸市场等），则属于从事“集体公务”，而非国家公务，故应以本罪论处。

示例4-26 唐某非国家工作人员受贿案

村民小组组长唐某分别收受某房地产公司和刘某的征用土地好处费3万元、20万元，均归为己有。对此，一审法院认为：“被告人唐某某身为村民组长，利用职务上的便利，非法收受他人财物，为他人谋取利益，数额巨大，其行为已经构成非国家工作人员受贿罪。”〔26〕

本罪的行为方式是利用职务上的便利，索取他人财产或者非法收受他人财物，为他人谋取利益。所谓利用职务上的便利，是指利用自己在本单位负责、主管或参与某项工作的职权范围内的条件。所谓索取，是指以公开或暗示的方式，主动向他人索取财物。所谓非法收受，是指被动接受他人主动给予的财物。所谓为他人谋取利益，是指允诺、实行或者实现为他人谋取利益的行为。无论是索贿还是收贿，行为人主观上都必须具有为他人谋取利益的目的。本罪的行为结果是索取或非法收受他人财物数额较大。

2. 本罪的主观要件为故意，即明知索取或收受他人财物会侵犯职务行为的不可收买性，并且希望或者放任这一结果的发生。

示例4-27 杜某、陈某非国家工作人员受贿案

一审法院认为：“被告人杜某、陈某系慧龙公司（非国有企业）派遣到龙宇公司（国有控股企业）人员，虽然在龙宇公司中从事具体工作，但二人非该公司职工，不具有国家工作人员身份，二人利用担任龙宇公司拆迁办工作人员的职务便利，为璩某谋取利益，分别收受璩某经琚某送去的贿赂款7万元和2万元的行为已构成非国家工作人员受贿罪。”〔27〕

---

〔26〕“唐某非国家工作人员受贿案二审裁定书”，陕西省宝鸡市中级人民法院刑事裁定书（〔2013〕宝刑二终字第13号）。

〔27〕“杜某、陈某非国家工作人员受贿案一审判决书”，河南省栾川县人民法院刑事判决书（〔2013〕栾刑重初字第1号）。

（二）非国家工作人员受贿罪的认定

1. 关于收受回扣、手续费的认定。《反不正当竞争法》第8条规定："经营者不得采用财物或者其他手段进行贿赂以销售或者购买商品。在账外暗中给予对方单位或者个人回扣的，以行贿论处；对方单位或者个人在账外暗中收受回扣的，以受贿论处。经营者销售或者购买商品，可以以明示方式给对方折扣，可以给中间人佣金。经营者给对方折扣、给中间人佣金的，必须如实入账。接受折扣、佣金的经营者必须如实入账。"所谓回扣，是指经营者销售商品时在账外暗中以现金、实物或者其他方式退给对方单位或者个人的一定比例的商品价款。所谓折扣，是经营者在销售商品时，以明示并如实入账的方式给予对方的价格优惠。所谓佣金，是指经营者在市场交易中给予为其提供服务的具有合法经营资格的中间人的劳动报酬。对合法接受折扣、佣金，如实入账的，不能认定为受贿；但对违法接受折扣、佣金，不如实入账，归个人所有的，则应认定为受贿。

公司、企业或者其他单位的工作人员在经济往来中，利用职务上的便利，违反国家规定，收受各种名义的回扣、手续费，归个人所有的，成立本罪。根据2008年11月20日最高人民法院、最高人民检察院《关于办理商业贿赂刑事案件适用法律若干问题的意见》（以下简称《商业贿赂意见》），对下列行为应当以非国家工作人员受贿罪定罪处罚：（1）医疗机构中的非国家工作人员，在药品、医疗器械、医用卫生材料等医药产品采购活动中，利用职务上的便利，索取销售方财物，或者非法收受销售方财物，为销售方谋取利益的；（2）医疗机构中的医务人员，利用开处方的职务便利，以各种名义非法收受药品、医疗器械、医用卫生材料等医药产品销售方财物，为医药产品销售方谋取利益的；（3）学校及其他教育机构中的非国家工作人员，在教材、教具、校服或者其他物品的采购等活动中，利用职务上的便利，索取销售方财物，或者非法收受销售方财物，为销售方谋取利益的；（4）学校及其他教育机构中的教师，利用教学活动的职务便利，以各种名义非法收受教材、教具、校服或者其他物品销售方财物，为教材、教具、校服或者其他物品销售方谋取利益的；（5）依法组建的评标委员会、竞争性谈判采购中谈判小组、询价采购中询价小组的组成人员，在招标、政府采购等事项的评标或者采购活动中，索取他人财物或者非法收受他人财物，为他人谋取利益的。

2. 关于贿赂和馈赠的界限。对此，主要应当结合以下因素全面分析、综合判断：（1）发生财物往来的背景，如双方是否存在亲友关系及历史上交往的情形和程度；（2）往来财物的价值；（3）财物往来的缘由、时机和方式，提供财物方对于接受方有无职务上的请托；（4）接受方是否利用职务上的便利为提供方谋取利益。

3. 关于不同身份主体共同犯罪的认定。非国家工作人员与国家工作人员通谋，共同收受他人财物，构成共同犯罪的，根据双方利用职务便利的具体情形分别处理：

(1)利用国家工作人员的职务便利为他人谋取利益的,以受贿罪追究刑事责任;(2)利用非国家工作人员的职务便利为他人谋取利益的,以非国家工作人员受贿罪追究刑事责任;(3)分别利用各自的职务便利为他人谋取利益的,按照主犯的犯罪性质追究刑事责任,不能分清主从犯的,可以受贿罪追究刑事责任。

(三)非国家工作人员受贿罪的处罚

根据刑法第163条的规定,犯本罪的,处5年以下有期徒刑或者拘役;数额巨大的,处5年以上有期徒刑,可以并处没收财产。

九、对非国家工作人员行贿罪

对非国家工作人员行贿罪,是指为谋取不正当利益,给予公司、企业或者其他单位的工作人员以财物,数额较大的行为。所谓谋取不正当利益,是指行贿人谋取违反法律、法规、规章或者政策规定的利益,或者要求对方违反法律、法规、规章、政策、行业规范的规定提供帮助或者方便条件。在招标投标、政府采购等商业活动中,违背公平原则,给予相关人员财物以谋取竞争优势的,属于谋取不正当利益。至于实际是否谋取了不正当利益,则不影响本罪的成立。因被勒索给予公司、企业或者其他单位的工作人员以财物,没有获取不正当利益的,不构成本罪。

根据刑法第164条第1款、第3款的规定,犯本罪的,处3年以下有期徒刑或者拘役,并处罚金;数额巨大的,处3年以上10年以下有期徒刑,并处罚金。单位犯本罪的,对单位判处罚金,并对其直接负责的主管人员和其他直接责任人员,依照上述规定处罚。行贿人在被追诉前主动交代行贿行为的,可以减轻或者免除处罚。

示例4-28　王某对非国家工作人员行贿案

王某为了增加其代理的药品销售量,先后给予38名医生给回扣共202783元。对此,一审法院认为:“被告人王某为谋取不正当利益,给予医务人员财物202783元,数额较大,其行为已构成对非国家工作人员行贿罪。”[28]

十、对外国公职人员、国际公共组织官员行贿罪

对外国公职人员、国际公共组织官员行贿罪,是指为谋取不正当商业利益,给予外国公职人员或者国际公共组织官员以财物,数额较大的行为。所谓外国公职人员,是指外国无论是经任命还是选举而担任立法、行政、行政管理或者司法职务的任何人员,以及为外国包括为公共机构或者公营企业行使公共职能的任何人员。所谓

〔28〕“王某对非国家工作人员行贿案一审判决书”,安徽省来安县人民法院刑事判决书(〔2017〕皖1122刑初字56号)。

国际公共组织官员，是指国际公务员或者经此种组织授权代表该组织行事的任何人员。至于上述人员是长期任职还是临时任职，是计酬还是不计酬，都不影响对其身份的认定。本罪的主观要件是故意，且具有谋取不正当商业利益的目的。

根据刑法第 164 条第 2 款、第 3 款的规定，犯本罪的，处 3 年以下有期徒刑或者拘役；数额巨大的，处 3 年以上 10 年以下有期徒刑，并处罚金。单位犯本罪的，对单位判处罚金，并对其直接负责的主管人员和其他直接责任人员，依照上述规定处罚。行贿人在被追诉前主动交代行贿行为的，可以减轻或者免除处罚。

十一、非法经营同类营业罪

非法经营同类营业罪，是指国有公司、企业的董事、经理利用职务便利自己经营或者为他人经营与其所任职公司、企业同类的营业，获取非法利益，数额巨大的行为。

本罪的行为主体是国有公司、企业的董事、经理。本罪的行为方式是利用职务便利自己经营或者为他人经营与其所任职公司、企业同类的营业。所谓自己经营，是指自己独资、合股经营公司、企业。所谓为他人经营，是指在他人出资经营的公司、企业中任职从而获取经营报酬。所谓同类的营业，是指生产、销售同一商品或者具有其他同一性质的营业。本罪的行为结果是获取非法利益，数额巨大。所谓获取非法利益，是指因同类竞业损害国有公司、企业的利益而使自己获得利益。

根据刑法第 165 条的规定，犯本罪的，处 3 年以下有期徒刑或者拘役，并处或者单处罚金；数额特别巨大的，处 3 年以上 7 年以下有期徒刑，并处罚金。

十二、为亲友非法牟利罪

为亲友非法牟利罪，是指国有公司、企业、事业单位的工作人员，利用职务上的便利，违背职责，非法为亲友牟利，致使国家利益遭受重大损失的行为。

本罪的行为主体是国有公司、企业、事业单位的工作人员，包括国有公司、企业委派到国有控股、参股公司从事公务的人员。本罪的行为方式是利用职务便利，违背职责，非法为亲友牟利。具体有以下三种方式：(1)将本单位的盈利业务交由自己的亲友进行经营；(2)以明显高于市场的价格向自己亲友经营管理的单位采购商品，或者以明显低于市场的价格向自己的亲友经营管理的单位销售商品；(3)向自己的亲友经营管理的单位采购不合格的商品。本罪的行为结果，是致使国家利益遭受重大损失。本罪的主观要件是故意，过失不构成本罪。

根据刑法第 166 条的规定，犯本罪的，处 3 年以下有期徒刑或者拘役，并处或者单处罚金；致使国家利益遭受特别重大损失的，处 3 年以上 7 年以下有期徒刑，并处罚金。

十三、签订、履行合同失职被骗罪

签订、履行合同失职被骗罪，是指国有公司、企业、事业单位的直接负责的主管人员,在签订、履行合同过程中,因严重不负责任被诈骗,致使国家利益遭受重大损失的行为。

本罪的行为主体是国有公司、企业、事业单位的直接负责的主管人员。本罪的行为方式是在签订、履行合同过程中,因严重不负责任被诈骗。所谓严重不负责任,是指对对方的身份、履行合同的诚意、履行合同的能力等情况不进行任何考察或不认真考察,即与对方签订、履行合同。所谓被诈骗,是指被对方骗取财产。本罪的行为结果,是致使国家利益造成重大损失,包括大量财产被诈骗、因为诈骗造成停产等损失。本罪的主观要件是过失,包括疏忽过失和轻率过失。

根据刑法第 167 条的规定,犯本罪的,处 3 年以下有期徒刑或者拘役;造成国家利益特别重大损失的,处 3 年以上 7 年以下有期徒刑。

示例 4-29 陈某签订、履行合同失职被骗案

一审法院认为:"被告人陈某在签订、履行合同过程中,仅是一般地看了工商、税务登记,未认真审查对方的合同主体资格、资信情况、履约能力,对提供的汇票未按单位规定进行鉴别真伪,轻信对方,盲目地把货车交给对方。由于其严重不负责任导致货车被骗后无法追回,给单位造成了重大损失。被告人陈某的行为直接侵犯了国有企业的经营管理制度,应依法追究其刑事责任。"[29]

十四、国有公司、企业、事业单位人员失职罪

国有公司、企业、事业单位人员失职罪,是指国有公司、企业、事业单位的工作人员,严重不负责任,造成国有公司、企业、事业单位破产或者严重损失,致使国家利益造成重大损失的行为。

根据刑法第 168 条的规定,犯本罪的,处 3 年以下有期徒刑或者拘役;致使国家利益遭受特别重大损失的,处 3 年以上 7 年以下有期徒刑。国有公司、企业、事业单位工作人员徇私舞弊,犯本罪的,从重处罚。

十五、国有公司、企业、事业单位人员滥用职权罪

国有公司、企业、事业单位人员滥用职权罪,是指国有公司、企业、事业单位的工作人员,滥用职权,造成国有公司、企业、事业单位破产或者严重损失,致使国家利益遭受重大损失的行为。

根据刑法第 168 条的规定,犯本罪的,处 3 年以下有期徒刑或者拘役;致使国家

---

〔29〕"陈某签订、履行合同失职被骗案一审判决书",江苏省扬州市广陵区人民法院刑事判决书(〔1999〕广刑初字第 49 号)。

利益遭受特别重大损失的，处3年以上7年以下有期徒刑。国有公司、企业、事业单位工作人员徇私舞弊，犯本罪的，从重处罚。

十六、徇私舞弊低价折股、出售国有资产罪

徇私舞弊低价折股、出售国有资产罪，是指国有公司、企业或者其上级主管部门直接负责的主管人员，徇私舞弊，将国有资产低价折股或者低价出售，致使国家利益遭受重大损失的行为。

根据刑法第169条的规定，犯本罪的，处3年以下有期徒刑或者拘役；致使国家利益遭受特别重大损失的，处3年以上7年以下有期徒刑。

十七、背信损害上市公司利益罪

背信损害上市公司利益罪，是指上市公司的董事、监事、高级管理人员，违背对公司的忠实义务，利用职务便利，操纵上市公司从事损害上市公司利益的活动，致使上市公司利益遭受重大损失的行为，以及上市公司的控股股东或者实际控制人，指使上市公司的董事、监事、高级管理人员从事损害上市公司利益的活动，致使上市公司利益遭受重大损失的行为。

本罪的行为方式有以下两种类型：(1)上市公司的董事、监事、高级管理人员，违背对公司的忠实义务，利用职务便利，操纵上市公司从事损害上市公司利益的活动，致使上市公司利益遭受重大损失。这里的"损害上市公司利益"的活动，是指以下情形：一是，无偿向其他单位或者个人提供资金、商品、服务或者其他资产的；二是，以明显不公平的条件，提供或者接受资金、商品、服务或者其他资产的；三是，向明显不具有清偿能力的单位或者个人提供资金、商品、服务或者其他资产的；四是，为明显不具有清偿能力的单位或者个人提供担保，或者无正当理由为其他单位或者个人提供担保的；五是，无正当理由放弃债权、承担债务的；六是，采用其他方式损害上市公司利益的。(2)上市公司的控股股东或者实际控制人，指使上市公司董事、监事、高级管理人员实施损害上市公司利益的活动，致使上市公司利益遭受重大损失。

示例4－30　张某背信损害上市公司利益案

上海科技董事长张某在大股东南京斯威特集团实际控制人严某的要求下，未经公司董事会同意，并在未告知财务经理胡某资金最终去向的情况下，指使胡某先后两次将账外账户中的1亿元和6800万元划至上海科技下属南京科技的账户，后经多次转账，最后供严某支配使用。对此，一审法院认为："被告人张某身为上海科技董

事长，违背对公司的忠实义务，利用职务上的便利，操纵上市公司，无偿地将本单位资金提供给其他单位使用，致使上市公司利益遭受重大损失，其行为已构成背信损害上市公司利益罪。”〔30〕

根据《追诉标准（二）》第18条的规定，涉嫌下列情形之一的，应予立案追诉：（1）无偿向其他单位或者个人提供资金、商品、服务或者其他资产，致使上市公司直接经济损失数额在150万元以上的；（2）以明显不公平的条件，提供或者接受资金、商品、服务或者其他资产，致使上市公司直接经济损失数额在150万元以上的；（3）向明显不具有清偿能力的单位或者个人提供资金、商品、服务或者其他资产，致使上市公司直接经济损失数额在150万元以上的；（4）为明显不具有清偿能力的单位或者个人提供担保，或者无正当理由为其他单位或者个人提供担保，致使上市公司直接经济损失数额在150万元以上的；（5）无正当理由放弃债权、承担债务，致使上市公司直接经济损失数额在150万元以上的；（6）致使公司发行的股票、公司债券或者国务院依法认定的其他证券被终止上市交易或者多次被暂停上市交易的；（7）其他致使上市公司利益遭受重大损失的情形。

示例4-31　何某背信损害上市公司利益案

二审法院认为：“被告人何某作为上市公司某科技开发股份有限公司的董事长，违背对公司的忠实义务，利用职务便利，操纵上市公司，采用隐瞒事实、购买公司股权等方式，致使上市公司利益遭受特别重大损失，其行为已构成背信损害上市公司利益罪，应依法追究其刑事责任。”〔31〕

根据刑法第169条之一的规定，犯本罪的，处3年以下有期徒刑或者拘役，并处或者单处罚金；致使上市公司利益遭受特别重大损失的，处7年以下有期徒刑，并处罚金。犯本罪的上市公司的控股股东或者实际控制人是单位的，对单位判处罚金，并对其直接负责的主管人员和其他直接责任人员，依照上述规定处罚。

〔30〕“张某背信损害上市公司利益案一审判决书”，上海市浦东区人民法院刑事判决书（〔2007〕浦刑初字第1521号）。

〔31〕“何某背信损害上市公司利益案一审判决书”，上海市卢湾区人民法院刑事判决书（〔2010〕卢刑初字第142号）。

第五节 破坏金融管理秩序罪

一、伪造货币罪

（一）伪造货币罪的概念和构成要件

伪造货币罪，是指仿照货币的图案、形状、色彩等特征非法制造假货币，冒充真货币的行为。本罪的法益是货币的公共信用。

1. 本罪的客观要件为伪造货币。所谓“伪造”，是指仿照货币的图案、形状、色彩等，使用印刷、复印、描绘、拓印等方法，制造出与真货币外观相同的物品。这里的“伪造”，并不要求制造的假币与真货币的外观完全相同、具有真货币的一切特征，而只要求在外观上足以使一般人产生误认即可。例如，不具有真货币的号码、印章、防伪码的，也是伪造。根据2000年9月8日最高人民法院《关于审理伪造货币等案件具体应用法律若干问题的解释》（以下简称《货币解释》）第1条第3款的规定，行为人制造货币版样或者与他人事前通谋，为他人伪造货币提供版样的，以伪造货币罪定罪处罚。根据2010年10月20日最高人民法院《关于审理伪造货币等案件具体应用法律若干问题的解释（二）》[以下简称《货币解释（二）》]第2条的规定，同时采用伪造和变造手段，制造真伪拼凑货币的行为，以伪造货币罪定罪处罚。

本罪的行为对象是货币，包括人民币（含普通纪念币、贵金属纪念币）、港元、澳元、新台币，以及其他国家及地区的法定货币。这些货币，必须是正在流通的。这里的“流通”，既包括在我国境内流通或者兑换的情形，也包括在我国境外流通、但在境内不能流通和兑换的情形。以使用为目的，伪造停止流通的货币，或者使用伪造的停止流通的货币的，以诈骗罪定罪处罚。

示例4-32 杨某等伪造货币案

杨某伙同他人印制500元、100元面额的假美元共计1380.6万元。对此，最高人民法院认为：“被告人杨某伙同他人伪造美元的行为，已构成伪造货币罪。其伪造货币数额特别巨大，且系主犯，依法应予严惩。”〔32〕

2. 本罪的主观要件为故意，且具有意图流通或者营利的目的。

---

〔32〕“杨某伪造货币案死刑复核裁定书”，载《刑事审判参考》1999年第3集，指导案例第23号。

（二）伪造货币罪的认定

1. 本罪与非罪的界限。刑法虽然没有对伪造货币行为构成犯罪规定任何数额或情节上的限制，但这并不意味着对任何伪造货币行为一律以犯罪论处。根据《追诉标准（二）》第 19 条的规定，伪造货币，涉嫌下列情形之一的，应予立案追诉：(1)伪造货币，总面额在 2000 元以上或者币量在 200 张（枚）上的；(2)制造货币版样或者为他人伪造货币提供版样的；(3)其他伪造货币应予追究刑事责任的情形。

2. 本罪的既遂标准。本罪是行为犯，应以行为人实施的行为是否达到法定程度作为既遂与未遂的标志。行为人完成了全部印制工序，且将伪造的货币制作出来的，成立既遂；行为人已经着手实行伪造行为，有可能制作出足以使一般人误认为是货币的假币，但尚未制作出来的，为未遂。

3. 本罪的罪数形态。实践中，行为人一人同时实施伪造、出售、运输、持有、使用伪造的货币等数种犯罪行为的情况时有发生。对此，是按照一罪处理还是数罪并罚，关键是看行为人出售、运输、持有、使用伪造的货币是否是其本人伪造。如果系行为人本人伪造的，按照伪造货币罪一罪从重处罚；如果行为人既伪造了货币，又出售、运输、持有、使用他人伪造的货币，则应按照伪造货币罪和其他有关犯罪实行数罪并罚。

4. 本罪的共犯形态。实践中，贩卖伪造货币的犯罪分子可能直接从伪造货币的犯罪分子手中购买假币。在这种情况下，购买者和伪造者是否成立共同犯罪，应具体分析认定。如果购买者与伪造者事先通谋，则应按照伪造货币罪定罪处罚；如果购买者与领先者事先没有通谋，则对伪造者按伪造货币罪定罪处罚；对购买者按购买假币罪定罪处罚。

（三）伪造货币罪的处罚

根据刑法第 170 条的规定，犯本罪的，处 3 年以上 10 年以下有期徒刑，并处罚金；有下列情形之一的，处 10 年以上有期徒刑或者无期徒刑，并处罚金或者没收财产：(1)伪造货币集团的首要分子；(2)伪造货币数额特别巨大的；(3)有其他特别严重情节的。

根据《货币解释》第 1 条的规定，伪造货币的总面额在 2000 元以上不满 3 万元或者币量在 200 张（枚）以上不足 3000 张（枚）的，属于情节一般；伪造货币的总面额在 3 万元以上的，属于“伪造货币数额特别巨大”。根据《货币解释》第 7 条的规定，货币面额应当以人民币计算，其他币种以案发时国家外汇管理机关公布的外汇牌价折算成人民币。根据《货币解释（二）》第 3 条的规定，假境外货币犯罪的数额，按照案发当日中国外汇交易中心或者中国人民银行授权机构公布的人民币对该货币的中间价折合成人民币计算。中国外汇交易中心或者中国人民银行授权机构未公布汇率中间价的境外货币，按照案发当日境内银行人民币对该货币的中间价折算成人民币,或者该货币在境内银行、国际外汇市场对美元汇率,与人民币对美元汇率中间价进行套算。根据《货币解释(二)》第4条的规定,假普通纪念币犯罪的数额,以面额计算;假贵金属纪念币犯罪的数额,以贵金属纪念币的初始发售价格计算。

二、出售、购买、运输假币罪

出售、购买、运输假币罪,是指出售、购买伪造的货币,或者明知是伪造的货币而予以运输,数额较大的行为。

本罪的客观要件为出售、购买、运输伪造的货币,数额较大。所谓出售,是指以一定的价格有偿转让伪造的货币。所谓购买,是指以一定的价格用货币买回伪造的货币。所谓运输,是指采用一定的方式使伪造的货币发生空间位移。本罪为数额犯,出售、购买、运输的假币必须达到一定的数额,才能构成本罪。在出售假币时被抓获的,除现场查获的假币应认定为出售假币的数额外,现场之外在行为人住所或者其他藏匿地查获的假币,也应认定为出售假币的数额。本罪是选择性罪名,行为人实施出售、购买、运输行为之一的,均构成本罪;实施上述两种或三种行为的,也只认定为一罪,不实施数罪并罚。伪造货币并出售或者运输伪造的货币的,以伪造货币罪从重处罚。但这限于行为人出售、运输的假币是自己伪造的情形,如果行为人伪造和出售、运输的假币不具有同一性,即不仅自己伪造货币,而且出售、运输他人伪造的货币,则应以伪造货币罪和出售、运输假币罪数罪并罚。

示例4-33 何某等出售、购买、运输假币案

一审法院认为:“关于公诉机关对被告人何某、熊某、江某同时还构成出售假币罪(未遂)的指控及被告人何某、江某的辩护人提出的本案被告人只构成出售假币罪(未遂)的辩护意见,审理认为,出售、购买、运输假币罪为选择性罪名,本案中,被告人的最终目的是出售假币,虽然被告人尚未到达出售假币的交易地点即案发,未能实施出售假币行为,但被告人已实施了购买、运输假币的行为,故本案应以购买、运输假币罪定罪处罚为宜。”〔33〕

本罪的主观要件为故意,行为人必须是明知是假币而出售、购买或者运输。实践中,出售、购买假币者往往明知所出售、购买的是假币,但运输假币者则比较复杂,行为人并非一概都明知所运输的是假币,故刑法特别强调运输假币者的主观认识状态是“明知”。

〔33〕“何某等出售、购买、运输假币案一审判决书”,浙江省宁波市镇海区人民法院刑事判决书(〔2011〕甬镇刑初字第148号)。

根据刑法第171条第1款的规定，犯本罪的，处3年以下有期徒刑或者拘役，并处2万元以上20万元以下罚金；数额巨大的，处3年以上10年以下有期徒刑，并处5万元以上50万元以下罚金；数额特别巨大的，处10年以上有期徒刑或者无期徒刑，并处5万元以上50万元以下罚金或者没收财产。根据《货币解释》第3条的规定，出售、购买假币或者明知是假币而运输，总面额在4000元以上不满5万元的，属于"数额较大"；总面额在5万元以上不满20万元的，属于"数额巨大"；总面额在20万元以上的，属于"数额特别巨大"。

三、金融机构工作人员购买假币、以假币换取货币罪

金融机构工作人员购买假币、以假币换取货币罪，是指银行或者其他金融机构的工作人员购买伪造的货币或者利用职务上的便利，以伪造的货币换取货币的行为。

本罪的行为主体是特殊主体，必须是银行或者其他金融机构的工作人员。本罪的行为方式主要有两种类型：(1)购买假币，即明知是假币而予以购买；(2)调换假币，即利用管理金库、出纳现金、吸收付出存款等便利条件，以伪造的货币换取货币的行为。调换假币的行为，是否限于等额交换，值得研究。例如，银行职员利用职务上的便利，将小面额(如100元)的假币换取大面额(如1万元)的真币的，是成立贪污罪或职务侵占罪，还是本罪？本书认为，这种行为实际上是一种特殊形式的贪污或职务侵占，应根据特别法条优于普通法条的原则，以本罪论处。金融机构工作人员购买假币的行为与普通公民购买假币的行为，在行为特征上并没有区别，但普通公民购买假币成立犯罪的，立法增加了数额较大这一要素，而金融机构工作人员购买假币成立犯罪的，立法并未设有数额较大的要素。这主要是考虑到金融机构工作人员的特殊身份，其实施购买假币行为，随时可能将假币兑换成货币，使其进入流通领域。调换假币没有利用职务便利的，不构成本罪，可视具体情况分别认定为盗窃罪等。购买假币与调换假币的行为具有较为密切的关联性，常常伴随发生，但本罪并不要求两种行为同时实施，同时实施这两种行为的，也以一罪论处。

本罪的主观要件为故意，即明知是假币而购买或者将其调换成真货币。

根据刑法第171条第2款的规定，犯本罪的，处3年以上10年以下有期徒刑，并处2万元以上20万元以下罚金；数额巨大或者有其他严重情节的，处10年以上有期徒刑或者无期徒刑，并处2万元以上20万元以下罚金或者没收财产；情节较轻的，处3年以下有期徒刑或者拘役，并处或者单处1万元以上10万元以下罚金。根据《货币解释》第4条的规定，犯本罪，总面额在4000元以上不满5万元或者币量在400张(枚)以上不足5000张(枚)的，处以基本法定刑；总面额在5万元以上或者币量在5000张(枚)以上或者有其他严重情节的，处以加重法定刑；总面额不满人民币

4000元或者币量不足400张(枚)或者具有其他情节较轻情形的,处以减轻法定刑。

四、持有、使用假币罪

(一)持有、使用假币罪的概念和构成要件

持有、使用假币罪,是指明知是伪造的货币而持有、使用,数额较大的行为。

1. 本罪的客观要件为持有、使用假币。所谓持有,是指行为人将假币置于自己的支配和控制之下而形成的一种持续性状态。所谓使用,是指将伪造的货币投入流通领域,作为一种支付手段而购买商品或者接受服务。本罪属于数额犯,持有、使用的假币必须达到数额较大,才能构成犯罪。

2. 本罪的主观要件为故意,行为人必须明知是假币而持有、使用。

示例4-34 薛某等持有、使用假币案

张某携带三捆假人民币(共计750张,75000元)与被告人薛某、董某从光山县城出发,准备去湖北随州等地使用,在信阳市汽车站准备发往随州的客车上,被光山县公安局经济犯罪侦查大队的民警抓获。对此,二审法院认为:"上诉人薛某明知是伪造的人民币而持有,总面额75000元,数额较大,其行为已构成持有假币罪,应依法处罚。"[34]

(二)持有、使用假币罪的认定

1. 持有假币罪与伪造货币罪、出售、运输假币罪的界限。实践中,行为人持有假币往往是源自伪造行为,或者是出于出售、运输的目的,但是又缺乏相应的证据证明。对此,可以持有假币罪论处。如果根据现有证据可以证明行为人持有的假币来源于其伪造行为的,或者是为了出售、运输的,则应以伪造货币罪、出售、运输假币罪论处。行为人出售、运输假币构成犯罪,同时又有使用假币行为的,应当实行数罪并罚。

示例4-35 郑某持有、使用假币案

郑某在河南光山区以16元一张的价格购得100元面值的伪造的人民币120余张,后携带至贵阳,并将假币藏匿家中。郑某携带购得的假币外出使用时被抓获,查获伪造的人民币113张,总面额11300元。对此,二审法院认为:"上诉人郑某明知是

[34] "薛某等持有、使用假币案二审裁定书",河南省信阳市中级人民法院刑事裁定书([2017]豫15刑终162号)。

伪造的人民币而持有，总面额 11300 元，数额较大，其行为已构成持有假币罪，应依法处罚。"〔35〕

2. 使用假币罪与出售假币罪的界限。主要有两点区别：(1)相对方的心理状态不同。使用假币时，相对方通常并不明知是假币；而出售假币时，相对方一般明知是假币。(2)交易的价格不同。使用假币时，通常是以假币的面额予以流通；而出售假币时，往往表现为以远远低于假币面值的价格出售。行为人购买假币后使用，构成犯罪的，以购买假币罪定罪，从重处罚。

(三)持有、使用假币罪的处罚

根据刑法第 172 条的规定，犯本罪的，处 3 年以下有期徒刑或者拘役，并处或者单处 1 万元以上 10 万元以下罚金；数额巨大的，处 3 年以上 10 年以下有期徒刑，并处 2 万元以上 20 万元以下罚金；数额特别巨大的，处 10 年以上有期徒刑，并处 5 万元以上 50 万元以下罚金或者没收财产。根据《货币解释》第 5 条的规定，明知是假币而持有、使用，总面额在 4000 元以上不满 5 万元的，属于"数额较大"；总面额在 5 万元以上不满 20 万元的，属于"数额巨大"；总面额在 20 万元以上的，属于"数额特别巨大"。

五、变造货币罪

变造货币罪，是指变造货币，数额较大的行为。所谓"变造"，是指对真货币采用剪贴、挖补、揭层、涂改、移位、重印等方法加工处理，改变真币形态、价值的行为。变造一般表现为增加货币面额，但是，减少货币面额的行为，也不失为一种变造。此外，通过各种手段将真币变为"错版"人民币，或者减少货币的金属含量的行为，也属于变造货币。变造，必须以加工行为未导致真货币丧失同一性为限；否则，应认定为伪造货币。例如，以货币碎片为材料，加入其他纸张，制作成假币的，应认定为伪造货币。本罪是数额犯，变造货币数额较大的，才成立犯罪。本罪的主观要件为故意，过失不构成本罪。

示例 4-36　张某伪造货币案

张某明知残损币不少于 3/4 就可以兑换同等面额货币而将完整的 5 张百元人民币采用剪贴、挖补、拼接等方法变成 4 张残损币和 2 张变造币。后张某采用此法，在宿舍内变造出 400 张百元人民币，并利用现金柜员的身份在工作期间将残损币及

〔35〕"郑某持有、使用假币案二审裁定书"，贵州省贵阳市中级人民法院刑事裁定书(〔2017〕黔 01 刑终 676 号)。

变造币进行扎把、封捆入库，从而非法获利2万元。对此，一审法院认为："被告人张某采用剪贴、挖补、拼接等方法加工处理，增大货币数量，从中获取不正当利益，数额巨大，其行为触犯了《中华人民共和国刑法》第一百七十三条规定，构成变造货币罪，依法应予惩处。"[36]

根据刑法第173条的规定，犯本罪的，处3年以下有期徒刑或者拘役，并处或者单处1万元以上10万元以下罚金；数额巨大的，处3年以上10年以下有期徒刑，并处2万元以上20万元以下罚金。根据《货币解释》第6条的规定，变造货币的总面额在2000元以上不满3万元的，属于"数额较大"；总面额在3万元以上的，属于"数额巨大"。

六、擅自设立金融机构罪

擅自设立金融机构罪，是指未经国家有关主管部门批准，擅自设立商业银行、证券交易所、期货交易所、证券公司、期货经纪公司、保险公司或者其他金融机构的行为。

根据刑法第174条第1款和第3款的规定，犯本罪的，处3年以下有期徒刑或者拘役，并处或者单处2万元以上20万元以下罚金；情节严重的，处3年以上10年以下有期徒刑，并处5万元以上50万元以下罚金。单位犯本罪的，对单位判处罚金，并对其直接负责的主管人员和其他直接责任人员，依照上述规定处罚。

七、伪造、变造、转让金融机构经营许可证、批准文件罪

伪造、变造、转让金融机构经营许可证、批准文件罪，是指伪造、变造、转让商业银行、证券交易所、期货交易所、证券公司、期货经纪公司、保险公司或者其他金融机构的经营许可证或者批准文件的行为。

根据刑法第174条第2款和第3款的规定，犯本罪的，处3年以下有期徒刑或者拘役，并处或者单处2万元以上20万元以下罚金；情节严重的，处3年以上10年以下有期徒刑，并处5万元以上50万元以下罚金。单位犯本罪的，对单位判处罚金，并对其直接负责的主管人员和其他直接责任人员，依照上述规定处罚。

八、高利转贷罪

高利转贷罪，是指以转贷牟利为目的，套取金融机构信贷资金高利转贷他人，违法所得数额较大的行为。所谓套取，是指行为人在不符合贷款条件的前提下，以虚

---

〔36〕"张某变造货币案一审判决书"，黑龙江省双鸭山市宝山区人民法院刑事判决书（〔2014〕宝刑初字第69号）。

假的贷款理由或者贷款条件，向金融机构申请贷款，并且获取由正常程序无法取得的贷款。所谓信贷资金，是指金融机构作为贷款发放的资金，包括担保贷款资金与信用贷款资金。所谓高利转贷他人，是指行为人从金融机构套取信贷资金后，又以更高的利率借贷给其他自然人或者单位。行为人以转贷牟利为目的套取金融机构的信贷资金后，表面上将该部分资金用于生产经营，但将自有资金高利借贷给他人的，应认定为高利转贷。实施高利转贷行为，违法所得数额较大的，才以犯罪论处。本罪的主观要件为故意，且具有转贷牟利的目的。

示例4-37　周某高利转贷案

周某以转贷牟利为目的，多次向江苏省沭阳县农村商业银行申请生产经营性贷款共计160万元，约定月利率3%的高额利息转借给康某，累计收到康某以支付利息形式的还款共计28.8万元。对此，二审法院认为："上诉人周某以转贷牟利为目的，套取金融机构信贷资金高利转贷他人，违法所得数额较大，其行为已构成高利转贷罪。"[37]

根据刑法第175条的规定，犯本罪的，处3年以下有期徒刑或者拘役，并处违法所得1倍以上5倍以下罚金；数额巨大的，处3年以上7年以下有期徒刑，并处违法所得1倍以上5倍以下罚金。单位犯本罪的，对单位判处罚金，并对其直接负责的主管人员和其他直接责任人员，处3年以下有期徒刑或者拘役。

九、骗取贷款、票据承兑、金融票证罪

骗取贷款、票据承兑、金融票证罪，是指以欺骗手段获取银行或者其他金融机构贷款、票据承兑、信用证、保函等，给银行或者其他金融机构造成重大损失或者有其他严重情节的行为。

根据《追诉标准（二）》第27条的规定，涉嫌下列情形之一的，应予立案追诉：（1）以欺骗手段取得贷款、票据承兑、信用证、保函等，数额在100万元以上的；（2）以欺骗手段取得贷款、票据承兑、信用证、保函等，给银行或者其他金融机构造成直接经济损失数额在20万元以上的；（3）虽未达到上述数额标准，但多次以欺骗手段取得贷款、票据承兑、信用证、保函等的；（4）其他给银行或者其他金融机构造成重大损失或者有其他严重情节的情形。

---

〔37〕"周某高利转贷案一审判决书"，江苏省宿迁市中级人民法院二审裁定书（〔2016〕苏13刑终117号）。

示例 4－38 上海金源国际经贸发展有限公司、周某等骗取贷款案

二审法院认为："上诉人周某明知金源公司申请贷款期间，证券投资造成巨额亏损，并造成公司巨额负净利润，纵横集团已实际支付20%的预付款，仍旧隐瞒真相，向农行上海分行和中信保上海公司提供虚假财务报表。不仅如此，从现有证据来看，上诉人金源公司和周某明知本案的内贸合同系虚假的循环封闭合同，所谓的标的物是以《货权转让书》等形式进行空转，并无物流凭证等单据和常规文件，仍将虚假的《货权转让书》及相关文件提供给农行上海分行和中信保—上海公司，从而获得贷款，具有实施骗取贷款的行为。"[38]

根据刑法第175条之一的规定，犯本罪的，处3年以下有期徒刑或者拘役，并处或者单处罚金；给银行或者其他金融机构造成特别重大损失或者有其他特别严重情节的，处3年以上7年以下有期徒刑，并处罚金。单位犯本罪的，对单位判处罚金，并对其直接负责的主管人员和其他直接责任人员，依照上述规定处罚。

十、非法吸收公众存款罪

（一）非法吸收公众存款罪的概念和构成要件

非法吸收公众存款罪，是指非法吸收公众存款或者变相吸收公众存款，扰乱金融秩序的行为。

1. 本罪的客观要件为非法吸收公众存款或者变相吸收公众存款，扰乱金融秩序。本罪的行为方式有两种类型：（1）非法吸收公众存款，即未经中国人民银行批准，向社会不特定对象吸收资金，出具凭证，承诺在一定期限内还本付息的活动。例如，不具有吸收公众存款的资格却擅自吸收公众存款，或者经营范围包括存贷款业务的金融机构擅自提高利率吸收公众存款。（2）变相吸收公众存款，即未经中国人民银行批准，不以吸收公众存款的名义，向社会不特定对象吸收资金，但承诺履行的义务与吸收公众存款性质相同的活动。例如，一些互助会、储金会、投资公司等以投资入股名义吸收公众资金，但并不按规定分配利润和股息，而是支付固定的利息。

根据2010年12月13日最高人民法院《关于审理非法集资刑事案件具体应用法律若干问题的解释》（以下简称《非法集资解释》）第1条的规定，违反国家金融管理法律规定，向社会公众（包括单位和个人）吸收资金的行为，同时具备下列四个条件的，除刑法另有规定的以外，应当认定为刑法第176条规定的"非法吸收公众存款或者变相吸收公众存款"：（1）未经有关部门依法批准或者借用合法经营的形式吸收资金；（2）通过媒体、推介会、传单、手机短信等途径向社会公开宣传；（3）承诺在一

〔38〕"上海金源国际经贸发展有限公司、周某等骗取贷款案二审裁定书"，上海市高级人民法院刑事裁定书（〔2010〕苏13刑终117号）。

定期限内以货币、实物、股权等方式还本付息或者给付回报；(4)向社会公众即社会不特定对象吸收资金。未向社会公开宣传，在亲友或者单位内部针对特定对象吸收资金的，不属于非法吸收或者变相吸收公众存款。据此，非法吸收公众存款应当具备以下四个特征：第一，非法性，即违反国家金融管理法律规定吸收资金，具体表现为未经有关部门依法批准吸收资金和借用合法经营的形式吸收资金两种。"未经有关部门依法批准"包括：未经有关部门批准；骗取批准欺诈发行；具有主体资格，但具体业务未经批准；具有主体资格，但经营行为违法。"借用合法经营的形式吸收资金"的具体表现形式多种多样，应根据非法集资的行为实质进行具体认定。第二，公开性，即通过媒体、推介会、传单、手机短信等途径向社会公开宣传。公开宣传是公开性的实质，而具体宣传途经可以多种多样。该解释仅列举了比较典型的宣传途径，实践中还有标语、横幅、宣传册、宣传画、讲座、论坛、研讨会等宣传形式。公开宣传也不限于虚假宣传，即使未采取欺骗手段进行虚假宣传，但因其风险控制和承担能力有限，且缺乏有力的内外部监管，社会公众的利益难以得到切实保障，法律仍有干预之必要。第三，利诱性，即吸收人向社会公众承诺在一定期限内以货币、实物、股权等方式还本付息或者给付回报。利诱性特征包含有偿性和承诺性两个方面内容。非法集资是有偿集资，对于非经济领域的公益性集资，不宜纳入非法集资的范畴；非法集资具有承诺性，即不是现时给付回报，而是承诺将来给付回报。回报的方式，既包括固定回报也包括非固定回报；回报的名义，除了较为常见的利息、分红之外，还有所谓的"工资""奖金""销售提成"等。第四，社会性，即吸收资金的对象是不特定公众。这里的"不特定"，一方面是指出资者是与吸收者之间没有固定联系的人或单位；另一方面是指出资者处于一种随时可能增加的状态。

本罪的主观方面为故意，不要求特定的目的或动机。行为人以非法占有的目的吸收公众存款或者变相吸收公众存款的，成立集资诈骗罪或其他相关犯罪。

示例 4－39　苑某、刘某非法吸收公众存款案

一审法院认为："被告人苑某、刘某以牟利为目的，用高额返利投资的方式变相吸收公众存款，数额巨大，扰乱了金融管理秩序，其行为均已构成非法吸收公众存款罪，依法应予惩处。"〔39〕

（二）非法吸收公众存款罪的认定

1. 关于存款用途的构成地位。有观点认为，只有当行为人非法吸收公众存款，

〔39〕"苑某、刘某非法吸收公众存款案一审判决书"，北京市昌平区人民法院刑事判决书(〔2012〕刑初字第1249号)。

用于货币、资本的经营时(如发放贷款),才能认定为扰乱金融秩序,才应以本罪论处。[40] 本书不赞同这一观点。《商业银行法》第 81 条第 1 款规定:“未经国务院银行业监督管理机构批准,擅自设立商业银行,或者非法吸收公众存款、变相吸收公众存款,构成犯罪的,依法追究刑事责任;并由国务院银行业监督管理机构予以取缔。”根据这一规定,只要未经许可,非法吸收公众存款或者变相吸收公众存款的,即认为已经扰乱了金融秩序,而并未附加将吸收的存款用于货币、资本经营这一条件。立法这一规定,显然是为了保护商业银行的垄断经营考虑。另外,该法第 2 条规定:“本法所称的商业银行是指依照本法和《中华人民共和国公司法》设立的吸收公众存款、发放贷款、办理结算等业务的企业法人。”该法第 3 条规定:“商业银行可以经营下列部分或者全部业务:(1)吸收公众存款;(2)发放短期、中期和长期贷款;(3)办理国内外结算;(4)办理票据承兑与贴现;(5)发行金融债券;(6)代理发行、代理兑付、承销政府债券;(7)买卖政府债券、金融债券;(8)从事同业拆借;(9)买卖、代理买卖外汇;(10)从事银行卡业务;(11)提供信用证服务及担保;(12)代理收付款项及代理保险业务;(13)提供保管箱服务;(14)经国务院银行业监督管理机构批准的其他业务。经营范围由商业银行章程规定,报国务院银行业监督管理机构批准。商业银行经中国人民银行批准,可以经营结汇、售汇业务。”根据上述两条规定,吸收公众存款不仅是一项独立的金融业务,而且是一项与发放贷款等并列的金融业务。更重要的是,商业银行的发放贷款来源于其所吸收的公众存款,因此,吸收公众存款业务的经营状况将直接影响其发放贷款业务的经营状况。总之,未经法定许可,擅自从事吸收公众存款或者发放贷款活动的,都会对商业银行的业务活动造成一定的冲击。因此,非法吸收公众存款并用于贷款发放的,必然扰乱了金融秩序;非法吸收公众存款并未用于贷款发放(如用于正当的生产、经营)的,也同样扰乱了金融秩序。

2. 关于本罪的行为表现。实践中,本罪的行为表现多种多样,极具迷惑性。根据《非法集资解释》第 2 条的规定,实施下列行为之一,符合本解释第 1 条第 1 款规定的条件的,应当以非法吸收公众存款罪定罪处罚:(1)不具有房产销售的真实内容或者不以房产销售为主要目的,以返本销售、售后包租、约定回购、销售房产份额等方式非法吸收资金的;(2)以转让林权并代为管护等方式非法吸收资金的;(3)以代种植(养殖)、租种植(养殖)、联合种植(养殖)等方式非法吸收资金的;(4)不具有销售商品、提供服务的真实内容或者不以销售商品、提供服务为主要目的,以商品回购、寄存代售等方式非法吸收资金的;(5)不具有发行股票、债券的真实内容,以虚假转让股权、发售虚构债券等方式非法吸收资金的;(6)不具有募集基金的真实内容,

〔40〕 参见张明楷:《刑法学》,法律出版社 2011 年版,第 687 页。

以假借境外基金、发售虚构基金等方式非法吸收资金的；(7)不具有销售保险的真实内容，以假冒保险公司、伪造保险单据等方式非法吸收资金的；(8)以投资入股的方式非法吸收资金的；(9)以委托理财的方式非法吸收资金的；(10)利用民间"会""社"等组织非法吸收资金的；(11)其他非法吸收资金的行为。

示例 4-40　渭南市尤湖塔园有限责任公司非法吸收公众存款案

二审法院认为："在本案中，尤湖塔园公司与客户签订的合同，表面上是塔位销售合同，但双方在合同中明确约定，尤湖塔园公司对购买塔位的客户承担两年期还本返利的义务。此外，该公司推出的所谓'投资型'塔位不与特定死者的骨灰相对应，该公司承诺既可以根据塔位销售合同逐年返利，也可以更名、退单。所谓退单，是指由尤湖塔园公司按照市场价回购。由于尤湖塔园公司的虚假操作，在没有任何依据的情况下，投资型塔位的价格被不定期地不断调高，因此在退单的时候，尤湖塔园公司除了向用户返还购买时的原价，还需支付增值的部分，事实上就是变相的'返本付息'。因此，尤湖塔园公司的上述行为符合取缔办法第四条规定的变相吸收公众存款的特征，构成非法吸收公众存款罪"。[41]

(三)非法吸收公众存款罪的处罚

根据刑法第 176 条的规定，犯本罪的，处 3 年以下有期徒刑或者拘役，并处或者单处 2 万元以上 20 万元以下罚金；对数额巨大或者有其他严重情节的，处 3 年以上 10 年以下有期徒刑，并处 5 万元以上 50 万元以下罚金。单位犯本罪的，对单位判处罚金，并对其直接负责的主管人员和其他直接责任人员依照规定处罚。

根据《非法集资解释》第 3 条的规定，非法吸收或者变相吸收公众存款，具有下列情形之一的，应当依法追究刑事责任：(1)个人非法吸收或者变相吸收公众存款，数额在 20 万元以上的，单位非法吸收或者变相吸收公众存款，数额在 100 万元以上的；(2)个人非法吸收或者变相吸收公众存款对象 30 人以上的，单位非法吸收或者变相吸收公众存款对象 150 人以上的；(3)个人非法吸收或者变相吸收公众存款，给存款人造成直接经济损失数额在 10 万元以上的，单位非法吸收或者变相吸收公众存款，给存款人造成直接经济损失数额在 50 万元以上的；(4)造成恶劣社会影响或者其他严重后果的。

具有下列情形之一的，属于"数额巨大或者有其他严重情节"：(1)个人非法吸收或者变相吸收公众存款，数额在 100 万元以上的，单位非法吸收或者变相吸收公众存款，数额在 500 万元以上的；(2)个人非法吸收或者变相吸收公众存款对象 100

---

[41] "渭南市尤湖塔园有限责任公司非法吸收公众存款二审裁定书"，载《最高人民法院公报》2008 年第 6 期。

人以上的，单位非法吸收或者变相吸收公众存款对象500人以上的；(3)个人非法吸收或者变相吸收公众存款，给存款人造成直接经济损失数额在50万元以上的，单位非法吸收或者变相吸收公众存款，给存款人造成直接经济损失数额在250万元以上的；(4)造成特别恶劣社会影响或者其他特别严重后果的。

非法吸收或者变相吸收公众存款的数额，以行为人所吸收的资金全额计算。案发前后已归还的数额，可以作为量刑情节酌情考虑。非法吸收或者变相吸收公众存款，主要用于正常的生产经营活动，能够及时清退所吸收资金，可以免予刑事处罚；情节显著轻微的，不作为犯罪处理。

十一、伪造、变造金融票证罪

(一)伪造、变造金融票证罪的概念和构成要件

伪造、变造金票证罪，是指伪造、变造汇票、本票、支票、委托收款凭证、汇款凭证、银行存单及其他银行结算凭证、信用证或者附随的单据、文件以及伪造信用卡的行为。

1. 本罪的客观要件为伪造、变造各种金融票证。这里的"伪造"，包括有形伪造和无形伪造两种情形。所谓有形伪造，是指没有金融票证制作权的人，假冒他人名义，擅自制作外观上足以使一般人误认为是真实金融票证的假金融票证的行为。所谓无形伪造，是指具有金融制作权的人，超越其制作权限，违背事实制作内容虚假的金融票证。这里的"变造"，是指擅自对金融票证进行各种形式的加工，改变数额、日期或者其他内容等。行为人伪造、变造任何一种票证的，即成立本罪。

本罪的行为类型包括以下情形：(1)伪造、变造汇票、本票、支票。汇票，是指出票人签发的，委托付款人在见票时或者在指定日期，无条件支付确定的金额给收款人或持票人的票据。本票，是指出票人签发的，承诺由自己在见票时无条件支付确定的金额给收款人或持票人的票据。支票，是指出票人签发的，委托办理支票存款业务的银行或者其他金融机构在见票时无条件支付确定的金额给收款人或持票人的票据。伪造票据，是指无权限人假冒他人或者虚构人名义签章的行为；变造票据，是指无权更改票据内容的人，对票据上签章以外的记载事项加以改变的行为，但签章的变造属于伪造。(2)伪造、变造委托收款凭证、汇款凭证、银行存单等银行结算凭证。委托收款凭证，是指收款人向银行提供的，委托其向付款人收取款项的结算凭证。汇款凭证，是指汇款人委托银行给收款人进行汇兑结算的凭证，包括信汇凭证和电汇凭证。银行存单，是指银行凭以办理储蓄业务的一种信用凭证，一般用于一次存取的整存整取、定活两便储蓄等。其他银行结算凭证，是指除上述结算凭证以外的结算凭证。(3)伪造、变造信用证或者附随的单据、文件。信用证，是指开证银行应申请人的要求并按其指示向第三方开立的载有一定金额的，在一定的期限内

凭符合规定的单据付款的书面凭证。信用证是国际贸易中最主要、最常用的支付方式。附随的单据、文件,是指由受益人提供的,与信用证条款规定相一致的代表货物的单据、文件,如提单、商业发票、保险发票、出口许可证、产地证明等。(4)伪造信用卡。根据2004年12月29日全国人民代表大会常务委员会《关于〈中华人民共和国刑法〉有关信用卡规定的解释》的规定,刑法规定的"信用卡",是指由商业银行或者其他金融机构发行的具有消费支付、信用贷款、转账结算、存取现金等全部功能或者部分功能的电子支付卡。伪造信用卡,是指复制他人信用卡、将他人信用卡信息资料写入磁条介质、芯片或者以其他方法非法制作信用卡,即变更信用卡的实质内容。因此,变造信用卡,即对信用卡进行非本质改变的行为,通常不具有实际意义,不具有刑事可罚性。

示例4-41 彭某等伪造、变造金融票证案

二审法院认为:"彭某、彭某某、胡某等人利用磁卡读写器将他人信用卡信息写入空白磁条卡片的磁条介质,经中国银行、工商银行等银行业务查询,复制出来的1100余张信用卡均能查询到他人账户信息,三人的行为均符合伪造金融票证罪的犯罪构成;彭某、彭某某、胡某等人将被复制过的信用卡卖与他人,伺机用伪造的信用卡骗取购卡人的钱财。其行为分别符合伪造金融票证罪和信用卡诈骗罪的犯罪构成,两罪之间具有牵连关系,系刑法理论中的牵连犯,应择一重罪以伪造金融票证罪定罪处罚"。[42]

2. 本罪的主观要件为故意,且具有行使的目的。行为人是否具有非法占有他人财物的目的,则不影响本罪的成立。

(二)伪造、变造金融票证罪的处罚

根据刑法第177条的规定,犯本罪的,处5年以下有期徒刑或者拘役,并处或者单处2万元以上20万元以下罚金;情节严重的,处5年以上10年以下有期徒刑,并处5万元以上50万元以下罚金;情节特别严重的,处10年以上有期徒刑或者无期徒刑,并处5万元以上50万元以下罚金或者没收财产。单位犯本罪的,对单位判处罚金,并对其直接负责的主管人员和其他直接责任人员,依照上述规定处罚。根据2009年12月3日最高人民法院、最高人民检察院《关于办理妨害信用卡管理刑事案件具体应用法律若干问题的解释》(以下简称《信用卡解释》)第1条的规定,伪造信用卡1张以上的,或者伪造空白信用卡10张以上的,应当以伪造金融票证罪定罪处罚。伪造信用卡,有下列情形之一的,应当认定为"情节严重":(1)伪造信用卡5张

---

〔42〕"彭某等伪造、变造金融票证案二审裁定书",江苏省徐州市中级人民法院刑事判决书(〔2016〕苏03刑终133号)。

以上不满25张的;(2)伪造的信用卡内存款余额、透支额度单独或者合计数额在20万元以上不满100万元的;(3)伪造空白信用卡50张以上不满250张的;(4)其他情节严重的情形。伪造信用卡,有下列情形之一的,应当认定为“情节特别严重”:(1)伪造信用卡25张以上的;(2)伪造的信用卡内存款余额、透支额度单独或者合计数额在100万元以上的;(3)伪造空白信用卡250张以上的;(4)其他情节特别严重的情形。本条所称“信用卡内存款余额、透支额度”,以信用卡被伪造后发卡行记录的最高存款余额、可透支额度计算。

十二、妨害信用卡管理罪

妨害信用卡管理罪,是指持有、运输伪造的信用卡或者数量较大的伪造的空白信用卡,或者非法持有他人数量较大的信用卡,或者使用虚假的身份证明骗领信用卡,或者出售、购买、为他人提供伪造的信用卡或者以虚假的身份证明骗领的信用卡的行为。

本罪的客观要件为妨害信用卡管理。本罪的行为类型主要有以下四种:(1)明知是伪造的信用卡而持有、运输的,或者明知是伪造的空白信用卡而持有、运输,数量较大的。所谓“空白信用卡”,是指在信用卡的磁条介质、芯片上没有输入任何用户信息资料的信用卡。持有、运输伪造的信用卡的,无论数量多少,均可成立本罪;持有、运输伪造的空白信用卡的,必须达到数量较大,才能成立本罪。(2)非法持有他人信用卡,数量较大的。这里的“非法持有”,通常是指行为人无法说明其持有的信用卡的合法来源的情形。如果行为人能够说明其来源的,则不应认定为非法持有。例如,捡拾他人信用卡而持有的,不能认定为非法持有。(3)使用虚假的身份证明骗领信用卡的。包括违背他人意愿,使用其居民身份证、军官证、士兵证、港澳居民往来内地通行证、台湾居民来往大陆通行证、护照等身份证明申领信用卡的,或者使用伪造、变造的身份证明申领信用卡的情形。骗领信用卡的申请人往往资信状况较差,骗取信用卡就是为了透支取现。如果行为人仅是为了获取较高的授信额度或者办卡顺利,而在申请信用卡时对自己的收入状况作了不实陈述的,因主观上并无非法占有的目的,不宜认定为骗领信用卡。(4)出售、购买、为他人提供伪造的信用卡或者以虚假的身份证明骗领的信用卡。这些行为往往是信用卡诈骗罪的重要环节,属于信用卡诈骗罪的上游犯罪,其危害性不言而喻,需要运用刑罚惩治。

示例4－42　王某妨害信用卡管理案

杨某、秦某通过互联网发布招聘信息的方式,以每张银行卡100元的价格招揽他人办理银行卡,先后利用“年轻人”(身份不详)、秦某、苏某、冯某、潘某、廖某身份证办理四大行储蓄卡，其中廖某名下办理的5张被不明身份人骗走。另外累计25张银行卡以每套800元的价格转卖给肖某，肖某又以每套1000元钱的价格转卖给康某，康某将其中13张不符合要求的储蓄卡退还给肖某。对此，一审法院认为："被告人康某、杨某非法持有他人信用卡，数量均超过5张，数量较大，其行为均已构成妨害信用卡管理罪。"〔43〕

本罪的主观要件为故意，但行为人并不具有占有信用卡项下款项的目的。

示例4-43 王某妨害信用卡管理案

王某窃得其朋友黄某的身份证后用该身份证分别向多家银行骗领了五张信用卡，并提交了本人真实的手机号码和账单收寄地址。此后，王某透支骗领的信用卡用于个人还款及消费，但均正常使用透支功能，并基本能够按照银行的账单规定还款。对此，一审法院认为："被告人王某虽使用虚假的身份证明骗领信用卡，但其主观上不具有非法占有的目的，客观上也没有经发卡行催收后仍不归还的行为，故其行为不构成信用卡诈骗罪，但已构成妨害信用卡管理罪。公诉机关指控信用卡诈骗罪不当，应予纠正。"〔44〕

根据刑法第177条之一第1款的规定，犯本罪的，处3年以下有期徒刑或者拘役，并处或者单处1万元以上10万元以下罚金；数量巨大或者有其他严重情节的，处3年以上10年以下有期徒刑，并处2万元以上20万元以下罚金。根据《信用卡解释》第2条的规定，明知是伪造的空白信用卡而持有、运输10张以上不满100张的，应当认定为刑法第177条之一第1款第1项规定的"数量较大"；非法持有他人信用卡5张以上不满50张的，应当认定为刑法第177条之一第1款第2项规定的"数量较大"。有下列情形之一的，应当认定为刑法第177条之一第1款规定的"数量巨大"：(1)明知是伪造的信用卡而持有、运输10张以上的；(2)明知是伪造的空白信用卡而持有、运输100张以上的；(3)非法持有他人信用卡50张以上的；(4)使用虚假的身份证明骗领信用卡10张以上的；(5)出售、购买、为他人提供伪造的信用卡或者以虚假的身份证明骗领的信用卡10张以上的。

十三、窃取、收买、非法提供信用卡信息罪

窃取、收买、非法提供信用卡信息罪，是指故意窃取、收买或者非法提供他人信

〔43〕"康某、杨某妨害信用卡管理案一审判决书"，甘肃省华池县人民法院刑事判决书(〔2017〕甘1023刑初5号)。

〔44〕"王某妨害信用卡管理案一审判决书"，浙江省杭州市上城区人民法院刑事判决书(〔2012〕杭上刑初字第270号)。

用卡信息资料的行为。所谓信用卡信息，是指由发卡行在发卡时使用专用设备写入信用卡的磁条中的一组关于发卡行代码、持卡人账户、账号、密码等内容的加密电子数据，作为POS机、ATM机等终端机识别用户是否合法的依据。

示例4-44 杨某窃取、收买、非法提供信用卡信息案

薛某从杨某处购买具有读取磁条卡信息并将所读取的信息上传至手机、指定网址等功能的侧录模块，之后薛某将该侧录模块加装至POS机后出售给他人。案发后，从薛某租赁的后台服务器硬盘中导出45条去重的银行卡磁道信息。经银联卡反欺诈服务中心鉴定，这些信息完整、有效。其间，薛某将改装后的3台POS机出售给张某，张某使用该POS机窃取他人信用卡信息10条。对此，二审法院认为："上诉人杨某明知薛某等人窃取他人信用卡信息资料而予以提供侧录模块，且窃取信用卡信息数量巨大，其行为已构成窃取信用卡信息罪，且系共同犯罪。原判认定杨某犯窃取信用卡信息罪的罪名正确，但认定其窃取的信用卡信息数量有误，本院予以纠正。"〔45〕

根据刑法第177条之一第2款和第3款的规定，犯本罪的，处3年以下有期徒刑或者拘役，并处或者单处1万元以上10万元以下罚金；数量巨大或者有其他严重情节的，处3年以上10年以下有期徒刑，并处2万元以上20万元以下罚金。银行或者其他金融机构工作人员利用职务上的便利犯本罪的，从重处罚。根据《信用卡解释》第3条的规定，窃取、收买、非法提供他人信用卡信息资料，足以伪造可进行交易的信用卡，或者足以使他人以信用卡持卡人名义进行交易，涉及信用卡1张以上不满5张的，以窃取、收买、非法提供信用卡信息罪定罪处罚；涉及信用卡5张以上的，应当认定为"数量巨大"。

十四、伪造、变造国家有价证券罪

伪造、变造国家有价证券罪，是指伪造、变造国库券或者国家发行的其他有价证券，数额较大的行为。所谓国库券，是指中央政府为调节国库收支而发行的一种短期政府债券。所谓其他有价证券，是指标有票面金额，证明持有人有权按期取得一定收入并可自由转让和买卖的所有权或债权凭证。如国家重点建设债券、特种国家债券、保值公债券、财政债券、金融债券等。

根据刑法第178条第1款和第3款的规定，犯本罪的，处3年以下有期徒刑或者拘役，并处或者单处2万元以上20万元以下罚金；数额巨大的，处3年以上10年以

---

〔45〕"杨某窃取、收买、非法提供信用卡信息案二审判决书"，上海市第一中级人民法院刑事判决书（〔2016〕沪01刑终593号）。

下有期徒刑，并处或者单处5万元以上50万元以下罚金；数额特别巨大的，处10年以上有期徒刑或者无期徒刑，并处5万元以上50万元以下罚金或者没收财产。单位犯本罪的，对单位判处罚金，并对其直接负责的主管人员和其他直接责任人员，依照上述规定处罚。

十五、伪造、变造股票、公司、企业债券罪

伪造、变造股票、公司、企业债券罪，是指伪造、变造股票或公司、企业债券，数额较大的行为。所谓股票，是指是股份公司在筹集资本时向出资人公开或私下发行的、用以证明出资人的股本身份和权利，并根据持有人所持有的股份数享有权益和承担义务的凭证。所谓公司、企业债券，是指公司、企业依照法定程序发行，约定在一定期限内偿还本金和支付利息的凭证。

根据刑法第178条第2款和第3款的规定，犯本罪的，处3年以下有期徒刑或者拘役，并处或者单处1万元以上10万元以下罚金；数额巨大的，处3年以上10年以下有期徒刑，并处2万元以上20万元以下罚金。单位犯本罪的，对单位判处罚金，并对其直接负责的主管人员和其他直接责任人员，依照上述规定处罚。

十六、擅自发行股票、公司、企业债券罪

擅自发行股票、公司、企业债券罪，是指未经国家有关主管部门批准，擅自发行股票或者公司、企业债券，数额巨大、后果严重或者有其他严重情节的行为。

示例4-45 湖北东方天琪生物工程股份有限公司、黄某擅自发行股票案

东方天琪公司董事长黄某伙同大唐公司实际控制人郭某，在未经证券监管部门批准的情况下，通过大唐公司并由该公司委托多家中介公司，对外虚假宣传东方天琪公司即将上市，需要融资并能获取高额回报；同时开设银行账户，以每股2元至4元的价格，向社会不特定公众转让自然人股东李某、黄某的股权。期间，东方天琪公司共转让股票127.2万余股，合计390万余元。之后因经营不善而停业，致使投资人遭受重大经济损失。对此，一审法院认为："被告单位东方天琪公司违反国家法律规定，未经证券监管部门的批准，擅自发行股票，数额巨大；被告人黄某作为被告单位直接负责的主管人员，其行为均已构成擅自发行股票罪。"〔46〕

根据刑法第179条的规定，犯本罪的，处5年以下有期徒刑或者拘役，并处或者

〔46〕"湖北东方天琪生物工程股份有限公司、黄某擅自发行股票案一审判决书"，湖北省武昌区人民法院刑事判决书（〔2016〕鄂0106刑初590号）。

单处非法募集资金金额1%以上5%以下罚金。单位犯本罪的，对单位判处罚金，并对其直接负责的主管人员和其他直接责任人员，处5年以下有期徒刑或者拘役。

十七、内幕交易、泄露内幕信息罪

(一)内幕交易、泄露内幕信息罪的概念和构成要件

内幕交易、泄露内幕信息罪，是指证券、期货交易内幕信息的知情人员或者非法获取证券、期货交易内幕信息的人员，在涉及证券的发行，证券、期货交易或者其他对证券、期货交易价格有重大影响的信息尚未公开前，买入或者卖出该证券，或者从事与该内幕信息有关的期货交易，或者泄露该信息，或者明示、暗示他人从事上述交易活动，情节严重的行为。

1. 本罪的客观要件为证券、期货交易内幕信息的知情人员或者非法获取证券、期货交易内幕信息的人员，在涉及证券的发行，证券、期货交易或者其他对证券、期货交易价格有重大影响的信息尚未公开前，买入或者卖出该证券，或者从事与该内幕信息有关的期货交易，或者泄露该信息，或者明示、暗示他人从事上述交易活动，情节严重。

本罪的行为主体是必须是证券、期货交易内幕信息的知情人员和单位或者非法获取证券、期货交易内幕信息的人员和单位。根据《证券法》第74条的规定，证券交易内幕信息的知情人包括：(1)发行人的董事、监事、高级管理人员；(2)持有公司5%以上股份的股东及其董事、监事、高级管理人员，公司的实际控制人及其董事、监事、高级管理人员；(3)发行人控股的公司及其董事、监事、高级管理人员；(4)由于所任公司职务可以获取公司有关内幕信息的人员；(5)证券监督管理机构工作人员以及由于法定职责对证券的发行、交易进行管理的其他人员；(6)保荐人、承销的证券公司、证券交易所、证券登记结算机构、证券服务机构的有关人员；(7)国务院证券监督管理机构规定的其他人。根据2016年2月6日国务院修订的《期货交易管理条例》第81条第12项的规定，期货交易内幕信息的知情人员，是指由于其管理地位、监督地位或者职业地位，或者作为雇员、专业顾问履行职务，能够接触或者获得内幕信息的人员，包括：期货交易所的管理人员以及其他由于任职可获取内幕信息的从业人员，国务院期货监督管理机构和其他有关部门的工作人员以及国务院期货监督管理机构规定的其他人员。根据2012年3月29日最高人民法院、最高人民检察院《关于办理内幕交易、泄露内幕信息刑事案件具体应用法律若干问题的解释》(以下简称《内幕交易解释》)第2条的规定，具有下列行为的人员，应认定为“非法获取证券、期货交易内幕信息的人员”：(1)利用窃取、骗取、套取、窃听、利诱、刺探或者私下交易等手段获取内幕信息的；(2)内幕信息知情人员的近亲属或者其他与内幕信息知情人员关系密切的人员，在内幕信息敏感期内，从事或者明示、暗示他人从

事，或者泄露内幕信息导致他人从事与该内幕信息有关的证券、期货交易，相关交易行为明显异常，且无正当理由或者正当信息来源的；(3)在内幕信息敏感期内，与内幕信息知情人员联络、接触，从事或者明示、暗示他人从事，或者泄露内幕信息导致他人从事与该内幕信息有关的证券、期货交易，相关交易行为明显异常，且无正当理由或者正当信息来源的。根据《内幕交易解释》第3条的规定，"相关交易行为明显异常"，要综合以下情形，从时间吻合程度、交易背离程度和利益关联程度等方面予以认定：(1)开户、销户、激活资金账户或者指定交易(托管)、撤销指定交易(转托管)的时间与该内幕信息形成、变化、公开时间基本一致的；(2)资金变化与该内幕信息形成、变化、公开时间基本一致的；(3)买入或者卖出与内幕信息有关的证券、期货合约时间与内幕信息的形成、变化和公开时间基本一致的；(4)买入或者卖出与内幕信息有关的证券、期货合约时间与获悉内幕信息的时间基本一致的；(5)买入或者卖出证券、期货合约行为明显与平时交易习惯不同的；(6)买入或者卖出证券、期货合约行为，或者集中持有证券、期货合约行为与该证券、期货公开信息反映的基本面明显背离的；(7)账户交易资金进出与该内幕信息知情人员或者非法获取人员有关联或者利害关系的；(8)其他交易行为明显异常情形。根据《内幕交易解释》第5条的规定，"内幕信息敏感期"，是指内幕信息自形成至公开的期间。《证券法》第67条第2款所列"重大事件"的发生时间，第75条规定的"计划""方案"以及《期货交易管理条例》第81条第11项规定的"政策""决定"等的形成时间，应当认定为内幕信息的形成之时。影响内幕信息形成的动议、筹划、决策或者执行人员，其动议、筹划、决策或者执行初始时间，应当认定为内幕信息的形成之时。"内幕信息的公开"，是指内幕信息在国务院证券、期货监督管理机构指定的报刊、网站等媒体披露。

示例4-46　董某等犯内幕交易、泄露内幕信息罪案

二审法院认为："董某一直担任广发证券公司的总裁，主持公司日常经营管理工作，有权决策、主持、领导该公司任何重大工作。经广发证券公司董事会授权，董某主持借壳上市工作，参与了广发证券借壳延边公路从酝酿、商讨、研究到确定的全部过程。董某由始至终掌握着广发证券公司借壳延边公路公司的信息，符合证券法第七十四条第(四)项的规定，应认定为本案内幕信息的知情人员。"〔47〕

本罪的行为方式有以下三种类型：(1)在涉及证券的发行，证券、期货交易或者其他对证券、期货交易价格有重大影响的信息尚未公开前，买入或者卖出该证券，或

〔47〕"董某等内幕交易、泄露内幕信息罪案二审裁定书"，广东省州市中级人民法院刑事判决书(〔2009〕穗中法刑二终字第115号)。

者从事与该内幕信息有关的期货交易;(2)泄露该信息,使内幕信息处于使不应知悉该住处的人知悉或者可能知悉的状态;(3)明示、暗示他人从事上述交易活动。本罪的行为对象是内幕信息。根据《证券法》第75条的规定,证券交易活动中,涉及公司的经营、财务或者对该公司证券的市场价格有重大影响的尚未公开的信息,为内幕信息。下列信息皆属内幕信息:(1)《证券法》第67条第2款所列重大事件;[48](2)公司分配股利或者增资的计划;(3)公司股权结构的重大变化;(4)公司债务担保的重大变更;(5)公司营业用主要资产的抵押、出售或者报废一次超过该资产的30%;(6)公司的董事、监事、高级管理人员的行为可能依法承担重大损害赔偿责任;(7)上市公司收购的有关方案;(8)国务院证券监督管理机构认定的对证券交易价格有显著影响的其他重要信息。根据《期货交易管理条例》第81条第11项的规定,内幕信息,是指可能对期货交易价格产生重大影响的尚未公开的信息,包括:国务院期货监督管理机构以及其他相关部门制定的对期货交易价格可能发生重大影响的政策,期货交易所作出的可能对期货交易价格发生重大影响的决定,期货交易所会员、客户的资金和交易动向以及国务院期货监督管理机构认定的对期货交易价格有显著影响的其他重要信息。内幕信息,不包括运用公开的信息资料,对证券、期货市场作出的预测和分析。

示例4-47　杜某、刘某内幕交易、内幕交易、泄露内幕信息案

一审法院认为:"本案中,杜某从某所罗某等人处获悉并告知刘某,再由刘某转告赵某某等人的信息,具有真实性和秘密性。首先,从参与主体和内容看,某公司资产重组涉及控股31.33%的股东转让股权,属于持有公司百分之五以上股份的股东,持有股份、控制公司的情况发生变化的重大事件;由某所受让股权,拟成为第一大股东,属于公司股权结构的重大变化。上述事项均是法定的内幕信息。其次,从时间上看,2009年3月6日的《合作框架》是该内幕信息的第一次书面化,虽有双方对洽谈重组方案几易其稿、不断完善的过程,但所涉某所受让某公司国有股并成为该公司第一大股东和实际控制人的内

[48] 《证券法》第67条第2款规定:"下列情况为前款所称重大事件:(一)公司的经营方针和经营范围的重大变化;(二)公司的重大投资行为和重大的购置财产的决定;(三)公司订立重要合同,可能对公司的资产、负债、权益和经营成果产生重要影响;(四)公司发生重大债务和未能清偿到期重大债务的违约情况;(五)公司发生重大亏损或者重大损失;(六)公司生产经营的外部条件发生的重大变化;(七)公司的董事、三分之一以上监事或者经理发生变动;(八)持有公司百分之五以上股份的股东或者实际控制人,其持有股份或者控制公司的情况发生较大变化;(九)公司减资、合并、分立、解散及申请破产的决定;(十)涉及公司的重大诉讼,股东大会、董事会决议被依法撤销或者宣告无效;(十一)公司涉嫌犯罪被司法机关立案调查,公司董事、监事、高级管理人员涉嫌犯罪被司法机关采取强制措施;(十二)国务院证券监督管理机构规定的其他事项。"

容始终被保留,即某所重组某公司借壳上市的工作已展开,该重组信息始终是真实的。第三,从知情范围看,自2009年3月6日双方形成《合作框架》初稿,到4月20日某公司发布停牌公告、向社会公开披露重大资产重组事项前,该内幕信息的知悉人控制在很小的范围内,因而具有秘密性,完全符合内幕信息尚未公开的法定要求。第四,从影响力看,因某公司于停牌期间发布一系列公告信息,在2009年5月22日复牌交易后,某公司股票连续涨停,充分说明资产重组事项对该股票价格的重大影响。因此,中国证监会关于某所与某县政府商谈重组某公司并形成合作框架,该事项在公开披露前属于内幕信息,价格敏感期为2009年3月6日至4月20日的认定意见,有事实和法律依据。"[49]

根据《内幕交易解释》第4条的规定,具有下列情形之一的,不属于从事与内幕信息有关的证券、期货交易:(1)持有或者通过协议、其他安排与他人共同持有上市公司5%以上股份的自然人、法人或者其他组织收购该上市公司股份的;(2)按照事先订立的书面合同、指令、计划从事相关证券、期货交易的;(3)依据已被他人披露的信息而交易的;(4)交易具有其他正当理由或者正当信息来源的。

本罪是情节犯,内幕交易、泄露内幕信息的行为,必须情节严重,才构成本罪。

2. 本罪的主观要件为故意,并且具有为自己或者他人牟取非法利益的目的。

(二)内幕交易、泄露内幕信息罪的处罚

根据刑法第180条第1款和第2款的规定,犯本罪的,处5年以下有期徒刑或者拘役,并处或者单处违法所得1倍以上5倍以下罚金;情节特别严重的,处5年以上10年以下有期徒刑,并处违法所得1倍以上5倍以下罚金。单位犯本罪的,对单位判处罚金,并对其直接负责的主管人员和其他直接责任人员,处5年以下有期徒刑或者拘役。

根据《内幕交易解释》第7条的规定,在内幕信息敏感期内从事或者明示、暗示他人从事或者泄露内幕信息导致他人从事与该内幕信息有关的证券、期货交易,具有下列情形之一的,应当认定为"情节特别严重":(1)证券交易成交额在250万元以上的;(2)期货交易占用保证金数额在150万元以上的;(3)获利或者避免损失数额在75万元以上的;(4)具有其他特别严重情节的。根据《内幕交易解释》第8条的规定,2次以上实施内幕交易或者泄露内幕信息行为,未经行政处理或者刑事处理的,应当对相关交易数额依法累计计算。根据《内幕交易解释》第9条的规定,同一案件中,成交额、占用保证金额、获利或者避免损失额分别构成情节严重、情节特别严重的,按照处罚较重的数额定罪处罚。构成共同犯罪的,按照共同犯罪行为人的成交

〔49〕"杜某、刘某内幕交易、内幕交易、泄露内幕信息案一审判决书",载《最高人民法院公报》2012年第10期。

总额、占用保证金总额、获利或者避免损失总额定罪处罚,但判处各被告人罚金的总额应掌握在获利或者避免损失总额的1倍以上5倍以下。根据《内幕交易解释》第10条的规定,所谓"违法所得",是指通过内幕交易行为所获利益或者避免的损失。内幕信息的泄露人员或者内幕交易的明示、暗示人员未实际从事内幕交易的,其罚金数额按照因泄露而获悉内幕信息人员或者被明示、暗示人员从事内幕交易的违法所得计算。

十八、利用未公开信息交易罪

利用未公开信息交易罪,是指证券交易所、期货交易所、证券公司、期货经纪公司、基金管理公司、商业银行、保险公司等金融机构的从业人员以及有关监管部门或者行业协会的工作人员,利用因职务便利获取的内幕信息以外的其他未公开的信息,违反规定,从事与该信息相关的证券、期货交易活动,或者明示、暗示他人从事相关交易活动,情节严重的行为。

本罪的行为对象是"内幕信息以外的其他未公开的信息",即对证券、期货交易价格有重要影响的、非公开的、内幕信息以外的信息,如本单位受托管理资金的交易信息、相关市场行情、利率的变化、降低印花税以及外汇政策、金融政策的变动等信息。根据《追诉标准(二)》第36条的规定,涉嫌下列情形之一的,应予立案追诉:(1)证券交易成交额累计在50万元以上的;(2)期货交易占用保证金数额累计在30万元以上的;(3)获利或者避免损失数额累计在15万元以上的;(4)多次利用内幕信息以外的其他未公开信息进行交易活动的;(5)其他情节严重的情形。

示例4-48 许某利用未公开信息交易案

许某利用其担任光大保德信基金管理有限公司基金经理的职务便利,使用其控制的证券账户.亲自或通过电话指令张某等方式,先于或同期于其管理的红利股票型证券投资基金、均衡精选股票型证券投资基金买入或卖出同一股票。共交易股票68只,交易金额9500余万元,非法获利209余万元。对此,一审法院认为:"被告人许某在担任基金经理期间,违反规定,利用掌握的未公开的信息,从事与该信息相关的证券交易活动,先于或同步多次买入、卖出相同个股,情节严重,其行为已构成利用未公开信息交易罪,应依法予以惩处。"[50]

根据刑法第180条第4款的规定,犯本罪的,处5年以下有期徒刑或者拘役,并处或者单处违法所得1倍以上5倍以下罚金;情节特别严重的,处5年以上10年以

[50] "许某利用未公开信息交易案一审判决书",载《最高人民法院公报》2012年第10期。

下有期徒刑，并处违法所得1倍以上5倍以下罚金。

示例4－49　马某利用未公开信息交易案

最高人民法院认为："刑法第一百八十条第四款援引法定刑的情形，应当是对第一款全部法定刑的引用，即利用未公开信息交易罪应有'情节严重''情节特别严重'两种情形和两个量刑档次。从立法目的上理解，由于我国基金、证券、期货等领域中，利用未公开信息交易行为比较多发，行为人利用公众投入的巨额资金作后盾，以提前买入或者提前卖出的手段获得巨额非法利益，将风险与损失转嫁到其他投资者，不仅对其任职单位的财产利益造成损害，而且严重破坏了公开、公正、公平的证券市场原则，严重损害客户投资者或处于信息弱势的散户利益，严重损害金融行业信誉，影响投资者对金融机构的信任，进而对资产管理和基金、证券、期货市场的健康发展产生严重影响。为此，《中华人民共和国刑法修正案(七)》新增利用未公开信息交易罪，并将该罪与内幕交易、泄露内幕信息罪规定在同一法条中，说明两罪的违法与责任程度相当。利用未公开信息交易罪也应当适用'情节特别严重'。"〔51〕

十九、编造并传播证券、期货交易虚假信息罪

编造并传播证券、期货交易虚假信息罪，是指编造并且传播影响证券、期货交易的虚假信息，扰乱证券、期货交易市场，造成严重后果的行为。

所谓编造，是指捏造虚假信息，既包括虚构不存在的信息，也包括篡改、加工、隐瞒真实的信息。所谓传播，是指使用各种方法使虚假信息处于不特定人或者多数人知悉或可能知悉的状态。"编造并传播"中的"编造"，并不意味着其和传播一样，也是本罪的实行行为，而只是强调本罪的主观要件是"故意"。编造而未传播的，不构成本罪的未遂；未编造而传播(他人编造的信息)的，不影响本罪的成立。本罪是结果犯，造成严重后果是本罪的构成要件要素。根据《追诉标准(二)》第37条的规定，涉嫌下列情形之一的，应予立案追诉：(1)获利或者避免损失数额累计在5万元以上的；(2)造成投资者直接经济损失数额在5万元以上的；(3)致使交易价格和交易量异常波动的；(4)虽未达到上述数额标准，但多次编造并且传播影响证券、期货交易的虚假信息的；(5)其他造成严重后果的情形。

示例4－50　李某编造并传播证券交易虚假信息案

一审法院认为："被告人李某为谋取私利，编造并传播影响证券交易的虚假信息，扰

〔51〕"马某利用未公开信息交易案再审判决书"，最高人民法院刑事判决书(〔2015〕刑抗字第1号)。

乱证券交易市场，造成了严重后果，已触犯《中华人民共和国刑法》第一百八十一条第一款，构成编造并传播证券交易虚假信息罪。”〔52〕

根据刑法第181条第1款和第3款的规定，犯本罪的，处5年以下有期徒刑或者拘役，并处或者单处1万元以上10万元以下罚金。单位犯本罪的，对单位判处罚金，并对其直接负责的主管人员和其他直接责任人员，处5年以下有期徒刑或者拘役。

二十、诱骗投资者买卖证券、期货合约罪

诱骗投资者买卖证券、期货合约罪，是指证券交易所、期货交易所、证券公司、期货经纪公司的从业人员和单位，证券业协会、期货业协会或者证券期货监督管理部门的工作人员，故意提供虚假信息或者伪造、变造、销毁交易记录，诱骗投资者买卖证券、期货合约，造成严重后果的行为。

根据刑法第181条第2款和第3款的规定，犯本罪的，处5年以下有期徒刑或者拘役，并处或者单处1万元以上10万元以下罚金；情节特别恶劣的，处5年以上10年以下有期徒刑，并处2万元以上20万元以下罚金。单位犯本罪的，对单位判处罚金，并对其直接负责的主管人员和其他直接责任人员，处5年以下有期徒刑或者拘役。

二十一、操纵证券、期货市场罪

操纵证券、期货市场罪，是指故意操纵证券、期货市场，情节严重的行为。

本罪的行为方式主要有以下四种类型：(1)单独或者合谋，集中资金优势、持股或者持仓优势或者利用信息优势联合或者连续买卖，操纵证券、期货交易价格或者证券、期货交易量的；(2)与他人串通，以事先约定的时间、价格和方式相互进行证券、期货交易，影响证券、期货交易价格或者证券、期货交易量的；(3)在自己实际控制的账户之间进行证券交易，或者以自己为交易对象，自买自卖期货合约，影响证券、期货交易价格或者证券、期货交易量的；(4)以其他方法操纵证券、期货市场的。

示例4－51 陈某操纵证券、期货市场案

陈某伙同马某、管某采取集中资金优势、持股优势，自买自卖、连续买卖等手段，大量买卖“内蒙华电”股票。2003年8月21日至2004年4月2日，闽发公司控制的

〔52〕“李某编造并传播证券交易虚假信息案一审判决书”，湖南省株洲县人民法院刑事判决书(〔1997〕株法刑初字第230号)。

股东账户内“内蒙华电”股票成交量多次占同期该股票连续20个交易日成交总量的30%以上，其中最高持有“内蒙华电”股票占总流通股38.67%，且未公告持股情况。对此，二审法院认为：“上诉人陈某受闽发证券有限公司指派，利用资金优势、持股和持仓优势进行连续买卖、自买自卖，操纵‘内蒙华电’股票交易，严重扰乱证券交易秩序，系闽发证券有限公司操纵证券交易价格的直接责任人员，已构成操纵证券交易价格罪。”〔53〕

示例4－52　陶某、刘某操纵证券、期货市场案

一审法院认为：“被告人陶某、刘某身为证券公司从业人员，违反国家对证券交易的管理制度和有关从业禁止性的规定，在公开作出评价、预测或者投资建议前买入其将要推荐的股票，待电视节目播出后卖出牟取非法利益，情节严重，其行为均已构成操纵证券市场罪。”〔54〕

根据刑法第182条的规定，犯本罪的，处5年以下有期徒刑或者拘役，并处或者单处罚金；情节特别严重的，处5年以下10年以下有期徒刑，并处罚金。单位犯本罪的，对单位判处罚金，并对其直接负责的主管人员和其他直接责任人员，依照上述规定处罚。

二十二、背信运用受托资产罪

背信运用受托资产罪，是指商业银行、证券交易所、期货交易所、证券公司、期货经纪公司、保险公司或者其他金融机构，违背受托义务，擅自运用客户资金或者其他委托、信托的财产，情节严重的行为。

本罪的行为主体是特定的单位。所谓违背受托义务，不仅指违背委托人与受托人之间具体约定的义务，还包括违背法律、行政法规、部门规章规定的法定义务。所谓客户资金，是指存入金融机构的资金。所谓其他委托、受托的财产，主要是指在委托理财业务中存放在各类金融机构的客户资产，包括证券投资业务中的客户交易结算资金、委托理财业务中的客户资产、信托业务中的信托资产、证券投资基金。

根据刑法第185条之一第1款的规定，犯本罪的，对单位判处罚金，并对其直接负责的主管人员和其他直接责任人员，处3年以下有期徒刑或者拘役，并处3万元

〔53〕“陈某操纵证券、期货市场案二审判决书”，福建省高级人民法院刑事判决书（〔2016〕闽刑终184号）。

〔54〕“陶某、刘某操纵证券、期货市场案一审判决书”，湖北省武汉市中级人民法院刑事判决书（〔2015〕鄂武汉中刑初字第00123号）。

以上 30 万元以下罚金；情节特别严重的，处 3 年以上 10 年以下有期徒刑，并处 5 万元以上 50 万元以下罚金。

二十三、违法运用资金罪

违法运用资金罪，是指社会保障基金管理机构、住房公积金管理机构等公众资金管理机构，以及保险公司、保险资产管理公司、证券投资基金管理公司，违反国家规定运用资金的行为。

根据刑法第 185 条之一第 2 款的规定，犯本罪的，对单位判处罚金，并对其直接负责的主管人员和其他直接责任人员，处 3 年以下有期徒刑或者拘役，并处 3 万元以上 30 万元以下罚金；情节特别严重的，处 3 年以上 10 年以下有期徒刑，并处 5 万元以上 50 万元以下罚金。

二十四、违法发放贷款罪

违法发放贷款罪，是指银行或者其他金融机构的工作人员或者单位违反国家规定发放贷款，数额巨大或者造成重大损失的行为。

本罪的行为主体是特殊主体，即银行或者其他金融机构的工作人员或者单位。本罪的行为方式为违反国家规定发放贷款，数额巨大或者造成重大损失。根据《商业银行法》第 40 条的规定，商业银行不得向关系人发放信用贷款；向关系人发放担保贷款的条件不得优于其他借款人同类贷款的条件。上述所称关系人是指：(1)商业银行的董事、监事、管理人员、信贷业务人员及其近亲属；(2)前项所列人员投资或者担任高级管理职务的公司、企业和其他经济组织。根据《追诉标准(二)》第 42 条的规定，银行或者其他金融机构及其工作人员违反国家规定发放贷款，涉嫌下列情形之一的，应予立案追诉：(1)违法发放贷款，数额 100 万元以上的；(2)违法发放贷款，造成直接经济损失数额在 20 万元以上的。

示例 4－53 黄某违法发放贷款案

二审法院认为："黄某身为金融机构工作人员，违反国家规定，在发放贷款业务过程中未进行贷前调查、贷时审查、贷后检查，明知贷款申请人不符合贷款条件仍发放贷款 164 万元，数额巨大，其行为已构成违法发放贷款罪。"[55]

根据刑法第 186 条的规定，犯本罪的，处 5 年以下有期徒刑或者拘役，并处 1 万

〔55〕 "黄某违法发放贷款案二审裁定书"，湖南省常德市中级人民法院刑事裁定书(〔2016〕湘 07 刑终 195 号)。

元以上 10 万元以下罚金;数额特别巨大或者造成特别重大损失的,处 5 年以上有期徒刑,并处 2 万元以上 20 万元以下罚金。银行或者其他金融机构的工作人员违反国家规定,向关系人发放贷款的,依照上述规定从重处罚。单位犯本罪的,对单位判处罚金,并对其直接负责的主管人员和其他直接责任人员,依照上述规定处罚。

二十五、吸收客户资金不入账罪

吸收客户资金不入账罪,是指银行或者其他金融机构的工作人员或者单位,吸收客户资金不入账,数额较大或者造成重大损失的行为。所谓"吸收客户资金不入账",是指不记入金融机构的法定存款账目,以逃避国家金融监管。至于是否记入法定账目以外的账目,则不影响本罪的成立。根据《追诉标准(二)》第 43 条的规定,涉嫌下列情形之一的,应予立案追诉:(1)吸收客户资金不入账,数额在 100 万元以上的;(2)吸收客户资金不入账,造成直接经济损失数额在 20 万元以上的。

示例 4－54　李某吸收客户资金不入账案

一审法院认为:"被告人李某身为睢县农村信用合作联社西陵信用社的工作人员,对吸收客户的资金理应按职业操作章程入账却伙同他人故意违反相关规定而未记入法定账目,数额特别巨大,给客户和所在单位造成特别重大损失,在社会上造成了恶劣影响,其行为已构成吸收客户资金不入账罪。"[56]

根据刑法第 187 条的规定,犯本罪的,处 5 年以下有期徒刑或者拘役,并处 2 万元以上 20 万元以下罚金;数额特别巨大或者造成特别重大损失的,处 5 年以上有期徒刑,并处 5 万元以上 50 万元以下罚金。单位犯本罪的,对单位判处罚金,并对其直接负责的主管人员和其他直接责任人员,依照上述规定处罚。

二十六、违规出具金融票证罪

违规出具金融票证罪,是指银行或者其他金融机构的工作人员或者单位,违反规定,为他人出具信用证或者其他保函、票据、存单、资信证明,情节严重的行为。本罪的主体是特殊主体,即金融机构的工作人员或者单位。本罪的行为对象是金融票证,即信用证、保函、票证、存单、资信证明。本罪的行为结果是情节严重。

根据刑法第 188 条的规定,犯本罪的,处 5 年以下有期徒刑或者拘役;情节特别严重的,处 5 年以上 10 年以下有期徒刑。单位犯本罪的,对单位判处罚金,并对其

〔56〕"李某吸收客户资金不入账案一审判决书",河南省睢县人民法院刑事判决书(〔2016〕豫 1422 刑初 3 号)。

直接负责的主管人员和其他直接责任人员，依照上述规定处罚。

二十七、对违法票据承兑、付款、保证罪

对违法票据承兑、付款、保证罪，是指银行或者其他金融机构的工作人员或者单位，在票据业务中，对违反票据法规定的票据予以承兑、付款或者保证，造成重大损失的行为。所谓承兑，是指汇票付款人承诺在汇票到期日支付汇票金额的票据行为；所谓付款，是指票据债务人向票据债权支付票据金额的行为；所谓保证，是指对已经存在的票据上的债务进行担保的票据行为。本罪的主观要件为故意，即明知是违反票据法规定的票据而予以承兑、付款或者保证，但对造成重大损失的结果可能出于过失。

根据刑法第189条的规定，犯本罪的，处5年以下有期徒刑或者拘役；造成特别重大损失的，处5年以上有期徒刑。单位犯本罪的，对单位判处罚金，并对其直接负责的主管人员和其他直接责任人员，依照上述规定处罚。

二十八、逃汇罪

逃汇罪，是指公司、企业或者其他单位，违反国家规定，擅自将外汇存放境外，或者将境内的外汇非法转移到境外，数额较大的行为。

现行刑法颁布之初，本罪的行为主体是国有公司、企业或者其他国有单位。1998年12月29日全国人民代表大会常务委员会《关于惩治骗购外汇、逃汇和非法买卖外汇犯罪的决定》（以下简称《外汇犯罪决定》）对本罪进行了修改，其中本罪的行为主体扩大为公司、企业或者其他单位。本罪的行为对象是外汇。所谓外汇，是指以外币表示的可以用作国际清偿的外国货币、外币支付凭证、外币有价证券、特别提款权、欧洲货币单位以及其他外汇资产。本罪的行为方式是违反国家规定，擅自将外汇存放境外，或者将境内的外汇非法转移到境外。本罪的行为结果是逃汇数额较大。根据《追诉标准（二）》第46条的规定，擅自将外汇存放境外，或者将境内的外汇非法转移到境外，单笔在200万美元以上或者累计数额在500万美元以上的，应予立案追诉。

示例4－55　大乾同实业有限公司、昊祥动力机械有限公司、王某逃汇案

一审法院认为："被告单位大乾同公司、昊祥公司虚构转口贸易，致使境内外汇被非法转移至境外，其中大乾同公司涉及金额为2.9亿余美元，昊祥公司涉及金额为6259万余美元，数额巨大，被告单位大乾同公司、昊祥公司均构成逃汇罪；被告人王某系被告单

位大乾同公司、昊祥公司直接负责的主管人员，其行为构成(单位)逃汇罪。”〔57〕

根据刑法第190条的规定，犯本罪的，对单位判处逃汇数额5%以上30%以下罚金，并对其直接负责的主管人员和其他直接责任人员处5年以下有期徒刑或者拘役；数额巨大或者有其他严重情节的，对单位判处逃汇数额5%以上30%以下罚金，并对其直接负责的主管人员和其他直接责任人员处5年以上有期徒刑。

二十九、骗购外汇罪

骗购外汇罪，是指使用伪造、变造的海关签发的报关单、进口证明、外汇管理部门核准件等凭证和单据，重复使用海关签发的报关单、进口证明、外汇管理部门核准件等凭证和单据，或者以其他方式骗购外汇，数额较大的行为。

本罪是由《外汇犯罪决定》设立的，行为方式有以下三种类型：(1)使用伪造、变造的海关签发的报关单、进口证明、外汇管理部门核准件等凭证和单据的；(2)重复使用海关签发的报关单、进口证明、外汇管理部门核准件等凭证和单据的；(3)以其他方式骗购外汇的。本罪的行为结果，是骗购外汇，数额较大。根据《追诉标准(二)》第47条的规定，骗购外汇，数额在50万美元以上的，应予立案追诉。

示例4-56　刘某甲等骗购外汇案

刘某甲以嘉海信等公司的名义向多家银行申请并取得了购买美元和港币的汇率优惠。之后，刘某甲联系需要向香港付汇的国内客户并在谈妥交易汇率后收取客户的人民币资金，同时利用虚假的进口贸易资料向银行申请购买美元或港币并支付到其控制的香港公司的账户，再转付到国内客户指定的香港账户上。刘某甲共骗购美元、港币等外汇计603625981美元。对此，二审法院认为：“上诉人刘某甲、杨某、刘某乙、刘某丙为谋取非法利益，使用伪造的进口合同和发票等虚假资料，结伙骗购国家外汇，数额特别巨大，其行为均已构成骗购外汇罪。在共同犯罪中，刘某甲、杨某各起主要作用，均是主犯，依法均应按照其参与的全部犯罪予以处罚；刘某乙、刘某丙各起次要作用，均是从犯，依法均应减轻处罚。杨某身为金融机构工作人员而伙同他人骗购外汇，依法应予从重处罚。”〔58〕

---

〔57〕“大乾同实业有限公司、昊祥动力机械有限公司、王某逃汇案一审判决书”，上海市浦东新区人民法院刑事判决书(〔2014〕浦刑初字第2299号)。

〔58〕“刘某甲等骗购外汇案二审裁定书”，广东省高级人民法院刑事裁定书(〔2016〕粤刑终220号)。

根据《外汇犯罪决定》第 1 条的规定，犯本罪的，处 5 年以下有期徒刑或者拘役，并处骗购外汇数额 5% 以上 30% 以下罚金；数额巨大或者有其他严重情节的，处 5 年以上 10 年以下有期徒刑，并处骗购外汇数额 5% 以上 30% 以下罚金；数额特别巨大或者有其他特别严重情节的，处 10 年以上有期徒刑或者无期徒刑，并处骗购外汇数额 5% 以上 30% 以下罚金或者没收财产。伪造、变造的海关签发的报关单、进口证明、外汇管理部门核准件等凭证和单据，并用于骗购外汇的，依照上述规定从重处罚。明知用于骗购外汇而提供人民币资金的，以共犯论处。单位犯本罪的，对单位依照上述规定的标准判处罚金，并对其直接负责的主管人员和其他直接负责人员，处 5 年以下有期徒刑或者拘役；数额巨大或者有其他严重情节的，处 5 年以上 10 年以下有期徒刑；数额特别巨大或者有其他特别严重情节的，处 10 年以上有期徒刑或者无期徒刑。

三十、洗钱罪

（一）洗钱罪的概念和构成要件

洗钱罪，是指明知是毒品犯罪、黑社会性质的组织犯罪、恐怖活动犯罪、走私犯罪、贪污贿赂犯罪、破坏金融管理秩序犯罪、金融诈骗犯罪的所得及其产生的收益，而掩饰、隐瞒其来源和性质的行为。本罪的法益是复合法益，包括国家金融管理秩序和司法机关的正常活动。

1. 本罪的客观要件为掩饰、隐瞒毒品犯罪、黑社会性质的组织犯罪、恐怖活动犯罪、走私犯罪、贪污贿赂犯罪、破坏金融管理秩序犯罪、金融诈骗犯罪的所得及其产生的收益的来源和性质。

本罪的行为主体是自然人或单位，但不包括上游犯罪人本人。本罪的行为对象是上游犯罪的所得及其产生的收益。这里的“上游犯罪”，是指毒品犯罪、黑社会性质的组织犯罪、恐怖活动犯罪、走私犯罪、贪污贿赂犯罪、破坏金融管理秩序犯罪、金融诈骗犯罪。本罪的成立，应当以上游犯罪事实成立为认定前提。上游犯罪尚未依法裁判，但查证属实的，或者上游犯罪事实可以确认，但因行为人死亡等原因依法不予追究刑事责任的，或者上游犯罪事实可以确认，但依法以其他罪名定罪处罚的，不影响本罪的认定。

本罪的行为方式有以下五种类型：（1）提供资金账户，即将资金账户提供给上游犯罪人使用，或者为其开设用于洗钱的资金账户；（2）协助将财产转换为现金、金融票据、有价证券，即协助上游犯罪人将犯罪所得的财产通过交易转换为现金或者汇票、本票、支票等金融票据或者股票、债券等有价证券；（3）通过转账或者其他结算方式协助资金转移，即通过利用金融票据或者汇总、委托收款等结算方式，使上游犯罪所得及其产生的收益形式上上成为合法收入；（4）协助将资金汇往境外，即帮助上游犯罪人将其犯罪所得的资金或者作为犯罪所得产生的收益的资金，从境内汇往境外；（5）以其他方法掩饰、隐瞒犯罪所得及其收益的来源和性质。根据2009年11月4日最高人民法院《关于审理洗钱等刑事案件具体应用法律若干问题的解释》（以下简称《洗钱犯罪解释》）第2条的规定，具有下列情形之一的，可以认定为“以其他方法掩饰、隐瞒犯罪所得及其收益的来源和性质”：一是通过典当、租赁、买卖、投资等方式，协助转移、转换犯罪所得及其收益的；二是通过与商场、饭店、娱乐场所等现金密集型场所的经营收入相混合的方式，协助转移、转换犯罪所得及其收益的；三是通过虚构交易、虚设债权债务、虚假担保、虚报收入等方式，协助将犯罪所得及其收益转换为“合法”财物的；四是通过买卖彩票、奖券等方式，协助转换犯罪所得及其收益的；五是通过赌博方式，协助将犯罪所得及其收益转换为赌博收益的；六是协助将犯罪所得及其收益携带、运输或者邮寄出入境的；七是通过前述规定以外的方式协助转移、转换犯罪所得及其收益的。

示例4－57　汪某洗钱案

一审法院认为：“被告人汪某为获得不法利益，明知他人从事毒品犯罪活动，掌握的大量资金可能系毒品犯罪所得，仍积极协助他人以购买股份的形式投资企业经营，并掩饰、隐藏该项资金的性质及来源，其行为妨害了我国的金融管理秩序，已构成洗钱罪。”〔59〕

2. 本罪的主观要件为故意，即明知自己的行为会发生掩饰、隐瞒他人犯罪所得及其收益的来源和性质的结果，并且希望或者放任这种结果发生。根据《洗钱犯罪解释》第1条的规定，对于“明知”，应当结合被告人的认知能力，接触他人犯罪所得及其收益的情况，犯罪所得及其收益的种类、数额，犯罪所得及其收益的转换、转移方式以及被告人的供述等主、客观因素进行认定。具有下列情形之一的，可以认定被告人明知系犯罪所得及其收益，但有证据证明确实不知道的除外：（1）知道他人从事犯罪活动，协助转换或者转移财物的；（2）没有正当理由，通过非法途径协助转换或者转移财物的；（3）没有正当理由，以明显低于市场的价格收购财物的；（4）没有正当理由，协助转换或者转移财物，收取明显高于市场的“手续费”的；（5）没有正当理由，协助他人将巨额现金散存于多个银行账户或者在不同银行账户之间频繁划转的；（6）协助近亲属或者其他关系密切的人转换或者转移与其职业或者财产状况明显不符的财物的；（7）其他可以认定行为人明知的情形。此外，被告人将刑法第191

---

〔59〕“汪某洗钱案一审判决书”，载《最高人民法院公报》2004年第10期。

条规定的某一上游犯罪的犯罪所得及其收益误认为刑法第191条规定的上游犯罪范围内的其他犯罪所得及其收益的，不影响“明知”的认定。

示例4-58　赵某洗钱案

二审法院认为：“上诉人赵某明知家中没有耕地、山坡等农用地被征收，也知道自己的父亲原系斗门镇政府征地办工作人员，在没有正当理由的情况下，其根据父亲的吩咐从黄某处接收75万元征地款项并借用他人身份证开立账户收取该笔大额资金，后将该款与其兄弟分配。从上述事实来看，足以认定上诉人赵某主观上对该款项的来源是明知的。”〔60〕

（二）洗钱罪的处罚

根据刑法第191条的规定，犯本罪的，没收实施以上犯罪的所得及其产生的收益，处5年以下有期徒刑或者拘役，并处或者单处洗钱数额5%以上20%以下罚金；情节严重的，处5年以上10年以下有期徒刑，并处洗钱数额5%以上20%以下罚金。单位犯本罪的，对单位判处罚金，并对其直接负责的主管人员和其他直接责任人员，处5年以下有期徒刑或者拘役；情节严重的，处5年以上10年以下有期徒刑。

第六节　金融诈骗罪

一、集资诈骗罪

（一）集资诈骗罪的概念和构成要件

集资诈骗罪，是指以非法占有为目的，使用诈骗方法非法集资，数额较大的行为。

1. 本罪的客观要件为使用诈骗方法非法集资，数额较大。

（1）本罪的行为方式为使用诈骗方法非法集资。所谓诈骗方法，是指采取虚构集资用途，传递不实信息，虚报高回报率等，诱使被害人作出或者维持、强化处分财产的错误行为。集资诈骗罪是从普通诈骗罪中分化出来的一个罪名，因而也应当具有普通诈骗罪的基本构造，即实施诈骗方法，诱使被害人作出错误的财产处分，从而获取对方财产。就集资诈骗而言，只要某种行为足以使对方陷入“集资行为经法定

〔60〕“赵某洗钱案二审裁定书”，广东省珠海市中级人民法院刑事裁定书（〔2014〕珠中法刑终字第97号）。

机关批准”“集资行为合法”“出资后能够获得回报”等错误认识，进而“出资”的，即属于集资诈骗罪中的诈骗方法。至于行为人是针对事实进行诈骗还是针对价值进行诈骗，均不影响诈骗行为的成立。所谓非法集资，是指单位或者个人，违反法律、法规，向社会公众募集资金的行为。集资的标的物仅限于资金，而不包括资金以外的财物。集资的对象，必须是公众，而不能是特定的人。

(2)本罪的行为结果为非法募集资金数额较大。根据《非法集资解释》第5条的规定，个人集资诈骗数额在10万元以上，单位集资诈骗数额在50万元以上的，应当认定为数额较大。集资诈骗的数额以行为人实际骗取的数额计算，案发前已归还的数额应予扣除。行为人为实施集资诈骗活动而支付的广告费、中介费、手续费、回扣，或者用于行贿、赠与等费用，不予扣除。行为人为实施集资诈骗活动而支付的利息，除本金未归还可予折抵本金以外，应当计入诈骗数额。

示例4-59 曾某集资诈骗案

曾某等人以邵阳市建筑安装工程公司驻吉首开发部、三馆公司的名义面向不特定社会公众非法集资总金额34.52亿余元，其中实际收到现金集资总额28.25亿余元，集资转存总金额6.27亿余元；已退集资本金总金额16.81亿余元，其中现金退本总金额10.54亿余元，转存退本总金额6.27亿余元；支付集资利息总金额9.41亿余元；集资涉及人数24238人，集资累计57759人次，仍有17.71亿余元的集资本金未归还。集资总额减去还本付息的金额后，曾某集资诈骗金额为8.29亿余元，造成集资户经济损失共计6.2亿元。对此，最高人民法院认为：“被告人曾某以非法占有为目的，以高额利息为诱饵，使用诈骗方法面向社会公众非法集资，其行为构成集资诈骗罪。在集资诈骗共同犯罪中，曾某起组织、指挥作用，系罪行最为严重的主犯。曾某集资诈骗数额特别巨大，造成集资户大量财产损失，既严重破坏国家金融管理秩序，又严重侵犯公民财产权，并且严重影响当地社会稳定，罪行极其严重，应依法惩处。”[61]

2.本罪的主观要件为故意，且具有非法占有的目的。根据《非法集资解释》第4条的规定，使用诈骗方法非法集资，具有下列情形之一的，可以认定为“以非法占有为目的”：(1)集资后不用于生产经营活动或者用于生产经营活动与筹集资金规模明显不成比例，致使集资款不能返还的；(2)肆意挥霍集资款，致使集资款不能返还的；(3)携带集资款逃匿的；(4)将集资款用于违法犯罪活动的；(5)抽逃、转移资金、隐匿财产，逃避返还资金的；(6)隐匿、销毁账目，或者搞假破产、假倒闭，逃避返还资金

〔61〕“曾某集资诈骗案死刑复核裁定书”，最高人民法院刑事裁定书(〔2012〕刑二复43282497号)。

的;(7)拒不交代资金去向,逃避返还资金的;(8)其他可以认定非法占有目的的情形。

示例4-60 吴某集资诈骗案

二审法院认为:“吴某主观上具有非法占有的目的。吴某在早期高息集资已形成巨额外债的情况下,明知必然无法归还,却使用欺骗手段继续以高息不断地从林某等人处非法集资;吴某将集资款部分用于偿付欠款和利息、部分用于购买房产、车辆和个人挥霍,还对部分集资款进行随意处置和捐赠。”〔62〕

(二)集资诈骗罪的认定

1. 本罪与非罪的界限。对于骗取数额较小资金的行为,不能认定成立本罪;对于集资时虽然采取一定的欺诈手段,但是不具有非法占有目的的,也不能认定成立本罪。如集资时夸大资金的回报率,后因客观原因无力按照约定返还集资款及红利的,不能认定为本罪,应按借贷纠纷处理。集资诈骗罪中的非法占有目的,应当区分情形进行具体认定。行为人部分非法集资行为具有非法占有目的的,对该部分非法集资行为所涉集资款以集资诈骗罪定罪处罚;非法集资共同犯罪中部分行为人具有非法占有目的,其他行为人没有非法占有集资款的共同故意和行为的,对具有非法占有目的的行为人以集资诈骗罪定罪处罚。集资诈骗罪和欺诈发行股票、债券罪、非法吸收公众存款罪在客观上均表现为向社会公众非法募集资金。在处理具体案件时要注意以下两点:(1)不能仅凭较大数额的非法集资款不能返还的结果,推定行为人具有非法占有的目的;(2)行为人将大部分资金用于投资或生产经营活动,而将少量资金用于个人消费或挥霍的,不应仅以此便认定具有非法占有的目的。

2. 本罪与非法吸收公众存款罪的界限。二者在客观方面均表现为“非法集资”,具有一定的相似性,主要区别在于:(1)主观目的不同。集资诈骗罪的行为人主观上具有非法占有的目的,即将非法募集的资金据为已有;而非法吸收公众存款罪的行为人则不具有非法占有的目的,即通常是将募集的资金用于特定的经营活动,一定期限后会予以返还。(2)行为方式不同。集资诈骗罪必须是使用诈骗方法去募集资金,而非法吸收公众存款罪并不以行为人使用诈骗方法为前提。

3. 本罪与欺诈发行股票、债券罪和擅自发行股票、公司、企业债券罪的界限。欺诈发行股票、债券罪和擅自发行股票、公司、企业债券罪也是非法募集资金的行为,与集资诈骗罪具有一定的相似性,根本区别在于行为人主观上是否具有非法占有的

〔62〕“吴某集资诈骗案再审刑事判决书”,浙江省高级人民法院刑事判决书(〔2012〕浙刑二重字第1号)。

目的。前两罪的行为人主观上并不具有非法占有的目的，即行为人虽然将出资人对资金的所有权转移为债权、股权，但其承认这种债务关系，并且具有履行债务或者给予回报的意思，且通常将所募集的资金用于生产经营活动。集资诈骗罪的行为人主观上具有非法占有的目的，即行为人虽然表现上将出资人对资金的所有权转移为债权、股权，但其事实上并不承认这种债务关系，也没有履行债务或者给予回报的意思，且通常不会将所募集的资金的全部或者主要部分用于生产经营活动。对于以非法占有的目的，通过欺诈发行股票、债券等方式非法集资，触犯其他罪名的，应当认定为想象竞合犯，以集资诈骗罪论处。

（三）集资诈骗罪的处罚

根据刑法第192条、第199条和第200条的规定，犯本罪的，处5年以下有期徒刑或者拘役，并处2万元以上20万元以下罚金；数额巨大或者有其他严重情节的，处5年以上10年以下有期徒刑，并处5万元以上50万元以下罚金；数额特别巨大或者有其他特别严重情节的，处10年以上有期徒刑或者无期徒刑，并处5万元以上50万元以下罚金或者没收财产。单位犯本罪的，对单位判处罚金，并对其直接负责的主管人员和其他直接责任人员，处5年以下有期徒刑或者拘役，可以并处罚金；数额巨大或者有其他严重情节的，处5年以上10年以下有期徒刑，并处罚金；数额特别巨大或者有其他特别严重情节的，处10年以上有期徒刑或者无期徒刑，并处罚金。根据《非法集资解释》第5条的规定，个人进行集资诈骗，数额在30万元以上的，应当认定为“数额巨大”；数额在100万元以上的，应当认定为“数额特别巨大”。单位进行集资诈骗，数额在150万元以上的，应当认定为“数额巨大”；数额在500万元以上的，应当认定为“数额特别巨大”。

二、贷款诈骗罪

（一）贷款诈骗罪的概念和构成要件

贷款诈骗罪，是指以非法占有为目的，使用欺诈方法，诈骗银行或者其他金融机构的贷款，数额较大的行为。

1. 本罪的客观要件为使用欺诈方法，诈骗银行或者其他金融机构的贷款，数额较大。这里的“欺诈方法”，是指以下五种情形：（1）编造引进资金、项目等虚假理由的；（2）使用虚假的经济合同的；（3）使用虚假的证明文件的；（4）使用虚假的产权证明作担保或者超出抵押物价值重复担保的；（5）以其他方法诈骗贷款的。行为人使用上述方法之一骗取贷款的，即可成立本罪；同时使用两种以上方法骗取贷款的，也只成立一罪。上述欺诈行为必须发生在申请贷款的过程中，行为人在合法取得贷款后，由于某种原因不能还本付息，又采取欺诈方法隐匿、转移用于贷款的抵押物，致使贷款人不能行使抵押权的，不能认定为本罪。如果行为人采取欺诈方法使贷款人产生错误认识,并作出免除债务的处分决定的,成立普通诈骗罪。本罪的行为结果是诈骗贷款数额较大。

示例4-61 倪某贷款诈骗案

二审法院认为:"上诉人(原审被告人)倪某在财产状况差,还贷能力不足的情况下,采用虚构贷款人、房产证明、抵押他项权证明、身份证明的手段在信用社贷款39万元,后将所贷款项的大部分用于个人挥霍、还债,甚至赌球的违法活动,符合贷款诈骗罪主客观构成要件,构成贷款诈骗罪,且数额特别巨大,依法应予惩处。贷款未到期及案发后归还了贷款不是量刑的法定减轻情节,不应在法定刑下减轻判处。抗诉机关的意见予以支持。"〔63〕

2. 本罪的主观要件为故意,且具有非法占有贷款的目的。

示例4-62 梁某贷款诈骗案

一审法院认为:"本案中,被告人梁某使用了虚假的钟某收入证明及集体土地房产证等证明文件去银行申请贷款,在银行放贷之后仅归还了第一期欠款,其在购买相关车辆后未征得抵押权人即银行同意擅自将车辆变卖,且将所得款项用于个人挥霍,其非法占有贷款的目的明显。另外,被告人梁某以钟某的名义去与银行签订相关合同进一步佐证了其上述主观目的。"〔64〕

(二)贷款诈骗罪的认定

1. 本罪与非罪的界限。成立本罪,必须证明行为人在贷款过程中主观上即具有非法占有的目的。对于合法取得贷款后,没有按照规定的用途使用贷款,到期没有归还贷款的,不能认定构成本罪;对于合法取得贷款后,因情势变更而产生非法占有意图,并实施转移、隐匿贷款等行为的,则应认定为侵占罪。

2. 本罪与骗取贷款罪的界限。二者在客观上均表现为使用欺骗方法获取银行或者其他金融机构贷款的行为,因而具有一定的相似性。主要区别在于:行为人主观上是否具有非法占有的目的。本罪的行为人主观上具有非法占有贷款的目的,骗取贷款罪的行为人主观上并不具有这一目的。对于合法取得贷款后,没有按规定的

〔63〕"倪某贷款诈骗案二审判决书",四川省雅安市中级人民法院刑事判决书(〔2006〕雅刑终字第102号)。

〔64〕"梁某贷款诈骗案一审判决书",广东省广州市黄埔区人民法院刑事判决书(〔2015〕穗黄法刑初字第237号)。

用途使用贷款，到期没有归还贷款的，不能以贷款诈骗罪定罪处罚；对于确有证据证明行为人不具有非法占有的目的，因不具备贷款的条件而采取了欺骗手段获取贷款，案发时有能力履行还贷义务，或者案发时不能归还贷款是因为意志以外的原因，如因经营不善、被骗、市场风险等，不应以贷款诈骗罪定罪处罚。

（三）贷款诈骗罪的处罚

根据刑法第193条的规定，犯本罪的，处5年以下有期徒刑或者拘役，并处2万元以上20万元以下罚金；数额巨大或者有其他严重情节的，处5年以上10年以下有期徒刑，并处5万元以上50万元以下罚金；数额特别巨大或者有其他特别严重情节的，处10年以上有期徒刑或者无期徒刑，并处5万元以上50万元以下罚金或者没收财产。

三、票据诈骗罪

票据诈骗罪，是指以非法占有为目的，利用金融票据进行诈骗活动，数额较大的行为。本罪的行为方式有以下五种情形：(1)明知是伪造、变造的汇票、本票、支票而使用的；(2)明知是作废的汇票、本票、支票而使用的；(3)冒用他人的汇票、本票、支票的；(4)签发空头支票或者与其预留印鉴不符的支票，骗取财物的；(5)汇票、本票的出票人签发无资金保证的汇票、本票或者在出票时作虚假记载，骗取财物的。本罪的行为结果是骗取财物数额较大。本罪的主观要件为故意，且具有非法占有的目的。

示例4－63　杜某票据诈骗案

杜某先后将伪造的面值298万元、200万元的银行承兑汇票借给被害人张某用于抵押借款，从中收取好处费30万元、10万元。对此，二审法院认为："关于杜某用虚假承兑汇票诈骗张某40万元，被害人张某的陈述与证人王某的证言相互印证，部分事实有证人边某、边某某的证言佐证。"〔65〕

示例4－64　吴某票据诈骗案

二审法院认为："上诉人吴某作为勤业公司的业务员，将代为收取的银行汇票、承兑汇票，通过伪造勤业公司印章和法人印鉴章的手段予以背书转让变现，其行为同时触犯了伪造公司印章罪、票据诈骗罪和职务侵占罪，且存在手段行为与目的行为的牵连关系，

〔65〕"杜某票据诈骗案二审裁定书"，河南省商丘市中级人民法院刑事裁定书（〔2017〕豫14刑终111号）。

属于牵连犯,应当从一重罪处断,故上诉人吴某的行为应当认定为票据诈骗罪。”[66]

根据刑法第194条和第200条的规定,犯本罪的,处5年以下有期徒刑或者拘役,并处2万元以上20万元以下罚金;数额巨大或者有其他严重情节的,处5年以上10年以下有期徒刑,并处5万元以上50万元以下罚金;数额特别巨大或者有其他特别严重情节的,处10年以上有期徒刑或者无期徒刑,并处5万元以上50万元以下罚金或者没收财产。单位犯本罪的,对单位判处罚金,并对其直接负责的主管人员和其他直接责任人员,处5年以下有期徒刑或者拘役,可以并罚罚金;数额巨大或者有其他严重情节的,处5年以上10年以下有期徒刑,并处罚金;数额特别巨大或者有其他特别严重情节的,处10年以上有期徒刑或者无期徒刑,并处罚金。

四、金融凭证诈骗罪

金融凭证诈骗罪,是指以非法占有为目的,使用伪造、变造的委托收款凭证、汇款凭证、银行存单等其他银行结算凭证,骗取财物,数额较大的行为。

示例4-65 张某等贷款诈骗、金融凭证诈骗案

一审法院认为:“被告人张某、胡某、白某、陈某、陈某某以非法占有为目的,采取拉存企业款项、伪造存款企业资料、印鉴并改变企业存款方式,冒充存款企业虚构质押贷款的手段和方法骗取银行款项,其行为分别构成贷款诈骗罪;张某又伙同陈某、胡某采取拉存企业款项,办理网上银行业务,私刻存款企业、银行印鉴,伪造存款企业网上银行转账授权书的手段,骗取银行资金,其行为又分别构成金融凭证诈骗罪。”[67]

根据刑法第194条和第200条的规定,犯本罪的,处5年以下有期徒刑或者拘役,并处2万元以上20万元以下罚金;数额巨大或者有其他严重情节的,处5年以上10年以下有期徒刑,并处5万元以上50万元以下罚金;数额特别巨大或者有其他特别严重情节的,处10年以上有期徒刑或者无期徒刑,并处5万元以上50万元以下罚金或者没收财产。单位犯本罪的,对单位判处罚金,并对其直接负责的主管人员和其他直接责任人员,处5年以下有期徒刑或者拘役,可以并罚罚金;数额巨大或者有其他严重情节的,处5年以上10年以下有期徒刑,并处罚金;数额特别巨大或者有

[66] “吴某票据诈骗案二审判决书”,江苏省泰州市中级人民法院刑事判决书([2017]苏12刑终53号)。

[67] “张某等贷款诈骗、金融凭证诈骗案一审判决书”,载《刑事审判参考》2007年第1集,指导案例第424号。

其他特别严重情节的,处10年以上有期徒刑或者无期徒刑,并处罚金。

五、信用证诈骗罪

信用证诈骗罪,是指以非法占有为目的,进行信用证诈骗的行为。

本罪的客观要件为利用信用证进行诈骗活动。本罪的行为方式有下列四种情形:(1)使用伪造、变造的信用证或者附随的单据、文件的;(2)使用作废的信用证的;(3)骗取信用证的;(4)以其他方法进行信用证诈骗活动的。

本罪的主观要件为故意,且具有非法占有的目的。

示例4-66 许某信用证诈骗案

二审法院认为:"上诉人许某、吕某在没有真实货物交易的情况下,虚构事实骗取被害单位(银行)信用证,并与他人串通使用伪造信用证的附随单据,骗取被害单位资金,数额特别巨大,其行为均已构成信用证诈骗罪。"〔68〕

根据刑法第195条和第200条的规定,犯本罪的,处5年以下有期徒刑或者拘役,并处2万元以上20万元以下罚金;数额巨大或者有其他严重情节的,处5年以上10年以下有期徒刑,并处5万元以上50万元以下罚金;数额特别巨大或者有其他特别严重情节的,处10年以上有期徒刑或者无期徒刑,并处5万元以上50万元以下罚金或者没收财产。单位犯本罪的,对单位判处罚金,并对其直接负责的主管人员和其他直接责任人员,处5年以下有期徒刑或者拘役,可以并罚罚金;数额巨大或者有其他严重情节的,处5年以上10年以下有期徒刑,并处罚金;数额特别巨大或者有其他特别严重情节的,处10年以上有期徒刑或者无期徒刑,并处罚金。

六、信用卡诈骗罪

(一)信用卡诈骗罪的概念和构成要件

信用卡诈骗罪,是指以非法占有为目的,进行信用卡诈骗活动,数额较大的行为。

1. 本罪的客观要件为,利用信用卡进行诈骗活动,骗取数额较大的财物。

本罪的行为方式有以下四种类型:(1)使用伪造的信用卡,或者使用以虚假的身份证明骗领的信用卡的。所谓使用,是指按照信用卡的通常使用方法,利用信用卡购买商品、接受服务或者支取现金。使用"变造"的信用卡(如变更磁条内的信息)的,应认定为使用伪造的信用卡。违背他人意愿,使用其居民身份证、军官证、士兵

〔68〕"许某信用证诈骗案二审裁定书",广东省高级人民法院刑事裁定书(〔2014〕粤高法刑二终字第22号)。

证、港澳居民往来内地通行证、台湾居民来往大陆通行证、护照等身份证明申领信用卡的,或者使用伪造、变造的身份证明申领信用卡的,应当认定为“使用虚假的身份证明骗领信用卡”。(2)使用作废的信用卡的。作废的信用卡,主要有三种:一是信用卡因超过有效使用期限而自动作废;二是持卡人在信用卡有效期限内因停止使用,已办理退卡手续并将该信用卡退回发卡机构而使信用卡作废;三是信用卡因挂失而作废。(3)冒用他人信用卡的。所谓冒用,是指非持卡人擅自以持卡人的名义使用其信用卡,包括以下情形:拾得他人信用卡并使用的;骗取他人信用卡并使用的;窃取、收买、骗取或者以其他非法方式获取他人信用卡信息资料,并通过互联网、通讯终端等使用的;其他冒用他人信用卡的情形。经持卡人同意使用其信用卡的行为,并未违反持卡人的意志,不构成犯罪。2008 年 4 月 18 日最高人民检察院《关于拾得他人信用卡在自动柜员机(ATM 机)上使用的行为如何定性问题的批复》指出,拾得他人信用卡在自动柜员机(ATM 机)上使用的,属于“冒用他人信用卡”,构成犯罪的,应以信用卡诈骗罪追究刑事责任。(4)恶意透支的。所谓恶意透支,是指持卡人以非法占有为目的,超过规定限额或者规定期限透支,并且经发卡银行催收后仍不归还的行为。催收,既包括书面催收,也包括口头催收。只要持卡人透支后发卡银行实施过催收行为,持卡人按照信用卡的通常使用情形认识到发卡银行实施过催收行为而仍不归还,即使持卡人未直接或间接收到发卡银行的催收通知,也应认定为“经发卡银行催收后仍不归还”。《信用卡解释》第 6 条第 1 款对恶意透支作进一步限定,即指“持卡人以非法占有为目的,超过规定限额或者规定期限透支,并且经发卡银行两次催收后超过 3 个月仍不归还的行为”。

示例 4－67　周某信用卡诈骗案

周某采用向银行提供虚假的工作证明、收入证明、房权证等手段,从多家银行申领信用卡后,采用刷卡套现、取现、消费等手段进行透支,在无力偿还银行欠款后变更联系方式,经上述银行多次催收,周某仍未予偿还。截至案发时,共计透支上述银行信用卡内本金 76578.19 元。对此,二审法院认为:“被告人周某以非法占有为目的,恶意透支信用卡,数额较大,其行为已构成信用卡诈骗罪。公诉机关指控罪名成立。公诉机关关于被告人周某使用以虚假的身份证明骗领的信用卡,犯罪数额巨大的指控,被告人周某以真实的身份证和虚假的收入证明、产权证明等资信证明申领信用卡,不属于以虚假的身份证明骗领信用卡,因此,依法应认定其犯罪数额较大。公诉机关上述指控不当,本院依法予以纠正。”〔69〕

---

〔69〕“周某信用卡诈骗案一审判决书”,浙江省宁波市镇海区人民法院刑事裁定书(〔2012〕甬镇刑初字第 126 号)。

2. 本罪的主观要件为故意,且具有非法占有的目的。明知是伪造、作废的信用卡而使用,或者明知是他人真实的信用卡而冒用,通常可以直接推定具有非法占有的目的。比较复杂疑难的,是恶意透支的认定。对此,《信用卡解释》第6条第2款规定,有以下情形之一的,应当认定为"以非法占有为目的":(1)明知没有还款能力而大量透支,无法归还的;(2)肆意挥霍透支的资金,无法归还的;(3)透支后逃匿、改变联系方式,逃避银行催收的;(4)抽逃、转移资金,隐匿财产,逃避还款的;(5)使用透支的资金进行违法犯罪活动的;(6)其他非法占有资金,拒不归还的行为。

示例4-68 于某信用卡透支案

二审法院认为:"于某以李某名义办理信用卡并使用虽经李某同意,但于某在办卡时伪造了李某的资产情况,获得大额度信用,并系在其使用的多张信用卡处于透支的情况下办理和使用该卡,经银行多次催收,无能力还款,对此信用卡的使用应当认定为恶意透支。"〔70〕

(二)信用卡诈骗罪的认定

1. 本罪与非罪的认定。对于不具有非法占有目的的善意透支行为,不得认定成立本罪。对于恶意透支应当追究刑事责任,但在公安机关立案后人民法院判决宣告前已偿还全部透支款息的,可以从轻处罚,情节轻微的,可以免除处罚。恶意透支数额较大,在公安机关立案前已偿还全部透支款息,情节显著轻微的,可以依法不追究刑事责任。

2. 盗窃信用卡并使用的认定。盗窃信用卡并使用的,应当认定为盗窃罪。这里的信用卡,必须是指他人真实有效的信用卡。如果明知是伪造或者作废的信用卡而盗窃并使用的,应认定为信用卡诈骗罪。从法益的角度来看,由于信用卡工本费较低,因而盗窃行为造成的法益侵害较小;相反,使用盗窃的信用卡,则会对发卡机构造成严重的财产损失,故盗窃信用卡并使用的,本质上更符合信用卡诈骗罪的构成特征,宜认定为信用卡诈骗罪。但由于刑法赋予盗窃信用卡盗窃罪的法律效果,故应认定为盗窃罪。

示例4-69 鲁某信用卡诈骗案

鲁某窃得吴某尚未激活的中信银行信用卡一张,利用事先知晓的吴某的身份信

---

〔70〕 "于某信用卡诈骗案二审裁定书",黑龙江省高级人民法院刑事裁定书(〔2015〕黑刑二终字第33号)。

息，以其名义挂失补办并"激活"新卡一张，后通过POS机刷卡套现19800元。对此，一审法院认为："本案中，被告人窃取他人未激活信用卡后，通过事先获得的被害人信息，向银行挂失旧的未激活信用卡，并补办新卡进行刷卡套现，该行为超出'盗窃信用卡并使用'中的'使用'，不以盗窃罪认定。本案中针对的犯罪对象是经'补办后'的信用卡，侵犯的客体是金融管理秩序，符合信用卡诈骗罪的犯罪构成要件，构成信用卡诈骗罪。"〔71〕

（三）信用卡诈骗罪的处罚

根据刑法第196条的规定，犯本罪的，处5年以下有期徒刑或者拘役，并处2万元以上20万元以下罚金；数额巨大或者有其他严重情节的，处5年以上10年以下有期徒刑，并处5万元以上50万元以下罚金；数额特别巨大或者有其他特别严重情节的，处10年以上有期徒刑或者无期徒刑，并处5万元以上50万元以下罚金或者没收财产。根据《信用卡解释》第5条的规定，使用伪造的信用卡、以虚假的身份证明骗领的信用卡、作废的信用卡或者冒用他人信用卡，进行信用卡诈骗活动，数额在5000元以上不满5万元的，应当认定为"数额较大"；数额在5万元以上不满50万元的，应当认定为"数额巨大"；数额在50万元以上的，应当认定为"数额特别巨大"。根据第6条的规定，恶意透支，数额在1万元以上不满10万元的，应当认定为"数额较大"；数额在10万元以上不满100万元的，应当认定为"数额巨大"；数额在100万元以上的，应当认定为"数额特别巨大"。恶意透支的数额，是指在第一款规定的条件下持卡人拒不归还的数额或者尚未归还的数额。不包括复利、滞纳金、手续费等发卡银行收取的费用。

七、有价证券诈骗罪

有价证券诈骗罪，是指使用伪造、变造的国库券或者国家发行的其他有价证券，进行诈骗活动，数额较大的行为。所谓有价证券，是指标有票面金额，用于证明持有人或该证券指定的特定主体对特定财产拥有所有权或债权的凭证。本罪的行为对象是有价证券，且必须是中央政府发生的，不包括公司发行的金融债券等有价证券。至于有价证券的发行是否记名、是否凭证，则不影响本罪的成立。

示例4-70　盛某有价证券诈骗案

二审法院认为："上诉人盛某使用伪造的有价证券为他人担保向银行办理质押贷款，并希望以此从贷款人处获取非法利益，情节严重，其行为构成有价证券诈骗罪……上诉人盛某虽然授意刘某持有伪造的面额为4800万元的凭证式国债到银行为他人担保办

〔71〕"鲁某信用卡诈骗案一审判决书"，浙江省宁波市江北区人民法院刑事判决书（〔2014〕甬北刑初字第148号）。

理质押贷款，但其既非贷款人，亦非贷款的实际使用人，其主观上是希望通过使用伪造的有价证券为贷款人作担保后从贷款人处获取非法利益。”〔72〕

示例4-71 陈某有价证券诈骗案

一审法院认为：“被告人陈某甲准备贷款资料，使用伪造的凭证式国债收款凭证，欲向银行申请4000万元人民币的贷款，后被银行工作人员发现，其行为构成骗取贷款罪，属犯罪预备，可予以从轻处罚或减轻处罚；凭证式国债收款凭证因不可以流通转让，不具有有价证券的可流通性，所以凭证式国债收款凭证不是有价证券，陈某甲使用伪造的凭证式国债收款凭证欲骗取银行贷款，并非骗取伪造的凭证式国债收款凭证面额款项，也没有证据能确证陈某甲有非法占有该笔款项的目的。因此，公诉机关指控陈某甲犯有价证券诈骗属于不当，应予纠正。”〔73〕

根据刑法第197条的规定，犯本罪的，处5年以下有期徒刑或者拘役，并处2万元以上20万元以下罚金；数额巨大或者有其他严重情节的，处5年以上10年以下有期徒刑，并处5万元以上50万元以下罚金；数额特别巨大或者有其他特别严重情节的，处10年以上有期徒刑或者无期徒刑，并处5万元以上50万元以下罚金或者没收财产。

八、保险诈骗罪

（一）保险诈骗罪的概念和构成要件

保险诈骗罪，是指投保人、被保险人、受益人采取虚构保险标的、保险事故或者制造保险事故等方法，骗取保险金，数额较大的行为。

1. 本罪的客观要件为投保人、被保险人、受益人使用各种欺骗方法，骗取数额较大的保险金。

（1）本罪的行为主体为投保人、被保险人和受益人。所谓投保人，是指与保险人订立保险合同，并按照合同约定负有支付保险费义务的人。所谓被保险人，是指其财产或者人身受保险合同保障，享有保险金请求权的人。投保人可以为被保险人。所谓受益人，是指人身保险合同中由被保险人或者投保人指定的享有保险金请求权的人。投保人、被保险人可以为受益人。单位可以成为本罪的行为主体。本罪的行

〔72〕“盛某有价证券诈骗案二审裁定书”，内蒙古自治区呼伦贝尔市中级人民法院刑事裁定书（〔2014〕呼刑终字第71号）。

〔73〕“陈某有价证券诈骗案一审判决书”，江西省景德镇市昌江区人民法院刑事判决书（〔2016〕赣0202刑初35号）。

为方式有多种，不同的行为方式其行为主体范围有所限制，如虚构保险标的，只限于投保人。此外，保险事故的鉴定人、证明人、财产评估人故意提供虚假的证明文件，为他人诈骗提供条件的，以保险诈骗罪的共犯论处。

（2）本罪的行为方式有以下五种类型：一是投保人故意虚构保险标的，骗取保险金的；二是投保人、被保险人或者受益人对发生的保险事故编造虚假的原因或者夸大损失的程度，骗取保险金的；三是投保人、被保险人或者受益人编造未曾发生的保险事故，骗取保险金的；四是投保人、被保险人故意造成财产损失的保险事故，骗取保险金的；五是投保人、受益人故意造成被保险人死亡、伤残或者疾病，骗取保险金的。

（3）本罪的行为结果是骗取较大数额的保险金。根据《追诉标准（二）》第 56 条的规定，个人进行保险诈骗，数额在 1 万元以上的，单位进行保险诈骗，数额在 5 万元以上的，应予追诉。

2. 本罪的主观要件为故意，并且具有非法占有的目的。

示例 4－72　汤某、武某保险诈骗案

汤某酒后驾驶，发生撞到树上的单方交通事故。应汤某要求，武某拨打“110”报警电话及保险公司电话，谎称是自己驾驶。汤某在向保险公司理赔时案发。对此，二审法院认为：“上诉人汤某、武某以非法占有为目的，虚构事实，隐瞒真相，意图骗取保险金 28 万元，数额特别巨大，二人的行为均已构成保险诈骗罪，应依法处罚。”〔74〕

（二）保险诈骗罪的认定

1. 本罪的着手认定。本罪的法益是保险活动秩序和保险人的财产权，因此，只有具有侵害保险活动秩序和保险人财产的紧迫危险性的行为，才是保险诈骗的实行行为。本罪的五种行为方式中，虚构保险标的、编造事故原因、夸大损失程度、编造保险事故、造成保险事故等行为，只是为诈骗保险金创造了前提条件，属于保险诈骗的预备行为。如果行为人实施这些预备行为后并未到保险公司理赔，对保险活动秩序和保险人的财产并不存在直接的现实的侵害危险；相反，如果行为人实施这些预备行为后到保险公司理赔，则对保险活动秩序和保险人的财产产生了现实的紧迫的侵害危险。因此，本罪的着手，应是行为人向保险人提交理赔材料或提出支付保险金请求的行为。

〔74〕“汤某、武某保险诈骗案二审裁定书”，安徽省阜阳市中级人民法院刑事裁定书（〔2017〕皖 12 刑终 211 号）。

示例 4-73　舒某保险诈骗案

舒某以本人为被保险人，在国泰人寿等十余家保险公司投保了近千万元人民币的伤害保险。之后，舒某利用在家剁排骨之机，故意将自己左食指剁伤，致近节指离断，制造七级伤残保险事故。舒某在向国泰人寿和中国人寿申请理赔保险金 25 万元未果后向法院起诉，要求支付其保险金 5 万元。对此，二审法院认为："被告人舒某以骗取保险金为目的，故意造成自己伤残，并实施向中国人寿保险股份有限公司灌南支公司和国泰人寿保险有限责任公司提出请求支付保险金人民币 25 万元的行为，属于已经首手实行保险诈骗行为，但由于其意志以外的原因没有骗取到保险金，属于保险诈骗罪的未遂犯，可以比照既遂犯减轻处罚……被告人舒某对中国人寿保险股份有限公司灌南支公司和国泰人寿保险有限责任公司以外的保险公司还没有着手实行保险诈骗，可不作为犯罪评价，但应作为量刑因素予以考虑，故对公诉机关认为被告人舒某对全案保险诈骗数额应认定为未遂的意见不予支持。"〔75〕

2. 本罪的罪数形态。根据刑法第 198 条第 2 款的规定，投保人、被保险人故意造成财产损失的保险事故，投保人、受益人故意造成被保险人死亡、伤残或者疾病，骗取保险金，同时构成其他犯罪的，依照数罪并罚的规定处罚。例如，投保人或被保险人放火烧毁已经投保的房屋，危及公共安全，并以此为根据骗取保险金的，应以放火罪和保险诈骗罪实行并罚。再如，投保人或受益人故意杀害被保险人，然后骗取保险金的，应以故意杀人罪和保险诈骗罪实行并罚。这种情况，属于手段行为和目的行为存在牵连关系的牵连犯。对于牵连犯，原则上应当从一重处断。但刑法明确规定对上述情况应当数罪并罚，这是处理牵连犯原则的一个例外。

（三）保险诈骗罪的处罚

根据刑法第 198 条的规定，犯本罪的，处 5 年以下有期徒刑或者拘役，并处 1 万元以上 10 万元以下罚金；数额巨大或者有其他严重情节的，处 5 年以上 10 年以下有期徒刑，并处 2 万元以上 20 万元以下罚金；数额特别巨大或者有其他特别严重情节的，处 10 年以上有期徒刑，并处 2 万元以上 10 万元以下罚金或者没收财产。单位犯本罪的，对单位判处罚金，并对其直接负责的主管人员和其他直接责任人员，处 5 年以下有期徒刑或者拘役；数额巨大或者有其他严重情节的，处 5 年以上 10 年以下有期徒刑；数额特别巨大或者有其他特别严重情节的，处 10 年以上有期徒刑。

---

〔75〕"舒某保险诈骗案二审裁定书"，江苏省连云港市中级人民法院刑事裁定书（〔2009〕连刑二终字第 061 号）。

第七节 危害税收征管罪

一、逃税罪

(一)逃税罪的概念和构成要件

逃税罪,是指纳税人采取欺骗、隐瞒手段进行虚假的纳税申报或者不申报,逃避缴纳税款数额较大并且占应纳税额10%以上,或者扣缴义务人采取欺骗、隐瞒手段不缴或者少缴已扣、已收税款数额较大的行为。

1. 本罪的客观要件表现为纳税人采取欺骗、隐瞒手段进行虚假的纳税申报或者不申报,逃避缴纳税款数额较大并且占应纳税额10%以上,或者扣缴义务人采取欺骗、隐瞒手段不缴或者少缴已扣、已收税款数额较大。

(1)本罪的行为主体是特殊主体,即必须是纳税义务人,包括纳税人和扣缴义务人。所谓纳税人,是指法律、行政法规规定负有纳税义务的单位和个人。所谓扣缴义务人,是指法律、行政法规规定负有代扣代缴、代收代缴税款义务的单位和个人。应当注意的是,纳税义务人是法定的、强制性的,民事主体之间可以约定税款承担主体,但不能改变税务机关对纳税主体的确认,更不能以约定为由改变法定的纳税主体,免除纳税人的法定纳税义务。

(2)本罪的手段行为主要有以下两种:第一,进行虚假的纳税申报。例如,伪造、变造、隐匿、擅自销毁账簿、记账凭证,或者在账簿上多列支出或者不列、少列收入,或者向税务机关报送虚假的纳税申报表、财务报表、代扣代缴、代收代缴税款报告表或者其他纳税申报资料。第二,不申报。这里的"不申报",是指经税务机关通知申报而拒不申报纳税。根据2002年11月5日最高人民法院《关于审理偷税、抗税案件具体应用法律若干问题的解释》(以下简称《偷税抗税解释》)第2条第2款的规定,具有下列情形之一的,应当认定为"经税务机关通知申报":一是纳税人、扣缴义务人已经依法办理税务登记或者扣缴税款登记的;二是依法不需要办理税务登记的纳税人,经税务机关依法书面通知其申报的;三是尚未依法办理税务登记、扣缴税款登记的纳税人、扣缴义务人,经税务机关依法书面通知其申报的。

(3)本罪的目的行为是逃避缴纳税款,包括不缴或者少缴应纳税款或已扣、已收税款。扣缴义务人书面承诺代纳税人支付税款的,应当认定扣缴义务人"已扣、已收税款"。

(4)本罪的行为结果是逃避缴纳税款达到一定数额。其中,对于纳税人,采取绝对数额和相对数额的标准,即不仅逃避缴纳税款数额较大,而且占应纳税额10%以上;对于扣缴义务人,采取绝对数额标准,即只要不缴或者少缴已扣、已收税款数额较大即可,而不需要已扣、已收税款数额达到占应纳税额10%这一比例要求。根据《追诉标准(二)》第57条的规定,逃避缴纳税款,涉嫌下列情形之一的,应予立案追诉:一是纳税人采取欺骗、隐瞒手段进行虚假纳税申报或者不申报,逃避缴纳税款,数额在5万元以上并且占各税种应纳税总额10%以上,经税务机关依法下达追缴通知后,不补缴应纳税款、不缴纳滞纳金或者不接受行政处罚的;二是纳税人5年内因逃避缴纳税款受过刑事处罚或者被税务机关给予2次以上行政处罚,又逃避缴纳税款,数额在5万元以上并且占各税种应纳税总额10%以上的;三是扣缴义务人采取欺骗、隐瞒手段,不缴或者少缴已扣、已收税款,数额在5万元以上的。

2. 本罪的主观要件为故意,即明知自己的行为会发生逃避缴纳税款的结果,并且希望或者放任这种结果发生。漏税行为,如错用税率、漏报应税项目等,虽然也造成漏缴或少缴税款的结果,但由于行为人主观上出于过失,故不构成本罪。

示例4－74　郑某逃税案

二审法院认为:"上诉人郑某在收到黄某支付的中介费后,对其纳税的法定义务是明知的,所以才与黄协商由黄某签订了关于缴纳税款的相关书面承诺。但是,基于法律产生的本人纳税义务并未因此承诺而消失。而郑某陆续收到中介费后几年内并没有向税务机关申报纳税,至2014年税务机关接到举报查处,两次催缴税款仍未积极协商黄某缴纳,及至侦查机关刑事立案,仍然不履行其纳税义务。上述事实能够证明上诉人郑某某主观上具有明知其有纳税义务而拒不履行的逃税故意。上诉人郑某基于与黄某某税款负担的约定而产生纳税主体已转移至他人的错误认识,在刑法理论上不影响以逃税罪对其的定罪处罚。"〔76〕

(二)逃税罪的认定

1. 逃税数额及其比例的确定。逃税数额,是指在确定的纳税期间,不缴或者少缴各税种税款的总额。逃税数额占应纳税额的百分比,是指一个纳税年度中的各税种逃税总额与该纳税年度应纳税总额的比例。不按纳税年度确定纳税期的其他纳税人,逃税数额占应纳税额的百分比,而是按照行为人最后一次逃税行为发生之日前1年中各税种逃税总额与该年纳税总额的比例确定。纳税义务存续期间不足一个纳税年度的,逃税数额占应纳税额的百分比,按照各税种逃税总额与实际发生纳税义务期间应当缴纳税款总额的比例确定。逃税行为跨越若干个纳税年度,只要其中一个纳税年度的逃税数额及百分比达到法定标准,即构成本罪。各纳税年度的逃税数额应当累

〔76〕"郑某逃税案二审判决书",甘肃省天水市中级人民法院刑事判决书(〔2016〕甘05刑终94号)。

计计算,逃税百分比应当按照最高的百分比确定。对于多次实施逃税行为,未经处理的,按照累计数额计算。所谓未经处理,是指纳税人或者扣缴义务人在5年内多次实施逃税行为,但每次逃税数额均未达到构成犯罪的数额标准,且未受行政处罚的情形。

2. 本罪的处罚阻却事由。刑法第201条第4款规定:“有第一款行为,经税务机关依法下达追缴通知后,补缴应纳税款,缴纳滞纳金,已受行政处罚的,不予追究刑事责任;但是,五年内因逃避缴纳税款受过刑事处罚或者被税务机关给予二次以上行政处罚的除外。”根据这一规定,行为虽然符合逃税罪的构成要件,但具备法定事由的,不予追究行为人的刑事责任。此即逃税罪的处罚阻却事由。具体适用条件如下:(1)对象条件,即逃税的主体必须是纳税人,而不包括扣缴义务人。(2)时间条件,即必须在税务机关下达的追缴通知书确定的期限内履行纳税义务,而不能采取关闭手机、潜逃外地等消极方式拒不接受税务机关的行政处理。如果税务机关报案、公安机关立案后,行为人归案之后被迫履行纳税义务的,则只能作为酌定情节从轻处理。(3)实质条件,即必须经过税务机关行政处理,包括补缴应纳税款、缴纳滞纳金、接受行政处罚等。只要行为人接受了税务机关的行政处理,就不应追究刑事责任。至于税务机关的行政处理是否合法、适当,则不影响处罚阻却事由的成立。(4)除外条件,即不能5年内因逃避缴纳税款受过刑事处罚或者被税务机关给予2次以上行政处罚。这里的“二次以上行政处罚”,不仅包括逃税行为本来仅成立违法而受行政处罚的情形,而且包括逃税行为实质构成犯罪而被“以罚代刑”的情形。但是,因漏税行为而受行政处罚的,不包括在内。

示例4-75 李某等逃税案

二审法院认为:“上诉人李某、钟某作为深圳市××保险代理有限公司直接负责的主管人员,上诉人刘某作为深圳市××保险代理有限公司直接责任人员,采用欺骗、隐瞒手段进行虚假纳税申报,逃避缴纳税款数额巨大并且占应纳税额百分之三十以上,且经税务部门依法下达追缴通知后,未补缴应纳税款及滞纳金,其三人行为均已构成逃税罪。”[77]

(三)逃税罪的处罚

根据刑法第201条、第211条和第212条的规定,犯本罪的,处3年以下有期徒刑或者拘役,并处罚金;数额巨大并且占应纳税额30%以上的,处3年以上7年以下有期徒刑,并处罚金。单位犯本罪的,对单位判处罚金,并对其直接负责的主管人员

---

〔77〕“李某等逃税案二审裁定书”,广东省深圳市中级人民法院刑事裁定书(〔2015〕深中法刑二终字第548号)。

和其他直接责任人员,依照上述规定处罚。判处罚金的,在执行前,应当先由税务机关追缴税款。纳税人、扣缴义务人因同一逃税犯罪行为受到行政处罚,又被移送起诉、依法定罪并判处罚金的,行政罚款折抵罚金。

二、抗税罪

抗税罪,是指纳税人和扣缴义务人以暴力、威胁方法拒不缴纳税款的行为。

本罪的行为主体是特殊主体,必须是纳税人和扣缴义务人。非这两类人员以暴力、威胁方法阻碍税务工作人员履行税收职责的,成立妨害公务罪。本罪的行为方式是使用暴力、威胁方法拒不缴纳税款。所谓暴力,是指对履行税收职责的税务人员的人身不法行使有形力,使其不能正常履行职责,或者冲击、打砸税务机关,严重影响税务机关的正常工作秩序等。所谓威胁,是指对履行税收职责的税务人员进行恐吓,使其不敢或者难以正常履行税收职责。本罪是复行为犯,暴力、威胁是手段行为,拒不缴纳税款是目的行为。根据《追诉标准(二)》第58条的规定,涉嫌下列情形之一的,应予立案追诉:(1)造成税务工作人员轻微伤以上的;(2)以给税务工作人员及其亲友的生命、健康、财产等造成损害为威胁,抗拒缴纳税款的;(3)聚众抗拒缴纳税款的;(4)以其他暴力、威胁方法拒不缴纳税款的。实施抗税行为致人重伤、死亡,构成故意伤害罪、故意杀人罪的,分别依照刑法第234条第2款、第232条的规定定罪处罚。

本罪的主观要件为故意,即对暴力、威胁造成的结果,以及拒不缴纳税款的结果持希望或者放任的态度。

根据刑法第202条、第212条的规定,犯本罪的,处3年以下有期徒刑或者拘役,并处拒缴税款1倍以上5倍以下罚金;情节严重的,处3年以上7年以下有期徒刑,并处拒缴税款1倍以上5倍以下罚金。执行罚金前,应当先由税务机关追缴税款。根据《偷税抗税解释》第5条的规定,实施抗税行为具有下列情形之一的,属于"情节严重":(1)聚众抗税的首要分子;(2)抗税数额在10万元以上的;(3)多次抗税的;(4)故意伤害致人轻伤的;(5)具有其他严重情节。

三、逃避追缴欠税罪

逃避追缴欠税罪,是指纳税人欠缴应纳税款,采取转移或者隐匿财产的手段,致使税务机关无法追缴欠缴的税款,数额较大的行为。本罪的行为主体是纳税人,其他人不能成立本罪。转移或者隐匿财产的手段行为必须在纳税人欠缴税款的情况下实施,而且必须使税务机关无法追缴欠缴的税款,否则不成立本罪。构成本罪,还要求无法追缴的税款数额较大。这里的"数额较大",是指在1万元以上。本罪的主观要件为故意。

根据刑法第203条、第211条和第212条的规定,犯本罪的,数额在1万元以上不满10万元的，处3年以下有期徒刑或者拘役，并处或者单处欠缴税款1倍以上5倍以下罚金；数额在10万元以上的，处3年以上7年以下有期徒刑，并处欠缴税款1倍以上5倍以下罚金。单位犯本罪的，对单位判处罚金，并对其直接负责的主管人员和其他直接责任人员，依照上述规定处罚。判处罚金的，在执行前，应当先由税务机关追缴税款。

示例4-76　刘某逃避追缴欠税案

一审法院认为："被告人刘某与鹿邑县建鹏公司签订协议后，对外以该公司的名义取得鹿邑县原粮食局真源宾馆所占用土地的开发使用权，双方约定由刘某承担各项税收费用。在土地开发期间，被告人刘某作为纳税直接责任人，为了办理产权证明，虚构与他人签订了商业用房购销合同，后明知税务机关已经稽查出欠缴应纳税款并多次通知缴纳税款的情况下，在仅缴纳5万元税款后逃匿，致使税务机关无法追缴欠缴的税款，数额达1249117元，其行为已构成逃避追缴欠税罪。"[78]

四、骗取出口退税罪

骗取出口退税罪，是指以假报出口或者其他欺骗手段，骗取国家出口退税款，数额较大的行为。本罪的法益是国家出口退税制度。

1.本罪的客观要件为假报出口或者其他欺骗手段，骗取国家出口退税款，数额较大。本罪的行为方式是假报出口或者其他欺骗手段。根据2002年9月17日最高人民法院《关于审理骗取出口退税刑事案件具体应用法律若干问题的解释》（以下简称《骗取出口退税解释》）第1条的规定，所谓"假报出口"，是指以虚构已税货物出口事实为目的，具有下列情形之一的行为：(1)伪造或者签订虚假的买卖合同；(2)以伪造、变造或者其他非法手段取得出口货物报关单、出口收汇核销单、出口货物专用缴款书等有关出口退税单据、凭证；(3)虚开、伪造、非法购买增值税专用发票或者其他可以用于出口退税的发票；(4)其他虚构已税货物出口事实的行为。根据《骗取出口退税解释》第2条的规定，具有下列情形之一的，应当认定为"其他欺骗手段"：(1)骗取出口货物退税资格的；(2)将未纳税或者免税货物作为已税货物出口的；(3)虽有货物出口，但虚构该出口货物的品名、数量、单价等要素，骗取未实际纳税部分出口退税款的；(4)以其他手段骗取出口退税款的。实施骗取出口退税犯罪，同时构成虚开增值税专用发票罪等其他犯罪的，依照刑法处罚较重的规定定罪处罚。

〔78〕"刘某逃避追缴欠税案一审判决书"，河南省鹿邑县人民法院刑事判决书(〔2016〕豫1628刑初80号)。

示例 4-77 蔡某骗取出口退税案

蔡某利用虚假企业与中国邮电器材总公司分别签订内、外贸合同，使用虚开的增值税专用发票，假报出口，骗取出口退税款600余万元。对此，二审法院认为："上诉人蔡某无视国法，虚构有出口业务的事实，采用签订虚假买卖合同的手段，假报出口，骗取国家出口退税款，数额特别巨大，其行为已构成骗取出口退税罪，依法应予惩处。一审法院认定蔡某犯虚开增值税专用发票罪的定性不当，予以纠正。"〔79〕

本罪的行为结果是骗取出口退税数额较大。根据《追诉标准(二)》第60条的规定，以假报出口或者其他欺骗手段，骗取国家出口退税款，数额在5万元以上的，应予立案追诉。骗取出口退税罪，以纳税人尚未缴纳税款为成立前提。如果纳税人缴纳税款后，又采取假报出口等欺骗方法，骗取所缴纳的税款的，成立逃税罪；如果骗取税款超过所缴纳的税款的，则对于超过部分应认定为骗取出口退税罪，对于与所缴纳税款相同部分应认定为逃税罪，实行数罪并罚。

2. 本罪的主观要件为故意，过失不能构成本罪。

根据刑法第204条、第211条和第212条的规定，犯本罪的，处5年以下有期徒刑或者拘役，并处骗取税款1倍以上5倍以下罚金；数额巨大或者有其他严重情节的，处5年以上10年以下有期徒刑，并处骗取税款1倍以上5倍以下罚金；数额特别巨大或者有其他特别严重情节的，处10年以上有期徒刑或者无期徒刑，并处骗取税款1倍以上5倍以下罚金或者没收财产。单位犯本罪的，对单位判处罚金，并对其直接负责的主管人员和其他直接责任人员，依照上述规定处罚。在执行罚金、没收财产前，应当先由税务机关追缴所骗取的出口退税款。

五、虚开增值税专用发票、用于骗取出口退税、抵扣税款发票罪

(一)虚开增值税专用发票、用于骗取出口退税、抵扣税款发票罪的概念和构成要件

虚开增值税专用发票、用于骗取出口退税、抵扣税款发票罪，是指故意虚开增值税专用发票或者虚开用于骗取出口退税、抵扣税款的其他发票的行为。

1. 本罪的客观要件为虚开专用发票，包括增值税专用发票和用于骗取出口退税、抵扣税款的其他发票。所谓虚开，是指开具与生产经营活动内容不相符合的发票，包括为他人虚开、为自己虚开、让他人为自己虚开和介绍他人虚开。具体有以下三种情形：(1)没有货物购销或者没有提供或接受应税劳务而为他人、为自己、让他

〔79〕"蔡某骗取出口退税案二审判决书"，载《最高人民检察院公报》2003年第2号。

人为自己或者介绍他人开具专用发票；(2)有货物购销或者提供或接受了应税劳务但为他人、为自己、让他人为自己或者介绍他人开具数量或者金额不实的专用发票；(3)进行了实际经营活动，但让他人为自己代开专用发票。所谓增值税专用发票，是指国家根据增值税征收管理的需要设定的，兼记价款及货物或者劳务所负担的增值税税额的一种专用发票。增值税征收实行的是价外税，因而增值税专用发票在内容上，不仅明确载明商品或劳务的销售额，同时还明确载明了其销项税额。一般纳税人的应纳增值税税额实际上是其销项税额减去其进项税额的差额部分。所谓出口退税、抵扣税款的其他发票，是指除增值税专用发票以外的，具有出口退税、抵扣税款功能的收付款凭证或者完税凭证，如农产品收购发票、废旧物品收购发票、运输发票等。

示例 4－78 孟某虚开增值税专用发票案

二审法院认为："被告人孟某为他人虚开增值税专用发票后，又让他人为自己虚开增值税专用发票，进项税额与销项税额不应当相加，而应当取数额较大的销项税额即为他人虚开的税额52192.75元为其犯罪数额，依法应当判处三年以下有期徒刑或者拘役，并处罚金。"〔80〕

2. 本罪的主观要件为故意，且具有骗取国家税款的目的。因过失而误开、错开专用发票的，不成立本罪。

（二）虚开增值税专用发票、用于骗取出口退税、抵扣税款发票罪的认定

1. 本罪与非罪的界限。本罪属于非法定目的犯，行为人必须具有利用增值税专用发票的退税功能骗取国家税款的目的。如果虚开、代开的行为不具有这一目的的，则不能认定为本罪。例如，甲乙双方以相同的数额相互为对方虚开增值税专用发票，并且已按规定缴纳税款，不具有利用增值税发票的退税功能骗取国家税款的目的的，不能认定为本罪。又如，代开的发票有实际的经营活动相对应，没有骗取国家税款的，也不能认定为本罪。再如，虚开增值税专用发票，但没有用于抵扣税款，而是用于冲账，虚增生产经营成本支出数额，从而不缴、少缴税款的，也不能认定为本罪（但可能成立逃税罪）。

示例 4－79 金某等逃税案

再审法院认为："公诉机关指控被告人金某、袁某、袁某某的行为构成虚开用于抵扣

〔80〕 "孟某虚开增值税专用发票案二审判决书"，河南省开封市中级人民法院刑事判决书（〔2013〕汴刑终字第95号）。

税款发票罪的罪名不当。因为构成虚开用于抵扣税款发票罪，不但要有虚开的行为，还需要骗取税款的目的。被告人金某、袁某、袁某某为他人代开运输发票的行为属于虚开行为，但是，根据本案的证据，所能认定的事实是三被告人在其他运输从业人员向有关单位提供了运输服务之后，为这些运输从业人员代开运输发票，并将3.3%的营业税、城市维护建设税以及教育费附加均已缴纳，其行为导致的后果是其他运输从业人员偷逃了3.3%的个人所得税，受票单位凭运输发票抵扣符合法律规定。因此，三被告人并无骗取税款的目的，故对被告人金某等人应以逃税罪定罪处罚。"〔81〕

2. 本罪的既遂标准。对此，涉及本罪的形态问题。如果认为本罪是行为犯，则只要实施了虚开专用发票的行为，即可认定为既遂；反之，如果认为本罪是结果犯，则只有行为人实际骗取了国家税款，才能认定为既遂。本书认为，从刑法法条来看，本罪应属于行为犯，即只要虚开的行为已经完成，且行为人具有利用专用发票的退税功能骗取国家税款的目的的，即构成既遂。但从有关司法解释来看，本罪却兼有行为犯和结果犯的双重特征。根据《追诉标准(二)》第61条的规定，虚开的税款数额在1万元以上或者致使国家税款被骗数额在5000元以上的，应予立案追诉。"虚开的税款数额在1万元以上"，表明其是行为犯；"致使国家税款被骗数额在5000元以上"，又表明其是结果犯。

示例4-80　陆某虚开增值税专用发票案

一审法院认为："被告人陆某为骗取国家税款，在未发生实际业务的情况下，通过他人为其经营的平湖市某箱包厂虚开增值税专用发票5份，税额75555.85元，其行为已构成虚开增值税专用发票罪。公诉机关指控的罪名成立，应予支持。被告人陆某有自首情节，依法可以从轻处罚；同时本案被告人已补缴税款，且又系初犯，均可酌情从轻处罚，并可对被告人陆某适用缓刑。"〔82〕

(三)虚开增值税专用发票、用于骗取出口退税、抵扣税款发票罪的处罚

根据刑法第205条、第212条的规定，犯本罪的，处3年以下有期徒刑或者拘役，并处2万元以上20万元以下罚金；虚开的税款数额较大或者有其他严重情节的，处3年以上10年以下有期徒刑，并处5万元以上50万元以下罚金；虚开的税款数额巨

〔81〕"金某等逃税案再审判决书"，湖南省长沙市中级人民法院刑事判决书(〔2012〕长中刑二重初字第0056号)。

〔82〕"陆某虚开增值税专用发票案一审判决书"，浙江省平湖市人民法院刑事判决书(〔2017〕浙0482刑初413号)。

大或者有其他特别严重情节的,处 10 年以上有期徒刑或者无期徒刑,并处 5 万元以上 50 万元以下罚金或者没收财产。单位犯本罪的,对单位判处罚金,并对其直接负责的主管人员和其他直接责任人员,处 3 年以下有期徒刑或者拘役;虚开的税款数额较大或者有其他严重情节的,处 3 年以上 10 年以下有期徒刑;虚开的税款数额巨大或者有其他特别严重情节的,处 10 年以上有期徒刑或者无期徒刑。在执行罚金、没收财产前,应当先由税务机关追缴税款和骗取的税款。在新的司法解释制定前,上述定罪量刑的数额标准,可以参照《骗取出口退税解释》的有关规定执行。

六、虚开发票罪

虚开发票罪,是指虚开增值税专用发票或者用于骗取出口退税、抵扣税款的发票之外的其他发票,情节严重的行为。根据《追诉标准(二)》第 61 条之一的规定,涉嫌下列情形之一的,应予立案追诉:(1)虚开发票 100 份以上或者虚开金额累计在 40 万元以上的;(2)虽未达到上述数额标准,但 5 年内因虚开发票行为受过行政处罚 2 次以上,又虚开发票的;(3)其他情节严重的情形。

示例 4-81 崔某虚开发票案

一审法院认为:"被告人崔某实施犯罪行为时明知自己单位与他单位没有实际贸易仍然为他人虚开发票,具有实施犯罪的直接故意。崔某任法人的北京广力博通策划有限公司具有从税务机关领取发票的主体资格,但其在与涉案发票显示的两单位没有货物购销或服务交易的前提下,仍为他人虚假开具发票并从中牟取利益,客观上侵犯了国家的发票管理秩序和税收秩序,应当认定为虚开发票罪。"[83]

根据刑法第 205 条之一的规定,犯本罪的,处 2 年以下有期徒刑、拘役或者管制,并处罚金;情节特别严重的,处 2 年以上 7 年以下有期徒刑,并处罚金。单位犯本罪的,对单位判处罚金,并对其直接负责的主管人员和其他直接责任人员,依照上述规定处罚。

七、伪造、出售伪造的增值税专用发票罪

伪造、出售伪造的增值税专用发票罪,是指伪造或者出售伪造的增值税专用发票的行为。

根据刑法第 206 条的规定,犯本罪的,处 3 年以下有期徒刑、拘役或者管制,并

〔83〕"崔某虚开发票案一审判决书",北京市朝阳区人民法院刑事判决书(〔2012〕朝刑初字第 1764 号)。

处2万元以上20万元以下罚金；数量较大或者有其他严重情节的，处3年以上10年以下有期徒刑，并处5万元以上50万元以下罚金；数量巨大或者有其他特别严重情节的，处10年以上有期徒刑或者无期徒刑，并处5万元以上50万元以下罚金或者没收财产。单位犯本罪的，对单位判处罚金，并对其直接负责的主管人员和其他直接责任人员，处3年以下有期徒刑、拘役或者管制；数量较大或者有其他严重情节的，处3年以上10年以下有期徒刑；数量巨大或者有其他特别严重情节的，处10年以上有期徒刑或者无期徒刑。

八、非法出售增值税专用发票罪

非法出售增值税专用发票罪，是指违反国家发票管理法规，非法出售增值税专用发票的行为。

示例4-82　邓某非法出售增值税专用发票案

二审法院认为："上诉人邓某违反国家发票管理法规，帮助他人非法出售增值税专用发票，其行为已构成非法出售增值税专用发票罪，依法应予惩处。"〔84〕

根据刑法第207条和第211条的规定，犯本罪的，处3年以下有期徒刑、拘役或者管制，并处2万元以上20万元以下罚金；数量较大的，处3年以上10年以下有期徒刑，并处5万元以上50万元以下罚金；数量巨大的，处10年以上有期徒刑或者无期徒刑，并处5万元以上50万元以下罚金或者没收财产。单位犯本罪的，对单位判处罚金，并对其直接负责的主管人员和其他直接责任人员，依照上述规定处罚。

九、非法购买增值税专用发票、购买伪造的增值税专用发票罪

非法购买增值税专用发票、购买伪造的增值税专用发票罪，是指违反国家发票管理法规，非法购买增值税专用发票，或者购买伪造的增值税专用发票的行为。

根据刑法第208条和第211条的规定，犯本罪的，处5年以下有期徒刑或者拘役，并处或者单处2万元以上20万元以下罚金。单位犯本罪的，对单位判处罚金，并对其直接负责的主管人员和其他直接责任人员，依照上述规定处罚。

十、非法制造、出售非法制造的用于骗取出口退税、抵扣税款发票罪

非法制造、出售非法制造的用于骗取出口退税、抵扣税款发票罪，是指伪造、擅

---

〔84〕"邓某非法出售增值税专用发票案二审裁定书"，北京市高级人民法院刑事裁定书（〔2003〕高刑终字第71号）。

自制造或者出售伪造、擅自制造的可以用于骗取出口退税、抵扣税款的其他发票的行为。

根据刑法第209条第1款和第211条的规定，犯本罪的，处3年以下有期徒刑、拘役或者管制，并处2万元以上20万元以下罚金；数量巨大的，处3年以上7年以下有期徒刑，并处5万元以上50万元以下罚金；数量特别巨大的，处7年以上有期徒刑，并处5万元以上50万元以下罚金或者没收财产。单位犯本罪的，对单位判处罚金，并对其直接负责的主管人员和其他直接责任人员，依照上述规定处罚。

十一、非法制造、出售非法制造的发票罪

非法制造、出售非法制造的发票罪，是指伪造、擅自制造或者出售伪造、擅自制造的增值税专用发票、可以用于骗取出口退税、抵扣税款的发票之外的其他发票的行为。

根据刑法第209条第2款和第211条的规定，犯本罪的，处2年以下有期徒刑、拘役或者管制，并处或者单处1万元以上5万元以下罚金；情节严重的，处2年以上7年以下有期徒刑，并处5万元以上50万元以下罚金。单位犯本罪的，对单位判处罚金，并对其直接负责的主管人员和其他直接责任人员，依照上述规定处罚。

十二、非法出售用于骗取出口退税、抵扣税款发票罪

非法出售用于骗取出口退税、抵扣税款发票罪，是指非法出售可以用于骗取出口退税、抵扣税款的其他发票的行为。

根据刑法第209条第3款和第211条的规定，犯本罪的，处3年以下有期徒刑、拘役或者管制，并处2万元以上20万元以下罚金；数量巨大的，处3年以上7年以下有期徒刑，并处5万元以上50万元以下罚金；数量特别巨大的，处7年以上有期徒刑，并处5万元以上50万元以下罚金或者没收财产。单位犯本罪的，对单位判处罚金，并对其直接负责的主管人员和其他直接责任人员，依照上述规定处罚。

十三、非法出售发票罪

非法出售发票罪，是指非法出售增值税专用发票、可以用于骗取出口退税、抵扣税款的发票之外的其他发票的行为。

示例4-83　张某非法出售发票案

二审法院认为："上诉人张某非法出售发票，其行为侵犯了国家发票管理制度，已构成非法出售发票罪。关于上诉人及其辩护人所提出的无罪意见，经查，本罪不以案涉发

票系伪造为必要构成要件，进而亦不要求行为人对伪票明知；上诉人张某明知发票供需双方的购销需求仍为其居间介绍，帮助实现钱款交接和发票所有权转移，意图因此从发票需方处谋求工程承揽，符合本罪特征。”〔85〕

根据刑法第209条第4款和第211条的规定，犯本罪的，处2年以下有期徒刑、拘役或者管制，并处或者单处1万元以上5万元以下罚金；情节严重的，处2年以上7年以下有期徒刑，并处5万元以上50万元以下罚金。单位犯本罪的，对单位判处罚金，并对其直接负责的主管人员和其他直接责任人员，依照上述规定处罚。

十四、持有伪造的发票罪

持有伪造的发票罪，是指明知是伪造的发票而持有，数量较大的行为。这里的“发票”，包括各种类型的发票。伪造发票后而持有的，不应认定为本罪，而应认定为相应的伪造发票犯罪。根据《追诉标准（二）》第68条之一的规定，具有下列情形之一的，应予立案追诉：(1)持有伪造的增值税专用发票50份以上或者票面额累计在20万元以上的；(2)持有伪造的可以用于骗取出口退税、抵扣税款的其他发票100份以上或者票面额累计在40万元以上的；(3)持有伪造的第1项、第2项规定以外的其他发票200份以上或者票面额累计在80万元以上的。

示例4-84 袁某持有伪造的发票案

袁某携带广东省地方税收通用定额发票5本（面额50元的发票1本、面额100元的发票2本、面额500元的发票2本，每本各50份，共计250份，经鉴定，均为假发票），至广州市第七十五中学附近被人赃并获。对此，二审法院认为：“上诉人袁某明知是伪造发票而持有，数额较大，其行为已构成持有伪造的发票罪。”〔86〕

根据刑法第210条之一的规定，犯本罪的，处2年以下有期徒刑、拘役或者管制，并处罚金；数量巨大的，处2年以上7年以下有期徒刑，并处罚金。单位犯本罪的，对单位判处罚金，并对其直接负责的主管人员和其他直接责任人员，依照上述规定处罚。

---

〔85〕“张某非法出售发票案二审裁定书”，辽宁省大连市中级人民法院刑事裁定书（〔2016〕辽02刑终63号）。

〔86〕“袁某持有伪造的发票案二审裁定书”，广东省广州市中级人民法院刑事裁定书（〔2016〕粤01刑终2056号）。

第八节 侵犯知识产权罪

一、假冒注册商标罪

(一)假冒注册商标罪的概念和构成要件

假冒注册商标罪,是指未经注册商标所有人许可,在同一种商品上使用与其注册商标相同的商标,情节严重的行为。

1. 本罪的客观要件表现为未经注册商标所有人许可,在同一种商品上使用与其注册商标相同的商标,情节严重。

(1)本罪的行为方式是未经注册商标所有人许可,在同一种商品上使用与其注册商标相同的商标。对此,要坚持"两个相同"标准,即商品相同和商标相同。对"同一种商品"的认定,应当以国家有关部门颁发的商品分类为标准。名称相同的商品以及名称不同但指同一事物的商品,可以认定为"同一种商品"。"名称",是指国家工商行政管理总局商标局在商标注册工作中对商品使用的名称,通常即《商标注册用商品和服务国际分类》中规定的商品名称。"名称不同但指同一事物的商品",是指在功能、用途、主要原料、消费对象、销售渠道等方面相同或者基本相同,相关公众一般认为是同一种事物的商品。认定"同一种商品",应当在权利人注册商标核定使用的商品和行为人实际生产销售的商品之间进行比较。

示例 4-85 孙某等假冒注册商标案

"思念"系郑州思念食品有限公司的注册商标,核定使用商品的范围为:饺子、元宵、馄饨、包子、春卷、方便米饭、八宝饭、粽子、馒头、冰淇淋(商品截止)。孙某等人将低价购买或自行生产的水饺、汤圆灌装到标有"思念"牌商标的包装袋及包装箱中予以销售。案发时,公安人员起获的食品货值金额为10余万元。对此,一审法院认为:"被告人孙某、钱某、周某未经注册商标所有人许可,在同一种商品上使用与其注册商标相同的商标,情节严重,其行为均已构成假冒注册商标罪,应予惩处。同时,由于'思念'牌注册商标所核定使用的商品范围并不包括羊肉片,因此公诉机关指控中有关羊肉片的货值金额不应纳入假冒注册商标罪的犯罪数额,故予以纠正。"[87]

---

〔87〕"孙某等假冒注册商标案一审判决书",载《刑事审判参考》2011年第1集,指导案例第674号。

对于“商标相同”的认定,应以是否足以使普通消费者误认为是注册商标为准。所谓商标,是指任何能够将自然人、法人或者其他组织的商品与他人的商品区别开的可视性标志,包括文字、图形、字母、数字、三维标志和颜色组合,以及上述要素的组合。因此,应当从商标的读音、外观、意义等方面识别商标。与注册商标的读音、外观、意义完全相同的商标,无疑是相同商标。但是,如果将相同商标作如此严格的理解,则不利于对商标权人和消费者的权益保护。因此,有必要将“高度相似”的商标认定为相同商标。根据2011年1月10日最高人民法院、最高人民检察院、公安部公布的《关于办理侵犯知识产权刑事案件适用法律若干问题的意见》(以下简称《知识产权意见》)第6条的规定,具有下列情形之一,可以认定为“与其注册商标相同的商标”:改变注册商标的字体、字母大小写或者文字横竖排列,与注册商标之间仅有细微差别的;改变注册商标的文字、字母、数字等之间的间距,不影响体现注册商标显著特征的;改变注册商标颜色的;其他与注册商标在视觉上基本无差别、足以对公众产生误导的商标。因此,相同商标,包括与被假冒的注册商标完全相同,以及与被假冒的注册商标在视觉上基本无差别、足以对公众产生误导的商标。所谓使用,是指将注册商标或者假冒的注册商标用于商品、商品包装或者容器以及产品说明书、商品交易文书,或者将注册商标或者假冒的注册商标用于广告宣传、展览以及其他商业活动等行为。使用行为,必须是未经注册商标所有人许可;如果使用行为得到注册商标所有人的许可,则是合法行为,不构成假冒注册商标罪。

示例4-86　钟某、钟某某假冒注册商标案

钟某、钟某某未经注册商标所有人海南椰风公司许可,在自行生产的与椰风公司同种的果汁饮料上使用与“椰风”“挡不住”注册商标相同的“椰树枫”“挡不住的诱惑”商标,并予以销售。对此,一审法院认为:“被告人钟某、钟某某未经‘椰风’‘挡不住’的注册商标所有人许可,在同一种商品上使用与其注册商标相同的商标,情节特别严重,其行为均已构成假冒注册商标罪。公诉机关指控的罪名成立,依法应予以惩处。”〔88〕

(2)本罪的行为结果是情节严重。根据2004年12月8日最高人民法院、最高人民检察院《关于办理侵犯知识产权刑事案件具体应用法律若干问题的解释》(以下简称《知识产权解释》)第1条第1款的规定,具有下列情形之一的,属于“情节严重”:非法经营数额在5万元以上或者违法所得数额在3万元以上的;假冒两种以上注册商标,非法经营数额在3万元以上或者违法所得数额在2万元以上的;其他情

〔88〕“钟某、钟某某假冒注册商标案一审判决书”,山东省临邑县人民法院刑事判决书(〔2016〕鲁1424刑初131号)。

节严重的情形。所谓“非法经营数额”,是指行为人在实施本罪行为过程中,制造、储存、运输、销售侵权产品的价值。已销售的侵权产品的价值,按照实际销售的价格计算。制造、储存、运输和未销售的侵权产品的价值,按照标价或者已经查清的侵权产品的实际销售平均价格计算。侵权产品没有标价或者无法查清其实际销售价格的,按照被侵权产品的市场中间价格计算。多次实施本罪行为,未经行政处理或者刑事处罚的,非法经营数额、违法所得数额或者销售金额累计计算。在计算制造、储存、运输和未销售的假冒注册商标侵权产品价值时,对于已经制作完成但尚未附着(含加贴)或者尚未全部附着(含加贴)假冒注册商标标识的产品,如果有确实、充分证据证明该产品将假冒他人注册商标,其价值计入非法经营数额。

示例4-87 李某假冒注册商标案

李某在未获得商标所有权人许可的情况下,在2.2万件“白坯衫”上使用与“鄂尔多斯”注册商标相同的商标,在4633件“白坯衫”上使用与“恒源祥”注册商标相同的商标,并公开对外销售。对此,一审法院认为:“注册商标‘鄂尔多斯’‘恒源祥’的核定使用商品范围为围巾、针织品(服装)、针织衣服等,被告人李某在未获得商标所有权人许可的情况下,在同一种商品上使用与其注册商标相同的商标,非法经营数额达43013364元,构成假冒注册商标罪,且情节特别严重。李某实施假冒注册商标犯罪,又销售该假冒注册商标的商品,应当以假冒注册商标罪定罪处罚。其未销售的假冒注册商标的商品26187件应予没收。……判处有期徒刑五年,并处罚金人民币2151万元。”[89]重审期间查明,侦查机关扣押的李某的电脑主机显示:其所经营的11个批次的不同款式的假冒“鄂尔多斯”羊绒衫标注的价格平均每件为148.3元,21754件共计为3226118.20元;不同款式“恒源祥”羊毛衫标注的价格平均每件为170.9元,4433件共计为757599.70元;非法经营数额共计3983717.9元。对此,重审(一审)法院认为:“李某销售的侵权产品的实际销售价格无法查清,故对其未销售部分以李清在电脑主机中对其经营产品的平均标价计算非法经营数额。……判处有期徒刑四年零六个月,并处罚金人民币1991859元。”[90]

2.本罪的主观要件为故意,即明知自己使用的商标与他人注册商标相同,且未经注册商标所有人许可,并且希望或者放任侵犯他人注册商标专用权的结果发生。

(二)假冒注册商标罪的认定

1.本罪与非罪的界限。认定本罪,一定要注意把握“两个相同”的标准。因此,

[89] “李某假冒注册商标案一审判决书”,载《刑事审判参考》2013年第3集,指导案例第859号。

[90] “李某假冒注册商标案重审(一审)判决书”,载《刑事审判参考》2013年第3集,指导案例第859号。

下列情形,均不构成本罪:(1)擅自在类似商品上使用与他人注册商标相同的商标;(2)擅自在类似商品上使用与他人注册商标相似的商标;(3)擅自在同一种商品上使用与他人注册商标相似的商标。

2. 关于反向假冒行为的定性。根据《商标法》第 52 条的规定,未经商标注册人同意,更换其注册商标并将该更换商标的商品又投入市场的,属于侵犯注册商标专用权的行为。但是,这种反向假冒行为并不符合假冒注册商标罪的构成要件,因而不能成立本罪。

3. 关于假冒他人注册的服务商标的定性。《商标法》第 4 条第 3 款规定:“本法有关商品商标的规定,适用于服务商标。”因此,未经注册商标所有人许可,在同一种服务项目上使用与他人注册的服务商标相同的商标的行为,也属于商标违法侵权行为。但这种行为是否构成假冒注册商标罪,则存有不同的认识。本书认为,由于刑法明确规定假冒注册商标罪假冒的是他人的商品商标,而未包括服务商标,因此,根据文义解释原则,假冒服务商标的行为不构成假冒注册商标罪。对于这种行为,通过行政手段完全足以规制,没有必要将其纳入本罪的调整范围。

4. 关于以假冒注册商标方式生产、销售伪劣商品犯罪的处理。对以假冒商标的方式生产、销售伪劣商品的行为的处理,主要有以下两种不同观点:一种观点认为,这种行为属于法条竞合,应按处理法条竞合的例外原则即重法优于轻法的原则处理。〔91〕 另一种观点认为,这种行为属于想象竞合犯,宜从一重罪论处。〔92〕 这两种观点均赞同从一重罪处断,这也是司法解释的意见。根据《知识产权意见》第 16 条的规定,行为人实施侵犯知识产权犯罪,同时构成生产、销售伪劣商品犯罪的,依照侵犯知识产权犯罪与生产、销售伪劣商品犯罪中处罚较重的规定定罪处罚。但本书认为,从所侵犯的法益来看,这种行为既侵犯了商标所有权人的注册商标专用权,也侵犯了产品质量管理制度,如果仅认定为假冒注册商标罪或者生产、销售伪劣产品罪,均存在评价不足的问题,故应认定为数罪,实行并罚。

(三)假冒注册商标罪的处罚

根据刑法第 213 条和第 220 条的规定,犯本罪的,处 3 年以下有期徒刑或者拘役,并处或者单处罚金;情节特别严重的,处 3 年以上 7 年以下有期徒刑,并处罚金。单位犯本罪的,对单位判处罚金,并对其直接负责的主管人员和其他直接责任人员,依照上述规定处罚。根据《知识产权解释》第 1 条第 2 款的规定,具有下列情形之一的,属于“情节特别严重”:(1)非法经营数额在 25 万元以上或者违法所得数额在 15 万元以上的;(2)假冒两种以上注册商标,非法经营数额在 15 万元以上或者违法所得

〔91〕 参见高铭暄:《刑法学》,北京大学出版社、高等教育出版社 2011 年版,第 442 页。

〔92〕 参见张明楷:《刑法学》,法律出版社 2011 年版,第 732 页。

得数额在10万元以上的；(3)其他情节特别严重的情形。根据2007年4月5日最高人民法院、最高人民检察院《关于办理侵犯知识产权刑事案件具体应用法律若干问题的解释(二)》[以下简称《知识产权解释(二)》]第4条的规定，对于侵犯知识产权犯罪的，人民法院应当综合考虑犯罪的违法所得、非法经营数额、给权利人造成的损失、社会危害性等情节，依法判处罚金。罚金数额一般在违法所得的1倍以上5倍以下，或者按照非法经营数额的50%以上1倍以下确定。

二、销售假冒注册商标的商品罪

销售假冒注册商标的商品罪，是指明知是假冒注册商标的商品而予以销售，销售金额数额较大的行为。

本罪的客观要件为销售明知是假冒注册商标的商品，销售金额数额较大。所谓销售金额，是指销售假冒注册商标的商品后所得和应得的全部违法收入。根据《知识产权解释》第2条第1款的规定，销售金额在5万元以上的，属于“数额较大”。根据《知识产权意见》第8条第1款的规定，具有下列情形之一的，以销售假冒注册商标的商品罪(未遂)定罪处罚：(1)假冒注册商标的商品尚未销售，货值金额在15万元以上的；(2)假冒注册商标的商品部分销售，已销售金额不满5万元，但与尚未销售的假冒注册商标的商品的货值金额合计在15万元以上的。

示例4-88 杨某销售假冒的注册商标的商品案

公安人员从杨某存放货物的仓库内查获各种带有LOUIS VUITTON、GUCCI、CHANEL注册商标标识的男女式包8425个，货值金额为人民币766990元。对此，一审法院认为：“被告人杨某构成销售假冒注册商标的商品罪。鉴于其系犯罪未遂，且案发后具有认罪悔罪表现，依法对其从轻处罚，判处杨某有期徒刑三年零六个月，罚金人民币1万元；没收假冒注册商标的包8425个。”[93]

本罪的主观要件为故意，行为人必须明知所销售的商品是假冒注册商标的商品。根据《知识产权解释》第9条第2款的规定，具有下列情形之一的，应当认定为“明知”：(1)知道自己销售的商品上的注册商标被涂改、调换或者覆盖的；(2)因销售假冒注册商标的商品受到过行政处罚或者承担过民事责任、又销售同一种假冒注册商标的商品的；(3)伪造、涂改商标注册人授权文件或者知道该文件被伪造、涂改的；(4)其他知道或者应当知道是假冒注册商标的商品的情形。

---

〔93〕“杨某销售假冒的注册商标的商品案一审判决书”，载《最高人民法院公报》2011年第1期。

示例4-89　上海长正物资有限公司、谭某销售假冒注册商标的商品罪案

一审法院认为："被告人谭某曾经多次经销过'金洲'牌钢管，应当对'金洲'商标有相当的认知，并熟悉该商标钢管的价格和销售流程，但被告人谭某仍以明显的低价从非正规渠道购买假冒的'金洲'牌镀锌钢管，还伪造了产品质量证明书。上述事实足以认定被告人谭某知其销售的是假冒注册商标的商品。"〔94〕

行为人明知是假冒注册商标的商品而销售的，除非事先通谋，否则不构成假冒注册商标罪的共同犯罪。行为人销售自己假冒注册商标的商品的，仅成立假冒注册商标罪，不另成立本罪。但如果行为人既在同一种商品上假冒他人注册商标，同时又销售他人假冒注册商标的商品的，则成立数罪，应当并罚。

根据刑法第214条和第220条的规定，犯本罪的，处3年以下有期徒刑或者拘役，并处或者单处罚金；销售金额数额巨大的，处3年以上7年以下有期徒刑，并处罚金。单位犯本罪的，对单位判处罚金，并对其直接负责的主管人员和其他直接责任人员，依照上述规定处罚。根据《知识产权解释》第2条第2款的规定，销售金额在25万元以上的，属于"数额巨大"。

三、非法制造、销售非法制造的注册商标标识罪

非法制造、销售非法制造的注册商标标识罪，是指伪造、擅自制造他人注册商标标识或者销售伪造、擅自制造的注册商标标识，情节严重的行为。所谓商标标识，是指商品本身或其包装上使用的附有文字、图形或者文字与图形的组合所构成的商标图案的物质实体，如商标纸、商标标牌、商标标识带等。

根据《知识产权解释》第3条第1款的规定，具有下列情形之一的，属于"情节严重"：(1)伪造、擅自制造或者销售伪造、擅自制造的注册商标标识数量在2万件以上，或者非法经营数额在5万元以上，或者违法所得数额在3万元以上的；(2)伪造、擅自制造或者销售伪造、擅自制造两种以上注册商标标识数量在1万件以上，或者非法经营数额在3万元以上，或者违法所得数额在2万元以上的；(3)其他情节严重的情形。注册商标标识的"件"，是指标有完整商标图样的一份标识。根据《知识产权意见》第9条的规定，具有下列情形之一的，以销售非法制造的注册商标标识罪(未遂)定罪处罚：(1)尚未销售他人伪造、擅自制造的注册商标标识数量在6万件以上的；(2)尚未销售他人伪造、擅自制造的两种以上注册商标标识数量在3万件以上的；(3)部分销售他人伪造、擅自制造的注册商标标识，已销售标识数量不满2万件，但与尚未销售标

〔94〕"上海长正物资有限公司、谭某销售假冒注册商标的商品罪案一审判决书"，载《最高人民法院公报》2010年第6期。

识数量合计在6万件以上的;(4)部分销售他人伪造、擅自制造的两种以上注册商标标识,已销售标识数量不满1万件,但与尚未销售标识数量合计在3万件以上的。

示例4-90 徐某非法制造、销售非法制造的注册商标标识案

徐某在阿里巴巴网站上创建制作商标标识的网页,按照赵某提供的两种金龙鱼注册商标样本,非法制造并销售给赵某。对此,一审法院认为:“被告人徐某在未经注册商标所有权人许可的情况下,非法制造、销售非法制造的注册商标标识两种达16000件,情节严重,其行为已构成非法制造、销售非法制造的注册商标标识罪。”[95]

根据刑法第215条和第220条的规定,犯本罪的,处3年以下有期徒刑、拘役或者管制,并处或者是单处罚金;情节特别严重的,处3年以上7年以下有期徒刑,并处罚金。单位犯本罪的,对单位判处罚金,并对其直接负责的主管人员和其他直接责任人员,依照上述规定处罚。根据《知识产权解释》第3条第2款的规定,具有下列情形之一的,属于“情节特别严重”:(1)伪造、擅自制造或者销售伪造、擅自制造的注册商标标识数量在10万件以上,或者非法经营数额在25万元以上,或者违法所得数额在15万元以上的;(2)伪造、擅自制造或者销售伪造、擅自制造两种以上注册商标标识数量在5万件以上,或者非法经营数额在15万元以上,或者违法所得数额在10万元以上的;(3)其他情节特别严重的情形。

四、假冒专利罪

假冒专利罪,是指违反专利管理法规,假冒他人专利,情节严重的行为。本罪的法益是复合法益,既包括国家专利管理制度,也包括他人的专利专用权。

根据《知识产权解释》第10条的规定,实施下列行为之一的,属于“假冒他人专利”:(1)未经许可,在其制造或者销售的产品、产品的包装上标注他人专利号的;(2)未经许可,在广告或者其他宣传材料中使用他人的专利号,使人将所涉及的技术误认为是他人专利技术的;(3)未经许可,在合同中使用他人的专利号,使人将合同涉及的技术误认为是他人专利技术的;(4)伪造或者变造他人的专利证书、专利文件或者专利申请文件的。被假冒的专利必须发生在专利权的有效保护期限内。根据《专利法》第42条的规定,发明专利权的保护期限为20年,实用新型和外观设计的保护期限为10年。如果在专利有效期以后擅自使用他人专利,或者假冒他人已经过期的“专利”,均不构成本罪。假冒他人专利,情节严重的,才构成犯罪。根据《知

[95] “徐某非法制造、销售非法制造的注册商标标识案一审判决书”,河北省沧县人民法院刑事判决书(〔2017〕冀0921刑初96号)。

识产权解释》第 4 条第 1 款的规定，具有下列情形之一的，属于“情节严重”：(1) 非法经营数额在 20 万元以上或者违法所得数额在 10 万元以上的；(2) 给专利权人造成直接经济损失 50 万元以上的；(3) 假冒两项以上他人专利，非法经营数额在 10 万元以上或者违法所得数额在 5 万元以上的；(4) 其他情节严重的情形。

示例 4－91　熊某假冒专利案

一审法院认为：“被告人熊某为牟取非法利益，违反国家专利管理法规，未经专利权人许可，擅自篡改专利权人的专利号，变造专利申请文件并在其销售的产品宣传资料上使用，侵害专利权人的合法权益，非法经营数额达 584863.93 元，情节严重，其行为已构成假冒专利罪，依法应予追究其刑事责任。”[96]

根据刑法第 216 条的规定，犯本罪的，处 3 年以下有期徒刑或者拘役，并处或者单处罚金。单位犯本罪的，对单位判处罚金，并对其直接负责的主管人员和其他直接责任人员，依照上述规定处罚。

五、侵犯著作权罪

(一) 侵犯著作权罪的概念和构成要件

侵犯著作权罪，是指以营利为目的，侵犯他人著作权，违法所得数额较大或者有其他严重情节的行为。

1. 本罪的客观要件为侵犯他人著作权，违法所得数额较大或者有其他严重情节。本罪的行为方式为侵犯他人著作权，具体有以下四种类型：

(1) 未经著作权人许可，复制发行其文字作品、音乐、电影、电视、录像作品、计算机软件及其他作品。所谓未经著作权人许可，是指没有得到著作权人授权或者伪造、涂改著作权人授权许可文件或者超出授权许可范围的情形。根据《知识产权意见》第 11 条的规定，对于“未经著作权人许可”，应当依据著作权人或者其授权的代理人、著作权集体管理组织、国家著作权行政管理部门指定的著作权认证机构出具的涉案作品版权认证文书，或者证明出版者、复制发行者伪造、涂改授权许可文件或者超出授权许可范围的证据，结合其他证据综合予以认定。在涉案作品种类众多且权利人分散的案件中，上述证据确实难以一一取得，但有证据证明涉案复制品系非法出版、复制发行的，且出版者、复制发行者不能提供获得著作权人许可的相关证明材料的，可以认定为“未经著作权人许可”。但是，有证据证明权利人放弃权利、涉案

---

[96]　“熊某假冒专利案一审判决书”，福建省漳州市龙文区人民法院刑事判决书（〔2016〕闽 0603 刑初 139 号）。

作品的著作权不受我国著作权法保护，或者著作权保护期限已经届满的除外。

示例 4－92　陈某侵犯著作权案

二审法院认为："上诉人陈某及其辩护人所提'上诉人开发珊瑚虫 QQ 系列软件并提供下载的行为，腾讯公司不仅是知情的，而且是许可的，甚至是加以引导'的上诉意见不能成立，理由如下：首先，《中华人民共和国著作权法》第二十四条规定'使用他人作品应当同著作权人订立许可使用合同'，《计算机软件保护条例》第十八条规定'许可他人行使软件著作权的，应当订立许可使用合同'，显然，对于著作权人、被许可使用人而言，我国法律法规明确规定，无论是许可他人使用著作权，还是取得他人著作权的使用权，均强制要求订立许可使用合同。而本案中，没有任何证据能够证实二者之间有此行为或类似行为，上诉人陈寿福也没有提供任何相关证据。"[97]

所谓复制发行，是指复制或者发行以及复制且发行的行为。根据《知识产权解释》第 11 条第 3 款的规定，通过信息网络向公众传播他人文字作品、音乐、电影、电视、录像作品、计算机软件及其他作品的行为，应当视为"复制发行"。根据《知识产权解释（二）》第 2 条的规定，"复制发行"，包括复制、发行或者既复制又发行的行为。侵权产品的持有人通过广告、征订等方式推销侵权产品的，属于"发行"。根据《知识产权意见》第 12 条的规定，"发行"，包括总发行、批发、零售、通过信息网络传播以及出租、展销等活动。

示例 4－93　鞠某侵犯著作权案

一审法院认为："鞠某所谓自主开发的下位机驱动程序，实际上是在无锡耐拓软件有限公司享有著作权并许可信捷公司使用的 OP 系列人机监控软件 V3.0 下位机程序基础上进行少量改动而完成的，尽管二者在局部的功能和表现形式上有所不同，但二者的目标程序、源程序实质相同，可以确认该下位机驱动程序是对 OP 系列人机监控软件 V3.0 软件中下位机程序的复制。"[98]

（2）出版他人享有专有出版权的图书。所谓出版，是指将作品编辑加工后，经过复制向公众发行。根据《著作权法》的规定，图书出版者根据与著作权人签订的图书出版专有合同，对著作权人交付出版的作品在合同指定的时间和地区内享有通过原

[97]　"陈某侵犯著作权案二审裁定书"，广东省深圳市中级人民法院刑事裁定书（〔2008〕深中法刑二终字第 415 号）。

[98]　"鞠某侵犯著作权案一审判决书"，载《最高人民法院公报》2012 年第 1 期。

版、修订版方式以图书形式出版的独占权利。

(3)未经录音录像制作者许可,复制发行其制作的录音录像。所谓录音录像制作者,是指录音录像制品的首次制作人。根据《著作权法》第42条第1款的规定,录音录像制作者对其制作的录音录像制品,享有许可他人复制、发行、出租、通过信息网络向公众传播并获得报酬的权利;权利的保护期为50年,截止于该制品首次制作完成后第50年的12月31日。这里的“复制发行”,不限于以物质实体的方式,未经录音录像制作者许可,通过信息网络传播其制作的录音录像制品的行为,也属于“复制发行”。

(4)制作、出售假冒他人署名的美术作品的。具体有以下行为方式:一是临摹、复制名人的美术作品,署名人的姓名,假冒名人的美术作品;二是在第三人的美术作品上署名人的姓名,假冒名人的美术作品;三是在自己的美术作品上署名人的姓名,假冒名人的美术作品。所谓美术作品,是指绘画、书法、雕塑等以线条、色彩或者其他方式构成的有审美意见的平面或者立体的造型艺术作品。

本罪的行为结果是违法所得数额较大或者有其他严重情节。根据《知识产权解释》第5条第1款、《知识产权解释(二)》第1条的规定,违法所得数额在3万元以上的,属于“违法所得数额较大”;具有下列情形之一的,属于“有其他严重情节”:(1)非法经营数额在5万元以上的;(2)未经著作权人许可,复制发行其文字作品、音乐、电影、电视、录像作品、计算机软件及其他作品,复制品数量合计在500张(份)以上的;(3)其他严重情节的情形。

2. 本罪的主观要件为故意,且具有营利的目的。不具有营利目的的,不构成本罪。根据《知识产权解释》第11条的规定,以刊登收费广告等方式直接或者间接收取费用的情形,属于“以营利为目的”。根据《知识产权意见》第10条的规定,除销售外,具有下列情形之一的,可以认定为“以营利为目的”:(1)以在他人作品中刊登收费广告、捆绑第三方作品等方式直接或者间接收取费用的;(2)通过信息网络传播他人作品,或者利用他人上传的侵权作品,在网站或者网页上提供刊登收费广告服务,直接或者间接收取费用的;(3)以会员制方式通过信息网络传播他人作品,收取会员注册费或者其他费用的;(4)其他利用他人作品牟利的情形。

示例4-94　成都共软网络科技有限公司、孙某等侵犯著作权案

一审法院认为:“本案中,虽然被告单位及各被告人通过互联网在‘番茄花园’网站、‘热度’网站发布涉案番茄花园版Windows系列软件时,是供公众免费下载的,没有直接从中营利,但在发布涉案‘番茄花园’版Windows系列软件的同时,被告单位及各被告人通过修改浏览器主页、默认搜索页面、捆绑需推广的客户商业软件等手段,获得了广告费、推广费等巨额间接收入,共计人民币2924287.09元。因此,可以认定共软公司、孙某、

张某与洪某、梁某实施涉案行为的真实意图,正是在于追求巨额广告费、推广费收益,明显具有营利目的。"〔99〕

(二)侵犯著作权罪的认定

1. 关于本罪与非罪的界限。《著作权法》第47条和第48条规定了19种著作权违法侵权行为,如剽窃他人作品、使用他人作品(应当支付报酬而未支付)等。对于这些著作权侵权行为中的绝大多数,由于社会危害性相对较小,刑法没有将其纳入调整范围;刑法只将其中最严重的四种著作权侵权行为,在具备严重情节时规定为犯罪。因此,在认定本罪时,既要注意侵权行为的类型,也要注意侵权行为的程度。大多数著作权侵权行为,无论多么严重,都不会构成犯罪;少数著作权侵权行为,也只有达到情节严重的程度时,才能以犯罪论处。

2. 关于本罪与销售侵权复制品罪的关系。根据《知识产权解释》第14条的规定,实施侵犯著作权犯罪,又销售该侵权复制品,构成犯罪的,应当以侵犯著作权罪定罪处罚。实施侵犯著作权犯罪,又销售明知是他人的侵权复制品,构成犯罪的,应当实行数罪并罚。

3. 关于侵犯著作权罪的罪数认定。实施侵犯著作权罪等知识产权犯罪,同时触犯生产、销售伪劣产品罪、非法经营罪等罪名的,如何处理,司法解释的规定也不尽一致,时有反复。根据《伪劣商品解释》第10条的规定,实施生产、销售伪劣商品犯罪,同时构成侵犯知识产权、非法经营等其他犯罪的,依照处罚较重的规定定罪处罚。而根据《知识产权解释(二)》第2条第3款的规定,非法出版、复制、发行他人作品,侵犯著作权构成犯罪的,按照侵犯著作权罪定罪处罚。但根据2010年3月2日最高人民法院、最高人民检察院《关于办理非法生产、销售烟草专卖品等刑事案件具体应用法律若干问题的解释》第5条的规定,行为人实施非法生产、销售烟草专卖品犯罪,同时构成生产、销售伪劣产品罪、侵犯知识产权罪、非法经营罪的,依照处罚较重的规定定罪处罚。另根据《知识产权意见》第12条第2款的规定,非法出版、复制、发行他人作品,侵犯著作权构成犯罪的,按照侵犯著作权罪定罪处罚,不认定为非法经营罪等其他犯罪。本书认为,侵犯著作权罪等知识产权罪和生产、销售伪劣产品罪、非法经营罪所保护的法益是不同的,如果行为人实施的行为同时侵犯以上两个或者三个法益,应认定为数罪,实行并罚。

4. 关于通过信息网络传播侵权作品行为的处理。根据《知识产权意见》第13条的规定,以营利为目的,未经著作权人许可,通过信息网络向公众传播他人文字作

---

〔99〕"成都共软网络科技有限公司、孙某等侵犯著作权案一审判决书",载《最高人民法院公报》2010年第9期。

品、音乐、电影、电视、美术、摄影、录像作品、录音录像制品、计算机软件及其他作品，具有下列情形之一的，属于"其他严重情节"：(1)非法经营数额在5万元以上的；(2)传播他人作品的数量合计在500件(部)以上的；(3)传播他人作品的实际被点击数达到5万次以上的；(4)以会员制方式传播他人作品，注册会员达到1000人以上的；(5)数额或者数量虽未达到上述规定标准，但分别达到其中两项以上标准一半以上的；(6)其他严重情节的情形。实施上述规定的行为，数额或者数量达到上述规定标准5倍以上的，属于"其他特别严重情节"。

(三)侵犯著作权罪的处罚

根据刑法第217条的规定，犯本罪的，处3年以下有期徒刑或者拘役，并处或者单处罚金；违法所得数额巨大或者有其他特别严重情节的，处3年以上7年以下有期徒刑，并处罚金。根据《知识产权解释》第5条第2款、《知识产权解释》第1条的规定，违法所得数额在15万元以上的，属于"违法所得数额巨大"；具有下列情形之一的，属于"有其他特别严重情节"：(1)非法经营数额在25万元以上的；(2)未经著作权人许可，复制发行其文字作品、音乐、电影、电视、录像作品、计算机软件及其他作品，复制品数量合计在2500张(份)以上的；(3)其他特别严重情节的情形。

六、销售侵权复制品罪

销售侵权复制品罪，是指明知是侵权复制品而予以销售，违法所得数额巨大的行为。所谓侵权复制品，是指犯侵犯著作权罪而形成的复制品。本罪的主观要件是故意，且具有营利的目的。根据《知识产权解释》第6条的规定，违法所得数额在10万元以上的，属于"违法所得数额巨大"，应以本罪论处。

示例4-95　王某、秦某销售侵权复制品案

王某、秦某以营利为目的，购进侵权复制品《张博士医考红宝书临床执业含助理级乡镇助理》(全4卷)、《张博士医考红宝书临床执业含助理》(第1卷)，并通过淘宝网店对外销售，违法所得人民币142740元。对此，一审法院认为："被告人王某、秦某以营利为目的，销售明知是未经著作权人许可的侵权复制品，违法所得数额巨大，其行为均符合销售侵权复制品罪的构成要件，均构成销售侵权复制品罪，应予刑罚。"[100]

根据刑法第218条和第220条的规定，犯本罪的，处3年以下有期徒刑或者拘

[100] "王某、秦某销售侵权复制品案一审判决书"，山东省潍坊高新技术产业开发区人民法院刑事判决书(〔2016〕鲁0791刑初39号)。

役，并处或者单处罚金。单位犯本罪的，对单位判处罚金，并对其直接负责的主管人员和其他直接责任人员，依照上述规定处罚。

七、侵犯商业秘密罪

（一）侵犯商业秘密罪的概念和构成要件

侵犯商业秘密罪，是指违反商业秘密保护法规，侵犯他人商业秘密，给商业秘密权利人造成重大损失的行为。

1. 本罪的客观要件为侵犯他人商业秘密，并且给商业秘密权利人造成重大损失。本罪的行为对象是商业秘密。所谓商业秘密，是指不为公众所知悉，能为权利人带来经济利益，具有实用性并经权利人采取保密措施的技术信息和经营信息。商业秘密具有以下特征：(1)信息性。商业秘密是一种技术信息和经营信息，前者包括外观设计、操作程序、工艺流程、产品配方、制作技术等；后者如管理诀窍、客户名单、货源情报、销售网络等。(2)经济性。商业秘密能为权利人带来经济利益。权利人，包括商业秘密的所有人和经商业秘密所有人许可的商业秘密使用人。(3)实用性。商业秘密具有直接的、现实的实用价值，权利人能够将其直接运用于生产经营活动。(4)保密性。商业秘密不为公众所知悉，只限于少数人知道，并且权利人已对这些信息采取了保密措施。

示例 4-96 周某等侵犯商业秘密案

一审法院认为："本案中，龚某申请的'在网面的基材上直接打孔的装置'虽于2002年6月12日被授予实用新型专利，但亚恒公司生产'刺孔型干爽网面'的工艺技术信息只有一小部分被专利文献公开，而大部分具体而且关键的信息并未被专利文献公开，不能说明亚恒公司的这部分技术信息已进入公知领域。亚恒公司副总经理陈某在动员周某入股亚恒公司时，虽将有关模片样品交给周某，但周某事后已同意担任亚恒公司的生产部门厂长，且与亚恒公司有保密约定，故周某的辩护人认为模片样品的技术信息已进入公知领域的辩护意见，缺乏事实和法律依据。"[101]

本罪的行为方式有以下四种：(1)以盗窃、利诱、胁迫或者其他不正当手段获取权利人的商业秘密；(2)披露、使用或者允许他人使用以前项手段获取的权利人的商业秘密；(3)违反约定或者违反权利人有关保守商业秘密的要求，披露、使用或者允许他人使用其所掌握的商业秘密；(4)明知或者应知上述所列行为，获取、使用或者

---

[101] "周某等侵犯商业秘密案一审判决书"，载《最高人民法院公报》2005年第3期。

披露他人的商业秘密。

本罪的行为结果是给权利人造成重大损失。根据《追诉标准(二)》第73条的规定,具有下列情形之一的,应予追诉:(1)给商业秘密权利人造成损失数额在50万元以上的;(2)因侵犯商业秘密违法所得在50万元以上的;(3)致使商业秘密权利人破产的;(4)其他给商业秘密权利人造成重大损失的情形。在计算财产损失时,要考虑权利人取得商业秘密技术(包括采取保密措施的成本),权利人的商业秘密被侵犯前后的利润差额,侵权人在侵权期间因侵权所获得的利润(而非侵权期间的全部利润)。商业秘密本身的价值通常不能作为权利人的损失数额,但是,如果侵权行为导致商业秘密失去"秘密性",则可以将该商业秘密本身的价值作为损失数额。

示例4-97　伊特克斯公司、郭某等侵犯商业秘密案

二审法院认为:"现有证据无法反映被害单位的损失,故依据检察机关的建议,参照《最高人民法院关于审理专利纠纷案件适用法律问题的若干规定》第二十条的规定,确定以被告单位非法获利为计算依据。鉴于米开罗那公司与案外公司签订的销售合同及相关财务凭证反映,米开罗那公司涉案氙气灯生产线设备的净利润为51.99%。而通常情况下,随着同类产品市场竞争者的增多,相关产品的利润会有所下降,故被告人郭某到案后供述的伊特克斯公司氙气灯生产线的产品利润为20%具有合理性,予以采信。据此确认,伊特克斯公司共对外销售7条氙气灯生产线,销售金额共计792.46万元,获利158.492万元,其中因非法获取并使用米开罗那公司等离子火头、真空脱羟炉技术秘密而非法获利58.8万元。"〔102〕

2.本罪的主观要件为故意,即明知自己的行为会给权利人造成重大损失,并且希望或者放任这种结果发生。

(二)侵犯商业秘密罪的处罚

根据刑法第219条和第220条的规定,犯本罪的,处3年以下有期徒刑或者拘役,并处或者单处罚金;造成特别严重后果的,处3年以上7年以下有期徒刑,并处罚金。单位犯本罪的,对单位判处罚金,并对其直接负责的主管人员和其他直接责任人员,依照上述规定处罚。

---

〔102〕"伊特克斯公司、郭某等侵犯商业秘密案二审判决书",载《刑事审判参考》2014年第4集,指导案例第1003号。

第九节 扰乱市场秩序罪

一、损害商业信誉、商品声誉罪

损害商业信誉、商品声誉罪，是指捏造并散布虚伪事实，损害他人的商业信誉、商品声誉，给他人造成重大损失或者有其他严重情节的行为。

所谓捏造，是指虚构、编造不符合真相或并不存在的事实。所谓散布，是指使不特定人或者多数人知悉或者可能知悉行为人所捏造的虚伪事实。本罪的实行行为是散布，捏造是本罪的预备行为。这里的"他人"，必须是特定的、具体的人，既包括个人，也包括单位。散布虚伪事实，损害某一类商业、商品的名誉的，不构成本罪。构成本罪，还要求散布行为给他人造成重大损失或者有其他严重情节。根据《追诉标准(二)》第74条的规定，涉嫌下列情形之一的，应予立案追诉：(1)给他人造成直接经济损失数额在50万元以上的；(2)虽未达到上述数额标准，但具有下列情形之一的：利用互联网或者其他媒体公开损害他人商业信誉、商品声誉的；造成公司、企业等单位停业、停产6个月以上，或者破产的；(3)其他给他人造成重大损失或者有其他严重情节的情形。

示例4-98 訾某损害商品声誉案

一审法院认为："被告人訾某作为电视台的临时工作人员，故意捏造事实，编制《纸做的包子》的虚假电视节目，并隐瞒事实真相，使虚假节目得以播出，造成恶劣影响。其捏造并散布虚伪事实的行为，损害了相关行业商品的声誉，情节严重，已构成损害商品声誉罪，依法应予惩处。"[103]

根据刑法第221条和第231条的规定，犯本罪的，处2年以下有期徒刑或者拘役，并处或者单处罚金。单位犯本罪的，对单位判处罚金，并对其直接负责的主管人员和其他直接责任人员，依照上述规定处罚。

二、虚假广告罪

虚假广告罪，是指广告主、广告经营者、广告发布者违反国家规定，利用广告对

---

[103] "訾某损害商品声誉案一审判决书"，北京市第二中级人民法院刑事判决书(〔2007〕二中刑初字第1763号)。

商品或者服务作虚假宣传,情节严重的行为。

本罪的行为主体是广告主、广告经营者、广告发布者。所谓广告,是指商品经营者或者服务提供者承担费用,通过一定媒介和形式直接或者间接地介绍自己所推销的商品或者所提供的服务的商业广告。所谓广告主,是指为推销商品或者提供服务,自行或者委托他人设计、制作、发布广告的法人、其他经济组织或者个人。所谓广告经营者,是指受委托提供广告设计、制作、代理服务的法人、其他经济组织或者个人。所谓广告发布者,是指为广告主或者广告主委托的广告经营者发布广告的法人或者其他经济组织。本罪的行为方式是利用广告对商品或者服务进行虚假宣传。具体有以下形式:(1)在广告中对商品的性能、产地、用途、质量、价格、生产者、生产日期、有效期限、售后服务作虚假宣传;(2)在广告中对服务的内容、形式、质量、价格等作虚假宣传;(3)在广告中对所推销商品、附带赠送礼品的品种和数量作虚假宣传;(4)在广告中对所使用的数据、统计资料、调查结果、文摘、引用语作虚假宣传。本罪的行为结果是情节严重。

根据刑法第 222 条和第 231 条的规定,犯本罪的,处 2 年以下有期徒刑或者拘役,并处或者单处罚金。单位犯本罪的,对单位判处罚金,并对其直接负责的主管人员和其他直接责任人员依照上述规定处罚。

示例 4-99 黄某等虚假广告罪

一审法院认为:"被告人黄某、杨某甲、杨某乙、杨某丙违反《医疗广告管理办法》广告范围仅限于医疗机构名称、诊疗地点、从业医师姓名、技术职称、服务商标、诊疗时间、诊疗科目、诊疗方法、通信方式的规定,在未取得有效医疗广告证明的情况下通过媒介超范围向社会公众发布医疗广告;广告内容违反《中华人民共和国广告法》的规定,还就医疗服务的技术来源、医疗效果、医生资历作虚假宣传,涉案患者基本未能达到广告宣传的医疗效果,并致使 14 名患者构成九级伤残,情节严重,其行为均已构成虚假广告罪。"〔104〕

三、串通投标罪

串通投票罪,是指投标人相互串通投标报价,损害招标人或者其他投标人利益,情节严重,或者投标人与招标人串通投标,损害国家、集体、公民的合法利益的行为。

本罪的行为主体是投标人和招标人。《招标投标法》第 8 条规定:"招标人是依照本法规定提出招标项目、进行招标的法人或者其他组织。"第 25 条规定:"投标人是响应招标、参加投标竞争的法人或者其他组织。"但是,如果严格按照上述规定,则

〔104〕 "黄某等虚假广告案一审判决书",浙江省杭州市江干区人民法院刑事判决书(〔2007〕江刑初字第 631 号)。

本罪的行为主体只可能是单位，而不包括自然人。这不仅不符合刑法的规定，而且也不利于打击串通投标行为。因为实践中串通投标既可能是招标、投票的法人或者单位之间进行串通，也可能是主管、负责、参与招标、投标的单位成员（代表单位），为了谋取个人利益，就招投标事项进行串通。而且，后一种情形更为常见。因此，如果将后一种情形排除在串通投标罪之外，则必然不利于保护招投标的公平竞争秩序。因此，宜将作为本罪行为主体的投标人和招标人解释为不仅包括法人或者其他组织，而且包括主管、负责、参与招标、投标事项的单位成员。

本罪的行为方式有两种类型：(1)投标人相互串通投标报价，损害招标人或者其他投标人的利益。相互串通投标报价，是指投标人私下串通，联手抬高标价或者压低标价，以损害招标人的利益或者排挤其他投标者。(2)投标人与招标人串通投标，损害国家、集体、公民的合法权益。这里的串通投标，既包括对投标报价的串通，也包括就报价以外的其他事项进行串通。

本罪的行为结果是情节严重。根据《追诉标准（二）》第 76 条的规定，投标人相互串通投标报价，或者投标人与招标人串通投标，涉嫌下列情形之一的，应予立案追诉：(1)损害招标人、投标人或者国家、集体、公民的合法利益，造成直接经济损失数额在 50 万元以上的；(2)违法所得数额在 10 万元以上的；(3)中标项目金额在 200 万元以上的；(4)采取威胁、欺骗或者贿赂等非法手段的；(5)虽未达到上述数额标准，但 2 年内因串通投标，受过行政处罚 2 次以上，又串通投标的；(6)其他情节严重的情形。

根据刑法第 223 条和第 231 条的规定，犯本罪的，处 3 年以下有期徒刑或者拘役，并处或者单处罚金。单位犯本罪的，对单位判处罚金，并对其直接负责的主管人员和其他直接责任人员，依照上述规定处罚。

示例 4－100　周某等串通投标案

一审法院认为：“被告人周某借用两家公司资质串通投标报价，扰乱了社会主义市场经济秩序，损害其他投标人利益，情节严重，其行为构成串通投标罪。”[105]

四、合同诈骗罪

（一）合同诈骗罪的概念和构成要件

合同诈骗罪，是指以非法占有为目的，在签订、履行合同过程中，骗取对方当事人财物，数额较大的行为。本罪的法益是复合法益，既包括市场经济秩序，也包括合

---

〔105〕“周某串通投标案一审判决书”，湖北省巴东县人民法院刑事判决书（〔2015〕鄂巴东刑初字第 00126 号）。

同相对方的财产权。

1. 本罪的客观要件为，在签订、履行合同过程中，骗取对方当事人数额较大的财物。本罪的行为时间是在签订、履行合同的过程中。这里的“合同”，主要是指平等主体之间签订的经济合同，既可以是书面合同，也可以是口头合同。

本罪的行为方式有以下五种类型：(1)以虚构的单位或者冒用他人名义签订合同的；(2)以伪造、变造、作废的票据或者其他虚假的产权证明作担保的；(3)没有实际履行能力，以先履行小额合同或者部分履行合同的方法，诱骗对方当事人继续签订和履行合同的；(4)收受对方当事人给付的货物、货款、预付款或者担保财产后逃匿的；(5)以其他方法骗取对方当事人财物的。

示例 4－101　刘某合同诈骗案

二审法院认为：“上诉人刘某以非法占有为目的，在签订合同过程中，采取欺骗方法，骗取他人 300 万元履约保证金，其行为已构成合同诈骗罪，且犯罪数额特别巨大，应依法惩处。”〔106〕

本罪的行为结果是骗取对方当事人财物数额较大。根据《追诉标准(二)》第 77 条的规定，在签订、履行合同过程中，骗取对方当事人财物，数额在 2 万元以上的，应予立案追诉。

2. 本罪的主观要件为故意，且具有非法占有的目的。

示例 4－102　吴某合同诈骗案

二审法院认为：“吴某在代表樱花公司与长城公司签订和履行技术合作中，一些行为虽然具有一定的欺骗性，但其主观上尚不具有以欺骗的手段非法占有长城公司财产的目的。吴某与长城公司签约的直接动机，是希望西门子分公司的有关技术合作项目能够转让成功，使其本人能够从中获取高额技术转让费。”〔107〕

(二)合同诈骗罪的认定

1. 本罪与经济合同纠纷的界限。虽然二者之间是罪与非罪的区别，但却极易混淆，尤其是在签订、履行合同的过程中，行为人使用了一定的欺诈手段时，更是难以区分。总的来说，二者之间的界限，在于是否具有非法占有的目的。具有非法占有

〔106〕“刘某合同诈骗案二审裁定书”，安徽省高级人民法院刑事裁定书(〔2010〕皖刑终字第 0004 号)。
〔107〕“吴某合同诈骗案二审裁定书”，载《最高人民法院公报》2003 年第 1 期。

目的的，构成合同诈骗罪；不具有非法占有目的的，属于经济合同纠纷。在认定行为人是否具有非法占有目的时，要全面考察行为人的主体资格、履约能力、履约表现、未履约的原因等情况，然后予以综合判定。此外，应当注意的是，行为人在签订合同过程中具有非法占有的目的，但在履行合同过程中由于某种原因而放弃非法占有目的，积极履行合同的，不宜认定为合同诈骗罪。

2. 本罪与金融诈骗罪的关系。刑法规定的金融诈骗罪，既可能会利用经济合同的形式，也可能不利用经济合同的形式。对于利用经济合同的形式的金融诈骗，如贷款诈骗罪、保险诈骗罪，应当按照特别法条优于普通法条的竞合原则，以金融诈骗罪论处；对于未利用经济合同形式实施的金融诈骗，则不发生法条竞合问题，可直接以金融诈骗罪论处。

（三）合同诈骗罪的处罚

根据刑法第 224 条和第 231 条的规定，犯本罪的，处 3 年以下有期徒刑或者拘役，并处或者单处罚金；数额巨大或者有其他严重情节的，处 3 年以上 10 年以下有期徒刑，并处罚金；数额特别巨大或者有其他特别严重情节的，处 10 年以上有期徒刑或者无期徒刑，并处罚金或者没收财产。单位犯本罪的，对单位判处罚金，并对其直接负责的主管人员和其他直接责任人员，依照上述规定处罚。

示例 4－103　王某合同诈骗案

王某使用伪造的户口本、身份证，冒充房主即王某之父的身份，与被害人徐某签订房屋买卖合同，约定购房款为 100 万元，并当场收取徐某定金 1 万元。之后，王某又收取徐某支付的购房首付款 29 万元，并约定余款过户后给付。后双方在办理房产过户手续时，王某虚假身份被识破，余款未取得。对此，二审法院认为："王某以非法占有为目的，冒用他人名义签订合同，其行为已构成合同诈骗罪。一审判决事实清楚，证据确实、充分，定性准确，审判程序合法，但未评价未遂 70 万元的犯罪事实不当，予以纠正。根据刑法及司法解释的有关规定，考虑王新明某合同诈骗既遂 30 万元，未遂 70 万元但可对该部分减轻处罚，王某如实供述犯罪事实，退赔全部赃款取得被害人的谅解等因素，原判量刑在法定刑幅度之内，且抗诉机关亦未对量刑提出异议，故应予维持。"[108]

五、组织、领导传销活动罪

组织、领导传销活动罪，是指组织、领导以推销商品、提供服务等经营活动为名，要求参加者以缴纳费用或者购买商品、服务等方式获得加入资格，并按照一定顺序

〔108〕"王某合同诈骗案二审判决书"，北京市第一中级人民法院刑事判决书（〔2013〕一中刑终字第 4134 号）。

组成层级,直接或者间接以发展人员的数量作为计酬或者返利依据,引诱、胁迫参加者继续发展他人参加,骗取财物,扰乱经济社会秩序的传销活动的行为。

本罪的行为主体是传销活动的组织者、领导者,即在传销活动中起组织、领导作用的发起人、决策人、操纵人,以及在传销活动中担负策划、指挥、布置、协调等重要职责,或者在传销活动中起到关键作用的人员。一般参与者不构成本罪。本罪的行为方式是组织、领导传销活动。传销活动有两大类:(1)原始型传销,其传销的是商品,并以销售商品的数量作为计酬或者返利的依据;(2)诈骗型传销,其并不传销商品,而是以发展人员的数量作为计酬或者返利的依据。这里的传销活动,显然是后者。本罪的主观要件为故意,且具有非法占有他人财物的目的。至于实际是否骗取财物,则不影响本罪的认定。

示例 4－104　唐某等组织、领导传销活动案

二审法院认为:"上诉人唐某、刘某、童某、程某、徐某、董某分别作为江西精彩公司的发起人、操纵人、高级管理人员,以太平洋直购官方网为依托,以开展电子商务为名,要求参加者以购买商品或交纳保证金的方式获得加入资格,并按照一定顺序组成层级,间接以发展人员的数量作为返利依据,骗取巨额保证金,严重扰乱经济社会秩序,其行为均已构成组织、领导传销活动罪,且系情节严重。"[109]

根据刑法第224条之一和第231条的规定,犯本罪的,处5年以下有期徒刑或者拘役,并处罚金;情节严重的,处5年以上有期徒刑,并处罚金。单位犯本罪的,对单位判处罚金,并对其直接负责的主管人员和其他直接责任人员,依照上述规定处罚。

六、非法经营罪

(一)非法经营罪的概念和构成要件

非法经营罪,是指违反国家规定,从事非法经营活动,扰乱市场秩序,情节严重的行为。

1. 本罪的客观要件为违反国家规定,从事非法经营活动,扰乱市场秩序,且情节严重。所谓违反国家规定,是指违反全国人民代表大会及其常务委员会制定的法律和决定,国务院制定的行政法规、规定的行政措施、发布的决定和命令。

本罪的行为方式是非法经营,具体有以下四种行为类型:(1)未经许可经营法律、行政法规规定的专营、专卖物品或者其他限制买卖的物品的;(2)买卖进出口许

[109] "唐某等组织、领导传销活动案二审判决书",江西省高级人民法院刑事判决书([2013]赣刑二终字第63号)。

可证、进出口原产地证明以及其他法律、行政法规规定的经营许可证或者批准文件的;(3)未经国家有关主管部门批准非法经营证券、期货、保险业务的,或者非法从事资金支付结算业务的;(4)其他严重扰乱市场秩序的非法经营行为。

示例4-105 宁波利百代投资咨询有限公司、陈某等非法经营案

二审法院认为:"我国证券市场实行证券业务许可制度,未经国务院证券监督管理机构或者国务院授权的部门核准,不得经营证券业务。上诉人陈某、王某、郑某设立利百代公司,未经法定机关批准,擅自接受委托向不特定社会群众代理转让非上市股份有限公司股权,且系拆细转让,属非法经营证券业务,其行为已构成非法经营罪。"[110]

本罪的行为结果是情节严重。根据《追诉标准(二)》第79条的规定,涉嫌下列情形之一的,应予立案追诉:

(1)违反国家有关盐业管理规定,非法生产、储运、销售食盐,扰乱市场秩序,具有下列情形之一的:一是非法经营食盐数量在20吨以上的;二是曾因非法经营食盐行为受过2次以上行政处罚又非法经营食盐,数量在10吨以上的。

(2)违反国家烟草专卖管理法律法规,未经烟草专卖行政主管部门许可,无烟草专卖生产企业许可证、烟草专卖批发企业许可证、特种烟草专卖经营企业许可证、烟草专卖零售许可证等许可证明,非法经营烟草专卖品,具有下列情形之一的:一是非法经营数额5万元以上,或者违法所得数额在2万元以上的;二是非法经营卷烟20万支以上的;三是曾因非法经营烟草专卖品3年内受过2次以上行政处罚,又非法经营烟草专卖品且数额在3万元以上的。

(3)未经国家有关主管部门批准,非法经营证券、期货、保险业务,或者非法从事资金支付结算业务,具有下列情形之一的:一是非法经营证券、期货、保险业务,数额在30万元以上的;二是非法从事资金支付结算业务,数额在200万元以上的;三是违反国家规定,使用销售点终端机具(POS机)等方法,以虚构交易、虚开价格、现金退货等方式向信用卡持卡人直接支付现金,数额在100万元以上的,或者造成金融机构资金20万元以上逾期未还的,或者造成金融机构经济损失10万元以上的;四是违法所得数额在5万元以上的。

(4)非法经营外汇,具有下列情形之一的:一是在外汇指定银行和中国外汇交易中心及其分中心以外买卖外汇,数额在20万美元以上的,或者违法所得数额在5万元以上的;二是公司、企业或者其他单位违反有关外贸代理业务的规定,采用非法手

---

[110] "宁波利百代投资咨询有限公司、陈某等非法经营案二审裁定书",载《最高人民法院公报》2009年第1期。

段,或者明知是伪造、变造的凭证、商业单据,为他人向外汇指定银行骗购外汇,数额在 500 万美元以上或者违法所得数额在 50 万元以上的;三是居间介绍骗购外汇,数额在 100 万美元以上或者违法所得数额在 10 万元以上的。

(5)出版、印刷、复制、发行严重危害社会秩序和扰乱市场秩序的非法出版物,具有下列情形之一的:一是个人非法经营数额在 5 万元以上的,单位非法经营数额在 15 万元以上的;二是个人违法所得数额在 2 万元以上的,单位违法所得数额在 5 万元以上的;三是个人非法经营报纸 5000 份或者期刊 5000 本或者图书 2000 册或者音像制品、电子出版物 500 张(盒)以上的,单位非法经营报纸 15000 份或者期刊 15000 本或者图书 5000 册或者音像制品、电子出版物 1500 张(盒)以上的;四是虽未达到上述数额标准,但具有下列情形之一的:2 年内因出版、印刷、复制、发行非法出版物受过行政处罚 2 次以上的,又出版、印刷、复制、发行非法出版物的;因出版、印刷、复制、发行非法出版物造成恶劣社会影响或者其他严重后果的。

(6)非法从事出版物的出版、印刷、复制、发行业务,严重扰乱市场秩序,具有下列情形之一的:一是个人非法经营数额在 15 万元以上的,单位非法经营数额在 50 万元以上的;二是个人违法所得数额在 5 万元以上的,单位违法所得数额在 15 万元以上的;三是个人非法经营报纸 15000 份或者期刊 15000 本或者图书 5000 册或者音像制品、电子出版物 1500 张(盒)以上的,单位非法经营报纸 5 万份或者期刊 50000 本或者图书 15000 册或者音像制品、电子出版物 5000 张(盒)以上的;四是虽未达到上述数额标准,2 年内因非法从事出版物的出版、印刷、复制、发行业务受过行政处罚 2 次以上的,又非法从事出版物的出版、印刷、复制、发行业务的。

(7)采取租用国际专线、私设转接设备或者其他方法,擅自经营国际电信业务或者涉港澳台电信业务进行营利活动,扰乱电信市场管理秩序,具有下列情形之一的:一是经营去话业务数额在 100 万元以上的;二是经营来话业务造成电信资费损失数额在 100 万元以上的;三是虽未达到上述数额标准,但具有下列情形之一的:2 年内因非法经营国际电信业务或者涉港澳台电信业务行为受过行政处罚 2 次以上,又非法经营国际电信业务或者涉港澳台电信业务的;因非法经营国际电信业务或者涉港澳台电信业务行为造成其他严重后果的。

(8)从事其他非法经营活动,具有下列情形之一的:一是个人非法经营数额在 5 万元以上,或者违法所得数额在 1 万元以上的;二是单位非法经营数额在 50 万元以上,或者违法所得数额在 10 万元以上的;三是虽未达到上述数额标准,但 2 年内因同种非法经营行为受过 2 次以上行政处罚,又进行同种非法经营行为的;四是其他情节严重的情形。

示例4-106　王某非法经营案

再审法院认为:“原审被告人王某于2014年11月至2015年1月期间,没有办理粮食收购许可证及工商营业执照买卖玉米的事实清楚,其行为违反了当时的国家粮食流通管理有关规定,但尚未达到严重扰乱市场秩序的危害程度,不具备与刑法第二百二十五条规定的非法经营罪相当的社会危害性和刑事处罚的必要性,不构成非法经营罪。原判决认定王某构成非法经营罪适用法律错误,检察机关提出的王某无证照买卖玉米的行为不构成非法经营罪的意见成立,原审被告人王某及其辩护人提出王某的行为不构成犯罪的意见成立,本院均予以采纳。”[111]

2. 本罪的主观要件为故意,且具有牟取非法经济利益的目的。

示例4-107　李某非法经营案

李某通过创建“零距网商联盟”(前身为“迅爆军团”)、http://5sbb.com网站和利用YY语音聊天工具建立刷单炒信平台,吸纳淘宝卖家注册账户成为会员,并通过制定刷单炒信规则与流程,组织会员通过该平台发布或接受刷单炒信任务。2013年2月至2014年6月期间,李某共收取平台管理维护费、体验费及任务点销售收入至少30万元,另收取保证金共计50余万元。对此,一审法院认为:“被告人李某违反国家规定,以营利为目的,明知是虚假的信息仍通过网络有偿提供发布信息等服务,扰乱市场秩序,情节特别严重,其行为已经构成非法经营罪。公诉机关指控的罪名成立,但指控的数额有误,本院予以更正。”[112]

(二)非法经营罪的认定

本罪的第四种行为类型,即“其他严重扰乱市场秩序的非法经营行为”,其具体范围如何,在实践中最具争议。为此,2011年4月8日最高人民法院《关于准确理解和适用刑法中“国家规定”的有关问题的通知》第2条规定:“各级人民法院在刑事审判工作中,对有关案件所涉及的‘违反国家规定’的认定,要依照相关法律、行政法规及司法解释的规定准确把握。对于规定不明确的,要按照本通知的要求审慎认定。对于违反地方性法规、部门规章的行为,不得认定为‘违反国家规定’。对被告人的行为是否‘违反国家规定’存在争议的,应当作为法律适用问题,逐级向最高人

---

〔111〕“王某非法经营案再审(一审)判决书”,内蒙古自治区巴彦淖尔市中级人民法院刑事判决书(〔2017〕内08刑再1号)。

〔112〕“李某非法经营案一审判决书”,浙江省杭州市余杭区人民法院刑事判决书(〔2016〕浙0110刑初726号)。

民法院请示。”此外，相关的立法解释和司法解释也作了详细的规定。具体如下：

1. 1998 年 12 月 29 日全国人民代表大会常务委员会《关于惩治骗购外汇、逃汇和非法买卖外汇犯罪的决定》第 4 条规定，在国家规定的交易场所以外非法买卖外汇，扰乱市场秩序，情节严重的，以非法经营罪论处。

2. 1998 年 12 月 17 日最高人民法院《关于审理非法出版物刑事案件具体应用法律若干问题的解释》第 11 条和第 15 条规定，违反国家规定，出版、印刷、复制、发行该解释第 1 条至第 10 条规定以外的其他严重危害社会秩序和扰乱市场秩序的非法出版物，情节严重的，或者非法从事出版物的出版、印刷、复制、发行业务，严重扰乱市场秩序，情节特别严重，构成犯罪的，以非法经营罪论处。

3. 2000 年 5 月 12 日最高人民法院《关于审理扰乱电信市场管理秩序案件具体应用法律若干问题的解释》第 1 条规定，违反国家规定，采取租用国际专线、私设转接设备或者其他方法，擅自经营国际电信业务或者涉港澳台电信业务进行营利活动，扰乱电信市场管理秩序，情节严重的，以非法经营罪论处。

4. 2002 年 8 月 16 日最高人民法院、最高人民检察院《关于办理非法生产、销售、使用禁止在饲料和动物饮用水中使用的药品等刑事案件具体应用法律若干问题的解释》第 1 条和第 2 条规定，未取得药品生产、经营许可证件和批准文号，非法生产、销售盐酸克仑特罗等禁止在饲料和动物饮用水中使用的药品，扰乱药品市场秩序，情节严重的，依照刑法第 225 条第 1 项的规定，以非法经营罪追究刑事责任。在生产、销售的饲料中添加盐酸克仑特罗等禁止在饲料和动物饮用水中使用的药品，或者销售明知是添加有该类药品的饲料，情节严重的，依照刑法第 225 条第 4 项的规定，以非法经营罪追究刑事责任。

5. 2002 年 9 月 4 日最高人民检察院《关于办理非法经营食盐刑事案件具体应用法律若干问题的解释》第 1 条规定，违反国家有关盐业管理规定，非法生产、储运、销售食盐，扰乱市场秩序，情节严重的，以非法经营罪追究刑事责任。

6. 2003 年 5 月 14 日最高人民法院、最高人民检察院《关于办理妨害预防、控制突发传染病疫情等灾害的刑事案件具体应用法律若干问题的解释》第 6 条规定，违反国家在预防、控制突发传染病疫情等灾害期间有关市场经营、价格管理等规定，哄抬物价、牟取暴利，严重扰乱市场秩序，违法所得数额较大或者有其他严重情节的，依照刑法第 225 条第 4 项的规定，以非法经营罪定罪，依法从重处罚。

7. 2004 年 7 月 19 日最高人民法院、最高人民检察院、公安部《关于依法开展打击淫秽色情网站专项行动有关工作的通知》第 2 条指出，对于违反国家规定，擅自设立互联网上网服务营业场所，或者擅自从事互联网上网服务经营活动，情节严重，构成犯罪的，以非法经营罪追究刑事责任。

8. 2005 年 5 月 11 日最高人民法院、最高人民检察院《关于办理赌博刑事案件具体应用法律若干问题的解释》第 6 条规定，未经国家批准擅自发行、销售彩票，构成犯罪的，依照刑法第 225 条第 4 项的规定，以非法经营罪定罪处罚。

9. 2008 年 1 月 2 日最高人民法院、最高人民检察院、公安部、中国证券监督管理委员会《关于整治非法证券活动有关问题的通知》第 2 条第 3 项指出，任何单位和个人经营证券业务，必须经证监会批准。未经批准的，属于非法经营证券业务，应予以取缔；涉嫌犯罪的，以非法经营罪追究刑事责任。对于中介机构非法代理买卖非上市公司股票，涉嫌犯罪的，以非法经营罪追究刑事责任；所代理的非上市公司涉嫌擅自发行股票，构成犯罪的，以擅自发行股票罪追究刑事责任。非上市公司和中介机构共谋擅自发行股票，构成犯罪的，以擅自发行股票罪的共犯论处。

10. 2009 年 12 月 3 日最高人民法院、最高人民检察院《关于办理妨害信用卡管理刑事案件具体应用法律若干问题的解释》第 7 条第 1 款规定，违反国家规定，使用销售点终端机具（POS 机）等方法，以虚构交易、虚开价格、现金退货等方式向信用卡持卡人直接支付现金，情节严重的，以非法经营罪定罪处罚。

11. 2010 年 3 月 2 日最高人民法院、最高人民检察院《关于办理非法生产、销售烟草专卖品等刑事案件具体应用法律若干问题的解释》第 1 条第 5 款规定，违反国家烟草专卖管理法律法规，未经烟草专卖行政主管部门许可，无烟草专卖生产企业许可证、烟草专卖批发企业许可证、特种烟草专卖经营企业许可证、烟草专卖零售许可证等许可证明，非法经营烟草专卖品，情节严重的，以非法经营罪定罪处罚。

12. 2013 年 9 月 6 日最高人民法院、最高人民检察院《关于办理利用信息网络实施诽谤等刑事案件适用法律若干问题的解释》第 7 条规定，违反国家规定，以营利为目的，通过信息网络有偿提供删除信息服务，或者明知是虚假信息，通过信息网络有偿提供发布信息等服务，扰乱市场秩序，情节严重的，依照刑法第 225 条第 4 项的规定，以非法经营罪定罪处罚。

13. 2014 年 3 月 14 日最高人民法院、最高人民检察院、公安部、国家安全部《关于依法办理非法生产、销售、使用“伪基站”设备案件的意见》第 1 条规定，非法生产、销售“伪基站”设备，具有以下情形之一的，依照刑法第 225 条的规定，以非法经营罪追究刑事责任：(1) 个人非法生产、销售“伪基站”设备 3 套以上，或者非法经营数额 5 万元以上，或者违法所得数额 2 万元以上的；(2) 单位非法生产、销售“伪基站”设备 10 套以上，或者非法经营数额 15 万元以上，或者违法所得数额 5 万元以上的；(3) 虽未达到上述数额标准，但两年内曾因非法生产、销售“伪基站”设备受过 2 次以上行政处罚，又非法生产、销售“伪基站”设备的。实施上述规定的行为，数量、数额达到前款规定的数量、数额 5 倍以上的，应当认定为刑法第 225 条规定的“情节特别严重”。非法生产、销售“伪基站”设备，经鉴定为专用间谍器材的，依照刑法第 283 条的规定，以非法生产、销售间谍专用器材罪追究刑事责任；同时构成非法经营罪的，以非法经营罪追究刑事责任。

14. 2014年3月26日最高人民法院、最高人民检察院、公安部《关于办理利用赌博机开设赌场案件适用法律若干问题的意见》第4条规定，以提供给他人开设赌场为目的，违反国家规定，非法生产、销售具有退币、退分、退钢珠等赌博功能的电子游戏设施设备或者其专用软件，情节严重的，依照刑法第225条的规定，以非法经营罪定罪处罚。

15. 2014年11月3日最高人民法院、最高人民检察院《关于办理危害药品安全刑事案件适用法律若干问题的解释》第7条规定，违反国家药品管理法律法规，未取得或者使用伪造、变造的药品经营许可证，非法经营药品，情节严重的，依照刑法第225条的规定以非法经营罪定罪处罚。以提供给他人生产、销售药品为目的，违反国家规定，生产、销售不符合药用要求的非药品原料、辅料，情节严重的，依照刑法第225条的规定以非法经营罪定罪处罚。

（三）非法经营罪的处罚

根据刑法第226条和第231条的规定，犯本罪的，处5年以下有期徒刑或者拘役，并处或者单处违法所得1倍以上5倍以下罚金；情节特别严重的，处5年以上有期徒刑，并处违法所得1倍以上5倍以下罚金或者没收财产。单位犯本罪的，对单位判处罚金，并对其直接负责的主管人员和其他直接责任人员，依照上述规定处罚。

七、强迫交易罪

强迫交易罪，是指以暴力、威胁手段，强制他人交易，情节严重的行为。本罪的行为方式主要有以下五种类型：(1)强买强卖商品的；(2)强迫他人提供或者接受服务的；(3)强迫他人参与或者退出投标、拍卖的；(4)强迫他人转让或者收购公司、企业的股份、债券或者其他资产的；(5)强迫他人参与或者退出特定的经营活动的。本罪的行为结果是情节严重。

示例4-108　吴某、石某强迫交易案

二审法院认为："上诉人吴某、原审被告人石某采用拦堵运砂车辆和以语言相威胁的手段，强迫他人为其提供运输砂石业务。其中，吴某参与作案3次，强迫交易数额巨大，情节特别严重；石某参与作案1次，情节严重；二人的行为均已构成强迫交易罪。"[113]

根据刑法第226条和第231条的规定，犯本罪的，处3年以下有期徒刑或者拘

[113] "吴某、石某强迫交易案二审裁定书"，湖南省湘西土家族苗族自治州中级人民法院（〔2016〕湘31刑终88号）。

役，并处或者单处罚金；情节特别严重的，处3年以上7年以下有期徒刑，并处罚金。单位犯本罪的，对单位判处罚金，并对其直接负责的主管人员和其他直接责任人员，依照上述规定处罚。

八、伪造、倒卖伪造的有价票证罪

伪造、倒卖伪造的有价票证罪，是指伪造或者倒卖伪造的车票、船票、邮票或者其他有价票证，数额较大的行为。

根据刑法第227条第1款和第231条的规定，犯本罪的，处2年以下有期徒刑、拘役或者管制，并处或者单处票证价额1倍以上5倍以下罚金；数额巨大的，处2年以上7年以下有期徒刑，并处票证价额1倍以上5倍以下罚金。

九、倒卖车票、船票罪

倒卖车票、船票罪，是指倒卖车票、船票，情节严重的行为。本罪的行为对象是真实的车票、船票。这里的“倒卖”，必须是先购入后出售。为特定他人代购车票、船票而收取代购费用的，不成立本罪。本罪的行为结果是情节严重。

示例4-109 许某等倒卖车票、船票案

许某等人在2天内购买了泗礁至嵊山、枸杞的船票共计48张，然后以每张90元至200元不等的价格将船票高价出售，共计非法获利4046元。对此，一审法院认为：“被告人许某、刘某甲、吴某、刘某乙为获取非法利益，倒卖船票，扰乱客运市场秩序，情节严重，四被告人的行为均构成倒卖船票罪，且系共同犯罪，依法应予惩处。”[114]

根据刑法第227条第2款和第231条的规定，犯本罪的，处3年以下有期徒刑、拘役或者管制，并处或者单处票证价额1倍以上5倍以下罚金。单位犯本罪的，对单位判处罚金，并对其直接负责的主管人员和其他直接责任人员，依照上述规定处罚。

十、非法转让、倒卖土地使用权罪

非法转让、倒卖土地使用权罪，是指以牟利为目的，违反土地管理法规，非法转让、倒卖土地使用权，情节严重的行为。所谓“违反土地管理法规”，是指违反土地管理法、森林法、草原法等法律以及有关行政法规中关于土地管理的规定。本罪的行为结果是情节严重。

---

〔114〕“许某等倒卖车票、船票案一审判决书”，浙江省嵊泗县人民法院刑事判决书（〔2015〕舟嵊刑初字第70号）。

根据刑法第 228 条和第 231 条的规定，犯本罪的，处 3 年以下有期徒刑或者拘役，并处或者单处非法转让、倒卖土地使用权价额 5% 以上 20% 以下罚金；情节特别严重的，处 3 年以上 7 年以下有期徒刑，并处非法转让、倒卖土地使用权价额 5% 以上 20% 以下罚金。单位犯本罪的，对单位判处罚金，并对其直接负责的主管人员和其他直接责任人员，依照上述规定处罚。

十一、提供虚假证明文件罪

提供虚假证明文件罪，是指承担资产评估、验资、验证、会计、审计、法律服务等职责的中介组织或者中介组织的人员故意提供虚假证明文件，情节严重的行为。本罪的行为主体为特殊主体，必须是承担资产评估、验资、验证、会计、审计、法律服务等职责的中介组织或其成员。本罪的行为方式是提供虚假证明文件。本罪的主观要件是故意。

示例 4 - 110　马某提供虚假证明文件案

一审法院认为："被告人马某主观上在明知该十二家企业的财务资料系虚假资料、明知其所做的审计报告是要用于申报国家林业贷款贴息的情况下，客观上实施了为该十一家企业出具虚假内容的审计报告的行为，其行为符合提供虚假证明文件罪的犯罪构成。"[115]

根据刑法第 229 条第 1 款、第 2 款和第 231 条的规定，犯本罪的，处 5 年以下有期徒刑或者拘役，并处罚金。中介组织的人员，索取他人财物或者非法收受他人财物，犯本罪的，处 5 年以上 10 年以下有期徒刑，并处罚金。单位犯本罪的，对单位判处罚金，并对其直接负责的主管人员和其他直接责任人员，依照上述规定处罚。

十二、出具证明文件重大失实罪

出具证明文件重大失实罪，是指承担资产评估、验资、验证、会计、审计、法律服务等职责的中介组织或者中介组织的人员，严重不负责任，出具的证明文件有重大失实，造成严重后果的行为。

示例 4 - 111　董某等提供虚假财会报告、出具证明文件重大失实案

一审法院认为："被告人刘某、徐某代表深圳中天勤会计师事务所在对银广夏公司

---

〔115〕"马某提供虚假证明文件案一审判决书"，湖南省湘潭市岳塘区人民法院刑事判决书（〔2016〕湘 0304 刑初 329 号）。

及天津广夏公司1999年和2000年度财务报告审计过程中，未遵循中国注册会计师独立审计准则，未履行必要的审计程序，为银广夏公司出具了1999年和2000年度严重失实的审计报告。被告人刘某、徐某应当预见其出具的1999年度、2000年度银广夏公司审计报告有重大失实，并可能造成严重后果，但没有预见，其行为均已构成出具证明文件重大失实罪，依法应予严惩。"[116]

根据刑法第229条和第231条的规定，犯本罪的，处3年以下有期徒刑或者拘役，并处或者单处罚金。单位犯本罪的，对单位判处罚金，并对其直接负责的主管人员和其他直接责任人员，依照上述规定处罚。

十三、逃避商检罪

逃避商检罪，是指违反进出口商品检验法的规定，逃避商品检验，将必须经商检机构检验的进口商品未报经检验而擅自销售、使用，或者将必须经商检机构检验的出口商品未报经检验合格而擅自出口，情节严重的行为。

示例4－112 陈某逃避商检案

一审法院认为："被告人陈某违反进出口商品检验法的规定，多次逃避商品检验，情节严重，其行为已构成逃避商检罪，应依法惩处。"[117]

根据刑法第230条和第231条的规定，犯本罪的，处3年以下有期徒刑或者拘役，并处或者单处罚金。单位犯本罪的，对单位判处罚金，并对其直接负责的主管人员和其他直接责任人员，依照上述规定处罚。

---

〔116〕"董某等提供虚假财会报告、出具证明文件重大失实案一审判决书"，载《最高人民检察院公报》2004年第5号。

〔117〕"陈某逃避商检案一审判决书"，广东省中山市第一人民法院刑事判决书（〔2013〕中一法刑一初字第1164号）。

第五章　侵犯公民人身权利、民主权利罪

第一节　侵犯公民人身权利、民主权利罪概述

一、侵犯公民人身权利、民主权利罪的概念和构成要件

（一）侵犯公民人身权利、民主权利罪的概念

侵犯公民人身权利、民主权利罪，是指故意或者过失侵犯公民人身权利，故意侵犯公民民主权利，以及故意侵犯公民其他与人身有关的权利的行为。

本章罪的法益是公民的人身权利、民主权利以及与人身有关的权利。所谓人身权利，是指公民依法享有的、与其人身不可分离的权利，包括生命权、健康权、性自由权、人身自由权、人格权和名誉权、婚姻自由权等。所谓民主权利，是指公民依法享有的、管理国家和参加社会政治活动的权利以及其他民主权利，包括批评权、申诉权、控告权、检举权以及选举权和被选举权、宗教信仰自由权等。所谓与人身有关的权利，是指其他对人身权利的实现具有重要影响的权利，包括住宅不受侵犯权、劳动权、休息权等。公民的人身权利、民主权利以及与人身有直接关系的权利，是公民最基本、最重要的个人专属法益。其中，人身权利是公民行使民主权利的基础，民主权利和与人身有关的权利是公民实现人身权利的保障。

（二）侵犯公民人身权利、民主权利罪的构成要件

本章罪的客观要件表现为非法侵犯公民的人身权利、民主权利以及其他与人身有关的权利。从行为主体来看，绝大多数犯罪为一般主体，如故意杀人罪；少数犯罪为特殊主体，如刑讯逼供罪。从行为方式来看，绝大多数犯罪只能以作为方式实施，如绑架罪；少数犯罪作为和不作为都可以实施，如故意伤害罪；个别犯罪只能以不作为方式实施，如遗弃罪。从行为结果来看，有的犯罪要求发生一定的实害结果才构成犯罪，如过失致人死亡罪；有的犯罪要求发生一定的实害结果才构成既遂，如故意伤害罪；有的犯罪只要求行为实施到一定程度即构成既遂，而不问是否发生实害结果，如报复陷害罪。

本章罪的主观要件为故意或过失。除过失致人死亡罪、过失重伤罪外，其他犯

罪均为故意,即行为人明知自己的行为会发生侵犯公民人身权利、民主权利和其他与人身有关的权利的结果,而希望或者放任这种结果的发生。

二、侵犯公民人身权利、民主权利罪的类型

本章共有37个条文,规定了42个具体罪名。根据侵犯法益的不同,可以将这些犯罪分为以下六种类型:(1)侵犯生命、健康的犯罪;(2)侵犯性的决定权的犯罪;(3)侵犯自由的犯罪;(4)侵犯名誉、隐私的犯罪;(5)侵犯民主权利的犯罪;(6)妨害婚姻家庭的犯罪。

第二节　侵犯公民人身权利、民主权利罪分述

一、故意杀人罪

(一)故意杀人罪的概念和构成要件

故意杀人罪,是指故意非法剥夺他人生命的行为。本罪的法益是生命法益,是各种法益中最重要的法益。

1. 本罪的客观要件为非法剥夺他人生命。本罪的行为对象是他人,剥夺本人生命(自杀)的行为不构成犯罪。人的生命始于出生,终于死亡。关于出生的标准,理论上有阵痛说、露出说、断带说、独立呼吸说等主张。司法实践一般采取独立呼吸说,即以胎儿脱离母体,能够独立呼吸作为生命起始的标志。关于死亡的标准,理论上主要有心跳停止说和脑死亡说。司法实践主要采用心跳停止说,即以心脏停止跳动作为生命终结的标志。本罪的行为内容是剥夺他人生命,即将物理力直接或间接地作用于他人的肌体,使其生命在自然死亡之前终结。行为方式,既可以表现为作为,也可以表现为不作为。本罪的行为结果是被害人死亡。

2. 本罪的主观要件为故意,即明知自己的行为会发生他人死亡的结果,并且希望或者放任这种结果的发生。实践中,故意杀人的动机复杂多样,但动机如何,不影响本罪的成立。

示例5-1　王某故意杀人案

王某致鲍某(怀孕3个月)死亡(鲍某在医院抢救期间分娩出一个不足月死胎),同时致鲍某甲轻微伤。对此,二审法院认为:“上诉人王某故意非法剥夺他人生

命,致一人死亡,一人轻微伤,其行为构成故意杀人罪。"[1]

(二)故意杀人罪的认定

1. 关于转化犯的规定。根据刑法第238条、第247条、第248条、第289条、第292条的规定,对非法拘禁使用暴力致人死亡的,刑讯逼供或暴力取证致人死亡的,虐待被监管人致人死亡的,聚众"打砸抢"致人死亡的,聚众斗殴致人死亡的,不再认定为相关犯罪,而应以故意杀人罪论处。

示例5-2　沈某等故意杀人、非法拘禁案

一审法院认为:"被告人梁某在非法拘禁过程中,持刀不计后果地捅刺他人,且在发现被刺之人生命垂危时仍弃之不顾,系对他人生命安全持放任态度,并最终造成他人死亡,其行为属于间接故意杀人。被告人沈某纠集人员非法拘禁他人,应当对其所纠集人员的故意杀人行为承担刑事责任,其行为亦构成故意杀人罪。被告人张某积极参与非法拘禁蒋某,且在梁某等人捅刺蒋某时控制蒋提供帮助,系在非法拘禁过程中使用暴力致人死亡的共犯,其行为构成故意杀人罪。"[2]

2. 关于摘取人体器官的定性。根据刑法第234条之一第2款的规定,未经本人同意摘取其器官,或者摘取不满18周岁的人的器官,或者强迫、欺骗他人捐献器官的,致人死亡或者具有致人死亡危险的,应以故意杀人罪定罪处罚。

3. 对于以放火、爆炸、投放危险物质等危险方法杀人案件的定性。以放火、爆炸等危险方法故意杀人时,其行为既符合放火、爆炸等犯罪的犯罪构成,也符合故意杀人罪的犯罪构成,构成法条竞合犯。对此,如果以放火罪、爆炸罪等危害公共安全犯罪论处时,不仅可以评价侵害特定的被害人的生命法益的内容,而且也可以评价侵害一般公众的生命、财产法益的内容,而如果以故意杀人罪论处时,却只能评价侵害特定的被害人的生命法益的内容,评价明显不充分,故应以放火罪、爆炸罪等罪论处。

4. 对于与自杀有关的案件的定性。自杀本身不构成犯罪,但引起、促成自杀的行为则可能涉嫌犯罪。具体情形如下:

(1)相约自杀,即二人以上相互约定自愿共同自杀的行为。如果相约双方均自杀身亡,自然不存在犯罪问题;如果相约双方各自实施自杀行为,其中一方死亡,另

[1] "王某故意伤人案二审裁定书",山东省高级人民法院刑事裁定书([2015]鲁刑四终字第97号)。
[2] "沈某等故意杀人、非法拘禁案一审判决书",浙江省嘉兴市中级人民法院刑事判决书([2008]嘉刑初字第18号)。

一方自杀未遂的,未遂一方也不构成犯罪;如果相约自杀,由其中一方杀死对方,继而自杀未遂的,应以故意杀人罪论处,但在量刑时可以酌情从轻处罚。

(2)引起他人自杀,即行为人实施的某种行为引起他人自杀。对此,应当具体分析。对于正当行为引起他人自杀的,不构成犯罪;对于错误行为或者轻微不法行为引起他人自杀的,也不成立犯罪;对于严重不法行为引起他人自杀身亡,应将严重不法行为与他人死亡的后果进行综合评价,如果法益侵害达到特别严重程度时,应以相关犯罪论处。

(3)教唆或帮助自杀。教唆自杀,是指引诱、怂恿、欺骗、唆使没有自杀意图的人产生自杀决意,实施自杀行为。帮助自杀,是指在他人已有自杀意图的情况下,行为人予以物质帮助或精神鼓励,使其得以实现自杀的行为。由于自杀者无罪,因而对教唆者或帮助者定性,极为复杂。一般而言,如果教唆、帮助自杀的行为,符合间接正犯的,应以故意杀人罪论处;如果不具有间接正犯的性质的,原则上不成立犯罪。例如,教唆、帮助不理解死亡意义的幼童、精神病人自杀的,构成故意杀人罪的间接正犯。又如,凭借某种权势或者利用某种特殊关系,以暴力、威胁或者其他方法逼迫他人自杀的,本质上是一种"借刀杀人"的行为,亦应以故意杀人罪论处。再如,行为人的教唆行为导致被害人对法益的有无产生错误认识,进而自杀时,也应认定为故意杀人罪。还有,对自杀者负有救助义务而故意不予救助的,成立不作为的故意杀人罪。

(4)安乐死问题。所谓安乐死,是指为免除患有不治之症、濒临死亡的患者的痛苦,受患者嘱托实施或不实施某种行为,而使其无痛苦地死亡的情形。安乐死有积极安乐死和消极安乐死之分。前者是指经濒临死亡的患者的承诺,通过注射药物或者其他方法,提前结束其生命的行为;后者是指经濒临死亡的患者的承诺,不采取治疗措施,任其死亡的情形。积极安乐死本质上是对他人生命的侵害,因而成立故意杀人罪;消极安乐死没有缩短患者的生命,因而并不成立故意杀人罪。积极的安乐死属于受嘱托杀人,其与帮助自杀的区别在于:前者直接实施了剥夺患者生命的实行行为,后者仅对他人的自杀行为提供帮助,并未直接剥夺其生命。

示例5-3　冯某故意杀人案

一审法院认为:"被告人冯某的行为基于其家庭生活特别困难、被害人非常痛苦且无有效治疗手段等前提下,其主要目的是帮助被害人完成解脱痛苦,其主观恶性与客观危害都较他种杀人行为明显为轻。根据刑法理论,被害人的同意是阻却或减少可归责性的重要事由。但我国普遍伦理、社会舆论与立法实践,尚不认可安乐死行为的合法性。故被告人行为仍应以故意杀人罪追究责任。被告人冯某对被害人的死亡持放任态度,是间接故意杀人,属于故意杀人中情节较轻的情况。"[3]

(三)故意杀人罪的处罚

根据刑法第232条的规定,犯本罪的,处死刑、无期徒刑或者10年以上有期徒刑;情节较轻的,处3年以上10年以下有期徒刑。所谓情节较轻,通常是指义愤杀人、防卫过当杀人、基于被害人过错而杀人、受嘱托杀人、教唆杀人等情形。本罪的法定刑配置是按照从重到轻的序列,即先配置加重刑,再配置基本刑。加重刑的具体刑种配置也是按照从重到轻的序列,即先是死刑,再是无期徒刑,最后才是有期徒刑。这种配置方法在刑法分则中是绝无仅有的,体现了立法者将本罪视为所有犯罪中最严重犯罪的政策倾向。

二、过失致人死亡罪

(一)过失致人死亡罪的概念和构成要件

过失致人死亡罪,是指过失致人死亡的行为。

1. 本罪的客观要件为过失致人死亡。本罪是结果犯,没有造成死亡结果的,不构成本罪。过失重伤进而引起被害人死亡的,只要对死亡结果具有预见可能性,则应直接认定为本罪。在特殊情况下,如果行为人仅对重伤结果具有预见可能性,而对死亡结果没有预见可能性,则只能要求行为人对重伤结果负责。

2. 本罪的主观要件为过失,包括疏忽过失和轻率过失。

(二)过失致人死亡罪的认定

1. 轻率过失致人死亡与间接故意杀人的界限。二者的相同之处在于,客观上都造成了死亡结果,行为人对死亡结果都具有预见可能性,且都不希望死亡结果发生。二者的区别之处在于,前者的行为人对死亡结果的发生持排斥、反对的态度,后者的行为人对死亡结果的发生持放任、容忍的态度;前者的行为人在预见到死亡结果可能发生的情况下仍然实施其行为,是因为其认为凭借一定的主客观条件可以避免死亡结果的发生,后者的行为人在明知死亡结果可能发生的情况下仍然实施其行为,是为了其他目的。

2. 疏忽过失致人死亡与意外事件致人死亡的界限。二者的相同之处在于,行为人都没有预见到死亡结果可能发生,而且对死亡结果都持否定的态度。区分二者的关键在于,行为人对死亡结果的发生是否应当预见。对此,应当根据行为人的知能水平、行为本身的危险程度、行为时的客观环境等因素,判断行为人对死亡结果的发生能否预见。

---

[3] "冯某故意杀人案一审判决书",山东省德州市武城县人民法院刑事判决书([2015]武刑初字第10号)。

示例 5-4 曹某过失致人死亡案

二审法院认为:"曹某推了一下被害人胸部致被害人倒地,但不能因此认为曹某具有伤害被害人身体健康的主观故意,而且曹某事后积极施救的行为也表明,其对被害人倒地不起的情况完全出乎意料,对被害人的最终死亡结果完全违背其意愿,故按照主客观相一致的定罪原则,其行为不构成故意伤害罪,曹某及其辩护人对定罪所提异议成立,予以采信。"[4]

(三)过失致人死亡罪的刑事责任

根据刑法第 233 条的规定,犯本罪的,处 3 年以上 7 年以下有期徒刑;情节较轻的,处 3 年以下有期徒刑。本法另有规定的,依照规定。

三、故意伤害罪

(一)故意伤害罪的概念和构成要件

故意伤害罪,是指故意非法损害他人身体健康的行为。本罪的法益,是他人身体健康,即他人身体的生理机能的健全。

1. 本罪的客观要件为伤害他人身体。本罪的行为对象是他人身体。自伤原则上不构成犯罪,但具有特定身份者在特定情形下实施,则可能因侵犯特定法益而构成犯罪,如军人为了逃避军事义务战时自伤身体的,构成战时自伤罪。他人,必须是具有生命的个体。因此,毁坏尸体、伤害胎儿的行为不构成本罪。

本罪的行为内容是伤害他人身体。关于伤害的具体含义,理论上有以下三种主张:一是认为,伤害是指对身体的完整性(包括身体外形)的侵害;二是认为,伤害是指造成生理机能的障碍;三是认为,伤害是指造成生理机能的障碍以及身体外形的重大变化。[5] 实践中,损害身体完整性的行为大多破坏了生理机能,因此上述观点基本是相同的,主要的分歧在于,是否应当将损害身体外形的完整性但未侵害生理机能的行为认定为伤害?本书认为,仅仅损害身体外形的完整性但未侵害生理机能的行为,不应认定为伤害。因此,应将伤害理解为破坏他人身体的生理机能。伤害行为既可以是作为,也可以是不作为。

本罪的行为结果包括轻伤、重伤和伤害致死三种情况。所谓轻伤,是指物理、化学及生物等各种外界因素作用于人体,造成组织、器官结构的一定程度的损害或者部分功能障碍,尚未构成重伤又不属轻微伤害的损伤。所谓重伤,是指使人肢体残

---

[4] "曹某过失致人死亡案二审判决书",浙江省高级人民法院刑事判决书(〔2014〕浙刑一终字第 223 号)。

[5] 参见[日]前田雅英:《刑法各论讲义》,东京大学出版社 2007 年版,第 30 页。

废、毁人容貌、丧失听觉、丧失视觉、丧失其他器官机能或者其他对于人身健康有重大伤害的损害。关于轻伤、重伤范围和程度的具体标准,应当根据2013年8月30日最高人民法院、最高人民检察院、公安部、司法部《人体损伤程度鉴定标准》确定。

2. 本罪的主观要件为故意,即明知自己的行为会造成他人轻伤以上的伤害结果,而希望或者放任这一结果的发生。

(二)故意伤害罪的认定

1. 本罪的转化犯。根据刑法第238条、第247条、第248条、第289条、第292条、第333条的规定,对非法拘禁使用暴力致人伤残的,刑讯逼供或暴力取证致人伤残的,虐待被监管人致人伤残的,聚众"打砸抢"致人伤残的,聚众斗殴致人重伤的,非法组织或强迫他人出卖血液造成伤害的,不再认定为相关犯罪,而应以故意伤害罪论处。

2. 摘取人体器官的定性。根据刑法第234条之一第2款的规定,未经本人同意摘取其器官,或者摘取不满18周岁的人的器官,或者强迫、欺骗他人捐献器官,造成他人身体伤害的,应以故意伤害罪定罪处罚。

3. 本罪与一般殴打的界限。一般殴打,是指造成他人暂时性的肉体疼痛或者使他人神经受到轻微刺激的行为。这种行为没有破坏他人组织的完整性和人体器官的正常机能,故不构成故意伤害罪。由于我国刑法也没有规定暴行罪,因而这种行为并不构成犯罪。有些殴打行为表现上也会给他人身体造成一定的损害(如轻微伤),但只要没有达到轻伤以上程度的,则不能以故意伤害罪论处。因此,在区分故意伤害与一般殴打时,既要考虑行为是否给人体组织及器官机能造成了损害,又要考虑损害的程度。

4. 本罪的犯罪形态。对此,应当结合行为人的主观意图和客观结果,具体分析认定。行为人主观上仅具有轻伤故意,事实上又造成轻伤结果的,构成故意伤害罪(既遂,适用基本法定刑);未造成轻伤结果的,不以犯罪论处。行为人主观上具有重伤故意,客观上造成重伤结果的,构成故意伤害罪(既遂,适用一级加重法定刑);造成轻伤结果的,故意伤害罪(既遂,适用基本法定刑);未造成任何损害的,应认定为故意伤害罪(未遂,适用加重法定刑);造成死亡结果的,应认定为故意伤害罪(既遂,适用二级加重法定刑)。

5. 本罪与故意杀人罪的界限。对此,关键是要查明行为人的主观心理态度。凡具有杀人故意的,无论是否造成死亡结果,均应认定为故意杀人罪;凡具有伤害故意的,无论是否造成死亡结果,均应认定为故意伤害罪。在认定行为人的主观心理态度时,应当按照唯物论原理,通过缜密分析案件的起因、行为人与被害人的关系、犯罪工具、打击部位、侵害有无节制、是否抢救被害人、有无预谋、犯罪的时空等综合分析认定。实践中,对于那些动辄行凶、不计后果的侵犯人身权利案件,应当根据案情,区别对待:对于明显具有杀人故意的,应当认定为故意杀人罪;对于明显具有伤害故意的，应当认定为故意伤害罪；对于故意内容不很确定或者不顾被害人死伤的，应按实际造成的结果确定行为性质（因为在这种情况下，死亡和伤害的结果都在行为人的犯意之内）；对于某些故意内容确实难以明确的案件，则应按存疑有利于被告的原则，以故意伤害罪论处。

示例5-5　李某等故意伤害案

一审法院认为："被告人依某系保外就医的罪犯，在田某和刘某的指挥下，积极参与犯罪，多次前往吕家欲对吕某行凶，案发当晚看到刘某被吕某夫妇按倒在地无法挣脱时，持尖刀照被害人吕某、钟某要害部位猛刺数刀，对被害人死亡后果持放任的态度，并造成了一人死亡一人重伤的严重后果，其行为符合故意杀人罪（间接）的特征，且作案手段残忍，后果特别严重，应依法严惩。"〔6〕二审法院认为："上诉人（原审被告人）依某犯故意伤害罪，判处死刑，剥夺政治权利终身。"〔7〕

6. 故意伤害致死与过失致人死亡的界限。二者在客观上都造成了被害人死亡的结果，主观上对于死亡结果均出于过失。区分关键在于，行为人主观上有无伤害的故意。过失致人死亡时，行为人既无杀人的故意，也无伤害的故意；故意伤害致人死亡时，行为人虽无杀人的故意，却有伤害的故意。实践中，要注意不能将所有的"故意"殴打致人死亡的案件，都认定为故意伤害致死。如果行为人只有一般殴打的意图，并无伤害的故意，但由于某种原因导致被害人死亡的，不能认定为故意伤害致死；如果行为人对死亡结果具有过失，则应认定为过失致人死亡罪。

（三）故意伤害罪的处罚

根据刑法第234条的规定，犯本罪的，处3年以下有期徒刑、拘役或者管制。犯前款罪，致人重伤的，处3年以上10年以下有期徒刑；致人死亡或者以特别残忍手段致人重伤造成严重残疾的，处10年以上有期徒刑、无期徒刑或者死刑。本法另有规定的，依照规定。

四、组织出卖人体器官罪

组织出卖人体器官罪，是指组织他人出卖人体器官的行为。本罪的法益是他人生理机能的健全和身体器官的完整性。

本罪的客观要件为组织他人出卖人体器官。本罪的行为对象是人体器官。根

---

〔6〕"李某等故意伤害案一审判决书"，河南省安阳市中级人民法院刑事判决书（〔2014〕安刑一初字第9号）。

〔7〕"李某等故意伤害案二审判决书"，载《最高人民检察院公报》2002年第3号。

据2007年3月21日国务院《人体器官移植条例》第2条的规定,所谓人体器官,是指具有特定生理功能的心脏、肺脏、肝脏、肾脏或者胰腺等器官。人体器官必须是活体的器官,而不包括尸体的器官。违背本人生前意愿摘取其尸体器官,或者违背其近亲属意愿摘取其尸体器官的,应以盗窃、侮辱尸体罪论处。本罪的行为方式是组织他人出卖。作为本罪的实行行为不是单纯的买卖行为,而是组织出卖行为。所谓组织出卖,是指经营人体器官的出卖或者以招募、雇佣、介绍、引诱等手段使他人出卖人体器官的行为。从事人体器官买卖的中介行为的,成立本罪。但是,组织他人捐献人体器官的行为,不成立本罪。未经本人同意摘取其器官,或者摘取不满18周岁的人的器官,或者强迫、欺骗他人捐献器官,被组织者对出卖或捐献器官并不能自主决定的,应当以故意杀人罪、故意伤害罪论处。

本罪的主观要件为故意,是否具有营利目的不影响本罪的成立。

示例5-6 王某等组织他人出卖人体器官案

一审法院认为:"本案中,各被告人在长达半年多的时间内,通过网络先后招揽、组织多人出卖人体器官,形成了分工明确的犯罪团伙;其中有两名出卖者实际实施了器官移植手术,一人经鉴定为重伤;该犯罪组织甚至将触角从省内延伸到境外,造成恶劣的影响,据此可以认定被告人王某等人属组织出卖人体器官情节严重。"〔8〕

根据刑法第234条之一的规定,犯本罪的,处5年以下有期徒刑,并处罚金;情节严重的,处5年以上有期徒刑,并处罚金或者没收财产。

五、过失致人重伤罪

过失致人重伤罪,是指过失伤害他人致人重伤的行为。本罪的行为结果是重伤,过失致人轻伤的,不构成本罪。过失行为当场致人重伤,但因抢救无效致人死亡的,应定过失致人死亡罪。

根据刑法第235条的规定,犯本罪的,处3年以下有期徒刑或者拘役。本法另有规定的,依照规定。

六、强奸罪

(一)强奸罪的概念和构成要件

强奸罪,是指以暴力、胁迫或者其他手段强行与妇女性交,或者与不满14周岁

---

〔8〕"王某等组织他人出卖人体器官案一审判决书",江苏省泰兴市人民法院刑事判决书(〔2012〕泰刑初字第352号)。

的幼女性交的行为。本罪的法益,是女性的性的自主决定权,即女性按照自己的意志决定性行为的权利。

1. 本罪的客观要件为以暴力、胁迫或者其他手段强行与妇女性交,或者与不满14周岁的幼女性交。本罪是身份犯,行为主体只能是男性,但女性可以成为本罪的教唆犯和帮助犯。

本罪的行为类型有以下两种:(1)强奸妇女(普通强奸),即以暴力、胁迫或者其他手段强行与妇女性交;(2)奸淫幼女(准强奸),即与不满14周岁的幼女性交。无论是哪种类型的强奸行为,都以违背女性意志为前提。不过,在具体认定违背女性意志时,标准有所不同。对于奸淫幼女而言,只要行为人明知对方是幼女而与其发生性行为,无论是否采用强制手段,也无论幼女是否自愿,均认定为违背了幼女的意志。而对强奸妇女而言,则要求行为人采取强制的方式。强奸行为是复合行为,其中性交是目的行为,强制是手段行为。目的行为不能直接反映行为的违法性,手段行为才是行为违法的根本原因。所谓强制,是指暴力、胁迫或者其他手段。所谓暴力,是指对被害妇女采用殴打、捆绑、卡脖子、按倒等使其不能抗拒。所谓胁迫,是指对被害妇女威胁、恫吓等使其不敢抗拒。所谓其他手段,是指暴力、胁迫以外使被害妇女不知抗拒,如用药物麻醉等。暴力、胁迫或者其他手段,客观上必须达到一定的强度,过于轻微的强制行为,不构成本罪。

示例5-7 孟某等强奸案

二审法院认为:"被告人孟某等五人在被害人处于醉酒无意识状态下,骗取酒吧工作人员的信任,谎称系被害人的朋友,从酒吧带走被害人,预谋实施性侵害,并利用被害人不知反抗、不能反抗的状态和不敢反抗的心理,违背被害人意志,共同对被害人实施了性侵行为,其行为均已构成强奸罪。"[9]

2. 本罪的主观要件为故意,即明知与对方进行性交的行为会发生侵害女性的性的自主决定权的结果,并且希望或者放任这种结果的发生。其中,当对方是幼女,且未采取强制手段(幼女自愿)的情况下,还要求行为人必须"明知"对方是幼女。关于"明知"的认定,根据2013年10月23日最高人民法院、最高人民检察院、公安部、司法部《关于依法惩治性侵害未成年人犯罪的意见》(以下简称《性侵害意见》)第19条的规定,知道或者应当知道对方是不满14周岁的幼女,而实施奸淫等性侵害行为的,应当认定行为人"明知"对方是幼女。对不满12周岁的被害人实施奸淫等性侵

〔9〕"孟某等强奸案二审裁定书",载《刑事审判参考》2015年第2集,指导案例第1061号。

害行为的，应当认定行为人“明知”对方是幼女。对于已满12周岁不满14周岁的被害人，从其身体发育状况、言谈举止、衣着特征、生活作息规律等观察可能是幼女，而实施奸淫等性侵害行为的，应当认定行为人“明知”对方是幼女。

示例5-8　高某强奸案

一审法院认为：“高某具有与其年龄相当的认知能力，明知王某系初中学生，应当知道作为初中学生的王某极大可能系不满十四周岁的幼女，仍然放任自己的行为而与该不满十四岁的女学生多次发生性关系，其奸淫幼女的动机明显，事实清楚，被告人及其辩护人亦未提供其确实不知王某不满十四周岁的有效证据，故对其关于不明知被害人系幼女的辩解不予采信。”[10]

（二）强奸罪的认定

1. 强奸与通奸的界限。通奸，是指双方或一方有配偶的男女，自愿发生的婚外性行为。认定强奸还是通奸，应当进行大量的调查，掌握充分的证据，对双方平时的关系、性交的时间、地点、环境、女方有无反抗、事后态度、告发原因等进行全面分析，进而得出正确的结论。要注意，既不能把“告发”作为定罪的唯一根据，也不能把“未反抗”作为出罪的唯一根据。当没有第三方、仅存在行为人和被害人“一对一”证据，证明有罪的证据链不充分时，应作无罪处理。

2. 半推半就问题。所谓半推半就，是指妇女对男方的性交要求，既有不同意的表示，又有同意的表示。在妇女犹豫不决或者左右矛盾的心态下，男方实施了性交行为。对此，应当着重查明行为人的主观认识。如果行为人认为自己的行为并未违背妇女的意志，而是把其“推”的表示视为羞愧的表现，又没有明显使用暴力、胁迫等手段的，不能认定为强奸罪；反之，如果行为人明知自己的行为违背了妇女的意志，又使用暴力、胁迫等手段强行与妇女性交的，则构成强奸罪。

3. 本罪的既遂标准。关于强奸罪的既遂标准，通说根据被害人是妇女还是幼女采取不同的标准。对于强奸妇女，只有男性的性器官插入女性的性器官时方为既遂，即采插入说；对于奸淫幼女，只要男性的性器官与幼女的性器官发生接触即为既遂，即采接触说。本书认为，强奸罪的既遂标准应当统一采用插入说。主要理由是：无论是强奸妇女还是奸淫幼女，侵害的法益都是女性的性交的自主权，单纯的性器官接触并未对这一权益造成现实侵犯；而且，接触说将既遂标准过于提前，不仅不利于鼓励行为人中止犯罪，而且也不利于保护被害幼女的名誉。

---

〔10〕“高某强奸案一审判决书”，山东省昌邑市人民法院刑事判决书（〔2011〕昌刑初字第199号）。

(三)强奸罪的处罚

根据刑法第236条的规定,犯本罪的,处3年以上10年以下有期徒刑。奸淫不满14周岁的幼女的,以强奸论,从重处罚。有下列情形之一的,处10年以上有期徒刑、无期徒刑或者死刑:(1)强奸妇女、奸淫幼女情节恶劣的;(2)强奸妇女、奸淫幼女多人的;(3)在公共场所当众强奸妇女的;(4)二人以上轮奸的;(5)致使被害人重伤、死亡或者造成其他严重后果的。所谓当众,是指在公共场所实施强奸,且有其他多人在场的情形。所谓轮奸,是指两名以上男性在同一时间对同一女性连续实施性交的行为。所谓致人重伤、死亡,是指因强奸妇女、奸淫幼女导致被害人性器官严重损伤,或者造成其他严重伤害,甚至当场死亡或者经治疗无效死亡(不包括被害人事后自杀身亡)。对于强奸犯出于报复、灭口等动机,在实施强奸的过程中,杀死或者伤害被害人的,应分别定为强奸罪、故意杀人罪或者故意伤害罪,实行数罪并罚。

七、强制猥亵、侮辱罪

(一)强制猥亵、侮辱罪的概念和构成要件

强制猥亵、侮辱罪,是指以暴力、胁迫或者其他方法强制猥亵、侮辱他人的行为。

1. 本罪的客观要件为以暴力、胁迫或者其他方法强制猥亵、侮辱他人。本罪的行为对象是妇女和男子,但不包括儿童。本罪的行为内容是强制猥亵、侮辱他人。所谓猥亵,是指性交以外的、能够满足行为人的性欲和性刺激的行为。例如,抠摸阴部、捏摸乳房、强行接吻、强迫手淫等。所谓侮辱,是指具有性倾向的“侮辱”行为。值得注意的是,《刑法修正案(九)》将本罪的罪状由原来的“强制猥亵妇女或者侮辱妇女”修改为“强制猥亵他人或者侮辱妇女”,但这一修改问题较大。应当认为,第二个“妇女”没有同步修改为“他人”,实为立法疏漏。不过,由于这里的“侮辱”,实与猥亵同义,是立法上的同语反复现象,因而并不影响本罪的调整范围。申言之,对于“侮辱男子”的行为,完全可以按“猥亵他人”来处理。

2. 本罪的主观要件为故意,且具有刺激或者满足性欲的内心倾向。如果不具有这一倾向,即使客观上实施了强制猥亵、侮辱行为,也不得认定为本罪。

(二)强制猥亵、侮辱罪的处罚

根据刑法第237条第1款、第2款的规定,犯本罪的,处5年以下有期徒刑或者拘役;聚众或者在公共场所当众犯本罪的,处5年以上有期徒刑。在校园、游泳馆、儿童乐园等公共场所对未成年人实施猥亵犯罪,只要有其他多人在场,不论在场人员是否实际看到,均可以认定为在公共场所“当众”强制猥亵。

示例 5-9 肖某强制猥亵、侮辱案

肖某、熊某同乘一辆大巴车由广东江门至吉安。车行途中,肖某趁坐在其身旁的熊某熟睡之际,用手抚摸熊某的大腿、胸部,并伸入熊某内裤抠摸其生殖器。对此,二审法院认为:“上诉人肖某某在大巴车上强制猥亵未成年妇女,属于在公共场所当众实施犯罪,其行为已构成强制猥亵妇女罪。”[11]

八、猥亵儿童罪

猥亵儿童罪,是指猥亵不满 14 周岁的儿童的行为。本罪的行为主体是一般主体,既可以是男性,也可以是女性;行为对象是儿童,既包括幼男,也包括幼女。行为内容是猥亵,如鸡奸儿童、强迫儿童为其手淫等。行为手段没有限制,既可以是强制的,也可以是非强制的。

示例 5-10 邱某猥亵儿童案

二审法院认为:“被告人在与被害人相识之初就已经足以推断被害人是一名幼女,仍在交往过程中实施抚摸、搂抱的行为,并在互联网上以散播裸照为名胁迫被害人同意被其继续猥亵,可见被告人不仅具有寻求性刺激、性满足的猥亵目的,且已实施了猥亵行为。猥亵儿童,不论儿童是否同意,也不论儿童是否进行了反抗,只要对儿童实施了猥亵的行为,就构成本罪。”[12]

根据刑法第 237 条第 3 款的规定,犯本罪的,处 5 年以下有期徒刑或者拘役,并从重处罚;聚众或者在公共场所当众犯本罪的,处 5 年以上有期徒刑,并从重处罚。

九、非法拘禁罪

(一)非法拘禁罪的概念和构成要件

非法拘禁罪,是指非法拘禁他人或者以其他方法非法剥夺他人人身自由的行为。本罪的法益是公民的人身自由。

1. 本罪的客观要件为非法拘禁他人或者以其他方法非法剥夺他人人身自由。本罪的行为对象是他人,即具有身体活动能力的个体。本罪的行为内容是非法拘禁

---

[11] “肖某强制猥亵、侮辱案二审裁定书”,江西省吉安市中级人民法院刑事裁定书(〔2016〕赣 08 刑终 29 号)。

[12] “邱某猥亵儿童案二审裁定书”,广东省广州市中级人民法院刑事裁定书(〔2013〕穗中法少刑终字第 42 号)。

他人或者以其他方法非法剥夺他人人身自由。非法剥夺人身自由的方式多样,具体可以分为两类:(1)直接拘束他人的身体,如捆住四肢、铐住双手;(2)间接拘束他人的身体,如软禁密室、隔离审查等。剥夺行为应具有非法性,主要表现为:(1)无拘禁权者非法拘禁他人;(2)有拘禁权者违反法定程序拘禁他人。非法拘禁是继续犯,拘禁的不法行为和他人失去人身自由的不法状态在一定时间内处于不间断地持续状态。持续时间的长短原则上不影响本罪的成立,只影响量刑。但时间过短、瞬间性的剥夺人身自由的行为,不构成本罪。

2. 本罪的主观要件为故意,即明知自己的行为会发生剥夺他人人身自由的结果,并且希望或者放任这种结果的发生。

(二)非法拘禁罪的认定

1. 本罪与非罪的界限。司法人员拘捕了重大犯罪嫌疑分子,但后经查证该人无罪的,只要当时的拘捕符合法定程序和条件,且主观上不存在故意剥夺他人人身自由的,属于错误拘捕,不能认定为非法拘禁。另外,根据2006年7月26日最高人民检察院《关于渎职侵权犯罪案件立案标准的规定》(以下简称《渎职侵权立案标准》)的规定,涉嫌下列情形之一的,应予立案:(1)非法剥夺他人人身自由24小时以上的;(2)非法剥夺他人人身自由,并使用械具或者捆绑等恶劣手段,或者实施殴打、侮辱、虐待行为的;(3)非法拘禁,造成被拘禁人轻伤、重伤、死亡的;(4)非法拘禁,情节严重,导致被拘禁人自杀、自残造成重伤、死亡,或者精神失常的;(5)非法拘禁3人次以上的;(6)司法工作人员对明知是没有违法犯罪事实的人而非法拘禁的;(7)其他非法拘禁应予追究刑事责任的情形。

2. 本罪的罪数问题。非法拘禁的行为往往同其他犯罪发生关联,应当根据具体情形作出正确的处理。在拐卖妇女、儿童的过程中,实施非法拘禁的,以拐卖妇女、儿童罪从重处罚;收买被拐卖的妇女、儿童后,为防止其逃跑,而将其拘禁的,应实行数罪并罚;以非法拘禁、扣留他人的方法勒索财物的,以绑架罪定罪处罚。

3. 本罪的转化犯。根据刑法第238条第2款的规定,在非法拘禁的过程中,行为人使用暴力致人伤残、死亡的,依照故意伤害罪、故意杀人罪论处。在这种情况下,行为人实施的行为完全充当故意伤害罪、故意杀人罪的构成要件,故应转化处理。但需注意的是,在非法拘禁过程中,如果行为人并未使用暴力,但因捆绑过紧导致血脉不畅等其他原因造成被害人重伤、死亡的,则属于结果加重犯,仍应以非法拘禁罪论处。

示例5-11 蔡某等非法拘禁案

对于被害人在拘禁期间内自杀,是否属于"非法拘禁致人死亡"的情形,一审法院认为:"各被告人明知被害人身负巨额债务、被单位辞退,身心遭受巨大打击的情况下,为追索债务，非法拘禁被害人长达十五天，并不断逼迫被害人归还欠款，在被害人被长时间非法拘禁、逼债，身心十分脆弱的情况下，各被告人对被害人的人身安全没有尽到注意义务，故各被告人的非法拘禁行为是导致被害人死亡的直接原因，构成非法拘禁罪。”〔13〕

4. 索债型非法拘禁的定性。根据刑法第238条第3款的规定，为索取债务非法扣押、拘禁他人的，以非法拘禁罪论处。根据2000年7月13日最高人民法院《关于对为索取法律不予保护的债务，非法拘禁他人行为如何定罪问题的解释》的规定，行为人为索取高利贷、赌债等法律不予保护的债务，非法扣押、拘禁他人的，以非法拘禁罪论处。可见，这一解释对刑法条文中的“债务”进行了扩大解释，即将合法债务和非法债务一并包括在内。

示例5-12　黄某非法拘禁案

二审法院认为：“被告人黄某等人为索要传销出资款而挟持了被害人邹某某。传销是非法的，参与非法活动所形成的债权债务，当然也是非法的，不受法律保护，但是，不能因债务是非法的，就否定挟持邹某某的目的是索要债务。”〔14〕

（三）非法拘禁罪的处罚

根据刑法第238条的规定，犯本罪的，处3年以下有期徒刑、拘役、管制或者剥夺政治权利。具有殴打、侮辱情节的，从重处罚。致人重伤的，处3年以上10年以下有期徒刑；致人死亡的，处10年以上有期徒刑。国家机关工作人员利用职权犯本罪的，从重处罚。

十、绑架罪

（一）绑架罪的概念和构成要件

绑架罪，是指以勒索财物为目的绑架他人，或者绑架他人作为人质的行为。本罪的法益是被绑架者的人身自由。

1. 本罪的客观要件为绑架他人。所谓绑架，是指使用强制手段将被害人置于行为人的实力控制之下，从而剥夺其人身自由的行为。绑架在本质上也是一种非法拘禁行为。绑架既可能采用暴力、胁迫、麻醉等强制方法，也可以采用偷盗、运送等强制方法。绑架不以被害人离开其原处所为限，即使行为人未将被害人掳离其原住

〔13〕“蔡某等非法拘禁案一审判决书”，江苏省启东市人民法院刑事判决书（〔2012〕启刑初字第30号）。

〔14〕“黄某非法拘禁案二审裁定书”，海南省海口市中级人民法院刑事裁定书（〔2000〕海中法刑终字第71号）。

处，但使其丧失行动自由的，仍不失为绑架。绑架，应以行为人实际控制被害人的行动自由为前提；否则，难以成立绑架。例如，行为人没有实施绑架行为，而是直接杀害被害人，进而掩盖事实向其亲属勒索财物的，应认定为故意杀人罪、敲诈勒索罪，实行数罪并罚。行为人虽然控制了被害人的人身自由，但其目的不是向第三人勒索财物，而是当场劫取财物的，应当认定为抢劫罪。

示例5－13　黎某绑架案

一审法院认为："被告人黎力以非法占有为目的，在银行营业厅内，以炸毁银行和持刀对银行顾客实施暴力相威胁，当场劫取银行经营资金，数额巨大，其行为已构成抢劫罪。公诉机关指控被告人黎力犯罪的事实清楚，证据确实充分，但指控的罪名有误，应予纠正。"〔15〕

2. 本罪的主观要件为故意，且具有勒索财物或者满足其他不法要求的目的。本罪是法定目的犯，行为人主观上必须具有将被害人作为人质，以实现勒索财物或者其他不法要求的目的。所谓作为人质，是指将被害人当作与被害人的近亲属或者其他人（包括单位或国家）讨价还价的筹码，利用后者对被害人安危的担忧实现其不法要求。勒索财物或者满足其他不法要求的目的，是主观的超过要素，不需要客观化。只要行为人具有这种目的，即使客观上没有向被害人的近亲属或者其他人勒索财物或者提出其他不法要求的，也成立绑架罪；行为人客观上向被害人的近亲属或者其他人勒索财物或者提出其他不法要求，无论后者是否满足其要求的，也仅成立绑架罪，不另成立其他犯罪。另外，以勒索财物为目的，偷盗婴幼儿的，成立本罪。

（二）绑架罪的认定

1. 本罪和非法拘禁罪的界限。二者在客观上都表现为非法剥夺他人人身自由，且都采取强制的方式。二者的区别主要在于主观方面。绑架罪是法定目的犯，行为人必须具有以被害人作为人质以实现其不法要求的目的；非法拘禁不是目的犯，行为人主观上没有这一目的。行为人使用暴力、胁迫、麻醉等方法，非法剥夺他人人身自由的，即已构成非法拘禁罪。如果同时能够证明行为人的目的是勒索财物或者实现其他不法要求，则应认定为绑架罪。但是，如果行为人非法控制他人的行动自由，主观上是为了索取债务，则应认定为非法拘禁罪。

2. 相对负刑事责任年龄的人实施绑架行为的定性。已满14周岁不满16周岁的人，实施绑架行为并撕票的，应当认定为故意杀人罪；仅实施绑架行为，但未故意

---

〔15〕"黎某绑架案一审判决书"，【法宝引证码】CLI. C. 3225243。

伤害或者杀害被绑架人的,不负刑事责任。

3. 本罪的既遂标准。绑架罪是行为犯,应以被绑架者的人身自由被剥夺作为既遂的标准。行为人已经将人质置于自己的支配控制之下的,成立既遂;虽实施强制行为,但未实际控制人质的,成立未遂。是否向第三方提出勒索财物或者其他不法要求,以及是否实际获取财物或者实现其他不法要求,均不影响既遂的成立。

示例 5-14 忻某绑架案

忻某将女孩杨某骗上车,带至宁波市北仑区新碶镇算山村防空洞附近,采用捂口、鼻的方式将杨某杀害后掩埋。之后,给杨家打电话,称绑架了杨某并要杨父带 60 万元赎人。后又因怀疑公安人员已介入,停止了勒索。对此,最高人民法院认为:"被告人忻某以勒索财物为目的,绑架并杀害他人的行为已构成绑架罪。其犯罪手段残忍,情节恶劣,后果严重,无法定从轻处罚情节。"[16]

(三)绑架罪的处罚

根据刑法第 239 条的规定,犯本罪的,处 10 年以上有期徒刑或者无期徒刑,并处罚金或者没收财产;情节较轻的,处 5 年以上 10 年以下有期徒刑,并处罚金;杀害被绑架人的,或者故意伤害被绑架人,致人重伤、死亡的,处无期徒刑或者死刑,并处没收财产。

十一、拐卖妇女、儿童罪

(一)拐卖妇女、儿童罪的概念和构成要件

拐卖妇女、儿童罪,是指以出卖为目的,拐骗、绑架、收买、贩卖、接送、中转妇女、儿童的行为。

1. 本罪的客观要件为拐骗、绑架、收买、贩卖、接送、中转妇女、儿童。本罪的行为对象是妇女和儿童。拐卖已满 14 周岁的男性的,不构成本罪。本罪的行为内容是拐骗、绑架、收买、贩卖、接送、中转妇女、儿童。所谓拐骗,是指采用欺骗、利诱等方法将妇女、儿童置于行为人的控制之下。所谓绑架,是指采用暴力、胁迫、麻醉或者其他方法劫持、控制妇女、儿童。所谓收买,是指以金钱或者其他财物购买妇女、儿童。所谓贩卖,是指将妇女、儿童当作商品予以出卖。所谓接送,是指接收、运送妇女、儿童。所谓中转,是指提供中途藏匿场所。本罪属于选择性罪名,只要实施上述任何一种行为,即构成本罪;同时实施上述数种行为,或者既拐卖妇女、又拐卖儿

〔16〕 "忻某绑架案死刑复核裁定书",载《最高人民检察院公报》2011 年第 2 号。

童的,也只构成一罪,不实行数罪并罚。

2. 本罪的主观要件为故意,且具有出卖的目的。至于行为人实施拐卖妇女、儿童的行为后实际上是否获利,则不影响本罪的成立。以出卖为目的强抢儿童,或者捡拾儿童后予以出卖,或者以抚养为目的偷盗婴幼儿或者拐骗儿童后又予以出卖的,以拐卖儿童罪论处。医疗机构、社会福利机构等单位的工作人员以非法获利为目的,将所诊疗、护理、抚养的儿童贩卖给他人的,以拐卖儿童罪论处。

(二)拐卖妇女、儿童罪的认定

1. 关于出卖亲生子女的定性。实践中,要严格区分借送养之名出卖亲生子女与民间送养行为的界限。区分的关键在于行为人是否具有非法获利的目的。应当通过审查将子女"送"人的背景和原因、有无收取钱财及收取钱财的多少、对方是否具有抚养目的及有无抚养能力等事实,综合判断行为人是否具有非法获利的目的。不是出于非法获利目的,而是迫于生活困难,或者受重男轻女思想影响,私自将没有独立生活能力的子女送给他人抚养,包括收取少量"营养费""感谢费"的,属于民间送养行为,不能以拐卖妇女、儿童罪论处。对私自送养导致子女身心健康受到严重损害,或者具有其他恶劣情节,符合遗弃罪特征的,可以遗弃罪论处;情节显著轻微危害不大的,可由公安机关依法予以行政处罚。根据2010年3月15日最高人民法院、最高人民检察院、公安部、司法部《关于依法惩治拐卖妇女儿童犯罪的意见》(以下简称《拐卖意见》)的规定,以非法获利为目的,出卖亲生子女的,应当以拐卖妇女、儿童罪论处。具有下列情形之一的,可以认定属于出卖亲生子女,应当以拐卖妇女、儿童罪论处:(1)将生育作为非法获利手段,生育后即出卖子女的;(2)明知对方不具有抚养目的,或者根本不考虑对方是否具有抚养目的,为收取钱财将子女"送"给他人的;(3)为收取明显不属于"营养费""感谢费"的巨额钱财将子女"送"给他人的;(4)其他足以反映行为人具有非法获利目的的"送养"行为的。

示例5-15　武某、关某拐卖儿童案

一审法院认为:"被告人武某、关某将出生仅4个月的男婴,以26000元的价格出卖给他人,其行为均构成拐卖儿童罪。……武某、关某在不了解对方基本条件的情况下,不考虑对方是否具有抚养目的以及有无抚养能力等事实,为收取明显不属于营养费的巨额钱财,将孩子送给他人,属于出卖亲生儿子的行为,应当以拐卖儿童罪论处。"[17]

2. 本罪的既遂标准。拐骗、绑架、收买、接送、中转妇女、儿童的行为,只要将被

[17]　"武某、关某拐卖儿童案一审判决书",载《最高人民法院公报》2012年第10期。

害人置于行为人的实力支配之下，即构成既遂。贩卖妇女、儿童、出卖捡拾的儿童、出卖亲生子女、收买被拐卖的妇女、儿童后又出卖的，当将被害人置于买受人的实力支配之下时，构成既遂。

3. 本罪的共犯认定。明知他人系拐卖儿童的"人贩子"，仍然利用从事诊疗、福利救助等工作的便利或者了解被拐卖方情况的条件，居间介绍的，或者向其提供被拐卖妇女、儿童的健康证明、出生证明或者其他帮助的，或者向其提供被收买妇女、儿童的户籍证明、出生证明或者其他帮助的，以收买被拐卖的妇女、儿童罪的共犯论处，但收买人未被追究刑事责任的除外。认定是否"明知"，应当根据证人证言、犯罪嫌疑人、被告人及其同案人的供述和辩解，结合提供帮助的人次，以及是否明显违反相关规章制度、工作流程等，予以综合判断。对于拐卖妇女、儿童犯罪的共犯，应当根据各被告人在共同犯罪中的分工、地位、作用，参与拐卖的人数、次数，以及分赃数额等，准确区分主从犯。

4. 本罪的罪数问题。拐卖妇女、儿童，又奸淫被拐卖的妇女、儿童，或者诱骗、强迫被拐卖的妇女、儿童卖淫的，以拐卖妇女、儿童罪处罚。拐卖妇女、儿童，又对被拐卖的妇女、儿童实施故意杀害、伤害、猥亵、侮辱等行为，构成其他犯罪的，依照数罪并罚的规定处罚。拐卖妇女、儿童或者收买被拐卖的妇女、儿童，又组织、教唆被拐卖、收买的妇女、儿童进行犯罪的，以拐卖妇女、儿童罪或者收买被拐卖的妇女、儿童罪与其所组织、教唆的罪数罪并罚。拐卖妇女、儿童或者收买被拐卖的妇女、儿童，又组织、教唆被拐卖、收买的未成年妇女、儿童进行盗窃、诈骗、抢夺、敲诈勒索等违反治安管理活动的，以拐卖妇女、儿童罪或者收买被拐卖的妇女、儿童罪与组织未成年人进行违反治安管理活动罪数罪并罚。

（三）拐卖妇女、儿童罪的处罚

根据刑法第 240 条的规定，犯本罪的，处 5 年以上 10 年以下有期徒刑，并处罚金；有下列情形之一的，处 10 年以上有期徒刑或者无期徒刑，并处罚金或者没收财产；情节特别严重的，处死刑，并处没收财产：（1）拐卖妇女、儿童集团的首要分子；（2）拐卖妇女、儿童 3 人以上的；（3）奸淫被拐卖的妇女的；（4）诱骗、强迫被拐卖的妇女卖淫或者将被拐卖的妇女卖给他人迫使其卖淫的；（5）以出卖为目的，使用暴力、胁迫或者麻醉方法绑架妇女、儿童的；（6）以出卖为目的，偷盗婴幼儿的；（7）造成被拐卖的妇女、儿童或者其亲属重伤、死亡或者其他严重后果的；（8）将妇女、儿童卖往境外的。

十二、收买被拐卖的妇女、儿童罪

（一）收买被拐卖的妇女、儿童罪的概念和构成要件

收买被拐卖的妇女、儿童罪，是指以金钱或者其他财物购买被拐卖的妇女、儿童的行为。

1. 本罪的客观要件为收买被拐卖的妇女、儿童。本罪的行为对象是被拐卖的妇女、儿童。收买被拐卖的男子,不构成本罪。本罪的行为内容是收买被拐卖的妇女、儿童。所谓收买,是指行为人以金钱或者其他财物购买妇女、儿童,并将其置于自己的支配控制之下。收买的基本特征是将妇女、儿童当作商品来交易,因而不同于收养。收养通常表现为单纯接受妇女、儿童为自己的家庭成员,一般不表现为金钱交易关系。

2. 本罪的主观要件为故意,即行为人明知是被拐卖的妇女、儿童而予以收买。动机可以多种多样,如"买人为妻""买人为子"等,但不能是出卖的动机。

示例 5-16　殷某等收买被拐卖妇女、强奸、拐卖妇女案

一审法院认为:"被告人殷某在已发觉被害人精神不正常的情况下,将其介绍给他人为妻,并接收 400 元,具有出卖目的,其行为构成拐卖妇女罪。被告人杨某明知是被拐卖妇女而予以收买,并与系中度精神发育迟滞,不具备性防卫能力的被害人发生性关系,其行为构成收买被拐卖妇女罪、强奸罪。"〔18〕

(二)收买被拐卖的妇女、儿童罪的认定

1. 本罪与拐卖妇女、儿童罪的界限。拐卖妇女、儿童罪的行为方式中有一种收买行为,而本罪的行为方式也是收买行为,这两种收买行为在客观上都表现为以财物购买妇女、儿童,并将其置于行为人的控制支配之下。区别的关键,在于拐卖妇女、儿童罪是法定目的犯,而收买被拐卖的妇女、儿童罪不是目的犯。对于收买妇女、儿童的行为,如果能够证明行为人具有出卖的目的的,则应当认定为拐卖妇女、儿童罪;如果不能够证明行为人具有出卖的目的,则应当认定为收买被拐卖的妇女、儿童罪。居间介绍的,成立收买被拐卖的妇女、儿童罪的共犯,而不成立拐卖妇女、儿童罪的共犯。

2. 本罪的罪数问题。收买被拐卖的妇女,强行与其发生性关系的,或者收买被拐卖的妇女、儿童,非法剥夺、限制其人身自由或者有伤害、侮辱等犯罪行为的,分别构成收买被拐卖的妇女、儿童罪和相关犯罪,依照数罪并罚的规定处罚。收买被拐卖的妇女、儿童又出卖的,构成拐卖妇女、儿童罪。

(三)收买被拐卖的妇女、儿童罪的处罚

根据刑法第 241 条的规定,犯本罪的,处 3 年以下有期徒刑、拘役或者管制。收买被拐卖的妇女、儿童,对被买儿童没有虐待行为,不阻碍对其进行解救的,可以从轻处罚;按照被买妇女的意愿,不阻碍其返回原居住地的,可以从轻或者减轻处罚。

〔18〕"殷某等收买被拐卖妇女、强奸、拐卖妇女案一审判决书",山西省忻州市五台县人民法院刑事判决书(〔2014〕五刑初字第 8 号)。

十三、聚众阻碍解救被收买的妇女、儿童罪

聚众阻碍解救被收买的妇女、儿童罪，是指首要分子聚集多人阻碍国家机关工作人员解救被收买的妇女、儿童的行为。本罪的行为主体是首要分子，其他参与者不构成本罪。但是，如果其他参与者以暴力、威胁方法阻碍国家机关工作人员解救被收买的妇女、儿童的，则构成妨害公务罪。行为方式是聚众阻碍被收买的妇女、儿童。所谓聚众，是指纠集、策划、组织、指挥多人参与阻碍解救的行为。本罪的主观要件为故意。

根据刑法第 242 条的规定，犯本罪的，处 5 年以下有期徒刑或者拘役。

十四、诬告陷害罪

（一）诬告陷害罪的概念和构成要件

诬告陷害罪，是指捏造犯罪事实诬告陷害他人，意图使他人受刑事追究，情节严重的行为。本罪的法益，是他人的人身权利和司法机关的正常活动。

1. 本罪的客观要件为捏造犯罪事实并向有关国家机关告发，情节严重。本罪的行为对象是他人。诬告并不需要指名道姓，只要告发的内容足以使有关机关确认对象的，就可以成立诬告陷害罪。本罪的行为内容是捏造犯罪事实向有关国家机关告发。所谓捏造，是指无中生有，虚构他人的犯罪事实。如果告发的是真实的犯罪事实，即使在情节上有所出入，亦属检举事实，不构成犯罪。捏造的必须是犯罪的事实，如果捏造的是他人生活隐私、一般违法行为，则不成立诬告陷害罪。所谓告发，是指将捏造的他人的犯罪事实告知司法机关或者其他有义务向司法机关转送告发内容的机构。告发的方式不受限制，包括邮寄、口头控告等。在捏造和诬告的两个行为中，捏造是预备行为，诬告是实行行为。明知是他人捏造的犯罪事实而予以告发的，仍然成立诬告陷害罪。行为结果是情节严重。所谓情节严重，是指告发的虚假内容足以引起司法机关启动刑事追诉程序的情形。如果告发行为不足以引起公检法机关刑事追诉的，应视为情节显著轻微，不以犯罪论处。

2. 本罪的主观要件为故意，且具有使他人受刑事追究的目的。

（二）诬告陷害罪的认定

1. 本罪与非罪的界限。本罪的成立，应当要求行为人认识到所告发的确实是虚假的犯罪事实，即行为人故意捏造他人的犯罪事实，或者明知是虚假的犯罪事实而予以告发。如果行为人误以为所告发的犯罪事实真实，则属于错告或检举失实，不构成犯罪。

示例 5－17　高某诈骗、诬告陷害案

一审法院认为："被告人高某因怀疑原江阴市公安局北国派出所副所长吴某在办理其经济案件时处理不公，遂捏造吴某于 2012 年 11 月 22 日向其索贿 30 万元的犯罪事实，

并编写材料向有关机关投递。无锡市公安局和江阴市公安局纪律检查委员会对吴某启动调查程序,对吴某的工作、生活造成巨大影响。其行为构成诬告陷害罪。”[19]

2. 关于诬告反坐问题。诬告反坐,是指诸告事不实,以其罪罪之。如诬告他人盗窃的,则以盗窃罪论处;诬告他人强奸的,则以强奸罪论处。这种处理模式违反了罪刑法定原则,因为诬告者客观上毕竟没有实施所诬告的犯罪行为。现行刑法摒弃诬告反坐的立法例,根据诬告行为本身的严重程度来配置法定刑,较好地贯彻了责任原则。

(三)诬告陷害罪的处罚

根据刑法第 243 条的规定,犯本罪的,处 3 年以下有期徒刑、拘役或者管制;造成严重后果的,处 3 年以上 10 年以下有期徒刑。国家机关工作人员犯本罪的,从重处罚。

十五、强迫劳动罪

强迫劳动罪,是指以暴力、威胁或者限制人身自由的方法强迫他人劳动的行为。所谓暴力,是指直接对被害人实施殴打、伤害等危及人身安全的行为。所谓威胁,是指以恶害相通告,对被害人进行精神强制。所谓限制人身自由的方法,是指将他人的人身控制在一定范围和限度的方法。这里的“限制”,是指被害人的活动范围相对较大,但仍不能超出一定的区域。在该区域内,被害人的人身自由实际上是被剥夺的。所谓强迫劳动,是指违背被害人的意愿逼迫其从事各种劳动。行为人是否提供劳动报酬,不影响本罪的成立。根据 2008 年 6 月 25 日最高人民检察院、公安部《关于公安机关管辖的刑事案件立案追诉标准的规定(一)》[以下简称《立案追诉标准(一)》]第 31 条的规定,涉嫌下列情形之一的,应予立案追诉:(1)强迫他人劳动,造成人员伤亡或者患职业病的;(2)采用殴打、胁迫、扣发工资、扣留身份证件等手段限制人身自由,强迫他人劳动的;(3)强迫妇女从事井下劳动、国家规定的第 3 级体力劳动强度的劳动或者其他禁忌从事的劳动,或者强迫处于经期、孕期和哺乳期妇女从事国家规定的第三级体力劳动强度以上的劳动或者其他禁忌从事的劳动的;(4)强迫已满 16 周岁未满 18 周岁的未成年人从事国家规定的第 4 级体力劳动强度的劳动,或者从事高空、井下劳动,或者在爆炸性、易燃性、放射性、毒害性等危险环境下从事劳动的;(5)其他情节严重的情形。

根据刑法第 244 条的规定,犯本罪的,处 3 年以下有期徒刑或者拘役,并处罚

---

〔19〕“高某诈骗、诬告陷害案一审判决书”,江苏省江阴市人民法院刑事判决书(〔2014〕澄刑初字第 1452 号)。

金;情节严重的,处3年以上10年以下有期徒刑,并处罚金。明知他人实施强迫劳动行为,为其招募、运送人员或者有其他协助强迫他人劳动行为的,亦构成本罪。单位犯本罪的,对单位判处罚金,并对其直接负责的主管人员和其他直接责任人员,依照上述规定处罚。

十六、雇用童工从事危重劳动罪

雇用童工从事危重劳动罪,是指违反劳动管理法规,雇用未满16周岁的未成年人从事超强度体力劳动的,或者从事高空、井下作业的,或者在爆炸性、易燃性、放射性、毒害性等危险环境下从事劳动,情节严重的行为。根据《立案追诉标准(一)》第32条的规定,涉嫌下列情形之一的,应予立案追诉:(1)造成未满16周岁的未成年人伤亡或者对其身体健康造成严重危害的;(2)雇用未满16周岁的未成年人3人以上的;(3)以强迫、欺骗等手段雇用未满16周岁的未成年人从事危重劳动的;(4)其他情节严重的情形。

根据刑法第244条之一的规定,犯本罪的,对直接责任人员,处3年以下有期徒刑或者拘役,并处罚金;情节特别严重的,处3年以上7年以下有期徒刑,并处罚金。雇用童工从事危重劳动,造成事故,又构成其他犯罪的,依照数罪并罚的规定处罚。

十七、非法搜查罪

非法搜查罪,是指非法搜查他人身体、住宅的行为。本罪的行为对象是他人身体、住宅,行为方式是非法搜查。所谓非法,是指没有搜查权的人或者有搜查权的人滥用职权或者违反法定程序进行搜查。警察依法搜查的行为,或者得到被害人承诺的搜查行为,阻却违法性。根据《渎职侵权立案标准》第2条的规定,具有下列情形之一的,应予立案:(1)非法搜查他人身体、住宅,并实施殴打、侮辱等行为的;(2)非法搜查,情节严重,导致被搜查人或者其近亲属自杀、自残造成重伤、死亡,或者精神失常的;(3)非法搜查,造成财物严重损坏的;(4)非法搜查3人(户)次以上的;(5)司法工作人员对明知是与涉嫌犯罪无关的人身、住宅非法搜查的;(6)其他非法搜查应予追究刑事责任的情形。

根据刑法第245条的规定,犯本罪的,处3年以下有期徒刑或者拘役。司法工作人员滥用职权犯本罪的,从重处罚。

十八、非法侵入住宅罪

非法侵入住宅罪,是指非法侵入他人住宅的行为。本罪的法益是他人居住环境的平稳和安宁,行为对象是他人住宅,行为内容是非法侵入他人住宅。所谓非法侵入,是指非法强行闯入他人住宅,或者虽经许可或者有其他正当理由进入他人住宅后，经要求退出而拒不退出的行为。在实践中，非法侵入他人住宅往往是实现其他犯罪的手段。对此，应按行为人意图实施的主要犯罪定罪量刑，不实行数罪并罚。例如，入户盗窃或者入户抢劫的，仅认定为盗窃罪或者抢劫罪。

根据刑法第245条的规定，犯本罪的，处3年以下有期徒刑或者拘役。司法工作人员滥用职权犯本罪的，从重处罚。

十九、侮辱罪

侮辱罪，是指以暴力或者其他方法公然败坏他人名誉，情节严重的行为。本罪的法益是他人的名誉。本罪的行为方式是以暴力或者其他方法公然侮辱他人。所谓侮辱，是指以言语或举动羞辱别人，使其人格或名誉受损。所谓公然，是指采用不特定或者多数人可能知悉的方式。侮辱行为不要求发生在公共场所，公然也不要求被害人在场。但是，如果仅仅面对着被害人进行侮辱，没有第三者在场，也不可能被第三者知悉的，则不构成侮辱罪。在公开发行的出版物中侮辱他人的，属于公然侮辱他人。本罪的行为对象是特定的人，行为结果是情节严重。

示例5－18　蔡某侮辱案

二审法院认为："上诉人蔡某无视国家法律，因怀疑被害人徐某在其经营的服装店试衣服时偷衣服，遂在该店的视频截图配上'穿花花衣服的是小偷'等字幕后，上传到其新浪微博上，公然对他人进行侮辱，致徐某因不堪受辱跳水自杀身亡，情节严重，其行为构成侮辱罪，依法应当惩处。上诉人利用网络侮辱他人，造成的影响大，范围广，并造成了被害人死亡的严重后果，属于严重危害社会秩序，陆丰市人民检察院提起公诉并无不当。"[20]

根据刑法第246条的规定，犯本罪的，处3年以下有期徒刑、拘役、管制或者剥夺政治权利。犯本罪的，告诉的才处理，但是严重危害社会秩序和国家利益的除外。所谓告诉的才处理，是指被害人告诉才处理，如因受强制、威吓无法告诉的，人民检察院和被害人的近亲属也可以告诉。通过信息网络实施本罪，被害人向人民法院告诉，但提供证据确有困难的，人民法院可以要求公安机关提供协助。

二十、诽谤罪

诽谤罪，是指捏造并散布某种事实，败坏他人名誉，情节严重的行为。本罪的法益是他人的名誉。

---

〔20〕"蔡某侮辱案二审裁定书"，载《刑事审判参考》2015年第1集，指导案例第1046号。

本罪的行为方式是捏造并散布某种事实。所谓捏造，是指无中生有，凭空制作某种事实。所谓散布，是指以语言或文字的方式传播某种虚假事实。根据2013年9月6日最高人民法院、最高人民检察院《关于办理利用信息网络实施诽谤等刑事案件适用法律若干问题的解释》（以下简称《信息网络解释》）第1条的规定，具有下列情形之一的，应当认定为“捏造事实诽谤他人”：（1）捏造损害他人名誉的事实，在信息网络上散布，或者组织、指使人员在信息网络上散布的；（2）将信息网络上涉及他人的原始信息内容篡改为损害他人名誉的事实，在信息网络上散布，或者组织、指使人员在信息网络上散布的；（3）明知是捏造的损害他人名誉的事实，在信息网络上散布，情节恶劣的。如果行为人散布的是有损他人名誉的真实事实，则不构成诽谤罪。捏造是本罪的预备行为，散布是本罪的实行行为。明知是他人捏造的有损他人名誉的事实而予以散布的，也构成诽谤。本罪的行为对象是特定的人，虽未指名道姓，但能够从所散布的事实内容中推知的，仍构成诽谤。本罪的行为结果是情节严重。根据《信息网络解释》第2条的规定，利用信息网络诽谤他人，具有下列情形之一的，应当认定为“情节严重”：（1）同一诽谤信息实际被点击、浏览次数达到5000次以上，或者被转发次数达到500次以上的；（2）造成被害人或者其近亲属精神失常、自残、自杀等严重后果的；（3）2年内曾因诽谤受过行政处罚，又诽谤他人的；（4）其他情节严重的情形。根据第4条的规定，1年内多次实施利用信息网络诽谤他人行为未经处理，诽谤信息实际被点击、浏览、转发次数累计计算构成犯罪的，应当依法定罪处罚。

示例5-19 秦某诽谤、寻衅滋事案

秦某分别使用“东土秦××”“淮上秦××”“江淮秦××”和“炎黄秦××”等新浪微博账户捏造损害罗某、杨某、兰某、张某等人名誉的事实在信息网络上散布，引发大量网民转发和负面评论。对此，一审法院认为：“被告人秦某无视国法，在信息网络上捏造事实，诽谤他人，情节严重，且系诽谤多人，造成恶劣社会影响，其行为已构成诽谤罪。”〔21〕

根据刑法第246条的规定，犯本罪的，处3年以下有期徒刑、拘役、管制或者剥夺政治权利。犯本罪的，告诉的才处理，但是严重危害社会秩序和国家利益的除外。根据《信息网络解释》第3条的规定，具有下列情形之一的，应当认定为“严重危害社会秩序和国家利益”：（1）引发群体性事件的；（2）引发公共秩序混乱的；（3）引发民族、宗教冲突的；（4）诽谤多人，造成恶劣社会影响的；（5）损害国家形象，严重危害

〔21〕“秦某诽谤、寻衅滋事案一审判决书”，北京市朝阳区人民法院刑事判决书（〔2013〕朝刑初字第2584号）。

国家利益的;(6)造成恶劣国际影响的;(7)其他严重危害社会秩序和国家利益的情形。通过信息网络实施本罪,被害人向人民法院告诉,但提供证据确有困难的,人民法院可以要求公安机关提供协助。

二十一、刑讯逼供罪

(一)刑讯逼供罪的概念和构成要件

刑讯逼供罪,是指司法工作人员对犯罪嫌疑人、被告人使用肉刑或者变相肉刑,逼取口供的行为。本罪的法益,是犯罪嫌疑人、被告人的人身权利和司法机关的正常活动。

1. 本罪的客观要件为司法工作人员对犯罪嫌疑人、被告人使用肉刑或者变相肉刑,逼取口供。本罪是身份犯,行为主体必须是司法工作人员,即具有侦查、检察、审判、监管职责的工作人员。本罪的行为对象是犯罪嫌疑人、被告人,既包括在侦查、起诉和审判过程中的犯罪嫌疑人、被告人,也包括在刑事立案前被作为犯罪嫌疑人对待的人或者被采取强制手段的人。本罪的行为方式是刑讯逼供,即使用肉刑或者变相肉刑逼取口供。所谓肉刑,是指直接对被害人的身体实施暴力,使其遭受肉体痛苦,如捆绑、吊打、针刺、棍打等。所谓变相肉刑,是指对被害人使用类似于暴力的摧残和折磨手段,如冻饿、烤晒、罚跪、水闷、强光照射等。

2. 本罪的主观要件为故意,目的是逼取口供,动机如何不影响定罪。

(二)刑讯逼供罪的认定

1. 本罪与非罪的界限。刑法虽然没有将"情节严重"规定为本罪的成立要件,但是,对于情节显著轻微危害不大的刑讯逼供行为,不得认定为犯罪。根据《渎职侵权立案标准》第2条的规定,涉嫌下列情形之一的,应予立案:(1)以殴打、捆绑、违法使用械具等恶劣手段逼取口供的;(2)以较长时间冻、饿、晒、烤等手段逼取口供,严重损害犯罪嫌疑人、被告人身体健康的;(3)刑讯逼供造成犯罪嫌疑人、被告人轻伤、重伤、死亡的;(4)刑讯逼供,情节严重,导致犯罪嫌疑人、被告人自杀、自残造成重伤、死亡,或者精神失常的;(5)刑讯逼供,造成错案的;(6)刑讯逼供3人次以上的;(7)纵容、授意、指使、强迫他人刑讯逼供,具有上述情形之一的;(8)其他刑讯逼供应予追究刑事责任的情形。

2. 本罪的转化犯。刑讯逼供致人伤残、死亡的,依照故意伤害罪、故意杀人罪定罪并从重处罚。所谓致人伤残,是指刑讯逼供造成被害人重伤或者残废。对于刑讯逼供造成被害人轻伤的,可以在刑讯逼供罪的法定刑内从重处罚,无须转化处理。所谓致人死亡,是指因暴力摧残或者其他虐待行为,造成被害人当场死亡或者经抢救无效死亡的情形。

示例 5-20 陈某等故意伤害、刑讯逼供案

二审法院认为:“陈某、李某、熊某、徐某身为公安执法人员,在执行公务活动中知法犯法,采用捆绑、踢打、非法使用警棍等手段,对被害人邵某实行刑讯逼供并导致邵某呼吸、循环功能衰竭死亡。其行为均已构成故意伤害(致人死亡)罪;何某身为执法人员,在讯问犯罪嫌疑人别某时,非法使用警用器械殴打别某逼取口供,其行为构成刑讯逼供罪。”〔22〕

(三)刑讯逼供罪的处罚

犯本罪的,处3年以下有期徒刑或者拘役。致人伤残、死亡的,依照故意伤害罪、故意杀人罪的规定定罪从重处罚。

二十二、暴力取证罪

暴力取证罪,是指司法工作人员使用暴力逼取证人证言的行为。本罪的行为主体是司法工作人员,行为对象是证人。这里的“证人”,应作广义理解,既包括被害人、鉴定人等,也包括知道案件真相的人。本罪的行为方式,是使用暴力强迫证人作出口头陈述或者书面陈述。本罪的主观要件为故意,目的是获取证言,动机如何不影响本罪的成立。根据《渎职侵权立案标准》第2条的规定,涉嫌下列情形之一的,应予立案:(1)以殴打、捆绑、违法使用械具等恶劣手段逼取证人证言的;(2)暴力取证造成证人轻伤、重伤、死亡的;(3)暴力取证,情节严重,导致证人自杀、自残造成重伤、死亡,或者精神失常的;(4)暴力取证,造成错案的;(5)暴力取证3人次以上的;(6)纵容、授意、指使、强迫他人暴力取证,具有上述情形之一的;(7)其他暴力取证应予追究刑事责任的情形。

根据刑法第247条的规定,犯本罪的,处3年以下有期徒刑或者拘役。致人伤残、死亡的,依照故意伤害罪、故意杀人罪的规定定罪并从重处罚。

二十三、虐待被监管人罪

虐待被监管人罪,是指监狱、拘留所、看守所等监管机构的监管人员对被监管人进行殴打或者体罚虐待,情节严重的行为。本罪是身份犯,行为主体只能是监管人员。本罪的行为对象是被监管人,包括被拘留、逮捕的犯罪嫌疑人、被告人,被判处拘役、有期徒刑、无期徒刑、死刑的罪犯,以及其他被依法剥夺人身自由的人员。本罪的行为内容为虐待被监管人,行为结果是情节严重。根据《渎职侵权立案标准》第

〔22〕“陈某等故意伤害、刑讯逼供案二审裁定书”,宁夏回族自治区高级人民法院刑事裁定书(〔2008〕宁刑终字第55号)。

2条的规定,涉嫌下列情形之一的,应予立案:(1)以殴打、捆绑、违法使用械具等恶劣手段虐待被监管人的;(2)以较长时间冻、饿、晒、烤等手段虐待被监管人,严重损害其身体健康的;(3)虐待造成被监管人轻伤、重伤、死亡的;(4)虐待被监管人,情节严重,导致被监管人自杀、自残造成重伤、死亡,或者精神失常的;(5)殴打或者体罚虐待3人次以上的;(6)指使被监管人殴打、体罚虐待其他被监管人,具有上述情形之一的;(7)其他情节严重的情形。

根据刑法第247条的规定,犯本罪的,处3年以下有期徒刑或者拘役;情节特别严重的,处3年以上10年以下有期徒刑;致人伤残、死亡的,依照故意伤害罪、故意杀人罪的规定定罪并从重处罚。

二十四、煽动民族仇恨、民族歧视罪

煽动民族仇恨、民族歧视罪,是指向不特定人或者多数人鼓动民族仇恨、民族歧视,情节严重的行为。所谓煽动民族仇恨,是指向不特定人或者多数人煽动汉族与少数民族之间、此种少数民族与彼种少数民族之间的仇恨。所谓煽动民族歧视,是指向不特定人或者多数人宣扬、鼓动对某一民族予以歧视。构成本罪,要求煽动行为情节严重。

根据刑法第249条的规定,犯本罪的,处3年以下有期徒刑、拘役、管制或者剥夺政治权利;情节特别严重的,处3年以上10年以下有期徒刑。

二十五、出版歧视、侮辱少数民族作品罪

出版歧视、侮辱少数民族作品罪,是指在出版物中刊载歧视、侮辱少数民族的内容,情节恶劣,造成严重后果的行为。本罪的行为主体是直接责任人员,包括作者、责任编辑以及其他对刊载上述内容负有直接责任的人员。所谓出版物,是指报纸、期刊、图书、音像制品和电子出版物等。出版物是公开发行还是内部发行,是合法发行还是非法发行,则在所不问。

根据刑法第250条的规定,犯本罪的,对直接责任人员,处3年以下有期徒刑、拘役或者管制。

二十六、非法剥夺公民宗教信仰自由罪

非法剥夺公民宗教信仰自由罪,是指国家机关工作人员非法剥夺公民的宗教信仰自由,情节严重的行为。本罪的法益为公民的宗教信仰自由,行为主体是国家机关工作人员,行为方式是非法剥夺公民宗教信仰自由,行为结果是情节严重。

根据刑法第251条的规定,犯本罪的,处2年以下有期徒刑或者拘役。

二十七、侵犯少数民族风俗习惯罪

侵犯少数民族风俗习惯罪,是指国家机关工作人员侵犯少数民族风俗习惯,情节严重的行为。本罪的法益为少数民族保持和改革本民族的风俗习惯的权利,行为主体是国家机关工作人员,行为方式为侵犯少数民族风俗习惯,行为结果是情节严重。

根据刑法第 251 条的规定,犯本罪的,处 2 年以下有期徒刑或者拘役。

二十八、侵犯通信自由罪

侵犯通信自由罪,是指隐匿、毁弃或者非法开拆他人信件,侵犯公民通信自由权利,情节严重的行为。本罪的法益是公民的通信自由权,行为对象是他人信件,行为方式是隐匿、毁弃或者非法开拆他人信件。所谓隐匿,是指将他人的信件秘密隐藏。所谓毁弃,是指将他人的信件予以撕毁、烧毁或者丢弃。所谓非法开拆,是指未经收、发件人同意,或者未经有权机关批准,擅自开启他人的信件。本罪的行为结果是情节严重。

根据刑法第 252 条的规定,犯本罪的,处 1 年以下有期徒刑或者拘役。

二十九、私自开拆、隐匿、毁弃邮件、电报罪

私自开拆、隐匿、毁弃邮件、电报罪,是指邮政工作人员私自开拆或者隐匿、毁弃邮件、电报的行为。本罪是身份犯,行为主体只能是邮政工作人员,包括营业员、分拣员、投递员、押运员以及有关的监管人员等。本罪的行为内容是私自开拆、隐匿、毁弃邮件、电报。这一点与侵犯通信自由罪是相同的。所不同的是,本罪的行为人还利用了职务或工作便利。

根据刑法第 253 条的规定,犯本罪的,处 2 年以下有期徒刑或者拘役。犯本罪而窃取财物的,依照盗窃罪定罪并从重处罚。

三十、侵犯公民个人信息罪

(一)侵犯公民个人信息罪的概念和构成要件

侵犯公民个人信息罪,是指违反国家有关规定,向他人出售或提供公民个人信息,或者窃取或以其他方法非法获取公民个人信息,情节严重的行为。本罪的法益是公民个人信息自由和安全。

1. 本罪的客观要件为违反国家有关规定,向他人出售或提供公民个人信息,或者窃取或以其他方法非法获取公民个人信息,情节严重。本罪的行为对象是公民个人信息。根据 2017 年 5 月 8 日最高人民法院、最高人民检察院《关于办理侵犯公民个人信息刑事案件适用法律若干问题的解释》(以下简称《公民个人信息解释》)第 1

条的规定，所谓公民个人信息，是指以电子或者其他方式记录的能够单独或者与其他信息结合识别特定自然人身份或者反映特定自然人活动情况的各种信息，包括姓名、身份证件号码、联系方式、住址、账号密码、财产状况、行踪轨迹等。

本罪的行为方式有以下两种：(1)出售、非法提供公民个人信息。所谓出售，是指将公民个人信息当作商品予以出卖；所谓非法提供，是指违背国家规定或职业操守而将公民个人信息告知他人。根据《公民个人信息解释》第3条的规定，向特定人提供公民个人信息，以及通过信息网络或者其他途径发布公民个人信息的，应当认定为“提供公民个人信息”；未经被收集者同意，将合法收集的公民个人信息向他人提供的，属于“提供公民个人信息”，但是经过处理无法识别特定个人且不能复原的除外。(2)窃取或以其他方法非法获取公民个人信息。所谓窃取，是指采用盗窃的方法取得公民个人信息。所谓其他方法，是指通过购买、欺骗等方法取得公民个人信息。根据《公民个人信息解释》第4条的规定，违反国家有关规定，通过购买、收受、交换等方式获取公民个人信息，或者在履行职责、提供服务过程中收集公民个人信息的，属于“以其他方法非法获取公民个人信息”。构成本罪的前提，必须违反国家规定。根据《公民个人信息解释》第2条的规定，所谓违反国家规定，是指违反法律、行政法规、部门规章有关公民个人信息保护的规定。

本罪的行为结果是情节严重。根据《公民个人信息解释》第5条第1款的规定，具有下列情形之一的，应当认定“情节严重”：(1)出售或者提供行踪轨迹信息，被他人用于犯罪的；(2)知道或者应当知道他人利用公民个人信息实施犯罪，向其出售或者提供的；(3)非法获取、出售或者提供行踪轨迹信息、通信内容、征信信息、财产信息50条以上的；(4)非法获取、出售或者提供住宿信息、通信记录、健康生理信息、交易信息等其他可能影响人身、财产安全的公民个人信息500条以上的；(5)非法获取、出售或者提供上述第3项、第4项规定以外的公民个人信息5000条以上的；(6)数量未达到上述第3项至第5项规定标准，但是按相应比例合计达到有关数量标准的；(7)违法所得5000元以上的；(8)将在履行职责或者提供服务过程中获得的公民个人信息出售或者提供给他人，数量或者数额达到上述第3项至第7项规定标准一半以上的；(9)曾因侵犯公民个人信息受过刑事处罚或者2年内受过行政处罚，又非法获取、出售或者提供公民个人信息的；(10)其他情节严重的情形。根据《公民个人信息解释》第6条第1款的规定，为合法经营活动而非法购买、收受本解释第5条第1款第3项、第4项规定以外的公民个人信息，具有下列情形之一的，应当认定为“情节严重”：(1)利用非法购买、收受的公民个人信息获利5万元以上的；(2)曾因侵犯公民个人信息受过刑事处罚或者2年内受过行政处罚，又非法购买、收受公民个人信息的；(3)其他情节严重的情形。

2. 本罪的主观要件为故意，过失不构成本罪。

示例 5－21　丁某侵犯公民个人信息案

丁某通过互联网下载方式非法获取宾馆住宿信息等公民个人信息，并私自上传至自己创办的“嗅密码”网站，该网站除了能够查询宾馆住宿记录外，还提供用户QQ、部分论坛账号及密码找回功能。对此，一审法院认为：“被告人丁某非法获取公民个人信息，并向他人非法出售公民个人信息近二千万条，属于情节特别严重，其行为已经构成了侵犯公民个人信息罪。”[23]

（二）侵犯公民个人信息罪的认定

1. 公民个人信息的数量计算。非法获取公民个人信息后又出售或者提供的，公民个人信息的条数不重复计算。向不同单位或者个人分别出售、提供同一公民个人信息的，公民个人信息的条数累计计算。对批量公民个人信息的条数，根据查获的数量直接认定，但是有证据证明信息不真实或者重复的除外。

2. 本罪与相关犯罪的界限。设立用于实施非法获取、出售或者提供公民个人信息违法犯罪活动的网站、通讯群组，情节严重的，应当以非法利用信息网络罪定罪处罚；同时构成侵犯公民个人信息罪的，依照侵犯公民个人信息罪定罪处罚。网络服务提供者拒不履行法律、行政法规规定的信息网络安全管理义务，经监管部门责令采取改正措施而拒不改正，致使用户的公民个人信息泄露，造成严重后果的，应当以拒不履行信息网络安全管理义务罪定罪处罚。

（三）侵犯公民个人信息罪的处罚

根据刑法第 253 条之一的规定，犯本罪的，处 3 年以下有期徒刑或者拘役，并处或者单处罚金；情节特别严重的，处 3 年以上 7 年以下有期徒刑，并处罚金。违反国家有关规定，将在履行职责或者提供服务过程中获得的公民个人信息，出售或者提供给他人的，依照上述规定从重处罚。单位犯本罪的，依照相应自然人犯罪的定罪量刑标准，对直接负责的主管人员和其他直接责任人员定罪处罚，并对单位判处罚金。对于侵犯公民个人信息犯罪，应当综合考虑犯罪的危害程度、犯罪的违法所得数额以及被告人的前科情况、认罪悔罪态度等，依法判处罚金。罚金数额一般在违法所得的 1 倍以上 5 倍以下。

三十一、报复陷害罪

（一）报复陷害罪的概念和构成要件

报复陷害罪，是指国家机关工作人员滥用职权、假公济私，对控告人、申诉人、批

〔23〕“丁某侵犯公民个人信息案一审判决书”，浙江省乐清市人民法院刑事判决书（〔2016〕浙 0382 刑初 2332 号）。

评人、举报人实行报复陷害的行为。本罪的法益是公民的控告权、申诉权、批评监督权与举报权。

1. 本罪的客观要件为国家机关工作人员滥用职权、假公济私,对控告人、申诉人、批评人、举报人实行报复陷害。本罪的行为主体是国家机关工作人员,行为对象是控告人、申诉人、批评人和举报人。所谓控告人,是指向司法机关或其他有关部门告发国家工作人员违法渎职行为的人;所谓申诉人,是指对自己或亲属所受的处分不服,向原作出处分决定的单位或者其上级部门请求改变处分决定的人;所谓批评人,是指对国家机关及其工作人员提出批评建议的人;所谓举报人,是指向司法机关或其他有关部门检举、报告违法犯罪行为的人。本罪的行为内容为滥用职权、假公济私,实行报复陷害。所谓滥用职权,是指国家机关工作人员在自己职权范围内非法行使权力,以及超越自己的职务权限的越权行为。所谓假公济私,是指假借国家机关的名义或权力来实施,是以合法形式掩盖其非法目的。滥用职权、假公济私,在本质上都是一种报复行为。报复陷害的形式多种多样,如克扣工资、降职降级、开除公职等。本罪的行为结果是情节严重。根据《渎职侵权立案标准》第 2 条的规定,涉嫌下列情形之一的,应予立案:(1)报复陷害,情节严重,导致控告人、申诉人、批评人、举报人或者其近亲属自杀、自残造成重伤、死亡,或者精神失常的;(2)致使控告人、申诉人、批评人、举报人或者其近亲属的其他合法权利受到严重损害的;(3)其他报复陷害应予追究刑事责任的情形。

2. 本罪的主观要件为故意,即明知自己的报复陷害行为会发生侵犯他人民主权利的结果,并且希望或者放任这一结果的发生。

示例 5-22 张某、汪某受贿、报复陷害案

二审法院认为:"张某、汪某身为国家工作人员,滥用职权、假公济私,以刑事追究方法对举报人及其亲属进行报复陷害,致使举报人李某及其亲属合法权利遭受严重损害,并导致李某自缢死亡,其行为均构成报复陷害罪,犯罪情节严重,依法应予严惩。"[24]

(二)报复陷害罪的处罚

根据刑法第 254 条的规定,犯本罪的,处 2 年以下有期徒刑或者拘役;情节严重的,处 2 年以上 7 年以下有期徒刑。

三十二、打击报复会计、统计人员罪

打击报复会计、统计人员罪,是指公司、企业、事业单位、机关、团体的领导人,对

---

〔24〕 "张某、汪某受贿、报复陷害案二审裁定书",载《最高人民检察院公报》2010 年第 5 号。

依法履行职责、抵制违反会计法、统计法行为的会计、统计人员实行打击报复，情节恶劣的行为。本罪的行为主体是公司、企业、事业单位、机关、团体的领导人，行为对象是会计、统计人员，行为内容是打击报复，行为结果是情节恶劣。

根据刑法第255条的规定，犯本罪的，处3年以下有期徒刑或者拘役。

三十三、破坏选举罪

（一）破坏选举罪的概念和构成要件

破坏选举罪，是指在选举各级人民代表大会代表和国家机关领导人员时，以暴力、威胁、欺骗、贿赂、伪造选举文件、虚报选举票数等手段破坏选举或者妨害选民和代表自由行使选举权和被选举权，情节严重的行为。

1. 本罪的客观要件为在选举各级人民代表大会代表和国家机关领导人员时，以各种非法手段破坏选举或者妨害选民和代表自由行使选举权与被选举权，情节严重。所谓选举，是指选举各级人民代表大会代表和国家机关领导人员，但不包括选举村民委员会或居民委员会的委员。本罪的行为方式主要有两种类型：一是破坏选举工作的正常进行；二是妨害选民和代表自由行使选举权与被选举权。本罪的行为结果是情节严重。根据《渎职侵权立案标准》第2条的规定，涉嫌下列情形之一的，应予立案：（1）以暴力、威胁、欺骗、贿赂等手段，妨害选民、各级人民代表大会代表自由行使选举权和被选举权，致使选举无法正常进行，或者选举无效，或者选举结果不真实的；（2）以暴力破坏选举场所或者选举设备，致使选举无法正常进行的；（3）伪造选民证、选票等选举文件，虚报选举票数，产生不真实的选举结果或者强行宣布合法选举无效、非法选举有效的；（4）聚众冲击选举场所或者故意扰乱选举场所秩序，使选举工作无法进行的；（5）其他情节严重的情形。

示例5-23 王某破坏选举案

王某为谋取竞选优势，确保当选湖南省人大代表，先后送给衡阳市人民代表大会常务委员会机关工作人员、机关市人大代表以及出席衡阳市第十四届人民代表大会第一次会议的市人大代表和大会工作人员现金共计人民币269万元。对此，二审法院认为："上诉人王某在衡阳市第十四届人民代表大会第一次会议选举湖南省第十二届人大代表时，以贿选的手段妨害代表自由行使选举权，情节严重，其行为已构成破坏选举罪。"[25]

---

〔25〕"王某破坏选举案二审裁定书"，湖南省衡阳市中级人民法院刑事裁定书（〔2014〕岳中刑二终字第74号）。

2. 本罪的主观要件为故意,过失不构成本罪。

(二)破坏选举罪的处罚

根据刑法第256条的规定,犯本罪的,处3年以下有期徒刑、拘役或者剥夺政治权利。

三十四、暴力干涉婚姻自由罪

暴力干涉婚姻自由罪,是指以暴力干涉他人结婚和离婚自由的行为。本罪的法益是公民的婚姻自由和人身自由。所谓暴力,是指以殴打、捆绑、禁闭等方式对他人人身进行强制或打击。虽然干涉他人婚姻,但未使用暴力的,或者仅仅威胁使用暴力的,均不能成立本罪。所谓干涉他人婚姻自由,是指强制他人与某人结婚或者离婚,或者阻止他人与某人结婚或者离婚。干涉他人恋爱关系的,不构成本罪。在暴力干涉他人婚姻自由的过程中,又实施了故意杀人、故意伤害行为的,应以本罪和故意杀人罪、故意伤害罪数罪并罚。本罪的主观要件为故意。

根据刑法第257条的规定,犯本罪的,处2年以下有期徒刑或者拘役;致使被害人死亡的,处2年以上7年以下有期徒刑。所谓"致使被害人死亡",是指在实施暴力干涉他人婚姻的过程中因过失导致被害人死亡,以及因暴力干涉婚姻自由而直接引起被害人自杀身亡等情况。本罪的基本犯,告诉的才处理。

三十五、重婚罪

(一)重婚罪的概念和构成要件

重婚罪,是指有配偶而又与他人结婚,或者明知他人有配偶而与之结婚的行为。本罪的法益是一夫一妻制的婚姻关系。

1. 本罪的客观要件为有配偶而又与他人结婚,或者明知他人有配偶而与之结婚。

(1)本罪的行为主体有两类:一是重婚者,即有配偶且在婚姻关系存续期间又与他人结婚的人。二是相婚者,即没有配偶但明知对方有配偶而与之结婚的人。相婚者,就其个人而言,只有一次婚姻关系,因而并不存在"重婚"。但从重婚关系的整体来看,其仍然是重婚的一方,在性质上与重婚者的行为无异,故刑法将其规定为重婚主体。

(2)本罪的行为内容为实施重婚行为。主要有两种情况:一是重婚者又与他人登记结婚,或者相婚者明知他人有配偶而与之登记结婚;二是有配偶者又与他人建立事实婚姻关系,或者相婚者明知他人有配偶而与之建立事实婚姻关系。所谓事实婚姻关系,是指以夫妻名义同居共同生活的关系。1994年1月12日国务院批准、同年2月1日民政部发布的《婚姻登记管理条例》第24条规定:"未到法定结婚年龄的公民以夫妻名义同居的,或者符合结婚条件的当事人未经结婚登记以夫妻名义同居的,其婚姻关系无效,不受法律保护。"2001 年 4 月 28 日修订的《婚姻法》第 8 条规定:"要求结婚的男女双方必须亲自到婚姻登记机关进行结婚登记。符合本法规定的,予以登记,发给结婚证。取得结婚证,即确立夫妻关系。未办理结婚登记的,应当补办登记。"根据上述规定,民法不承认事实婚姻,登记是确立夫妻关系的唯一法律根据。但刑法却承认事实婚姻,以扩大重婚罪的调整范围,维护一夫一妻的婚姻制度。

示例 5-24　方某重婚案

1993 年 7 月 27 日,军人方某与原籍同村的王某按当地风俗举行了结婚典礼。当时,因方某未到结婚年龄(距法定结婚年龄差四个半月),故未办理结婚登记手续。此后,二人以夫妻名义同居生活,次年,王某生下一女孩。1996 年 2 月 10 日,方某与部队驻地附近的小学教师李某登记结婚。李某于同年年底生下一女孩。对此,二审法院认为:"上诉人方某与王某同居时,因方某未到结婚年龄,不符合法定结婚条件,因此,方某与王某属于非法同居,不能认定为事实婚姻,对方某不能以重婚罪论处。"〔26〕

2. 本罪的主观要件为故意,行为人必须明知重婚的事实。具体而言,重婚者必须明知自己有配偶,如果重婚者误以为配偶已经死亡而与他人结婚的,不构成本罪;相婚者必须明知他人有配偶,如果相婚者误认为对方没有配偶而与之结婚的,不构成本罪。

示例 5-25　米某、罗某重婚案

米某于 1991 年 8 月 24 日在英国与被害人米某某注册结婚。罗某在明知米某已经注册结婚的情况下,仍与其同居。2006 年下半年,二人举办婚宴,宴请双方的亲朋好友。后生育 2 名子女。对此,一审法院认为:"被告人米某,有配偶仍与他人以夫妻名义共同生活,被告人罗某明知他人有配偶而与他人以夫妻名义共同生活,其行为均构成重婚罪。"〔27〕

(二) 重婚罪的认定

1. 本罪与非罪的认定。结婚后因遭受自然灾害外流谋生,或者因配偶长期外出

---

〔26〕"方某重婚案二审判决书",载《刑事审判参考》1999 年第 2 集,指导案例第 10 号。

〔27〕"米某、罗某重婚案一审判决书",载《刑事审判参考》2014 年第 2 集,指导案例第 967 号。

下落不明,造成家庭生活严重困难,又与他人形成事实婚姻的,因强迫、包办婚姻或因婚后受虐待外逃,或者已婚妇女在被拐卖后,与他人形成事实婚姻的,因缺乏期待可能性,不应以犯罪论处。有配偶而与他人通奸或姘居,以及明知他人有配偶而与之通奸或姘居的,不成立重婚罪。

2. 假离婚后真结婚的定性。实践中存在以下情况:夫妻双方为了达到某种目的而商议假离婚,并从法律上解除了婚姻关系;之后,一方与第三人建立恋爱关系,并登记结婚的。对于这种弄假成真的行为,不能以重婚罪论处。因为重婚行为必须是两个婚姻关系的重合。在上述情况下,由于行为人事实上只有一个婚姻关系,故不能论以重婚罪。

(三) 重婚罪的处罚

根据刑法第 258 条的规定,犯本罪的,处 2 年以下有期徒刑或者拘役。

三十六、破坏军婚罪

破坏军婚罪,是指明知是现役军人的配偶而与之同居或者结婚的行为。所谓现役军人,是指具有军籍,并正在中国人民解放军或者人民武装警察部队服役的军人。复员退伍军人、转业军人、人民警察以及在部队、人民武装警察部队中工作但无军籍的工作人员,不属于军人。所谓现役军人的配偶,是指现役军人的妻子或丈夫,但不包括与现役军人有婚约关系的未婚妻或未婚夫。所谓结婚,是指与现役军人的配偶登记结婚,或者形成事实婚姻。所谓同居,是指在一定时期内与现役军人的配偶姘居或共同生活。同居以两性关系为基础,同时还有经济上或者其他生活方面的特殊关系。同居不同于事实婚姻,也不同于通奸。本罪的主观要件为故意,行为人必须明知对方是现役军人的配偶。

根据刑法第 259 条的规定,犯本罪的,处 3 年以下有期徒刑或者拘役。

三十七、虐待罪

(一) 虐待罪的概念和构成要件

虐待罪,是指虐待家庭成员,情节恶劣的行为。

1. 本罪的客观要件为虐待家庭成员,情节恶劣。本罪的行为主体和行为对象必须是共同生活的同一家庭成员,即虐待者与被虐待者之间存在一定的血亲关系、婚姻关系或者收养关系。本罪的行为内容是虐待家庭成员,即对共同生活的家庭成员,经常以打骂冻饿、强迫劳动、不给治病、限制自由、凌辱人格等手段,从肉体上和精神上进行摧残、折磨。虐待行为既可以是作为,也可以是作为和不作为的结合。虐待行为应具有惯常性、多发性、累积性,偶尔打骂、冻饿等,不构成本罪。本罪的行为结果是情节恶劣,如虐待时间长、手段恶劣、致使被害人身心遭受摧残等。

2. 本罪的主观要件为故意，即明知自己的虐待行为会侵害被害人的人身权利，仍然希望或者放任这种结果的发生。

示例5-26　蔡某虐待案

一审法院认为："被告人蔡某在与被害人陈某共同生活期间，因家庭矛盾经常采用打骂等方式对被害人进行虐待，并致被害人重伤（偏轻）后果，已构成虐待罪。对于被害人之诉讼代理人提出被告人行为构成故意伤害罪的意见，经审查，被告人多次供述其实施虐待行为，目的在于通过对被害人长期施虐以此发泄对于婚姻家庭生活的不满，且根据鉴定意见和本案其他证据无法认定造成重伤后果的具体伤害行为，不能排除被害人的重伤结果系长期虐待行为积累所致的可能，故对被害人之诉讼代理人的该意见不予采纳。"〔28〕

（二）虐待罪的处罚

根据刑法第260条的规定，犯本罪的，处2年以下有期徒刑、拘役或者管制；致使被害人重伤、死亡的，处2年以上7年以下有期徒刑。本罪的基本犯，告诉的才处理，但被害人没有能力告诉，或者因受到强制、威吓无法告诉的除外。

三十八、虐待被监护、看护人罪

虐待被监护、看护人罪，是指对未成年人、老年人、患病的人、残疾人等负有监护、看护职责的人或单位虐待被监护、看护的人，情节恶劣的行为。本罪的法益是被监护、看护人的人身权利。本罪的行为主体是对特定群体负有监护、看护职责的人和单位，行为方式是实施虐待行为，行为结果是情节恶劣。

根据刑法第260条之一的规定，犯本罪的，处3年以下有期徒刑或者拘役。单位犯本罪的，对单位判处罚金，并对其直接负责的主管人员和其他直接责任人员，依照上述规定处罚。实施本罪行为，同时构成其他犯罪的，依照处罚较重的规定定罪处罚。

三十九、遗弃罪

遗弃罪，是指对于年老、年幼、患病或者其他没有独立生活能力的人，负有扶养义务而拒绝抚养，情节恶劣的行为。本罪是纯正不作为犯，具体义务来源应当根据亲属法确定。所谓扶养，是指提供日常生活所必需的基本物质条件。拒绝扶养的行

---

〔28〕"蔡某虐待案一审判决书"，北京市朝阳区人民法院刑事判决书（〔2010〕朝刑初字第2832号）。

为,使被害人的生活陷于困境,但尚无生命危险。如果明知拒绝扶养会导致被害人死亡的,或者在他人处于死亡之危险境地而拒不救助的,则应属于不作为杀人。

示例5-27 赵某、何某遗弃案

二审法院认为:"上诉人赵某身为婴儿的亲生父亲,却将婴儿送至医院后而不顾,致使婴儿长期置留在医院,情节恶劣,其行为已构成遗弃罪。被告人何某产后体虚,且患肝炎病,其遗弃婴儿的情节显著轻微危害不大,不认为是犯罪。"〔29〕

根据刑法第261条的规定,犯本罪的,处5年以下有期徒刑、拘役或者管制。

四十、拐骗儿童罪

拐骗儿童罪,是指拐骗不满14周岁的未成年人,脱离家庭或者监护人的行为。本罪的行为对象是不满14周岁的未成年人,行为内容是拐骗。本罪的主观要件为故意,但不要求有特定目的。客观上实施了拐骗儿童行为,但不能证明行为人具有特定目的的,应认定为拐骗儿童罪;如果能够证明行为人是以出卖为目的的,应认定为拐卖儿童罪;如果行为人具有勒索财物或者提出其他不法要求的目的的,应认定为绑架罪。拐骗儿童后产生出卖或勒赎目的,进而出卖儿童的,应认定为拐卖儿童罪或绑架罪,与拐骗儿童罪数罪并罚。

根据刑法第262条的规定,犯本罪的,处5年以下有期徒刑或者拘役。

四十一、组织残疾人、儿童乞讨罪

组织残疾人、儿童乞讨罪,是指以暴力、胁迫手段组织残疾人或者不满十四周岁的未成年人乞讨的行为。本罪的行为对象是残疾人、儿童,行为方式是使用暴力、胁迫手段。以利诱、欺骗等手段实施的,不构成本罪。本罪的主观要件为故意,一般具有牟利的目的。

根据刑法第262条之一的规定,犯本罪的,处3年以下有期徒刑或者拘役,并处罚金;情节严重的,处3年以上7年以下有期徒刑,并处罚金。

四十二、组织未成年人进行违反治安管理活动罪

组织未成年人进行违反治安管理活动罪,是指组织未成年人进行盗窃、诈骗、抢夺、敲诈勒索等违反治安管理活动的行为。本罪的行为对象是不满18周岁的未成

〔29〕"赵某、何某遗弃案二审裁定书",杭州市中级人民法院刑事裁定书(〔1994〕杭刑终字第103号)。

年人，行为内容是组织未成年人进行盗窃、诈骗、抢夺、敲诈勒索等违反治安管理活动。如果组织未成年人实施的是盗窃、诈骗、抢夺、敲诈勒索等犯罪活动，则不构成本罪，而应根据具体情形，分别认定为相关犯罪的间接正犯或者共同犯罪的组织犯、教唆犯。本罪的主观要件为故意。

示例 5－28　邓某组织未成年人进行违反治安管理活动案

一审法院认为："被告人邓某组织未成年人进行盗窃，其行为已构成组织未成年人进行违反治安管理活动罪；以非法占有为目的，伙同他人采取威胁的方法强行索取他人财物，其行为又构成敲诈勒索罪，应依法予以并罚。"〔30〕

根据刑法第 262 条之二的规定，犯本罪的，处 3 年以下有期徒刑或者拘役，并处罚金；情节严重的，处 3 年以上 7 年以下有期徒刑，并处罚金。

---

〔30〕"邓某组织未成年人进行违反治安管理活动案一审判决书"，载《最高人民法院公报》2014 年第 2 期。

第六章　侵犯财产罪

第一节　侵犯财产罪概述

一、侵犯财产罪的概念和构成要件

（一）侵犯财产罪的概念

侵犯财产罪，是指以非法占有为目的，非法获取公私财物，或者挪用单位财物，故意毁坏公私财物以及拒不支付劳动报酬的行为。

本章罪的法益是财产的所有权以及其他本权。所有权，是指所有人依法对自己财产所享有的占有、使用、收益和处分的权利。它是最重要、最完整的一种物权，具有绝对性、排他性、永续性三个特征。其他本权，是指其他合法占有财物的权利，包括他物权和债权等。

（二）侵犯财产罪的构成要件

1. 本章罪的客观要件表现为非法获取公私财物，或者挪用单位财物，故意毁坏公私财物以及拒不支付劳动报酬。

（1）本章罪的行为主体，绝大多数犯罪是一般主体，如诈骗罪等；少数犯罪是特殊主体，如挪用资金罪等。

（2）本章罪的行为对象为是私财物，即公共财产和公民私人所有的财产。根据刑法第 91 条的规定，公共财产包括：国有财产；劳动群众集体所有的财产；用于扶贫和其他公益事业的社会捐助或者专项基金的财产；在国家机关、国有公司、企业、集体企业和人民团体管理、使用或者运输中的以公共财产论的私人财产。根据刑法第 92 条的规定，公民私人所有的财产，包括：公民的合法收入、储蓄、房屋和其他生活资料；依法归个人、家庭所有的生产资料；个体户和私营企业的合法财产；依法归个人所有的股份、股票、债券和其他财产。违法取得的财物和违禁品，也可以成为本罪的对象。非法侵占这些财物，或者是间接侵犯原所有人的本权，或者是直接侵犯了国家所有权，因而具有归责的基础。

（3）本章罪的内容是非法侵犯公私财产，主要有三种类型：一是非法占有公私财物的行为;二是非法挪用公私财物的行为;三是非法损毁公私财物的行为。本类犯罪的实施方式,绝大多数是作为,如抢劫罪、盗窃罪等;少数犯罪是不作为,如拒不支付劳动报酬罪。

2. 本章罪的主观要件为故意,过失不能构成本罪。绝大多数犯罪具有非法占有的目的,少数犯罪具有挪用的目的,个别犯罪则具有毁坏的目的。

二、侵犯财产罪的类型

本章共有 14 个条文,13 个具体罪名。根据犯罪之间的联系,可以将其分为以下占有型、挪用型和毁损型三种类型。占有型包括抢劫罪、抢夺罪、聚众哄抢罪、敲诈勒索罪、盗窃罪、诈骗罪、侵占罪、职务侵占罪和拒不支付劳动报酬罪,挪用型包括挪用资金罪、挪用特定款物罪,毁损型包括故意毁坏财物罪、破坏生产经营罪。

第二节　侵犯财产罪分述

一、抢劫罪

(一)抢劫罪的概念和构成要件

抢劫罪,是指以非法占有为目的,以暴力、胁迫或者其他方法,强行劫取公私财物的行为。本罪的法益是复合法益,既包括公私财产的所有权,也包括他人的人身权利。

1. 本罪的客观要件为以暴力、胁迫或者其他方法,强行劫取公私财物。其中,暴力、胁迫或者其他方法,是手段行为;强行劫取公私财物,是目的行为。手段行为是目的行为的条件,目的行为是手段行为的结果。

(1)暴力方法。暴力,通常是指为达到某种目的,而采取的具有攻击性的强烈行动,包括对人暴力和对物暴力。抢劫罪的暴力,是指对人暴力,即对被害人的人身实施强烈的物理力,如殴打、捆绑、伤害等。暴力存在程序差异,抢劫罪的暴力还必须达到足以压制被害人反抗的程度,但不要求事实上压制了被害人的反抗。所谓被害人,主要是指对财物具有占有、管理职责的人,包括财物的所有人、直接占有人、辅助占有人、管理财物的人以及其他有权处分财物的人。

(2)胁迫方法。胁迫,通常是指以恶害相通告,使被害人产生精神恐惧因而被迫服从的行为。抢劫罪的胁迫,是指以当场实施暴力相威胁,使被害人不敢反抗的行为。这种胁迫,所威胁的内容必须是实施暴力,而非其他恶害。所以,威胁揭发隐私、威胁举报犯罪行为等,均不应包括在内。并且,威胁的内容具有当场实施的紧迫性，被害人如不交付财物或者进行反抗，便会立即遭到暴力打击。因此，威胁将来实施暴力，不属于抢劫罪的胁迫。胁迫的方式没有限制，语言、文字或者动作均可。

(3)其他方法。抢劫罪的其他方法，是指暴力、胁迫之外的其他使被害人不能反抗或者不知反抗的方法。例如，用酒灌醉、用药物麻醉等。根据同位解释原则，抢劫罪的其他方法，必须具有和暴力、胁迫方法相同的效果，即使被害人不能反抗、不敢反抗或者不知反抗。被害人这种反抗无能的状态，应当是行为人的其他方法造成的，二者具有因果关系。如果不是行为人所实施的某种行为导致被害人处于不能反抗或者不知反抗的状态，而是行为人单纯利用被害人自己的原因(自己醉酒、正在熟睡、因病昏迷等)或者其他原因(被他人打昏、撞伤、灌醉等)所致不能反抗或者不知反抗的状态，乘机取走其财物的，不能构成本罪，只能构成盗窃罪或者其他犯罪。

本罪的行为对象是公私财物，包括财产性利益。因此，使用暴力、威胁方法逼迫债权人写下收条或者撕毁借条的，成立抢劫罪。

示例 6-1 茆某等抢劫案

一审法院认为："被告人茆某指使徐某、茆某某采用暴力手段抢回已过偿还期限的借条，并予以销毁，使其所欠他人债务消灭，从而非法占有他人财物，其行为均已构成抢劫罪。"〔1〕

2. 本罪的主观要件为故意，且具有非法占有的目的。如果不具有非法占有的目的的，不得认定为抢劫罪。例如，为索取到期合法债务而使用暴力的，应视情形认定为故意伤害罪、非法拘禁罪。又如，以强奸故意对被害人使用暴力，在被害人昏迷后发现了财物进而取得该财物的，应认定为强奸罪和盗窃罪，实行数罪并罚。

(二)转化型抢劫的认定

根据刑法第 269 条的规定，犯盗窃、诈骗、抢夺罪，为窝藏赃物、抗拒抓捕或者毁灭罪证而当场使用暴力或者以暴力相威胁的，依照抢劫罪定罪处罚。该规定在理论上称为转化型抢劫、准抢劫或事后抢劫。转化型抢劫的成立，应当具备以下三个条件：

1. 实施了盗窃、诈骗、抢夺的行为，这是前提条件。实践中，行为人所实施的盗窃、诈骗、抢夺行为，既可能已经构成犯罪，也可能尚未构成犯罪。可以肯定的是，已经构成犯罪的盗窃、诈骗、抢夺行为，无疑满足转化型抢劫的前提条件。例如，盗窃公私财物数额较大、多次盗窃、入户盗窃、携带凶器盗窃、扒窃等都属于"犯盗窃罪"。

---

〔1〕"茆某等抢劫案一审判决书"，江苏省金湖县人民法院刑事判决书(〔2011〕金刑初字第 0075 号)。

对于盗窃行为不属于多次盗窃、入户盗窃、携带凶器盗窃、扒窃且盗窃数额不大的，以及诈骗、抢夺的数额不大的，能否成为转化型抢劫的转化条件，理论上有不同的观点。一种意见认为，只有盗窃、诈骗、抢夺数额较大的财物，才能转化为抢劫罪；另一种意见认为，只要行为人着手实行的盗窃、诈骗、抢夺行为具有获得数额较大财物的危险性（多次盗窃、入户盗窃、携带凶器盗窃、扒窃不需要具有该危险性），不管是既遂还是未遂，不管所取得的财物数额大小，都可以转化为抢劫罪。本书认为，转化型抢劫应当是罪与罪之间的转化，故原则上应以盗窃、诈骗、抢夺行为构成犯罪为前提。不过，司法解释对此采取的却是折中的立场。根据2005年6月8日最高人民法院《关于审理抢劫、抢夺刑事案件适用法律若干问题的意见》（以下简称《两抢意见》）第5条的规定，行为人实施盗窃、诈骗、抢夺行为，未达到“数额较大”，为窝藏赃物、抗拒抓捕或者毁灭罪证当场使用暴力或者以暴力相威胁，情节较轻、危害不大的，一般不以犯罪论处；但具有下列情节之一的，可以抢劫罪定罪处罚：（1）盗窃、诈骗、抢夺接近“数额较大”标准的；（2）入户或在公共交通工具上盗窃、诈骗、抢夺后在户外或交通工具外实施上述行为的；（3）使用暴力致人轻微伤以上后果的；（4）使用凶器或以凶器相威胁的；（5）具有其他严重情节的。另根据2016年1月6日最高人民法院《关于审理抢劫刑事案件适用法律若干问题的指导意见》（以下简称《抢劫意见》）第3条的规定，“犯盗窃、诈骗、抢夺罪”，主要是指行为人已经着手实施盗窃、诈骗、抢夺行为，一般不考察盗窃、诈骗、抢夺行为是否既遂。但是所涉财物数额明显低于“数额较大”的标准，又不具有《两抢意见》第5条所列5种情节之一的，不构成抢劫罪。另外，根据2006年1月11日最高人民法院《关于审理未成年人刑事案件具体应用法律若干问题的解释》第10条第2款的规定，已满14周岁不满16周岁的人盗窃、诈骗、抢夺他人财物，为窝藏赃物、抗拒抓捕或者毁灭罪证，当场使用暴力，故意伤害致人重伤或者死亡，或者故意杀人的，应当分别以故意伤害罪或者故意杀人罪定罪处罚。据此，限制刑事责任年龄人不能成为转化型抢劫罪的主体，如果其违法行为仅造成轻伤结果的，则不构成犯罪。

示例6-2 王某抢劫案

王某发现戴某家房门虚掩，遂潜入房内盗得项链2根、项链坠1个，价值2728元，后被戴某发现并将其挡在房内。王某为逃离现场，当场将戴某头部、手部咬伤，挣脱逃出房间。至小区正门时，被保安挡获。对此，一审法院认为：“被告人王某在实施盗窃行为后，为抗拒抓捕当场使用暴力，其行为已触犯刑律，构成抢劫罪。”〔2〕二审法

〔2〕“王某抢劫案一审判决书”，《刑事审判参考》2012年第3集，指导案例第777号。

院认为:“被告人王某在入户盗窃数额较大的公私财物后,为抗拒抓捕而当场使用暴力的事实清楚,证据确实、充分,其行为符合转化型抢劫犯罪的客观构成要件。其实施被指控的犯罪时已满十四周岁不满十六周岁,根据《中华人民共和国刑法》第十七条第二款的规定,对其盗窃行为不负刑事责任;根据《中华人民共和国刑法》第二百六十三条、第二百六十九条和《最高人民法院关于审理未成年人刑事案件具体应用法律若干问题的解释》第十条第一款之规定,已满十四周岁不满十六周岁的未成年人,不管在何种情况下,均不能适用《中华人民共和国刑法》第二百六十九条的规定转化为抢劫罪,故其盗窃后为抗拒抓捕而当场使用暴力的行为不构成抢劫罪。其后续暴力行为属故意伤害行为,因该行为未致人重伤或死亡的后果,故其暴力行为不构成故意伤害罪。被告人王某因不满十六周岁不予刑事处罚,依法责令其法定代理人加以管教。”〔3〕

2. 当场使用暴力或者以暴力相威胁,这是客观条件。所谓当场,是指在盗窃、诈骗、抢夺的现场以及行为人刚离开现场即被他人发现并抓捕的情形。行为人实施盗窃等行为后,离开现场一定距离或者相隔较长时间后,基于其他原因偶然被人发现的,不宜认定为“当场”。所谓暴力或者以暴力相威胁,是指当场对被害人或者其他抓捕、阻止其窝藏赃物、毁灭罪证的人的身体实施打击或强制,或者以当场实施打击或强制相威胁。这种暴力和威胁在客观上也必须达到足以压制他人反抗的程度,但不要求事实上已经压制了他人的反抗。对于以摆脱的方式逃脱抓捕,暴力强度较小,未造成轻伤以上后果的,可不认定为“使用暴力”,不以抢劫罪论处。

3. 目的是窝藏赃物、抗拒抓捕或者毁灭罪证,这是主观条件。窝藏赃物,是指保护已经获取的赃物不被追回;抗拒抓捕,是指抵抗司法工作人员的拘留、逮捕和一般公民的扭送;毁灭罪证,是指销毁遗留在犯罪现场的痕迹、物品和其他证据。暴力、威胁的对象,可以是财物的所有人、保管人、司法人员或其他参与抓捕的人。不是出于上述目的而对他人实施暴力或者以暴力相威胁的,不构成转化型抢劫。如果构成犯罪的,应当按照有关犯罪定罪处罚。

(三)抢劫罪的认定

1. 本罪与故意杀人罪的界限。二者区分的关键在于,行为人在实施暴力剥夺他人的生命时是否具有劫取财物的目的。行为人为劫取财物而预谋故意杀人,或者在劫取财物过程中,为制服被害人反抗而故意杀人的,以抢劫罪定罪处罚。行为人实施抢劫后,为灭口而故意杀人的,以抢劫罪和故意杀人罪定罪,实行数罪并罚。

2. 本罪与绑架罪的界限。绑架罪是侵害他人人身自由权利的犯罪,其与抢劫罪的区别在于:(1)主观方面不尽相同。抢劫罪中,行为人一般出于非法占有他人财物

〔3〕 “王某抢劫案二审判决书”,《刑事审判参考》2012年第3集,指导案例第777号。

的故意实施抢劫行为，绑架罪中，行为人既可能为勒索他人财物而实施绑架行为，也可能出于其他非经济目的实施绑架行为。(2)行为手段不尽相同。抢劫罪表现为行为人劫取财物一般应在同一时间、同一地点，具有“当场性”；绑架罪表现为行为人以杀害、伤害等方式向被绑架人的亲属或其他人或单位发出威胁，索取赎金或提出其他非法要求，劫取财物一般不具有“当场性”。绑架过程中又当场劫取被害人随身携带财物的，同时触犯绑架罪和抢劫罪两罪名，应择一重罪定罪处罚。

示例 6-3 陈某抢劫案

一审法院认为：“综观本案案情，被告人陈某以暴力、胁迫的方法将被害人何某控制在酒店客房内，不仅当场将何某身边的数千元现金劫为己有，还逼迫何某在最短时间内交付巨款。陈某实施不法行为的目的只有一个，就是要非法占有何某的财产，而不是以何某为人质向何某以外的第三人勒索财物。由于何某未身带巨款，陈某不得不同意何某给香港打电话筹款，也不得不与何某在酒店客房内等待巨款的到来，这一情节并没有改变陈某当场劫取他人财物的行为性质。”〔4〕

3. 本罪与寻衅滋事罪的界限。寻衅滋事罪是严重扰乱社会秩序的犯罪，行为人实施寻衅滋事的行为时，客观上也可能表现为强拿硬要公私财物的特征。这种强拿硬要行为与抢劫罪的区别在于：前者行为人主观上具有逞强好胜和通过强拿硬要来填补其精神空虚等目的，后者行为人一般只具有非法占有他人财物的目的；前者行为人客观上一般不以严重侵犯他人人身权利的方法强拿硬要财物，而后者行为人则以暴力、胁迫等方式作为劫取他人财物的手段。司法实践中，对于未成年人使用或威胁使用轻微暴力强抢少量财物的行为，一般不宜以抢劫罪定罪处罚。其行为符合寻衅滋事罪特征的，可以寻衅滋事罪定罪处罚。

4. 本罪与强迫交易罪的界限。从事正常商品买卖、交易或者劳动服务的人，以暴力、胁迫手段迫使他人交出与合理价钱、费用相差不大钱物，情节严重的，以强迫交易罪定罪处罚；以非法占有为目的，以买卖、交易、服务为幌子采用暴力、胁迫手段迫使他人交出与合理价钱、费用相差悬殊的钱物的，以抢劫罪定罪处刑。在具体认定时，既要考虑超出合理价钱、费用的绝对数额，还要考虑超出合理价钱、费用的比例，加以综合判断。

5. 本罪与故意伤害罪的界限。行为人为索取债务，使用暴力、暴力威胁等手段的，一般不以抢劫罪定罪处罚。构成故意伤害等其他犯罪的，以相关犯罪论处。

---

〔4〕“陈某抢劫案一审判决书”，上海市黄浦区人民法院刑事判决书(〔2006〕黄刑初字第5号)。

6. 本罪与招摇撞骗罪、敲诈勒索罪的界限。行为人冒充正在执行公务的人民警察“抓赌”“抓嫖”,没收赌资或者罚款的行为,构成犯罪的,以招摇撞骗罪从重处罚;在实施上述行为中使用暴力或者暴力威胁的,以抢劫罪定罪处罚。行为人冒充治安联防队员“抓赌”“抓嫖”、没收赌资或者罚款的行为,构成犯罪的,以敲诈勒索罪定罪处罚;在实施上述行为中使用暴力或者暴力威胁的,以抢劫罪定罪处罚。

7. 本罪的既遂与未遂的界限。关于本罪的既遂与未遂的区分标准,理论上存在以下不同意见:第一种意见认为,应以行为人是否占有他人财物为标准;第二种意见认为,应以行为是否侵犯他人的人身权利为标准;第三种意见认为,抢劫罪的基本犯以是否占有他人财物为标准,抢劫致人重伤或者死亡的,即使没有占有他人财物也是既遂。本书认为,虽然抢劫罪的法益是复合法益,但其被归类于侵犯财产罪,说明主要法益是财产权益,因而应以行为人实际占有他人财物作为既遂的标准。具体地说,行为人既劫取了财物,又造成他人轻伤以上结果的,成立既遂;行为人劫取了财物,但未造成他人轻伤以上结果的,仍然成立既遂;行为人未劫取财物,也未造成他人轻伤以上结果的,属于未遂;行为人未劫取财物,但造成他人轻伤以上结果的,仍然属于未遂。不过,司法解释坚持财产法益和人身法益择一标准。《两抢意见》第10条规定:“抢劫罪侵犯的是复杂客体,既侵犯财产权利又侵犯人身权利,具备劫取财物或者造成他人轻伤以上后果两者之一的,均属抢劫既遂;既未劫取财物,又未造成他人人身伤害后果的,属抢劫未遂。据此,刑法第二百六十三条规定的八种处罚情节中除‘抢劫致人重伤、死亡的’这一结果加重情节之外,其余七种处罚情节同样存在既遂、未遂问题,其中属抢劫未遂的,应当根据刑法关于加重情节的法定刑规定,结合未遂犯的处理原则量刑。”

8. 关于抢劫特定财物的定性。以毒品、假币、淫秽物品等违禁品为对象,实施抢劫的,以抢劫罪定罪;抢劫的违禁品数量作为量刑情节予以考虑。抢劫违禁品后又以违禁品实施其他犯罪的,应以抢劫罪与具体实施的其他犯罪实行数罪并罚。抢劫赌资、犯罪所得的赃款赃物的,以抢劫罪定罪,但行为人仅以其所输赌资或所赢赌债为抢劫对象,一般不以抢劫罪定罪处罚。构成其他犯罪的,依照刑法的相关规定处罚。为个人使用,以暴力、胁迫等手段取得家庭成员或近亲属财产的,一般不以抢劫罪定罪处罚,构成其他犯罪的,依照刑法的相关规定处理;教唆或者伙同他人采取暴力、胁迫等手段劫取家庭成员或近亲属财产的,可以抢劫罪定罪处罚。

9. 本罪的罪数问题。行为人实施伤害、强奸等犯罪行为,在被害人未失去知觉,利用被害人不能反抗、不敢反抗的处境,临时起意劫取他人财物的,应以此前所实施的具体犯罪与抢劫罪实行数罪并罚;在被害人失去知觉或者没有发觉的情形下,以及实施故意杀人犯罪行为之后,临时起意拿走他人财物的,应以此前所实施的具体犯罪与盗窃罪实行数罪并罚。

(四)抢劫罪的处罚

根据刑法第263条的规定,犯本罪的,处3年以上10年以下有期徒刑,并处罚金;有下列情形之一的,处10年以上有期徒刑、无期徒刑或者死刑,并处罚金或者没收财产:(1)入户抢劫的;(2)在公共交通工具上抢劫的;(3)抢劫银行或者其他金融机构的;(4)多次抢劫或者抢劫数额巨大的;(5)抢劫致人重伤、死亡的;(6)冒充军警人员抢劫的;(7)持枪抢劫的;(8)抢劫军用物资或者抢险、救灾、救济物资的。

处理抢劫案件时,对于上述八种法定加重情节,应当特别注意加以正确理解。

1. 入户抢劫。根据2000年11月22日最高人民法院《关于审理抢劫案件具体应用法律若干问题的解释》(以下简称《抢劫解释》)第1条的规定,所谓入户抢劫,是指为实施抢劫行为而进入他人生活的与外界相对隔离的住所,包括封闭的院落、牧民的帐篷、渔民作为家庭生活的渔船、为生活租用的房屋等进行抢劫的行为。根据《两抢意见》第1条的规定,认定入户抢劫,应当注意以下三个问题:(1)“户”的范围。“户”是住所,其特征表现为供他人家庭生活和与外界相对隔离两个方面,前者为功能特征,后者为场所特征。一般情况下,集体宿舍、旅店宾馆、临时搭建工棚等不应认定为“户”,但在特定情况下,如果确实具有上述两个特征的,也可以认定为“户”。(2)“入户”目的的非法性。进入他人住所须以实施抢劫等犯罪为目的。抢劫行为虽然发生在户内,但行为人不以实施抢劫等犯罪为目的进入他人住所,而是在户内临时起意实施抢劫的,不属于“入户抢劫”。(3)暴力或者暴力胁迫行为必须发生在户内。入户实施盗窃被发现,行为人为窝藏赃物、抗拒抓捕或者毁灭罪证而当场使用暴力或者以暴力相威胁的,如果暴力或者暴力胁迫行为发生在户内,可以认定为“入户抢劫”;如果发生在户外,不能认定为“入户抢劫”。根据《抢劫意见》第2条的规定,认定“入户抢劫”,要注重审查行为人“入户”的目的,将“入户抢劫”与“在户内抢劫”区别开来。以侵害户内人员的人身、财产为目的,入户后实施抢劫,包括入户实施盗窃、诈骗等犯罪而转化为抢劫的,应当认定为“入户抢劫”。因访友办事等原因经户内人员允许入户后,临时起意实施抢劫,或者临时起意实施盗窃、诈骗等犯罪而转化为抢劫的,不应认定为“入户抢劫”。对于部分时间从事经营、部分时间用于生活起居的场所,行为人在非营业时间强行入内抢劫或者以购物等为名骗开房门入内抢劫的,应认定为“入户抢劫”。对于部分用于经营、部分用于生活且之间有明确隔离的场所,行为人进入生活场所实施抢劫的,应认定为“入户抢劫”;如场所之间没有明确隔离,行为人在营业时间入内实施抢劫的,不认定为“入户抢劫”,但在非营业时间入内实施抢劫的,应认定为“入户抢劫”。

示例6-4 陈某抢劫案

陈某以盗窃为目的入户，因被发现而当场使用暴力威胁被害人。对此，一审法院认为："被告人陈某在入户盗窃后被发现，为抗拒抓捕而当场使用凶器相威胁，其行为符合转化型抢劫的构成要件，应以抢劫罪定罪处罚，但不应认定为'入户抢劫'。理由是陈某入户并不以实施抢劫为犯罪目的，而是在户内临时起意以暴力相威胁，且未造成被害人任何损伤。"[5]二审法院认为："陈某入户盗窃后，被被害人当场发现，意图抗拒抓捕，当场使用暴力威胁被害人不许其喊叫，然后逃离案发现场，依法应当认定为'入户抢劫'。"[6]

2. 在公共交通工具上抢劫。"公共交通工具"，包括从事旅客运输的各种公共汽车，大、中型出租车，火车，地铁，轻轨，轮船，飞机等，不含小型出租车。对于虽不具有商业营运执照，但实际从事旅客运输的大、中型交通工具，可认定为"公共交通工具"。接送职工的单位班车、接送师生的校车等大、中型交通工具，视为"公共交通工具"。"在公共交通工具上抢劫"，既包括在处于运营状态的公共交通工具上对旅客及司售、乘务人员实施抢劫，也包括拦截运营途中的公共交通工具对旅客及司售、乘务人员实施抢劫，但不包括在未运营的公共交通工具上针对司售、乘务人员实施抢劫。以暴力、胁迫或者麻醉等手段对公共交通工具上的特定人员实施抢劫的，一般应认定为"在公共交通工具上抢劫"。

3. 抢劫银行或者其他金融机构。指抢劫银行或者其他金融机构的经营资金、有价证券和客户的资金等。抢劫正在使用中的银行或者其他金融机构的运钞车的，视为"抢劫银行或者其他金融机构"。

4. 多次抢劫或者抢劫数额巨大。多次抢劫，是指抢劫3次以上。对于"多次"的认定，应以行为人实施的每一次抢劫行为均已构成犯罪为前提，综合考虑犯罪故意的产生、犯罪行为实施的时间、地点等因素，客观分析、认定。对于行为人基于一个犯意实施犯罪的，如在同一地点同时对在场的多人实施抢劫的；或基于同一犯意在同一地点实施连续抢劫犯罪的，如在同一地点连续地对途经此地的多人进行抢劫的；或在一次犯罪中对一栋居民楼房中的几户居民连续实施入户抢劫的，一般应认定为一次犯罪。

"抢劫数额巨大"的认定标准，参照各地认定盗窃罪数额巨大的标准执行。抢劫数额以实际抢劫到的财物数额为依据。对以数额巨大的财物为明确目标，由于意志以外的原因，未能抢到财物或实际抢得的财物数额不大的，应同时认定"抢劫数额巨

---

[5] "陈某抢劫案一审判决书"，载《最高人民检察院公报》2014年第6号。
[6] "陈某抢劫案二审判决书"，载《最高人民检察院公报》2014年第6号。

大”和犯罪未遂的情节，根据刑法有关规定，结合未遂犯的处理原则量刑。抢劫信用卡后使用、消费的，以行为人实际使用、消费的数额为抢劫数额。由于行为人意志以外的原因无法实际使用、消费的部分，虽不计入抢劫数额，但应作为量刑情节考虑。通过银行转账或者电子支付、手机银行等支付平台获取抢劫财物的，以行为人实际获取的财物为抢劫数额。为抢劫其他财物，劫取机动车辆当作犯罪工具或者逃跑工具使用的，被劫取机动车辆的价值计入抢劫数额；为实施抢劫以外的其他犯罪劫取机动车辆的，以抢劫罪和实施的其他犯罪实行数罪并罚。

5. 抢劫致人重伤或者死亡。这种情形属于结果加重犯，抢劫行为与重伤、死亡结果之间应当具有直接因果关系，且行为人对加重结果具有预见可能性。既包括在抢劫过程中故意使用暴力等强制方法造成他人重伤、死亡，也包括因过失造成他人重伤、死亡的情形，但不包括因被害人自残、自杀等自身原因造成的重伤、死亡的情形。

6. 冒充军警人员抢劫。指非军人冒充军人或者警察进行抢劫，但不包括军人冒充警察进行抢劫，也不包括警察冒充军人进行抢劫，更不包括真正的军警人员显示其军警人员的身份进行的抢劫。根据《抢劫意见》第 2 条的规定，认定“冒充军警人员抢劫”，要注重对行为人是否穿着军警制服、携带枪支、是否出示军警证件等情节进行综合审查，判断是否足以使他人误以为是军警人员。对于行为人仅穿着类似军警的服装或仅以言语宣称系军警人员但未携带枪支、也未出示军警证件而实施抢劫的，要结合抢劫地点、时间、暴力或威胁的具体情形，依照常人判断标准，确定是否认定为“冒充军警人员抢劫”。军警人员利用自身的真实身份实施抢劫的，不认定为“冒充军警人员抢劫”，应依法从重处罚。

7. 持枪抢劫。指行为人使用枪支或者向被害人显示持有、佩带的枪支进行抢劫的行为。“枪支”的概念和范围，适用《枪支管理法》的规定。原则上，这里的“枪支”仅限于能发射子弹的真枪，不包括不能发射子弹的仿真枪支与其他假枪。

8. 抢劫军用物资或者抢险、救灾、救济物资。这里的“军用物资”，是指武装部队使用的除枪支、弹药、爆炸物以外的武器装备和其他军用物资。“抢险、救灾、救济物资”，是指即将用于或者正在用于抢险、救灾、救济的物资。

二、盗窃罪

（一）盗窃罪的概念和构成要件

盗窃罪，是指以非法占有为目的，秘密窃取他人占有的公私财物，数额较大，或者多次盗窃、入户盗窃、携带凶器盗窃、扒窃的行为。

1. 本罪的客观要件为秘密窃取他人占有的公私财物，数额较大，或者多次盗窃、入户盗窃、携带凶器盗窃、扒窃。

(1)本罪的行为对象是财物,包括有体物和无体物。根据刑法第196条、第210条和第265条的规定,盗窃信用卡并使用的,盗窃增值税专用发票或者可以用于骗取出口退税、抵扣税款的其他发票的,以牟利为目的,盗接他人通信线路、复制他人电信码号或者明知是盗接、复制的电信设备、设施而使用的,以盗窃罪论处。另根据刑法第127条、第219条、第280条的规定,盗窃枪支、弹药、爆炸物、危险物质、商业秘密、国家机关公文、证件、印章的,不构成盗窃罪。作为盗窃罪对象的财物,应当是具有经济价值的财物。仅对特定人具有使用价值或者精神利益、但对一般人没有使用价值的财物,如结婚照片、身份证等,难以成为本罪的对象。作为盗窃罪对象的财物必须是处于他人占有的状态之下,对于自己占有的财物不可能成立盗窃罪。所谓占有,是指事实上的支配,不仅包括物理支配范围内的支配,而且包括社会观念上可以推知的财物支配人的状态。

示例6-5　孔某盗窃案

一审法院认为:"被告人孔某以非法占有为目的,秘密窃取受害单位的股票账户号码和交易密码,在受害单位毫不知情的情况下,盗用该单位名义和账上资金,高价买人包括其朋友在内的股票,从中牟利,且非法占有的财物数额巨大,其行为已构成盗窃罪。"[7]

(2)本罪的行为方式是秘密窃取他人占有的公私财物。所谓秘密窃取,是指采用不被他人发觉的方法获取他人财物的行为。盗窃的本义是秘密窃取,因此,所谓"公开盗窃"的提法是不正确的。取财行为客观上未被他人发觉,或者客观上已被他人发觉但行为人主观上误认为未被他人发觉,均可以认定为秘密窃取。具体有以下行为类型:

第一,盗窃公私财物,数额较大。根据2013年4月2日最高人民法院、最高人民检察院《关于办理盗窃刑事案件适用法律若干问题的解释》(以下简称《盗窃解释》)第1条的规定,盗窃公私财物价值1000元至3000元以上、3万元至10万元以上、30万元至50万元以上的,应当分别认定为"数额较大""数额巨大""数额特别巨大"。各省、自治区、直辖市高级人民法院、人民检察院可以根据本地区经济发展状况,并考虑社会治安状况,在上述规定的数额幅度内,确定本地区执行的具体数额标准,报最高人民法院、最高人民检察院批准。根据《盗窃解释》第2条的规定,具有下列情形之一的,"数额较大"的标准可以按照前条规定标准的50%确定:曾因盗窃受过刑

[7] "孔某盗窃案一审判决书",载《刑事审判参考》2001年第5集,指导案例第106号。

事处罚的;1年内曾因盗窃受过行政处罚的;组织、控制未成年人盗窃的;自然灾害、事故灾害、社会安全事件等突发事件期间,在事件发生地盗窃的;盗窃残疾人、孤寡老人、丧失劳动能力人的财物的;在医院盗窃病人或者其亲友财物的;盗窃救灾、抢险、防汛、优抚、扶贫、移民、救济款物的;因盗窃造成严重后果的。

第二,多次盗窃,指2年内盗窃3次以上的情形。多次盗窃属于多次犯,不要求每次盗窃行为成立盗窃罪,也不要求行为人具有盗窃的惯常性。多次盗窃虽然不要求窃取财物数额较大,但应以多次盗窃的财物接近数额较大的标准为必要。如果行为人没有窃取数额较大的财物的意图,每次所窃取的财物数额又极小,不应认定为多次盗窃。

第三,入户盗窃,指非法进入供他人家庭生活,与外界相对隔离的住所盗窃的情形。入户不是盗窃行为本身的组成部分,而是限制处罚范围的要素,因而要求行为人入户时即具有实施违法犯罪行为的意图。合法进入他人住宅后又临时起意盗窃的,不应当认定为入户盗窃。

第四,携带凶器盗窃,指携带枪支、爆炸物、管制刀具等国家禁止个人携带的器械盗窃,或者为了实施违法犯罪携带其他足以危害他人人身安全的器械盗窃的情形。携带凶器盗窃,不要求行为人显示、暗示凶器,更不要求行为人对被害人使用凶器,但要求行为人主观上具有可能使用凶器的意图。针对被害人使用凶器实施暴力,或者使用凶器胁迫被害人,进而取得财物的,成立抢劫罪。成立携带凶器盗窃,也没有窃取财物数额较大的要求,但如果数额极小,不应认定为犯罪。

第五,扒窃,指在公共场所或者公共交通工具上盗窃他人随身携带的财物的情形。扒窃成立盗窃罪,应当具备以下两个条件:一是行为发生在公共场所或者公共交通工具上。在这种场合,不特定人或多数人可以自由出入、停留,人员流动性极大。二是行为对象是他人随身携带的财物,既包括贴身携带的财物,也包括置于身边附近、视线可及的财物,如乘客放在火车行李架上的行李箱。成立扒窃,也没有窃取财物数额较大的要求,但如果数额极小,不应认定为犯罪。

示例6-6 崔某、仇某、张某盗窃案

一审法院认为:"盗窃罪中的'秘密窃取'具有主观性、相对性、当场性的特征。主观性是指行为人主观上自认为盗窃行为不会被发觉,至于实际上是否被发觉,不影响'秘密窃取'的成立;相对性是指行为人自认为盗窃行为不会被财物的所有者或保管者发觉,至于是否会被第三者发觉,不影响'秘密窃取'的成立;当场性是指行为人自认为在实施盗窃行为当时不会被发觉,至于事后是否被发觉,不影响'秘密窃取'的成立。本案中,三被告人虽然是公然实施挂失、补卡、取款、转账等行为,但被害人并没有当场发觉,更无法阻止三被告人的行为。被害人虽然对三被告人可能侵犯其财产存在怀疑和猜测,并在案发

后第一时间察觉了三被告人的犯罪行为,但这与被害人当场发觉犯罪行为具有本质区别。因此,三被告人的行为完全符合盗窃罪'秘密窃取'的特征。"[8]

2. 本罪的主观要件为故意,且具有非法占有的目的。成立盗窃罪,以行为人明知所窃取的是他人占有的财物为前提。误以为是自己占有、所有的财物而取回的,不成立盗窃罪。但即使是自己所有的财产,明知是处于其他单位或者个人合法占有的状态下而窃取的,也成立盗窃罪。另外,成立多次盗窃,要求行为人每次盗窃时都认识到自己在实施盗窃行为,但不要求行为人认识到"多次"盗窃。成立入户盗窃,要求行为人认识到进入的是他人的家庭住所。

（二）盗窃罪的认定

1. 本罪与非罪的界限。盗窃公私财物数额较大,行为人认罪、悔罪,退赃、退赔,且具有下列情形之一,情节轻微的,可以不起诉或者免予刑事处罚;必要时,由有关部门予以行政处罚:(1)具有法定从宽处罚情节的;(2)没有参与分赃或者获赃较少且不是主犯的;(3)被害人谅解的;(4)其他情节轻微、危害不大的。偷拿家庭成员或者近亲属的财物,获得谅解的,一般可以不认为是犯罪;追究刑事责任的,应当酌情从宽。单位组织、指使盗窃,符合刑法第264条及司法解释有关规定的,以盗窃罪追究组织者、指使者、直接实施者的刑事责任。

2. 盗窃数额的计算。盗窃的数额,按照下列方法认定:(1)被盗财物有有效价格证明的,根据有效价格证明认定;无有效价格证明,或者根据价格证明认定盗窃数额明显不合理的,应当按照有关规定委托估价机构估价;(2)盗窃外币的,按照盗窃时中国外汇交易中心或者中国人民银行授权机构公布的人民币对该货币的中间价折合成人民币计算;中国外汇交易中心或者中国人民银行授权机构未公布汇率中间价的外币,按照盗窃时境内银行人民币对该货币的中间价折算成人民币,或者该货币在境内银行、国际外汇市场对美元汇率,与人民币对美元汇率中间价进行套算;(3)盗窃电力、燃气、自来水等财物,盗窃数量能够查实的,按照查实的数量计算盗窃数额;盗窃数量无法查实的,以盗窃前6个月月均正常用量减去盗窃后计量仪表显示的月均用量推算盗窃数额;盗窃前正常使用不足6个月的,按照正常使用期间的月均用量减去盗窃后计量仪表显示的月均用量推算盗窃数额;(4)明知是盗接他人通信线路、复制他人电信码号的电信设备、设施而使用的,按照合法用户为其支付的费用认定盗窃数额;无法直接确认的,以合法用户的电信设备、设施被盗接、复制后的月缴费额减去被盗接、复制前6个月的月均电话费推算盗窃数额;合法用户使用电信设备、设施不足6个月的,按照实际使用的月均电话费推算盗窃数额;(5)盗接

[8] "崔某、仇某、张某盗窃案一审判决书",《最高人民法院公报》2011年第9期。

他人通信线路、复制他人电信码号出售的,按照销赃数额认定盗窃数额。盗窃行为给失主造成的损失大于盗窃数额的,损失数额可以作为量刑情节考虑。

盗窃有价支付凭证、有价证券、有价票证的,按照下列方法认定盗窃数额:(1)盗窃不记名、不挂失的有价支付凭证、有价证券、有价票证的,应当按票面数额和盗窃时应得的孳息、奖金或者奖品等可得收益一并计算盗窃数额;(2)盗窃记名的有价支付凭证、有价证券、有价票证,已经兑现的,按照兑现部分的财物价值计算盗窃数额;没有兑现,但失主无法通过挂失、补领、补办手续等方式避免损失的,按照给失主造成的实际损失计算盗窃数额。

盗窃毒品等违禁品,应当按照盗窃罪处理的,根据情节轻重量刑。

示例6-7 余某等盗窃案

一审法院认为:"中国工商银行九江市分行出具的应某账户交易明细记录和中国工商银行电子银行部出具的'周忠舫'账户明细记录证实,应某账户内的存款,有17400元被分成四笔,转入了被告人余某以假名开设的'周忠舫'账户。此举说明,余某等人秘密窃取的应怡红存款是17400元,被害人应某也相应地是对17400元存款失去了控制,因此余某等人的盗窃数额应当以17400元计算。由于应某报案及时,17400元中的5540元尚未被余某等人提取,得以从'周忠舫'账户内追回。此事不能证明余某等人不想非法占有此款,更不能证明余某等人没有盗窃此款。"〔9〕

3. 本罪与相关犯罪的界限。(1)盗窃广播电视设施、公用电信设施价值数额不大,也不属于多次盗窃、入户盗窃、携带凶器盗窃、扒窃,但危害公共安全的,以破坏广播电视设施、公用电信设施罪论处;盗窃广播电视设施、公用电信设施同时构成盗窃罪的,择一重罪处断。(2)盗窃使用中的电力设备,同时构成盗窃罪和破坏电力设备罪的,择一重罪处断。(3)偷开他人机动车的,按照下列规定处理:一是偷开机动车,导致车辆丢失的,以盗窃罪定罪处罚;二是为盗窃其他财物,偷开机动车作为犯罪工具使用后非法占有车辆,或者将车辆遗弃导致丢失的,被盗车辆的价值计入盗窃数额;三是为实施其他犯罪,偷开机动车作为犯罪工具使用后非法占有车辆,或者将车辆遗弃导致丢失的,以盗窃罪和其他犯罪数罪并罚;将车辆送回未造成丢失的,按照其所实施的其他犯罪从重处罚。(4)盗窃公私财物并造成财物损毁的,按照下列规定处理:一是采用破坏性手段盗窃公私财物,造成其他财物损毁的,以盗窃罪从重处罚;同时构成盗窃罪和其他犯罪的,择一重罪从重处罚;二是实施盗窃犯罪后,为掩盖罪行或者报复等,故意毁坏其他财物构成犯罪的,以盗窃罪和构成的其他犯

〔9〕"余某等盗窃案一审判决书",载《最高人民法院公报》2005年第8期。

罪数罪并罚；三是盗窃行为未构成犯罪，但损毁财物构成其他犯罪的，以其他犯罪定罪处罚。

4. 本罪的既遂标准。对此，理论上有接触说、转移说、隐匿说、失控说、控制说、失控加控制说。本书认为，盗窃罪是财产犯罪，因而应以被害人的财产法益受到现实侵犯作为既遂的标准，因而失控说妥当。对于盗窃未遂，一般不予处罚，但具有下列情形之一的，应当依法追究刑事责任：(1)以数额巨大的财物为盗窃目标的；(2)以珍贵文物为盗窃目标的；(3)其他情节严重的情形。盗窃既有既遂，又有未遂，分别达到不同量刑幅度的，依照处罚较重的规定处罚；达到同一量刑幅度的，以盗窃罪既遂处罚。

示例 6－8 花某盗窃案

花某见独居老人陈某家二楼窗户未关，即翻窗进入，被邻居尹某看见。尹某即打电话报警，并与另一名邻居郭某守候在门口。花某窃得现金 377 元和价值 172 元的香烟三包出来时被尹、郭抓获，并被搜出匕首一把。对此，一审法院认为："花某携带凶器入户盗窃他人财物，其行为已构成盗窃罪。花荣已经着手实施犯罪，由于意志以外的原因而未得逞，系犯罪未遂，可以比照既遂犯从轻处罚。"[10]二审法院认为："花某非法进入被害人家中窃得形状、体积较小的现金和香烟放于口袋内走出房门后已取得了对被窃财物的控制，而被害人则失去了对被窃财物的控制。花荣不仅实施了入户盗窃行为，且已实际窃得财物并离开被害人住所，其行为系入户盗窃既遂。"[11]

(三) 盗窃罪的处罚

根据刑法第 264 条的规定，犯本罪的，处 3 年以下有期徒刑、拘役或者管制，并处或者单处罚金；数额巨大或者有其他严重情节的，处 3 年以上 10 年以下有期徒刑，并处罚金；数额特别巨大或者有其他特别严重情节的，处 10 年以上有期徒刑或者无期徒刑，并处罚金或者没收财产。

根据《盗窃解释》第 6 条的规定，盗窃公私财物，具有本解释第 2 条第 3 项至第 8 项规定情形之一，或者入户盗窃、携带凶器盗窃，数额达到本解释第 1 条规定的"数额巨大""数额特别巨大"50% 的，可以分别认定为"其他严重情节"或者"其他特别严重情节"。根据《盗窃解释》第 9 条的规定，盗窃国有馆藏一般文物、三级文物、二级以上文物的，应当分别认定为"数额较大""数额巨大""数额特别巨大"。盗窃多

〔10〕"花某盗窃案一审判决书"，上海市闸北区人民法院刑事判决书(〔2014〕闸刑初字第 215 号)。

〔11〕"花某盗窃案二审判决书"，上海市第二中级人民法院刑事判决书(〔2014〕沪二中刑终字第 285 号)。

件不同等级国有馆藏文物的,3 件同级文物可以视为 1 件高一级文物。盗窃民间收藏的文物的,根据本解释第 4 条第 1 款第 1 项的规定认定盗窃数额。跨地区运行的公共交通工具上盗窃,盗窃地点无法查证的,盗窃数额是否达到“数额较大”“数额巨大”“数额特别巨大”,应当根据受理案件所在地省、自治区、直辖市高级人民法院、人民检察院确定的有关数额标准认定。因犯盗窃罪,依法判处罚金刑的,应当在 1000 元以上盗窃数额的 2 倍以下判处罚金;没有盗窃数额或者盗窃数额无法计算的,应当在 1000 元以上 10 万元以下判处罚金。

三、诈骗罪

(一)诈骗罪的概念和构成要件

诈骗罪,是指以非法占有为目的,使用欺骗方法,骗取公私财物,数额较大的行为。

1. 本罪的客观要件为使用欺骗方法,骗取公私财物,数额较大。

(1)本罪的行为对象是公私财物,包括动产和不动产。使用欺骗骗取其他财产性利益的,如使用伪造的身份证明骗取结婚登记的,不成立诈骗罪。

(2)本罪的行为方式是使用欺骗方法。所谓欺骗,是指使被害人陷入认识错误,从而“自愿”地作出将财物交付给行为人。欺骗方法主要有两种基本表现形式:一是虚构事实,即编造某种根本不存在或者将来不可能发生的事实,既可以是行为事实,也可以是心理事实、价值事实等。二是隐瞒真相,即隐瞒客观上存在的事实情况,既可以是隐瞒全部事实,也可以是隐瞒部分事实。欺骗的手段没有限制,既可以是明示方式,也可以是默示方式;既可以是使用言语,也可以是使用文字;既可以是作为,也可以是不作为。欺骗行为必须达到足以使对方产生错误认识的程度,否则,难以认定为欺骗。但应注意,即使欺骗行为不足以使一般人陷入认识错误,但足以使特定被害人产生认识错误的,也属于欺骗行为。欺骗行为,既可能使原本没有认识错误的相对方产生处分财产的认识错误,也可能是在他人已经由于某种原因陷入认识错误的情况下,使他人继续维护或者强化其处分财产的认识错误。受骗者对所诈称的事实将信将疑,但仍然处分财产的,不影响诈骗罪的成立。在行为人的欺骗行为与受骗者的处分财产之间,必须介入受骗者的错误认识;如果受骗者不是因欺骗行为产生错误认识而处分财产,则行为人的行为不成立诈骗罪。受骗者既可以是财物的所有人或占有人,也可以是其他具有处分财产权限的人。受骗者原则上必须是自然人,机器不能成为受骗的对象。但机器的运行受到人所设计的特定程序控制,行为人使用欺骗方法,使机器作出错误的财产处分的,可以视为是对机器背后的人的欺骗,成立诈骗罪。

示例 6-9 程某诈骗案

一审法院认为:"被告人程某在拾得朱某带有密码的存折时,并未占有或控制存折上的钱财,但其利用与失主熟悉的便利,采用多次盗配存折密码的秘密方法,盗用朱某的名义,到银行支出存折上的款项 13.22 万元占为己有。被告人程某主观上具有非法占有的目的,客观上实施了秘密窃取的行为,其行为构成盗窃罪。"〔12〕二审法院认为:"上诉人程某获取存折后,以非法占有为目的,用隐瞒真相的欺骗手段占有他人财物,其行为性质属诈骗而非盗窃,且诈骗数额巨大,其行为业已构成诈骗罪。"〔13〕

(3)本罪的行为结果是骗取数额较大的公私财物。所谓骗取,是指行为人因使用欺骗方法而取得或者占有对方的财产。行为人骗取公私财物,是基于相对方的转移财产的处分行为,二者之间必须具有因果关系;对方之所以作出转移财产占有的处分决定,是基于行为人的欺骗行为,二者之间也必须具有因果关系。根据 2011 年 3 月 1 日最高人民法院、最高人民检察院《关于办理诈骗刑事案件具体应用法律若干问题的解释》(以下简称《诈骗解释》)第 1 条的规定,诈骗公私财物价值 3000 元至 1 万元以上、3 万元至 10 万元以上、50 万元以上的,应当分别认定为"数额较大""数额巨大""数额特别巨大"。各省、自治区、直辖市高级人民法院、人民检察院可以结合本地区经济社会发展状况,在上述规定的数额幅度内,共同研究确定本地区执行的具体数额标准,报最高人民法院、最高人民检察院备案。

示例 6-10 王某诈骗案

一审法院认为:"被害人杨某、王某某、李某、朱某的损失系被告人王某等人的犯罪行为所致,王某应当对被害人的实际损失负责。本案中几名被害人的实际损失共计 38000 元,而被告人王某实际谋取到非法利益只有 22000 元。在犯罪既遂下,犯罪数额定为被害人实际损失的财物总额更为恰当,据此对被告人定罪量刑,能够更好地保护受害人利益。"〔14〕

2. 本罪的主观要件为故意,且具有非法占有公私财物的目的。

(二)诈骗罪的认定

1. 本罪与非罪的界限。根据《诈骗解释》第 3 条的规定,诈骗公私财物虽已达到

---

〔12〕 "程某诈骗案一审判决书",载《刑事审判参考》2003 年第 4 集,指导案例第 256 号。

〔13〕 "程某诈骗案二审判决书",载《刑事审判参考》2003 年第 4 集,指导案例第 256 号。

〔14〕 "王某诈骗案一审判决书",江苏省淮安市淮阴区人民法院刑事判决书(〔2011〕淮刑初字第 591 号)。

本解释第1条规定的"数额较大"的标准,但具有下列情形之一,且行为人认罪、悔罪的,可以根据刑法第37条、刑事诉讼法第142条的规定不起诉或者免予刑事处罚:(1)具有法定从宽处罚情节的;(2)一审宣判前全部退赃、退赔的;(3)没有参与分赃或者获赃较少且不是主犯的;(4)被害人谅解的;(5)其他情节轻微、危害不大的;(6)根据第4条的规定,诈骗近亲属的财物,近亲属谅解的,一般可不按犯罪处理。诈骗近亲属的财物,确有追究刑事责任必要的,具体处理也应酌情从宽。

2. 本罪与特殊诈骗罪的关系。除诈骗罪外,刑法还规定了特殊诈骗罪,即刑法第192条至第200条规定的八种金融诈骗罪,以及刑法第224条规定的合同诈骗罪。这些特殊诈骗罪在诈骗对象、诈骗手段、诈骗数额等方面与普通诈骗罪的要求不同,从而形成特别法条与普通法条的法条竞合关系。根据特别法优先的法条竞合处理原则,对符合特殊诈骗罪构成要件的行为,应当认定为特殊诈骗罪。复杂的是,对于诈骗数额没有达到特殊诈骗罪的罪量要求,但符合普通诈骗罪的罪量要求,对此能否以诈骗罪论处?如行为人实施保险诈骗行为,骗取了4000元。对此,本书认为,对行为人既不得以保险诈骗罪论处,也不得以诈骗罪论处。这是贯彻特别法优先原则的必然结果。

3. 本罪和盗窃罪的界限。二者区分的关键在于,行为人取得财产是否是基于被害人的"自愿"处分财产。换言之,如果被害人将财物交付给行为人,是基于转移占有的处分财产的意识,应当认定为诈骗;如果被害人将财物交付给行为人,不是基于转移占有的处分财产的意识,而是因为其他原因所致,则应当认定为盗窃。对于既有"窃"又有"骗"的行为的定性,则应从行为人获取财物的主要手段和被害人的主观认识进行区分。如果行为人获取财物时起决定性作用的手段是秘密窃取,诈骗行为只是为盗窃创造条件或作掩护,被害人也没有"自愿"交付财物的,应当认定为盗窃;如果行为人获取财物时起决定性作用的手段是诈骗,被害人基于错误认识而"自愿"交付财物,盗窃行为只是辅助手段的,则应当认定为诈骗。对于"调包"案件,一般应当认定为盗窃。

示例6-11 臧某等盗窃、诈骗案

二审法院认为:"在信息网络情形下,行为人利用信息网络,诱骗他人点击虚假链接而实际上通过预先植入的计算机程序窃取他人财物构成犯罪的,应当以盗窃罪定罪处罚;行为人虚构可供交易的商品或者服务,欺骗他人为支付货款点击付款链接而获取财物构成犯罪的,应当以诈骗罪定罪处罚。本案中,被告人臧某、郑某使用预设计算机程序并植入的方法,秘密窃取他人网上银行账户内巨额钱款,其行为均已构成盗窃罪。臧某、郑某和被告人刘某以非法占有为目的,通过开设虚假的网络店铺和利用伪造的购物链接

骗取他人数额较大的货款,其行为均已构成诈骗罪。对臧某、郑某所犯数罪,应依法并罚。"〔15〕

4. 本罪未遂的处理。根据《诈骗解释》第5条的规定,诈骗未遂,以数额巨大的财物为诈骗目标的,或者具有其他严重情节的,应当定罪处罚。利用发送短信、拨打电话、互联网等电信技术手段对不特定多数人实施诈骗,诈骗数额难以查证,但具有下列情形之一的,应当认定为"其他严重情节",以诈骗罪(未遂)定罪处罚:(1)发送诈骗信息5000条以上的;(2)拨打诈骗电话500人次以上的;(3)诈骗手段恶劣、危害严重的。实施上述规定行为,数量达到前款第(1)、(2)项规定标准10倍以上的,或者诈骗手段特别恶劣、危害特别严重的,应当认定为"其他特别严重情节",以诈骗罪(未遂)定罪处罚。诈骗既有既遂,又有未遂,分别达到不同量刑幅度的,依照处罚较重的规定处罚;达到同一量刑幅度的,以诈骗罪既遂处罚。

根据2016年12月19日最高人民法院、最高人民检察院、公安部《关于办理电信网络诈骗等刑事案件适用法律若干问题的意见》(以下简称《电信网络诈骗意见》)第2条的规定,实施电信网络诈骗犯罪,犯罪嫌疑人、被告人实际骗得财物的,以诈骗罪(既遂)定罪处罚。诈骗数额难以查证,但具有下列情形之一的,应当认定为"其他严重情节",以诈骗罪(未遂)定罪处罚:(1)发送诈骗信息5000条以上的,或者拨打诈骗电话500人次以上的;(2)在互联网上发布诈骗信息,页面浏览量累计5000次以上的。具有上述情形,数量达到相应标准10倍以上的,应当认定为"其他特别严重情节",以诈骗罪(未遂)定罪处罚。上述"拨打诈骗电话",包括拨出诈骗电话和接听被害人回拨电话。反复拨打、接听同一电话号码,以及反复向同一被害人发送诈骗信息的,拨打、接听电话次数、发送信息条数累计计算。

5. 本罪的共犯和罪数。根据《诈骗解释》第7条的规定,明知他人实施诈骗犯罪,为其提供信用卡、手机卡、通讯工具、通讯传输通道、网络技术支持、费用结算等帮助的,以共同犯罪论处。冒充国家机关工作人员进行诈骗,同时构成诈骗罪和招摇撞骗罪的,依照处罚较重的规定定罪处罚。

根据《电信网络诈骗意见》第4条的规定,明知他人实施电信网络诈骗犯罪,具有下列情形之一的,以共同犯罪论处,但法律和司法解释另有规定的除外:(1)提供信用卡、资金支付结算账户、手机卡、通讯工具的;(2)非法获取、出售、提供公民个人信息的;(3)制作、销售、提供"木马"程序和"钓鱼软件"等恶意程序的;(4)提供"伪基站"设备或相关服务的;(5)提供互联网接入、服务器托管、网络存储、通讯传输等技术支持,或者提供支付结算等帮助的;(6)在提供改号软件、通话线路等技术服务

---

〔15〕"臧某等盗窃、诈骗二审裁定书",浙江省高级人民法院刑事裁定书(〔2011〕浙刑三终字第132号)。

时，发现主叫号码被修改为国内党政机关、司法机关、公共服务部门号码，或者境外用户改为境内号码，仍提供服务的；(7)提供资金、场所、交通、生活保障等帮助的；(8)帮助转移诈骗犯罪所得及其产生的收益，套现、取现的。“明知他人实施电信网络诈骗犯罪”，应当结合被告人的认知能力，既往经历，行为次数和手段，与他人关系，获利情况，是否曾因电信网络诈骗受过处罚，是否故意规避调查等主客观因素进行综合分析认定。负责招募他人实施电信网络诈骗犯罪活动，或者制作、提供诈骗方案、术语清单、语音包、信息等的，以诈骗共同犯罪论处。

（三）诈骗罪的处罚

根据刑法第266条的规定，犯本罪的，处3年以下有期徒刑、拘役或者管制，并处或者单处罚金；数额巨大或者有其他严重情节的，处3年以上10年以下有期徒刑，并处罚金；数额特别巨大或者有其他特别严重情节的，处10年以上有期徒刑或者无期徒刑，并处罚金或者没收财产。

根据《诈骗解释》第2条的规定，诈骗公私财物达到本解释第1条规定的数额标准，具有下列情形之一的，可以酌情从严惩处：(1)通过发送短信、拨打电话或者利用互联网、广播电视、报刊杂志等发布虚假信息，对不特定多数人实施诈骗的；(2)诈骗救灾、抢险、防汛、优抚、扶贫、移民、救济、医疗款物的；(3)以赈灾募捐名义实施诈骗的；(4)诈骗残疾人、老年人或者丧失劳动能力人的财物的；(5)造成被害人自杀、精神失常或者其他严重后果的。诈骗数额接近本解释“数额巨大”“数额特别巨大”的标准，并具有上述规定的情形之一或者属于诈骗集团首要分子的，应当分别认定为“其他严重情节”“其他特别严重情节”。

根据《电信网络诈骗意见》第2条的规定，实施电信网络诈骗犯罪，达到相应数额标准，具有下列情形之一的，酌情从重处罚：(1)造成被害人或其近亲属自杀、死亡或者精神失常等严重后果的；(2)冒充司法机关等国家机关工作人员实施诈骗的；(3)组织、指挥电信网络诈骗犯罪团伙的；(4)在境外实施电信网络诈骗的；(5)曾因电信网络诈骗犯罪受过刑事处罚或者2年内曾因电信网络诈骗受过行政处罚的；(6)诈骗残疾人、老年人、未成年人、在校学生、丧失劳动能力人的财物，或者诈骗重病患者及其亲属财物的；(7)诈骗救灾、抢险、防汛、优抚、扶贫、移民、救济、医疗等款物的；(8)以赈灾、募捐等社会公益、慈善名义实施诈骗的；(9)利用电话追呼系统等技术手段严重干扰公安机关等部门工作的；(10)利用“钓鱼网站”链接、“木马”程序链接、网络渗透等隐蔽技术手段实施诈骗的。实施电信网络诈骗犯罪，诈骗数额接近“数额巨大”“数额特别巨大”的标准，具有前述规定的10种情形之一的，应当分别认定为“其他严重情节”“其他特别严重情节”。上述规定的“接近”，一般应掌握在相应数额标准的80%以上。

四、抢夺罪

(一)抢夺罪的概念和构成要件

抢夺罪,是指以非法占有为目的,公然夺取公私财物,数额较大的行为。

1. 本罪的客观要件为公然夺取公私财物,数额较大。所谓公然夺取,是指公开夺取被害人管理和支配之下的财物。被害人通常处于案发现场,且能够立即获知财物被夺取的事实,但往往来不及阻止或反抗。抢夺不一定要乘人不备,即使在被害人高度防备时抢夺的,也不影响抢夺罪的成立。抢夺也不一定要有暴力,未使用暴力而直接取得他人财物的,也可能构成抢夺罪。例如,利用被害人骑车被绊倒而无法动弹之机,不顾其呼喊而当面拿走其掉落在地的钱包的,也构成抢夺罪。如果行为人使用了暴力,则暴力应当仅限于对物实施,而不能对人实施。抢夺行为应当是当着被害人或者他人的面实施,否则难以认定为公然。抢夺的对象为他人占有的动产,并且是有形物。构成本罪,还要求公然夺取财物数额较大。根据 2013 年 11 月 11 日最高人民法院、最高人民检察院《关于办理抢夺刑事案件适用法律若干问题的解释》(以下简称《抢夺解释》)第 1 条的规定,抢夺公私财物价值 1000 元至 3000 元以上、3 万元至 8 万元以上、20 万元至 40 万元以上的,应当分别认定为"数额较大""数额巨大""数额特别巨大"。各省、自治区、直辖市高级人民法院、人民检察院可以根据本地区经济发展状况,并考虑社会治安状况,在前款规定的数额幅度内,确定本地区执行的具体数额标准,报最高人民法院、最高人民检察院批准。根据《抢夺解释》第 2 条的规定,抢夺公私财物,具有下列情形之一的,"数额较大"的标准按照前条规定标准的 50% 确定:(1)曾因抢劫、抢夺或者聚众哄抢受过刑事处罚的;(2)1 年内曾因抢夺或者哄抢受过行政处罚的;(3)1 年内抢夺 3 次以上的;(4)驾驶机动车、非机动车抢夺的;(5)组织、控制未成年人抢夺的;(6)抢夺老年人、未成年人、孕妇、携带婴幼儿的人、残疾人、丧失劳动能力人的财物的;(7)在医院抢夺病人或者其亲友财物的;(8)抢夺救灾、抢险、防汛、优抚、扶贫、移民、救济款物的;(9)自然灾害、事故灾害、社会安全事件等突发事件期间,在事件发生地抢夺的;(10)导致他人轻伤或者精神失常等严重后果的。

2. 本罪的主观要件为故意,且具有非法占有的目的。

示例 6-12 李某抢劫、抢夺案

李某经预谋,驾驶集装箱卡车在某加油站加油后,为逃避支付油费,乘工作人员不备,高速驾车驶离加油站。对此事实,二审法院认为:"上诉人李某以非法占有为目

的,乘人不备公然抢夺单位财物,数额巨大,其行为构成抢夺罪。”[16]

(二)抢夺罪的认定

1. 本罪与非罪的界限。根据《抢夺解释》第5条的规定,抢夺公私财物数额较大,但未造成他人轻伤以上伤害,行为人系初犯,认罪、悔罪,退赃、退赔,且具有下列情形之一的,可以认定为犯罪情节轻微,不起诉或者免予刑事处罚;必要时,由有关部门依法予以行政处罚:(1)具有法定从宽处罚情节的;(2)没有参与分赃或者获赃较少,且不是主犯的;(3)被害人谅解的;(4)其他情节轻微、危害不大的。

2. 本罪与抢劫罪的界限。在涉及暴力的情形下,特别是造成被害人伤害时,是认定为抢夺罪还是抢劫罪,应当注意考察以下方面:(1)暴力的作用对象和目的。抢夺的暴力是对物暴力,其目的是直接夺取财物;抢劫罪的暴力是对人暴力,其目的是压制被害人的反抗,进而夺取财物。(2)犯罪分子对伤害的心态。抢夺罪的行为人对暴力行为可能造成被害人的伤害结果,主观上是持过失的心理态度;抢劫罪的行为人对暴力行为可能造成被害人的伤害结果,主观上是持故意的心理态度。(3)是否存在犯意转化。行为人本来并没有对被害人实施暴力来夺取财物,但在夺取财物的过程中,遭受被害人的反抗,进而使用暴力强行取得财物的,表明行为人主观犯意已经由抢夺的故意转化为抢劫的故意,应当直接以抢劫罪定罪处罚。

3. 关于“飞车抢夺”的定性。驾驶机动车、非机动车夺取他人财物,未使用暴力,或者仅对物使用暴力的,应当以抢夺罪论处;具有下列情形之一的,应当以抢劫罪定罪处罚:(1)夺取他人财物时因被害人不放手而强行夺取的;(2)驾驶车辆逼挤、撞击或者强行逼倒他人夺取财物的;(3)明知会致人伤亡仍然强行夺取并放任造成财物持有人轻伤以上后果的。

4. 关于“携带凶器抢夺”的定性。根据刑法第267条第2款的规定,携带凶器抢夺的,依照抢劫罪的规定定罪处罚。这种情形之所以不定抢夺罪而定抢劫罪,根本原因在于行为人通常具有在夺取财物时使用所携带的凶器的意识。如果行为人不是为了违法犯罪而携带某种物品,实施抢夺时也没有使用的意识,则不能认定为“携带凶器抢夺”。根据《两抢意见》第4条的规定,“携带凶器抢夺”,是指行为人随身携带枪支、爆炸物、管制刀具等国家禁止个人携带的器械进行抢夺或者为了实施犯罪而携带其他器械进行抢夺的行为。行为人随身携带国家禁止个人携带的器械以外的其他器械抢夺,但有证据证明该器械确实不是为了实施犯罪准备的,不以抢劫罪定罪;行为人将随身携带凶器有意加以显示、能为被害人察觉到的,直接适用刑法第263条的规定定罪处罚;行为人携带凶器抢夺后,在逃跑过程中为窝藏赃物、抗拒

---

[16] “李某抢劫、抢夺案二审裁定书”,载《刑事审判参考》2013年第3集,指导案例第868号。

抓捕或者毁灭罪证而当场使用暴力或者以暴力相威胁的，适用刑法第267条第2款的规定定罪处罚。

示例6-13　丁某抢劫案

一审法院认为："本案被告人为了预备被害人反抗而准备电棍、仿真枪等器械，并将该器械置于触手可及的摩托车坐垫下以便其随时可以使用，其抢夺时所携带的该凶器无论是否向被害人展示，客观上已经对被害人的人身安全造成了一种现实的、紧迫的威胁，属于为了实施犯罪而携带。"〔17〕

（三）抢夺罪的处罚

根据刑法267条第1款的规定，犯本罪的，处3年以下有期徒刑、拘役或者管制，并处或者单处罚金；数额巨大或者有其他严重情节的，处3年以上10年以下有期徒刑，并处罚金；数额特别巨大或者有其他特别严重情节的，处10年以上有期徒刑或者无期徒刑，并处罚金或者没收财产。

根据《抢夺解释》第3条的规定，抢夺公私财物，具有下列情形之一的，应当认定为"其他严重情节"：(1)导致他人重伤的；(2)导致他人自杀的；(3)具有本解释第2条第3项至第10项规定的情形之一，数额达到本解释规定的"数额巨大"50%的。根据《抢夺解释》第4条的规定，具有下列情形之一的，应当认定为"其他特别严重情节"：(1)导致他人死亡的；(2)具有本解释第2条第3项至第10项规定的情形之一，数额达到本解释规定的"数额特别巨大"50%的。

五、聚众哄抢罪

聚众哄抢罪，是指以非法占有为目的，聚集多人公然夺取公私财物，数额较大或者有其他严重情节的行为。本罪的行为主体是首要分子和积极参加者，一般参加者不构成本罪。本罪的行为方式是聚众哄抢。其特点是：聚集多人公然夺取公私财物，参与哄抢的人员处于随时可能增加或者减少的状态；哄抢人并不使用暴力、胁迫等强制手段，而是依靠人多势众使被害人难以阻止从而取得财物。聚众哄抢并不是多人实施的共同抢劫，而是多人实施的共同抢夺。本罪的行为结果是抢取财物数额较大或者有其他严重情节。

根据刑法第268条的规定，犯本罪的，对首要分子和积极参加的，处3年以下有期徒刑、拘役或者管制，并处罚金；数额巨大或者有其他特别严重情节的，处3年以

〔17〕"丁某抢劫案一审判决书"，江苏省无锡市高新技术开发区人民法院刑事判决书(〔2014〕新刑初字第270号)。

上10年以下有期徒刑，并处罚金。

六、侵占罪

（一）侵占罪的概念和构成要件

侵占罪，是指以非法占有为目的，将代为保管的他人财物或者他人的遗忘物、埋藏物非法占为己有，数额较大，拒不退还或者拒不交出的行为。

1. 本罪的客观要件为将代为保管的他人财物或者他人的遗忘物、埋藏物非法占为己有，数额较大，拒不退还或者拒不交出。

（1）本罪的行为对象是他人财物，包括有体物和无体物。这里的“他人”，应当作扩大解释，既包括自然人，也包括单位、国家。

（2）本罪的行为方式是非法侵占他人财物。所谓侵占，是指“变合法持有”为“非法所有”。具体行为方式有两种：第一，将代为保管的他人财物非法占为己有。这里的“代为保管”，应当作扩大解释，即不仅仅是指受人委托而代为保管财物，而应包括所有基于委托关系而事实上或法律上支配他人财物的状态。这种支配状态，以财物的所有人与行为人之间存在委托关系为前提，委托关系的发生原因则不受限制，包括租赁、担保、借用、委托、寄存等法律行为。第二，将他人的遗忘物、埋藏物非法占为己有。这里的“遗忘物”，也应作扩大解释，既包括狭义的遗忘物（失主暂时忘记的财物，事后可以回忆财物的具体位置），也包括民法上的遗失物（失主丢失的财物，事后不能回忆财物的具体位置）。换言之，一切非基于委托关系而脱离财物的所有人或持有人占有的财物，均可谓之“遗忘物”。这里的“埋藏物”，同样也应作扩大解释，既包括狭义的埋藏物（埋藏于地下的财物），也包括隐藏物（隐藏于他物之中的财物）。埋藏物必须是他人所有的财物，而且是所有人明确的财物。不过，由于我国采取公有主义，对于所有人不明的埋藏物，一旦被人发现，其所有权即属于国家。因此，对于各种埋藏物，都应当认为是有所有人的。埋藏物必须是他人所有但未占有，偶然被行为人发现的财物。对于他人有意埋藏于特定地下，且具有占有意思的财物，则应当认定为他人占有物，而非埋藏物。

（3）本罪的行为结果是非法侵占他人财物数额较大，拒不退还或者拒不交出。非法侵占他人财物数额较小的，即使拒不归还，也不得以侵占罪论处。拒不退还或者拒不交出，是指经物主或者有关机关要求退还或者交出财物，而拒不退还或交出。例如，将他人财物出卖、赠与、消费、抵偿债务等。如果经物主或者有关机关要求，行为人退还或交出财物（包括原物或者相当价值的现金），则不得以犯罪论处。

2. 本罪的主观要件为故意，且具有不法所有的目的。行为人明知是代为保管的他人财物或者遗忘物、埋藏物，而不法据为己有。这里的“不法所有的目的”，是指在合法占有他人财物的前提下，以财物的所有人的身份利用、处分他人的财物的意图。如果不具有利用、处分的意图,而是单纯地将他人财物毁坏的,则成立故意毁坏财物罪。

(二)侵占罪的认定

1. 本罪与非罪的界限。本侵占罪的实质,在于变“合法占有”为“非法所有”。在侵占行为发生之前,他人的财物已经处于行为人合法控制之下。在侵占行为发生之时,他人的财物的占有状态并未发生任何变化,而仅是行为人主观意图由“占有者”向“所有者”转变。立法者考虑到司法实践中证明的困难性,同时也是为了限缩处罚范围,特别增加了“拒不退还”“拒不交出”的构成要素。换言之,行为人虽然合法占有他人财物,但经财物所有人或者持有人要求退还或交出仍拒不听从的,则足以充分证明其主观上的“非法所有”意图,可以认定为构成侵占罪。因此,“拒不退还”或“拒不交出”,既是侵占罪成立的标准,也是其既遂的标准。

2. 本罪与盗窃罪的界限。盗窃罪的行为对象是他人占有的财物,对于自己占有的财物,不可能成立盗窃罪;侵占罪的行为对象是自己占有的他人财物以及遗忘物、埋藏物,对于自己未占有的财物,不可能成立侵占罪。因此,判断财物由谁占有、是否脱离占有,是区分二者的关键。在占有的认定上,特别要注意法律占有与事实占有、现实占有与观念占有、主占有与从占有(辅助占有)的区分。

示例 6－14　杨某侵占案

杨某将赵某委托其父杨某某加工定型的袜子盗卖给他人。经公安机关介入,追回袜子共计 62 包,每包 300～500 双不等。对此,一审法院认为:“自诉人赵某将袜子委托给被告人杨某之父杨某某加工定型,尽管杨某某经营的袜子加工厂在组织形式上系家庭经营,但实际上系由其夫妇共同经营,二人并未将自诉人委托加工的袜子交由杨某保管,杨某对该批袜子未形成事实上的占有,故杨某将这些袜子予以盗卖的行为不符合侵占罪的构成特征。”[18] 据此,判决宣告杨某无罪。

(三)侵占罪的处罚

根据刑法第 270 条的规定,犯本罪的,处 2 年以下有期徒刑、拘役或者罚金;数额巨大或者有其他严重情节的,处 2 年以上 5 年以下有期徒刑,并处罚金。本条罪,告诉的才处理。

七、职务侵占罪

(一)职务侵占罪的概念和构成要件

职务侵占罪,是指公司、企业或者其他单位的人员,利用职务上的便利,将本单

〔18〕“杨某侵占案一审判决书”,载《刑事审判参考》2009 年第 5 期,指导案例第 583 号。

位财物非法占为己有,数额较大的行为。

1. 本罪的客观要件为公司、企业或者其他单位的人员,利用职务上的便利,将本单位财物非法占为己有,数额较大。

(1)本罪的行为主体是公司、企业或者其他单位的人员。所谓公司,是指依照公司法,经国家主管机关批准设立的各种有限责任公司和股份有限公司。所谓企业,是指依照企业法,经国家主管机关批准设立的,以营利为目的的各种经济组织。所谓其他单位,是指公司、企业以外的其他组织,如医院、学校、公益基金会等。个人独资企业属于企业,但个体工商户是个人或家庭共同投资经营,用个人财产或家庭共同财产承担责任的特殊民事主体,不属于企业。根据1999年6月25日最高人民法院《关于村民小组组长利用职务便利非法占有公共财物行为如何定性问题的批复》的规定,对村民小组组长利用职务上的便利,将村民小组集体财产非法占为己有,数额较大的,应以职务侵占罪论处。根据2001年5月23日最高人民法院《关于在国有资本控股、参股的股份有限公司中从事管理工作的人员利用职务便利非法占有本公司财物如何定罪问题的批复》的规定,在国有资本控股、参股的股份有限公司中从事管理工作的人员,除受国家机关、国有公司、企业、事业单位委派从事公务的以外,不属于国家工作人员。对其利用职务上的便利,将本单位财物非法占为己有,数额较大的,应以职务侵占罪论处。

示例6-15 张某侵占案

张某利用其任佛山市禅城区红太阳不锈钢加工厂(注册性质系个体工商户,投资人为朱某)司机的职务之便,乘独自开车运送不锈钢卷带之际,将该批货物擅自变卖他人,并弃车携变卖所得款逃匿。对此,一审法院认为:"被告人张某将代为保管的自诉人价值87840.2元的财物非法占为己有,数额较大,拒不退还,其行为已构成侵占罪。"[19]

(2)本罪的行为方式是利用职务上的便利,将本单位的财物非法占为己有。所谓利用职务上的便利,是指利用本人的职权范围内或者因执行职务而产生的主管、管理、经营、经手单位财物的便利条件。所谓非法占为己有,是指将基于职务管理的单位财物非法占为己有,以及利用职务便利的窃取、骗取等行为。行为人利用职务上的便利,将公司持有的股份变更为自己持有的股份的,成立职务侵占罪;但是,行为人利用职务上的便利,将其他自然人股东持有的股份变更为自己持有的股份,或

---

〔19〕"张某侵占案一审判决书",载《刑事审判参考》2004年第5集,指导案例第318号。

者将公司持有的股份变更为其他法人股东持有的股份的，不成立职务侵占罪。

示例 6－16 李某职务侵占案

二审法院认为："李某系沪深航公司的驾驶员，在履行职务的过程中实际控制该货物并负有保管货物、将货物运至目的地并办理托运的职责，因此，李某在实施涉案犯罪行为时，具有职务上的便利。李某正是利用自己运输、保管涉案货物的职务便利，伙同他人非法占有封箱内的物品。李某身为公司工作人员，伙同他人利用职务便利，将公司承运的货物非法占为已有，数额巨大，其行为已构成职务侵占罪，依法应予以惩处。"[20]

(3)本罪的行为结果是非法占有数额较大的单位财物。

2. 本罪的主观要件为故意，且具有非法占有的目的。

(二)职务侵占罪的处罚

根据刑法第 271 条的规定，犯本罪的，处 5 年以下有期徒刑或者拘役；数额巨大的，处 5 年以上有期徒刑，可以并处没收财产。

八、挪用资金罪

(一)挪用资金罪的概念和构成要件

挪用资金罪，是指公司、企业或者其他单位的工作人员，利用职务上的便利，挪用本单位资金归个人使用或者借贷给他人，数额较大、超过 3 个月未还的，或者虽未超过 3 个月，但数额较大、进行营利活动的，或者进行非法活动的行为。本罪的法益是单位对资金的占有权、使用权和收益权。

1. 本罪的客观要件为公司、企业或者其他单位的工作人员，利用职务上的便利，挪用本单位资金归个人使用或者借贷给他人，数额较大、超过 3 个月未还，或者虽未超过 3 个月，但数额较大、进行营利活动，或者进行非法活动。

(1)本罪的行为主体是特殊主体，即必须是公司、企业或者其他单位的工作人员。

(2)本罪的行为对象是本单位资金。筹建公司的工作人员在公司登记注册前，利用职务上的便利，挪用准备设立的公司在银行的临时账户上的资金，归个人使用或者借贷给他人，构成犯罪的，应当以本罪论处。

(3)本罪的行为方式是利用职务上的便利，挪用本单位资金归个人使用或者借贷给他人。其中的"归个人使用"包括以下三种情形：一是将本单位资金供本人、亲友或者其他自然人使用；二是以个人名义将本单位资金供其他单位使用的；三是个

---

〔20〕 "李某职务侵占案二审裁定书"，载《最高人民法院公报》2009 年第 8 期。

人决定以单位名义将本单位资金供其他单位使用，谋取个人利益的。利用职务上的便利，是指利用自己主管、管理、经手单位资金的便利条件。挪用，是指不经合法批准，擅自动用所主管、管理、经手的单位资金。挪用包括挪用单位资金归个人使用和借贷给他人两种情况，“他人”，包括自然人和法人等单位。公司、企业或者其他单位的非国家工作人员，利用职务上的便利，挪用本单位资金归本人或者其他自然人使用，或者挪用人以个人名义将所挪用的资金借给其他自然人和单位，构成犯罪的，应以本罪论处。

行为人挪用单位资金主要有以下三种用途：一是挪用资金进行营利活动、非法活动以外的活动，如用于家庭开支、生活消费等；二是挪用资金进行营利活动，如借贷给他人收取利息；三是挪用资金进行非法活动，如用于赌博、嫖娼、行贿、走私等。

示例6－17 钟某等挪用资金案

二审法院认为：“被告人钟某身为其他金融机构的工作人员，利用担任长江证券经纪业务部负责人的职务便利，违反国家及单位规定，挪用巨额资金借贷给朱某个人及其控制的公司使用，使大部分资金被转出用于归还贷款、借款，造成资金流失无法追回，且在为朱某非法筹款过程中，个人非法获取利益，其行为符合挪用本单位资金借贷给他人使用的规定，钟某的行为已构成挪用资金罪。”〔21〕

(4)本罪的行为结果是挪用资金的时间较长或者数额较大。刑法对三种挪用资金的行为规定了不同的构成要素：挪用资金进行一般活动的，必须数额较大，并且超过3个月；挪用资金进行营利活动的，只要求数额较大，不要求超过3个月；挪用资金进行非法活动的，既无挪用数额要求，也无挪用时间要求。不过，在实践中在认定犯罪时却不能不考虑数额。

2. 本罪的主观要件为故意，且具有暂时占有、非法使用单位资金的目的。

(二)挪用资金罪的处罚

根据刑法第272条的规定，犯本罪的，处3年以下有期徒刑或者拘役；挪用本单位资金数额巨大的，或者数额较大不退还的，处3年以上10年以下有期徒刑。这里的“不退还”，是指因客观原因在一审宣判前不能归还。如果行为人挪用单位资金后，由于某种原因转化为主观上不愿意归还的，则应以职务侵占罪论处。此外，挪用本单位资金进行非法活动构成其他犯罪的，应当实行数罪并罚。

九、挪用特定款物罪

挪用特定款物罪，是指挪用用于救灾、抢险、防汛、优抚、扶贫、移民、救济款物，

〔21〕“钟某等挪用资金案二审裁定书”，载《最高人民检察院公报》2006年第6号。

情节严重,致使国家和人民群众利益遭受重大损害的行为。本罪的法益是专款专用的财经制度。

本罪的客观要件为挪用特定款物,情节严重,致使国家和人民群众利益遭受重大损害。这里的"挪用",是指挪作其他公用,不包括挪用个人使用。挪用失业保险基金和下岗职工基本生活保障基金的,属于挪用救济款物。

根据刑法第273条的规定,犯本罪的,对直接责任人员,处3年以下有期徒刑或者拘役;情节特别严重的,处3年以上7年以下有期徒刑。

示例6-18　高某等挪用特定款物案

一审法院认为:"被告人高某、喻某、高某某在负责莲湖乡三汲坊村移民建镇工作期间,违反国家专款专用管理制度,将25万余元移民建镇资金用于村集体的其他开支,情节严重,且给国家和人民群众利益造成了重大损失,其行为均已触犯刑律,构成挪用特定款物罪。"〔22〕

十、敲诈勒索罪

(一)敲诈勒索罪的概念和构成要件

敲诈勒索罪,是指以非法占有为目的,以威胁或要挟的方法,索取公私财物数额较大或者多次敲诈勒索的行为。

1.本罪的客观要件为以威胁或者要挟的方法,索取公私财物数额较大或者多次敲诈勒索。

(1)本罪的行为对象,是财物的所有人或者管理人。

(2)本罪的行为方式是敲诈勒索。具体有以下两种类型:一是以威胁或者要挟的方法,索取数额较大的财物;二是以威胁或者要挟的方法,多次索取财物。所谓威胁,是指用任何侵害他人的方法相恐吓;要挟,是指抓住他人的把柄,以揭露其隐私相恐吓。威胁和要挟,都是能够引起他人心理恐惧的精神强制方法,并没有本质的区别。恐吓的内容是恶害,其种类没有限制,既可以是暴力,也可以是举报犯罪、揭发隐私等;既可以是真实信息,也可以是虚假事实。但如果是暴力侵害,则其程度应限于尚未达到足以压制他人反抗的程度。恐吓的方式多种多样,既可以是明示,也可以是默示;既可以是语言,也可以是文书或者动作;既可以当面通告,也可以是通过第三者转告等。根据2013年4月23日最高人民法院、最高人民检察院《关于办理敲诈勒索刑事案件适用法律若干问题的解释》(以下简称《敲诈勒索解释》)第3

---

〔22〕"高某等挪用特定款物案一审判决书",江西省波阳县人民法院刑事判决书(〔2001〕波刑初字第113号)。

条的规定，“多次敲诈勒索”，是指2年内敲诈勒索3次以上。

(3)本罪的行为结果是索取公私财物数额较大或者多次索取公私财物。根据《敲诈勒索解释》第1条的规定，敲诈勒索公私财物价值2000元至5000元以上、3万元至10万元以上、30万元至50万元以上的，应当分别认定为“数额较大”“数额巨大”“数额特别巨大”。各省、自治区、直辖市高级人民法院、人民检察院可以根据本地区经济发展状况和社会治安状况，在上述规定的数额幅度内，共同研究确定本地区执行的具体数额标准，报最高人民法院、最高人民检察院批准。根据第2条规定，敲诈勒索公私财物，具有下列情形之一的，“数额较大”的标准可以按照本解释第1条规定标准的50%确定：曾因敲诈勒索受过刑事处罚的；1年内曾因敲诈勒索受过行政处罚的；对未成年人、残疾人、老年人或者丧失劳动能力人敲诈勒索的；以将要实施放火、爆炸等危害公共安全犯罪或者故意杀人、绑架等严重侵犯公民人身权利犯罪相威胁敲诈勒索的；以黑恶势力名义敲诈勒索的；利用或者冒充国家机关工作人员、军人、新闻工作者等特殊身份敲诈勒索的；造成其他严重后果的。

2. 本罪的主观要件为故意，且具有非法占有的目的。

(二)敲诈勒索罪的认定

1. 本罪与非罪的界限。根据《敲诈勒索解释》第5条的规定，敲诈勒索数额较大，行为人认罪、悔罪，退赃、退赔，并具有下列情形之一的，可以认定为犯罪情节轻微，不起诉或者免予刑事处罚，由有关部门依法予以行政处罚：(1)具有法定从宽处罚情节的；(2)没有参与分赃或者获赃较少且不是主犯的；(3)被害人谅解的；(4)其他情节轻微、危害不大的。根据《敲诈勒索解释》第6条的规定，敲诈勒索近亲属的财物，获得谅解的，一般不认为是犯罪；认定为犯罪的，应当酌情从宽处理。被害人对敲诈勒索的发生存在过错的，根据被害人过错程度和案件其他情况，可以对行为人酌情从宽处理；情节显著轻微危害不大的，不认为是犯罪。

2. 本罪与维权行为的界限。(1)以胁迫手段取得对方不法占有的自己所有的财物的，属于自救行为，不构成敲诈勒索罪。(2)债权人为了实现到其债权，对债务人实施胁迫的，不构成敲诈勒索罪。但是，如果以非法拘禁等剥夺人身自由的方式实现其债权，或者债权尚未到期的，则可能触犯非法拘禁罪、敲诈勒索罪等犯罪。(3)主张损害赔偿请求权的，如消费者以向媒体曝光或者向法院起诉相要挟，要求商家给予损害赔偿的，只要赔偿数额在法定范围之内，则属于消费者维权，不成立敲诈勒索罪。

示例6-19 夏某等敲诈勒索案

夏某等人以住宅和祖坟毁坏为由，要求某开发区管委会、香港某公司以及浙江某集团有限公司赔偿财产损失及精神损失61万元，并向有关部门举报上述单位的违法违规行为。拟成立的旅游公司的执行总裁唐某与夏某等人协商,答应赔偿夏某等人25万元,条件是夏某不再举报该项目。承诺书签订后,夏某等人收到唐某首期支付的10万元。对此,一审法院认为:"三被告人以非法占有为目的,采用要挟手段,索取他人钱财,数额巨大,其行为均已构成敲诈勒索罪。"[23]二审法院认为:"虽然三被告人以要挟为手段索赔,获取了巨额钱财,但被告人夏某理、夏某云的索赔是基于在房屋拆迁、坟墓搬迁中享有一定的民事权利提出的,故认定三被告人具有敲诈勒索罪构成要件中'以非法占有为目的'的主观故意,证据不足,不能认定三被告人有罪。"[24]

3. 本罪与抢劫罪的界限。二者都以非法占有为目的,不仅都可以使用威胁方法,而且都可能使用暴力方法。主要区别有以下方面:(1)威胁的内容不同。敲诈勒索罪威胁的内容既包括暴力,也包括隐私、犯罪事实等信息;抢劫罪威胁的内容,只能是暴力。(2)暴力的程度不同。在以暴力相威胁的情形下,敲诈勒索罪的暴力是相对轻微的暴力,即未达到足以压制对方反抗的程度;抢劫罪的暴力则必须达到足以压制对方反抗的程度。(3)威胁的方式不同。敲诈勒索罪的行为人既可以当面威胁,也可以不当面威胁,既可以自己直接发出威胁,也可以由第三者转达威胁;抢劫罪的行为人必须当面直接发出威胁。(4)取财时间不同。敲诈勒索罪的行为人获取财物不限于当场,其既可以当场实现威胁,要求日后交付财物,也可以以日后实现威胁相通告,要求当场交付财物,还可以以日后实现威胁相通告,要求日后交付财物;抢劫罪的行为人则限于当场劫取财物。

4. 本罪与绑架罪的界限。二者的区别在于,有无剥夺被害人的人身自由。行为人对他人使用轻微暴力,但未剥夺其人身自由,或者编造剥夺他人人身自由的虚假事实,向第三人索取财物的,应当认定为敲诈勒索罪;行为人使用暴力、胁迫等强制方法,控制了他人的人身自由,并向第三人索取财物的,应当认定为绑架罪。实务中,行为人虽然事实上限制了他人人身自由或者使用轻微暴力的方法,但是行为人主要是利用他人弱点,以将来的损害相要挟的,应当认定为敲诈勒索罪,而不是绑架罪。

示例6-20 谢某等敲诈勒索案

二审法院认为:"上诉人谢某……以非法占有为目的,对准备持刀作案的被害人进行控制,以报警送交公安机关处理为要挟,勒索被害人董某、陈某、符某、周某、王某人民币1940元,数额较大,其行为均已构成敲诈勒索罪。本案中,上诉人虽然在一定程度上限制

〔23〕"夏某等敲诈勒索案一审判决书",载《刑事审判参考》2008年第5集,指导案例第509号。
〔24〕"夏某等敲诈勒索案二审判决书",载《刑事审判参考》2008年第5集,指导案例第509号。

了被害人的人身自由,并采取了轻微的暴力殴打行为,但上诉人的上述行为是为了阻止被害人实施抢劫并以此为由进行敲诈。根据本案事实,七上诉人并未使用暴力、胁迫、麻醉或者其他方法劫持被害人,亦未将被害人藏匿并将被害人控制地点进行保密,在作案过程中还有报警行为。因此可以认定,七上诉人不具有绑架他人的犯罪故意,亦未实施劫持他人的犯罪行为,不符合绑架罪的犯罪特征。"〔25〕

(三)敲诈勒索罪的处罚

根据刑法第274条的规定,犯本罪的,处3年以下有期徒刑、拘役或者管制,并处或者单处罚金;数额巨大或者有其他严重情节的,处3年以上10年以下有期徒刑,并处罚金;数额特别巨大或者有其他特别严重情节的,处10年以上有期徒刑,并处罚金。

根据《敲诈勒索解释》第4条的规定,敲诈勒索公私财物,具有该解释第2条第3项至第7项规定的情形之一,数额达到该解释第1条规定的"数额巨大""数额特别巨大"80%的,可以分别认定为"其他严重情节""其他特别严重情节"。根据《敲诈勒索解释》第8条规定,对犯敲诈勒索罪的被告人,应当在2000元以上、敲诈勒索数额的2倍以下判处罚金;被告人没有获得财物的,应当在2000元以上10万元以下判处罚金。

十一、故意毁坏财物罪

故意毁坏财物罪,是指故意毁坏公私财物,数额较大或者有其他严重情节的行为。本罪的行为对象是国家、单位或者他人所有的财物,包括动产和不动产。行为人是否占有该财物,不影响本罪的成立。本罪的行为方式是毁坏财物。关于毁坏,理论上主要有以下三种观点:(1)物质毁损说,指从物理上破坏、毁损财物的一部或者全部,进而侵害财物的本来效用的行为;(2)有形侵害说,指通过对财物的有形的作用,毁损财产的无形的价值,以及毁损财产的物体的完整性的行为;(3)效用侵害说,指一切使财物的效用灭失或者减少的行为。本书采用第三种观点,即认为毁坏不限于从物理上毁灭或者变更财物的形体的行为,而且也包括了其他使财物的效用丧失或者减少的行为。本罪的行为结果是毁坏财物数额较大或者有其他严重情节。本罪的主观要件为故意,过失不能构成本罪。

示例6-21　朱某故意毁坏财物案

朱某为泄私愤,侵入他人的股票委托交易账户并篡改密码,在他人账户内高价

〔25〕"谢某等敲诈勒索案二审裁定书",载《最高人民法院公报》2009年第10期。

买进股票然后低价卖出，造成他人账户内的资金损失 19 万余元。对此，一审法院认为："起诉书指控被告人朱建勇犯故意毁坏财物罪，事实清楚，证据确凿，指控成立。"[26]

根据刑法第 275 条的规定，犯本罪的，处 3 年以下有期徒刑、拘役或者罚金；数额巨大或者有其他特别严重情节的，处 3 年以上 7 年以下有期徒刑。

十二、破坏生产经营罪

破坏生产经营罪，是指由于泄愤报复或者其他个人目的，毁坏机器设备、残害耕畜或者以其他方法破坏生产经营的行为。本罪的行为对象是用于生产经营的财物。行为方式，是毁坏机器设备、残害耕畜或者以其他方法破坏生产经营。所谓其他方法，是指其他以毁坏财物的方式破坏生产经营。本罪的主观要件为故意，且具有不正当的动机。

示例 6－22 董某、谢某破坏生产经营案

北京某科技有限公司在淘宝网注册成立网上店铺，主要经营论文相似度检测业务。董某为谋取市场竞争优势，雇佣并指使谢某，多次以同一账号恶意大量购买对方的商品，导致其订单交易额重大损失。对此，二审法院认为："二上诉人主观上具有报复和从中获利的目的，客观上实施了通过损害被害单位商业信誉的方式破坏被害单位生产经营的行为，被害单位因二上诉人的行为遭受了 10 万元以上的损失，且二上诉人的行为与损失间存在因果关系，其行为符合破坏生产经营罪的犯罪构成，应以破坏生产经营罪定罪处罚。第三方因素的介入并不影响因果关系的认定。"[27]

根据刑法第 276 条的规定，犯本罪的，处 3 年以下有期徒刑、拘役或者管制；情节严重的，处 3 年以上 7 年以下有期徒刑。

十三、拒不支付劳动报酬罪

拒不支付劳动报酬罪，是指以转移财产、逃匿等方法逃避支付劳动者的劳动报酬或者有能力支付而不支付劳动者的劳动报酬，数额较大，经政府有关部门责令支付仍不支付的行为。

本罪的行为主体是特殊主体，即负有向他人支付劳动报酬义务的自然人与单

---

〔26〕"朱某故意毁坏财物案一审判决书"，载《最高人民法院公报》2004 年第 4 期。

〔27〕"董某、谢某破坏生产经营案二审判决书"，江苏省南京市中级人民法院刑事判决书（〔2016〕苏 01 刑终 33 号）。

位。本罪的行为内容为拒不支付劳动报酬。具体有两种类型:一是以转移财产、逃匿等方法逃避支付劳动者的劳动报酬;二是有能力支付而不支付劳动者的劳动报酬。本罪是不作为犯,其实质是行为人拒不履行支付劳动报酬的义务,因而必须以行为人具有支付能力为前提。行为人没有支付能力而逃匿的,不能成立本罪。劳动报酬,包括工资、奖金、津贴、补贴等。拒不支付的劳动报酬,既可能是劳动者的全部报酬,也可能是部分报酬。行为结果是拒不支付劳动报酬数额较大,且经政府有关部门责令支付而不支付。如果行为人转移财产、逃匿或者声称拒不支付劳动报酬,但在经政府有关部门责令支付后即支付劳动报酬的,不成立本罪。政府有关部门,主要是指劳动行政部门。责令,主要是指书面方式或者通过公告方式责令。本罪的主观要件为故意,过失不构成本罪。

示例 6-23 胡某拒不支付劳动报酬案

一审法院认为:"被告人胡某拒不支付20余名民工的劳动报酬达12万余元,数额较大,且在政府有关部门责令其支付后逃匿,其行为构成拒不支付劳动报酬罪。被告人胡某虽然不具有合法的用工资格,又属没有相应建筑工程施工资质而承包建筑工程施工项目,且违法招用民工进行施工,上述情况不影响以拒不支付劳动报酬罪追究其刑事责任。本案中,胡某逃匿后,工程总承包企业按照有关规定清偿了胡某拖欠的民工工资,其清偿拖欠民工工资的行为属于为胡某垫付,这一行为虽然消减了拖欠行为的社会危害性,但并不能免除胡某应当支付劳动报酬的责任,因此,对胡某仍应当以拒不支付劳动报酬罪追究刑事责任。"〔28〕

根据刑法第276条之一的规定,犯本罪的,处3年以下有期徒刑或者拘役,并处或者单处罚金;造成严重后果的,处3年以上7年以下有期徒刑,并处罚金。单位犯本罪的,对单位判处罚金,并对其直接负责的主管人员和其他直接责任人员,依照上述规定处罚。有上述行为,尚未造成严重后果,在提起公诉前支付劳动者的劳动报酬,并依法承担相应赔偿责任的,可以减轻或者免除处罚。

---

〔28〕 "胡某拒不支付劳动报酬案一审判决书",四川省双流县人民法院刑事判决书(〔2011〕双流刑初字第544号)。

第七章　妨害社会管理秩序罪

第一节　妨害社会管理秩序罪概述

一、妨害社会管理秩序罪的概念和构成要件

（一）妨害社会管理秩序罪的概念

妨害社会管理秩序罪，是故意或者过失妨害国家机关或者其他有关机构对社会的管理活动，破坏社会秩序，情节严重的行为。

本章罪的法益是社会管理秩序，即国家对社会生活进行日常管理形成的平稳、和谐的状态。人类社会的良好运行状态，取决于一定的行为准则以及国家的有效管理。公民遵守行为准则与国家对社会进行管理，是维持社会秩序的基本条件。社会管理秩序是一个外延极为宽泛的概念。广义的社会管理秩序，泛指社会生活各个方面的秩序。中义的社会管理秩序，是指除社会政治秩序、经济秩序以外的其他社会秩序。狭义的社会管理秩序，则是指社会生活秩序。刑法规定的任何犯罪都在不同程度上破坏了社会管理秩序，本章罪所侵犯的社会秩序，则是一种狭义的社会管理秩序。

（二）妨害社会管理秩序罪的构成要件

1. 本章罪的客观要件表现为违反国家的秩序管理法规，妨害国家对社会的管理秩序，破坏社会秩序。本章罪基本以违反国家的管理法规为前提条件，表现为妨害社会的管理秩序，破坏社会秩序，并且情节严重。因此，绝大多数犯罪属于作为犯，少数犯罪属于不作为犯。由于社会管理秩序的范围广泛，秩序管理活动的范围也相当广泛，因而本章罪的行为内容与表现形式也多种多样。

2. 本章罪的主观要件，绝大多数犯罪为故意，少数犯罪为过失，如医疗事故罪。在故意犯罪中，有的犯罪还要求行为人具有特定的犯罪目的，如赌博罪。

二、妨害社会管理秩序罪的分类

本章罪共有97个条文，分为九节，规定了136个罪名。这些罪名可分为以下九

类：扰乱公共秩序罪，妨害司法罪，妨害国（边）境管理罪，妨害文物管理罪，危害公共卫生罪，破坏环境资源保护罪，走私、贩卖、运输、制造毒品罪，组织、强迫、引诱、容留、介绍卖淫罪，制作、贩卖、传播淫秽物品罪。

第二节　扰乱公共秩序罪

一、妨害公务罪

（一）妨害公务罪的概念和构成要件

妨害公务罪，是指以暴力、威胁方法阻碍国家机关工作人员依法执行职务，阻碍人大代表依法执行代表职务，阻碍红十字会工作人员在自然灾害和突发事件中依法履行职责，以及故意阻碍国家安全机关、公安机关依法执行国家安全工作任务，未使用暴力、威胁方法，造成严重后果的行为。本罪的法益为"公务"，包括国家机关工作人员依法执行的职务，人民代表大会依法执行的代表职务，红十字会工作人员依法履行的职责，国家安全机关、公安机关依法执行的国家安全工作任务。

1. 本罪的客观要件为阻碍特定公职人员依法执行公务。

（1）本罪的行为对象是正在依法执行职务、履行职责的国家机关工作人员、人大代表、红十字会工作人员、国家安全机关、公安机关。所谓国家机关工作人员，包括在各级立法机关、行政机关、司法机关以及中国共产党的各级机关、人民政协的各级机关中从事公务的人员。根据 2000 年 4 月 24 日最高人民检察院《关于以暴力、威胁方法阻碍事业编制人员依法执行行政执法职务是否可对侵害人以妨害公务罪论处的批复》的规定，对于以暴力、威胁方法阻碍国有事业单位人员依照法律、行政法规的规定执行行政执法职务的，或者以暴力、威胁方法阻碍国家机关中受委托从事行政执法活动的事业编制人员执行行政职务的，以妨害公务罪论处。对国家机关工作人员的判断，应当坚持公务标准，而不应拘泥于行为人是否具有公务员的身份和编制。本罪的行为对象不包括军人，阻碍军人执行职务的，构成刑法第 368 条规定的阻碍军人执行职务罪。

（2）本罪的行为内容是阻碍上述四类特定人员依法执行职务。具体有以下四种类型：一是以暴力、威胁方法阻碍国家机关工作人员依法执行职务；二是以暴力、威胁方法阻碍全国人民代表大会和地方各级人民代表大会代表依法执行代表职务；三是在自然灾害和突发事件中，以暴力、威胁方法阻碍红十字会工作人员依法履行职责；四是阻碍国家安全机关、公安机关依法执行国家安全工作任务，未使用暴力、威胁方法，造成严重后果。

无论哪种类型,阻碍行为的对象必须是正在依法执行职务或者履行职责的人员。这里的“依法”,指执行职务的行为不仅在实体上合法,而且在程序上合法。但对于程序上存在轻微瑕疵的执法活动,不宜认定为违法。阻碍行为的发生时间必须是正在执行职务期间,阻碍红十字工作人员履行职责的,还必须是在自然灾害和突发事件中。阻碍的手段是采用暴力、威胁的方法,但是阻碍国家安全机关、公安机关依法执行国家安全工作任务的,不要求使用暴力、威胁方法,但要求具备造成严重后果这一要素。行为人以暴力、威胁方法,阻碍国家安全机关、公安机关依法执行国家安全工作任务,或者阻碍公安机关依法执行治安工作任务,没有造成严重后果的,也应认定为妨害公务罪,但应适用刑法第 277 条第 1 款。这里的“暴力”,既可能针对正在执行职务的人员的身体实施,也可能针对与公职人员执行职务具有密不可分关系的辅助者实施,还可能针对执法车辆等物实施,从而造成阻碍有关人员依法执行职务的结果。这里的“威胁”,是指以实施杀害、伤害、毁坏财产等暴力行为相威胁。

2. 本罪的主观要件为故意,即明知正在依法履行职务或职责的人员,而故意阻碍其执行职务,动机如何不影响本罪的成立。

示例 7-1　李某等妨害公务案

二审法院认为:“八上诉人明知波塘派出所的警察前来执行公务,而采取围攻、殴打等方法阻碍警察依法执行职务,并造成警察陈某受伤流血及处警车辆严重受损,八上诉人的行为均已触犯刑律,构成妨害公务罪。”〔1〕

(二)妨害公务罪的认定

1. 妨害公务罪与非罪的界限。对于情节显著轻微、危害不大的妨害公务行为,如群众因合理要求没有满足而与国家机关工作人员发生轻微冲突的行为,不能认定为妨害公务罪。未使用暴力、威胁方法,阻碍国家安全机关、公安机关依法执行国家安全工作任务,未造成严重后果的,也不应以犯罪论处。

2. 妨害公务罪的罪数。妨害公务的行为,可能成为其他犯罪的手段。在这种情形下,原则上应当从一重处断。但刑法另有特别规定的,按特别规定处理。例如,刑法第 157 条第 2 款规定,以暴力、威胁方法抗拒缉私的,应以走私犯罪和妨害公务罪实行数罪并罚。又如,刑法第 318 条第 1 款第 5 项和第 321 条第 2 款规定,组织他人偷越国(边)境、运送他人偷越国(边)境,又“以暴力、威胁方法抗拒检查的”,应以偷

〔1〕“李某等妨害公务案二审裁定书”,广西壮族自治区梧州市中级人民法院刑事判决书(〔2007〕梧刑终字第 139 号)。

越国(边)境罪的加重犯论处。

(三)妨害公务罪的处罚

根据刑法第 277 条的规定,犯本罪的,处 3 年以下有期徒刑、拘役、管制或者罚金。暴力袭击正在依法执行职务的人民警察的,依照前述规定从重处罚。

二、煽动暴力抗拒法律实施罪

煽动暴力抗拒法律实施罪,是指煽动群众暴力抗拒国家法律、行政法规实施的行为。所谓煽动,是指群众本无抗拒国家法律、行政法规实施的意思,或者虽有抗拒国家法律、法规实施的意思但尚未着手的情况下,公然教唆、鼓动、引诱等,使群众产生或者坚定抗拒国家法律、行政法规实施的意思。煽动的内容必须是暴力抗拒,非暴力抗拒不能成立本罪。煽动分裂国家、破坏国家统一的,煽动颠覆国家政权、推翻社会主义制度的,煽动军人逃离部队的,构成其他犯罪,不构成本罪。

根据刑法第 278 条的规定,犯本罪的,处 3 年以下有期徒刑、拘役、管制或者剥夺政治权利;造成严重后果的,处 3 年以上 7 年以下有期徒刑。

三、招摇撞骗罪

(一)招摇撞骗罪的概念和构成要件

招摇撞骗罪,是指冒充国家机关工作人员进行招摇撞骗的行为。本罪的法益是国家机关的威信及其正常活动。

1. 本罪的客观要件为冒充国家机关工作人员进行招摇撞骗。所谓冒充,是指假冒具有某种特定身份的国家机关工作人员。具体有以下三种情形:(1)非国家机关工作人员冒充国家机关工作人员;(2)此种部门的国家机关工作人员冒充彼种部门的国家机关工作人员,如行政机关工作人员冒充司法机关工作人员;(3)职务低的国家机关工作人员冒充职务高的国家机关工作人员。行为人所冒充的身份,必须是国家机关工作人员身份,而不能是其他身份。冒充军人招摇撞骗的,成立冒充军人招摇撞骗罪,不成立本罪。所谓招摇撞骗,是指以假冒的身份进行炫耀、欺骗,如骗取职位、荣誉、资格等。假冒中央国家机关领导,到地方各级政府机关检查工作、做报告的,成立本罪;假冒国家机关工作人员,玩弄女性,骗取感情的,成立本罪。

示例 7-2　吴某招摇撞骗罪案

二审法院认为:"原审被告人吴某冒充永年县公安局人民警察身份,隐瞒已婚事实,以谈对象为名多次与他人发生性关系,并以没钱加油等为名骗取部分财物,其行为已构成招摇撞骗罪，且系冒充人民警察招摇撞骗，应从重处罚。"[2]

2. 本罪的主观要件为故意，即明知自己冒充国家机关工作人员招摇撞骗的行为会发生损害国家机关的信誉，破坏国家机关的正常活动，并且希望或者放任这种行为的发生。

（二）招摇撞骗罪的认定

认定招摇撞骗罪时，应当注意本罪与诈骗罪的界限。二者区别的难点主要在于冒充国家机关工作人员骗取财物的情况下，应当如何定罪处罚。对此，理论界主要有两种观点：一种观点认为，冒充国家机关工作人员招摇撞骗，原则上不包括骗取财物的现象，即使认为可以包括骗取财物，但也不包括骗取数额巨大财物的情况。[3]另一种观点认为，如果行为人冒充国家机关工作人员实施诈骗犯罪的，属于法条竞合，应按法条竞合原则来处理。[4] 两种观点的分歧，在于招摇撞骗罪是否包括骗取财物的情形。本书认为，招摇撞骗罪的法益是国家机关的信誉及其正常活动，其关键在于冒充国家机关工作人员的身份行事，而不在于行为人所骗取的利益的属性。换言之，冒充国家机关工作人员骗取公私财物的行为，与冒充国家机关工作人员骗取其他利益的情形类似，同样也损害了国家机关的信誉，破坏了国家机关的正常活动，因而均构成招摇撞骗罪。但是，冒充国家机关工作人员骗取公私财物的行为，还侵犯了财产权益，完全满足诈骗罪的构成要件，构成诈骗罪。由于一个行为侵犯了数个不同的法益，因而应以想象竞合犯论处。

（三）招摇撞骗罪的处罚

根据刑法第279条的规定，犯本罪的，处3年以下有期徒刑、拘役、管制或者剥夺政治权利；情节严重的，处3年以上10年以下有期徒刑。冒充人民警察招摇撞骗的，依照上述规定从重处罚。这里的"人民警察"，根据《人民警察法》第2条第2款的规定，是指公安机关、国家安全机关、监狱、劳动教养管理机关的人民警察和法院、检察院的司法警察。

四、伪造、变造、买卖国家机关公文、证件、印章罪

伪造、变造、买卖国家机关公文、证件、印章罪，是指伪造、变造、买卖国家机关的公文、证件、印章的行为。本罪的法益是国家机关公文、证件、印章的公共信用。

本罪的行为对象是国家机关公文、证件、印章。公文，是指以国家机关名义制作的处理公务的文书。证件，是指有权制作的国家机关颁发的，用以证实身份、权利义

---

〔2〕"吴某招摇撞骗案二审判决书"，河北省邯郸市中级人民法院刑事判决书（〔2013〕邯市刑终字第209号）。

〔3〕参见张明楷：《刑法学》，法律出版社2011年版，第920页。

〔4〕参见高铭暄、马克昌主编：《刑法学》，北京大学出版社、高等教育出版社2011年版，第531页。

务关系或者其他事项的凭证。印章,是指固定了国家机关名称等内容并可以通过一定方式表示在其他载体上的图章。本罪的行为方式是伪造、变造、买卖国家机关的公文、证件、印章。伪造,包括有形伪造和无形伪造。有形伪造,是指没有制作权限的人,冒用国家机关名义制作公文、证件、印章。无形伪造,是指有制作权限的人,擅自以国家机关的名义制作公文、证件、印章。变造,是指对真实的国家机关公文、证件、印章进行加工,改变内容的行为。买卖,是指购买或者出售国家机关制作或者应当由国家机关制作的公文、证件、印章的行为。本罪是行为犯,行为人实施上述三种行为之一,即可构成本罪;同时实施上述行为的,也只认定为一罪,不实行数罪并罚。本罪的主观要件为故意。

根据刑法第280条第1款的规定,犯本罪的,处3年以下有期徒刑、拘役、管制或者剥夺政治权利,并处罚金;情节严重的,处3年以上10年以下有期徒刑,并处罚金。

五、盗窃、抢夺、毁灭国家机关公文、证件、印章罪

盗窃、抢夺、毁灭国家机关公文、证件、印章罪,是指盗窃、抢夺、毁灭国家机关的公文、证件、印章的行为。本罪的法益是国家机关公文、证件、印章的公共信用。本罪的行为对象是国家机关已经制作的真实的公文、证件、印章。

根据刑法第280条第1款的规定,犯本罪的,处3年以下有期徒刑、拘役、管制或者剥夺政治权利,并处罚金;情节严重的,处3年以上10年以下有期徒刑,并处罚金。

六、伪造公司、企业、事业单位、人民团体印章罪

伪造公司、企业、事业单位、人民团体印章罪,是指伪造公司、企业、事业单位、人民团体的印章的行为。本罪的法益是公司、企业、事业单位、人民团体的印章的公共信用。根据2001年7月3日最高人民法院、最高人民检察院《关于办理伪造、贩卖伪造的高等院校学历、学位证明刑事案件如何适用法律问题的解释》的规定,对于伪造高等院校印章制作学历、学位证明的行为,应以伪造事业单位印章罪论处。明知是伪造高等院校印章制作的学历、学位证明而贩卖的,以伪造事业单位印章罪的共犯论处。

根据刑法第280条第2款的规定,犯本罪的,处3年以下有期徒刑、拘役、管制或者剥夺政治权利,并处罚金。

七、伪造、变造、买卖身份证件罪

伪造、变造、买卖身份证件罪,是指伪造、变造、买卖身份证件的行为。本罪的法

益是国家对公民身份证件的管理制度。本罪的行为对象是居民身份证、护照、社会保障卡、驾驶证等依法可以用于证明身份的证件。本罪的行为方式是伪造、变造和买卖。

根据刑法第280条第3款的规定,犯本罪的,处3年以下有期徒刑、拘役、管制或者剥夺政治权利;情节严重的,处3年以上7年以下有期徒刑,并处罚金。

八、使用虚假身份证件、盗用身份证件罪

使用虚假身份证件、盗用身份证件罪,是指行为人在依照国家规定应当提供身份证明的活动中,使用伪造、变造的身份证件或者盗用他人的身份证件,情节严重的行为。本罪的法益是国家对公民身份证件的管理制度。本罪的行为方式是在依照国家规定应当提供身份证明的活动中,使用伪造、变造的居民身份证、护照、社会保障卡、驾驶证等依法可以用于证明身份的证件,或者盗用他人的居民身份证、护照、社会保障卡、驾驶证等依法可以用于证明身份的证件。情节严重是构成本罪的必备要素。

根据刑法第280条之一的规定,犯本罪的,处拘役或者管制,并处或者单处罚金。在犯本罪的同时又构成其他犯罪的,依照处罚较重的规定定罪处罚。

示例7-3 唐某使用虚假身份证件、伪造、买卖国家机关证件案

二审法院认为:"原审被告人唐某因犯伪造、买卖国家机关证件罪和诈骗罪被判刑,刑满释放后再次变造、使用驾驶证,发生交通事故,情节严重,其行为构成使用虚假身份证件罪。"[5]

九、非法生产、买卖警用装备罪

非法生产、买卖警用装备罪,是指非法生产、买卖人民警察制式服装、车辆号牌等专用标志、警械,情节严重的行为。非法生产,既包括无生产资格而生产,也包括不按规定的规格、品种、数量、标号等进行生产。非法买卖,既包括无买卖资格而买卖,也包括指定生产的单位或个人擅自买卖。

根据刑法第281条的规定,犯本罪的,处3年以下有期徒刑、拘役或者管制,并处或者单处罚金。单位犯本罪的,对单位判处罚金,并对其直接负责的主管人员和其他直接责任人员,依照上述规定处罚。

---

〔5〕"唐某使用虚假身份证件、伪造、买卖国家机关证件案二审裁定书",山西省太原市中级人民法院刑事裁定书(〔2016〕晋01刑终365号)。

十、非法获取国家秘密罪

非法获取国家秘密罪，是指以窃取、刺探、收买方法，非法获取国家秘密的行为。本罪的行为对象是国家秘密，包括国家绝密、国家机密和国家秘密。本罪的行为方式是以窃取、刺探、收买方法非法获取国家秘密。行为人知悉国家秘密的内容或者非法占有国家秘密的载体之时，成立本罪的既遂。本罪的主观要件为故意，行为人必须明知国家秘密而非法获取。行为人为境外机构、组织、人员窃取、刺探、收买国家秘密的，成立为境外窃取、刺探、收买、非法提供国家秘密、情报罪。

根据刑法第 282 条第 1 款的规定，犯本罪的，处 3 年以下有期徒刑、拘役、管制或者剥夺政治权利；情节严重的，处 3 年以上 7 年以下有期徒刑。

十一、非法持有国家绝密、机密文件、资料、物品罪

非法持有国家绝密、机密文件、资料、物品罪，是指非法持有属于国家绝密、机密的文件、资料或者其他物品，拒不说明来源与用途的行为。本罪的行为对象是国家绝密、机密的文件、资料或者其他物品，不包括国家秘密的载体。拒不说明来源与用途，是指行为人无法说明其所持有的国家绝密、机密的载体来源合法或者用途正当。行为人虽然作了说明，但其来源非法或者用途不正当的，仍然属于“非法持有”，可以构成本罪。如果行为人所持有的国家绝密、机密的载体是以窃取、刺探、收买方法所得，则构成非法获取国家秘密罪。

根据刑法第 282 条第 2 款的规定，犯本罪的，处 3 年以下有期徒刑、拘役或者管制。

十二、非法生产、销售专用间谍器材、窃听、窃照专用器材罪

非法生产、销售专用间谍器材罪，是指非法生产、销售专用间谍器材或者窃听、窃照专用器材的行为。所谓专用间谍器材，是指进行间谍活动特别需要的下列器材：(1)暗藏式窃听、窃照器材；(2)突发式收发报机、一次性密写本、密写工具；(3)用于获取情报的电子监听、截收器材；(4)其他专用间谍器材。所谓非法生产、销售，既包括无资格者生产、销售，也包括有资格者不按有关规定生产、销售。

根据刑法第 283 条的规定，犯本罪的，处 3 年以下有期徒刑、拘役或者管制，并处或者单处罚金；情节严重的，处 3 年以上 7 年以下有期徒刑，并处罚金。单位犯本罪的，对单位判处罚金，并对其直接负责的主管人员和其他直接责任人员，依照上述规定处罚。

十三、非法使用窃听、窃照专用器材罪

非法使用窃听、窃照专用器材罪，是指非法使用窃听、窃照专用器材，造成严重

后果的行为。非法使用，是指无权使用以及不按规定使用。非法使用，造成严重后果的，才构成本罪。非法生产窃听、窃照器材后又非法使用的，仅成立非法生产间谍专用器材罪。非法使用窃听、窃照专用器材窃取商业秘密、国家秘密的，从一重罪论处。

根据刑法第 284 条的规定，犯本罪的，处 2 年以下有期徒刑、拘役或者管制。

十四、组织考试作弊罪

组织考试作弊罪，是指在法律规定的国家考试中组织作弊的行为。本罪的客观要件，是在法律规定的国家考试中组织作弊。为他人在法律规定的国家考试中实施组织作弊犯罪提供作弊器材或者其他帮助的，构成本罪。本罪的主观要件为故意。

根据刑法第 284 条之一的规定，犯本罪的，处 3 年以下有期徒刑或者拘役，并处或者单处罚金；情节严重的，处 3 年以上 7 年以下有期徒刑，并处罚金。

示例 7－4　韦某等组织考试作弊案

二审法院认为："原审被告人罗某以牟利为目的，组织他人在法律规定的国家考试中作弊，上诉人韦某为他人实施组织考试作弊的犯罪活动中提供作弊器材、给予帮助，二人的行为均已构成组织考试作弊罪。"〔6〕

十五、非法出售、提供试题、答案罪

非法出售、提供试题、答案罪，是指为实施考试作弊行为，向他人出售或者提供法律规定的国家考试的试题、答案的行为。本罪的行为对象是法律规定的国家考试的试题、答案。本罪的行为方式是向他人非法出售或者提供法律规定的国家考试的试题、答案。本罪的主观要件为故意。

根据刑法第 284 条之一的规定，犯本罪的，处 3 年以下有期徒刑或者拘役，并处或者单处罚金；情节严重的，处 3 年以上 7 年以下有期徒刑，并处罚金。

示例 7－5　孙某非法出售、提供试题、答案案

一审法院认为："被告人孙某以收买方法非法获取国家秘密，在 2014 年高考三门涉考科目中理综、文综、英语试卷部分真实及答案正确，发送时间均在考试过程中，在考试结束前，试题及答案均为国家绝密级事项，其获取的国家秘密属绝密级秘密，且向考生及

〔6〕"韦某等组织考试作弊案二审裁定书"，贵州省遵义市中级人民法院刑事裁定书（〔2016〕黔 03 刑终 436 号）。

家长出售作弊器材,公诉机关指控罪名应依据《刑法修正案(九)》定为非法出售、提供试题、答案罪追究刑事责任。"〔7〕

十六、代替考试罪

代替考试罪,是指代替他人或者让他人代替自己参加法律规定的国家考试的行为。

示例7-6　寇某等代替考试案

寇某代替张某在聊城市车管所参加机动车驾驶人满分学习科目一考试时,被监考人员当场查获。对此,一审法院认为:"被告人寇某、张某在参加法律规定的国家考试中,让他人代替自己参加考试或者代替他人参加考试,其行为均已构成代替考试罪。"〔8〕

据刑法第284条之一第4款的规定,犯本罪的,处拘役或者管制,并处或者单处罚金。

十七、非法侵入计算机信息系统罪

非法侵入计算机信息系统罪,是指违反国家规定,侵入国家事务、国防建设、尖端科学技术领域的计算机信息系统的行为。所谓违反国家规定,是指违反全国人民代表大会及其常委会制定的法律和决定,国务院制定的行政法规、规定的行政措施、发布的决定和命令,如《关于维护互联网安全的决定》《计算机信息系统安全保护条例》《计算机信息网络国际联网安全保护管理办法》等。所谓计算机信息系统,是指具备自动处理数据功能的系统,包括计算机、网络设备、通信设备、自动化控制设备等。所谓侵入,是指未取得有关部门的合法授权与批准,通过计算机终端访问计算机信息系统或者进行数据截收的行为。行为人侵入的必须是国家事务、国防建设、尖端科学技术领域的计算机信息系统,侵入其他计算机信息系统的,不成立本罪。本罪的主观要件为故意。

---

〔7〕"孙某非法出售、提供试题、答案罪一审判决书",甘肃省兰州市七里河区人民法院刑事判决书(〔2016〕甘0103刑初字18号)。

〔8〕"寇某等代替考试案一审判决书",山东省聊城市东昌府区人民法院刑事判决书(〔2017〕鲁1502刑初141号)。

示例 7－7　蒋某非法侵入计算机信息系统案

蒋某为方便其代办交通违章处理事宜，利用手机下载“四川公安交警警务平台”，并从他人处获取交警账号及密码登录四川公安交警警务平台查询车辆状态及驾驶人信息 642 次。对此，一审法院认为：“被告人蒋某为牟取利益，违反国家规定侵入国家事务领域的计算机信息系统，其行为已构成非法侵入计算机信息系统罪。”〔9〕

根据刑法第 285 条第 1 款、第 4 款的规定，犯本罪的，处 3 年以下有期徒刑或者拘役。单位犯本罪的，对单位判处罚金，并对其直接负责的主管人员和其他责任人员，依照上述规定处罚。

十八、非法获取计算机信息系统数据、非法控制计算机信息系统罪

非法获取计算机信息系统数据、非法控制计算机信息系统罪，是指违反国家规定，侵入国家事务、国防建设、尖端科学技术领域以外的计算机信息系统或者采用其他技术手段，获取该计算机信息系统中存储、处理或者传输的数据，或者对该计算机信息系统实施非法控制，情节严重的行为。

本罪的行为对象是国家事务、国防建设、尖端科学技术领域以外的计算机信息系统。本罪的行为方式有二：一是非法获取该计算机信息系统中存储、处理或者传输的数据；二是非法控制该计算机信息系统。本罪的主观要件为故意。

根据刑法第 285 条第 2 款、第 4 款的规定，犯本罪的，处 3 年以下有期徒刑或者拘役，并处或者单处罚金；情节特别严重的，处 3 年以上 7 年以下有期徒刑，并处罚金。单位犯本罪的，对单位判处罚金，并对其直接负责的主管人员和其他责任人员，依照上述规定处罚。

根据 2011 年 8 月 1 日最高人民法院、最高人民检察院《关于办理危害计算机信息系统安全刑事案件应用法律若干问题的解释》（以下简称《计算机解释》）第 1 条的规定，具有下列情形之一的，应当认定为“情节严重”：（1）获取支付结算、证券交易、期货交易等网络金融服务的身份认证信息 10 组以上的；（2）获取第（1）项以外的身份认证信息 500 组以上的；（3）非法控制计算机信息系统 20 台以上的；（4）违法所得 5000 元以上或者造成经济损失 1 万元以上的；（5）其他情节严重的情形。具有下列情形之一的，应当认定为“情节特别严重”：（1）数量或者数额达到前款第（1）项至第（4）项规定标准 5 倍以上的；（2）其他情节特别严重的情形。所谓“身份认证信息”，是指用于确认用户在计算机信息系统上操作权限的数据，包括账号、口令、密

〔9〕“蒋某非法侵入计算机信息系统案一审判决书”，四川省北川羌族自治县人民法院刑事判决书（〔2017〕川 0726 刑初 20 号）。

码、数字证书等。

示例 7-8　唐某等非法获取计算机信息系统数据案

一审法院认为："依据《最高人民法院、最高人民检察院关于办理危害计算机信息系统安全刑事案件应用法律若干问题的解释》的相关规定，'身份认证信息'是指用于确认用户在计算机信息系统上操作权限的数据，包括账号、口令、密码、数字证书等。QQ号码及密码的组合，属于非法获取计算机信息系统数据罪保护的'身份认证信息'。被告人唐某、冯某、肖某、周某采用技术手段，变相利用木马程序盗取他人QQ号码身份认证信息，其行为构成非法获取计算机信息系统数据罪。"〔10〕

十九、提供侵入、非法控制计算机信息系统程序、工具罪

提供侵入、非法控制计算机信息系统程序、工具罪，是指提供专门用于侵入、非法控制计算机信息系统的程序、工具，或者明知他人实施侵入、非法控制计算机信息系统的违法犯罪行为而为其提供程序、工具，情节严重的行为。"专门用于侵入、非法控制计算机信息系统的程序、工具"，包括：(1)具有避开或者突破计算机信息系统安全保护措施，未经授权或者超越授权获取计算机信息系统数据的功能的；(2)具有避开或者突破计算机信息系统安全保护措施，未经授权或者超越授权对计算机信息系统实施控制的功能的；(3)其他专门设计用于侵入、非法控制计算机信息系统、非法获取计算机信息系统数据的程序、工具。"计算机信息系统"，既包括国家事务、国防建设、尖端科学技术领域的计算机信息系统，也包括其他领域的计算机信息系统。

示例 7-9　冯某提供侵入、非法控制计算机信息系统程序、工具案

冯某以营利为目的，在网络上发布广告，向他人出租自己所购的钓鱼网站及后台信息，供承租方用来盗取他人游戏账号、密码保护资料、游戏装备等。对此，一审法院认为："被告人冯某提供专门用于侵入、非法控制计算机信息系统程序、工具，情节特别严重，其行为已构成提供侵入、非法控制计算机信息系统程序、工具罪。"〔11〕

根据刑法第285条第3款、第4款的规定，犯本罪的，处3年以下有期徒刑或者

〔10〕"唐某等非法获取计算机信息系统数据案一审判决书"，江苏省通州市人民法院刑事判决书（〔2012〕通刑初字第0425号）。

〔11〕"冯某提供侵入、非法控制计算机信息系统程序、工具案一审判决书"，江苏省涟水县人民法院刑事判决书（〔2015〕涟刑初字第00570号）。

拘役,并处或者单处罚金;情节特别严重的,处3年以上7年以下有期徒刑,并处罚金。单位犯本罪的,对单位判处罚金,并对其直接负责的主管人员和其他责任人员,依照上述规定处罚。

根据《计算机解释》第3条的规定,具有下列情形之一的,应当认定为“情节严重”:(1)提供能够用于非法获取支付结算、证券交易、期货交易等网络金融服务身份认证信息的专门性程序、工具5人次以上的;(2)提供第(1)项以外的专门用于侵入、非法控制计算机信息系统的程序、工具20人次以上的;(3)明知他人实施非法获取支付结算、证券交易、期货交易等网络金融服务身份认证信息的违法犯罪行为而为其提供程序、工具5人次以上的;(4)明知他人实施第(3)项以外的侵入、非法控制计算机信息系统的违法犯罪行为而为其提供程序、工具20人次以上的;(5)违法所得5000元以上或者造成经济损失1万元以上的;(6)其他情节严重的情形。具有下列情形之一的,应当认定为“情节特别严重”:(1)数量或者数额达到前款第(1)项至第(5)项规定标准5倍以上的;(2)其他情节特别严重的情形。

二十、破坏计算机信息系统罪

(一)破坏计算机信息系统罪的概念和构成要件

破坏计算机信息系统罪,是指违反国家规定,对计算机信息系统功能进行删除、修改、增加、干扰,造成计算机信息系统不能正常运行,或者对计算机信息系统中存储、处理或者传输的数据和应用程序进行删除、修改、增加的操作,或者故意制作、传播计算机病毒等破坏性程序,影响计算机系统正常运行,后果严重的行为。

1. 本罪的客观要件为破坏计算机信息系统。

(1)本罪的行为方式主要有以下三种类型:一是违反国家规定,对计算机信息系统功能进行删除、修改、增加、干扰,造成计算机信息系统不能正常运行;二是违反国家规定,对计算机信息系统中存储、处理或者传输的数据和应用程序进行删除、修改、增加的操作;三是制作、传播计算机病毒等破坏性程序,影响计算机系统正常运行。所谓“计算机病毒等破坏性程序”,是指隐藏在可执行程序中或数据中在计算机内部运行的一种干扰程序。具有下列情形之一的程序,应当认定为“计算机病毒等破坏性程序”:一是能够通过网络、存储介质、文件等媒介,将自身的部分、全部或者变种进行复制、传播,并破坏计算机系统功能、数据或者应用程序的;二是能够在预先设定条件下自动触发,并破坏计算机系统功能、数据或者应用程序的;三是其他专门设计用于破坏计算机系统功能、数据或者应用程序的程序。根据2009年8月27日全国人民代表大会常务委员会修正的《关于维护互联网安全的决定(2009修正)》第1条的规定,故意制作、传播计算机病毒等破坏性程序,攻击计算机系统及通信网络,致使计算机系统及通信网络遭受损害,以及违反国家规定,擅自中断计算机网络或者通信服务,造成计算机网络或者通信系统不能正常运行的,依照刑法有关规定追究刑事责任。

示例 7-10 马某等破坏计算机信息系统案

二审法院认为:“上诉人彭某、柳某及一审被告人马某、马某某、唐某、补某违反国家规定,在域名服务器中添加指令,在大量个人计算机信息系统中植入木马,采用干扰的技术手段造成计算机信息系统不能正常运行,后果严重,其行为均已构成破坏计算机信息系统罪。”〔12〕

(2)行为结果是后果严重。根据《计算机解释》第 4 条的规定,破坏计算机信息系统功能、数据或者应用程序,具有下列情形之一的,应当认定为“后果严重”:一是造成 10 台以上计算机信息系统的主要软件或者硬件不能正常运行的;二是对 20 台以上计算机信息系统中存储、处理或者传输的数据进行删除、修改、增加操作的;三是违法所得 5000 元以上或者造成经济损失 1 万元以上的;四是造成为 100 台以上计算机信息系统提供域名解析、身份认证、计费等基础服务或者为 1 万以上用户提供服务的计算机信息系统不能正常运行累计 1 小时以上的;五是造成其他严重后果的。实施上述规定行为,具有下列情形之一的,应当认定为“后果特别严重”:一是数量或者数额达到前款第 1 项至第 3 项规定标准 5 倍以上的;二是造成为 500 台以上计算机信息系统提供域名解析、身份认证、计费等基础服务或者为 5 万以上用户提供服务的计算机信息系统不能正常运行累计 1 小时以上的;三是破坏国家机关或者金融、电信、交通、教育、医疗、能源等领域提供公共服务的计算机信息系统的功能、数据或者应用程序,致使生产、生活受到严重影响或者造成恶劣社会影响的;四是造成其他特别严重后果的。根据《计算机解释》第 5 条的规定,具有下列情形之一的程序,应当认定为“计算机病毒等破坏性程序”:一是能够通过网络、存储介质、文件等媒介,将自身的部分、全部或者变种进行复制、传播,并破坏计算机系统功能、数据或者应用程序的;二是能够在预先设定条件下自动触发,并破坏计算机系统功能、数据或者应用程序的;三是其他专门设计用于破坏计算机系统功能、数据或者应用程序的程序。根据《计算机解释》第 6 条的规定,故意制作、传播计算机病毒等破坏性程序,影响计算机系统正常运行,具有下列情形之一的,应当认定为“后果严重”:一是制作、提供、传输第 5 条第 1 项规定的程序,导致该程序通过网络、存储介质、文件等媒介传播的;二是造成 20 台以上计算机系统被植入第 5 条第 2、3 项规定的程序的;三是提供计算机病毒等破坏性程序 10 人次以上的;四是违法所得 5000 元以上或者

---

〔12〕“马某等破坏计算机信息系统案二审裁定书”,载《最高人民法院公报》2009 年第 2 期。

造成经济损失1万元以上的;五是造成其他严重后果的。实施上述规定行为,具有下列情形之一的,应当认定为“后果特别严重”:一是制作、提供、传输第5条第1项规定的程序,导致该程序通过网络、存储介质、文件等媒介传播,致使生产、生活受到严重影响或者造成恶劣社会影响的;二是数量或者数额达到前款第2项至第4项规定标准5倍以上的;三是造成其他特别严重后果的。

2. 本罪的主观要件为故意,即明知自己的行为会发生影响计算机系统正常运行等结果,并且希望或者放任这种结果的发生。

(二)破坏计算机信息系统罪的处罚

根据刑法第286条第3款的规定,犯本罪的,处5年以下有期徒刑或者拘役;后果特别严重的,处5年以上有期徒刑。单位犯本罪的,对单位判处罚金,并对其直接负责的主管人员和其他责任人员,依照上述规定处罚。

二十一、拒不履行信息网络安全管理义务罪

拒不履行信息网络安全管理义务罪,是指网络服务提供者不履行法律、行政法规规定的信息网络安全管理义务,经监管部门责令采取改正措施而拒不改正,具有致使违法信息大量传播等法定严重后果或严重情节的行为。

本罪的客观要件为网络服务提供者拒不履行信息网络安全管理义务。本罪的行为主体是特殊主体,即网络服务提供者。本罪的行为结果是后果严重或情节严重,即具备下列四种法定情形之一:(1)致使违法信息大量传播;(2)致使用户信息泄露,造成严重后果;(3)致使刑事案件证据灭失,情节严重;(4)有其他严重情节。本罪的主观要件为故意。

根据刑法第286条之一的规定,犯本罪的,处3年以下有期徒刑、拘役或者管制,并处或者单处罚金。单位犯本罪的,对单位判处罚金,并对其直接负责的主管人员和其他直接责任人员,依照上述规定处罚。在犯本罪的同时又构成其他犯罪的,依照处罚较重的规定定罪处罚。

二十二、非法利用信息网络罪

非法利用信息网络罪,是指设立用于实施违法犯罪的网站、通讯群组,或者利用信息网络发布违法犯罪信息,情节严重的行为。

本罪的客观要件为非法利用信息网络,情节严重。本罪的行为方式有以下三种类型:(1)设立用于实施诈骗、传授犯罪方法、制作或者销售违禁物品、管制物品等违法犯罪活动的网站、通讯群组;(2)发布有关制作或者销售毒品、枪支、淫秽物品等违禁物品、管制物品或者其他违法犯罪信息;(3)为实施诈骗等违法犯罪活动发布信息的。构成本罪,必须具备情节严重的要素。本罪的主观要件为故意。

示例 7-11 李某等非法利用信息网络案

李某、李某某先后入住多家宾馆，使用“伪基站”、手机等设备，冒充中国移动、招商银行官方客服电话等向中国移动、中国联通手机用户等群发诈骗短信。对此，一审法院认为：“被告人李某、李某某无视国家法律，受人雇佣，利用信息网络为实施诈骗等违法犯罪活动发布信息，情节严重，其二人的行为均已构成非法利用信息网络罪，应依法予以惩罚。”〔13〕

根据刑法第 287 条之一的规定，犯本罪的，处 3 年以下有期徒刑或者拘役，并处或者单处罚金。单位犯本罪的，对单位判处罚金，并对其直接负责的主管人员和其他直接责任人员，依照上述规定处罚。在犯本罪的同时又构成其他犯罪的，依照处罚较重的规定定罪处罚。

二十三、帮助信息网络犯罪活动罪

帮助信息网络犯罪活动罪，是指明知他人利用信息网络实施犯罪，为其犯罪提供互联网接入、服务器托管、网络存储、通讯传输等技术支持，或者提供广告推广、支付结算等帮助，情节严重的行为。本罪的主观要件为故意。

根据刑法第 287 条之二的规定，犯本罪的，处 3 年以下有期徒刑或者拘役，并处或者单处罚金。单位犯本罪的，对单位判处罚金，并对其直接负责的主管人员和其他直接责任人员，依照上述规定处罚。在犯本罪的同时又构成其他犯罪的，依照处罚较重的规定定罪处罚。

二十四、扰乱无线电通讯管理秩序罪

扰乱无线电通讯管理秩序罪，是指违反国家规定，擅自设置、使用无线电台（站），或者擅自使用无线电频率，干扰无线电通讯秩序，情节严重的行为。

根据刑法第 288 条的规定，犯本罪的，处 3 年以下有期徒刑、拘役或者管制，并处或者单处罚金；情节特别严重的，处 3 年以上 7 年以下有期徒刑，并处罚金。单位犯本罪的，对单位判处罚金，并对其直接负责的主管人员和其他直接责任人员，依照上述规定处罚。

---

〔13〕“李某等非法利用信息网络案一审判决书”，广东省深圳市福田区人民法院刑事判决书（〔2016〕粤 0304 刑初 1663 号）。

二十五、聚众扰乱社会秩序罪

（一）聚众扰乱社会秩序罪的概念和构成要件

聚众扰乱社会秩序罪，是指聚众扰乱社会秩序，情节严重，致使工作、生产、营业和教学、科研、医疗无法进行，造成严重损失的行为。

1.本罪的客观要件为聚众扰乱社会秩序，情节严重。本罪的行为主体是首要分子和其他积极参加者，一般参加者不构成本罪。本罪的行为方式是聚众扰乱社会秩序。所谓聚众，是指纠集多人于同一时间聚集于同一地点。所谓扰乱，是指造成社会秩序的混乱和社会心理的不安。本罪的行为结果是情节严重，即致使工作、生产、营业和教学、科研、医疗无法进行，造成严重损失。

2.本罪的主观要件为故意，动机如何不影响本罪的成立。因工厂严重污染环境，聚集多人要求工厂停产搬迁的，具有违法阻却事由，不构成本罪。

示例7-12 罗某等聚众扰乱社会秩序案

一审法院认为："被告人罗某、杨某甲、杨某乙、杨某丙以铜仁市泰源铁合金厂在生产中，未启用环保设施，致使企业排放的污染物给村民生产、生活带来危害，要求赔偿损失为由，不依法维权，故意采取围堵厂房，破坏企业生产用水等手段，积极参与村民阻碍企业生产，造成企业停产的重大经济损失，情节严重，其行为均已构成聚众扰乱社会秩序罪。"〔14〕

（二）聚众扰乱社会秩序罪的认定

1.聚众扰乱社会秩序罪与非罪的界限。认定本罪时，特别要注意与一般扰乱社会秩序行为的区别。对于情节并不严重、后果比较轻微的群体行为，不能认定为本罪。对于群众因合理要求未得到满足而采取的过激行为，在认定时要特别慎重。只有情节特别严重，或者造成特别严重损失的，才能认定为本罪。在认定时，要注意区别参与者和围观者；一般参与者与积极参与者；积极参与者和首要分子。只有对首要分子和积极参加者，才可以认定为本罪。

2.聚众扰乱社会秩序罪与破坏生产经营罪的界限。二者主要有以下区别：(1)法益不同。聚众扰乱社会秩序罪的法益是社会秩序，破坏生产经营罪的法益是公私财产的所有权。(2)手段不同。聚众扰乱社会秩序罪是以聚众的方式扰乱工作、生产、营业、教学、科研、医疗秩序，破坏生产经营罪是以毁坏机器设备、残害耕畜等方法破坏生产经营。如果聚众毁坏工厂的机器设备，情节严重，导致生产无法进行，造成严

---

〔14〕"罗某等聚众扰乱社会秩序案一审判决书"，贵州省铜仁市人民法院刑事判决书（〔2006〕铜刑初字第124号）。

重损失的，则属于想象竞合犯，可择一重罪论处。

（三）聚众扰乱社会秩序罪的处罚

根据刑法第290条第1款的规定，犯本罪的，对首要分子，处3年以上7年以下有期徒刑；对其他积极参加的，处3年以下有期徒刑、拘役、管制或者剥夺政治权利。

二十六、聚众冲击国家机关罪

聚众冲击国家机关罪，是指聚众冲击国家机关，致使国家机关工作无法进行，造成严重损失的行为。所谓聚众冲击国家机关，是指首要分子聚集多人，冲撞国家机关门禁，包围国家机关驻地，强占国家机关办公场所，堵塞国家机关通道，阻止国家机关工作人员出入等行为。在国家机关周围静坐、示威的行为，不构成本罪。

示例7-13　杨某聚众冲击国家机关案

杨某等人因逾期交房等问题与开发商发生矛盾，遂以组建手机微信群方式，组织多名业主以扯横幅、喊口号、冲闯、围堵禹州市政府大楼大门等方式让政府解决问题，致使禹州市政府工作无法正常进行。对此，一审法院认为："被告人杨某聚众冲击国家机关，致使国家机关工作无法进行，造成严重损失，系积极参加者，其行为已构成聚众冲击国家机关罪。"〔15〕

根据刑法第290条第2款的规定，犯本罪的，对首要分子，处5年以上10年以下有期徒刑；对其他积极参加的，处5年以下有期徒刑、拘役、管制或者剥夺政治权利。

二十七、扰乱国家机关工作秩序罪

扰乱国家机关工作秩序罪，是指多次扰乱国家机关工作秩序，经行政处罚后仍不改正，造成严重后果的行为。

本罪的客观要件为多次扰乱国家机关工作秩序，经行政处罚后仍不改正，并造成严重后果。所谓多次，通常指3次及以上。所谓扰乱，是指对国家机关正常的工作秩序进行干扰、破坏，既包括暴力性扰乱，如强行闯入国家机关，殴打、威胁有关工作人员，打砸、毁坏公私财物等，也包括非暴力性扰乱，如在国家机关工作场所哄闹、纠缠、辱骂等。所谓严重后果，主要是指行为人的扰乱行为造成国家机关的工作无法进行。本罪的主观要件为故意。

---

〔15〕"杨某聚众冲击国家机关案一审判决书"，河南省禹州市人民法院刑事判决书（〔2017〕豫1081刑初191号）。

示例 7－14 汤某扰乱国家机关工作秩序案

一审法院认为："被告人汤某为实现自己的无理要求，将其瘫痪的父亲作为要挟工具，长期在武义县人民政府门口滞留闹访、披麻戴孝，给政府施加压力。2015 年 9 月 6 日武义县公安局在对汤某作出行政拘留的处罚后，其不思悔改，仍然闹访滋事，甚至将尿桶里的污秽物倒在武义县政府门口，制造事端，扰乱县政府的正常工作秩序，造成严重后果，其行为已构成扰乱国家机关工作秩序罪。"〔16〕

根据刑法第 290 条第 3 款的规定，犯本罪的，处 3 年以下有期徒刑、拘役或者管制。

二十八、组织、资助他人非法聚集罪

组织、资助他人非法聚集罪，是指多次组织、资助他人非法聚集，扰乱社会秩序，情节严重的行为。

本罪的客观要件为多次组织、资助他人非法聚集，扰乱社会秩序。所谓多次，指 3 次以上，无论是组织他人非法聚集，还是资助他人非法聚集，构成本罪，均要求 3 次以上。当然，组织、资助他人非法聚集的次数加起来达到 3 次以上的，也构成本罪。所谓非法聚集，是指非法集合、集中多人在一起。构成本罪，需具备情节严重的要素。本罪的主观要件为故意。

根据刑法第 290 条第 4 款的规定，犯本罪的，处 3 年以下有期徒刑、拘役或者管制。

二十九、聚众扰乱公共场所秩序、交通秩序罪

聚众扰乱公共场所秩序、交通秩序罪，是指聚众扰乱车站、码头、民用航空站、商场、公园、影剧院、展览会、运动场或者其他公共场所秩序，聚众堵塞交通或者破坏交通秩序，抗拒、阻碍国家治安管理工作人员依法执行职务，情节严重的行为。

本罪的行为主体必须是首要分子，对其他参加者不得认定为本罪。本罪的行为方式有三种类型：一是聚众扰乱公共场所秩序；二是聚众扰乱交通秩序；三是抗拒、阻碍国家治安管理工作人员依法执行职务。构成本罪，需具备情节严重的要素，否则，不得认定为本罪。

根据刑法第 291 条的规定，犯本罪的，对首要分子，处 5 年以下有期徒刑、拘役或者管制。

---

〔16〕"汤某扰乱国家机关工作秩序案二审裁定书"，浙江省金华市中级人民法院刑事裁定书（〔2017〕浙 07 刑终 341 号）。

示例 7－15　杨某等聚众扰乱公共场所秩序、交通秩序案

一审法院认为:"被告人杨某、郝某无视国家法律,纠结其亲属在某商厦门口焚烧花圈、纸钱,并将被告人杨某的车辆停放在路上,引发大量群众围观,致使道路交通拥堵。在公安干警劝其离开时,被告人杨某拒不离开,抗拒公安人员执法。被告人郝某躺倒在地、躺在执法车辆车轮下、咬伤执法干警抗拒执法。二被告人的行为构成聚众扰乱公共场所秩序、交通秩序罪。"〔17〕

三十、投放虚假危险物质罪

投放虚假危险物质罪,是指投放虚假的爆炸性、毒害性、放射性、传染病病原体等物质的行为。本罪的行为对象是虚假的爆炸性、毒害性、放射性、传染病病原体等物质。这些物质虽然不具有爆炸性、毒害性、放射性或不属于传染病病原体,但因其外观形态、投放的方式方法、投放的时间、场所等,容易使人产生误认,从而造成恐慌。如果是真实的爆炸性、毒害性、放射性、传染病病原体等物质,则构成投放危险物质罪等危害公共安全罪。本罪的行为结果是严重扰乱社会秩序,即造成大规模的社会恐慌。本罪的主观要件为故意。

示例 7－16　庞某投放虚假危险物质案

庞某随身携带事先已装入圆柱形水泥砖块的双肩包,至某银行贵宾厅内,用汽车遥控干扰器谎称包内有炸弹和炸弹遥控器,威胁索要钱款,造成人员疏散的后果。对此,二审法院认为:"上诉人庞某在公共场所投放虚假的爆炸性物质,并恐吓他人,严重扰乱社会秩序,其行为已构成投放虚假危险物质罪。"〔18〕

根据刑法第 291 条之一的规定,犯本罪的,处 5 年以下有期徒刑、拘役或者管制;造成严重后果的,处 5 年以上有期徒刑。

三十一、编造、故意传播虚假恐怖信息罪

编造、故意传播虚假恐怖信息罪,是指编造爆炸威胁、生化威胁、放射威胁等恐怖信息,或者明知是编造的恐怖信息而故意传播,严重扰乱社会秩序的行为。

---

〔17〕"杨某等聚众扰乱公共场所秩序、交通秩序案一审判决书",内蒙古自治区丰镇市人民法院刑事判决书(〔2014〕丰刑初字第 25 号)。

〔18〕"庞某投放虚假危险物质案二审裁定书",上海市第一中级人民法院刑事裁定书(〔2013〕沪一中刑终字第 1142 号)。

示例 7－17 李某编造、故意传播虚假恐怖信息案

李某用手机编写短信“今晚要炸北京首都机场”，并向数十个随意编写的手机号码发送。首都国际机场运行监控中心获悉后，随即启动紧急预案，对东、西航站楼和机坪进行排查，并加强对行李物品的检查和监控工作，耗费大量人力、物力，严重影响了首都国际机场的正常工作秩序。对此，一审法院认为：“被告人李某法制观念淡薄，为泄私愤，编造虚假恐怖信息并故意向他人传播，严重扰乱社会秩序，已构成编造、故意传播虚假恐怖信息罪。”〔19〕

根据刑法第 291 条之一的规定，犯本罪的，处 5 年以下有期徒刑、拘役或者管制；造成严重后果的，处 5 年以上有期徒刑。

三十二、编造、故意传播虚假信息罪

编造、故意传播虚假信息罪，是指编造虚假的险情、疫情、灾情、警情，在信息网络或者其他媒体上传播，或者明知是上述虚假信息，故意在信息网络或者其他媒体上传播，严重扰乱社会秩序的行为。

示例 7－18 卢某编造、故意传播虚假信息案

一审法院认为：“被告人卢某在没有完全核实有关警情真伪的情况下，指使他人在视频中编辑不实的语言文字，在网络上散布，其编辑的视频文字被点击量达 13232 人次，使不特定的多数人信以为真，并引发了一些人封堵道路，其行为严重扰乱了社会秩序，构成了编造、故意传播虚假信息罪，应当依法追究其刑事责任，公诉机关指控的罪名成立。”〔20〕

根据刑法第 291 条之一第 2 款的规定，犯本罪的，处 3 年以下有期徒刑、拘役或者管制；造成严重后果的，处 3 年以上 7 年以下有期徒刑。

三十三、聚众斗殴罪

（一）聚众斗殴罪的概念和构成要件

聚众斗殴罪，是指聚集多人攻击对方身体或者相互攻击对方身体的行为。本罪

---

〔19〕“李某编造、故意传播虚假恐怖信息案一审判决书”，载《最高人民检察院公报》2013 年第 6 号。

〔20〕“卢某编造、故意传播虚假信息案一审判决书”，福建省光泽县人民法院刑事判决书（〔2016〕闽 0723 刑初 85 号）。

的法益为社会公共秩序。

1. 本罪的客观要件为聚众斗殴。本罪的行为主体为首要分子和其他积极参加者，一般参加者不构成本罪。本罪的行为方式为聚众斗殴。所谓聚众斗殴，是指聚集多人攻击对方身体或者相互攻击对方身体。多人，是指双方参与斗殴的总人数在3人以上。聚众斗殴不以使用器械为必要条件，徒手斗殴的，也可以成立聚众斗殴罪。聚众斗殴也不以造成人身伤害结果为必要条件，即使没有造成人身伤害结果的，也可以成立聚众斗殴罪。

2. 本罪的主观要件为故意。行为人的动机如何，不影响本罪的成立。

示例7－19　刘某等聚众斗殴案

二审法院认为："上诉人刘某许可上诉人潘某纠集名下多个公司近百名员工到公共场所准备持械斗殴，严重扰乱公共秩序，上诉人刘某、潘某的行为均已构成聚众斗殴罪，因另一方主动离去未形成实际斗殴，属于刑法规定的犯罪未遂，依法可以减轻处罚。"[21]

（二）聚众斗殴罪的认定

1. 聚众斗殴罪与非罪的界限。在认定本罪时，要注意区分聚众斗殴罪与一般打群架行为的界限。实践中，对于群众之间因日常矛盾激化而引发的群体械斗行为，或者乡村之间因土地、水源、山林等纠纷而发生的结伙斗殴行为，不构成本罪。其中，情节显著轻微，危害不大的，不属于犯罪，可按一般违法行为处理。

2. 聚众斗殴罪的转化犯。根据刑法第292条第2款的规定，聚众斗殴，致人重伤、死亡的，依照故意伤害罪、故意杀人罪的规定定罪处罚。在具体认定时，应当注意把握以下原则：在能够查明重伤、死亡原因的情况下，只应对直接造成死亡的斗殴者和首要分子认定为故意伤害罪、故意杀人罪，对其他积极参加者认定为聚众斗殴罪；在不能查明重伤、死亡原因的情况下，只应对首要分子认定为故意伤害罪、故意杀人罪，对其他积极参加者认定为聚众斗殴罪。

示例7－20　朱某等故意杀人、聚众斗殴案

一审法院认为："被告人陈某多次因违法犯罪被处理后，仍不思悔改，与他人发生矛盾后相约斗殴，并纠集多人在公共场所进行斗殴，系聚众斗殴的首要分子，被告人朱某受纠集参与斗殴，持单刃尖刀刺击他人的胸背部数刀，致一人死亡；陈某提供了砍刀等作案

---

〔21〕"刘某等聚众斗殴案二审裁定书"，山东省德州市中级人民法院刑事裁定书（〔2011〕德中刑一终字第18号）。

工具，不仅明知朱某童携带凶器参与斗殴，而且在斗殴过程中又持砍刀击打被害人，其主观上应当预见其组织、纠集的聚众斗殴会造成被害人死亡的后果，仍听之任之；被告人朱某、陈某之行为均应构成故意杀人罪。”〔22〕

（三）聚众斗殴罪的处罚

根据刑法第292条的规定，犯本罪的，对首要分子和其他积极参加的，处3年以下有期徒刑、拘役或者管制；有下列情形之一的，对首要分子和其他积极参加的，处3年以上10年以下有期徒刑：（1）多次聚众斗殴的；（2）聚众斗殴人数多，规模大，社会影响恶劣的；（3）在公共场所或者交通要道聚众斗殴，造成社会秩序严重混乱的；（4）持械聚众斗殴的。

示例7-21 徐某等聚众斗殴案

二审法院认为：“上诉人徐某在斗殴中使用花盆砸、持皮带抽打对方，朱晴晴持折叠伞殴打对方，均足以致人受伤，系持械斗殴。现有证据无法证实，在斗殴过程中，李静雯、明昌志等人知晓朱晴晴持折叠伞殴打他人，故与朱晴晴无法形成共同的犯罪故意，不属持械斗殴的共犯。”〔23〕

三十四、寻衅滋事罪

（一）寻衅滋事罪的概念和构成要件

寻衅滋事罪，是指寻衅滋事，破坏社会秩序的行为。本罪的法益是社会公共秩序。

1.本罪的客观要件为寻衅滋事，破坏社会秩序。所谓寻衅滋事，是指在公共场所无事生非，起哄捣乱，无理取闹，殴打伤害，肆意挑衅，横行霸道等。根据2013年7月15日最高人民法院、最高人民检察院《关于办理寻衅滋事刑事案件适用法律若干问题的解释》（以下简称《寻衅滋事解释》）第1条的规定，行为人为寻求刺激、发泄情绪、逞强耍横等，无事生非，实施刑法第293条规定的行为的，应当认定为“寻衅滋事”。行为人因日常生活中的偶发矛盾纠纷，借故生非，实施刑法第293条规定的行为的，应当认定为“寻衅滋事”，但矛盾系由被害人故意引发或者被害人对矛盾激化负有主要责任的除外。行为人因婚恋、家庭、邻里、债务等纠纷，实施殴打、辱骂、恐

---

〔22〕 “朱某等故意杀人、聚众斗殴案一审判决书”，北京市第二中级人民法院刑事判决书（〔2012〕少刑初字第315号）。

〔23〕 “徐某等聚众斗殴案二审裁定书”，上海市第二中级人民法院刑事裁定书（〔2012〕沪二中刑终字第802号）。

吓他人或者损毁、占用他人财物等行为的，一般不认定为“寻衅滋事”，但经有关部门批评制止或者处理处罚后，继续实施前列行为，破坏社会秩序的除外。

本罪的行为方式有以下四种类型：

(1)随意殴打他人，情节恶劣。所谓“随意殴打他人”，是指出于耍威风、取乐等目的，无故、无理殴打相识或者素不相识的人。这里的“殴打”，不以造成被害人轻伤为必要。根据《寻衅滋事解释》第 2 条的规定，具有下列情形之一的，应当认定为“情节恶劣”：一是致 1 人以上轻伤或者 2 人以上轻微伤的；二是引起他人精神失常、自杀等严重后果的；三是多次随意殴打他人的；四是持凶器随意殴打他人的；五是随意殴打精神病人、残疾人、流浪乞讨人员、老年人、孕妇、未成年人，造成恶劣社会影响的；六是在公共场所随意殴打他人，造成公共场所秩序严重混乱的；七是其他情节恶劣的情形。

(2)追逐、拦截、辱骂、恐吓他人，情节恶劣。所谓“追逐、拦截、辱骂、恐吓他人”，是指出于耍威风、寻求精神刺激等目的，无故、无理追赶、拦挡、侮辱、谩骂他人。根据《寻衅滋事解释》第 3 条的规定，具有下列情形之一的，应当认定为“情节恶劣”：一是多次追逐、拦截、辱骂、恐吓他人，造成恶劣社会影响的；二是持凶器追逐、拦截、辱骂、恐吓他人的；三是追逐、拦截、辱骂、恐吓精神病人、残疾人、流浪乞讨人员、老年人、孕妇、未成年人，造成恶劣社会影响的；四是引起他人精神失常、自杀等严重后果的；五是严重影响他人的工作、生活、生产、经营的；六是其他情节恶劣的情形。根据 2013 年 9 月 6 日最高人民法院、最高人民检察院《关于办理利用信息网络实施诽谤等刑事案件适用法律若干问题的解释》(以下简称《信息网络解释》)第 5 条第 1 款的规定，利用信息网络辱骂、恐吓他人，情节恶劣，破坏社会秩序的，以寻衅滋事罪定罪处罚。

(3)强拿硬要或者任意损毁、占用公私财物，情节严重。所谓“强拿硬要或者任意损毁、占用公私财物”，是指以蛮不讲理的手段，强行拿走、强行索要市场、商店的商品以及他人的财物，或者随心所欲损坏、毁灭、占用公私财物。根据《寻衅滋事解释》第 4 条的规定，具有下列情形之一的，应当认定为“情节严重”：一是强拿硬要公私财物价值 1000 元以上，或者任意损毁、占用公私财物价值 2000 元以上的；二是多次强拿硬要或者任意损毁、占用公私财物，造成恶劣社会影响的；三是强拿硬要或者任意损毁、占用精神病人、残疾人、流浪乞讨人员、老年人、孕妇、未成年人的财物，造成恶劣社会影响的；四是引起他人精神失常、自杀等严重后果的；五是严重影响他人的工作、生活、生产、经营的；六是其他情节严重的情形。

(4)在公共场所起哄闹事，造成公共场所秩序严重混乱。所谓“在公共场所起哄闹事”，是指出于取乐、寻求精神刺激等目的，在公共场所无事生非、造作事端，扰乱公共场所秩序。根据《寻衅滋事解释》第 5 条的规定，应当根据公共场所的性质、公共活动的重要程度、公共场所的人数、起哄闹事的时间、公共场所受影响的范围与程度等因素，综合判断是否“造成公共场所秩序严重混乱”。根据《信息网络解释》第5条第2款的规定，编造虚假信息，或者明知是编造的虚假信息，在信息网络上散布，或者组织、指使人员在信息网络上散布，起哄闹事，造成公共秩序严重混乱的，以寻衅滋事罪定罪处罚。

示例7-22　秦某诽谤、寻衅滋事案

一审法院认为：“经查，‘7·23’甬温线动车事故为特别重大铁路交通事故，全民关注，秦某在该事故善后处理期间，编造政府机关天价赔偿外籍乘客的信息并在网络上散布，起哄闹事，该虚假信息被转发11000次，评论3300余次，不仅造成网络空间的混乱，也在现实社会引发不明真相群众的不满，扰乱了政府机关的善后工作。秦某的该起行为足以认定为造成公共秩序严重混乱，符合寻衅滋事罪的构成要件。”〔24〕

2. 本罪的主观要件为故意，且具有寻求精神刺激、填补精神空虚、发泄不满情绪等流氓动机。

示例7-23　卞某等寻衅滋事案

二审法院认为：“被告人卞某、卞某某、刘某、王某、宋某、姜某酒后在医院谩骂、随意殴打值班医生，致2人轻微伤，情节恶劣；任意毁损公私财物造成损失4167元，情节严重，其行为均已构成寻衅滋事罪，应依法惩处。”〔25〕

（二）寻衅滋事罪的认定

1. 寻衅滋事罪与一般违法行为的界限。区分二者的关键在于，行为人的行为是否达到“情节恶劣”“情节严重”或者是否“造成公共场所秩序严重混乱”的程度。行为人虽然实施了寻衅滋事行为，但尚未达到“情节恶劣”“情节严重”或者尚未“造成公共场所秩序严重混乱”的，不得认定为本罪，而应按照《治安管理处罚法》的有关规定，给予行政处罚。

2. 寻衅滋事罪与其他犯罪的界限。寻衅滋事罪与故意伤害罪、敲诈勒索罪、故

---

〔24〕“秦某诽谤、寻衅滋事案一审判决书”，北京市朝阳区人民法院刑事判决书（〔2013〕朝刑初字第2584号）。

〔25〕“卞某等寻衅滋事案二审裁定书”，浙江省宁波市中级人民法院刑事裁定书（〔2014〕浙甬刑二终字第233号）。

意毁坏财物罪、聚众扰乱公共场所秩序、交通秩序罪等罪的界限，一直是司法实践中的难题。本书认为，本罪的法益是公共场所和社会公共生活的秩序，因而应当以行为人主观上是否具有流氓动机（藐视社会法纪、破坏公共秩序）作为罪界区分的标准。具体而言，行为人随意殴打他人致人轻伤的，如果主观上具有无视社会公共秩序的流氓动机的，则应认定为本罪，否则，认定为故意伤害罪；追逐、拦截、辱骂、恐吓行为，情节恶劣的，如果具有流氓动机的，则应认定为本罪，否则，认定为非法拘禁罪、侮辱罪等罪；强拿硬要、任意毁损、占用公私财物，情节严重的，如果具有流氓动机，则应认定为本罪，否则，认定为敲诈勒索罪、故意毁坏罪等罪；在公共场所起哄闹事，造成公共秩序严重混乱的，如果具有流氓动机的，则应认定为本罪，否则认定为聚众扰乱公共秩序、交通秩序罪。

（三）寻衅滋事罪的处罚

根据刑法第293条的规定，犯本罪的，处5年以下有期徒刑、拘役或者管制。纠集他人多次实施寻衅滋事行为，严重破坏社会秩序的，处5年以上10年以下有期徒刑，可以并处罚金。根据《寻衅滋事解释》第6条、第7条、第8条的规定，纠集他人3次以上实施寻衅滋事，未经处理的，应当以本罪论处。实施寻衅滋事行为，同时符合寻衅滋事罪和故意杀人罪、故意伤害罪、故意毁坏财物罪、敲诈勒索罪、抢夺罪、抢劫罪等罪的构成要件的，依照处罚较重的犯罪定罪处罚。行为人认罪、悔罪，积极赔偿被害人损失或者取得被害人谅解的，可以从轻处罚；犯罪情节轻微的，可以不起诉或者免予刑事处罚。

三十五、组织、领导、参加黑社会性质组织罪

（一）组织、领导、参加黑社会性质组织罪的概念和构成要件

组织、领导、参加黑社会性质组织罪，是指组织、领导、参加黑社会性质的组织的行为。

1. 本罪的客观要件为组织、领导、参加黑社会性质的组织。所谓组织，是指倡导、发起、策划、安排、建立黑社会性质组织的行为。所谓领导，是指在黑社会性质组织中处于领导地位，对该组织的活动进行策划、决策、指挥、协调的行为。所谓参加，是指加入到黑社会性质的组织中，成为其中的一员。所谓黑社会性质的组织，是指处于一般犯罪集团和黑社会组织之间过渡形态的一种非法组织。黑社会性质的组织应当同时具备以下特征：(1)形成较稳定的犯罪组织，人数较多，有明确的组织者、领导者，骨干成员基本固定；(2)有组织地通过违法犯罪活动或者其他手段获取经济利益，具有一定的经济实力，以支持该组织的活动；(3)以暴力、威胁或者其他手段，有组织地多次进行违法犯罪活动，为非作恶，欺压、残害群众；(4)通过实施违法犯罪活动，或者利用国家工作人员的包庇或者纵容，称霸一方，在一定区域或者行业内，

形成非法控制或者重大影响，严重破坏经济、社会生活秩序。

2. 本罪的主观要件为故意。如果不明知是黑社会性质的组织而无意加入其中的，不构成本罪。但是，如果知道所加入的是黑社会性质的组织而不退出的，仍可构成本罪。

示例7－24 张某等组织、领导、参加黑社会性质组织案

二审法院认为："被告人张某组织、领导黑社会性质组织，并以暴力、威胁和其他手段，称霸一方，为非作恶，欺压、残害群众，有组织地进行违法犯罪活动严重破坏社会生活、经济秩序，其行为已构成组织、领导黑社会性质组织罪。其指使成员故意伤害他人身体，致人死伤；故意毁坏他人财物，数额巨大；纠集并参与非法拘禁他人；以非法占有为目的，骗取银行和其他金融机构贷款，数额特别巨大；虚开增值税专用发票，数额特别巨大；违反国家规定，买卖《没收走私汽车、摩托车证明书》，扰乱市场秩序等行为又分别构成故意伤害罪、故意毁坏财物罪、非法拘禁罪、贷款诈骗罪、虚开增值税专用发票罪和非法经营罪，应数罪并罚。"〔26〕

（二）组织、领导、参加黑社会性质组织罪的处罚

根据刑法第294条第1款、第4款的规定，犯本罪的，处7年以上有期徒刑，并处没收财产；积极参加的，处3年以上7年以下有期徒刑，可以并处罚金或者没收财产；其他参加的，处3年以下有期徒刑、拘役、管制或者剥夺政治权利，可以并处罚金。犯本罪又有其他犯罪行为的，依照数罪并罚的规定处罚。国家机关工作人员组织、领导、参加黑社会性质组织的，从重处罚。

三十六、入境发展黑社会组织罪

入境发展黑社会组织罪，是指境外的黑社会组织的人员到中华人民共和国境发展组织成员的行为。本罪的行为主体为特殊主体，必须是境外黑社会组织的人员。所谓境外的黑社会组织，是指被境外国家和地区确定为黑社会的组织，既包括外国的黑社会组织，也包括我国台湾、香港、澳门地区的黑社会组织。所谓发展组织成员，是指将境内、外人员吸收为该黑社会组织成员的行为。

根据刑法第294条第2款和第4款的规定，犯本罪的，处3年以上10年以下有期徒刑。犯本罪又有其他犯罪行为的，依照数罪并罚的规定处罚。

---

〔26〕"张某等组织、领导、参加黑社会性质组织案二审裁定书"，浙江省高级人民法院刑事裁定书（〔2001〕浙刑一终字第118号）。

三十七、包庇、纵容黑社会性质组织罪

包庇、纵容黑社会性质组织罪，是指国家机关工作人员包庇黑社会性质的组织，或者纵容黑社会性质的组织进行违法犯罪活动的行为。本罪是身份犯，行为主体是国家机关工作人员，但不属于黑社会性质的组织的成员。本罪的行为方式有两种类型：(1)包庇黑社会性质的组织。所谓包庇，是指国家机关工作人员为使黑社会性质组织及其成员逃避查禁，而通风报信，隐匿、毁灭、伪造证据，阻止他人作证、检举揭发，指使他人作伪证，帮助逃匿，或者阻挠其他国家机关工作人员依法查禁等行为。(2)纵容黑社会性质的组织进行违法犯罪活动。所谓纵容，是指国家机关工作人员不依法履行职责，对黑社会性质的组织的违法犯罪活动不依法制止，反而予以放纵的行为。

根据刑法第294条第3款、第4款的规定，犯本罪的，处5年以下有期徒刑；情节严重的，处5年以上有期徒刑。犯本罪又有其他犯罪行为的，依照处罚较重的犯罪定罪处罚。这里的"情节严重"，是指有下列情形之一：(1)包庇、纵容黑社会性质组织跨境实施违法犯罪活动的；(2)包庇、纵容境外黑社会组织在境内实施违法犯罪活动的；(3)多次实施包庇、纵容行为的；(4)致使某一区域或者行业的经济、社会生活秩序遭受黑社会性质组织特别严重破坏的；(5)致使黑社会性质组织的组织者、领导者逃匿，或者致使对黑社会性质组织的查禁工作严重受阻的；(6)具有其他严重情节的。

三十八、传授犯罪方法罪

传授犯罪方法罪，是指向他人传授犯罪方法的行为。传授手段没有限制，既可以是口头传授，也可以是书面传授、动作传授、视频传授等；既可以是公开传授，也可能是秘密传授；既可以是直接传授，也可以是间接传授等。无论采取何种传授方式，均不影响本罪的成立。这里的犯罪方法，是指实施犯罪的经验、技巧、步骤、办法等，包括反侦查、逃避审判、预备犯罪、犯罪后逃匿、销毁罪证等方法。传授的对象没有限制，不问被传授者是否达到法定年龄，是否具有刑事责任能力。被传授者是否掌握、接受了犯罪方法，也不影响本罪的成立。

示例7-25　冯某传授犯罪方法案

一审法院认为："被告人冯某法制观念淡薄，将涉及炸药制造方法的内容与涉及恐怖活动的文字相结合，以《恐怖分子手册》的名称在互联网上公然发布，向他人传授犯罪方法，其行为妨害了社会管理秩序，构成传授犯罪方法罪，依法应予惩处。"[27]

[27] "冯某传授犯罪方法案一审判决书"，北京市朝阳区人民法院刑事判决书(〔2010〕朝刑初字第2656号)。

传授犯罪方法与教唆犯罪具有相似性，二者的根本区别在于：传授犯罪方法是向他人传授犯罪方法，被传授者是否产生犯罪意图，则在所不问；教唆犯罪，则是使他人产生犯罪决意，被教唆者是否掌握犯罪方法，则在所不问。实践中二者存在竞合的情形，如对同一犯罪内容同时实施教唆行为与传授犯罪方法的行为，或者用传授犯罪方法的手段使他人产生犯罪决意。对于这种既教唆又传授的行为，原则上应当从一重罪论处。但是，如果行为人分别对不同的对象实施教唆行为和传授犯罪方法，或者向同一对象教唆此罪而传授彼罪的犯罪方法，则应按所教唆的犯罪与传授犯罪方法罪定罪，实行数罪并罚。

根据刑法第 295 条的规定，犯本罪的，处 5 年以下有期徒刑、拘役或者管制；情节严重的，处 5 年以上 10 年以下有期徒刑；情节特别严重的，处 10 年以上有期徒刑或者无期徒刑。

三十九、非法集会、游行、示威罪

非法集会、游行、示威罪，是指举行集会、游行、示威，未依照法律规定申请或者申请未获许可，或者未按照主管机关许可的起止时间、地点、路线进行，又拒不服从解散命令，严重破坏社会秩序的行为。本罪的行为方式有以下两种类型：(1)未依照法律规定申请或者申请未获许可而举行集会、游行、示威，且拒不服从解散命令；(2)虽获许可，但未按照主管机关许可的起止时间、地点、路线进行集会、游行、示威，且拒不服从解散命令。所谓集会，是指聚集于露天公共场所发表意见，表达意愿的活动；所谓游行，是指在公共道路、露天场所列队行进，表达共同意愿的活动；所谓示威，是指在露天公共场所或者公共道路上以集会、游行、静坐等方式，表达要求、抗议或者支持、声援等共同意愿的活动。本罪的行为结果是严重破坏社会秩序，未严重破坏社会秩序的，不成立本罪。

根据刑法第 296 条的规定，犯本罪的，对集会、游行、示威的负责人和直接责任人员，处 5 年以下有期徒刑、拘役、管制或者剥夺政治权利。

四十、非法携带武器、管制刀具、爆炸物参加集会、游行、示威罪

非法携带武器、管制刀具、爆炸物参加集会、游行、示威罪，是指违反法律规定，携带武器、管制刀具或者爆炸物参加集会、游行、示威的行为。

根据刑法第 297 条的规定，犯本罪的，处 3 年以下有期徒刑、拘役、管制或者剥夺政治权利。

四十一、破坏集会、游行、示威罪

破坏集会、游行、示威罪，是指扰乱、冲击或者以其他方法破坏依法举行的集会、

游行、示威,造成公共秩序混乱的行为。

根据刑法第 298 条的规定,犯本罪的,处 5 年以下有期徒刑、拘役、管制或者剥夺政治权利。

四十二、侮辱国旗、国徽罪

侮辱国旗、国徽罪,是指在公众场合故意以焚烧、毁损、涂划、玷污、践踏等方式侮辱中华人民共和国国旗、国徽的行为。

根据刑法第 299 条的规定,犯本罪,处 3 年以下有期徒刑、拘役、管制或者剥夺政治权利。

四十三、组织、利用会道门、邪教组织、利用迷信破坏法律实施罪

组织、利用会道门、邪教组织、利用迷信破坏法律实施罪,是指组织、利用会道门、邪教组织或者利用迷信破坏国家法律、行政法规实施的行为。本罪的行为方式有两种类型:一是组织和利用会道门、邪教组织破坏国家法律、行政法规实施;二是利用迷信破坏国家法律、行政法规实施。所谓会道门,是指一贯道、九宫道、先天道、后天道等封建迷信组织。邪教组织,是指冒用宗教、气功或者其他名义建立,神化首要分子,利用制造、散布迷信邪说等手段蛊惑、蒙骗他人,发展、控制成员,危害社会的非法组织。所谓迷信,是指与科学相对立,信奉鬼仙神怪的观念和做法。本罪的主观方面是故意,过失不能构成本罪。

根据 2017 年 1 月 25 日最高人民法院、最高人民检察院公布的《关于办理组织、利用邪教组织破坏法律实施等刑事案件适用法律若干问题的解释》(以下简称《邪教组织解释》)第 2 条的规定,具有下列情形之一的,应以本罪论处:(1)建立邪教组织,或者邪教组织被取缔后又恢复、另行建立邪教组织的;(2)聚众包围、冲击、强占、哄闹国家机关、企业事业单位或者公共场所、宗教活动场所,扰乱社会秩序的;(3)非法举行集会、游行、示威,扰乱社会秩序的;(4)使用暴力、胁迫或者以其他方法强迫他人加入或者阻止他人退出邪教组织的;(5)组织、煽动、蒙骗成员或者他人不履行法定义务的;(6)使用“伪基站”“黑广播”等无线电台(站)或者无线电频率宣扬邪教的;(7)曾因从事邪教活动被追究刑事责任或者 2 年内受过行政处罚,又从事邪教活动的;(8)发展邪教组织成员 50 人以上的;(9)敛取钱财或者造成经济损失 100 万元以上的;(10)以货币为载体宣扬邪教,数量在 500 张(枚)以上的;(11)制作、传播邪教宣传品,达到下列数量标准之一的:传单、喷图、图片、标语、报纸 1000 份(张)以上的;书籍、刊物 250 册以上的;录音带、录像带等音像制品 250 盒(张)以上的;标识、标志物 250 件以上的;光盘、U 盘、储存卡、移动硬盘等移动存储介质 100 个以上的;横幅、条幅 50 条(个)以上的;(12)利用通讯信息网络宣扬邪教,具有下列情形之一

的:制作、传播宣扬邪教的电子图片、文章200张(篇)以上,电子书籍、刊物、音视频50册(个)以上,或者电子文档500万字符以上、电子音视频250分钟以上的;编发信息、拨打电话1000条(次)以上的;利用在线人数累计达到1000以上的聊天室,或者利用群组成员、关注人员等账号数累计1000以上的通讯群组、微信、微博等社交网络宣扬邪教的;邪教信息实际被点击、浏览数达到5000次以上的;(13)其他情节严重的情形。根据刑法第300条第3款的规定,组织、利用会道门、邪教组织、利用迷信破坏国家法律、行政法规实施又有奸淫妇女、诈骗财物等犯罪行为的,依照数罪并罚的规定处罚。

示例7-26 胡某组织、利用会道门、邪教组织、利用迷信破坏法律实施案

二审法院认为:"上诉人胡某在国家明令取缔'法轮功'邪教组织后,仍继续从事邪教活动并公开对抗法制学习班而受到劳动教养等行政处罚;后仍拒不悔改,继续传播、阅读邪教宣传品、修炼'法轮功',撰写邪教组织人员'被迫害'的诬告滥诉材料并邮寄至最高司法机关;为其他依法被羁押的'法轮功'人员出具保释申请,并在公共场所串联签名及宣传'法轮功',带领其他'法轮功'人员围攻公安机关,其行为严重扰乱公共秩序,已构成利用邪教组织破坏法律实施罪。"〔28〕

根据刑法第300条第1款的规定,犯本罪的,处3年以上7年以下有期徒刑,并处罚金;情节特别严重的,处7年以上有期徒刑或者无期徒刑,并处罚金或者没收财产;情节较轻的,处3年以下有期徒刑、拘役、管制或者剥夺政治权利,并处或者单处罚金。

四十四、组织、利用会道门、邪教组织、利用迷信致人重伤、死亡罪

组织、利用会道门、邪教组织、利用迷信致人重伤、死亡罪,是指组织和利用会道门、邪教组织或者利用迷信蒙骗他人,致人重伤、死亡的行为。组织和利用邪教组织致人重伤、死亡,是指组织和利用邪教组织制造、散布迷信邪说,蒙骗其成员或者其他人实施绝食、自残、自虐等行为,或者阻止病人进行正常治疗,致人重伤、死亡的情形。组织和利用邪教组织制造、散布迷信邪说,指使、胁迫其成员或者其他人实施自杀、自伤行为的,以故意杀人罪、故意伤害罪定罪处罚。组织和利用邪教组织,以迷信邪说引诱、胁迫、欺骗或者其他手段,奸淫妇女、幼女的,以强奸罪或者奸淫幼女罪定罪处罚。组织和利用邪教组织以各种欺骗手段,收取他人财物的,以诈骗罪定罪

〔28〕"胡某组织、利用会道门、邪教组织、利用迷信破坏法律实施案二审裁定书",湖南省岳阳市中级人民法院刑事裁定书(〔2016〕湘06刑终295号)。

处罚。

根据刑法第300条第2款的规定，犯本罪的，处3年以上7年以下有期徒刑，并处罚金；情节特别严重的，处7年以上有期徒刑或者无期徒刑，并处罚金或者没收财产；情节较轻的，处3年以下有期徒刑、拘役、管制或者剥夺政治权利，并处或者单处罚金。根据《邪教组织解释》第7条的规定，具有下列情形之一的，属于“情节特别严重”：(1)造成3人以上死亡的；(2)造成9人以上重伤的；(3)其他特别严重的情形。

四十五、聚众淫乱罪

聚众淫乱罪，是指聚集多人进行集体淫乱活动的行为。所谓聚众淫乱，是指纠集3人以上群奸群宿或进行其他淫乱活动。淫乱行为，除了自然性交以外，还包括口交、鸡奸、兽奸、手淫等追求性刺激的行为。参与聚众淫乱的人员不必具有被迫性。聚众淫乱的行为，应当是公开进行的，或者以不特定人或者多数人可能认识到的方式实施。

根据刑法第301条第1款的规定，犯本罪的，对首要分子或者多次参加的，处5年以下有期徒刑、拘役或者管制。

四十六、引诱未成年人聚众淫乱罪

引诱未成年人聚众淫乱罪，是指引诱未成年人参加聚众淫乱活动的行为。所谓引诱，是指以口头、文字、图画、视频、身体动作、示范表演等方式对未成年人进行勾引、劝诱、挑逗、从而将其拉入聚众淫乱活动。

根据刑法第301条第2款的规定，犯本罪的，处5年以下有期徒刑、拘役或者管制，并从重处罚。

四十七、盗窃、侮辱、故意毁坏尸体、尸骨、骨灰罪

盗窃、侮辱、故意毁坏尸体、尸骨、骨灰罪，是指秘密窃取尸体、尸骨、骨灰，或者对尸体、尸骨、骨灰进行侮辱，或者故意毁坏尸体、尸骨、骨灰的行为。所谓尸体，是指已经死亡的人的身体的全部或者一部分。所谓盗窃尸体、尸骨、骨灰，是指无权处理尸体、尸骨、骨灰的人将尸体、尸骨、骨灰转移为自己或者第三者占有的行为。所谓侮辱尸体、尸骨、骨灰，是指以暴露、悬吊、践踏、奸淫、鞭打、分解等方法侮辱尸体、尸骨、骨灰的行为。所谓故意毁坏尸体、尸骨、骨灰，是指对尸体、尸骨的完整性进行破坏或者采用火烧等方法使之消失，对骨灰进行抛洒等方法使之消失。违背本人生前意愿摘取其尸体器官，或者本人生前未表示同意，违反国家规定，违背其近亲属意愿摘取其尸体器官的，以本罪论处。

示例7－27 李某抢劫罪、盗窃、侮辱尸体案

一审法院认为："关于公诉机关指控被告人李某犯盗窃、侮辱尸体罪，经查，李某伙同他人盗窃尸体目的是为他人提供结'阴亲'的女尸，并获取非法利益，但在盗窃尸体过程中并没有对尸体采取侮辱、玷污的行为，故公诉机关指控其犯侮辱尸体罪的罪名不能成立。"〔29〕

根据刑法第302条的规定，犯本罪的，处3年以下有期徒刑、拘役或者管制。

四十八、赌博罪

（一）赌博罪的概念和构成要件

赌博罪，是指以营利为目的，聚众赌博或者以赌博为业的行为。

1. 本罪的客观要件为聚众赌博或者以赌博为业。所谓赌博，是指就一个不确定的事件或行为的结果进行预测和以财物下注，胜者获取财物，败者支付财物的行为。赌博是一种典型的射幸行为，其结果带有偶然性、不确定性。设置圈套引诱他人"赌博"，如街头的象棋残局，使用欺骗方法获取钱财，因胜负并不取决于偶然因素，而是事先也已确定，故不是赌博，而是诈骗。本罪的行为方式有两种类型：（1）聚众赌博，即纠集多人从事赌博；（2）以赌博为业，即将赌博作为职业或者兼业。根据2005年5月11日最高人民法院、最高人民检察院《关于办理赌博刑事案件具体应用法律若干问题的解释》（以下简称《赌博解释》）第1条的规定，有下列情形之一的，属于"聚众赌博"：（1）组织3人以上赌博，抽头渔利数额累计达到5000元以上的；（2）组织3人以上赌博，赌资数额累计达到5万元以上的；（3）组织3人以上赌博，参赌人数累计达到20人以上的；（4）组织中华人民共和国公民10人以上赴境外赌博，从中收取回扣、介绍费的。

2. 本罪的主观要件为故意，并且具有营利目的。这里的营利目的主要有两种情况：（1）通过在赌博活动中取胜而获得财物的目的；（2）通过抽头渔利或者收取各种名义的手续费、入场费等获取财物的目的。

（二）赌博罪的认定

1. 赌博罪与非罪的界限。只是单纯参加赌博的行为，不成立赌博罪。行为人的目的主要在于一时娱乐而不在于营利而参加赌博、聚众赌博的，不成立赌博罪。例如，亲友之间不以营利为目的，进行带有少量财物输赢的娱乐活动，以及提供棋牌室等娱乐场所只收取正常的场所和服务费用的经营行为等，不以赌博论处。

---

〔29〕"李某犯抢劫罪、盗窃、侮辱尸体罪案一审判决书"，河南省安阳市林州市人民法院刑事判决（〔2014〕林刑初字第100号）。

2. 赌博罪共犯的认定。明知他人实施赌博犯罪，而为其提供资金、计算机网络、通讯、费用结算等直接帮助的，以赌博罪的共犯论处。

3. 赌博罪与相关犯罪的界限。(1)通过赌博或者为国家工作人员赌博提供资金的形式实施行贿、受贿行为，构成犯罪的，应当依照刑法关于贿赂犯罪的规定定罪处罚。(2)未经国家批准擅自发行、销售彩票，构成犯罪的，应当以非法经营罪定罪处罚。

示例 7-28　赖某赌博罪案

二审法院认为："上诉人赖某以营利为目的，利用香港'六合彩'的开奖结果接受投注，属于利用'六合彩'信息相互竞猜，以财物下注赌输赢的行为，不属于非法发售彩票的行为。这种利用'六合彩'信息竞猜对赌的行为侵犯了社会管理秩序而非市场经济秩序，构成赌博罪。"[30]

(三)赌博罪的处罚

根据刑法第 303 条第 1 款的规定，犯本罪的，处 3 年以下有期徒刑、拘役或者管制，并处罚金。根据《赌博解释》第 5 条的规定，有下列情形之一的，应当从重处罚：(1)具有国家工作人员身份的；(2)组织国家工作人员赴境外赌博的；(3)组织未成年人参与赌博，或者开设赌场吸引未成年人参与赌博的。赌博犯罪中用作赌注的款物、换取筹码的款物和通过赌博赢取的款物属于赌资。通过计算机网络实施赌博犯罪的，赌资数额可以按照在计算机网络上投注或者赢取的点数乘以每一点实际代表的金额认定。赌资应当依法予以追缴；赌博用具、赌博违法所得以及赌博犯罪分子所有的专门用于赌博的资金、交通工具、通讯工具等，应当依法予以没收。

四十九、开设赌场罪

(一)开设赌场罪的概念和构成要件

开设赌场罪，是指为赌博提供场所、设定赌博方式、提供赌具、筹码、资金等组织赌博的行为。

1. 本罪的客观要件为，开设赌场。根据 2010 年 8 月 31 日最高人民法院、最高人民检察院、公安部《关于办理网络赌博犯罪案件适用法律若干问题的意见》(以下简称《网络赌博意见》)第 1 条第 1 款的规定，具有下列情形之一的，属于"开设赌场"行为：(1)建立赌博网站并接受投注的；(2)建立赌博网站并提供给他人组织赌博

[30] "赖某赌博罪案二审判决书"，江西省赣州市中级人民法院刑事判决书([2012]赣中刑二抗字第 10 号)。

的;(3)为赌博网站担任代理并接受投注的;(4)参与赌博网站利润分成的。

2. 本罪的主观要件为故意,并且具有营利的目的。

示例 7－29　郭某等开设赌场案

一审法院认为:"郭某伙同他人组织参赌人员、提供赌博场所和赌具、雇佣服务人员、抽头渔利,且赌资达二百余万元,其行为符合开设赌场罪的构成要件。"〔31〕

(二)开设赌场罪的认定

1. 开设赌场罪的共犯。根据《网络赌博解释》第 2 条的规定,明知是赌博网站,而为其提供下列服务或者帮助的,属于开设赌场罪的共同犯罪:(1)为赌博网站提供互联网接入、服务器托管、网络存储空间、通讯传输通道、投放广告、发展会员、软件开发、技术支持等服务,收取服务费数额在 2 万元以上的;(2)为赌博网站提供资金支付结算服务,收取服务费数额在 1 万元以上或者帮助收取赌资 20 万元以上的;(3)为 10 个以上赌博网站投放与网址、赔率等信息有关的广告或者为赌博网站投放广告累计 100 条以上的。实施上述行为,数量或者数额达到前款规定标准 5 倍以上的,应当认定为"情节严重"。实施上述行为,具有下列情形之一的,应当认定行为人"明知",但是有证据证明确实不知道的除外:(1)收到行政主管机关书面等方式的告知后,仍然实施上述行为的;(2)为赌博网站提供互联网接入、服务器托管、网络存储空间、通讯传输通道、投放广告、软件开发、技术支持、资金支付结算等服务,收取服务费明显异常的;(3)在执法人员调查时,通过销毁、修改数据、账本等方式故意规避调查或者向犯罪嫌疑人通风报信的;(4)其他有证据证明行为人明知的。

2. 关于网络赌博犯罪的参赌人数、赌资数额和网站代理的认定。赌博网站的会员账号数可以认定为参赌人数,如果查实一个账号多人使用或者多个账号一人使用的,应当按照实际使用的人数计算参赌人数。赌资数额可以按照在网络上投注或者赢取的点数乘以每一点实际代表的金额认定。对于将资金直接或间接兑换为虚拟货币、游戏道具等虚拟物品,并用其作为筹码投注的,赌资数额按照购买该虚拟物品所需资金数额或者实际支付资金数额认定。对于开设赌场犯罪中用于接收、流转赌资的银行账户内的资金,犯罪嫌疑人、被告人不能说明合法来源的,可以认定为赌资。向该银行账户转入、转出资金的银行账户数量可以认定为参赌人数。如果查实一个账户多人使用或多个账户一人使用的,应当按照实际使用的人数计算参赌人数。有证据证明犯罪嫌疑人在赌博网站上的账号设置有下级账号的,应当认定其为

〔31〕"郭某等开设赌场案一审判决书",北京市东城区人民法院刑事判决书(〔2015〕东刑初字第 588 号)。

赌博网站的代理。

（三）开设赌场罪的处罚

根据刑法第303条第2款的规定，犯本罪的，处3年以下有期徒刑、拘役或者管制，并处罚金；情节严重的，处3年以上10年以下有期徒刑，并处罚金。根据《网络赌博解释》第1条第2款的规定，具有下列情形之一的，应当认定为"情节严重"：（1）抽头渔利数额累计达到3万元以上的；（2）赌资数额累计达到30万元以上的；（3）参赌人数累计达到120人以上的；（4）建立赌博网站后通过提供给他人组织赌博，违法所得数额在3万元以上的；（5）参与赌博网站利润分成，违法所得数额在3万元以上的；（6）为赌博网站招募下级代理，由下级代理接受投注的；（7）招揽未成年人参与网络赌博的；（8）其他情节严重的情形。

五十、故意延误投递邮件罪

故意延误投递邮件罪，是指邮政工作人员严重不负责任，故意延误投递邮件，致使公共财产、国家和人民利益遭受重大损失的行为。本罪的行为主体是特殊主体，必须是邮政工作人员。本罪的主观要件为故意，过失不构成本罪。

根据刑法第304条的规定，犯本罪的，处2年以下有期徒刑或者拘役。

第三节　妨害司法罪

一、伪证罪

（一）伪证罪的概念和构成要件

伪证罪，是指在刑事诉讼中，证人、鉴定人、记录人、翻译人对与案件有重要关系的情节，故意作虚假证明、鉴定、记录、翻译，意图陷害他人或者隐匿罪证的行为。

1.本罪的客观要件为在刑事诉讼中，证人、鉴定人、记录人、翻译人对与案件有重要关系的情节，作虚假证明、鉴定、记录、翻译。

（1）本罪的行为主体是特殊主体，必须是证人、鉴定人、记录人、翻译人。实践中存在疑问的是，作为行为主体的证人是否包括被害人？对此，刑法理论界主要有以下两种不同的观点：一种意见认为，本罪的行为主体只能是证人、鉴定人、记录人、翻译人，非这四种诉讼参与人的，不构成本罪。[32] 另一种意见认为，本罪行为主体的证人应当包括被害人。被害人违背事实，否认自己的法益被犯罪行为侵害的，也可

---

〔32〕 参见高铭暄、马克昌主编：《刑法学》，北京大学出版社、高等教育出版社2011年版，第553页。

能成立伪证罪。[33] 本书认为,在刑事诉讼中,就查明案件事实而言,被害人的作用与证人基本相同,都是以言语陈述来证明案件的事实。如果被害人作虚假陈述,也可能妨碍司法公正。因此,应当对这里的"证人"作扩大解释,认为包括被害人。不过,考虑到被害人毕竟是犯罪行为的直接受害者,因此,应将被害人伪证限于捏造事实陷人入罪的情形,而不应包括掩盖事实为人脱罪的情形。

示例 7-30 金某伪证案

蔡某在金某家的卧室内,从金某的手包中盗走人民币 5000 元。案发后,金某伙同其妻赵某向公安机关谎报被盗人民币 65200 元,并指使安某为其作伪证。对此,二审法院认为:"原审被告人金某为报复他人,用捏造出的夸大的犯罪事实,向司法机关作虚假告发,意图加重他人的刑事处罚,情节严重,其行为已构成诬告陷害罪,依法应予惩处。因伪证罪只能由证人、鉴定人、记录人、翻译人员构成,故抗诉机关关于原审被告人金某的行为构成伪证罪,不构成诬告陷害罪的抗诉意见不能成立。"[34]

(2)本罪的行为内容是对与案件有重要关系的情节,作虚假证明、鉴定、记录、翻译。所谓"与案件有重要关系的情节",是指对案件的实体结论和程序结论有影响的情节,即对是否构成犯罪、犯罪的性质、罪行的轻重、量刑的轻重等定罪量刑问题具有重要影响的情节。本罪是行为犯,只要求伪证行为足以影响案件结论即可,至于实际是否影响案件结论,则在所不问。所谓"作虚假证明、记录、鉴定、翻译",主要有两种情况:一是捏造或者夸大事实以陷人入罪;二是掩盖或者缩小事实以为人脱罪。证人负有如实作证的义务,这是司法公正的重要保证,也是社会对公民的诚信要求。证人故意不按照自己的记忆陈述,并且不符合客观事实的,属于伪证;证人按照自己的记忆陈述,但并不符合客观事实的,属于记忆错误,不构成伪证。

示例 7-31 陈某伪证案

王某因琐事与杨某发生争执打斗,在场的冯某持铁榔头击打杨某头部,造成重伤二级。陈某系现场目击证人。在公安机关侦查过程中,王某谎称是自己用铁榔头击打杨某。陈某在第一次接受公安机关询问取证时,在明知是冯某持铁榔头击打杨某头部的情况下,故意向侦查人员作虚假陈述,指认是王某所为;在第二次接受公安机关询问时,如实提供了证言。冯某至今在逃。对此,一审法院认为:"公诉机关指控

〔33〕 参见张明楷:《刑法学》,法律出版社 2011 年版,第 951 页。
〔34〕 "金某伪证案二审裁定书",载《刑事审判参考》2001 年第 4 集,指导案例第 98 号。

被告人陈某某犯伪证罪的事实清楚,证据确实、充分,指控罪名成立,量刑建议适当,应予采纳。”〔35〕

(3)行为时间必须是在刑事诉讼中。这里的“刑事诉讼”,是指刑事案件从立案侦查起至审判终结止的整个诉讼期间,包括立案阶段、侦查阶段、起诉阶段、审判阶段。行为人在刑事诉讼前作虚假告发,意图使他人受刑事追究的,成立诬告陷害罪。

2. 本罪的主观要件为故意,并且具有陷害他人或者隐匿罪证的意图。

(二)伪证罪的处罚

根据刑法第305条的规定,犯本罪的,处3年以下有期徒刑或者拘役;情节严重的,处3年以上7年以下有期徒刑。

二、辩护人、诉讼代理人毁灭证据、伪造证据、妨害作证罪

辩护人、诉讼代理人毁灭证据、伪造证据、妨害作证罪,是指在刑事诉讼中,辩护人、诉讼代理人毁灭、伪造证据,帮助当事人毁灭、伪造证据,威胁、引诱证人违背事实改变证言或者作伪证的行为。

本罪为身份犯,行为主体限于辩护人、诉讼代理人。所谓辩护人,是指受犯罪嫌疑人、被告人委托或者人民法院的指定,行使辩护权的诉讼参与人,包括律师,人民团体或者犯罪嫌疑人、被告人所在单位推荐的人以及犯罪嫌疑人、被告人的监护人、亲友。所谓诉讼代理人,是指公诉案件的被害人及其法定代理人或者近亲属、自诉案件的自诉人及其法定代理人委托代为参加诉讼的人,以及附带民事诉讼的当事人及其法定代理人委托代为参加诉讼的人。本罪的行为方式有以下三种类型:(1)毁灭、伪造证据;(2)帮助当事人毁灭、伪造证据;(3)威胁、引诱证人违背事实改变证言或者作伪证。所谓“毁灭、伪造证据”,是指从物理上损坏作为证据的物体。本书认为,这里的“证据”,只能是实物证据,而不包括言词证据。所谓“威胁、引诱证人违背事实改变证言或者作伪证”,是指威胁、引诱证人违背事实改变有罪、罪重的证言或者作无罪、罪轻的证言,或者违背事实改变无罪、罪轻的证言或者作有罪、罪重的证言。本书认为,这里的“证人”,并不限于刑事诉讼法规定的狭义的证人,还应包括鉴定人、记录人、翻译人以及被害人。辩护人、诉讼代理人帮助、引诱犯罪嫌疑人、被告人违背事实改变证言的,不应以本罪论处。辩护人、诉讼代理人要求证人改变以前所作的违背事实的证言的,以及其他属于合法辩护范围内的行为,均不得以犯罪论处。本罪的主观要件为故意。辩护人、诉讼代理人提供、出示、引用的证人证言或

〔35〕“陈某伪证案一审判决书”,浙江省杭州市萧山区人民法院刑事判决书(〔2017〕浙0109刑初511号)。

者其他证据失实，不是有意伪造的，不属于伪造证据。

示例 7－32 张某辩护人妨害作证案

一审法院认为：“被告人张某在担任盗窃案犯陈某的辩护人，参与该案一审诉讼期间，为了使陈某的盗窃数额从巨大降为较大，减轻其罪责，利用诱导性的设问方式，诱使证人李某作了违背事实的伪证；且为了该伪证得到法院采信，又将该伪证的内容透露给陈某，使陈的供述与李的‘证言’相统一，其行为已妨害了刑事诉讼的正常进行，构成辩护人妨害作证罪。”[36]

根据刑法第 306 条的规定，犯本罪的，处 3 年以下有期徒刑或者拘役；情节严重的，处 3 年以上 7 年以下有期徒刑。

三、妨害作证罪

妨害作证罪，是指以暴力、威胁、贿买等方法阻止证人作证或者指使他人作伪证的行为。本罪的行为主体是一般主体。犯罪嫌疑人、被告人、共犯人妨害作证的，也可以构成本罪；但辩护人、诉讼代理人妨害作证的，不能构成本罪。本罪的行为手段是暴力、威胁、贿买等方法。本罪的行为对象是证人，包括狭义的证人、鉴定人、记录人、翻译人及被害人。

示例 7－33 万某妨害作证案

万某明知他人向其催讨欠款并已向法院起诉，为逃避还款义务，虚构其向韩某借款人民币 300 万元的事实，指使韩某向法院起诉，并提请财产保全。后经法院调解，双方达成所谓的调解协议，并由法院制作民事调解书。对此，一审法院认为：“所谓‘指使他人作伪证’，不能片面理解为指使证人作伪证，而是指使包括证人、当事人、鉴定人、公证人、翻译人员等在内的、一切在诉讼过程中可以提出证据或提供证据线索的人。所谓‘伪证’，也不能片面理解为虚假的证人证言，而是包括言辞证据、书证、物证、鉴定结论等在内的一切证据材料。根据本案事实，被告人万某指使韩某向法院提起虚假的民事诉讼并提供虚假证据、作出虚假陈述，可以认定万某的上述行为属于‘指使他人作伪证’，完全符合妨害作证罪的犯罪构成。”[37]

---

〔36〕“张某辩护人妨害作证案一审判决书”，浙江省衢州市柯城区人民法院刑事判决书(〔2000〕衢柯刑初字第 13 号)。

〔37〕“万某妨害作证案一审判决书”，载《最高人民法院公报案例》2012 年第 12 期。

根据刑法第307条第1款的规定，犯本罪的，处3年以下有期徒刑或者拘役；情节严重的，处3年以上7年以下有期徒刑。司法工作人员犯本罪的，从重处罚。

四、帮助毁灭、伪造证据罪

帮助毁灭、伪造证据罪，是指帮助当事人毁灭、伪造证据，情节严重的行为。本罪的行为主体为一般主体，但当事人本人毁灭、伪造证据的，因缺乏期待可能性，不以犯罪论处。本罪的行为内容是毁灭、伪造证据。这里的“证据”，应当限于实物证据，而不包括言词证据。本罪的行为结果，是情节严重。

示例7－34　刘某甲帮助毁灭、伪造证据案

一审法院认为：“被告人刘某甲在得知其子刘某乙将刘某丙卡死后，不向公安机关报案，反而采取移动尸体不让其子说明真相的办法，属妨害司法，且情节严重，根据其在犯罪中的表现，应定性为帮助毁灭、伪造证据罪。”〔38〕

根据刑法第307条第2款的规定，犯本罪的，处3年以下有期徒刑或者拘役。司法工作人员犯本罪的，从重处罚。

五、虚假诉讼罪

虚假诉讼罪，是指以捏造的事实提起民事诉讼，妨害司法秩序或者严重侵害他人合法权益的行为。本罪的客观要件，是以捏造的事实提起民事诉讼，并造成了妨害司法秩序或者严重侵害他人合法权益的后果。本罪的主观要件为故意。

示例7－35　俞某帮助伪造证据、虚假诉讼案

二审法院认为：“在《刑法修正案（九）》颁布之后，以虚假诉讼获取不法利益为目的帮助伪造证据应当以虚假诉讼罪定罪。本案中上诉人俞某与俞某某恶意串通，伪造租赁合同、银行走账凭证、收条等证据，以房屋承租人的身份提起虚假诉讼，其主观上具有骗取人民法院的裁定，非法占有他人财物的目的。虽然俞某伪造证据的行为符合帮助伪造证据罪的构成要件，但俞某帮助伪造证据的行为仅仅是其进行虚假诉讼罪的手段行为，帮助伪造证据罪不足以全面评价俞某的行为。且在案证据证实俞某虚假诉讼的行为持

〔38〕“刘某甲帮助毁灭、伪造证据案一审判决书”，河南省孟津县人民法院刑事判决书（〔2005〕孟刑初字第19号）。

续到2015年11月1日之后。故原判对俞某以虚假诉讼罪定性并无不当。”[39]

根据刑法第307条之一的规定,犯本罪的,处3年以下有期徒刑、拘役或者管制,并处或者单处罚金;情节严重的,处3年以上7年以下有期徒刑,并处罚金。单位犯本罪的,对单位判处罚金,并对其直接负责的主管人员和其他直接责任人员,依照前款的规定处罚。犯本罪,非法占有他人财产或者逃避合法债务,又构成其他犯罪的,依照处罚较重的规定定罪从重处罚。司法工作人员利用职权,与他人共同实施本罪的,从重处罚;同时构成其他犯罪的,依照处罚较重的规定定罪从重处罚。

六、打击报复证人罪

打击报复证人罪,是指对证人进行打击报复的行为。本罪的行为内容是打击报复证人,如降级减薪、毁坏财产、侮辱人格、侵害人身、骚扰住所等。打击报复证人致其重伤、死亡的,或者实施侵犯财产等犯罪的,属于想象竞合犯,应从一重罪论处。本罪的行为时间没有限制,无论在诉讼中还是诉讼后,都可以成立。

根据刑法第308条的规定,犯本罪的,处3年以下有期徒刑或者拘役;情节严重的,处3年以上7年以下有期徒刑。

七、泄露不应公开的案件信息罪

泄露不应公开的案件信息罪,是指司法工作人员、辩护人、诉讼代理人或者其他诉讼参与人,泄露依法不公开审理的案件中不应当公开的信息,造成信息公开传播或者其他严重后果的行为。本罪的客观要件,是司法工作人员、辩护人、诉讼代理人或者其他诉讼参与人,泄露依法不公开审理的案件中不应当公开的信息,造成信息公开传播或者其他严重后果。本罪的主观要件为故意。

根据刑法第308条之一第1款、第2款的规定,犯本罪的,处3年以下有期徒刑、拘役或者管制,并处或者单处罚金。犯本罪,泄露国家秘密的,依照本法第398条的规定定罪处罚。

八、披露、报道不应公开的案件信息罪

披露、报道不应公开的案件信息罪,是指行为人明知是依法不公开审理的案件中不应当公开的信息而公开披露、报道,情节严重的行为。

根据刑法第308条之一第3款、第4款的规定,犯本罪的处3年以下有期徒刑、

---

[39] “俞某帮助伪造证据、虚假诉讼案”,浙江省绍兴市中级人民法院刑事裁定书([2016]浙06刑终777号)。

拘役或者管制,并处或者单处罚金。单位犯前款罪的,对单位判处罚金,并对其直接负责的主管人员和其他直接责任人员,依照上述规定处罚。

九、扰乱法庭秩序罪

扰乱法庭秩序罪,是指聚众哄闹、冲击法庭,或者殴打司法工作人员,严重扰乱法庭秩序的行为。本罪的客观要件有四种类型:(1)聚众哄闹、冲击法庭;(2)殴打司法工作人员或者诉讼参与人;(3)侮辱、诽谤、威胁司法工作人员或者诉讼参与人,不听法庭制止,严重扰乱法庭秩序;(4)毁坏法庭设施,抢夺、损毁诉讼文书、证据等扰乱法庭秩序行为,情节严重。实施本罪行为同时触犯聚众冲击国家机关、妨害公务、故意伤害等罪的,从一重罪论处。

示例7-36　刘某扰乱法庭秩序案

二审法院认为:"上诉人刘某甲不听从法庭指挥,伙同他人在法庭上哄闹,后又强行进入法庭羁押通道,推搡、拉扯、殴打司法工作人员,严重扰乱法庭秩序,其行为已构成扰乱法庭秩序罪。"〔40〕

根据刑法第309条的规定,犯本罪的,处3年以下有期徒刑、拘役、管制或者罚金。

十、窝藏、包庇罪

(一)窝藏、包庇罪的概念和构成要件

窝藏、包庇罪,是指明知是犯罪的人而为其提供隐藏处所、财物,帮助其逃匿或者作假证明包庇的行为。

1. 本罪的客观要件为为犯罪的人提供隐藏处所、财物,帮助其逃离或者作假证明包庇。

(1)本罪的行为主体是一般主体,但犯罪的人的近亲属实施窝藏、包庇行为的,因缺乏期待可能性,不宜以本罪论处。

(2)本罪的行为对象是犯罪的人。所谓犯罪的人,应作广义的理解,不仅包括已决犯(已经被定罪判决之人)、未决犯(正在被侦查、起诉、审判之人),而且还包括犯罪学意义上的"罪犯"(未被立案侦查的犯罪的人、不具有刑事责任承担能力的犯罪的人)。

---

〔40〕"刘某扰乱法庭秩序案二审裁定书",浙江省温州市中级人民法院刑事裁定书(〔2016〕浙03刑终00868号)。

示例 7－37　李某窝藏案

二审法院认为："马某等三人故意伤害他人，致人重伤后，李某给马某等三人结算工资，虽然此三人当时并未被立案侦查，但李某应当能够认识到此三人可能构成犯罪，仍然为其三人结算工资，帮助其逃逸，情节严重，其行为已构成窝藏罪。"[41]

(3)行为内容是窝藏、包庇犯罪的人。所谓窝藏，主要有以下三种情形：一是为犯罪的人提供隐藏处所，如案发后将其藏于某处；二是为犯罪的人提供财物，如为其提供现金、食品、衣物等，使其能够继续隐藏；三是以其他方法帮助犯罪的人逃匿，如为其通报侦查机关的动向、提供虚假身份证明、指示逃匿路线等。所谓包庇，是指为犯罪的人作假证明以掩盖犯罪事实。本罪是选择性罪名，只要实施窝藏、包庇行为之一，即成立本罪。

2. 本罪的主观要件为故意，即明知是犯罪的人而实施窝藏、包庇的行为。

(二)窝藏、包庇罪的认定

1. 窝藏、包庇罪与非罪的认定。(1)窝藏、包庇一般违法的人，原则上不成立本罪。但根据刑法第 362 条的规定，旅馆业、饮食服务业、文化娱乐业、出租汽车业等单位的人员，在公安机关查处卖淫、嫖娼活动时，为违法犯罪分子通风报信，情节严重的，以窝藏、包庇罪论处。这里的"违法犯罪分子"，既包括犯罪的人，也包括违法的人。(2)单纯的知情不举的行为，原则上不成立本罪。即明知发生犯罪事实或者明知犯罪人的去向，而不主动向公安、司法机关举报的，属于"知情不报"，不成立本罪；知道犯罪事实，在公安、司法机关调查取证时，单纯不提供证言的，也不成立本罪；主动提供虚假证明包庇犯罪的人的，则成立包庇罪或者伪证罪。如果拒绝提供间谍犯罪、恐怖主义犯罪、极端主义犯罪证据，情节严重的，则成立拒绝提供间谍犯罪、恐怖主义犯罪、极端主义犯罪证据罪。

2. 窝藏、包庇罪和事前有通谋的共同犯罪的界限。窝藏、包庇罪是连累犯，行为人必须是在他人实施犯罪后才产生犯罪的故意，进而实施窝藏、包庇的行为。换言之，只有在行为人与犯罪的人事前没有通谋的情况下，实施窝藏、包庇行为的，才成立本罪。如果行为人事前与犯罪的人有通谋，商定在犯罪的人实行犯罪行为后予以窝藏、包庇的，这属于犯罪之前的分工，应按共同犯罪论处。

3. 包庇罪和伪证罪的界限。包庇罪和伪证罪均存在作假证明的情况，二者极易混淆。二者的根本区别在于，发生的场域不同。包庇罪是在刑事诉讼活动之外作虚假证明包庇犯罪的人；伪证罪则是在刑事诉讼活动中作虚假证明包庇犯罪的人。

---

[41] "李某窝藏案二审裁定书"，河南省平顶山市中级人民法院刑事裁定书(〔2012〕平刑终字第 223 号)。

示例 7－38　方某包庇案

二审法院认为："上诉人方某在明知余某已将李某杀死后，仍协助余某挖坑，虽然余某当时并没有言明挖坑的真正目的，但上诉人方某在当时的情况下应当知道挖坑是用于埋尸的，上诉人方某称挖坑时不知情的上诉理由不予采纳。上诉人方某在协助挖坑埋尸后又与余某一道到被害人亲属处假称李某已外出打工，不仅有为余某的犯罪事实进行隐瞒的主观故意，客观上也积极实施了协助挖坑埋尸并对被害人亲属进行欺骗的行为，故上诉人称其行为只是知情不举，不构成包庇罪的理由不能成立。上诉人方某所包庇的系应判处死刑的犯罪分子，情节严重。上诉人在第一次接受公安机关询问时即交代了公安机关尚未掌握的自己包庇的犯罪事实，应当认定为自首。"〔42〕

4. 包庇罪和帮助、毁灭伪造证据罪的界限。二者的区别主要在于所涉及的证据种类不同。包庇罪是提供使犯罪的人逃避责任的假证明，这里的"假证明"主要是指言词证据，如提供虚假的证言；帮助毁灭、伪造证据罪是帮助当事人毁灭、伪造证据，这里的"证据"，主要是指实物证据，如伪造不在犯罪现场的证据。

（三）窝藏、包庇罪的处罚

根据刑法第 310 条的规定，犯本罪的，处 3 年以下有期徒刑、拘役或者管制；情节严重的，处 3 年以上 10 年以下有期徒刑。

十一、拒绝提供间谍犯罪、恐怖主义犯罪、极端主义犯罪证据罪

拒绝提供间谍犯罪、恐怖主义犯罪、极端主义犯罪证据罪，是指明知他人有间谍犯罪或者恐怖主义、极端主义犯罪行为，在司法机关向其调查有关情况、收集有关证据时，拒绝提供，情节严重的行为。本罪是纯正不作为犯，行为主体是明知他人有间谍犯罪行为的人。确实不知道他人有间谍犯罪行为的人，不能成立本罪。本罪的行为方式是拒绝提供，包括拒不提供司法机关所要调查的情况和所要收集的证据。本罪的成立以司法机关向行为人调查有关情况、收集有关证据为前提。如果司法机关并未向行为人调查他人间谍犯罪有关情况、收集有关证据，行为人只是单纯知情不举的，则不构成本罪。拒绝提供，是指司法机关要求其提供而不予提供。本罪的行为结果是情节严重。本罪的主观要件为故意，行为人必须明知他人实施了间谍犯罪或者恐怖主义、极端主义犯罪行为。

根据刑法第 311 条的规定，犯本罪的，处 3 年以下有期徒刑、拘役或者管制。

---

〔42〕"方某包庇案二审判决书"，安徽省宣城市中级人民法院刑事判决书（〔2004〕宣中刑终字第 95 号）。

十二、掩饰、隐瞒犯罪所得、犯罪所得收益罪

(一)掩饰、隐瞒犯罪所得、犯罪所得收益罪的概念和构成要件

掩饰、隐瞒犯罪所得、犯罪所得收益罪,是指明知是犯罪所得及其产生的收益而予以窝藏、转移、收购、代为销售或者以其他方法掩饰、隐瞒的行为。

1. 本罪的客观要件为窝藏、转移、收购、代为销售或者以其他方法掩饰、隐瞒犯罪所得、犯罪所得收益。

(1)本罪的行为主体是一般主体,但本犯因缺乏期待可能性,不能成为本罪的主体。

(2)本罪的行为对象是犯罪所得或者犯罪所得产生的收益。所谓犯罪所得,是指通过犯罪直接获得的赃款、财物,如盗窃来的戒指、抢劫来的现金等。所谓犯罪所得的收益,是指上游犯罪的行为人对犯罪所得进行处理后得到的孳息、租金等,如利用毒品犯罪所得投资股市所获得的利润,将贿赂款存入银行所产生的利息等。

(3)本罪的行为方式是窝藏、转移、收购、代为销售或者以其他方法掩饰、隐瞒。所谓窝藏,是指隐匿、保管本犯的赃物的行为;所谓转移,是指将本犯的赃物从一个地方存放到另一个地方;所谓收购,是指收买本犯的赃物的行为;所谓代为销售,是指直接将本犯的赃物向第三人有偿转让的行为。所谓其他方法,是指窝藏、转移、收购、代为销售以外的方法,如居间介绍、收受、持有、使用、加工、修理、更换等。根据2007年5月9日最高人民法院、最高人民检察院《关于办理盗窃、抢劫、诈骗、抢夺机动车相关刑事案件具体应用法律若干问题的解释》(以下简称《机动车解释》)第1条的规定,明知是盗窃、抢劫、诈骗、抢夺的机动车,实施下列行为之一的,以掩饰、隐瞒犯罪所得、犯罪所得收益罪定罪:一是买卖、介绍买卖、典当、拍卖、抵押或者用其抵债的;二是拆解、拼装或者组装的;三是修改发动机号、车辆识别代号的;四是更改车身颜色或者车辆外形的;五是提供或者出售机动车来历凭证、整车合格证、号牌以及有关机动车的其他证明和凭证的;六是提供或者出售伪造、变造的机动车来历凭证、整车合格证、号牌以及有关机动车的其他证明和凭证的。收购他人非法获取的计算机信息系统数据并出售的行为,属于掩饰、隐瞒犯罪所得收益。

示例7-39 陈某、欧阳某等掩饰、隐瞒犯罪所得案

一审法院认为:"陈某、欧阳某明知他人提供的QQ号码是非法侵入他人计算机信息系统所获取的数据而购买,其行为均已构成掩饰、隐瞒犯罪所得罪。"[43]

---

[43] "陈某、欧阳某等掩饰、隐瞒犯罪所得案一审判决书",载《刑事审判参考》2015年第3集,指导案例第1102号。

2. 本罪的主观要件为故意，即明知是犯罪所得或者犯罪所得产生的收益，而予以窝藏、转移、收购、代为销售或者以其他方法掩饰、隐瞒，希望或者放任发生妨害司法机关正常活动的结果。对于明知的认定，可以采取推定的方法。例如，涉及的机动车没有合法有效的来历凭证的，或者发动机号、车辆识别代号有明显更改痕迹，没有合法证明的，可以推定行为人“明知”是赃物。具体认定时，应当根据行为人掩饰、隐瞒物品的时间、地点、数量、价格、品种、行为人与本犯的关系、熟悉程度等方面综合分析行为人是否明知是赃物。如果行为人事前与本犯通谋，就事后窝藏、转移、收购、代为销售、掩饰、隐瞒犯罪赃物达成协议的，则应以共同犯罪论处。

示例 7－40　闻某掩饰、隐瞒犯罪所得案

闻某向邵某收购了价值共计 1.62 亿元的购物卡，约定以购物卡面额的 9 折价格结算。后陆续以 9.05～9.1 折的价格转手倒卖，获利 100 余万元。对此，一审法院认为：“闻某主观方面不符合掩饰、隐瞒犯罪所得罪‘明知是赃物’的构成要件，其大量回收购物卡的行为不构成犯罪。”〔44〕

（二）掩饰、隐瞒犯罪所得、犯罪所得收益罪的认定

1. 本罪与上游犯罪的关系。认定掩饰、隐瞒犯罪所得、犯罪所得收益罪，以上游犯罪事实成立为前提。上游犯罪尚未依法裁判，但查证属实的，不影响掩饰、隐瞒犯罪所得、犯罪所得收益罪的认定；上游犯罪事实经查证属实，但因行为人未达到刑事责任年龄等原因依法不予追究刑事责任的，不影响掩饰、隐瞒犯罪所得、犯罪所得收益罪的认定。

示例 7－41　元某掩饰、隐瞒犯罪所得、犯罪所得收益案

元某在经营元记金银加工店期间，以明显低于市场价格的 5700 元收购了黎某（因其未达刑事责任年龄，公诉机关撤回起诉）抢劫所得的两条断裂损坏的黄金项链。对此，一审法院认为：“元某没有正当理由，以明显低于市场的价格收购财物，应认定其明知该物品系犯罪所得，其行为已构成掩饰、隐瞒犯罪所得罪。”〔45〕

2. 本罪与洗钱罪的界限。二者的区别主要在于：（1）上游犯罪不同。本罪包括对一切所犯罪所得及其产生的收益进行掩饰和隐瞒；洗钱罪仅限于掩饰、隐瞒毒品

〔44〕“闻某掩饰、隐瞒犯罪所得案一审判决书”，载《刑事审判参考》2015 年第 3 集，指导案例第 1093 号。

〔45〕“元某掩饰、隐瞒犯罪所得案一审判决书”，载《刑事审判参考》2015 年第 3 集，指导案例第 1107 号。

犯罪、黑社会性质的组织犯罪、恐怖活动犯罪、走私犯罪、贪污贿赂犯罪、破坏金融管理秩序犯罪、金融诈骗犯罪的所得及其产生的收益的性质和来源。(2)行为程度不同。本罪仅限于对本犯的犯罪所得及其产生的收益本身进行隐瞒,隐瞒程序一般较低;洗钱罪是对上游犯罪所得及其产生的收益的性质和来源进行隐瞒,隐瞒程度更高。(3)行为手段不同。本罪可以不通过银行等金融机构来实施,而可以采用其他转移资金所处的场所等手段;洗钱罪通常都离不开银行等金融机构的业务活动,以此实现资金的转换和漂白。

示例 7-42 姜某掩饰、隐瞒犯罪所得案

姜某明知现金 40 万元、51 张银行卡等物品系其丈夫黄某受贿所得,而将其藏匿在某社区别墅家中。黄某案发后,姜某将上述财物及黄某收受的港币 10 万元等物品交给黄某某。对此,一审法院认为:"姜某明知是他人的受贿犯罪所得而予以窝藏、转移,其行为已构成掩饰、隐瞒犯罪所得罪。"[46]

3. 本罪的竞合犯。事前与盗窃、抢劫、诈骗、抢夺等犯罪分子通谋,掩饰、隐瞒犯罪所得及其产生的收益的,以盗窃、抢劫、诈骗、抢夺等犯罪的共犯论处;对犯罪所得及其产生的收益实施盗窃、抢劫、诈骗、抢夺等行为,构成犯罪的,分别以盗窃罪、抢劫罪、诈骗罪、抢夺罪等定罪处罚;明知是犯罪所得及其产生的收益而予以掩饰、隐瞒,同时构成其他犯罪的,依照处罚较重的规定定罪处罚。

4. 本罪的犯罪数额问题。掩饰、隐瞒犯罪所得及其产生的收益的数额,应当以实施掩饰、隐瞒行为时为准。收购或者代为销售财物的价格高于其实际价值的,以收购或者代为销售的价格计算。多次实施掩饰、隐瞒犯罪所得及其产生的收益行为,未经行政处罚,依法应当追诉的,犯罪所得、犯罪所得收益的数额应当累计计算。

(三)掩饰、隐瞒犯罪所得、犯罪所得收益罪的处罚

根据刑法第 312 条的规定,犯本罪的,处 3 年以下有期徒刑、拘役或者管制,并处或者单处罚金;情节严重的,处 3 年以上 7 年以下有期徒刑,并处罚金。单位犯本罪的,对单位判处罚金,并对其直接负责的主管人员和其他直接责任人员,依照上述规定处罚。

根据 2015 年 5 月 29 日最高人民法院《关于审理掩饰、隐瞒犯罪所得、犯罪所得收益刑事案件适用法律若干问题的解释》(以下简称《掩饰、隐瞒解释》)第 1 条的规定,具有下列情形之一的,应当以掩饰、隐瞒犯罪所得、犯罪所得收益罪定罪处罚:

---

[46] "姜某掩饰、隐瞒犯罪所得案一审判决书",载《刑事审判参考》2015 年第 3 集,指导案例第 1103 号。

(1)掩饰、隐瞒犯罪所得及其产生的收益价值3000元至1万元以上的;(2)1年内曾因掩饰、隐瞒犯罪所得及其产生的收益行为受过行政处罚,又实施掩饰、隐瞒犯罪所得及其产生的收益行为的;(3)掩饰、隐瞒的犯罪所得系电力设备、交通设施、广播电视设施、公用电信设施、军事设施或者救灾、抢险、防汛、优抚、扶贫、移民、救济款物的;(4)掩饰、隐瞒行为致使上游犯罪无法及时查处,并造成公私财物损失无法挽回的;(5)实施其他掩饰、隐瞒犯罪所得及其产生的收益行为,妨害司法机关对上游犯罪进行追究的。各省、自治区、直辖市高级人民法院可以根据本地区经济社会发展状况,并考虑社会治安状况,在上述规定的数额幅度内,确定本地执行的具体数额标准,报最高人民法院备案。另外,明知是非法狩猎的野生动物而收购,数量达到50只以上的,以掩饰、隐瞒犯罪所得罪定罪处罚。根据《掩饰、隐瞒解释》第3条的规定,具有下列情形之一的,应当认定为"情节严重":(1)掩饰、隐瞒犯罪所得及其产生的收益价值总额达到10万元以上的;(2)掩饰、隐瞒犯罪所得及其产生的收益10次以上,或者3次以上且价值总额达到5万元以上的;(3)掩饰、隐瞒的犯罪所得系电力设备、交通设施、广播电视设施、公用电信设施、军事设施或者救灾、抢险、防汛、优抚、扶贫、移民、救济款物,价值总额达到5万元以上的;(4)掩饰、隐瞒行为致使上游犯罪无法及时查处,并造成公私财物重大损失无法挽回或其他严重后果的;(5)实施其他掩饰、隐瞒犯罪所得及其产生的收益行为,严重妨害司法机关对上游犯罪予以追究的。

十三、拒不执行判决、裁定罪

(一)拒不执行判决、裁定罪的概念和构成要件

拒不执行判决、裁定罪,是指对人民法院的判决、裁定有能力执行而拒不执行,情节严重的行为。

1. 本罪的客观要件为对人民法院的判决、裁定有能力执行而拒不执行,情节严重。

(1)本罪的行为主体是特殊主体,必须是对人民法院的判决、裁定负有执行义务的人。

(2)本罪的行为对象是人民法院的判决、裁定。根据2002年8月29日全国人民代表大会常务委员会《关于〈中华人民共和国刑法〉第三百一十三条的解释》,"人民法院的判决、裁定",是指人民法院依法作出的具有执行内容并已发生法律效力的判决、裁定。人民法院为依法执行支付令、生效的调解书、仲裁裁决、公证债权文书等所作的裁定属于该条规定的裁定。

(3)本罪的行为方式是对人民法院的判决、裁定有能力执行而拒不执行,情节严重。本罪是不作为犯,以行为人有执行能力为前提。所谓有能力,是指根据查实的证据证明,负有执行人民法院判决、裁定义务的人有可供执行的财产或者具有履行

特定义务的能力。所谓拒不执行,是指不履行判决、裁定规定的义务,不实现判决、裁定所要求的内容。实践中,存在争议的是:如何认定“有能力执行而拒不执行”的行为起算时间?一种观点认为,应从相关民事判决发生法律效力时起算;另一种观点认为,应从执行立案时起算。本书基本倾向于第二种观点。

示例7-43 毛某拒不执行判决、裁定案

浙江省平阳县人民法院于2012年12月11日作出民事判决,判令毛某于判决生效之日起15日内返还陈某投资款20万元及利息。该判决于2013年1月6日生效。因毛某未自觉履行生效法律文书确定的义务,陈某于2013年2月16日向法院申请强制执行。立案后,法院在执行中查明,毛某于2013年1月17日将其一辆小型普通客车以15万元的价格转卖,并将所得款项用于个人开销,拒不执行生效判决。对此,一审法院认为:“被告人毛某负有履行生效裁判确定的执行义务,在人民法院具有执行内容的判决、裁定发生法律效力后,实施隐藏、转移财产等拒不执行行为,致使判决、裁定无法执行,情节严重,其行为已构成拒不执行判决罪。”[47]

(4)本罪的行为结果是情节严重。根据上述立法解释,所谓情节严重,是指具有下列情形之一:一是被执行人隐藏、转移、故意毁损财产或者无偿转让财产、以明显不合理的低价转让财产,致使判决、裁定无法执行的;二是担保人或者被执行人隐藏、转移、故意毁损或者转让已向人民法院提供担保的财产,致使判决、裁定无法执行的;三是协助执行义务人接到人民法院协助执行通知书后,拒不协助执行,致使判决、裁定无法执行的;四是被执行人、担保人、协助执行义务人与国家机关工作人员通谋,利用国家机关工作人员的职权妨害执行,致使判决、裁定无法执行的;五是其他有能力执行而拒不执行,情节严重的情形。国家机关工作人员有上述第4项行为的,以拒不执行判决、裁定罪的共犯追究刑事责任。国家机关工作人员收受贿赂或者滥用职权,有上述第4项行为的,同时又构成受贿罪、滥用职权罪的,依照处罚较重的规定定罪处罚。

(二)拒不执行判决、裁定罪的处罚

根据刑法第313条的规定,处3年以下有期徒刑、拘役或者罚金;情节特别严重的,处3年以上7年以下有期徒刑,并处罚金。单位犯本罪的,对单位判处罚金,并对其直接负责的主管人员和其他直接责任人员,依照上述规定处罚。

---

〔47〕“毛某拒不执行判决、裁定案一审判决书”,浙江省平阳县人民法院刑事判决书(〔2014〕温平刑初字第314号)。

十四、非法处置查封、扣押、冻结的财产罪

非法处置查封、扣押、冻结的财产罪，是指隐藏、转移、变卖、故意毁损已被司法机关查封、扣押、冻结的财产，情节严重的行为。本罪的行为对象，必须是依法被查封、扣押、冻结的财产。如果有关执法人员滥用职权非法查封、扣押、冻结他人财产的，当事人为维护自己的财产权而实施隐藏、转移、变卖等行为的，不构成本罪。

根据刑法第 314 条的规定，犯本罪的，处 3 年以下有期徒刑、拘役或者罚金。

十五、破坏监管秩序罪

破坏监管秩序罪，是指依法被关押的罪犯，违反监管法规，破坏监管秩序，情节严重的行为。

本罪的行为主体是依法被关押的罪犯(已决犯)，依法被关押的被告人、犯罪嫌疑人(未决犯)不是本罪的行为主体。本罪的行为方式有以下四种类型：(1)殴打监管人员的；(2)组织其他被监管人破坏监管秩序的；(3)聚众闹事，扰乱正常监管秩序的；(4)殴打、体罚或者指使他人殴打、体罚其他被监管人的。本罪的行为结果是情节严重。本罪的主观要件为故意。依法被关押的罪犯，受监管人员指使，殴打、体罚虐待其他被监管人员，情节严重的，与监管人员成立共犯关系，应当以虐待被监管人罪定罪处罚。

根据刑法第 315 条的规定，犯本罪的，处 3 年以下有期徒刑。

十六、脱逃罪

(一)脱逃罪的概念和构成要件

脱逃罪，是指依法被关押的罪犯、被告人、犯罪嫌疑人脱逃的行为。

1. 本罪的客观要件为依法被关押的罪犯、被告人、犯罪嫌疑人脱逃。

(1)本罪是身份犯，行为主体是依法被关押的罪犯、被告人和犯罪嫌疑人。虽然被法院判决宣告有罪但未被关押的罪犯，以及被司法机关采取强制措施但未被关押的犯罪嫌疑人、被告人，不能成为本罪的行为主体。

示例 7－44　唐某走私、贩卖、运输、制造毒品罪，唐某脱逃罪案

二审法院认为："脱逃罪的犯罪主体限于依法被逮捕、关押的罪犯、被告人、犯罪嫌疑人，包括已经刑事拘留、逮捕而未判决的未决犯和已被判处拘役以上剥夺自由刑罚正在执行的已决犯。被告人唐某从派出所讯问室逃跑时尚未被依法采取刑事拘留措施，因

此其行为不构成脱逃罪。”〔48〕

(2)本罪的行为手段是脱逃。所谓脱逃,是指行为人脱离监管机关的实力支配的行为,具体表现为逃离羁押场所,或者摆脱监押人员的控制。例如,从看守所逃跑、在押解途中逃跑等。脱逃的方式没有限制,行为人是否使用暴力、威胁手段并不影响本罪的认定。在行为人对监管人员使用暴力脱逃的场合,应当以对监管人员造成轻伤为限。如果其暴力手段造成监管人员重伤、死亡的,构成想象竞合犯,择一重罪论处。

2. 本罪的主观要件为故意,即明知自己的脱逃行为会发生破坏司法机关监管秩序的结果,并且希望或者放任这种结果的发生。

(二)脱逃罪的认定

1. 脱逃罪与非罪的界限。脱逃罪的主体只能是依法被关押的已决犯和未决犯。被司法工作人员滥用职权而非法关押的人脱逃的,不构成本罪;被行政拘留、收容教养、强制戒毒的人逃离监管场所的,也不构成本罪。问题在于,事实上无罪的人能否成为本罪的主体?对此,刑法理论界主要有三种不同的观点。肯定说认为,只要是被司法机关依法关押的罪犯、被告人、犯罪嫌疑人,即使实际上无罪,也能成为本罪主体。否定说认为,实际上无罪的人,即使被司法机关依法关押,也不能成为本罪主体。折中说认为,原则上只要司法机关在关押的当时符合法定程序和实体条件的,就应当认为是依法关押,被关押的罪犯、被告人和犯罪嫌疑人就可以成为本罪主体,但还需具体分析:确实无罪的人单纯脱逃,可以认定为紧急避险或者缺乏期待可能性,不成立脱逃罪;确实无罪的人使用暴力等方法脱逃构成犯罪的,也应从轻处罚。〔49〕 上述观点分歧形式上涉及“依法被关押”仅指关押在程序上合法还是必须在程序与实体上都合法;实质上则涉及国家利益和公民个人合法利益发生冲突时,优先保护哪一方利益的问题。本书同意上述第一种意见,即只要司法机关在实施关押的行为当时是符合法定的程序和条件的,就应当认为是依法关押,被关押的罪犯、被告人和犯罪嫌疑人可以成为本罪的行为主体。但是,在某些极端情况下,如事实上无罪的人却被错判为死刑立即执行,其在刑罚执行之前脱逃的,只要未造成其他严重后果的,就不宜认定为本罪。

2. 脱逃罪既遂与未遂的区分。对此,应以行为人有无摆脱监管机关的控制为标准。行为人实施脱逃行为,但未逃出关押场所的,应当认定为未遂;行为人虽然逃出

---

〔48〕 “唐某走私、贩卖、运输、制造毒品罪,唐某脱逃罪案二审裁定书”,福建省泉州市中级人民法院刑事裁定书(〔2015〕泉刑终字第472号)。

〔49〕 参见高铭暄、马克昌主编:《刑法学》,北京大学出版社、高等教育出版社2011年版,第560~561页。

关押场所,但未能摆脱监管机关或者监管人员的实力支配的,同样也应当认定为未遂;行为人逃出了关押场所,且摆脱监管机关或者监管人员的实力支配的,应当认定为本罪的既遂。

(三)脱逃罪的处罚

根据刑法第 316 条第 1 款的规定,犯本罪的,处 5 年以下有期徒刑或者拘役。

十七、劫夺被押解人员罪

劫夺被押解人员罪,是指劫夺押解途中的罪犯、被告人、犯罪嫌疑人的行为。所谓劫夺,是指使罪犯、被告人、犯罪嫌疑人脱离监管人员的控制,而将其置于本人的实力支配之下或者使其逃匿的行为。劫夺行为既可以采用暴力、威胁的方法,也可以采取其他非暴力方法,如乘押解人员不备而夺取被押解人员。行为人所劫夺的必须是正在押解途中的罪犯、被告人或者犯罪嫌疑人。被押解人员与劫夺者事前通谋的,被押解人员成立脱逃罪,劫夺者成立本罪。

根据刑法第 316 条第 2 款的规定,犯本罪的,处 3 年以上 7 年以下有期徒刑;情节严重的,处 7 年以上有期徒刑。

十八、组织越狱罪

组织越狱罪,是指依法被关押的罪犯、被告人、犯罪嫌疑人在首要分子的组织、策划、指挥下,有组织地集体越狱的行为。本罪的行为主体限于依法被关押的罪犯、被告人、犯罪嫌疑人,狱外的人员难以成为本罪的行为主体。本罪的行为方式是组织越狱,具体有两种类型:一是组织越狱;二是参加有组织的越狱。这里的"狱",是指一切关押罪犯、被告人、犯罪嫌疑人的场所,包括监狱、看守所以及其他临时关押场所。

根据刑法第 317 条第 1 款的规定,犯本罪的,处 5 年以上有期徒刑;其他参加的,处 5 年以下有期徒刑或者拘役。

十九、暴动越狱罪

暴动越狱罪,是指依法被关押的罪犯、被告人、犯罪嫌疑人在首要分子组织、策划、指挥下,采用暴动方式,有组织地集体越狱的行为。本罪的行为主体限于依法被关押的罪犯、被告人、犯罪嫌疑人,狱外的人员难以成为本罪的行为主体。本罪的行为方式是暴动越狱。所谓暴动,是指多人实施的大规模的严重暴力行为。其特别有二:一是人数众多;二是暴力程度严重。

根据刑法第 317 条第 2 款的规定,犯本罪的,对首要分子和积极参加者,处 10 年以上有期徒刑或者无期徒刑;情节特别严重的,处死刑;其他参加的,处 3 年以上 10

年以下有期徒刑。

二十、聚众持械越狱罪

聚众持械越狱罪，是指狱外人员在首要分子的组织、策划、指挥下，持械劫夺狱中罪犯、被告人或犯罪嫌疑人的行为。本罪的行为主体是狱外人员。本罪的行为方式是聚众持械劫狱。所谓持械，是指手持刀枪棍棒等凶器实施劫狱行为。所谓劫狱，是指将狱中的罪犯、被告人、犯罪嫌疑人转移为自己的实力支配之下或者使其逃跑。

根据刑法第 317 条第 2 款的规定，犯本罪的，处 10 年以上有期徒刑或者无期徒刑；情节特别严重的，处死刑；其他参加的，处 3 年以上 10 年以下有期徒刑。

第四节　妨害国(边)境管理罪

一、组织他人偷越国(边)境罪

(一)组织他人偷越国(边)境罪的概念和构成要件

组织他人偷越国(边)境罪，是指违反国(边)境管理法规，组织他人偷越国(边)境的行为。本罪的法益是出入境管理制度。

1. 本罪的客观要件为组织他人偷越国(边)境。所谓组织，是指领导、策划、指挥他人偷越国(边)境的行为。所谓偷越国(边)境，是指未经出入境管理部门批准，擅自出入国(边)境。主要有两种行为表现：一是不在出入境口岸、边防站等规定的地点出入国(边)境；二是使用伪造的出入境证件在规定的地点出入国(边)境。根据 2012 年 12 月 12 日最高人民法院、最高人民检察院《关于办理妨害国(边)境管理刑事案件应用法律若干问题的解释》[以下简称《国(边)境解释》]第 6 条的规定，具有下列情形之一的，应当认定为偷越国(边)境的行为：(1)没有出入境证件出入国(边)境或者逃避接受边防检查的；(2)使用伪造、变造、无效的出入境证件出入国(边)境的；(3)使用他人出入境证件出入国(边)境的；(4)使用以虚假的出入境事由、隐瞒真实身份、冒用他人身份证件等方式骗取的出入境证件出入国(边)境的；(5)采用其他方式非法出入国(边)境的。行为人通过一定程序取得出入境证件，并通过规定的地点出入国(边)境，即使采用了一定的欺骗手段，如财产担保证明略有夸大，也不应认定为偷越国(边)境。

2. 本罪的主观要件为故意，行为人通常具有营利的目的。

示例7－45　何某组织他人偷越国(边)境案

一审法院认为:“被告人何某违反国(边)境管理法规,明知通海公司无对外劳务输出经营权及我国与马来西亚无劳务合作关系,且马来西亚的普通劳务市场未对我国开放的情况下,为牟取暴利,擅自招收出国劳务人员,以旅游、商务签证的形式,非法组织工人赴马来西亚打工,其行为已构成组织他人偷越国(边)境罪。”[50]

(二)组织他人偷越国(边)境罪的处罚

根据刑法第318条的规定,犯本罪的,处2年以上7年以下有期徒刑,并处罚金;有下列情形之一的,处7年以上有期徒刑或者无期徒刑,并处罚金或者没收财产:(1)组织他人偷越国(边)境集团的首要分子;(2)多次组织他人偷越国(边)境或者组织他人偷越国(边)境人数众多的;(3)造成被组织人重伤、死亡的;(4)剥夺或者限制被组织人人身自由的;(5)以暴力、威胁方法抗拒检查的;(6)违法所得数额巨大的;(7)有其他特别严重情节的。犯本罪,对被组织人有杀害、伤害、强奸、拐卖等犯罪行为,或者对检查人员有杀害、伤害等犯罪行为的,依照数罪并罚的规定处罚。

根据国《国(边)境解释》第1条第2款、第3款的规定,组织他人偷越国(边)境人数在10人以上的,应当认定为组织他人偷走国(边)境“人数众多”;违法所得数额在20万元以上的,应当认定为组织他人偷越国(边)境“违法所得数额巨大”。以组织他人偷越国(边)境为目的,招募、拉拢、引诱、介绍、培训偷越国(边)境人员,策划、安排偷越国(边)境行为,在他人偷越国(边)境之前或者偷越国(边)境过程中被查获的,应当以组织他人偷越国(边)境罪(未遂)论处。实施组织他人偷越国(边)境犯罪,同时构成骗取出境证件罪、提供伪造、变造的出入境证件罪、出售出入境证件罪、运送他人偷越国(边)境罪的,依照处罚较重的规定定罪处罚。

二、骗取出境证件罪

骗取出境证件罪,是指以劳务输出、经贸往来或者其他名义,弄虚作假,骗取护照、签证等出境证件,为组织他人偷越国(边)境使用的行为。

本罪的行为对象是出境证件,包括护照或者代替护照使用的国际旅行证件,中华人民共和国海员证,中华人民共和国出入境通行证,中华人民共和国旅行证,中国公民往来香港、澳门、台湾地区证件,边境地区出入境通行证,签证、签注,出国(境)证明、名单,以及其他出境时需要查验的资料。本罪的行为方式是以劳务输出、经贸往来或者其他名义,弄虚作假,骗取护照、签证等出境证件。本罪的主观要件为故意。

[50]　“何某组织他人偷越国(边)境案一审判决书”,江苏省南通市中级人民法院刑事判决书([2004]通中刑一初字第5号)。

根据刑法第319条的规定，犯本罪的，处3年以下有期徒刑，并处罚金；情节严重的，处3年以上10年以下有期徒刑，并处罚金。单位犯本罪的，对单位判处罚金，并对其直接负责的主管人员和其他直接责任人员，依照上述规定处罚。根据《国（边）境解释》第2条第3款的规定，具有下列情形之一的，应当认定为“情节严重”：（1）骗取出境证件5份以上的；（2）非法收取费用30万元以上的；（3）明知是国家规定的不准出境的人员而为其骗取出境证件的；（4）其他情节严重的情形。

三、提供伪造、变造的出入境证件罪

提供伪造、变造的出入境证件罪，是指为他人提供伪造、变造的护照、签证等出入境证件的行为。

根据刑法第320条的规定，犯本罪的，处5年以下有期徒刑，并处罚金；情节严重的，处5年以上有期徒刑，并处罚金。根据《国（边）境解释》第3条第2款的规定，具有下列情形之一的，应当认定为“情节严重”：（1）为他人提供伪造、变造的出入境证件或者出售出入境证件5份以上的；（2）非法收取费用30万元以上的；（3）明知是国家规定的不准出入境的人员而为其提供伪造、变造的出入境证件或者向其出售出入境证件的；（4）其他情节严重的情形。

四、出售出入境证件罪

出售出入境证件罪，是指向他人出售护照、签证等出入境证件的行为。

根据刑法第320条的规定，犯本罪的，处5年以下有期徒刑，并处罚金；情节严重的，处5年以上有期徒刑，并处罚金。根据《国（边）境解释》第3条第2款的规定，具有下列情形之一的，应当认定为“情节严重”：（1）为他人提供伪造、变造的出入境证件或者出售出入境证件5份以上的；（2）非法收取费用30万元以上的；（3）明知是国家规定的不准出入境的人员而为其提供伪造、变造的出入境证件或者向其出售出入境证件的；（4）其他情节严重的情形。

五、运送他人偷越国（边）境罪

运送他人偷越国（边）境罪，是指违反国（边）境管理法规，运送他人偷越国（边）境的行为。所谓运送他人偷越国（边）境，是指使用车辆、船只等交通工具将偷越国（边）境罪的人运送出入国（边）境的行为。如果行为既组织他人偷越国（边）境又运送他人偷越国（边）境，被组织者和被运送者具有同一性，则应当择一重罪处断；如果被组织者和被运送者不具有同一性，则应当分别定性，实行数罪并罚。

根据刑法第321条的规定，犯本罪的，处5年以下有期徒刑、拘役或者管制，并处罚金；有下列情形之一的，处5年以上10年以下有期徒刑，并处罚金：（1）多次实

施运送行为或者运送人数众多的;(2)所使用的船只、车辆等交通工具不具备必要的安全条件,足以造成严重后果的;(3)违法所得数额巨大的;(4)有其他特别严重情节的。在运送他人偷越国(边)境中造成被运送人重伤、死亡,或者以暴力、威胁方法抗拒检查的,处7年以上有期徒刑,并处罚金。犯本罪,对被运送人有杀害、伤害、强奸、拐卖等犯罪行为,或者对检查人员有杀害、伤害等犯罪行为的,依照数罪并罚的规定处罚。根据《国(边)境解释》第4条的规定,运送他人偷越国(边)境人数在10人以上的,应当认定为运送他人偷越国(边)境"人数众多";违法所得数额在20万元以上的,应当认定为运送他人偷越国(边)境"违法所得数额巨大"。

六、偷越国(边)境罪

偷越国(边)境罪,是指违反国(边)境管理法规,偷越国(边)境,情节严重的行为。

根据刑法第322条的规定,犯本罪的,处1年以下有期徒刑、拘役或者管制,并处罚金;为参加恐怖活动组织、接受恐怖活动培训或者实施恐怖活动,偷越国(边)境的,处1年以上3年以下有期徒刑,并处罚金。根据《国(边)境解释》第5条的规定,偷越国(边)境,具有下列情形之一的,应当认定为"情节严重":(1)在境外实施损害国家利益行为的;(2)偷越国(边)境3次以上或者3人以上结伙偷越国(边)境的;(3)拉拢、引诱他人一起偷越国(边)境的;(4)勾结境外组织、人员偷越国(边)境的;(5)因偷越国(边)境被行政处罚后1年内又偷越国(边)境的;(6)其他情节严重的情形。

七、破坏界碑、界桩罪

破坏界碑、界桩罪,是指故意破坏国家边境的界碑、界桩的行为。所谓破坏,是指采取盗取、毁坏、拆除、掩埋、移动等手段,使界碑、界桩失去原有作用的行为。所谓界碑、界桩,是指我国政府与邻国按照条约规定或者历史上实际形成的管辖范围,在陆地接壤地区埋设的指示边境分界及走向的标志物。实施本罪行为,同时触犯盗窃罪、故意毁坏财物罪的,择一重罪处断。

根据刑法第323条的规定,犯本罪的,处3年以下有期徒刑或者拘役。

八、破坏永久性测量标志罪

破坏永久性测量标志罪,是指故意破坏永久性测量标志的行为。所谓永久性测量标志,是国家测绘部门建造或者埋设的各种永久性测量标志,如各种等级的三角点、基线点、水准点、重力点、地形点、天文点、破解点、导线点、炮控点的木质觇标、钢质觇标和标石标志,全球卫星定位控制点以及用于地形测量、工程测量和形变测量的各种固定标志和海底大地点设施等。永久性测量标志属于国家所有,是国家经济建设、国防建设和科学研究的基础设施。如果破坏的是临时性测量标志,则不能构成本罪。

根据刑法第323条的规定,犯本罪的,处3年以下有期徒刑或者拘役。

第五节 妨害文物管理罪

一、故意损毁文物罪

(一)故意损毁文物罪的概念和构成要件

故意损毁文物罪,是指故意损毁国家保护的珍贵文物或者被确定为全国重点文物保护单位、省级文物保护单位的文物的行为。

1. 本罪的客观要件为毁损国家保护的珍贵文物或者被确定为全国重点文物保护单位、省级文物保护单位的文物。具体包括以下两点:(1)本罪的行为对象为特定文物。所谓文物,是指具有历史、艺术、科学价值的遗址或者遗物。根据《文物保护法》第2条第1款的规定,在中华人民共和国境内,下列文物受国家保护:一是具有历史、艺术、科学价值的古文化遗址、古墓葬、古建筑、石窟寺和石刻、壁画;二是与重大历史事件、革命运动或者著名人物有关的以及具有重要纪念意义、教育意义或者史料价值的近代现代重要史迹、实物、代表性建筑;三是历史上各时代珍贵的艺术品、工艺美术品;四是历史上各时代重要的文献资料以及具有历史、艺术、科学价值的手稿和图书资料等;五是反映历史上各时代、各民族社会制度、社会生产、社会生活的代表性实物。作为本罪保护对象的文物,应当是国家保护的珍贵文物和被确定为全国重点文物保护单位、省级文物保护单位的文物。文物藏品分为珍贵文物和一般文物。珍贵文物分为一、二、三级。具有特别重要历史、艺术、科学价值的代表性文物为一级文物;具有重要历史、艺术、科学价值的为二级文物;具有比较重要历史、艺术、科学价值的为三级文物。具有一定历史、艺术、科学价值的为一般文物。所谓"文物保护单位",是指人民政府按照法定程序确认的,具有历史、艺术、科学价值的历史上各时代重要实物、古文化遗址、古墓葬、古建筑、石窟寺、石刻、壁画、近代现代重要史迹和代表性建筑等不可移动文物。文物保护单位分为全国重点文物保护单位、省级文物保护单位和市、县级文物保护单位。文物保护单位,根据其级别分别由国务院、省级人民政府和县(市)级人民政府核定公布。另外,根据2005年12月29日全国人大常委会《关于〈中华人民共和国刑法〉有关文物的规定适用于具有科学价值的古脊椎动物化石、古人类化石的解释》的规定,刑法有关文物的规定,适用于具有科学价值的古脊椎动物化石、古人类化石。(2)本罪的行为方式是损毁特定文物。所谓损毁,是指打碎、涂抹、拆散、烧毁等使文物失去价值的行为。

2. 本罪的主观要件为故意,即明知自己的行为会发生损毁文物的结果,并且希望或者放任这种结果的发生。

(二)故意损毁文物罪的处罚

根据刑法第324条第1款的规定,犯本罪的,处3年以下有期徒刑或者拘役,并处或者单处金;情节严重的,处3年以上10年以下有期徒刑,并处罚金。

二、故意损毁名胜古迹罪

故意损毁名胜古迹罪,是指故意损毁国家保护的名胜古迹,情节严重的行为。所谓名胜古迹,是指可供人游览的著名的风景区以及虽未被人民政府核定公布为文物保护单位但也具有一定历史意义的古建筑、雕塑、石刻等历史陈迹。

根据刑法第324条第2款的规定,犯本罪的,处3年以下有期徒刑或者拘役,并处或者单处罚金;情节严重的,处3年以上10年以下有期徒刑,并处罚金。根据2008年6月25日最高人民检察院、公安部《关于公安机关管辖的刑事案件立案追诉标准的规定(一)》[以下简称《立案追诉标准(一)》]第47条的规定,故意损毁国家保护的名胜古迹,涉嫌下列情形之一的,应予立案追诉:(1)造成国家保护的名胜古迹严重损毁的;(2)损毁国家保护的名胜古迹3次以上或者3处以上,尚未造成严重损毁后果的;(3)损毁手段特别恶劣的;(4)其他情节严重的情形。

三、过失损毁文物罪

过失损毁文物罪,是指过失损毁国家保护的珍贵文物或者被确定为全国重点文物保护单位、省级文物保护单位的文物,造成严重后果的行为。

根据刑法第324条第3款的规定,犯本罪的,处3年以下有期徒刑或者拘役。根据《立案追诉标准(一)》第48条的规定,过失损毁国家保护的珍贵文物或者被确定为全国重点文物保护单位、省级文物保护单位的文物,涉嫌下列情形之一的,应予立案追诉:(1)造成珍贵文物严重损毁的;(2)造成被确定为全国重点文物保护单位、省级文物保护单位的文物严重损毁的;(3)造成珍贵文物损毁3件以上的;(4)其他造成严重后果的情形。

四、非法向外国人出售、赠送珍贵文物罪

非法向外国人出售、赠送珍贵文物罪,是指违反文物保护法规,将收藏的国家禁止出口的珍贵文物私自出售或者私自赠送给外国人的行为。本罪的法益是国家对珍贵文物的特殊保护制度。珍贵文物是一个民族、一个国家的文化遗产,不能按照

一般财产的转让规则进行自由转让。

本罪的行为对象是国家禁止出口的珍贵文物。根据2007年7月13日文化部《文物进出境审核管理办法》第8条规定，下列文物出境，应当经过审核：(1)1949年（含）以前的各类艺术品、工艺美术品；(2)1949年（含）以前的手稿、文献资料和图书资料；(3)1949年（含）以前的与各民族社会制度、社会生产、社会生活有关的实物；(4)1949年以后的与重大事件或著名人物有关的代表性实物；(5)1949年以后的反映各民族生产活动、生活习俗、文化艺术和宗教信仰的代表性实物；(6)国家文物局公布限制出境的已故现代著名书画家、工艺美术家作品；(7)古猿化石、古人类化石，以及与人类活动有关的第四纪古脊椎动物化石。文物出境审核标准，由国家文物局定期修订并公布。"根据2007年6月5日国家文物局《文物出境审核标准》，对禁止出境的各类文物规定了具体的审核标准，其基本原则是：(1)本标准以1949年为主要标准线。凡在1949年以前（含1949年）生产、制作的具有一定历史、艺术、科学价值的文物，原则上禁止出境。其中，1911年以前（含1911年）生产、制作的文物一律禁止出境。(2)少数民族文物以1966年为主要标准线。凡在1966年以前（含1966年）生产、制作的有代表性的少数民族文物禁止出境。(3)现存我国境内的外国文物、图书，与我国的文物、图书一样，分类执行本标准。(4)凡有损国家、民族利益，或者有可能引起不良社会影响的文物，不论年限，一律禁止出境。(5)未列入本标准范围之内的文物，如经文物进出境审核机构审核，确有重大历史、艺术、科学价值的，应禁止出境。

本罪的行为方式是将私自收藏的国家禁止出口的珍贵文物私自出售或者私自赠送。所谓收藏，既包括合法的收藏，也包括非法的收藏。所谓出售，是指有偿转让。所谓赠送，是指无偿转让。

根据刑法第325条的规定，犯本罪的，处5年以下有期徒刑或者拘役，可以并处罚金。单位犯本罪的，对单位判处罚金，并对其直接负责的主管人员和其他直接责任人员，依照上述规定处罚。

五、倒卖文物罪

（一）倒卖文物罪的概念和构成要件

倒卖文物罪，是指以牟利为目的，倒卖国家禁止经营的文物，情节严重的行为。

1. 本罪的客观要件为倒卖国家禁止经营的文物，情节严重。

(1)本罪的行为对象是国家禁止经营的文物。文物分为国家所有的文物、集体所有的文物和私人所有的文物。国家所有的文物，原则上禁止一切形式的买卖。集体所有的文物和私人所有的文物，虽然允许买卖，但应当遵循法定的程序和条件。根据《文物保护法》第5条的规定，中华人民共和国境内地下、内水和领海中遗存的一切文物,属于国家所有。古文化遗址、古墓葬、石窟寺属于国家所有。国家指定保护的纪念建筑物、古建筑、石刻、壁画、近代现代代表性建筑等不可移动文物,除国家另有规定的以外,属于国家所有。国有不可移动文物的所有权不因其所依附的土地所有权或者使用权的改变而改变。下列可移动文物,属于国家所有:一是中国境内出土的文物,国家另有规定的除外;二是国有文物收藏单位以及其他国家机关、部队和国有企业、事业组织等收藏、保管的文物;三是国家征集、购买的文物;四是公民、法人和其他组织捐赠给国家的文物;五是法律规定属于国家所有的其他文物。属于国家所有的可移动文物的所有权不因其保管、收藏单位的终止或者变更而改变。国有文物所有权受法律保护,不容侵犯。根据《文物保护法》第6条的规定,属于集体所有和私人所有的纪念建筑物、古建筑和祖传文物以及依法取得的其他文物,其所有权受法律保护。文物的所有者必须遵守国家有关文物保护的法律、法规的规定。根据《文物保护法》第25条第2款的规定,非国有不可移动文物转让、抵押或者改变用途的,应当根据其级别报相应的文物行政部门备案。根据《文物保护法》第56条第2款的规定,拍卖企业拍卖的文物,在拍卖前应当经省、自治区、直辖市人民政府文物行政部门审核,并报国务院文物行政部门备案。

(2)本罪的行为方式是倒卖国家禁止经营的文物。所谓倒卖,是指无权从事文物商业经营的单位或者个人,或者依法成立的文物商店、文物拍卖企业等超越经营范围从事国家禁止经营的文物的收购和销售业务活动,从中牟取利益的行为,通常表现为低价买进高价卖出,或者转手贩卖等。实践中,对于行为人明知文物系他人盗掘所得而帮助销售的,有的认定为倒卖文物罪,有的则认定为掩饰、隐瞒犯罪所得、犯罪所得收益罪。本书倾向于后一做法。

示例7-46　刘某、曹某、赵某等盗掘古文化遗址、倒卖文物、转移赃物案

二审法院认为:"申某、周某的行为,虽符合销售赃物罪的主要特征,但是二被告人销售的不是普通赃物,而是国家禁止买卖的文物,对于非法销售文物的行为,刑法有特别规定。根据特别规定优于一般规定的原则,二被告人的行为构成倒卖文物罪。"〔51〕

示例7-47　叶某等盗掘古墓葬、倒卖文物案

二审法院认为:"上诉人叶某、周某、原审被告人蓝某盗掘具有历史、艺术、科学研究价值的古墓葬,叶某、周某并盗窃珍贵文物,其行为均已构成盗掘古墓葬罪,且分属共同

〔51〕"刘某等盗掘古文化遗址、倒卖文物、转移赃物案二审裁定书",载《最高人民法院公报》2009年第5期。

犯罪;蓝某明知是盗掘古墓葬所获取的三级以上文物而予以代为销售,其行为又已构成掩饰、隐瞒犯罪所得罪。"[52]

(3)本罪的行为结果是情节严重。所谓情节严重,应当根据倒卖文物的等级、数量、次数、获利数额等进行综合判断。常见的情形有:倒卖三级以上文物的;多次倒卖或者倒卖多件文物的;因倒卖文物受到行政处罚而继续倒卖的;非法获利数额较大的等。

2. 本罪的主观要件为故意,并且具有牟利的目的。

(二)倒卖文物罪的认定

实践中,对于民间买卖文物行为的定性,存在争议。对此,关键是看私有单位和个人所交易的文物的来源是否合法。如果双方买卖的文物来源合法,即使低价买进高价卖出,也是一种合法买卖行为,不得认定为倒卖文物罪;如果双方买卖的文物来源非法,即使将自己收藏的文物原价转让,也是一种倒卖行为,应当认定为倒卖文物罪。根据《文物保护法》第50条的规定,文物收藏单位以外的公民、法人和其他组织可以收藏通过下列方式取得的文物:(1)依法继承或者接受赠与;(2)从文物商店购买;(3)从经营文物拍卖的拍卖企业购买;(4)公民个人合法所有的文物相互交换或者依法转让;(5)国家规定的其他合法方式。文物收藏单位以外的公民、法人和其他组织收藏的上述文物可以依法流通。根据《文物保护法》第51条的规定,公民、法人和其他组织不得买卖下列文物:(1)国有文物,但是国家允许的除外;(2)非国有馆藏珍贵文物;(3)国有不可移动文物中的壁画、雕塑、建筑构件等,但是依法拆除的国有不可移动文物中的壁画、雕塑、建筑构件等不属于本法第20条第4款规定的应由文物收藏单位收藏的除外;(4)来源不符合《文物保护法》第50条规定的文物。

(三)倒卖文物罪的处罚

根据刑法第326条的规定,犯本罪的,处5年以下有期徒刑或者拘役,并处罚金;情节特别严重的,处5年以上10年以下有期徒刑,并处罚金。单位犯本罪的,对单位判处罚金,并对其直接负责的主管人员和其他直接责任人员,依照上述规定处罚。

六、非法出售、私赠文物藏品罪

非法出售、私赠文物藏品罪,是指违反文物保护法规,国有博物馆、图书馆等单位将国家保护的文物藏品出售或者私自送给非国有单位或者个人的行为。

---

[52] "叶某等盗掘古墓葬、倒卖文物案二审裁定书",浙江省衢州市中级人民法院刑事裁定书([2016]浙08刑终75号)。

本罪的行为主体是国有博物馆、图书馆等单位，不包括非国有博物馆等单位和个人。本罪的行为对象为国家保护的文物藏品，包括珍贵文物和一般文物。出售或者私自赠送的对方仅限于国内的非国有单位或者个人。国家机关、部队、全民所有制企业、事业组织收藏的文物，属于国家所有。国有博物馆、图书馆、纪念馆和文物考古事业机构等单位对各自保管的文物藏品，有保管、利用和收益的权利，但是没有所有权，没有出售和私自馈赠的权利。

根据刑法第 327 条的规定，犯本罪的，对单位判处罚金，并对其直接负责的主管人员和其他直接责任人员，处 3 年以下有期徒刑或者拘役。

七、盗掘古文化遗址、古墓葬罪

盗掘古文化遗址、古墓葬罪，是指盗掘具有历史、艺术、科学价值的古文化遗址、古墓葬的行为。

本罪的行为对象是古文化遗址、古墓葬。所谓古文化遗址、古墓葬，是指清代和清代以前的具有历史、艺术、科学价值的古文化遗址、古墓葬以及辛亥革命以后与著名历史事件有关的名人墓葬、遗址和纪念地。其中，古文化遗址还包括石窟、地下城、古建筑、人类居住地遗址等；古墓葬包括历代皇帝及其嫔妃陵墓、历史上著名人物和革命烈士墓地等。本罪的行为方式是盗掘。所谓盗掘，是指未经国家有关主管部门批准而擅自挖掘。本罪的主观要件为故意，即明知是古文化遗址、古墓葬而私自挖掘。

根据刑法第 328 条第 1 款的规定，犯本罪的，处 3 年以上 10 年以下有期徒刑，并处罚金；情节较轻的，处 3 年以下有期徒刑、拘役或者管制，并处罚金；有下列情形之一的，处 10 年以上有期徒刑或者无期徒刑，并处罚金或者没收财产：(1)盗掘确定为全国重点文物保护单位和省级文物保护单位的古文化遗址、古墓葬的；(2)盗掘古文化遗址、古墓葬集团的首要分子；(3)多次盗掘古文化遗址、古墓葬的；(4)盗掘古文化遗址、古墓葬，并盗窃珍贵文物或者造成珍贵文物严重破坏的。

八、盗掘古人类化石、古脊椎动物化石罪

盗掘古人类化石、古脊椎动物化石罪，是指盗掘国家保护的具有科学价值的古人类化石和古脊椎动物化石的行为。所谓古人类化石，是指保存在各地质时期岩层中或埋藏于地下的古人类的遗骸或遗迹（主要是指距今 1 万年前的直立人，早期、晚期智人的遗骸，如牙齿、头盖骨、骨骼等）。所谓古脊椎动物化石，是指保存在各地质时期岩层中或埋藏于地下的万年前古爬行动物、哺乳动物和鱼类的遗骸和遗迹。

根据刑法第 328 条第 2 款的规定，犯本罪的，处 3 年以上 10 年以下有期徒刑，并处罚金；情节较轻的，处 3 年以下有期徒刑、拘役或者管制，并处罚金；有下列情形之

一的,处10年以上有期徒刑或者无期徒刑,并处罚金或者没收财产:(1)盗掘确定为全国重点文物保护单位和省级文物保护单位的古人类化石、古脊椎动物化石的;(2)盗掘古人类化石、古脊椎动物化石集团的首要分子;(3)多次盗掘古人类化石、古脊椎动物化石的;(4)盗掘古人类化石、古脊椎动物化石,并盗窃珍贵化石或者造成珍贵化石严重破坏的。

九、抢夺、窃取国有档案罪

抢夺、窃取国有档案罪,是指抢夺、窃取国有档案的行为。本罪的行为对象是国有档案,即由国家档案部门、国家机关、国有公司、企业、事业单位、人民团体管理的档案。所谓档案,是指过去和现在由国家机构、社会组织以及个人从事政治、军事、经济、科学、技术、文化、宗教等活动直接形成的对国家和社会有保存价值的各种文字、图表、声像等不同形式的历史记录。本罪的行为方式是抢夺、窃取国有档案。

根据刑法第329条第1款、第3款的规定,犯本罪的,处5年以下有期徒刑或者拘役。犯本罪又构成刑法规定的其他犯罪的,依照处罚较重的规定定罪处罚。

十、擅自出卖、转让国有档案罪

擅自出卖、转让国有档案罪,是指违反档案法的规定,擅自出卖、转让国家所有的档案,情节严重的行为。《档案法》第17条规定:"禁止出卖属于国家所有的档案。国有企业事业单位资产转让时,转让有关档案的具体办法由国家档案行政管理部门制定。档案复制件的交换、转让和出卖,按照国家规定办理。"国家所有的档案,是涉及国家和社会重要保存价值的历史记录,不适当地公布会造成不良后果。擅自出卖、转让国有单位,不仅改变了国家档案的权属,而且也存在国家档案随时被公开的风险。

根据刑法第329条第2款、第3款的规定,犯本罪的,处3年以下有期徒刑或者拘役。犯本罪又构成本法规定的其他犯罪的,依照处罚较重的规定定罪处罚。

第六节　危害公共卫生罪

一、妨害传染病防治罪

妨害传染病防治罪,是指违反传染病防治法的规定,引起甲类传染病传播或者有传播严重危险的行为。

本罪的客观要件为实施违反传染病防治法规定的行为,造成甲类传染病传播或者有传播严重危险。具体有以下四种行为类型:(1)供水单位供应的饮用水不符合国家规定的卫生标准的;(2)拒绝按照卫生防疫机构提出的卫生要求,对传染病病原体污染的污水、污物、粪便进行消毒处理的;(3)准许或者纵容传染病病人、病原携带者和疑似传染病病人从事国务院卫生行政部门规定禁止从事的易使该传染病扩散的工作的;(4)拒绝执行卫生防疫机构依照传染病防治法提出的预防、控制措施的。根据《传染病防治法》第3条的规定,传染病分为甲类、乙类和丙类。其中,甲类传染病是指鼠疫、霍乱。本罪的主观要件为过失。

根据刑法第330条的规定,犯本罪的,处3年以下有期徒刑或者拘役;后果特别严重的,处3年以上7年以下有期徒刑。单位犯本罪的,对单位判处罚金,并对其直接负责的主管人员和其他直接责任人员,依照上述规定处罚。

二、传染病菌种、毒种扩散罪

传染病菌种、毒种扩散罪,是指从事实验、保藏、携带、运输传染病菌种、毒种的人员,违反国务院卫生行政的有关规定,造成传染病菌种、毒种扩散,后果严重的行为。本罪是身份犯,行为主体必须是从事实验、保藏、携带、运输传染病菌种、毒种的人员。本罪的行为方式是违反国务院卫生行政部门关于传染病菌种、毒种保藏、携带、运输的管理规定。《传染病防治法实施办法》第16条规定,传染病菌种、毒种分为下列三类:一类:鼠疫耶尔森氏菌、霍乱弧菌;天花病毒、艾滋病病毒;二类:希氏菌、炭疽菌、麻风杆菌、肝炎病毒、狂犬病毒、出血热病毒、登革热病毒;斑疹伤寒立克次体;三类:脑膜炎双球菌、链球菌、淋病双球菌、结核杆菌、百日咳嗜血杆菌、白喉棒状杆菌、沙门氏菌、志贺氏菌、破伤风梭状杆菌;钩端螺旋体、梅毒螺旋体;乙型脑炎病毒、脊髓灰质炎病毒、流感病毒、流行性腮腺炎病毒、麻疹病毒、风疹病毒。本罪的行为结果是造成传染病菌种、毒种扩散,且后果严重。所谓传染病菌种、毒种扩散,是指造成储存传染病菌种、毒种的密器破损、丢失、被盗,或被传染病菌种、毒种所污染的物品未经消毒、灭菌处理而被带入公共场所。所谓后果严重,是指引起甲类传染病、艾滋病、肺炭疽传播或有传播严重危险的;造成艾滋病、肺炭疽之外的乙类、丙类传染病大面积传播的;造成大量传染病菌种、毒种扩散的;因传染病菌种、毒种扩散造成国家关于传染病防治管理秩序严重混乱的;致使公私财产遭受重大损失的,等等。本罪的主观要件为过失。

根据刑法第331条的规定,犯本罪的,处3年以下有期徒刑或者拘役;后果特别严重的,处3年以上7年以下有期徒刑。

三、妨害国境卫生检疫罪

妨害国境卫生检疫罪,是指违反国境卫生检疫规定,引起检疫传染病传播或者有传播严重危险的行为。本罪的行为方式是实施违反国境卫生检疫规定的行为。根据《国境卫生检疫法》第 20 条的规定，违反国境卫生检疫法的行为主要有两种情形：(1) 逃避检疫，向国境卫生检疫机关隐瞒真实情况；(2) 入境的人员未经国境卫生检疫机关的许可，擅自上下交通工具，或者装卸行李、货物、邮包等物品，不听劝阻。本罪的行为结果是造成检疫传染病传播或者有传播的严重危险。所谓检疫传染病，是指鼠疫、霍乱、黄热病以及国务院确定和公布的其他疾病。本罪的主观要件为过失。

根据刑法第 332 条的规定，犯本罪的，处 3 年以下有期徒刑或者拘役，并处或者单处罚金。单位犯本罪的，对单位判处罚金，并对其直接负责的主管人员和其他直接责任人员，依照上述规定处罚。

四、非法组织卖血罪

非法组织卖血罪，是指违反国家有关规定，组织他人出卖血液的行为。所谓组织，是指通过策划、动员、拉拢、联络等方式使不特定人或者多数人出卖血液的行为。

示例 7－48　姚某、梁某非法组织卖血案

梁某、姚某通过他人介绍或者需要输血的病人家属主动联系等方式，取得医院出具的互助献血申请表，然后非法组织他人到血库献血，取得用血申请表后，以 1600 元至 2000 元的价格将用血申请表卖给病人家属，其从中获利 200 元至 500 元不等。对此，一审法院认为："被告人姚某、梁某无视国家法律，为牟取非法利益，分别非法组织多人出卖血液，其二人的行为均已构成非法组织卖血罪。"〔53〕

根据刑法第 333 条的规定，犯本罪的，处 5 年以下有期徒刑，并处罚金。非法组织卖血，对他人造成伤害的，以故意伤害罪定罪处罚。

五、强迫卖血罪

强迫卖血罪，是指以暴力、威胁方法强迫他人出卖血液的行为。

根据刑法第 333 条的规定，犯本罪的，处 5 年以上 10 年以下有期徒刑，并处罚金。强迫他人卖血，对他人造成伤害的，以故意伤害罪定罪处罚。

六、非法采集、供应血液、制作、供应血液制品罪

非法采集、供应血液、制作、供应血液制品罪，是指非法采集、供应血液或者制

〔53〕 "姚某、梁某非法组织卖血案一审判决书"，广东省茂名市茂南区人民法院刑事判决书（〔2017〕粤 0902 刑初 78 号）。

作、供应血液制品，不符合国家规定的标准，足以危害人体健康的行为。

所谓非法，是指未经国家主管部门批准或者超过批准的业务范围，采集、供应血液或者制作、供应血液制品。所谓血液，是指全血、成分血和特殊血液成分。所谓血液制品，是指各种人血浆蛋白制品。根据2008年9月22日最高人民法院、最高人民检察院《关于办理非法采供血液等刑事案件具体应用法律若干问题的解释》（以下简称《采供血液解释》）第2条的规定，具有下列情形之一的，应认定为“不符合国家规定的标准，足以危害人体健康”：（1）采集、供应的血液含有艾滋病病毒、乙型肝炎病毒、丙型肝炎病毒、梅毒螺旋体等病原微生物的；（2）制作、供应的血液制品含有艾滋病病毒、乙型肝炎病毒、丙型肝炎病毒、梅毒螺旋体等病原微生物，或者将含有上述病原微生物的血液用于制作血液制品的；（3）使用不符合国家规定的药品、诊断试剂、卫生器材，或者重复使用一次性采血器材采集血液，造成传染病传播危险的；（4）违反规定对献血者、供血浆者超量、频繁采集血液、血浆，足以危害人体健康的；（5）其他不符合国家有关采集、供应血液或者制作、供应血液制品的规定标准，足以危害人体健康的。

根据刑法第334条第1款的规定，犯本罪的，处5年以下有期徒刑或者拘役，并处罚金；对人体健康造成严重危害的，处5年以上10年以下有期徒刑，并处罚金；造成特别严重后果的，处10年以上有期徒刑或者无期徒刑，并处罚金或者没收财产。根据《采供血液解释》第3条的规定，具有下列情形之一的，应认定为“对人体健康造成严重危害”：（1）造成献血者、供血浆者、受血者感染乙型肝炎病毒、丙型肝炎病毒、梅毒螺旋体或者其他经血液传播的病原微生物的；（2）造成献血者、供血浆者、受血者重度贫血、造血功能障碍或者其他器官组织损伤导致功能障碍等身体严重危害的；（3）对人体健康造成其他严重危害的。根据《采供血液解释》第4条的规定，具有下列情形之一的，应认定为“造成特别严重后果”：（1）因血液传播疾病导致人员死亡或者感染艾滋病病毒的；（2）造成5人以上感染乙型肝炎病毒、丙型肝炎病毒、梅毒螺旋体或者其他经血液传播的病原微生物的；（3）造成5人以上重度贫血、造血功能障碍或者其他器官组织损伤导致功能障碍等身体严重危害的；（4）造成其他特别严重后果的。

七、采集、供应血液、制作、供应血液制品事故罪

采集、供应血液、制作、供应血液制品事故罪，是指经国家主管部门批准采集、供应血液或者制作、供应血液制品的部门，不依照规定进行检测或者违背其他操作规定，造成危害他人身体健康后果的行为。

本罪的行为主体为特殊主体，必须是经国家主管部门批准的采供血机构和血液制品生产经营单位。这里的“采供血机构”，包括血液中心、中心血站、中心血库、脐

带血造血干细胞库和国家卫生行政主管部门根据医学发展需要批准、设置的其他类型血库、单采血浆站。本罪的行为方式是不依照规定进行检测或者违背其他操作规定。本罪的行为结果是造成危害他人身体健康后果。根据《采供血液解释》第6条的规定,具有下列情形之一的,应认定为"造成危害他人身体健康后果":(1)造成献血者、供血浆者、受血者感染艾滋病病毒、乙型肝炎病毒、丙型肝炎病毒、梅毒螺旋体或者其他经血液传播的病原微生物的;(2)造成献血者、供血浆者、受血者重度贫血、造血功能障碍或者其他器官组织损伤导致功能障碍等身体严重危害的;(3)造成其他危害他人身体健康后果的。

根据刑法第334条第2款的规定,犯本罪的,对单位判处罚金,并对其直接负责的主管人员和其他直接责任人员,处5年以下有期徒刑或者拘役。

八、医疗事故罪

(一)医疗事故罪的概念和构成要件

医疗事故罪,是指医务人员由于严重不负责任,造成就诊人死亡或者严重损害就诊人身体健康的行为。

1. 本罪的客观要件为医务人员严重不负责任,造成就诊人死亡或者严重损害就诊人身体健康。

(1)本罪的行为主体是医务人员。所谓医务人员,是指经过考核和卫生行政部门批准和承认,取得相应资格及执业证书的各级各类卫生技术人员。包括医疗防疫人员(如中医、西医、卫生防疫、地方病及特种病防治、工业卫生、妇幼保健等技术人员)、药剂人员(如中药、西药技术人员)、护理人员(如护师、护士、护理员)以及其他技术人员(如检验、理疗、病理、口腔、同位素、放射、营养等技术人员)。

(2)本罪的行为方式是严重不负责任。所谓严重不负责任,是指医务人员在诊疗护理过程中,违反诊疗护理规章制度和技术操作规程,不履行或者不正确履行诊疗护理职责。所谓医疗规章制度,是指国家或者卫生行政部门、医疗单位制定的有关诊断、处方、用药、麻醉、手术、输血、护理、化验、消毒、查房等各个医务环节的规章制度和技术操作常规。根据《立案追诉标准(一)》第56条的规定,具有下列情形之一的,属于"严重不负责任":擅离职守的;无正当理由拒绝对危急就诊人实行必要的医疗救治的;未经批准擅自开展试验性医疗的;严重违反查对、复核制度的;使用未经批准使用的药品、消毒药剂、医疗器械的;严重违反国家法律法规及有明确规定的诊疗技术规范、常规的;其他严重不负责任的情形。

(3)本罪的行为结果是造成就诊人死亡或者严重损害就诊人身体健康。所谓"严重损害就诊人身体健康",是指造成就诊人严重残疾、重伤、感染艾滋病、病毒性肝炎等难以治愈的疾病或者其他严重损害就诊人身体健康的后果。本罪是结果犯,原则上应以造成医疗事故的结果为入罪前提。根据《医疗事故处理条例》第 2 条的规定,医疗事故,是指医疗机构及其医务人员在医疗活动中,违反医疗卫生管理法律、行政法规、部门规章和诊疗护理规范、常规,过失造成患者人身损害的事故。《医疗事故处理条例》第 4 条规定,根据对患者人身造成的损害程度,医疗事故分为四级。一级医疗事故:造成患者死亡、重度残疾的;二级医疗事故:造成患者中度残疾、器官组织损伤导致严重功能障碍的;三级医疗事故:造成患者轻度残疾、器官组织损伤导致一般功能障碍的;四级医疗事故:造成患者明显人身损害的其他后果的。对"严重损害就诊人身体健康"的认定,可以参照这一标准。

2. 本罪的主观要件为过失,包括疏忽过失和轻率过失。

示例 7-49　孟某医疗事故案

二审法院认为:"孟某身为医务人员,私自配制含有有毒物质乌头碱胶囊,虽自称进行了浸泡、水煮等去毒方法,但仍应认识到乌头碱对人体的毒性。在孟某某、王某前去看病时,孟某加放了比平时让患者服用的剂量,达到了中毒致死量,致使王某、孟某某二人中毒,造成孟某某死亡的后果。孟某在诊疗过程中,负有严重过失,造成死亡后果,其行为构成医疗事故罪。"[54]

(二)医疗事故罪的认定

1. 医疗事故罪与医疗意外事故的界限。所谓医疗意外事故,是指医务人员在从事诊疗或护理工作过程中,由于患者的病情或患者体质的特殊性而发生难以预料和防范的患者死亡、残疾或者功能障碍等不良后果的行为。在医疗意外事故的情况下,因为损害后果是患者自身体质原因和特殊病种结合在一起而突发的,而医务人员根据当时的情况,对可能产生的患者死亡、残疾或者功能障碍的不良后果根本不可能预料到,医务人员的行为与损害结果之间不具有直接的因果关系。因此,医疗意外事故不属于医疗损害,医疗机构也不承担赔偿责任。根据《医疗事故处理条例》第 33 条的规定,有下列情形之一的,不属于医疗事故:(1)在紧急情况下为抢救垂危患者生命而采取紧急医学措施造成不良后果的;(2)在医疗活动中由于患者病情异常或者患者体质特殊而发生医疗意外的;(3)在现有医学科学技术条件下,发生无法预料或者不能防范的不良后果的;(4)无过错输血感染造成不良后果的;(5)因患方原因延误诊疗导致不良后果的;(6)因不可抗力造成不良后果的。

2. 医疗事故鉴定的性质。《医疗事故处理条例》第 20 条规定:"卫生行政部门接

〔54〕"孟某医疗事故案一审判决书",河南省睢县人民法院(〔2004〕睢刑初字第 62 号)。

到医疗机构关于重大医疗过失行为的报告或者医疗事故争议当事人要求处理医疗事故争议的申请后，对需要进行医疗事故技术鉴定的，应当交由负责医疗事故技术鉴定工作的医学会组织鉴定；医患双方协商解决医疗事故争议，需要进行医疗事故技术鉴定的，由双方当事人共同委托负责医疗事故技术鉴定工作的医学会组织鉴定。”据此，医疗事故技术鉴定应是行政鉴定、行业鉴定，其可以作为行政处理和赔偿调解的依据，但不宜作为刑事定性的依据。在刑事诉讼程序中，就被告人的行为是否构成医疗事故罪，都应当另行委托专门的司法鉴定机构、鉴定人另行作出司法鉴定。

（三）医疗事故罪的处罚

根据刑法第335条的规定，犯本罪的，处3年以下有期徒刑或者拘役。

九、非法行医罪

（一）非法行医罪的概念和构成要件

非法行医罪，是指未取得医生执业资格的人非法行医，情节严重的行为。

1. 本罪的客观要件为未取得医生执业资格的人非法行医，情节严重。

（1）本罪是消极的身份犯，行为主体限于未取得医生执业资格的人。具有医生执业资格的人，不可能构成本罪。根据2008年4月29日最高人民法院公布、2016年12月16日修正的《关于审理非法行医刑事案件具体应用法律若干问题的解释》（以下简称《非法行医解释》）第1条的规定，具有下列情形之一的，应认定为“未取得医生执业资格的人非法行医”：一是未取得或者以非法手段取得医师资格从事医疗活动的；二是被依法吊销医师执业证书期间从事医疗活动的；三是未取得乡村医生执业证书，从事乡村医疗活动的；四是家庭接生员实施家庭接生以外的医疗行为的。

（2）本罪的行为方式是非法行医。行医具有两个特征：第一，行医是一种医疗行为。所谓医疗行为，是指基于医疗目的所实施的行为，包括疾病的治疗与预防、生育的处置、整容、按摩、针灸等符合医疗目的的行为。第二，行医是以实施医疗行为为业的活动。行医就是从事医师执业活动，而医师执业活动是将医疗、预防作为一种业务实施的，故行医必然是一种业务行为。所谓非法行医，是指未取得医师执业资格的人从事诊疗护理工作，主要有以下四种表现形式：一是非医务人员私设诊所；二是非医疗机构超服务范围进行治疗活动，如一些不具有医疗机构的美容院擅自开展医学整容手术；三是利用仪器或技能开展非法治疗活动，如非法用电脑医学专家程序在公共场所为顾客诊病，开医药处方；四是利用非法行医的手段，推销新产品。

（3）本罪的行为结果是情节严重。根据《非法行医解释》第2条的规定，具有下列情形之一的，应认定为“情节严重”：一是造成就诊人轻度残疾、器官组织损伤导致一般功能障碍的;二是造成甲类传染病传播、流行或者有传播、流行危险的;三是使用假药、劣药或不符合国家规定标准的卫生材料、医疗器械,足以严重危害人体健康的;四是非法行医被卫生行政部门行政处罚两次以后,再次非法行医的;五是其他情节严重的情形。这里的“轻度残疾、器官组织损伤导致一般功能障碍”“中度以上残疾、器官组织损伤导致严重功能障碍”,可以参照卫生部《医疗事故分级标准(试行)》认定。

2. 本罪的主观要件为故意,即明知自己不具有医生执业资格而非法行医。

示例 7-50 贾某非法行医案

二审法院认为:“原审被告人贾某的非法行医行为直接导致了被害人褚某的死亡,应认定为‘造成就诊人死亡’。理由是:其一,原审被告人贾某医疗行为本身是非法行为;其二,贾某的非法行医行为导致被害人出现高热、神志不清、休克等严重不良反应,经送医抢救无效死亡,其死亡原因经鉴定符合过敏反应并发 dic 导致循环衰竭死亡;其三,被害人被先后送至中山医院青浦分院和中山医院进行抢救,两家医院抢救无效并不构成因果关系的中断。”[55]

(二)非法行医罪的认定

1. 非法行医罪与非罪的界限。非法行医罪是职业犯,要求行为人主观上具有反复多次、长期实施的意思。实践中,对于偶尔利用秘方、草药等为他人治疗疾病,只要没有反复多次实施的意思,即使客观上造成了患者死亡等严重后果的,也不应认定为本罪。但如果对死亡等严重后果存在过失,则应认定为过失致人死亡罪。

2. 非法行医罪与相关犯罪的界限。实践中,一些不法分子往往冒充医务人员,以“义诊”的名义为群众免费看病,通过夸大病情或者妄称有病等方式,骗取被害人的信任,进而推销药物,骗取钱财。在这种情况下,行为人既可能触犯非法行医犯罪,又可能触犯生产、销售假药罪,生产、销售劣药罪,诈骗罪等其他犯罪,应当择一重罪论处。

(三)非法行医罪的处罚

根据刑法第 336 条第 1 款的规定,犯本罪的,处 3 年以下有期徒刑、拘役或者管制,并处或者单处罚金;严重损害就诊人身体健康的,处 3 年以上 10 年以下有期徒刑,并处罚金;造成就诊人死亡的,处 10 年以上有期徒刑,并处罚金。根据《非法行医解释》第 3 条的规定,具有下列情形之一的,应当认定为“严重损害就诊人身体健康”:(1)造成就诊人中度以上残疾、器官组织损伤导致严重功能障碍的;(2)造成 3

〔55〕 “贾某非法行医案二审判决书”,上海市第一中级人民法院刑事判决书(〔2012〕沪一中刑终字第 127 号)。

名以上就诊人轻度残疾、器官组织损伤导致一般功能障碍的。根据《非法行医解释》第4条的规定,非法行医行为系造成就诊人死亡的直接、主要原因的,应认定为“造成就诊人死亡”;非法行医行为并非造成就诊人死亡的直接、主要原因的,可不认定为“造成就诊人死亡”,但根据案件情况,可以认定为“情节严重”。

示例7-51 朱某非法行医案

二审法院认为:“尸检鉴定显示高某因患肠炎、心肌炎致急性心功能衰竭死亡,朱某按肠炎为高某用药、治疗并无不当,医学会的鉴定也证实朱某的用药没有直接造成患儿的死亡。在高某病情不断发展的情况下,其家长仍连续多日不送高某去正规医院治疗,故患儿家长在延误治疗最终导致患儿死亡的问题上亦应负一定的责任。朱某在本案中的责任只是延误治疗,从而严重损害了高某的身体健康,高某的死亡是多种原因造成的,并非因朱某的非法行医行为直接所致,故朱某对高某的死亡结果不应承担全部责任。”〔56〕

十、非法进行节育手术罪

非法进行节育手术罪,是指未取得医生执业资格的人擅自为他人进行节育复通手术、假节育手术、终止妊娠手术或者摘取宫内节育器,情节严重的行为。本罪的行为主体必须是未取得医生执业资格的人。本罪的主观要件为故意。根据《追诉标准(一)》第58条的规定,涉嫌下列情形之一的,应予立案追诉:(1)造成就诊人轻伤、重伤、死亡或者感染艾滋病、病毒性肝炎等难以治愈的疾病的;(2)非法进行节育复通手术、假节育手术、终止妊娠手术或者摘取宫内节育器5人次以上的;(3)致使他人超计划生育的;(4)非法进行选择性别的终止妊娠手术的;(5)非法获利累计5000元以上的;(6)其他情节严重的情形。

根据刑法第336条第2款的规定,犯本罪的,处3年以下有期徒刑、拘役或者管制,并处或者单处罚金;严重损害就诊人身体健康的,处3年以上10年以下有期徒刑,并处罚金;造成就诊人死亡的,处10年以上有期徒刑,并处罚金。

十一、妨害动植物防疫、检疫罪

妨害动植物防疫、检疫罪,是指违反有关动植物防疫、检疫的国家规定,引起重大动植物疫情的,或者有引起重大动植物疫情危险,情节严重的行为。所谓重大动植物疫情,是指动物传染病在某一地区暴发、流行,在短期内突发众多患同一传染病

〔56〕“王某非法行医案二审裁定书”,北京市第二中级人民法院刑事裁定书(〔2008〕二中刑抗终字第1688号)。

的动物,造成某一种类动物大量死亡;或者植物病、虫、有害物种的迅速蔓延,使粮食、瓜果、蔬菜严重减产,或者有害植物大面积入侵,使当地植物种群退化、消失,造成生态环境恶化,进而造成巨大经济损失或者环境资源的破坏。根据《追诉标准(一)》第59条的规定,违反进出境动植物检疫法的规定,逃避动植物检疫,涉嫌下列情形之一的,应予立案追诉:(1)造成国家规定的《进境动物一、二类传染病、寄生虫病名录》中所列的动物疫病传入或者对农、牧、渔业生产以及人体健康、公共安全造成严重危害的其他动物疫病在国内暴发流行的;(2)造成国家规定的《进境植物检疫性有害生物名录》中所列的有害生物传入或者对农、林业生产、生态环境以及人体健康有严重危害的其他有害生物在国内传播扩散的。

根据刑法第337条的规定,犯本罪的,处3年以下有期徒刑或者拘役,并处或者单处罚金。单位犯本罪的,对单位判处罚金,并对其直接负责的主管人员和其他直接责任人员,依照上述规定处罚。

第七节 破坏环境资源保护罪

一、污染环境罪

(一)污染环境罪的概念和构成要件

污染环境罪,是指违反国家规定,排放、倾倒或者处置有放射性的废物、含传染病病原体的废物、有毒物质或者其他有害物质,严重污染环境的行为。本罪的法益是环境生态法益。

1.本罪的客观要件为违反国家规定,排放、倾倒或者处置有害物质,严重污染环境。

(1)本罪的行为方式是违反国家规定,排放、倾倒或者处置有放射性的废物、含传染病病原体的废物、有毒物质或者其他有害物质。所谓违反国家规定,是指违反国家有关环境保护方面的法律法规。所谓排放,是指将有害物质向土地、水体、大气等排入的行为,包括泵出、溢出、泄出、喷出和倒出等行为。所谓倾倒,是指通过船舶、航空器、平台或者其他运载工具,将有害物质向土地、水体、大气等弃置的行为。所谓处置,是指以焚烧、掩埋等方式处理有害物质的行为。所谓放射性的废物,是指放射性核素含量超过国家规定限值的固体、液体和气体废弃物。所谓含传染病病原体的废物,是指含有传染病病菌的污水、粪便等废弃物。所谓有毒物质,主要是指对人体有毒害,可能对人体健康和环境造成严重危害的固体、泥状及液体废物。所谓其他有害废物,包括其他列入国家危险废物名录或者根据国家规定的危险废物鉴别标准和鉴别方法认定的具有危险性的废物，以及其他普通污染物。根据2016年12月23日最高人民法院、最高人民检察院《关于办理环境污染刑事案件适用法律若干问题的解释》（以下简称《环境污染解释》）第15条的规定，下列物质应当认定为“有毒物质”：一是危险废物，是指列入国家危险废物名录，或者根据国家规定的危险废物鉴别标准和鉴别方法认定的，具有危险特性的废物；二是《关于持久性有机污染物的斯德哥尔摩公约》附件所列物质；三是含重金属的污染物；四是其他具有毒性，可能污染环境的物质。

（2）本罪的行为结果是严重污染环境。所谓严重污染环境，既包括发生了造成财产损失或者人身伤亡的环境事故，也包括虽然还未造成环境污染事故，但是已经使环境遭受严重污染或者破坏的情形。根据《环境污染解释》第1条的规定，具有下列情形之一的，应当认定为“严重污染环境”：在饮用水水源一级保护区、自然保护区核心区排放、倾倒、处置有放射性的废物、含传染病病原体的废物、有毒物质的；非法排放、倾倒、处置危险废物3吨以上的；排放、倾倒、处置含铅、汞、镉、铬、砷、铊、锑的污染物，超过国家或者地方污染物排放标准3倍以上的；排放、倾倒、处置含镍、铜、锌、银、钒、锰、钴的污染物，超过国家或者地方污染物排放标准10倍以上的；通过暗管、渗井、渗坑、裂隙、溶洞、灌注等逃避监管的方式排放、倾倒、处置有放射性的废物、含传染病病原体的废物、有毒物质的；2年内曾因违反国家规定，排放、倾倒、处置有放射性的废物、含传染病病原体的废物、有毒物质受过2次以上行政处罚，又实施前列行为的；重点排污单位篡改、伪造自动监测数据或者干扰自动监测设施，排放化学需氧量、氨氮、二氧化硫、氮氧化物等污染物的；违法减少防治污染设施运行支出100万元以上的；违法所得或者致使公私财产损失30万元以上的；造成生态环境严重损害的；致使乡镇以上集中式饮用水水源取水中断12小时以上的；致使基本农田、防护林地、特种用途林地5亩以上，其他农用地10亩以上，其他土地20亩以上基本功能丧失或者遭受永久性破坏的；致使森林或者其他林木死亡50立方米以上，或者幼树死亡2500株以上的；致使疏散、转移群众5000人以上的；致使30人以上中毒的；致使3人以上轻伤、轻度残疾或者器官组织损伤导致一般功能障碍的；致使1人以上重伤、中度残疾或者器官组织损伤导致严重功能障碍的；其他严重污染环境的情形。

示例7－52　梁某污染环境案

一审法院认为：“被告人梁某违反国家规定，焚烧20余吨工业垃圾，向大气排放大量有毒有害物质的行为，已造成严重污染环境的后果，其行为已构成污染环境罪。”〔57〕

〔57〕“梁某污染环境案一审判决书”，浙江省台州市路桥区人民法院刑事判决书（〔2014〕台路刑初字第26号）。

2. 本罪的主观要件为过失，包括疏忽过失和自信过失。

（二）污染环境罪的认定

1. 污染环境罪与过失投放危险物质罪的界限。二者的界限主要在于：（1）行为方式不同。污染环境罪是向环境中排放、倾倒或者处置有放射性的废物、含传染病病原体的废物、有毒物质或者其他有害物质，而过失投放危险物质罪是将毒害性、放射性、传染病病原体等物质投放于供不特定多数人或多数人饮食的食品或饮料中，供人、畜等使用的河流、池塘、水井等中或者多数人通行的场所。（2）行为结果不同。污染环境罪只要求造成了严重污染环境的后果，而不问是否致使公私财产遭受重大损失或者不特定人或多数人人身伤亡，过失投放危险物质罪不要求造成严重污染环境的后果，但要求发生致人重伤、死亡或者使公私财产遭受重大损失的后果。（3）有害物质来源不同。污染环境罪的有害物质主要来源于生产或者加工环节，而过失投放危险物质罪的有害物质则无此要求。

2. 污染环境罪的共犯问题。《环境污染解释》第 7 条规定："明知他人无危险废物经营许可证，向其提供或者委托其收集、贮存、利用、处置危险废物，严重污染环境的，以共同犯罪论处。"根据这一规定，污染环境罪是可以成立共同犯罪的，而共同犯罪必须是 2 人以上共同故意犯罪。但是，污染环境罪［《刑法修正案（八）》之前称为重大环境污染事故罪］一直是过失犯罪，而《刑法修正案（八）》之所以将其修改为污染环境罪，正是为了加大对环境犯罪的打击力度，如果认为本罪的主观要件已经由过失修改为故意，则意味着对一些过失污染环境的行为，反而不能以犯罪论处。这显然有违立法的本意。可见，解释的这一规定尚值得进一步研究。

示例 7-53　重庆云光化工有限公司等污染环境案

一审法院认为："被告重庆云光化工有限公司作为专业的化工危险废物处置企业，违反国家关于化工危险废物的处置规定，将工业污泥和工业废水交给不具有化工危险废物处置资质的被告人张某处置，导致环境严重污染，构成污染环境罪。"〔58〕

3. 污染环境罪的罪数问题。根据《环境污染解释》第 6 条的规定，无危险废物经营许可证从事收集、贮存、利用、处置危险废物经营活动，严重污染环境的，按照污染环境罪定罪处罚；同时构成非法经营罪的，依照处罚较重的规定定罪处罚。实施上述规定的行为，不具有超标排放污染物、非法倾倒污染物或者其他违法造成环境污染的情形的，可以认定为非法经营情节显著轻微危害不大，不认为是犯罪；构成生

---

〔58〕"重庆云光化工有限公司等污染环境案一审判决书"，载《最高人民法院公报》2014 年第 3 期。

产、销售伪劣产品等其他犯罪的,以其他犯罪论处。根据《环境污染解释》第 8 条的规定,违反国家规定,排放、倾倒、处置含有毒害性、放射性、传染病病原体等物质的污染物,同时构成污染环境罪、非法处置进口的固体废物罪、投放危险物质罪等犯罪的,依照处罚较重的犯罪定罪处罚。根据《环境污染解释》第 10 条第 2 款的规定,重点排污单位篡改、伪造自动监测数据或者干扰自动监测设施,排放化学需氧量、氨氮、二氧化硫、氮氧化物等污染物,同时构成污染环境罪和破坏计算机信息系统罪的,依照处罚较重的规定定罪处罚。

示例 7－54　胡某、丁某投放危险物质案

二审法院认为:“胡某、丁某明知其公司在生产过程中所产生的废水含有毒害性物质,仍然直接或间接地向其公司周边的河道大量排放,放任危害不特定多数人的生命、健康和公私财产安全结果的发生,使公私财产遭受重大损失,构成投放危险物质罪,且属共同犯罪。”[59]

(三)污染环境罪的处罚

根据刑法第 338 条、第 346 条的规定,犯本罪的,处 3 年以下有期徒刑或者拘役,并处或者单处罚金;后果特别严重的,处 3 年以上 7 年以下有期徒刑,并处罚金。单位犯本罪的,对单位判处罚金,并对其直接负责的主管人员和其他直接责任人员,依照上述规定处罚。

根据《环境污染解释》第 3 条的规定,具有下列情形之一的,应当认定为“后果特别严重”:(1)致使县级以上城区集中式饮用水水源取水中断 12 小时以上的;(2)非法排放、倾倒、处置危险废物 100 吨以上的;(3)致使基本农田、防护林地、特种用途林地 15 亩以上,其他农用地 30 亩以上,其他土地 60 亩以上基本功能丧失或者遭受永久性破坏的;(4)致使森林或者其他林木死亡 150 立方米以上,或者幼树死亡 7500 株以上的;(5)致使公私财产损失 100 万元以上的;(6)造成生态环境特别严重损害的;(7)致使疏散、转移群众 15000 人以上的;(8)致使 100 人以上中毒的;(9)致使 10 人以上轻伤、轻度残疾或者器官组织损伤导致一般功能障碍的;(10)致使 3 人以上重伤、中度残疾或者器官组织损伤导致严重功能障碍的;(11)致使 1 人以上重伤、中度残疾或者器官组织损伤导致严重功能障碍,并致使 5 人以上轻伤、轻度残疾或者器官组织损伤导致一般功能障碍的;(12)致使 1 人以上死亡或者重度残疾的;(13)其他后果特别严重的情形。根据《环境污染解释》第 4 条的规定,具有下列情

---

〔59〕“胡某、丁某投放危险物质案二审裁定书”,载《最高人民法院公报》2014 年第 3 期。

形之一的,应当从重处罚:(1)阻挠环境监督检查或者突发环境事件调查,尚不构成妨害公务等犯罪的;(2)在医院、学校、居民区等人口集中地区及其附近,违反国家规定排放、倾倒、处置有放射性的废物、含传染病病原体的废物、有毒物质或者其他有害物质的;(3)在重污染天气预警期间、突发环境事件处置期间或者被责令限期整改期间,违反国家规定排放、倾倒、处置有放射性的废物、含传染病病原体的废物、有毒物质或者其他有害物质的;(4)具有危险废物经营许可证的企业违反国家规定排放、倾倒、处置有放射性的废物、含传染病病原体的废物、有毒物质或者其他有害物质的。根据《环境污染解释》第5条的规定,刚达到应当追究刑事责任的标准,但行为人及时采取措施,防止损失扩大、消除污染,全部赔偿损失,积极修复生态环境,且系初犯,确有悔罪表现的,可以认定为情节轻微,不起诉或者免予刑事处罚;确有必要判处刑罚的,应当从宽处罚。

二、非法处置进口的固体废物罪

非法处置进口的固体废物罪,是指违反国家规定,将境外的固体废物进境倾倒、堆放、处置的行为。

本罪是行政犯。《固体废物污染环境防治法》第24条规定:"禁止中华人民共和国境外的固体废物进境倾倒、堆放、处置。"所谓固体废物,是指在生产、生活和其他活动中产生的丧失原有利用价值或者虽未丧失利用价值但被抛弃或者放弃的固态、半固态和置于容器中的气态的物品、物质以及法律、行政法规规定纳入固体废物管理的物品、物质。所谓倾倒,是指通过各种运载工具或以其他方式,随意倾卸境外固体废物。所谓堆放,是指将境外固体废物随意堆存于某处。所谓处置,是指将固体废物焚烧和用其他改变固体废物的物理、化学、生物特性的方法,达到减少已产生的固体废物数量、缩小固体废物体积、减少或者消除其危险成分的活动,或者将固体废物最终置于符合环境保护规定要求的填埋场的活动。

根据刑法第339条第1款、第346条的规定,犯本罪的,处5年以下有期徒刑或者拘役,并处罚金;造成重大环境污染事故,致使公私财产遭受重大损失或者严重危害人体健康的,处5年以上10年以下有期徒刑,并处罚金;后果特别严重的,处10年以上有期徒刑,并处罚金。单位犯本罪的,对单位判处罚金,并对其直接负责的主管人员和其他直接责任人员,依照上述规定处罚。根据《环境污染解释》第2条的规定,致使公私财产损失30万元以上,或者具有本解释第1条第10项至第17项规定情形之一的,应当认定为"致使公私财产遭受重大损失或者严重危害人体健康"或者"致使公私财产遭受重大损失或者造成人身伤亡的严重后果"。根据《环境污染解释》第3条的规定,本罪的"后果特别严重",与污染环境罪的"后果特别严重"相同。根据《环境污染解释》第4条的规定,本罪应当从重处罚的情形,与污染环境罪的从重处罚情形相同。根据《环境污染解释》第5条的规定,本罪不起诉或者免予刑事处罚、应当从宽处罚的情形,与污染环境罪相同。

三、擅自进口固体废物罪

擅自进口固体废物罪,是指未经国务院有关主管部门许可,擅自进口固体废物用作原料,造成重大环境污染事故,致使公私财产遭受重大损失或者严重危害人体健康的行为。

本罪的主观要件为故意,且具有将进口的固体废物用作原料的目的。如果以利用原料为名,进口不能用作原料的固体废物、液态废物和气态废物的,则成立走私废物罪。

根据刑法第339条第2款的规定,犯本罪的,处5年以下有期徒刑或者拘役,并处罚金;后果特别严重的,处5年以上10年以下有期徒刑,并处罚金。单位犯本罪的,对单位判处罚金,并对其直接负责的主管人员和其他直接责任人员,依照上述规定处罚。根据《环境污染解释》第2条的规定,致使公私财产损失30万元以上,或者具有本解释第1条第10项至第17项规定情形之一的,应当认定为"致使公私财产遭受重大损失或者严重危害人体健康"或者"致使公私财产遭受重大损失或者造成人身伤亡的严重后果"。根据《环境污染解释》第3条的规定,本罪的"后果特别严重",与污染环境罪的"后果特别严重"相同。根据《环境污染解释》第4条的规定,本罪应当从重处罚的情形,与污染环境罪的从重处罚情形相同。根据《环境污染解释》第5条的规定,本罪不起诉或者免予刑事处罚、应当从宽处罚的情形,与污染环境罪相同。

四、非法捕捞水产品罪

非法捕捞水产品罪,是指违反保护水产资源法规,在禁渔区、禁渔期或者使用禁用的工具、方法捕捞水产品,情节严重的行为。

违反水产资源法规,是指违反《渔业法》《水产资源繁殖保护条例》等保护水产资源的法律法规。禁渔区,是指对某些主要鱼虾蟹贝藻类以及其他主要水生生物产卵场、索饵场、越冬场和洄游通道,划定禁止全部作业或者部分作业的一定区域。禁渔期,是指根据上述主要水生生物幼体出现的不同盛期,划定禁止全部作业或者部分作业的一定期限。禁用的工具,是指禁止使用的超过国家按不同捕捞对象所分别规定的最小网眼尺寸的渔具或其他禁止使用的渔具。禁用的方法,是指禁止使用的损害水产资源正常繁殖、生长的方法。情节严重,是指聚众非法捕捞、捕捞数量巨大、多次非法捕捞、非法捕捞后果严重等情形。实施本罪行为同时触犯盗窃罪的,应当择一重罪论处。使用炸鱼、电鱼、毒鱼等危险方法捕捞水产品,危害公共安全的,应以危害公共安全罪论处。根据刑法第340条、第346条的规定,犯本罪的,处3年以下有期徒刑、拘役、管制或者罚金。单位犯本罪的,对单位判处罚金,并对其直接负责的主管人员和其他直接责任人员,依照上述规定处罚。

五、非法猎捕、杀害珍贵、濒危野生动物罪

非法猎捕、杀害珍贵、濒危野生动物罪,是指非法猎捕、杀害国家重点保护的珍贵、濒危野生动物的行为。

本罪的行为对象是国家重点保护的珍贵、濒危野生动物。根据2000年11月27日最高人民法院《关于审理破坏野生动物资源刑事案件具体应用法律若干问题的解释》(以下简称《野生动物解释》)第1条的规定,“珍贵、濒危野生动物”,包括列入国家重点保护野生动物名录的国家一、二级保护野生动物、列入《濒危野生动植物种国际贸易公约》附录一、附录二的野生动物以及驯养繁殖的上述物种。根据《野生动物保护法》的规定,一级野生动物,是指中国特产或者濒于灭绝的野生动物;二级野生动物,是指数量稀少有濒于灭绝危险的野生动物。使用爆炸、投毒、设置电网等方式猎捕、危害国家重点保护的珍贵、濒危野生动物,同时构成刑法第114条或者第115条规定之罪的,依照处罚较重的规定定罪处罚。以暴力、威胁的方法抗拒查处,构成其他犯罪的,依照数罪并罚的规定处罚。

示例7-55　闫某等非法猎捕珍贵、濒危野生动物、非法收购珍贵、濒危野生动物案

二审法院认为:“上诉人闫某、王某违反野生动物保护法规,非法猎捕国家二级保护动物燕隼和隼形目隼科动物16只,其行为均已构成非法猎捕珍贵、濒危野生动物罪,且属情节特别严重。”〔60〕

根据刑法第341条第1款、第346条的规定,犯本罪的,处5年以下有期徒刑或者拘役,并处罚金;情节严重的,处5年以上10年以下有期徒刑,并处罚金;情节特别严重的,处10年以上有期徒刑,并处罚金或者没收财产。单位犯本罪的,对单位判处罚金,并对其直接负责的主管人员和其他直接责任人员,依照上述规定处罚。

六、非法收购、运输、出售珍贵、濒危野生动物、珍贵、濒危野生动物制品罪

非法收购、运输、出售珍贵、濒危野生动物、珍贵、濒危野生动物制品罪,是指非

〔60〕“闫啸天等非法猎捕珍贵、濒危野生动物、非法收购珍贵、濒危野生动物案二审裁定书”,河南省新乡市中级人民法院刑事裁定书(〔2015〕新中刑一终字第128号)。

法收购、运输、出售国家重点保护的珍贵、濒危野生动物及其制品的行为。

本罪的行为对象是珍贵、濒危野生动物及其制品。本罪的行为方式是非法收购、运输、出售。根据《野生动物解释》第2条的规定,"收购",包括以营利、自用等为目的的购买行为;"运输",包括采用携带、邮寄、利用他人、使用交通工具等方法进行运送的行为;"出售",包括出卖和以营利为目的的加工利用行为。在内海、领海运输、收购、贩卖国家禁止进出口的珍贵动物及其制品的,直接向走私人非法收购国家禁止进出口的珍贵动物及其制品的,非法将珍贵、濒危野生动物运输出境的,均构成走私珍贵动物、珍贵动物制品罪。

根据刑法第341条第1款、第346条的规定,犯本罪的,处5年以下有期徒刑或者拘役,并处罚金;情节严重的,处5年以上10年以下有期徒刑,并处罚金;情节特别严重的,处10年以上有期徒刑,并处罚金或者没收财产。单位犯本罪的,对单位判处罚金,并对其直接负责的主管人员和其他直接责任人员,依照上述规定处罚。

七、非法狩猎罪

非法狩猎罪,是指违反狩猎法规,在禁猎区、禁猎期或者使用禁用的工具、方法进行狩猎,破坏野生动物资源,情节严重的行为。

违反狩猎法规,主要是指违反《野生动物保护法》等有关野生动物保护的法律法规。禁猎区,是指国家对适宜野生动物生息繁衍或者资源贫乏、破坏比较严重的地区,划定禁止狩猎的区域。禁猎期,是指国家野生动物行政管理部门根据野生动物的繁殖或者皮毛、肉食、药材的成熟季节,分别规定禁止狩猎的期间。禁用的工具,是指足以破坏野生动物资源,危害人兽安全的工具。禁用的方法,是指禁止使用的损害野生动物资源正常繁殖、生长以及破坏森林、草原等的方法。根据《野生动物解释》第6条的规定,具有下列情形之一的,属于非法狩猎"情节严重":(1)非法狩猎野生动物20只以上的;(2)违反狩猎法规,在禁猎区或者禁猎期使用禁用的工具、方法狩猎的;(3)具有其他严重情节的。

示例7-56　董某非法持有、私藏枪支、弹药罪,董某非法狩猎罪案

一审法院认为:"被告人董某违反狩猎法规,使用禁用的制式双管猎枪在禁猎区进行狩猎,其行为已构成非法狩猎罪。"〔61〕

根据刑法第341条第2款,犯本罪的,处3年以下有期徒刑、拘役、管制或者罚

〔61〕"董某非法持有、私藏枪支、弹药罪,董某非法狩猎罪案一审判决书",浙江省兰溪市人民法院刑事判决书(〔2015〕金兰刑初字第35号)。

金。单位犯本罪的,对单位判处罚金,并对其直接负责的主管人员和其他直接责任人员,依照上述规定处罚。

八、非法占用农用耕地罪

非法占用农用耕地罪,是指违反土地管理法规,非法占用耕地、林地等农用地,改变被占用土地用途,数量较大,造成耕地、林地等农用地大量毁坏的行为。

违反土地管理法规,是指违反《土地管理法》《森林法》《草原法》等法律以及有关行政法规中关于土地管理的规定。根据2000年6月19日最高人民法院《关于审理破坏土地资源刑事案件具体应用法律若干问题的解释》(以下简称《土地解释》)第3条的规定,非法占用耕地"数量较大",是指非法占用基本农田5亩以上或者非法占用基本农田以外的耕地10亩以上;非法占用耕地"造成耕地大量毁坏",是指行为人非法占用耕地建窑、建坟、建房、挖沙、采石、采矿、取土、堆放固体废弃物或者进行其他非农业建设,造成基本农田五亩以上或者基本农田以外的耕地10亩以上种植条件严重毁坏或者严重污染。根据2005年12月26日最高人民法院《关于审理破坏林地资源刑事案件具体应用法律若干问题的解释》(以下简称《林地解释》)第1条的规定,具有下列情形之一的,属于"数量较大,造成林地大量毁坏":(1)非法占用并毁坏防护林地、特种用途林地数量分别或者合计达到5亩以上;(2)非法占用并毁坏其他林地数量达到10亩以上;(3)非法占用并毁坏本条第(1)项、第(2)项规定的林地,数量分别达到相应规定的数量标准的50%以上;(4)非法占用并毁坏本条第(1)项、第(2)项规定的林地,其中一项数量达到相应规定的数量标准的50%以上,且两项数量合计达到该项规定的数量标准。

根据刑法第342条和第346条的规定,犯本罪的,处5年以下有期徒刑或者拘役,并处或者单处罚金。单位犯本罪的,对单位判处罚金,并对其直接负责的主管人员和其他直接责任人员,依照上述规定处罚。

九、非法采矿罪

非法采矿罪,是指违反矿产资源法的规定,未取得采矿许可证擅自采矿,擅自进入国家规划矿区、对国民经济具有重要价值的矿区和他人矿区范围采矿,或者擅自开采国家规定实行保护性开采的特定矿种,情节严重的行为。

本罪的行为方式为违反矿产资源法的规定,擅自采矿。具体有以下三种行为类型:(1)未取得采矿许可证擅自采矿。根据2016年9月26日最高人民法院、最高人民检察院《关于审理非法采矿、破坏性采矿刑事案件具体应用法律若干问题的解释》(以下简称《采矿解释》)第2条的规定,具有下列情形之一的,属于"未取得采矿许可证":一是无采矿许可证开采矿产资源的;二是许可证被注销、吊销、撤销的;三是超越采矿许可证规定的矿区范围或者开采范围的；四是超出许可证规定的矿种的（共生、伴生矿种除外）；五是其他未取得许可证的情形。（2）擅自进入国家规划矿区、对国民经济具有重要价值的矿区和他人矿区采矿。“国家规划矿区”，是指在一定时期内，根据国民经济建设长期的需要和资源分布情况，经国务院或者国务院有关主管部门依法定程序审查、批准，确定列入国家矿产资源开发长期或中期规划的矿区以及作为老矿区后备资源基地的矿区。“对国民经济具有重要价值的矿区”，是指经济价值重大或者经济效益很高，对国家经济建设的全局性、战略性有重要影响的矿区。（3）擅自开采国家规定实行保护性开采的特定矿种。“实行保护性开采的特定矿种”，是指黄金、钨、锡、锑、离子型稀土矿产。对于违反矿产资源法的规定，非法采矿造成重大伤亡或者其他严重后果的，同时构成本罪和刑法第 134 条或者第 135 条规定的犯罪的，依照数罪并罚的规定处罚。本罪的行为结果是情节严重。如造成矿产资源破坏严重，多次非法采矿的，非法采矿影响范围广的，等等。

示例 7－57　李甲等非法买卖、储存爆炸物，非法采矿等案

最高人民法院认为：“被告人李甲、李乙、李丙、苏某、苏某某、邓某违反矿产资源法规，未取得采矿许可证擅自采矿，被责令停止开采而拒不执行，造成矿产资源严重破坏，构成非法采矿罪。”〔62〕

根据刑法第 343 条第 1 款和第 346 条的规定，犯本罪的，处 3 年以下有期徒刑、拘役或者管制，并处或者单处罚金；情节特别严重的，处 3 年以上 7 年以下有期徒刑，并处罚金。单位犯本罪的，对单位判处罚金，并对其直接负责的主管人员和其他直接责任人员，依照上述规定处罚。

十、破坏性采矿罪

破坏性采矿罪，是指违反矿产资源法的规定，采取破坏性的开采方法开采矿产资源，造成矿产资源严重破坏的行为。根据《采矿解释》第 6 条的规定，造成矿产资源破坏的价值在 50 万元至 100 万元以上，或者造成国家规划矿区和国家规定实行保护性开采的特定矿种资源破坏的价值在 25 万元至 50 万元以上的，属于“造成矿产资源严重破坏”。

根据刑法第 343 条第 2 款和第 346 条的规定，犯本罪的，处 5 年以下有期徒刑或者拘役，并处罚金。单位犯本罪的，对单位判处罚金，并对其直接负责的主管人员和

〔62〕“李甲等非法买卖、储存爆炸物，非法采矿等案死刑复核裁定书”，载《最高人民法院公报》2012 年第 3 期。

其他直接责任人员,依照上述规定处罚。

十一、非法采伐、毁坏国家重点保护植物罪

非法采伐、毁坏国家重点保护植物罪,是指违反国家规定,非法采伐、毁坏珍贵树木或者国家重点保护的其他植物的行为。

本罪的行为对象是珍贵树木和国家重点保护的其他植物,包括由省级以上林业主管部门或者其他部门确定的具有重大历史纪念意义、科学研究价值或者年代久远的古树名木和保护植物,国家禁止、限制出口的珍贵树木以及列入国家重点保护野生植物名录的树木和保护植物。本罪的行为方式是非法采伐、毁坏。非法采伐,是指违反国家规定,砍伐或采集珍贵树木或保护植物;非法毁坏,是指违反国家规定,造成珍贵树木、保护植物死亡或影响其正常生长的一切行为。

根据刑法第 344 条和第 346 条的规定,犯本罪的,处 3 年以下有期徒刑、拘役或者管制,并处罚金;情节严重的,处 3 年以上 7 年以下有期徒刑,并处罚金。单位犯本罪的,对单位判处罚金,并对其直接负责的主管人员和其他直接责任人员,依照上述规定处罚。根据 2000 年 11 月 22 日最高人民法院《关于审理破坏森林资源刑事案件具体应用法律若干问题的解释》(以下简称《森林资源解释》)第 2 条的规定,具有下列情形之一的,属于非法采伐、毁坏珍贵树木行为"情节严重":(1)非法采伐珍贵树木 2 株以上或者毁坏珍贵树木致使珍贵树木死亡 3 株以上的;(2)非法采伐珍贵树木 2 立方米以上的;(3)为首组织、策划、指挥非法采伐或者毁坏珍贵树木的;(4)其他情节严重的情形。

示例 7－58　陈某等非法收购、运输、出售国家重点保护植物案

一审法院认为:"红豆杉属国家一级保护植物,《中华人民共和国野生植物保护条例》第十八条规定'禁止出售、收购国家一级保护野生植物'。因此,行为人一经实施对红豆杉的收购、运输、加工、出售,即具有非法性,侵害了国家保护珍贵树木的管理制度,四被告人的行为符合本罪客观方面的构成要件。至于被告人是否具有营利或公益的目的,不是构成本罪犯罪要件的内容,不影响本案定性。"[63]

十二、非法收购、运输、加工、出售国家重点保护植物、国家重点保护植物制品罪

非法收购、运输、加工、出售国家重点保护植物、国家重点保护植物制品罪,是指

---

〔63〕"陈某等非法收购、运输、出售国家重点保护植物案一审判决书",福建省福鼎市人民法院刑事判决书(〔2008〕鼎刑初字第 92 号)。

非法收购、运输、加工、出售珍贵树木或者国家重点保护的其他植物及其制品的行为。

根据刑法第 344 条和第 346 条的规定，犯本罪的，处 3 年以下有期徒刑、拘役或者管制，并处罚金；情节严重的，处 3 年以上 7 年以下有期徒刑，并处罚金。单位犯本罪的，对单位判处罚金，并对其直接负责的主管人员和其他直接责任人员，依照上述规定处罚。

十三、盗伐林木罪

（一）盗伐林木罪的概念和构成要件

盗伐林木罪，是指盗伐森林或者其他林木，数量较大的行为。

1. 本罪的客观要件为盗伐森林或者其他林木，数量较大。

（1）本罪的行为对象为森林或者其他林木。森林，是指大面积的原始森林和人造林，包括防护林、用材林、经济林、薪炭林和特种用途林等。其他林木，是指小面积的树林和零星树木，但不包括居民房前屋后个人所有的零星树木。

（2）本罪的行为方式为盗伐。所谓盗伐，是指以非法占有为目的，擅自砍伐森林或者其他林木的行为。根据《森林资源解释》第 3 条的规定，盗伐行为包括：擅自砍伐国家、集体、他人所有或者他人承包经营管理的森林或者其他林木的；擅自砍伐本单位或者本人承包经营管理的森林或者其他林木的；在林木采伐许可证规定的地点以外采伐国家、集体、他人所有或者他人承包经营管理的森林或者其他林木的。

（3）本罪的行为结果是数量较大。根据《森林资源解释》第 4 条的规定，盗伐林木“数量较大”，以 2 至 5 立方米或者幼树 100 至 200 株为起点；盗伐林木“数量巨大”，以 20 至 50 立方米或者幼树 1000 至 2000 株为起点；盗伐林木“数量特别巨大”，以 100 至 200 立方米或者幼树 5000 至 1 万株为起点。对于 1 年内多次盗伐少量林木未经处罚的，累计其盗伐林木的数量，构成犯罪的，依法追究刑事责任。林木数量以立木蓄积计算，计算方法为：原木材积除以该树种的出材率。“幼树”，是指胸径 5 厘米以下的树木。

2. 本罪的主观要件为故意，并且具有非法占有的目的。

（二）盗伐林木罪的认定

1. 盗伐林木罪和盗窃罪的界限。二者的区别在于：（1）对象不同。盗伐林木罪的对象是森林和小面积的树林及零星树木，但不包括农村农民房前屋后个人所有的零星树木。对于将国家、集体、他人所有并已经伐倒的树木窃为己有，以及偷砍他人房前屋后、自留地种植的零星树木，数额较大或者多次偷砍的，应以盗窃罪定罪处罚。非法实施采种、采脂、挖笋、掘根、剥树皮等行为，牟取经济利益数额较大的，应以盗窃罪论处。同时构成其他犯罪的，依照处罚较重的犯罪定罪处罚。（2）数额不同。盗伐林木罪的成立,必须符合数量较大的要求;而盗窃树木成立盗窃罪,必须符合数额较大的要求。

示例7-59　陈某盗伐林木罪案

二审法院认为:"被告人陈某伙同他人以非法占有为目的,擅自砍伐他人承包经营管理的山场林木,数量特别巨大,其行为已构成盗伐林木罪。"〔64〕

2. 盗伐林木罪和非法采伐、毁坏国家重点保护植物罪的界限。盗伐、滥伐珍贵树木或者国家重点保护的其他植物的行为,实际上触犯了盗伐林木罪和非法采伐、毁坏国家重点保护植物罪两个罪名,对此应依照处罚较重的规定定罪处罚。对于盗伐林木数额较大,同时另有盗伐珍贵树木、国家重点保护的其他植物行为的,应当数罪并罚。

(三)盗伐林木罪的处罚

根据刑法第345条第1款、第4款和第346条的规定,犯本罪的,处3年以下有期徒刑、拘役或者管制,并处或者单处罚金;数量巨大的,处3年以上7年以下有期徒刑,并处罚金;数量特别巨大的,处7年以上有期徒刑,并处罚金。盗伐、滥伐国家级自然保护区内的森林或者其他林木的,从重处罚。单位犯本罪的,对单位判处罚金,并对其直接负责的主管人员和其他直接责任人员,依照上述规定处罚。

十四、滥伐林木罪

滥伐林木罪,是指违反森林法的规定,滥伐森林或者其他林木,数量较大的行为。

本罪的行为对象盗伐林木罪基本相同。但是,滥伐自己所有的林木的,也可能构成本罪。本罪的行为方式是滥伐。根据《森林资源解释》第5条的规定,下列行为属于滥伐林木:(1)未经林业行政主管部门及法律规定的其他主管部门批准并核发林木采伐许可证,或者虽持有林木采伐许可证,但违反林木采伐许可证规定的时间、数量、树种或者方式,任意采伐本单位所有或者本人所有的森林或者其他林木的;(2)超过林木采伐许可证规定的数量采伐他人所有的森林或者其他林木的。林木权属争议一方在林木权属确权之前,擅自砍伐森林或者其他林木,数量较大的,以滥伐林木罪论处。根据《森林资源解释》第6条的规定,滥伐林木"数量较大",以10至20立方米或者幼树500至1000株为起点;滥伐林木"数量巨大",以50至100立方米或者幼树2500至5000株为起点。对于1年内多次盗伐少量林木未经处罚的,累

---

〔64〕"陈某盗伐林木罪案二审裁定书",福建省福州市中级人民法院刑事裁定书(〔2015〕榕刑终字第64号)。

计其盗伐林木的数量，构成犯罪的，依法追究刑事责任。林木数量以立木蓄积计算，计算方法为：原木材积除以该树种的出材率。“幼树”，是指胸径5厘米以下的树木。滥伐林木的数量，应在伐区调查设计允许的误差额以上计算。

示例7-60　王某、卫星营子村委会贪污、受贿、滥伐林木案

一审法院认为：“本案中，6名被告人未取得林木采伐许可证，采伐他人私人种植、由自己购买的林木，被采伐林木木材材积达到10立方米以上，应当以滥伐林木罪追究刑事责任。”〔65〕

根据刑法第345条第2款、第3款和第346条的规定，犯本罪的，处3年以下有期徒刑、拘役或者管制，并处或者单处罚金；数量巨大的，处3年以上7年以下有期徒刑，并处罚金。盗伐、滥伐国家级自然保护区内的森林或者其他林木的，从重处罚。单位犯本罪的，对单位判处罚金，并对其直接负责的主管人员和其他直接责任人员，依照上述规定处罚。

十五、非法收购、运输盗伐、滥伐的林木罪

非法收购、运输盗伐、滥伐的林木罪，是指非法收购、运输明知是盗伐、滥伐的林木，情节严重的行为。本罪的主观要件为故意，即明知是盗伐、滥伐的林木而非法收购、运输。这里的“明知”，是指知道或者应当知道。根据《森林资源解释》第10条的规定，具有下列情形之一的，可以视为应当知道，但是有证据证明确属被蒙骗的除外：(1)在非法的木材交易场所或者销售单位收购木材的；(2)收购以明显低于市场价格出售的木材的；(3)收购违反规定出售的木材的。

根据刑法第345条第3款和第346条的规定，犯本罪的，处3年以下有期徒刑、拘役或者管制，并处或者单处罚金；情节特别严重的，处3年以上7年以下有期徒刑，并处罚金。单位犯本罪的，对单位判处罚金，并对其直接负责的主管人员和其他直接责任人员，依照上述规定处罚。根据《森林资源解释》第11条的规定，具有下列情形之一的，属于“情节严重”：(1)非法收购盗伐、滥伐的林木20立方米以上或者幼树1000株以上的；(2)非法收购盗伐、滥伐的珍贵树木2立方米以上或者5株以上的；(3)其他情节严重的情形。具有下列情形之一的，属于“情节特别严重”：(1)非法收购盗伐、滥伐的林木100立方米以上或者幼树5000株以上的；(2)非法收购盗伐、滥伐的珍贵树木5立方米以上或者10株以上的；(3)其他情节特别严重的情形。

〔65〕“王某、卫星营子村委会贪污、受贿、滥伐林木案一审判决书”，内蒙古自治区敖汉旗人民法院刑事判决书（〔2000〕敖刑初字第63号）。

第八节　走私、贩卖、运输、制造毒品罪

一、走私、贩卖、运输、制造毒品罪

(一)走私、贩卖、运输、制造毒品罪的概念和构成要件

走私、贩卖、运输、制造毒品罪，是指走私、贩卖、运输、制造毒品的行为。本罪的法益是公众健康。

1. 本罪的客观要件为走私、贩卖、运输、制造毒品。

(1)本罪的行为对象是毒品。所谓毒品，是指鸦片、海洛因、甲基苯丙胺(冰毒)、吗啡、大麻、可卡因以及国家规定管制的其他能够使人形成瘾癖的麻醉药品和精神药品。根据《麻醉药品和精神药品管理条例》第3条的规定，麻醉药品和精神药品，是指列入麻醉药品目录、精神药品目录的药品和其他物质。精神药品分为第一类精神药品和第二类精神药品。

(2)本罪的行为方式是走私、贩卖、运输、制造毒品。走私毒品，是指非法运输、携带、邮寄毒品进出国(边)境或者在领海、内海运输、收购、贩卖毒品以及直接向走私毒品的犯罪分子购买毒品等行为。贩卖毒品，是指非法销售毒品的行为，包括批发和零售；以贩卖为目的收买毒品的，也属于贩卖毒品。运输毒品，是指采用携带、邮寄、利用他人或者使用交通工具等方法在我国领域内将毒品从一地点运往另一地点的行为；运输行为必须与走私、贩卖、制造具有关联性，否则，不宜认定为运输。制造毒品，是指对毒品的原材料进行配制、提炼、加工而制作成毒品的行为；既包括非法用毒品原植物直接提炼和用化学方法加工、配制毒品的行为，也包括以改变毒品成分和效用为目的，用混合等物理方法加工、配制毒品的行为。

示例7-61　周某运输毒品案

最高人民法院认为："被告人周某明知是毒品而伙同他人采用托运方式予以运输，其行为已构成运输毒品罪。周某将藏有毒品的物品交付托运，从瑞丽市运往昆明市，并到昆明市提取、交接毒品，在共同犯罪中起主要作用，系主犯，应按照其所参与的全部犯罪处罚。"〔66〕

〔66〕"周某运输毒品案死刑复核裁定书"，载《刑事审判参考》2009年第2集，指导案例第550号。

2. 本罪的主观要件为故意,即明知是毒品而故意走私、贩卖、运输和制造。判断被告人对涉案毒品是否明知,不能仅凭被告人供述,而应当依据被告人实施毒品犯罪行为的过程、方式、毒品被查获时的情形等证据,结合被告人的年龄、阅历、智力等情况,进行综合分析判断。根据2008年12月1日最高人民法院《全国部分法院审理毒品犯罪案件座谈会纪要》(以下简称《毒品犯罪纪要》)第10条的规定,具有下列情形之一,被告人不能作出合理解释的,可以认定其"明知"是毒品,但有证据证明确属被蒙骗的除外:(1)执法人员在口岸、机场、车站、港口和其他检查站点检查时,要求行为人申报为他人携带的物品和其他疑似毒品物,并告知其法律责任,而行为人未如实申报,在其携带的物品中查获毒品的;(2)以伪报、藏匿、伪装等蒙蔽手段,逃避海关、边防等检查,在其携带、运输、邮寄的物品中查获毒品的;(3)执法人员检查时,有逃跑、丢弃携带物品或者逃避、抗拒检查等行为,在其携带或者丢弃的物品中查获毒品的;(4)体内或者贴身隐秘处藏匿毒品的;(5)为获取不同寻常的高额、不等值报酬为他人携带、运输物品,从中查获毒品的;(6)采用高度隐蔽的方式携带、运输物品,从中查获毒品的;(7)采用高度隐蔽的方式交接物品,明显违背合法物品惯常交接方式,从中查获毒品的;(8)行程路线故意绕开检查站点,在其携带、运输的物品中查获毒品的;(9)以虚假身份或者地址办理托运手续,在其托运的物品中查获毒品的;(10)有其他证据足以认定行为人应当知道的。

示例7-62 巴某、木某走私毒品案

二审法院认为:"经查,执法人员在机场口岸对巴某、木某进行检查时,已告知二人须申报本人或者为他人携带的违禁品,二人均未如实申报。在二人所携带的公文箱夹层内查获的毒品,系采用高度隐蔽的方式携带,且二被告人对其所携带的毒品均不能作出合理解释,故二被告人的辩解及其辩护人的前述辩护意见不能成立,不予采纳。"[67]

(二)走私、贩卖、运输、制造毒品罪的认定

1. 毒品数量与含量问题。根据刑法第347条第1款、第357条第2款的规定,走私、贩卖、运输、制造毒品,无论数量多少,都应当追究刑事责任,予以刑事处罚。毒品的数量以查证属实的走私、贩卖、运输、制造、非法持有毒品的数量计算,不以纯度计算。不过,毒品数量虽然是毒品犯罪案件量刑的重要因素,但不是唯一因素。因此,对被告人量刑时,应当综合考虑毒品数量、犯罪情节、危害后果、被告人的主观恶性、人身危险性等各种因素,做到区别对待。对涉案毒品可能大量掺假或者系成分

〔67〕"巴拉姆、木尔塔扎走私毒品案一审判决书",载《刑事审判参考》2014年第1集,指导案例第952号。

复杂的新类型毒品的，应当作出毒品含量鉴定。对于含有两种以上毒品成分的毒品混合物，应当进一步作成分鉴定，确定所含的不同毒品成分及比例。特别是根据2007年12月18日最高人民法院、最高人民检察院、公安部《办理毒品犯罪案件适用法律若干问题的意见》（以下简称《毒品犯罪意见》），对可能判处死刑的毒品犯罪案件，毒品鉴定结论中应有含量鉴定的结论。

示例7-63　李某贩卖毒品案

最高人民法院认为："被告人李某贩卖海洛因598.2克的行为，已构成贩卖毒品罪。贩卖毒品数量大，又系毒品再犯，应依法从重处罚。……鉴于李某贩卖的毒品含量较低，对其判处死刑，可不立即执行。"〔68〕

2. 走私、贩卖、运输、制造毒品罪的既遂问题。走私、贩卖、运输、制造毒品罪有四种行为方式，且行为特征各不相同，因而既遂标准不应采取划一的标准，而应分别判定。具体而言，走私毒品罪，应当以毒品已经逾越国（边）境线、进入国内领域作为既遂标准；贩卖毒品罪，应当以毒品已经交付转移给买方（出于贩卖目的而购买毒品的，应认定为贩卖毒品罪的预备行为）作为既遂标准；运输毒品罪，应当以毒品离开原处或者转移存放地作为既遂标准；制造毒品罪，应当以实际制造出毒品作为既遂标准。

示例7-64　朱某等制造、贩卖毒品案

一审法院认为："被告人朱某等人以制造毒品为目的，实施了制造毒品的行为，已构成制造毒品罪。其制造的K粉不论是否成功或是否经过检验，其数量均应计入毒品数量，并据此定罪量刑。但现有证据因未提取到制毒原材料实物和未对制成的K粉进行毒品鉴定，不能足以证明从武汉'小李'处购进的制毒原材料的真假，从有利于被告人的角度，依法对该部分制造毒品事实认定为犯罪未遂。"〔69〕

3. 毒品犯罪与相关犯罪的界限。盗窃、抢夺、抢劫毒品的，应当分别以盗窃罪、抢夺罪或者抢劫罪定罪，但不计犯罪数额，根据情节轻重予以定罪量刑。盗窃、抢夺、抢劫毒品后又实施其他毒品犯罪的，对盗窃罪、抢夺罪、抢劫罪和所犯的具体毒品犯罪分别定罪，依法数罪并罚。走私毒品，又走私其他物品构成犯罪的，以走私毒

〔68〕"李某贩卖毒品案死刑复核裁定书"，载《刑事审判参考》2005年第5集，指导案例第364号。

〔69〕"朱某等制造、贩卖毒品案一审判决书"，载《刑事审判参考》2008年第2集，指导案例第486号。

品罪和其所犯的其他走私罪分别定罪,依法数罪并罚。

4. 毒品犯罪的共犯问题。审理毒品共同犯罪案件,应当注意以下方面的问题:(1)要正确区分主犯和从犯。区分主犯和从犯,应当以各共同犯罪人在毒品共同犯罪中的地位和作用为根据。(2)要正确认定共同犯罪案件中主犯和从犯的毒品犯罪数量。对于毒品犯罪集团的首要分子,应按集团毒品犯罪的总数量处罚;对一般共同犯罪的主犯,应按其所参与的或者组织、指挥的毒品犯罪数量处罚;对于从犯,应当按照其所参与的毒品犯罪的数量处罚。(3)要根据行为人在共同犯罪中的作用和罪责大小确定刑罚。

5. 毒品再犯问题。刑法第 356 条规定:"因走私、贩卖、运输、制造、非法持有毒品罪被判过刑,又犯本节规定之罪的,从重处罚。"这是关于毒品再犯从重处罚的规定。无论前罪何时受到处罚,无论判处何种刑罚,无论处刑轻重,对新罪一律从重处罚。这是鉴于毒品犯罪特殊的社会危害性而作出的特别规定。问题是,对其中符合累犯条件的,是仅适用刑法总则关于累犯的规定,还是仅适用本规定,抑或同时适用累犯规定和本规定。《毒品犯罪纪要》第 8 条第 3 款指出:"对同时构成累犯和毒品再犯的被告人,应当同时引用刑法关于累犯和毒品再犯的条款从重处罚。"这一规定存在疑问的是,行为人同时构成累犯和再犯的,是否具有两个法定从重情节?司法解释持肯定回答,但这显然违反了禁止重复评价原则。本书认为,对于符合累犯条件的毒品再犯,应当适用刑法总则关于累犯的条款,而不再适用刑法分则关于毒品再犯的条款。主要理由在于,累犯的不利法律后果重于再犯,如对于累犯不得适用缓刑、假释,对于判处死缓的累犯可以宣告限制减刑,而再犯却无相应的规定。只有对于不符合累犯条件的毒品再犯,才应当适用刑法分则关于毒品再犯的条款。

(三)走私、贩卖、运输、制造毒品罪的处罚

根据刑法第 347 条的规定,犯本罪,有下列情形之一的,处 15 年有期徒刑、无期徒刑或者死刑,并处没收财产:(1)走私、贩卖、运输、制造鸦片 1 千克以上、海洛因或者甲基苯丙胺 50 克以上或者其他毒品数量大的;(2)走私、贩卖、运输、制造毒品集团的首要分子;(3)武装掩护走私、贩卖、运输、制造毒品的;(4)以暴力抗拒检查、拘留、逮捕,情节严重的;(5)参与有组织的国际贩毒活动的。走私、贩卖、运输、制造鸦片 200 克以上不满 1 千克、海洛因或者甲基苯丙胺 10 克以上不满 50 克或者其他毒品数量较大的,处 7 年以上有期徒刑,并处罚金。走私、贩卖、运输、制造鸦片不满 200 克、海洛因或者甲基苯丙胺不满 10 克或者其他少量毒品的,处 3 年以下有期徒刑、拘役或者管制,并处罚金;情节严重的,处 3 年以上 7 年以下有期徒刑,并处罚金。单位犯本罪的,对单位判处罚金,并对其直接负责的主管人员和其他直接责任人员,依照上述规定处罚。利用、教唆未成年人走私、贩卖、运输、制造毒品,或者向未成年人出售毒品的,从重处罚。对多次走私、贩卖、运输、制造毒品,未经处理的,

毒品数量累计计算。

根据2016年4月6日最高人民法院《关于审理毒品犯罪案件适用法律若干问题的解释》(以下简称《毒品解释》)第1条的规定,走私、贩卖、运输、制造、非法持有下列毒品,应当认定为“其他毒品数量大”:(1)可卡因50克以上;(2)3,4-亚甲二氧基甲基苯丙胺(MDMA)等苯丙胺类毒品(甲基苯丙胺除外)、吗啡100克以上;(3)芬太尼125克以上;(4)甲卡西酮200克以上;(5)二氢埃托啡10毫克以上;(6)哌替啶(度冷丁)250克以上;(7)氯胺酮500克以上;(8)美沙酮1千克以上;(9)曲马多、γ-羟丁酸2千克以上;(10)大麻油5千克、大麻脂10千克、大麻叶及大麻烟150千克以上;(11)可待因、丁丙诺啡5千克以上;(12)三唑仑、安眠酮50千克以上;(13)阿普唑仑、恰特草100千克以上;(14)咖啡因、罂粟壳200千克以上;(15)巴比妥、苯巴比妥、安钠咖、尼美西泮250千克以上;(16)氯氮卓、艾司唑仑、地西泮、溴西泮500千克以上;(17)上述毒品以外的其他毒品数量大的。国家定点生产企业按照标准规格生产的麻醉药品或者精神药品被用于毒品犯罪的,根据药品中毒品成分的含量认定涉案毒品数量。根据《毒品解释》第2条的规定,走私、贩卖、运输、制造、非法持有下列毒品,应当认定为“其他毒品数量较大”:(1)可卡因10克以上不满50克;(2)3,4-亚甲二氧基甲基苯丙胺(MDMA)等苯丙胺类毒品(甲基苯丙胺除外)、吗啡20克以上不满100克;(3)芬太尼25克以上不满125克;(4)甲卡西酮40克以上不满200克;(5)二氢埃托啡2毫克以上不满10毫克;(6)哌替啶(度冷丁)50克以上不满250克;(7)氯胺酮100克以上不满500克;(8)美沙酮200克以上不满1千克;(9)曲马多、γ-羟丁酸400克以上不满2千克;(10)大麻油1千克以上不满5千克、大麻脂2千克以上不满10千克、大麻叶及大麻烟30千克以上不满150千克;(11)可待因、丁丙诺啡1千克以上不满5千克;(12)三唑仑、安眠酮10千克以上不满50千克;(13)阿普唑仑、恰特草20千克以上不满100千克;(14)咖啡因、罂粟壳40千克以上不满200千克;(15)巴比妥、苯巴比妥、安钠咖、尼美西泮50千克以上不满250千克;(16)氯氮卓、艾司唑仑、地西泮、溴西泮100千克以上不满500千克;(17)上述毒品以外的其他毒品数量较大的。根据《毒品解释》第4条的规定,具有下列情形之一的,应当认定为“情节严重”:(1)向多人贩卖毒品或者多次走私、贩卖、运输、制造毒品的;(2)在戒毒场所、监管场所贩卖毒品的;(3)向在校学生贩卖毒品的;(4)组织、利用残疾人、严重疾病患者、怀孕或者正在哺乳自己婴儿的妇女走私、贩卖、运输、制造毒品的;(5)国家工作人员走私、贩卖、运输、制造毒品的;(6)其他情节严重的情形。

二、非法持有毒品罪

(一)非法持有毒品罪的概念和构成要件

非法持有毒品罪,是指明知是毒品而非法持有,并且数量大的行为。

1. 本罪的客观要件为非法持有数量较大的毒品。本罪的行为对象是毒品，行为方式是非法持有。所谓非法持有，是指违反国家毒品管理法律法规，直接占有、携带、藏匿或者以其他方式支配毒品。本罪的行为结果，是数量大。这里的“数量大”，与走私、贩卖、运输、制造毒品的“数量大”完全相同。

本罪是堵截性罪名，在刑事司法活动中主要起补充作用。具体而言，在查明行为人持有数量大的毒品的情况下，如果能够进一步查明行为人非法持有这些毒品是为了走私、贩卖、运输、制造毒品的，则应当认定为走私、贩卖、运输、制造毒品罪；如果缺乏相应的证据行为人是基于走私、贩卖、运输、制造毒品的过程中而非法持有这些毒品的，则应以非法持有毒品罪论处。

2. 本罪的主观要件为故意，行为人必须明知是毒品而非法持有，但不要求明知毒品的具体种类。

示例 7－65　欧阳某非法持有毒品案

二审法院认为：“认定被告人欧阳某的行为构成贩卖毒品罪的证据不足，但被告人欧阳永松持有 25.81 克甲基苯丙胺等毒品没有法律依据，数量较大，其行为已构成非法持有毒品罪。”〔70〕

（二）非法持有毒品罪的处罚

根据刑法第 348 条的规定，非法持有鸦片 1 千克以上、海洛因或者甲基苯丙胺 50 克以上或者其他毒品数量大的，处 7 年以上有期徒刑或者无期徒刑，并处罚金；非法持有鸦片 200 克以上不满 1 千克、海洛因或者甲基苯丙胺 10 克以上不满 50 克或者其他毒品数量较大的，处 3 年以下有期徒刑、拘役或者管制，并处罚金；情节严重的，处 3 年以上 7 年以下有期徒刑，并处罚金。本罪的“数量较大”，和走私、贩卖、运输、制造毒品罪的“数量较大”完全相同。根据《毒品解释》第 5 条的规定，非法持有毒品达到“数量较大”标准，且具有下列情形之一的，应当认定为“情节严重”：（1）在戒毒场所、监管场所非法持有毒品的；（2）利用、教唆未成年人非法持有毒品的；（3）国家工作人员非法持有毒品的；（4）其他情节严重的情形。

三、包庇毒品犯罪分子罪

包庇毒品犯罪分子罪，是指明知是走私、贩卖、运输、制造毒品的犯罪分子而包庇的行为。这里的“走私、贩卖、运输、制造毒品的犯罪分子”，是指刑法第 347 条规

〔70〕“欧阳某非法持有毒品案二审判决书”，广东省佛山市中级人民法院刑事判决书（〔2015〕佛中法刑一终字第 116 号）。

定的犯罪分子,不包括本节其他毒品犯罪分子。包庇,是指明知是走私、贩卖、运输、制造毒品的犯罪分子而向司法机关作虚假证明或者掩盖、毁灭罪证。包庇罪和包庇毒品犯罪分子罪是一般法条和特殊法条的关系,同时触犯两个法条的,应认定为本罪。

根据刑法第349条的规定,犯本罪的,处3年以下有期徒刑、拘役或者管制;情节严重的,处3年以上10年以下有期徒刑。缉毒人员或者其他国家机关工作人员掩护、包庇走私、贩卖、运输、制造毒品的犯罪分子的,依照上述规定从重处罚。犯本罪,事先通谋的,以走私、贩卖、运输、制造毒品罪的共犯论处。

四、窝藏、转移、隐瞒毒品、毒赃罪

窝藏、转移、隐瞒毒品、毒赃罪,是指为走私、贩卖、运输、制造毒品的犯罪分子窝藏、转移、隐瞒毒品或者犯罪所得的财物的行为。掩饰、隐瞒犯罪所得、犯罪所得收益罪和窝藏、转移、隐瞒毒品、毒赃罪是一般法条和特别法条的关系,同时触犯两个法条的,应当以本罪论处。

根据刑法第349条的规定,犯本罪的,处3年以下有期徒刑、拘役或者管制;情节严重的,处3年以上10年以下有期徒刑。犯本罪,事先通谋的,以走私、贩卖、运输、制造毒品罪的共犯论处。

五、非法生产、买卖、运输制毒物品、走私制毒物品罪

非法生产、买卖、运输制毒物品、走私制毒物品罪,是指违反国家规定,非法生产、买卖、运输醋酸酐、乙醚、三氯甲烷或者其他用于制造毒品的原料、配剂,或者携带上述物品进出境,情节较重的行为。

本罪的行为对象是制毒物品,即醋酸酐、乙醚、三氯甲烷或者其他用于制造毒品的原料或者配剂,具体品种范围按照国家关于易制毒化学品管理的规定确定。本罪的行为方式是违反国家规定,实施生产、买卖、运输或者走私行为。易制毒化学品生产、经营、购买、运输单位或者个人未办理许可证明或者备案证明,生产、销售、购买、运输易制毒化学品,确实用于合法生产、生活需要的,不以制毒物品犯罪论处。

本罪的主观要件为故意,行为人必须明知是制毒物品而生产、买卖、运输或者走私。根据2009年6月23日最高人民法院、最高人民检察院、公安部《关于办理制毒物品犯罪案件适用法律若干问题的意见》(以下简称《制毒物品犯罪意见》)第2条的规定,有下列情形之一,且查获了易制毒化学品,结合犯罪嫌疑人、被告人的供述和其他证据,经综合审查判断,可以认定其“明知”是制毒物品而走私或者非法买卖,但有证据证明确属被蒙骗的除外:(1)改变产品形状、包装或者使用虚假标签、商标等产品标志的;(2)以藏匿、夹带或者其他隐蔽方式运输、携带易制毒化学品逃避检

查的；(3)抗拒检查或者在检查时丢弃货物逃跑的；(4)以伪报、藏匿、伪装等蒙蔽手段逃避海关、边防等检查的；(5)选择不设海关或者边防检查站的路段绕行出入境的；(6)以虚假身份、地址办理托运、邮寄手续的；(7)以其他方法隐瞒真相，逃避对易制毒化学品依法监管的。

示例7－66 吴某、谢某非法买卖制毒物品案

一审法院认为："被告人吴某系药店经营者，其明知国家规定药品零售企业销售含麻黄碱类复方制剂时一次零售不得超过5个最小包装，且应当建立客户档案核实并留存购销方资质、身份等规定，仍旧向被告人谢某违规大量销售含麻黄碱类复方制剂，在发现谢购买药品后现场拆除药品外包装故对药品用途产生怀疑的情况下不仅不予制止，也未按照规定报请药品监管部门、公安机关协助核实，甚至有时帮助谢拆除药品外包装。"〔71〕

根据刑法第350条的规定，犯本罪的，处3年以下有期徒刑、拘役或者管制，并处罚金；数量大的，处3年以上10年以下有期徒刑，并处罚金。明知他人制造毒品而为其提供制毒物品的，以制造毒品罪的共犯论处。单位犯本罪的，对单位判处罚金，并对其直接负责的主管人员和其他直接责任人员，依照上述规定处罚。

六、非法种植毒品原植物罪

非法种植毒品原植物罪，是指非法种植罂粟、大麻等毒品原植物，情节严重的行为。所谓"情节严重"，是指具有下列情形之一：(1)种植罂粟500株以上不满3000株或者其他毒品原植物数量较大的；(2)经公安机关处理后又种植的；(3)抗拒铲除的。本罪的主观要件为故意，动机如何，不影响本罪的成立。

示例7－67 赵某非法种植毒品原植物案

二审法院认为："上诉人赵某违反国家规定，非法种植罂粟595株，其行为已构成非法种植毒品原植物罪，依法应予惩处。"〔72〕

根据刑法第351条的规定，犯本罪的，处5年以下有期徒刑、拘役或者管制，并处罚金；非法种植罂粟3000株以上或者其他毒品原植物数量大的，处5年以上有期

---

〔71〕 "吴某、谢某非法买卖制毒物品案一审判决书"，常州市天宁区人民法院刑事判决书（〔2013〕天刑初字第93号）。

〔72〕 "赵某非法种植毒品原植物案二审裁定书"，安徽省阜阳市中级人民法院刑事裁定书（〔2017〕皖12刑终64号）。

徒刑,并处罚金或者没收财产。非法种植罂粟或者其他毒品原植物,在收获前自动铲除的,可以免除处罚。根据《毒品解释》第9条的规定,具有下列情形之一的,应当认定为"数量较大":(1)非法种植大麻五千株以上不满3万株的;(2)非法种植罂粟200平方米以上不满1200平方米、大麻2000平方米以上不满12000平方米,尚未出苗的;(3)非法种植其他毒品原植物数量较大的。非法种植毒品原植物,达到上述规定的最高数量标准的,应当认定为"数量大"。

七、非法买卖、运输、携带、持有毒品原植物种子、幼苗罪

非法买卖、运输、携带、持有毒品原植物种子、幼苗罪,是指非法买卖、运输、携带、持有未经灭活的罂粟等毒品原植物种子或者幼苗,数量较大的行为。本罪的行为对象是未经灭活的罂粟等毒品原植物种子或者幼苗。所谓未经灭活,是指没有经过烘烤、放射线照射等方法,进行消灭植物繁殖和生长机能的处理。

根据刑法第352条的规定,犯本罪的,处3年以下有期徒刑、拘役或者管制,并处或者单处罚金。

八、引诱、教唆、欺骗他人吸毒罪

引诱、教唆、欺骗他人吸毒罪,是指引诱、教唆、欺骗他人吸食、注射毒品的行为。引诱,是指在他人本无吸毒的情况下,通过向他人宣扬吸毒的感受、传授吸毒方法,或者利用金钱、物质等进行蛊惑,引起他人产生吸食、注射毒品欲望的行为。欺骗,是指虚构事实、隐瞒真相,使他人吸食、注射毒品的行为。

根据刑法第353条第1款的规定,犯本罪的,处3年以下有期徒刑、拘役或者管制,并处罚金;情节严重的,处3年以上7年以下有期徒刑,并处罚金。

九、强迫他人吸毒罪

强迫他人吸毒罪,是指强迫他人吸食、注射毒品的行为。强迫,是违背他人意志,以暴力、胁迫或者其他手段,迫使他人吸食、注射毒品的行为。

根据刑法第353条第2款的规定,犯本罪的,处3年以上10年以下有期徒刑,并处罚金。引诱、教唆、欺骗或者强迫未成年人吸食、注射毒品的,从重处罚。

十、容留他人吸毒罪

容留他人吸毒罪,是指容留他人吸食、注射毒品的行为。容留,是指允许他人在自己管理的场所吸食、注射毒品或者为他人吸毒、注射毒品提供场所的行为。

示例 7－68 邵某容留他人吸毒案

邵某先后三次在家中容留程某和其一起吸食毒品海洛因。对此，一审法院认为："被告人邵某在其控制的场所内多次容留他人吸食毒品，其行为已构成容留他人吸毒罪。"〔73〕

根据刑法第 354 条的规定，犯本罪的，处 3 年以下有期徒刑、拘役或者管制，并处罚金。

十一、非法提供麻醉药品、精神药品罪

非法提供麻醉药品、精神药品罪，是指依法从事生产、运输、管理、使用国家管制的麻醉药品、精神药品的人员，违反国家规定，向吸食、注射毒品的人提供国家规定管制的能够使人形成瘾癖的麻醉药品、精神药品的行为。

本罪的行为主体是特殊主体，必须是依法从事生产、运输、管理、使用国家管制的麻醉药品、精神药品的人。本罪的行为方式是提供，且限于无偿提供。本罪的主观要件为故意，且不具有牟利的目的。向走私、贩卖毒品的犯罪分子或者以牟利为目的，向吸食、注射毒品的人提供国家规定管制的能够使人形成瘾癖的麻醉药品、精神药品的，依照走私、贩卖、运输、制造毒品罪定罪处罚。

根据刑法第 355 条的规定，犯本罪的，处 3 年以下有期徒刑或者拘役，并处罚金；情节严重的，处 3 年以上 7 年以下有期徒刑，并处罚金。单位犯本罪的，对单位判处罚金，并对其直接负责的主管人员和其他直接责任人员，依照上述规定处罚。

第九节　组织、强迫、引诱、容留、介绍卖淫罪

一、组织卖淫罪

组织卖淫罪，是指组织他人卖淫的行为。本罪的行为对象是他人，且是自愿提供性服务者。如果以强制手段组织不愿卖淫者从事卖淫服务的，则构成强迫卖淫罪。本罪的行为方式是组织卖淫。所谓组织，是指以招募、雇佣、引诱、容留等方式，纠集、控制多人从事卖淫活动。主要有两种类型：（1）设置卖淫场所或者变相卖淫场所，控制卖淫者从事卖淫活动；（2）没有固定的卖淫场所，通过控制卖淫人员，有组织

〔73〕"邵某容留他人吸毒案一审判决书"，浙江省温岭市人民法院刑事判决书（〔2017〕浙 1081 刑初 870 号）。

地进行卖淫活动。

根据刑法第358条的规定,犯本罪的,处5年以上10年以下有期徒刑,并处罚金;情节严重的,处10年以上有期徒刑或者无期徒刑,并处罚金或者没收财产。组织未成年人卖淫的,依照上述规定从重处罚。犯本罪,并有杀害、伤害、强奸、绑架等犯罪行为的,依照数罪并罚的规定处罚。根据刑法第361条的规定,旅馆业、饮食服务业、文化娱乐业、出租汽车业等单位的人员,利用本单位的条件,组织卖淫的,依照本罪定罪处罚。上述单位的主要负责人,犯本罪的,从重处罚。

示例7-69　李某组织卖淫案

李某以营利为目的,先后伙同他人预谋,采取张贴广告、登报的方式招聘"公关先生",制定管理制度,指使刘某、冷某对"公关先生"进行管理,在其经营的酒吧内将"公关先生"介绍给同性嫖客,由同性嫖客带至酒店等处从事同性卖淫活动。对此,二审法院认为:"上诉人李某以营利为目的,通过招募的手段,控制多人从事卖淫活动,其行为已构成组织卖淫罪,依法应予惩处。"〔74〕

二、强迫卖淫罪

强迫卖淫罪,是指强迫他人卖淫的行为。本罪的行为对象是他人,且是不自愿提供性服务者。本罪的行为方式是强迫卖淫。所谓强迫,是指使用暴力、胁迫或者其他强制方法迫使他人卖淫的行为。

示例7-70　张某、刘某强迫卖淫案

二审法院认为:"张某、刘某经预谋,以介绍工作为名将被害人杨某诱骗到淮安,并在杨某不愿意卖淫的情况下,采用暴力殴打、语言威胁的手段强迫杨某卖淫,张某、刘某强迫卖淫的行为已经实施完毕,构成强迫卖淫罪,依法应予惩处。"〔75〕

实践中,强迫卖淫罪和组织卖淫罪的区分是一个难题。本书认为,区分二者的关键在于:(1)被害人卖淫是否出于自愿。强迫卖淫罪的对象提供性服务是不自愿的,组织卖淫罪的对象提供性服务是自愿的。(2)被害人人身是否受到控制。强迫

〔74〕"李某组织卖淫案二审裁定书",江苏省南京市中级人民法院刑事裁定书(〔2004〕宁刑终第122号)。

〔75〕"张某、杨某强迫卖淫案二审裁定书",安徽省淮安市中级人民法院刑事裁定书(〔2011〕淮中刑终字第0031号)。

卖淫罪的对象通常人身自由受到限制,组织卖淫罪的对象则具有一定的人身自由。(3)卖淫收入的分配是否出于合意。强迫卖淫罪通常由强迫者单方面控制和支配卖淫收入,组织卖淫罪往往由组织者和卖淫者按照约定的比例分配卖淫收入。

示例7-71 罗某甲等强迫卖淫案

一审法院认为:"被告人罗某甲有组织地采取欺骗、殴打、强奸、胁迫等手段,组织、控制多人从事卖淫活动,其行为已构成组织卖淫罪,具有组织、强迫多人多次卖淫、强奸后迫使卖淫、造成被强迫卖淫的人重伤的情形,且属情节特别严重。被告人罗某乙、罗某丙协助被告人罗某甲看管、接送卖淫女,罗某乙负责接收卖淫所得交给罗某甲,二人为他人的组织卖淫活动提供帮助,其行为均已构成协助组织卖淫罪,二人在协助组织卖淫过程中造成一人重伤,属于情节严重。公诉机关指控的事实成立,但认定三被告人的行为均构成强迫卖淫罪不当,予以纠正。"〔76〕

根据刑法第358条的规定,犯本罪的,处5年以上10年以下有期徒刑,并处罚金;情节严重的,处10年以上有期徒刑或者无期徒刑,并处罚金或者没收财产。强迫未成年人卖淫的,依照上述规定从重处罚。犯本罪,并有杀害、伤害、强奸、绑架等犯罪行为的,依照数罪并罚的规定处罚。根据刑法第361条的规定,旅馆业、饮食服务业、文化娱乐业、出租汽车业等单位的人员,利用本单位的条件,强迫卖淫的,依照本罪定罪处罚。上述单位的主要负责人,犯本罪的,从重处罚。

示例7-72 王某等强迫卖淫、抢劫案

最高人民法院认为:"被告人王某伙同他人使用暴力、威胁手段强迫被害人卖淫,其行为已构成强迫卖淫罪;王某以非法占有为目的,伙同他人采用暴力、胁迫手段劫取被害人财物,其行为又构成抢劫罪,应依法予以并罚。在强迫卖淫的共同犯罪中,王某提起犯意,纠集多人参与,殴打、虐待、控制多名被害人,系主犯。王某等人强迫多人、多次卖淫,其中包括二名未成年少女,致一人死亡,犯罪情节特别恶劣,手段特别残忍,罪行极其严重,社会危害极大,应依法严惩。"〔77〕

三、协助组织卖淫罪

协助组织卖淫罪,是指协助组织他人卖淫的行为。所谓协助组织卖淫,是指为

---

〔76〕"罗某甲等强迫卖淫案一审判决书",广东省珠海市中级人民法院刑事判决书(〔2009〕珠中法刑初字第62号)。

〔77〕"王某等强迫卖淫、抢劫案死刑复核裁定书",载《最高人民法院公报》2014年第6期。

组织卖淫的人招募、运送人员或者以其他方法协助组织他人卖淫的行为。协助组织卖淫，本质上是组织他人卖淫的帮助行为，但刑法考虑到这种行为的严重社会危害性，将其提升为实行行为，规定为独立的犯罪。

示例7-73　王某等组织卖淫、协助组织卖淫案

二审法院认为："被告人乔某长期收取并传递各店卖淫赃款及账目、配送卖淫工具，直接参与了协助组织卖淫活动。被告人康某长期参与编制卖淫账目、参与招聘并培训各洗浴场所的收银人员，长期协助组织卖淫。被告人姚某、王某、梁某、徐某、段某、孙某、高某在担任领班期间，被告人张某、刘某、刘某某、贾某、杨某、周某任服务生期间，明知是卖淫行为，仍参与介绍卖淫服务、分发卖淫工具、记录卖淫时间、传送卖淫单据等行为，对卖淫活动起到了辅助作用。被告人骆某、史某、牛某、符某在洗浴场所任收银员期间，参与收取嫖资、记录卖淫账目、负责开启警报装置。被告人国某、魏某、韩某在洗浴场所担任保安员期间，为他人卖淫活动负责通风报信。"〔78〕

根据刑法第358条第3款的规定，犯本罪的，处5年以下有期徒刑，并处罚金；情节严重的，处5年以上10年以下有期徒刑，并处罚金。根据刑法第361条的规定，旅馆业、饮食服务业、文化娱乐业、出租汽车业等单位的人员，利用本单位的条件，协助组织卖淫的，依照本罪定罪处罚。上述单位的主要负责人，犯本罪的，从重处罚。

四、引诱、容留、介绍卖淫罪

引诱、容留、介绍卖淫罪，是指引诱、容留、介绍他人卖淫的行为。引诱，是指以金钱、物质或者其他利益为诱饵，勾引、拉拢、唆使他人从事卖淫活动；容留，是指允许他人在自己管理的场所卖淫或者为他人卖淫提供场所的行为；介绍，是在卖淫者与嫖客之间牵线搭桥，勾通撮合，使他人卖淫活动得以实现的行为。在意欲卖淫者与卖淫场所的管理者之间进行介绍的，属于介绍他人卖淫。但是，单纯向意欲嫖娼者介绍卖淫场所，而与卖淫者没有任何联络的，属于介绍他人嫖娼，不能认定为介绍他人卖淫。介绍女子被他人包养的，也不能认定为介绍他人卖淫。

示例7-74　徐某等引诱、容留、介绍卖淫案

二审法院认为："陈某与其男友离家出走后，在徐某开设的旅社住宿期间，徐某引诱

〔78〕"王某等组织卖淫、协助组织卖淫案二审裁定书"，北京市高级人民法院刑事裁定书（〔2010〕高刑终字第636号）。

陈某从事卖淫活动，并联系、介绍嫖客共三人与陈某嫖宿，其行为构成引诱、容留、介绍卖淫罪。任某参与并协助容留卖淫活动，构成容留卖淫罪。"〔79〕

根据刑法第359条第1款的规定，犯本罪的，处5年以下有期徒刑、拘役或者管制，并处罚金；情节严重的，处5年以上有期徒刑，并处罚金。根据刑法第361条的规定，旅馆业、饮食服务业、文化娱乐业、出租汽车业等单位的人员，利用本单位的条件，引诱、容留、介绍他人卖淫的，依照本罪定罪处罚。上述单位的主要负责人，犯本罪的，从重处罚。

五、引诱幼女卖淫罪

引诱幼女卖淫罪，是指引诱不满14周岁的幼女卖淫的行为。单纯容留、介绍幼女卖淫的，成立容留、介绍卖淫罪。引诱幼女卖淫的，同时又容留、介绍幼女卖淫的，成立引诱幼女卖淫罪和容留、介绍卖淫罪，实行数罪并罚。以物质引诱幼女与行为人或者其他特定人性交的，应认定为强奸罪。

根据刑法第359条第2款的规定，犯本罪的，处5年以上有期徒刑，并处罚金。根据刑法第361条的规定，旅馆业、饮食服务业、文化娱乐业、出租汽车业等单位的人员，利用本单位的条件，引诱幼女卖淫的，依照本罪定罪处罚。上述单位的主要负责人，犯本罪的，从重处罚。

六、传播性病罪

（一）传播性病罪的概念和构成要件

传播性病罪，是指明知自己患有梅毒、淋病等严重性病而卖淫、嫖娼的行为。

1. 本罪的客观要件为患有梅毒、淋病等严重性病而卖淫、嫖娼。本罪的行为主体，是梅毒、淋病等严重性病患者，既可以是男性，也可以是女性。所谓梅毒，是指由梅毒螺旋体引起的慢性传染病，淋病则是由淋菌感染所引起的泌尿生殖器官的传染病。严重性病，是指对人体健康危害较重或者传染性较强，发病率较高的性病。本罪的行为方式是卖淫、嫖娼。卖淫，是指以营利为目的，与不特定的对象发生性交或者其他淫乱活动。嫖娼，是指以交付金钱或者其他财物为代价，使对方满足自己性欲的行为。

2. 本罪的主观要件为故意，行为人必须明知自己患有梅毒、淋病等严重性病。这里的"明知"，并不要求行为人确切知道自己所患的性病的种类，而只要求行为人

---

〔79〕"徐某等引诱、容留、介绍卖淫案二审裁定书"，载《刑事审判参考》2013年第2集，指导案例第854号。

认识到自己患有严重性病即可。具有以下情形之一的,可以认定为明知:(1)有证据证明曾到医院就医,被诊断为患有严重性病的;(2)根据本人的知识和经验,能够知道自己患有严重性病的;(3)通过其他方法能够证明被告人是明知的。

示例 7-75　王某传播性病案

2007 年 1 月王某经某县艾滋病性病皮肤病防治中心确诊为 HIV-1 抗体呈阳性。2013 年 9 月 5 日 16 时许,王某与陆某商定在出租屋进行性交易,嫖资为 30 元。陆某在未使用安全套的情况下与王某发生性关系。后二人被巡查的公安人员抓获。经检验,王某的 HIV-1 抗体呈阳性。一审法院认为:"被告人王某明知自己患有严重性病而实施卖淫活动,其行为已构成传播性病罪。"[80]

(二)传播性病罪的处罚

根据刑法第 360 条第 1 款的规定,犯本罪的,处 5 年以下有期徒刑、拘役或者管制,并处罚金。

第十节　制作、贩卖、传播淫秽物品罪

一、制作、复制、出版、贩卖、传播淫秽物品牟利罪

(一)制作、复制、出版、贩卖、传播淫秽物品牟利罪的概念和构成要件

制作、复制、出版、贩卖、传播淫秽物品牟利罪,是指以牟利为目的,制作、复制、出版、贩卖、传播淫秽物品的行为。

1. 本罪的客观要件为制作、复制、出版、贩卖、传播淫秽物品。本罪的行为对象是淫秽物品。所谓淫秽物品,是指具体描绘性行为或者露骨宣扬色情的诲淫性的书刊、影片、录像带、录音带、图片及其他淫秽物品。有关人体生理、医学知识的科学著作不是淫秽物品。包含有色情内容的有艺术价值的文学、艺术作品不视为淫秽物品。根据 2004 年 9 月 3 日最高人民法院、最高人民检察院《关于办理利用互联网、移动通讯终端、声讯台制作、复制、出版、贩卖、传播淫秽电子信息刑事案件具体应用法律若干问题的解释》(以下简称《淫秽电子信息解释》)第 9 条的规定,所谓"其他淫秽物品",包括具体描绘性行为或者露骨宣扬色情的诲淫性的视频文件、音频文

[80]　"王某传播性病案一审判决书",载《刑事审判参考》2016 年第 5 集,指导案例第 1133 号。

件、电子刊物、图片、文章、短信息等互联网、移动通讯终端电子信息和声讯台语音信息。有关人体生理、医学知识的电子信息和声讯台语音信息不是淫秽物品。包含色情内容的有艺术价值的电子文学、艺术作品不视为淫秽物品。

本罪的行为方式为制作、复制、出版、贩卖、传播。所谓制作，是指采用生产、录制、编写、绘画、印刷等方法创造、生产淫秽物品的行为。复制，是指采用复印、翻印、翻拍、拷贝、抄写等方法重复制作淫秽物品的行为。出版，是指将淫秽物品编辑加工后，经过复制向公众发行的行为。贩卖，是指以各种销售方式有偿转让淫秽物品的行为。传播，是指通过播放、陈列、出租等方式使淫秽物品流传的行为。根据2010年2月2日最高人民法院、最高人民检察院《关于办理利用互联网、移动通讯终端、声讯台制作、复制、出版、贩卖、传播淫秽电子信息刑事案件具体应用法律若干问题的解释(二)》[以下简称《淫秽电子信息解释(二)》]的相关规定，以下行为属于传播淫秽物品牟利的行为：(1)以牟利为目的，网站建立者、直接负责的管理者明知他人制作、复制、出版、贩卖、传播的是淫秽电子信息，允许或者放任他人在自己所有、管理的网站或者网页上发布的；(2)电信业务经营者、互联网信息服务提供者明知是淫秽网站，为其提供互联网拉入、服务器托管、网络存储空间、通讯传输通道、代收费等服务，并收取服务费的；(3)明知是淫秽网站，以牟利为目的，通过投放广告等方式向其直接或间接提供资金，或者提供费用结算服务的。这里的“网站”，是指可以通过互联网域名、IP地址等方式访问的内容提供站点。以制作、复制、出版、贩卖、传播淫秽电子信息为目的建立或者建立后主要从事制作、复制、出版、贩卖、传播淫秽电子信息活动的网站，为淫秽网站。

示例7-76　方某传播淫秽物品牟利案

一审法院认为：“被告人方某以牟利为目的，同他人收费裸聊，人数达到300余人，实属利用互联网传播淫秽电子信息，其行为已构成传播淫秽物品牟利罪，公诉机关指控的罪名成立。”〔81〕

2. 本罪的主观要件为故意，行为人必须明知自己制作、复制、出版、贩卖、传播的是淫秽物品，并且还应当具有牟利的目的。根据《淫秽电子信息解释(二)》第8条的规定，具有下列情形之一的，应当认定行为人“明知”，但是有证据证明确实不知道的除外：(1)行政主管机关书面告知后仍然实施上述行为的；(2)接到举报后不履行法定管理职责的；(3)为淫秽网站提供互联网接入、服务器托管、网络存储空间、通讯

〔81〕“方某传播淫秽物品牟利案一审判决书”，浙江省龙游县人民法院刑事判决书(〔2007〕龙刑初字第249号)。

传输通道、代收费、费用结算等服务,收取服务费明显高于市场价格的;(4)向淫秽网站投放广告,广告点击率明显异常的;(5)其他能够认定行为人明知的情形。关于是否具有牟利目的,应当从行为人制作、复制、出版、贩卖淫秽物品的数量、向他人传播淫秽物品的人次与组织播放的次数、获利的数额等方面进行综合判断。

(二)制作、复制、出版、贩卖、传播淫秽物品牟利罪的认定

刑法虽然未对制作、复制、出版、贩卖、传播淫秽物品牟利罪设定数量要素,但是对于情节较轻或者数量较小的制作、复制、出版、贩卖、传播行为,应以治安管理处罚论处,不能认定为本罪。只有达到有关司法解释所设定的数量标准时,才能以本罪论处。这些司法解释的规定如下:

根据《非法出版物解释》第8条第1款的规定,具有下列情形之一的,应以本罪定罪处罚:(1)制作、复制、出版淫秽影碟、软件、录像带50至100张(盒)以上,淫秽音碟、录音带100至200张(盒)以上,淫秽扑克、书刊、画册100至200副(册)以上,淫秽照片、画片500至1000张以上的;(2)贩卖淫秽影碟、软件、录像带100至200张(盒)以上,淫秽音碟、录音带200至400张(盒)以上,淫秽扑克、书刊、画册200至400副(册)以上,淫秽照片、画片1000至2000张以上的;(3)向他人传播淫秽物品达200至500人次以上,或者组织播放淫秽影、像达10至20场次以上的;(4)制作、复制、出版、贩卖、传播淫秽物品,获利5000至1万元以上的。

根据《淫秽电子信息解释(二)》第1条第2款的规定,以牟利为目的,利用互联网、移动通讯终端制作、复制、出版、贩卖、传播内容含有不满14周岁未成年人的淫秽电子信息,具有下列情形之一的,应以本罪定罪处罚:(1)制作、复制、出版、贩卖、传播淫秽电影、表演、动画等视频文件10个以上的;(2)制作、复制、出版、贩卖、传播淫秽音频文件50个以上的;(3)制作、复制、出版、贩卖、传播淫秽电子刊物、图片、文章等100件以上的;(4)制作、复制、出版、贩卖、传播的淫秽电子信息,实际被点击数达到5000次以上的;(5)以会员制方式出版、贩卖、传播淫秽电子信息,注册会员达100人以上的;(6)利用淫秽电子信息收取广告费、会员注册费或者其他费用,违法所得5000元以上的;(7)数量或者数额虽未达到第(1)项至第(6)项规定标准,但分别达到其中两项以上标准一半以上的;(8)造成严重后果的。根据第4条第1款的规定,以牟利为目的,网站建立者、直接负责的管理者明知他人制作、复制、出版、贩卖、传播的是淫秽电子信息,允许或者放任他人在自己所有、管理的网站或者网页上发布,具有下列情形之一的,应以传播淫秽物品牟利罪定罪处罚:(1)数量或者数额达到第1条第2款第1项至第6项规定标准5倍以上的;(2)数量或者数额分别达到第1条第2款第1项至第6项两项以上标准2倍以上的;(3)造成严重后果的。根据《淫秽电子信息解释(二)》第6条第1款的规定,电信业务经营者、互联网信息服务提供者明知是淫秽网站,为其提供互联网接入、服务器托管、网络存储空间、通讯传

输通道、代收费等服务，并收取服务费，具有下列情形之一的，对直接负责的主管人员和其他直接责任人员，应以传播淫秽物品牟利罪定罪处罚：(1)为5个以上淫秽网站提供上述服务的；(2)为淫秽网站提供互联网接入、服务器托管、网络存储空间、通讯传输通道等服务，收取服务费数额在2万元以上的；(3)为淫秽网站提供代收费服务，收取服务费数额在5万元以上的；(4)造成严重后果的。根据《淫秽电子信息解释(二)》第7条第1款规定，明知是淫秽网站，以牟利为目的，通过投放广告等方式向其直接或者间接提供资金，或者提供费用结算服务，具有下列情形之一的，对直接负责的主管人员和其他直接责任人员，应以本罪的共同犯罪处罚：(1)向10个以上淫秽网站投放广告或者以其他方式提供资金的；(2)向淫秽网站投放广告20条以上的；(3)向10个以上淫秽网站提供费用结算服务的；(4)以投放广告或者其他方式向淫秽网站提供资金数额在5万元以上的；(5)为淫秽网站提供费用结算服务，收取服务费数额在2万元以上的；(6)造成严重后果的。

实践中，考虑到淫秽电子信息的实际被点击数是定罪量刑的情节标准，因此在认定利用网络技术传播淫秽电子信息的案件中，应当由在省级以上人民政府司法行政部门登记的具有声像资料司法鉴定业务许可的鉴定机构对淫秽电子信息的点击数作出鉴定，并在对鉴定结论的客观性进行认真审查的基础上，依法、合理地确定实际被点击数。虚增的、不正常的点击数应当扣除。

示例7－77　罗某等传播淫秽物品牟利案

二审法院认为："经查，国家信息中心电子数据司法鉴定中心〔2008〕电鉴字第10号电子数据鉴定，结论是28张图片可被应用服务器调用，调用方法为浏览页面的组成部分，其内容请求数为256622次，经专用工具计算页面点击并排除自点击后，涉及淫秽图片的传播数量，即页面点击数量为82973次。该份鉴定结论根据特定手机型号及特定互联网IP地址将为检验设备及网页性能的页面点击数予以排除，同时考虑到组成一个页面的所有图片请求是集中发送的，将60秒内所有由同一设备通过同一互联网IP地址向服务器发送的图片请求视为由一次页面点击产生，并据此计算得出了页面点击数量为82973次。该份鉴定结论经具有鉴定资质的机构和鉴定人作出，较为科学，同时有四被告人的供述和证人证言相佐证，法院予以确认。但该份鉴定意见采用了《中国联通增值业务提供商运行维护管理要求》，并计算得出成功页面点击数量：为49784次，由于实际点击成功率的数值无法查实，且60%的页面访问成功率的标准并没有出现在涉案的服务器中，无法作为排除的依据，鉴定人据此做出的分析意见，法院不予确认。"〔82〕

---

〔82〕"罗某等传播淫秽物品牟利案一审判决书"，北京市西城区人民法院刑事判决书(〔2008〕西刑初字第104号)。

（三）制作、复制、出版、贩卖、传播淫秽物品牟利罪的处罚

根据刑法第 363 条第 1 款和第 366 条的规定，犯本罪的，处 3 年以下有期徒刑、拘役或者管制，并处罚金；情节严重的，处 3 年以上 10 年以下有期徒刑，并处罚金；情节特别严重的，处 10 年以上有期徒刑或者无期徒刑，并处罚金或者没收财产。单位犯本罪的，对单位判处罚金，并对其直接负责的主管人员和其他直接责任人员，依照上述规定处罚。

二、为他人提供书号出版淫秽书刊罪

为他人提供书号出版淫秽书刊罪，是指为他人提供书号，出版淫秽书刊的行为。

本罪的客观要件为为他人提供书号，出版淫秽书刊。这里的“书号”，包括狭义的书号、刊号和版号等。因此，为他人提供版号，出版淫秽音像制品的，成立本罪。提供，是指以各种名义将书号有偿或者无偿提供给他人使用的行为。本罪是结果犯，要求必须发生他人利用行为人所提供的书号出版淫秽书刊的结果。本罪的主观要件为过失，不包括故意。如果行为人明知他人用于出版淫秽书刊而提供书号，则属于故意犯罪，成立出版淫秽物品牟利罪。

根据刑法第 363 条第 2 款和第 366 条的规定，犯本罪的，处 3 年以下有期徒刑、拘役或者管制，并处或者单处罚金。单位犯本罪的，对单位判处罚金，并对其直接负责的主管人员和其他直接责任人员，依照上述规定处罚。

三、传播淫秽物品罪

传播淫秽物品罪，是指传播淫秽的书刊、影片、音像、图片或者其他淫秽物品，情节严重的行为。

本罪的客观要件为传播淫秽书刊、影片、音像、图片或者其他淫秽物品，情节严重。根据《非法出版物解释》第 10 条第 1 款的规定，向他人传播淫秽的书刊、影片、音像、图片等出版物达 300 至 600 人次以上或者造成恶劣社会影响的，属于“情节严重”。根据《淫秽电子信息解释（二）》第 2 条第 2 款的规定，利用互联网、移动通讯终端传播内容含有不满 14 周岁未成年人的淫秽电子信息，具有下列情形之一的，应以传播淫秽物品罪定罪处罚：（1）数量达到第 1 条第 2 款第 1 项至第 5 项规定标准 2 倍以上的；（2）数量分别达到第 1 条第 2 款第 1 项至第 5 项两项以上标准的；（3）造成严重后果的。根据《淫秽电子信息解释（二）》第 3 条的规定，利用互联网建立主要用于传播淫秽电子信息的群组，成员达 30 人以上或者造成严重后果的，对建立者、管理者和主要传播者，应以传播淫秽物品罪定罪处罚。根据《淫秽电子信息解释（二）》第 5 条的规定，网站建立者、直接负责的管理者明知他人制作、复制、出版、贩卖、传播的是淫秽电子信息，允许或者放任他人在自己所有、管理的网站或者网页上

发布,具有下列情形之一的,应以传播淫秽物品罪定罪处罚:(1)数量达到第1条第2款第1项至第5项规定标准10倍以上的;(2)数量分别达到第1条第2款第1项至第5项两项以上标准5倍以上的;(3)造成严重后果的。

本罪的主观要件为故意,且行为人不具有牟利的目的。如果行为人出于牟利的目的播放淫秽物品的,则应以传播淫秽物品牟利罪论处。

示例7-78　王某等传播淫秽物品案

一审法院认为:"被告人王某、杨某、黄某、梁某、王某某、李某、席某、叶某、郝某、韩某在互联网上,允许、放任他人在自己管理的网站版块内发布淫秽电子信息,情节严重,其行为均已构成传播淫秽物品罪。"[83]

根据刑法第364条第1款、第4款和第366条的规定,犯本罪的,处2年以下有期徒刑、拘役或者管制。向不满18周岁的未成年人传播淫秽物品的,从重处罚。单位犯本罪的,对单位判处罚金,并对其直接负责的主管人员和其他直接责任人员,依照上述规定处罚。

四、组织播放淫秽音像制品罪

组织播放淫秽音像制品罪,是指组织播放淫秽的电影、录像等音像制品的行为。所谓音像制品,是指摄制或贮存在一定载体上,由声音或者画面组成,并且借助适当装置放映、播放的制品,如电影、录像、幻灯片、激光视盘、激光唱盘、录音带等。所谓组织播放,是指策划、指挥以及召集观众、提供淫秽音像制品、播放设备或者播放场所,将淫秽的音像制品的内容展现出来的行为。本罪的主观要件为故意,且行为人不具有牟利的目的。如果行为人以牟利目的实施本行为的,则应以传播淫秽物品牟利罪论处。

根据刑法第364条第2款、第4款的规定,犯本罪的,处3年以下有期徒刑、拘役或者管制,并处罚金;情节严重的,处3年以上10年以下有期徒刑,并处罚金。制作、复制淫秽的电影、录像等音像制品组织播放的,依照上述规定从重处罚。向不满18周岁的未成年人传播淫秽物品的,从重处罚。单位犯本罪的,对单位判处罚金,并对其直接负责的主管人员和其他直接责任人员,依照上述规定处罚。

五、组织淫秽表演罪

组织淫秽表演罪,是指组织进行淫秽表演的行为。所谓组织,是指策划、指挥、

[83]　"王某等传播淫秽物品案一审判决书",载《最高人民法院公报》2013年第11期。

安排进行淫秽表演的行为。所谓淫秽表演，是指露骨宣扬色情内容的表演。在他人从事淫秽表演时，单纯引诱、动员、教唆多人观看的，不成立本罪。

根据刑法第365条和第366条的规定，犯本罪的，处3年以下有期徒刑、拘役或者管制，并处罚金；情节严重的，处3年以上10年以下有期徒刑，并处罚金。单位犯本罪的，对单位判处罚金，并对其直接负责的主管人员和其他直接责任人员，依照上述规定处罚。

示例7－79　董某组织淫秽表演案

董某单独或伙同他人，先招募模特，再通过互联网发布人体模特私拍摄影信息，并招募参与私拍活动的摄影者，租借公寓或预订宾馆客房作为拍摄场地，安排模特分场次供摄影者拍摄，在拍摄过程中要求模特按照摄影者的需要，全裸、暴露生殖器以及摆出各种淫秽姿势。经鉴定，董某组织的私拍活动中有20余场系淫秽表演。对此，一审法院认为："被告人董某以牟利为目的，单独或伙同他人组织模特进行淫秽表演，其行为构成组织淫秽表演罪，且情节严重，依法应予惩处。"〔84〕

〔84〕"董某组织淫秽表演案一审判决书"，载《刑事审判参考》2012年第2集，指导案例第770号。

第八章　危害国防利益罪

第一节　危害国防利益罪概述

一、危害国防利益罪的概念和构成要件

（一）危害国防利益罪的概念

危害国防利益罪，是指故意或者过失违反国防利益的行为。本罪的法益是国防利益。国防，是国家为了保卫主权、领土完整和安全而采取的各种防务，是国家生存和发展的安全保障。国防利益，是指满足国防需要的保障条件和利益，包括国防物质基础、作战行动秩序、国防自身安全、武装力量建设、国防管理秩序等。

（二）危害国防利益罪的构成要件

1. 本章罪的客观要件是违反国家国防法律法规，危害国防利益的行为。具体包括拒绝或者逃避履行国防义务、危害作战和军事行动、危害国防物质基础和国防建设活动、妨害国防管理秩序、损害部队声誉等行为。本罪的行为方式，既可以是作为，也可以是不作为。绝大多数犯罪是情节犯，只有达到情节严重的程度，才构成犯罪。有些犯罪行为，要求具备战时这一时间要素。

2. 本章罪的主观要件绝大多数犯罪是故意，少数犯罪是过失，如过失损坏武器装备、军事设施、军事通信罪和过失提供不合格武器装备、军事设施罪等。

二、危害国防利益罪的类型

本章规定共有 14 个条文，涉及 23 个具体罪名。根据行为发生的时间不同，可以将危害国防利益罪分为平时危害国防利益罪和战时危害国防利益罪。前者不以战时实施为构成要素，但战时实施是法定或者酌定从重处罚的情节；后者只有战时才能成立犯罪。所谓战时，是指国家宣布进入战争状态、部队受领作战任务或者遭敌突然袭击时。部队执行戒严任务或者处置突发性暴力事件时，以战时论。

第二节　危害国防利益罪分述

一、阻碍军人执行职务罪

阻碍军人执行职务罪，是指以暴力、威胁方法对依法执行军事职务的军人进行妨碍、阻挠的行为。所谓暴力，是指对依法执行职务的军人的身体实施打击或者强制，如殴打、捆绑等。所谓威胁，是指以伤害身体、毁坏财物、揭发隐私等手段相胁迫，致使他人产生恐惧心理。

示例8－1　周某阻碍军人执行职务案

一审法院认为："武警战士李某、刘某依法执行中共菏泽市委安全保卫任务，被告人周某没有进出市委通行证，不接受检查，拒不听从值勤武警阻止，强行进出，并将执行任务的二武警战士致轻微伤，构成阻碍军人执行职务罪。"[1]

根据刑法第368条第1款的规定，犯本罪的，处3年以下有期徒刑、拘役、管制或者罚金。

二、阻碍军事行动罪

阻碍军事行动罪，是指故意阻碍武装部队军事行动，造成严重后果的行为。所谓军事行动，是指为达到一定政治目的而有组织地使用武装力量的活动。行为方式，既可以是暴力、威胁手段，也可以是其他手段。构成本罪，还要求造成严重后果。

示例8－2　滕某等阻碍军事行动案

一审法院认为："被告人滕某、林某某、滕某某在武装部队军事演习期间在军事演习区进行海上作业，经演习部队相关人员多次对其进行劝离后仍不予离开，阻碍了武装部队的军事行动，造成严重后果，其行为均已构成阻碍军事行动罪。"[2]

---

〔1〕"周某阻碍军人执行职务案一审判决书"，山东省菏泽市经济开发区人民法院刑事判决书（〔2011〕菏开刑初字第81号）。

〔2〕"滕某等阻碍军事行动案一审判决书"，辽宁省庄河市人民法院刑事判决书（〔2015〕庄刑初字第1号）。

根据刑法第368条第2款的规定,犯本罪的,处5年以下有期徒刑或者拘役。

三、破坏武器装备、军事设施、军事通信罪

(一)破坏武器装备、军事设施、军事通信罪的概念和构成要件

破坏武器装备、军事设施、军事通信罪,是指故意破坏武器装备、军事设施、军事通信的行为。

1. 本罪的客观要件是破坏武器装备、军事设施、军事通信。行为对象是武器装备、军事设施、军事通信。武器装备,是指武器及其配套的弹药、仪器、器材、装备附件等。军事设施,是指直接用于军事目的的建筑、场地和设备。军事通信,是指军队为实施指挥与武器控制等而进行信息传递的各种通信手段。本罪的行为方式是破坏。所谓破坏,是指使武器装备、军事设施、军事通信的功能全部或者部分丧失的行为。

2. 本罪的主观要件是故意,过失不构成本罪。根据2007年6月26日最高人民法院《关于审理危害军事通信刑事案件具体应用法律若干问题的解释》(以下简称《军事通信解释》)第5条第1款的规定,建设、施工单位直接负责的主管人员、施工管理人员,明知是军事通信线路、设备而指使、强令、纵容他人予以损毁的,或者不听管护人员劝阻,指使、强令、纵容他人违章作业,造成军事通信线路、设备损毁的,以破坏军事通信罪定罪处罚。

示例8-3 石某等破坏军事通信案

一审法院认为:"被告人石某、杨某、郑某在施工过程中明知军事通信光缆标示处禁止施工,仍然违规作业,致使军事通信光缆被挖断,其行为均构成破坏军事通信罪。"〔3〕

(二)破坏武器装备、军事设施、军事通信罪的认定

认定本罪,要注意与相关犯罪的界限。(1)破坏军事通信,并造成公用电信设施损毁,危害公共安全,同时构成破坏公用电信设施罪和本罪的,依照处罚较重的规定定罪处罚。(2)盗窃军事通信线路、设备,不构成盗窃罪,但破坏军事通信的,依照本罪定罪处罚;同时构成破坏公用电信设施罪、盗窃罪和本罪的,依照处罚较重的规定定罪处罚。(3)违反国家规定,侵入国防建设、尖端科学技术领域的军事通信计算机信息系统,尚未对军事通信造成破坏的,依照非法侵入计算机信息系统罪定罪处罚;

〔3〕"石某等破坏军事通信案一审判决书",河南省洛阳市洛龙区人民法院刑事判决书(〔2011〕洛龙刑初字-1第74号)。

对军事通信造成破坏，同时构成非法侵入计算机信息系统罪、破坏计算机信息系统罪和本罪的，依照处罚较重的规定定罪处罚。(4)违反国家规定，擅自设置、使用无线电台(站)，或者擅自占用频率，经责令停止使用后拒不停止使用，干扰无线电通讯正常进行，构成犯罪的，依照扰乱无线电通讯管理秩序罪定罪处罚；造成军事通信中断或者严重障碍，同时构成扰乱无线电通讯管理秩序罪和本罪的，依照处罚较重的规定定罪处罚。

(三)破坏武器装备、军事设施、军事通信罪的处罚

根据刑法第369条第1款的规定，犯本罪的，处3年以下有期徒刑、拘役或者管制；破坏重要武器装备、军事设施、军事通信的，处3年以上10年以下有期徒刑；情节特别严重的，处10年以上有期徒刑、无期徒刑或者死刑。战时犯本罪的，从重处罚。

根据《军事通信解释》第2条的规定，具有下列情形之一的，属于"情节特别严重"：(1)造成重要军事通信中断或者严重障碍，严重影响部队完成作战任务或者致使部队在作战中遭受损失的；(2)造成部队执行抢险救灾、军事演习或者处置突发性事件等任务的通信中断或者严重障碍，并因此贻误部队行动，致使死亡3人以上、重伤10人以上或者财产损失100万元以上的；(3)破坏重要军事通信3次以上的；(4)其他情节特别严重的情形。所谓重要军事通信，是指军事首脑机关及重要指挥中心的通信，部队作战中的通信，等级战备通信，飞行航行训练、抢险救灾、军事演习或者处置突发性事件中的通信，以及执行试飞试航、武器装备科研试验或者远洋航行等重要军事任务中的通信。

四、过失损坏武器装备、军事设施、军事通信罪

过失损坏武器装备、军事设施、军事通信罪，是指过失损坏武器装备、军事设施、军事通信，造成严重后果的行为。本罪是过失犯罪，必须以造成严重后果为构成要件，如造成军事通信中断或者严重障碍的。

示例8-4 赵某过失损坏武器装备、军事设施、军事通信案

一审法院认为："被告人赵某在被告知施工工地有军事通信设施的情况下，未采取必要的防范措施，雇用大型机械施工，致使军事通信光缆两次被损坏，造成严重后果；由于被损坏光缆埋在建筑垃圾堆内，无证据证明被告人赵某明知光缆的确切位置及掩埋深度，不能推断其具有破坏军事通信光缆的故意，其主观方面应属于疏忽大意和过于自信的过失，其行为已构成过失损坏军事通信罪。"[4]

---

〔4〕"赵某过失损坏武器装备、军事设施、军事通信案一审判决书"，陕西省西安市灞桥区人民法院刑事判决书(〔2012〕灞刑初字第74号)。

根据刑法第369条第2款的规定,犯本罪的,处3年以下有期徒刑或者拘役;造成特别严重后果的,处3年以上7年以下有期徒刑。战时犯本罪的,从重处罚。

五、故意提供不合格武器装备、军事设施罪

故意提供不合格武器装备、军事设施罪,是指明知是不合格的武器装备、军事设施而提供给武装部队的行为。本罪的行为对象是不合格的武器装备、军事设施。所谓不合格,是指不符合国家和军事主管部门关于武器装备、军事设施质量和性能等标准。本罪的主观要件是故意,行为人必须明知是不合格的武器装备、军事设施而提供。根据《立案追诉标准(一)》第87条的规定,涉嫌下列情形之一的,应予立案追诉:(1)造成人员轻伤以上的;(2)造成直接经济损失10万元以上的;(3)提供不合格的枪支3支以上、子弹100发以上、雷管500枚以上、炸药5000克以上或者其他重要武器装备、军事设施的;(4)影响作战、演习、抢险救灾等重大任务完成的;(5)发生在战时的;(6)其他故意提供不合格武器装备、军事设施应予追究刑事责任的情形。

根据刑法第370条第1款的规定,犯本罪的,处5年以下有期徒刑或者拘役;情节严重的,处5年以上10年以下有期徒刑;情节特别严重的,处10年以上有期徒刑、无期徒刑或者死刑。单位犯本罪的,对单位判处罚金,并对其直接负责的主管人员和其他直接责任人员,依照上述规定处罚。

六、过失提供不合格武器装备、军事设施罪

过失提供不合格武器装备、军事设施罪,是指过失提供不合格的武器装备、军事设施,造成严重后果的行为。根据《立案追诉标准(一)》第88条的规定,涉嫌下列情形之一的,应予立案追诉:(1)造成死亡1人或者重伤3人以上的;(2)造成直接经济损失30万元以上的;(3)严重影响作战、演习、抢险救灾等重大任务完成的;(4)其他造成严重后果的情形。

根据刑法第370条的规定,犯本罪的,处3年以下有期徒刑或者拘役;造成特别严重后果的,处3年以上7年以下有期徒刑。

七、聚众冲击军事禁区罪

聚众冲击军事禁区罪,是指聚众冲击军事禁区,严重扰乱军事禁区秩序的行为。军事禁区,是指国家根据军事设施的性质、作用、安全保密的需要和使用效能的要求,划定的、由军队控制的、不得擅自进入的区域。根据《立案追诉标准(一)》第89条的规定,涉嫌下列情形之一的,应予立案追诉:(1)冲击3次以上或者1次冲击持续时间较长的;(2)持械或者采取暴力手段冲击的;(3)冲击重要军事禁区的;(4)发生在战时的;(5)其他严重扰乱军事禁区秩序应予追究刑事责任的情形。

根据刑法第371条第1款的规定，犯本罪的，对首要分子，处5年以上10年以下有期徒刑；对其他积极参加的，处5年以下有期徒刑、拘役、管制或者剥夺政治权利。

八、聚众扰乱军事管理区秩序罪

聚众扰乱军事管理区秩序罪，是指聚众扰乱军事管理区秩序，情节严重，致使军事管理区工作无法进行，造成严重损失的行为。根据《立案追诉标准(一)》第90条的规定，涉嫌下列情形之一的，应予立案追诉：(1)造成人员轻伤以上的；(2)扰乱3次以上或者1次扰乱持续时间较长的；(3)造成直接经济损失5万元以上的；(4)持械或者采取暴力手段的；(5)扰乱重要军事管理区秩序的；(6)发生在战时的；(7)其他聚众扰乱军事管理区秩序应予追究刑事责任的情形。

示例8-5　黄某聚众扰乱军事管理区秩序案

一审法院认为："被告人黄某伙同杨某、王某等人聚众扰乱军事管理区秩序，其行为已构成聚众扰乱军事管理区秩序罪。"[5]

根据刑法第371条第2款的规定，犯本罪的，对首要分子，处3年以上7年以下有期徒刑；对其他积极参加的，处3年以下有期徒刑、拘役、管制或者剥夺政治权利。

九、冒充军人招摇撞骗罪

冒充军人招摇撞骗罪，是指冒充军人进行招摇撞骗的行为。所谓冒充，是指非军人冒充军人的身份。招摇撞骗，是指假借军人的身份进行蒙骗欺诈。本罪和招摇撞骗罪是特别法和普通法的竞合关系。行为人在连续性的招摇撞骗过程中，有时冒充军人，有时冒充其他国家机关工作人员的，应根据行为人主要冒充的对象身份确定犯罪性质。

示例8-6　覃某冒充军人招摇撞骗案

二审法院认为："上诉人覃某利用社会对军人的尊重和被害人对军人的信任，身着军服及佩带伪造的军衔、军领章等参加社会活动，在取得被害人信任后，采用虚构事实、隐瞒真相的手段多次从被害人处骗取钱财共计42.3万元，其行为同时触犯冒充军人招摇

---

〔5〕"黄某聚众扰乱军事管理区秩序案一审判决书"，河北省邢台县人民法院刑事判决书(〔2015〕邢刑初字第34号)。

撞骗罪和诈骗罪,且二罪属于牵连关系,应从一重罪处罚。”〔6〕

根据刑法第372条的规定,犯本罪的,处3年以下有期徒刑、拘役、管制或者剥夺政治权利;情节严重的,处3年以上10年以下有期徒刑。

十、煽动军人逃离部队罪

煽动军人逃离部队罪,是指煽动军人逃离部队,情节严重的行为。所谓煽动,是指唆使、怂恿、鼓动等方式促使现役军人离开部队。根据《立案追诉标准(一)》第91条的规定,涉嫌下列情形之一的,应予立案追诉:(1)煽动3人以上逃离部队的;(2)煽动指挥人员、值班执勤人员或者其他负有重要职责人员逃离部队的;(3)影响重要军事任务完成的;(4)发生在战时的;(5)其他情节严重的情形。

根据刑法第373条的规定,犯本罪的,处3年以下有期徒刑、拘役或者管制。

十一、雇用逃离部队军人罪

雇用逃离部队军人罪,是指明知是逃离部队的军人而雇用,情节严重的行为。所谓雇用,是指支付报酬使逃离部队的军人为自己或者单位劳动或者提供服务。根据《立案追诉标准(一)》第92条的规定,涉嫌下列情形之一的,应予立案追诉:(1)雇用1人6个月以上的;(2)雇用3人以上的;(3)明知是逃离部队的指挥人员、值班执勤人员或者其他负有重要职责人员而雇用的;(4)阻碍部队将被雇用军人带回的;(5)其他情节严重的情形。

根据刑法第373条的规定,犯本罪的,处3年以下有期徒刑、拘役或者管制。

十二、接送不合格兵员罪

接送不合格兵员罪,是指在征兵工作中徇私舞弊,接送不合格兵员,情节严重的行为。本罪的行为主体是负责或者主要参与征兵工作的有关人员,行为方式是在征兵工作中徇私舞弊接送不合格兵员。征兵工作,是指征集应征公民到军队服兵役的工作,包括应征公民登记、身体检查、政治条件审查、接收兵员等。接送不合格兵员,包括地方人员向部队输送不合格兵员和部队人员接收不合格兵员。根据《立案追诉标准(一)》第93条的规定,涉嫌下列情形之一的,应予立案追诉:(1)接送不合格特种条件兵员1名以上或者普通兵员3名以上的;(2)发生在战时的;(3)造成严重后果的;(4)其他情节严重的情形。本罪的主观要件是故意,过失不构成本罪。

---

〔6〕“覃某冒充军人招摇撞骗案二审裁定书”,广西壮族自治区河池市中级人民法院刑事裁定书(〔2016〕桂12刑终106号)。

示例 8－7　李某接送不合格兵员案

李某明知陈某政审有问题，却指示下属签署“符合征兵政审条件”的意见，致使不够入伍条件的陈某被应征入伍。对此，二审法院认为：“李某在征兵工作中，徇私舞弊，接送不合格兵员，情节严重，其行为已构成接送不合格兵员罪。”〔7〕

根据刑法第 374 条的规定，犯本罪的，处 3 年以下有期徒刑或者拘役；造成特别严重后果的，处 3 年以上 7 年以下有期徒刑。

十三、伪造、变造、买卖武装部队公文、证件、印章罪

伪造、变造、买卖武装部队公文、证件、印章罪，是指伪造、变造、买卖武装部队公文、证件、印章的行为。

根据刑法第 375 条的规定，犯本罪的，处 3 年以下有期徒刑、拘役、管制或者剥夺政治权利；情节严重的，处 3 年以上 10 年以下有期徒刑。

示例 8－8　冯某等人伪造、变造、买卖武装部队公文、证件、印章罪案

二审法院认为：“原审被告人张某伪造、买卖武装部队证件、印章，数量达四十余套，情节严重，其行为已构成伪造、买卖武装部队证件、印章罪；上诉人冯某和原审被告人万某、任某、邓某、陈某、刘某买卖武装部队证件，其行为均已构成买卖武装部队证件罪。”〔8〕

十四、盗窃、抢夺武装部队公文、证件、印章罪

盗窃、抢夺武装部队公文、证件、印章罪，是指盗窃、抢夺武装部队公文、证件、印章的行为。盗窃、抢夺伪造、变造的武装部队公文、证件、印章的，亦应以本罪论处。

根据刑法第 375 条的规定，犯本罪的，处 3 年以下有期徒刑、拘役、管制或者剥夺政治权利；情节严重的，处 3 年以上 10 年以下有期徒刑。

十五、非法生产、买卖武装部队制式服装罪

非法生产、买卖武装部队制式服装罪，是指非法生产、买卖武装部队制式服装，情节严重的行为。

---

〔7〕“李某接送不合格兵员案二审判决书”，载《刑事审判参考》2003 年第 2 辑，指导案例第 237 号。

〔8〕“冯某等人伪造、变造、买卖武装部队公文、证件、印章罪二审裁定书”，重庆市第四中级人民法院刑事裁定书（〔2015〕渝四中法刑终字第 104 号）。

示例 8-9 刘某非法生产、买卖武装部队制式服装案

一审法院认为:"被告人刘某和高某(已判决)商议仿造07式现役部队迷彩进行销售。刘某投资27万元后,高某遂联系山西平定县张庄村一个姓王的服装厂老板,按每套16元的加工费生产仿07式现役部队迷彩服2000套,高某提供布料等生产迷彩服的配料。被告人刘某非法买卖武装部队制式服装,情节严重,其行为已构成非法买卖武装部队制式服装罪。"〔9〕

根据刑法第375条第2款、第4款的规定,犯本罪的,处3年以下有期徒刑、拘役或者管制,并处或者单处罚金。单位犯本罪的,对单位判处罚金,并对其直接负责的主管人员和其他直接责任人员,依照上述规定处罚。

十六、伪造、盗窃、买卖、非法提供、使用武装部队专用标志罪

伪造、盗窃、买卖、非法提供、使用武装部队专用标志罪,是指伪造、盗窃、买卖或者非法提供、使用武装部队车辆号牌等专用标志,情节严重的行为。本罪的行为对象是武装部队专用标志。根据《立案追诉标准(一)》第94条的规定,涉嫌下列情形之一的,应予立案追诉:(1)成套制式服装30套以上,或者非成套制式服装100件以上的;(2)军徽、军旗、肩章、星徽、帽徽、军种符号或者其他军用标志单种或者合计100件以上的;(3)军以上领导机关专用车辆号牌1副以上或者其他军用车辆号牌3副以上的;(4)非法经营数额5000元以上,或者非法获利1000元以上的;(5)被他人利用进行违法犯罪活动的;(6)其他情节严重的情形。另外,根据2011年7月20日最高人民法院、最高人民检察院《关于办理妨害武装部队制式服装、车辆号牌管理秩序等刑事案件具体应用法律若干问题的解释》(以下简称《妨害武装部队解释》)第3条第1款的规定,具有下列情形之一的,应当认定为"情节严重":(1)伪造、盗窃、买卖或者非法提供、使用武装部队军以上领导机关车辆号牌1副以上或者其他车辆号牌3副以上的;(2)非法提供、使用军以上领导机关车辆号牌之外的其他车辆号牌累计6个月以上的;(3)伪造、盗窃、买卖或者非法提供、使用军徽、军旗、军种符号或者其他军用标志合计100件(副)以上的;(4)造成严重后果或者恶劣影响的。

示例 8-10 周某等伪造、买卖武装部队专用标志案

二审法院认为:"上诉人朱某,原审被告人周某、郑某结伙伪造、买卖军功章、纪念章

〔9〕"刘某非法生产、买卖武装部队制式服装案一审判决书",河北省石家庄市裕华区人民法院刑事判决书(〔2016〕冀0108刑初186号)。

等武装部队专用标志，情节特别严重，其行为均已构成伪造、买卖武装部队专用标志罪。”〔10〕

根据刑法第375条第3款、第4款的规定，犯本罪的，处3年以下有期徒刑、拘役或者管制，并处或者单处罚金；情节特别严重的，处3年以上7年以下有期徒刑，并处罚金。单位犯本罪的，对单位判处罚金，并对其直接负责的主管人员和其他直接责任人员，依照上述规定处罚。

十七、战时拒绝、逃避征召、军事训练罪

战时拒绝、逃避征召、军事训练罪，是指预备役人员战时拒绝、逃避征召或者军事训练，情节严重的行为。本罪的行为主体是预备役人员，即编入民兵组织或者经过登记服预备役的人员。本罪的行为方式是战时拒绝、逃避征召、军事训练。征召，是指兵役机关依法向预备役人员发出通知，要求其按规定时间、地点报到，准备转服现役。军事试练，是指军事理论教育与作战技能训练的活动。根据《追诉立案标准（一）》第95条的规定，涉嫌下列情形之一的，应予立案追诉：（1）无正当理由经教育仍拒绝、逃避征召或者军事训练的；（2）以暴力、威胁、欺骗等手段，或者采取自伤、自残等方式拒绝、逃避征召或者军事训练的；（3）联络、煽动他人共同拒绝、逃避征召或者军事训练的；（4）其他情节严重的情形。

根据刑法第376条第1款的规定，犯本罪的，处3年以下有期徒刑或者拘役。

十八、战时拒绝、逃避服役罪

战时拒绝、逃避服役罪，是指公民战时拒绝、逃避服役，情节严重的行为。根据《立案追诉标准（一）》第96条的规定，涉嫌下列情形之一的，应予立案追诉：（1）无正当理由经教育仍拒绝、逃避服役的；（2）以暴力、威胁、欺骗等手段，或者采取自伤、自残等方式拒绝、逃避服役的；（3）联络、煽动他人共同拒绝、逃避服役的；（4）其他情节严重的情形。

根据刑法第376条第2款的规定，犯本罪的，处2年以下有期徒刑或者拘役。

十九、战时故意提供虚假敌情罪

战时故意提供虚假敌情罪，是指战时故意向武装部队提供虚假敌情，造成严重后果的行为。虚假敌情，是指不符合客观事实的有关敌方军事、政治、经济、科学、地

---

〔10〕“周某等伪造、买卖武装部队专用标志案二审裁定书”，浙江省温州市中级人民法院刑事裁定书（〔2016〕浙03刑终1589号）。

理等情报。

根据刑法第377条的规定，犯本罪的，处3年以上10年以下有期徒刑；造成特别严重后果的，处10年以上有期徒刑或者无期徒刑。

二十、战时造谣扰乱军心罪

战时造谣扰乱军心罪，是指战时造谣惑众，扰乱军心的行为。造谣惑众，是指制造和散布虚伪的或者夸大、缩小事实的谣言。扰乱军心，是指造成军心不稳，斗志涣散，削弱战斗力。

根据刑法第378条的规定，犯本罪的，处3年以下有期徒刑、拘役或者管制；情节严重的，处3年以上10年以下有期徒刑。

二十一、战时窝藏逃离部队军人罪

战时窝藏逃离部队军人罪，是指战时明知是逃离部队的军人而为其提供隐蔽处所、财物，情节严重的行为。根据《立案追诉标准（一）》第97条的规定，涉嫌下列情形之一的，应予立案追诉：（1）窝藏3人次以上的；（2）明知是指挥人员、值班执勤人员或者其他负有重要职责人员而窝藏的；（3）有关部门查找时拒不交出的；（4）其他情节严重的情形。

根据刑法第379条的规定，犯本罪的，处3年以下有期徒刑或者拘役。

二十二、战时拒绝、故意延误军事订货罪

战时拒绝、故意延误军事订货罪，是指战时拒绝或者故意延误军事订货，情节严重的行为。本罪的行为主体是单位。拒绝、延误军事订货，是指对武装部队为军事目的而订购武器装备、军用物资，没有正当理由而拒不予以接受，或者拖延推迟交付部队订购物品的行为。根据《立案追诉标准（一）》第98条的规定，涉嫌下列情形之一的，应予立案追诉：（1）拒绝或者故意延误军事订货3次以上的；（2）联络、煽动他人共同拒绝或者故意延误军事订货的；（3）拒绝或者故意延误重要军事订货，影响重要军事任务完成的；（4）其他情节严重的情形。

根据刑法第380条的规定，犯本罪的，对单位判处罚金，并对其直接负责的主管人员和其他直接责任人员，处5年以下有期徒刑或者拘役；造成严重后果的，处5年以上有期徒刑。

二十三、战时拒绝军事征用罪

战时拒绝军事征用罪，是指战时拒绝军事征收、征用，情节严重的行为。军事征收、征用，是指武装部队出于军事需要，经过一定程序，使用机关、公司、企业、事业单

位、人民团体以及公民个人动产与不动产的活动。根据《立案追诉标准(一)》第 99 条的规定,涉嫌下列情形之一的,应予立案追诉:(1)无正当理由拒绝军事征用 3 次以上的;(2)采取暴力、威胁、欺骗等手段拒绝军事征用的;(3)联络、煽动他人共同拒绝军事征用的;(4)拒绝重要军事征用,影响重要军事任务完成的;(5)其他情节严重的情形。

根据刑法第 381 条的规定,犯本罪的,处 3 年以下有期徒刑或者拘役。

第九章　贪污贿赂罪

第一节　贪污贿赂罪概述

一、贪污贿赂罪的概念和构成要件

（一）贪污贿赂罪的概念

贪污贿赂罪，是指国家工作人员利用职务之便，贪污、挪用公共财物，索取、收受贿赂，侵犯职务行为的廉洁性、不可收买性的行为。本章罪的法益是职务行为的廉洁性、不可收买性。其中，贪污罪、挪用公款罪表现为直接利用职务获取公共财物，既侵犯了国家工作人员职务行为的廉洁性，也侵犯了公共财产的所有权；巨额财产来源不明罪、隐瞒境外存款罪侵犯了国家工作人员职务行为的廉洁性；贿赂犯罪则表现为权钱交易，侵犯了国家工作人员职务的不可收买性。

（二）贪污贿赂罪的构成要件

1. 本章罪的客观要件表现为国家工作人员利用职务之便，实施侵犯职务行为的廉洁性、不可收买性的行为。

（1）本章罪的行为主体绝大多数是特殊主体，少数是一般主体。具体而言，贪污罪、挪用公款罪、巨额财产来源不明罪、隐瞒境外存款罪、私分国有资产罪、私分罚没财物罪、受贿罪等，其行为主体都是特殊主体，必须是国家工作人员；行贿罪、对单位行贿罪、介绍贿赂罪等少数与受贿具有对向性或撮合性的犯罪，其行为主体是一般主体。

（2）本章罪的行为方式既有作为，也有不作为。其中，贪污罪、挪用公款罪、受贿罪、私分国有资产罪等通常表现为作为，巨额财产来源不明罪、隐瞒境外存款罪表现为不作为。除行贿罪、介绍贿赂罪、对单位行贿罪等以外，其他犯罪行为均与行为主体的职务有密切关系。

2. 本章罪的主观要件为故意，不包括过失。

二、贪污贿赂犯罪的类型

本章共有 17 个条文，共有 14 个罪名。本章罪大体可以分为两大类：一是贪污犯罪;二是贿赂犯罪。贪污犯罪,包括贪污罪、挪用公款罪、私分国有资产罪、私分罚没财物罪、巨额财产来源不明罪、隐瞒境外存款罪。贿赂犯罪,包括受贿罪、单位受贿罪、利用影响力受贿罪、行贿罪、对有影响力的人行贿罪、对单位行贿罪、介绍贿赂罪、单位行贿罪。

第二节　贪污贿赂罪分述

一、贪污罪

(一)贪污罪的概念和犯罪构成

贪污罪,是指国家工作人员利用职务上的便利,侵吞、窃取、骗取或者以其他手段非法占有公共财物的行为。本罪的法益是职务行为的廉洁性和公共财物的所有权。

1. 本罪的客观要件为国家工作人员利用职务上的便利,侵吞、窃取、骗取或者以其他手段非法占有公共财物。

(1)本罪的行为主体,是国家工作人员。根据刑法第 93 条的规定,国家工作人员,是指国家机关中从事公务的人员。国有公司、企业、事业单位、人民团体中从事公务的人员和国家机关、国有公司、企业、事业单位委派到非国有公司、企业、事业单位、社会团体从事公务的人员,以及其他依照法律从事公务的人员,以国家工作人员论。根据这一规定,国家工作人员具有以下两个特征:一是必须是国家机关、国有公司、企业、事业单位、人民团体中的人员或者上述单位委派到其他单位的人员;二是必须是依照法律从事公务。所谓从事公务,是指代表国家机关、国有公司、企业、事业单位、人民团体等履行组织、领导、监督、管理等职责。公务主要表现为与职权相联系的公共事务以及监督、管理国有财产的职务活动。如国家机关工作人员依法履行职责,国有公司的董事、经理、监事、会计、出纳人员等管理、监督国有财产等活动,属于从事公务。那些不具备职权内容的劳务活动、技术服务,如售货员、售票员等所从事保管、经手、服务等工作,不属于公务。结合有关立法解释、司法解释和规范性文件的规定,国家工作人员主要包括以下人员:

第一,国家机关工作人员。即在国家机关中从事公务的人员,包括在各级国家权力机关、行政机关、司法机关和军事机关中从事公务的人员。在乡(镇)以上中国共产党机关、人民政协中从事公务的人员,也应当视为国家机关工作人员。

第二,国有公司、企业、事业单位、人民团体中从事公务的人员。这里的国有公司、企业、事业单位、人民团体,是指国家全额出资的公司、企业、事业单位、人民团体。

第三,国家机关、国有公司、企业、事业单位、人民团体委派到非国有公司、企业、事业单位、社会团体从事公务的人员。这类人员通常被称为"受委派人员"。所谓委派,即委任、派遣,其形式多种多样,如任命、指派、提名、批准等。不论被委派的人身份如何,只要是接受国家机关、国有公司、企业、事业单位委派,代表国家机关、国有公司、企业、事业单位在非国有公司、企业、事业单位、社会团体中从事组织、领导、监督、管理等工作的,都可以认定为"被委派人员"。2010 年 11 月 26 日最高人民法院、最高人民检察院《关于办理国家出资企业中职务犯罪案件具体应用法律若干问题的意见》第 6 条规定:"经国家出资企业中负有管理、监督国有资产职责的组织批准或者研究决定,代表其在国有控股、参股公司及其分支机构中从事组织、领导、监督、经营、管理工作的人员,应当认定为国家工作人员。"据此,受国家机关、国有公司、企业、事业单位委派,在国有控股或者参股的股份有限公司从事组织、领导、监督、管理等工作的人员,应当以国家工作人员论;国有公司、企业改制为股份有限公司后,原国有公司、企业的工作人员和股份有限公司新任命的人员中,除代表国有投资主体行使监督、管理职权的人外,不以国家工作人员论。

示例 9-1　张某贪污案

一审法院认为:"最高人民法院法释〔2001〕17 号批复规定,在国有控股、参股的有限公司中从事管理工作的人员,除受国家机关、国有公司、企业、事业单位委派从事公务的以外,不属国家工作人员。依据该规定,当事人系在国有控股公司从事管理工作的人员,但不是受委托、委派而担任,而是作为合资一方的私人股东的特殊身份而担任,其不具有国家工作人员的身份,故而不符合贪污罪的主体规定。"〔1〕

第四,其他依照法律从事公务的人员。刑法第 93 条第 2 款规定的"其他依照法律从事公务的人员"应当具备以下两个特征:一是在特定条件下行使国家管理职能;二是依照法律规定从事公务。具体包括:依法履行审判职责的人民陪审员;协助乡镇人民政府、街道办事处从事行政管理工作的村民委员会、居民委员会等农村和城市基层组织人员;其他由法律授权从事公务的人员。根据 2009 年 8 月 27 日全国人民代表大会常务委员会修正的《关于〈中华人民共和国刑法〉第九十三条第二款的解释(2009 修正)》,村民委员会等村基层组织人员协助人民政府从事下列行政管理工作时,属于"其他依照法律从事公务的人员":救灾、抢险、防汛、优抚、扶贫、移民、

〔1〕"张某贪污案一审判决书",上海市浦东新区人民法院刑事判决书(〔2000〕浦刑初字第 955 号)。

救济款物的管理；社会捐助公益事业款物的管理；国有土地的经营和管理；土地征用补偿费用的管理；代征、代缴税款；有关计划生育、户籍、征兵工作的管理；协助人民政府从事的其他行政管理工作。

另外，根据刑法第382条第2款的规定，受国家机关、国有公司、企业、事业单位、人民团体委托管理、经营国有财产的人员，利用职务上的便利，侵吞、窃取、骗取或者以其他手段非法占有国有财物的，以贪污论。这类人员原本不是管理、经营国有财产的国家工作人员，但因承包、租赁、聘用等原因而管理、经营国有财产，从而使其职务行为也具有公务性。这类人员通常称为"受委托人员"。应当注意的是，受委托人员对国有财产的管理、经营活动，应是具有职权内容的活动。

示例9－2　都某犯贪污罪、挪用资金罪案

一审法院认为："被告人都某作为私营拆迁公司员工，不具有国家工作人员的身份。其所在公司接受幸福社区公共服务中心的委托承担北京路小学西侧旧房改造房屋征收项目的具体实施工作，被告人都某不是委托关系的一方，其参与到征收项目工作中是宏源公司基于内部劳动合同关系所做的工作安排，从事的是内部劳动合同关系的劳务活动，从证人代某、李某、姚某、袁某、张某等人证言及征收中心出具的《关于都某情况的说明》来看，都某在征收项目中从事基础资料管理、补偿款制表发放、档案管理等工作，所从事的工作事项不具有管理、经营职责，而是从事具体的保管、经手、服务等不具备职权内容的劳务活动，不具有公务性。"〔2〕

(2)本罪的行为对象是公共财物。根据刑法第91条的规定，公共财产，是指下列财产：国有财产；劳动群众集体所有的财产；用于扶贫和其他公益事业的社会捐助或者专项基金的财产。在国家机关、国有公司、企业、集体企业和人民团体管理、使用或者运输中的私人财产，以公共财产论。实践中，财产性利益、土地使用权也可以成为本罪的行为对象。

示例9－3　杨某等贪污案

二审法院认为："《中华人民共和国土地管理法》第二条、第九条规定，我国土地实行社会主义公有制，即全民所有制和劳动群众集体所有制，并可以依法确定给单位或者个人使用。对土地进行占有、使用、开发、经营、交易和流转，能够带来相应经济收益。因此，

〔2〕"都某犯贪污罪、挪用资金罪案一审判决书"，安徽省铜陵市狮子山区人民法院刑事判决书(〔2015〕狮刑初字第94号)。

土地使用权自然具有财产性利益,无论国有土地,还是集体土地,都属于刑法第三百八十二条第一款规定中的“公共财物”,可以成为贪污的对象。”〔3〕

(3)本罪的行为方式是利用职务上的便利,侵吞、窃取、骗取或者以其他手段非法占有公共财物。首先,必须利用职务上的便利。所谓利用职务上的便利,是指利用职务上主管、管理、经手公共财物的权力及方便条件,既包括利用本人职务上主管、管理公共财物的职务便利,也包括利用职务上有隶属关系的其他国家工作人员的职务便利。主管,是指负责调拨、处置及其他支配公共财物的职务活动;管理,是指负责保管、处理及其他使公共财物不被流失的职务活动;经手,是指领取、支出等经办公共财物的职务活动。其次,必须侵吞、窃取、骗取或者以其他手段非法占有公共财物。侵吞,即侵占,指将自己基于职务活动而占有、管理的公共财物据为己有。如财会人员收款不入账、行政执法人员罚款不上交等。根据刑法第394条的规定,国家工作人员在国内公务活动或者对外交往中接受礼物,依照国家规定应当交公而不交公,数额较大的,以贪污罪定罪处罚。窃取,即盗窃,指秘密窃取处于他人合法占有状态下的公共财物。骗取,即诈骗,指采用虚构事实或者隐瞒真相的方法,骗取他人占有的公共财物。其他手段,是指除侵吞、窃取、骗取以外的其他利用职务之便的手段,将公共财物转移给自己不法占有。

2. 本罪的主观要件为故意,并且具有非法占有公共财物的目的。

(二)贪污罪的认定

1. 本罪与一般贪污行为的界限。二者的区分,应当把握以下两点:一是看贪污的数额;二是看贪污的情节。根据刑法第383条的规定,贪污数额较大或者有其他较重情节的,构成贪污罪。根据2016年4月18日最高人民法院、最高人民检察院公布的《关于办理贪污贿赂刑事案件适用法律若干问题的解释》(以下简称《贪污贿赂解释》)第1条的规定,贪污数额在3万元以上不满20万元的,应当认定为“数额较大”。贪污数额在1万元以上不满3万元,具有下列六种情形之一的,应当认定为“其他较重情节”:(1)贪污救灾、抢险、防汛、优抚、扶贫、移民、救济、防疫、社会捐助等特定款物的;(2)曾因贪污、受贿、挪用公款受过党纪、行政处分的;(3)曾因故意犯罪受过刑事追究的;(4)赃款赃物用于非法活动的;(5)拒不交代赃款赃物去向或者拒不配合追缴工作,致使无法追缴的;(6)造成恶劣影响或者其他严重后果的。

2. 本罪既遂的认定标准。贪污罪是一种以非法占有为目的的财产性职务犯罪,与盗窃、诈骗、抢夺等侵犯财产罪一样,应当以行为人实际控制财物作为既遂认定的标准。认定实际控制,并不以行为人将公共财物非法据为己有为要件,只要财物已

---

〔3〕“杨某等贪污案二审裁定书”,浙江省高级人民法院刑事裁定书(〔2009〕浙刑二终字第34号)。

脱离财物所有权人或持有人的实际控制,并且行为人能够随时支配、处理该财物,具有实际控制权即可;同时,这种实际控制既无时间长短的要求,也不要求行为人实际上已利用了该财物。行为人利用职务上的便利,实施了虚假平账等贪污行为,但公共财物尚未实际转移,或者尚未被行为人控制就案发的,应当认定为未遂。行为人控制公共财物后,是否将财物据为己有,不影响贪污既遂的认定。

3. 本罪与侵占罪、盗窃罪、诈骗罪的界限。主要区别在于:(1)行为主体不同。贪污罪的行为主体是国家工作人员,侵占罪、盗窃罪、诈骗罪的行为主体是一般主体。(2)行为手段不同。贪污罪的行为人必须利用了职务上的便利,而侵占罪、盗窃罪、诈骗罪的行为人并无职务便利可以利用。事实上,贪污罪与侵占罪、盗窃罪、诈骗罪在法条上是特别法条与普通法条的关系。根据特别法条优先的处断原则,凡是国家工作人员利用职务便利实施"侵占""盗窃""诈骗"等行为的,均应以贪污罪论处。

4. 本罪与职务侵占罪的界限。主要区别在于:(1)主体不同。贪污罪的主体是国家工作人员,职务侵占罪的主体是非国有公司、企业或者其他单位中的人员。(2)行为对象不同。贪污罪的对象是公共财物,职务侵占罪的对象是本单位的财物。事实上,贪污罪与职务侵占罪是特别法条和普通法条的关系。因此,凡是国家工作人员利用职务便利实施"侵占"行为的,均应以贪污罪论处。

5. 本罪共犯的认定。实践中,要正确把握国家工作人员与非国家工作人员勾结共同非法占有单位财物行为的定性。2000 年 6 月 30 日最高人民法院《关于审理贪污、职务侵占案件如何认定共同犯罪几个问题的解释》第 3 条规定:"公司、企业或者其他单位中,不具有国家工作人员身份的人与国家工作人员勾结,分别利用各自的职务便利,共同将本单位财物非法占为己有的,按照主犯的性质定罪。"不过,按照主犯定性说难以全面反映案件的性质。本书提倡按照特殊身份定性说。国家工作人员相对于非国家工作人员的身份,更具有特殊性,且贪污罪和职务侵占罪在法条上是特别关系,因而只要利用了国家工作人员的身份非法占有公共财物的,均应认定为贪污罪。

(三)贪污罪的处罚

根据刑法第 383 条的规定,对犯贪污罪的,根据情节轻重,分别依照下列规定处罚:(1)贪污数额较大或者有其他较重情节的,处 3 年以下有期徒刑或者拘役,并处罚金。(2)贪污数额巨大或者有其他严重情节的,处 3 年以上 10 年以下有期徒刑,并处罚金或者没收财产。(3)贪污数额特别巨大或者有其他特别严重情节的,处 10 年以上有期徒刑或者无期徒刑,并处罚金或者没收财产;数额特别巨大,并使国家和人民利益遭受特别重大损失的,处无期徒刑或者死刑,并处没收财产。

对多次贪污未经处理的,按照累计贪污数额处罚。贪污数额较大或者有其他较重情节的，在提起公诉前如实供述自己罪行、真诚悔罪、积极退赃，避免、减少损害结果的发生，可以从轻、减轻或者免除处罚；贪污数额巨大或者有其他严重情节，或者贪污数额特别巨大或者有其他特别严重情节的，可以从轻处罚。犯本罪被判处死刑缓期执行的，人民法院根据犯罪情节等情况可以同时决定在其死刑缓期执行2年期满依法减为无期徒刑后，终身监禁，不得减刑、假释。

根据《贪污贿赂解释》第1条、第2条、第3条的规定，贪污数额在3万元以上不满20万元的，应当认定为"数额较大"。贪污数额在20万元以上不满300万元的，应当认定为"数额巨大"。贪污数额在300万元以上的，应当认定为"数额特别巨大"。贪污数额在"1万元以上不满3万元""10万元以上不满20万元""150万元以上不满300万元"，具有以下六种情形之一的，应当分别认定为"其他较重情节""其他严重情节""其他特别严重情节"：(1)贪污救灾、抢险、防汛、优抚、扶贫、移民、救济、防疫、社会捐助等特定款物的；(2)曾因贪污、受贿、挪用公款受过党纪、行政处分的；(3)曾因故意犯罪受过刑事追究的；(4)赃款赃物用于非法活动的；(5)拒不交代赃款赃物去向或者拒不配合追缴工作，致使无法追缴的；(6)造成恶劣影响或者其他严重后果的。

根据《贪污贿赂解释》第19条的规定，对贪污罪判处3年以下有期徒刑或者拘役的，应当并处10万以上50万元以下的罚金；判处3年以上10年以下有期徒刑的，应当并处20万元以上犯罪数额2倍以下的罚金或者没收财产；判处10年以上有期徒刑或者无期徒刑的，应当并处50万元以上犯罪数额2倍以下的罚金或者没收财产。

根据《贪污贿赂解释》第16条第1款的规定，国家工作人员出于贪污的故意，非法占有公共财物、收受他人财物之后，将赃款赃物用于单位公务支出或者社会捐赠的，不影响贪污罪、受贿罪的认定，但量刑时可以酌情考虑。

这里的"贪污数额"，在共同贪污犯罪案件中，不是泛指整个共同犯罪的数额，也不是指个人实际分赃的数额，而是指为个人实际参与或者组织、指挥的共同犯罪的贪污数额。对于贪污犯罪集团的首要分子，应当按整个犯罪集团的贪污数额确定量刑幅度；对于其他主犯，应当按照其参与或者组织、指挥的全部犯罪的贪污数额确定量刑幅度；对于共同犯罪中的从犯，应当按照其所参与的共同贪污的数额确定量刑幅度。

二、挪用公款罪

（一）挪用公款罪的概念和构成要件

挪用公款罪，是指国家工作人员利用职务上的便利，挪用公款归个人使用，进行非法活动的，或者挪用公款数额较大、进行营利活动的，或者挪用公款数额较大、超过3个月未还的行为。本罪的法益是职务行为的廉洁性和公款的占有、使用、收益的权益(处分权益除外)。

1. 本罪的客观要件为国家工作人员利用职务上的便利,挪用公款归个人使用,进行非法活动的,或者挪用公款数额较大、进行营利活动的,或者挪用公款数额较大、超过3个月未还。

(1)本罪的行为主体是特殊主体,必须是国家工作人员,但不包括受委托人员。根据2000年2月13日最高人民法院《关于对受委托管理、经营国有财产人员挪用国有资金行为如何定罪问题的批复》的规定,对于受国家机关、国有公司、企业、事业单位、人民团体委托,管理、经营国有财产的非国家工作人员,利用职务上的便利,挪用国有资金归个人使用构成犯罪的,应当依照挪用资金罪的规定定罪处罚。

示例9-4　刘某挪用公款罪案

一审法院认为:"根据2003年《全国法院审理经济犯罪座谈会纪要》(简称《纪要》)规定:'受委托经营、管理国有财产',是指因承包、租赁、临时聘用等管理、经营国有财产。可见,承包、租赁、聘用是'受委托'的主要方式,但需要注意的是,《纪要》将这里的聘用限制在'临时聘用'。因为长期受聘用的人员与所在单位已经形成了较为固定的劳动关系,尤其是受聘担任较高职务的情况,其享有的权利义务与正式在编人员没有大的差别,将其直接视为国家工作人员符合当前国有单位工作人员构成来源变化的特点。本案被告人刘某被国有公司长期聘用,担任分公司的领导职务,管理、经营国有财产,应属于国有公司中的工作人员,而非国有公司委托管理、经营国有财产的人员。"〔4〕

(2)本罪的行为对象是公款,即公共财产中以货币或有价证券形式呈现的部分,不包括一般公物。但是,如果挪用的是特定公物,也可能构成挪用公款罪。根据刑法第384条第2款的规定,挪用用于救灾、抢险、防汛、优抚、扶贫、救济款物归个人使用的,从重处罚。另外,根据1997年10月13日最高人民检察院《关于挪用国库券如何定性问题的批复》,国家工作人员利用职务上的便利,挪用公有或本单位的国库券的行为,以挪用公款论;符合刑法第384条、第272条第2款规定的情形构成犯罪的,按挪用公款罪追究刑事责任。根据2000年3月15日最高人民检察院《关于国家工作人员挪用非特定公物能否定罪的请示的批复》,刑法第384条规定的挪用公款罪中未包括挪用非特定公款归个人使用的行为,对该行为不以挪用公款罪论处;如构成其他犯罪的,依照刑法的相关规定定罪处罚。根据2003年1月28日最高人民检察院《关于挪用失业保险基金和下岗职工基本生活保障资金的行为适用法律

〔4〕"刘某挪用公款罪案一审判决书",载《刑事审判参考》2006年第4集,指导案例第406号。

问题的批复》，国家工作人员利用职务上的便利，挪用失业保险基金和下岗职工基本生活保障资金归个人使用，构成犯罪的，应当依照刑法第 384 条的规定，以挪用公款罪追究刑事责任。

（3）本罪的行为方式是利用职务上的便利挪用公款归个人使用。所谓利用职务上的便利，是指利用职务权力和地位所形成的主管、管理、经手公款的便利条件。既包括直接经手、管理公款的便利条件，也包括因职务关系而具有的调拨、支配、使用公款的便利条件。所谓挪用，是指不经合法批准，擅自动用所主管、管理、经手的单位资金。所谓归个人使用，是指具有下列情形之一：一是将公款供本人、亲友或者其他自然人使用的；二是以个人名义将公款供其他单位使用的；三是个人决定以单位名义将公款供其他单位使用，谋取个人利益的。如果经单位领导集体研究决定将公款给个人使用，或者单位负责人为了单位的利益，决定将公款给个人使用的，不以挪用公款罪定罪处罚。

示例 9－5　姚某贪污、受贿案

一审法院认为："由于姚某的行为是个人决定以单位名义将公款借给其他单位使用情形，要认定构成挪用公款罪，必须是姚某主观上具有谋取个人利益的目的。然而，姚某借款当时谋取个人利益的意图并不明显，在案证据也难以证实姚某与王步前具有事后收受贿赂的合意或者默契，故姚某的行为不构成挪用公款罪。"〔5〕

上述行为致使单位遭受重大损失，构成其他犯罪的，依照刑法的有关规定对责任人员定罪处罚。对于行为人逃避财务监管，或者与使用人约定以个人名义进行，或者借款、还款都以个人名义进行，将公款给其他单位使用的，应认定为"以个人名义"。"个人决定"既包括行为人在职权范围内决定，也包括超越职权范围决定。"个人"并不限于一个人，而是相对于单位、集体而言。例如，没有经过单位领导集体研究，只是由其中的少数领导违反决策程序"拍板"决定将公款供其他单位使用的，也属于"个人决定"。"谋取个人利益"，既包括行为人与使用人事先约定谋取个人利益实际尚未获取的情况，也包括虽未事先约定但实际已获取了个人利益的情况。其中的"个人利益"，既包括不正当利益，也包括正当利益；既包括财产性利益，也包括非财产性利益，但这种非财产性利益应当是具体的实际利益，如升学、就业等。国有单位领导利用职务上的便利指令具有法人资格的下级单位将公款供个人使用的，属于挪用公款行为，构成犯罪的，应以挪用公款罪定罪处罚。

---

〔5〕"姚某贪污、受贿案一审判决书"，载《刑事审判参考》2012 年第 4 集，指导案例第 805 号。

示例 9-6　歹某挪用公款案

二审法院认为:“挪用公款罪的主要特征是挪用公款归个人使用。歹某在担任国有公司经理职务期间,因所在单位经营的需要,经集体研究决定,将公款划拨到名为个体实为集体的其他企业使用,虽情况属实,但其本人并没有从中谋取私人的利益,其行为不符合刑法规定的挪用公款罪的构成要件,不构成挪用公款罪。”〔6〕

根据被挪用公款的用途不同,挪用公款可以分为以下三种类型:一是挪用公款进行非法活动,如将公款用于赌博、嫖娼、行贿、走私等。二是挪用公款进行营利活动。所谓营利活动,是指以公款作为资本以获取利润的活动,如挪用公款存入银行、用于集资、购买股票、国债、注册资本验资等。三是挪用公款进行营利活动、非法活动以外的活动,如用于家庭生活消费、子女上学费用等。

(4)本罪的行为结果是挪用公款的时间较长或者数额较大。刑法对三种挪用公款的行为规定了不同的构成要素:挪用公款进行一般活动的,必须数额较大,并且超过3个月;挪用公款进行营利活动的,只要求数额较大,不要求超过3个月;挪用公款进行非法活动的,无挪用时间要求,但有数额要求。根据《贪污贿赂解释》第5条的规定,挪用公款归个人使用,进行非法活动,数额在3万元以上的,应当追究刑事责任;数额在300万元以上的,应当认定为“数额巨大”。具有下列情形之一的,应当认定为“情节严重”:一是挪用公款数额在100万元以上的;二是挪用救灾、抢险、防汛、优抚、扶贫、移民、救济特定款物,数额在50万元以上不满100万元的;三是挪用公款不退还,数额在50万元以上不满100万元的;四是其他严重的情节。

根据《贪污贿赂解释》第6条的规定,挪用公款归个人使用,进行营利活动或者超过3个月未还,数额在5万元以上的,应当认定为“数额较大”;数额在500万元以上的,应当认定为“数额巨大”。具有下列情形之一的,应当认定为“情节严重”:一是挪用公款数额在200万元以上的;二是挪用救灾、抢险、防汛、优抚、扶贫、移民、救济特定款物,数额在100万元以上不满200万元的;三是挪用公款不退还,数额在100万元以上不满200万元的;四是其他严重的情节。

2.本罪的主观要件为故意,即明知挪用行为会侵犯公款的占有权、使用权和收益权以及职务行为的廉洁性,并且希望或者放任这种结果的发生。

(二)挪用公款罪的认定

1.公款用途的认定。挪用公款罪的客观行为往往表现为“既挪又用”。但是,“挪用”是本罪的实行行为,“使用”并非是本罪的实行行为。但是,使用行为是确定

---

〔6〕“歹某挪用公款案二审判决书”,载《最高人民法院公报》2005年第5期。

公款用途的根据，而刑法条文根据公款用途的风险大小，将其分为三种类型。由于公款的实际的使用用途与公款的风险大小关系极大，因此，准确判断公款的用途非常重要。对挪用公款行为的三种用途的认定，原则上应当根据实际的使用性质予以判断。例如，原本挪用公款赌博，但后来却将公款用于炒股的，应认定为挪用公款进行营利活动，而不应认定为挪用公款进行非法活动。另外，挪用公款归还个人欠款的，应当根据产生欠款的原因，分别认定属于挪用公款的何种情形。归还个人因从事非法活动或者营利活动产生的欠款，应当认定为挪用公款进行非法活动或者进行营利活动。挪用公款给他人使用，不知道使用人用公款进行营利活动或者用于非法活动，数额较大、超过3个月未还的，构成挪用公款罪；明知使用人用于营利活动或者非法活动的，应当认定为挪用人挪用公款进行营利活动或者非法活动。挪用公款后尚未投入实际使用的，只要同时具备"数额较大"和"超过3个月未还"的构成要件，应当认定为挪用公款罪，但可以酌情从轻处罚。

2. 挪用公款的数额计算。多次挪用公款不还，挪用公款数额累计计算；多次挪用公款，并以后次挪用的公款归还前次挪用的公款，挪用公款数额以案发时未还的实际数额认定。挪用公款，分别用于非法活动、营利活动或者其他活动，如果用于每项活动的数额分别构成相应行为类型的入罪标准的，则应认定为想象竞合犯，择一重罪处断；如果用于各项活动的数额均未达到该项的定罪标准，但挪用公款的总额达到某项定罪标准的，则宜将用途风险较高的数额折算为风险较低的数额（如将用于非法活动的数额折算为用于营利活动的数额，须以满足时间条件为前提），以挪用公款罪论处。

3. 本罪与贪污罪的界限。二者的根本区别在于，行为人主观上是否具有非法占有公款的目的。如果行为人具有非法占有的目的，应当认定为贪污罪；如果行为人不具有非法占有的目的，则应当认定为挪用公款罪。在司法实践中，具有以下情形之一的，可以认定行为人具有非法占有公款的目的：(1)行为人"携带挪用的公款潜逃的"，对其携带挪用的公款部分，以贪污罪定罪处罚；(2)行为人挪用公款后采取虚假发票平账、销毁有关账目等手段，使所挪用的公款已难以在单位财务账目上反映出来，且没有归还行为的，应当以贪污罪定罪处罚；(3)行为人截取单位收入不入账，非法占有，使所占有的公款难以在单位财务账目上反映出来，且没有归还行为的，应当以贪污罪定罪处罚；(4)有证据证明行为人有能力归还所挪用的公款而拒不归还，并隐瞒挪用的公款去向的，应当以贪污罪定罪处罚。

4. 本罪与挪用资金罪的界限。二者的区别主要在于以下两个方面：(1)行为主体不同。挪用公款罪的主体是国家工作人员，挪用资金罪的主体是公司、企业或者其他单位的工作人员。(2)行为对象不同。挪用公款罪的行为对象原则上限于公款，例外情形下包括法定的特定款物；挪用资金罪的犯罪对象是非国有单位的资金。

5. 本罪与挪用特定款物罪的界限。二者的根本区别在于挪用用途不同。挪用公款罪是挪用公款归个人使用,实质上是"公款私用";挪用特定款物罪是将特定款物挪作单位其他事项使用,违反专款专用的财经制度,实际上是"公款(物)公用"。

6. 本罪的罪数和共犯。因挪用公款索取、收受贿赂构成犯罪的,依照数罪并罚的规定处罚;挪用公款进行非法活动构成其他犯罪的,依照数罪并罚的规定处罚。挪用公款给他人使用,使用人与挪用人共谋,指使或者参与策划取得挪用款的,以挪用公款罪的共犯定罪处罚。

(三)挪用公款罪的处罚

根据刑法第 384 条的规定,犯本罪的,处 5 年以下有期徒刑或者拘役;情节严重的,处 5 年以上有期徒刑。挪用公款数额巨大不退还的,处 10 年以上有期徒刑或者无期徒刑。挪用用于救灾、抢险、防汛、优抚、扶贫、移民、救济款物归个人使用的,从重处罚。

三、受贿罪

(一)受贿罪的概念和构成要件

受贿罪,是指国家工作人员利用职务上的便利,索取他人财物,或者非法收受他人财物,为他人谋取利益的行为。本罪的法益是国家工作人员职务行为的不可收买性。

1. 本罪的客观要件为国家工作人员利用职务上的便利,索取他人财物,或者非法收受他人财物,为他人谋取利益。

(1)本罪的行为主体是特殊主体,限于国家工作人员,具体范围原则上与贪污罪的主体范围相同。另外,根据 2000 年 7 月 13 日最高人民法院《关于国家工作人员利用职务上的便利为他人谋取利益离退休后收受财物行为如何处理问题的批复》的规定,国家工作人员利用职务上的便利为请托人谋取利益,并与请托人事先约定,在其离退休后收受请托人财物,构成犯罪的,以受贿罪定罪处罚。根据 2007 年 7 月 8 日最高人民法院、最高人民检察院《关于办理受贿刑事案件适用法律若干问题的意见》(以下简称《受贿案件意见》)第 10 条的规定,国家工作人员利用职务上的便利为请托人谋取利益之前或者之后,约定在其离职后收受请托人财物,并在离职后收受的,以受贿论处。根据 2008 年 11 月 20 日最高人民法院、最高人民检察院《关于办理商业贿赂刑事案件适用法律若干问题的意见》(以下简称《商业贿赂意见》)第 4 条、第 5 条和第 6 条的规定,医疗机构中的国家工作人员,在药品、医疗器械、医用卫生材料等医药产品采购活动中,利用职务上的便利,索取销售方财物,或者非法收受销售方财物,为销售方谋取利益,构成犯罪的,以受贿罪定罪处罚;学校及其他教育机构中的国家工作人员,在教材、教具、校服或者其他物品的采购等活动中,利用职务上的便利，索取销售方财物，或者非法收受销售方财物，为销售方谋取利益，构成犯罪的，以受贿罪定罪处罚；依法组织的评标委员会、竞争性谈判采购中谈判小组、询价采购中询价小组中国家机关或者其他国有单位的代表，在招标、政府采购等事项的评标或者采购活动中，索取他人财物，或者非法收受他人财物为他人谋取利益，构成犯罪的，以受贿罪定罪处罚。

（2）本罪的行为对象是财物。根据《贪污贿赂解释》第 12 条的规定，贿赂犯罪中的“财物”包括货币、物品和财产性利益。财产性利益包括可以折算为货币的物质利益，如房屋、装修债务免除等，以及需要支付货币的其他利益，如会员服务、旅游等。后者的犯罪数额，以实际支付或者应当支付的数额计算。

（3）本罪的行为方式是利用职务便利，索取他人财物，或者非法收受他人财物，为他人谋取利益。具体有以下两种基本方式：一是索贿，即利用职务便利，索取他人财物；二是收贿，即利用职务便利，非法收受他人财物。所谓利用职务上的便利，是指利用本人职务范围内的权力，即自己职务上主管、负责或者承办某项公共事务的职权及其所形成的便利条件。包括利用本人职务上主管、负责、承办某项公共事务的职权，也包括利用职务上有隶属、制约关系的其他国家工作人员的职权。担任单位领导职务的国家工作人员通过不属于自己主管的下级部门的国家工作人员的职务行为为他人谋取利益的，也应当认定为利用职务上的便利。

示例 9－7　陆某受贿案

二审法院认为：“本案中，刘某是陆某的上级领导，陆某的职务对刘某的职务不具有制约关系，但陆与刘之间存在职务上的行为，为请托人谋取不正当利益，应当属于利用本人职权或者地位形成的便利条件受贿的情形。”〔7〕

索贿，是否必须具备为他人谋取利益的要素，才能成立受贿罪，理论上存在争议。1999 年 9 月 16 日最高人民检察院公布的《关于人民检察院直接受理立案侦查案件立案标准的规定（试行）》［以下简称《立案标准（试行）》］第 3 条规定：“索取他人财物的，不论是否‘为他人谋取利益’，均可构成受贿罪，非法收受他人财物的，必须同时具备‘为他人谋取利益’的条件，才能构成受贿罪，但是为他人谋取的利益是否正当，为他人谋取的利益是否实现，不影响受贿罪的认定。”本书认为，这一规定值得商榷。受贿罪的本质是权钱交易，交易的主体是国家工作人员和他人，交易的筹码是权力和财物。而权力之所以能和财物相互交换，是因为其能为他人谋取利益。

〔7〕“陆某受贿案二审裁定书”，载《刑事审判参考》2012 年第 1 集，指导案例第 754 号。

如果行为人主观上并不想利用手中的权力为他人谋取利益，则难以谓之权钱交易。质言之，无论是索贿还是收贿，都应当具备“为他人谋取利益”这一构成要素。

根据《贪污贿赂解释》第13条的规定，具有下列情形之一的，应当认定为“为他人谋取利益”：一是实际或者承诺为他人谋取利益的；二是明知他人有具体请托事项的；三是履职时未被请托，但事后基于该履职事由收受他人财物的；四是国家工作人员索取、收受具有上下级关系的下属或者具有行政管理关系的被管理人员的财物价值3万元以上，可能影响职权行使的，视为承诺为他人谋取利益。关于为他人谋取利益的构成地位，理论上存在客观要素说和主观要素说之争。本书认为，宜将为他人谋取利益理解为是客观构成要素。依据《贪污贿赂解释》对“为他人谋取利益”的界定，为他人谋取利益实际上包括承诺、实施和实现三个阶段的行为。只要具有其中一个阶段的行为，如国家工作人员收受他人财物时，根据他人提出的具体请托事项，承诺为他人谋取利益的，就具备了为他人谋取利益的要件；明知他人有具体请托事项而收受其财物的，推定为“为他人谋取利益”；行为人通过履职实现了他人的利益，虽当时未受请托，事后基于这一履职行为接受财物，拟制为“为他人谋取利益”；国家工作人员索取、收受具有上下级关系的下属或者具有行政管理关系的被管理人员的财物价值3万元以上，可能影响职权行使的，亦拟制为“承诺为他人谋取利益”。为他人谋取利益中的“利益”，既可以是正当利益，也可以是不正当利益。前者即所谓的“贪赃不枉法”，后者即所谓的“贪赃枉法”。但是无论职务行为本身是否正当、有无枉法，国家工作人员的身份要求其不能通过职务行为获取不正当报酬，否则便侵害了职务行为的不可收买性。当然，国家工作人员通过职务行为为相对人谋取了不正当利益的，不仅侵犯了职务行为的不可收买性，还侵犯了职务行为的公正性、合法性，更应以犯罪论处。

2. 本罪的主观要件为故意，即行为人明知自己的索取财物或者非法收受他人财物的行为，会侵害职务行为的不可收买性，并且希望或者放任这一结果的发生。根据《贪污贿赂解释》第16条第2款的规定，特定关系人索取、收受他人财物，国家工作人员知道后未退还或者上交的，应当认定国家工作人员具有受贿故意。

（二）受贿罪的认定

1. 本罪与一般受贿行为的界限。二者的区别应当从数额和情节两个方面把握。根据《贪污贿赂解释》第1条的规定，受贿数额在3万元以上不满20万元的，应当认定为“数额较大”。受贿数额在1万元以上不满3万元，具有下列八种情形之一的，应当认定为刑法第383条第1款规定的“其他较重情节”：(1)曾因贪污、受贿、挪用公款受过党纪、行政处分的；(2)曾因故意犯罪受过刑事追究的；(3)赃款赃物用于非法活动的；(4)拒不交代赃款赃物去向或者拒不配合追缴工作，致使无法追缴的；(5)造成恶劣影响或者其他严重后果的；(6)多次索贿的；(7)为他人谋取不正当利益,致使公共财产、国家和人民利益遭受损失的;(8)为他人谋取职务提拔、调整的。

2. 本罪与合法借贷的界限。二者的区别主要在于借贷行为是否真实存在。国家工作人员利用职务上的便利,以借款为名向他人索取财物,或者非法收受财物为他人谋取利益的,应当认定为受贿。具体认定时,不能仅仅看是否有书面借款手续,应当根据以下因素综合判定:(1)有无正当、合理的借款事由;(2)款项的去向;(3)双方平时关系如何、有无经济往来;(4)出借方是否要求国家工作人员利用职务上的便利为其谋取利益;(5)借款到期后是否有归还的意思表示及行为;(6)是否有归还的能力;(7)未归还的原因;等等。

示例9-8　张某受贿案

一审法院认为:"被告人张某作为建设局局长与徐某所在海门帕源公司之间存在管理与被管理关系,其与徐某之间的借贷关系不属正常的民间借贷关系,双方也未约定有高利率,而证人徐某证言笔录证明其给付利息高于同类行业同期民间资金拆借利息原因是基于被告人张某的职务。"[8]

3. 新类型受贿案件的认定。实践中,一些新类型受贿案件在认定中存在疑难。为此,《受贿案件意见》作了如下规定:

(1)交易型受贿。国家工作人员利用职务上的便利为请托人谋取利益,以下列交易形式收受请托人财物的,以受贿论处:一是以明显低于市场的价格向请托人购买房屋、汽车等物品的;二是以明显高于市场的价格向请托人出售房屋、汽车等物品的;三是以其他交易形式非法收受请托人财物的。受贿数额按照交易时当地市场价格与实际支付价格的差额计算。前款所列市场价格包括商品经营者事先设定的不针对特定人的最低优惠价格。根据商品经营者事先设定的各种优惠交易条件,以优惠价格购买商品的,不属于受贿。

示例9-9　凌某受贿案

二审法院认为:"凌某在明知扶余华侨农场有与其职务行为相关的请托事项的情况下,仍然以明显高于市场的价格向请托方出租自有房屋,其房屋租金高于市场价格的部分,应当认定为凌某变相收取的贿赂款,构成受贿罪,依法应予惩处。"[9]

---

〔8〕"张某受贿案一审判决书",江苏省南通市中级人民法院刑事判决书(〔2010〕通中刑二初字第1号)。

〔9〕"凌某受贿案二审裁定书",载《刑事审判参考》2014年第4集,指导案例第1017号。

(2)收受干股。干股是指未出资而获得的股份。国家工作人员利用职务上的便利为请托人谋取利益,收受请托人提供的干股的,以受贿论处。进行了股权转让登记,或者相关证据证明股份发生了实际转让的,受贿数额按转让行为时股份价值计算,所分红利按受贿孳息处理。股份未实际转让,以股份分红名义获取利益的,实际获利数额应当认定为受贿数额。

(3)合作投资型受贿。国家工作人员利用职务上的便利为请托人谋取利益,由请托人出资,"合作"开办公司或者进行其他"合作"投资的,以受贿论处。受贿数额为请托人给国家工作人员的出资额。国家工作人员利用职务上的便利为请托人谋取利益,以合作开办公司或者其他合作投资的名义获取"利润",没有实际出资和参与管理、经营的,以受贿论处。

(4)委托理财型受贿。国家工作人员利用职务上的便利为请托人谋取利益,以委托请托人投资证券、期货或者其他委托理财的名义,未实际出资而获取"收益",或者虽然实际出资,但获取"收益"明显高于出资应得收益的,以受贿论处。受贿数额,前一情形,以"收益"额计算;后一情形,以"收益"额与出资应得收益额的差额计算。

(5)赌博型受贿。国家工作人员利用职务上的便利为请托人谋取利益,通过赌博方式收受请托人财物的,构成受贿。实践中应注意区分贿赂与赌博活动、娱乐活动的界限。具体认定时,主要应当结合以下因素进行判断:一是赌博的背景、场合、时间、次数;二是赌资来源;三是其他赌博参与者有无事先通谋;四是输赢钱物的具体情况和金额大小;五是特定关系人"挂名"领薪。国家工作人员利用职务上的便利为请托人谋取利益,要求或者接受请托人以给特定关系人安排工作为名,使特定关系人不实际工作却获取所谓薪酬的,以受贿论处。

(6)通过特定关系人受贿。国家工作人员利用职务上的便利为请托人谋取利益,授意请托人以《受贿案件意见》所列形式,将有关财物给予特定关系人的,以受贿论处。特定关系人与国家工作人员通谋,共同实施前款行为的,对特定关系人以受贿罪的共犯论处。特定关系人以外的其他人与国家工作人员通谋,由国家工作人员利用职务上的便利为请托人谋取利益,收受请托人财物后双方共同占有的,以受贿罪的共犯论处。

示例 9－10　罗某受贿案

一审法院认为:"被告人罗某明知杨某给予其财物是为讨好其情夫张某,以获得张某利用担任铁道部运输局局长的职务便利提供帮助,仍收受杨某给予的财物并于事前征得张某同意或者事后告知了张某,张某亦接受杨某的请托利用职务便利为杨某提供了帮助,据此应认定罗某具有与张某共同受贿的故意,参与实施了共同受贿行为,其行为符合《最高人民法院、最高人民检察院关于办理受贿刑事案件适用法律若干问题的意见》第七

条、第十一条的规定，应认定为与张某构成共同受贿，对其应当按受贿罪的共犯定罪处罚。"〔10〕

（7）贿赂物品未办理权属变更问题。国家工作人员利用职务上的便利为请托人谋取利益，收受请托人房屋、汽车等物品，未变更权属登记或者借用他人名义办理权属变更登记的，不影响受贿的认定。认定以房屋、汽车等物品为对象的受贿，应注意与借用的区分。具体认定时，除双方交代或者书面协议之外，主要应当结合以下因素进行判断：一是有无借用的合理事由；二是是否实际使用；三是借用时间的长短；四是有无归还的条件；五是有无归还的意思表示及行为。

4. 斡旋受贿的认定。根据刑法第388条的规定，国家工作人员利用本人职权或者地位形成的便利条件，通过其他国家工作人员职务上的行为，为请托人谋取不正当利益，索取请托人财物或者收受请托人财物的，以受贿论处。这在理论上称为斡旋受贿。与普通受贿相比，斡旋受贿的特殊之处在于，行为人不是直接通过本人的职务行为为他人谋取利益，而是利用本人职权或者地位所形成的便利条件，通过其他国家工作人员职务上的行为，为请托人谋取利益。斡旋受贿具有间接利用职权为他人谋取利益的特点，因而又被称为间接受贿。

斡旋受贿的成立，应当具备以下三个条件：（1）必须利用本人职权或者地位形成的便利条件。"利用本人职权或者地位形成的便利条件"，是指行为人与被其利用的国家工作人员之间在职务上虽然没有隶属、制约关系，但是行为人利用了本人职权或者地位产生的影响和一定的工作联系。这种利用并不要求行为人积极地利用其职权或地位，而只要求其基于特定的身份和地位实施斡旋行为即可。（2）通过其他国家工作人员职务上的行为，为请托人谋取不正当利益。所谓"为谋取不正当利益"，是指谋取违反法律、法规、国家政策和国务院各部门规章规定的利益，以及要求国家工作人员或者有关单位提供违反法律、法规、国家政策和国务院各部门规章规定的帮助或者方便条件。（3）必须索取请托人财物或者收受请托人财物。

示例9－11　陆某受贿案

一审法院认为："被告人陆某属国有事业单位中从事公务的人员，应以国家工作人员论；陆某虽与其他三名涉案的国家工作人员之间无隶属、制约关系，但相互之间具有工作联系，属于利用本人职权或者地位形成的便利条件的情形。"〔11〕

---

〔10〕"罗某受贿案一审判决书"，北京市第二中级人民法院刑事判决书（〔2013〕二中刑初字第1952号）。

〔11〕"陆某受贿案一审判决书"，江苏省常州市天宁区人民法院刑事判决书（〔2011〕天刑二初字第229号）。

5. 本罪与敲诈勒索罪的界限。收贿行为与敲诈勒索罪一般不难区分，容易混淆的是正确区分索贿行为与敲诈勒索罪的界限。二者区分的关键在于，行为人是否利用职务上的便利。索贿行为利用了职务上的便利，敲诈勒索罪没有利用职务上的便利。因此，在国家工作人员利用相对方需要办理的事项与其职务行为相关的状况，索取对方财物的，应当认定为索贿行为。

示例9-12　孟某受贿、强迫交易案

二审法院认为："国家新闻媒体舆论监督权是一种公共权利，孟某作为国家新闻媒体的记者，在履行职责的过程中向被批评报道的有关单位索取财物，符合受贿罪的构成要件，应以受贿罪认定。"〔12〕

6. 本罪与诈骗罪的关系。二者区分的关键在于，行为人是否具有为他人谋取利益的意图。如果行为人索取或者非法收受他人财物，并且虚假承诺为他人谋取利益，但根本没有为他人谋取利益的意图的，应认定为诈骗罪。

示例9-13　吴某受贿案

二审法院认为："从整体上看，吴某与徐某各取所需，虽吴某在收受财物时采取了欺骗的手段，但其对行为的目的即非法占有徐某的财物有明确的认识；徐某虽然误以为其所送财物系交给了所谓'领导的朋友'，但徐某对其送出财物行为的目的即谋取不正当利益有清晰的认识。因此，以索贿而不是诈骗来评价吴某在本笔犯罪事实中的行为能够更加全面地反映其犯罪的手段、目的及所侵犯的法益，也有助于对徐某行为性质的认定。"〔13〕

7. 本罪与渎职犯罪的关系。根据《贪污贿赂解释》第17条的规定，国家工作人员利用职务上的便利，收受他人的财物，为他人谋取利益，同时构成受贿罪和刑法分则第3章第3节、第9章规定的渎职犯罪的，除刑法另有规定外，以受贿罪和渎职犯罪数罪并罚。

8. 多次受贿未经处理的处罚。根据《贪污贿赂解释》第15条的规定，对多次受贿未经处理的，累计计算受贿数额。国家工作人员利用职务上的便利为请托人谋取利益前后多次收受请托人财物，受请托之前收受的财物数额在1万元以上的，应当一并计入受贿数额。

---

〔12〕"孟某受贿、强迫交易案二审判决书"，浙江省杭州市中级人民法院刑事判决书（〔2007〕杭刑终字第1号）。

〔13〕"吴某受贿案二审裁定书"，湖南省高级人民法院刑事裁定书（〔2014〕湘高法刑二终字第74号）。

9. 本罪既遂的认定标准。受贿罪的法益是职务行为的不可收买性，因此，应以权钱交易的完成作为既遂的标准。当相对方交付财物，国家工作人员接受财物时，则意味着权钱交易已经完成，因此，在具体判断时，应以行为人实际获取财物作为受贿罪既遂的认定标准。

（三）受贿罪的处罚

根据刑法第 386 条的规定，犯本罪的，根据受贿所得数额及情节，依照本法第 383 条的规定处罚。索贿的从重处罚。

四、单位受贿罪

单位受贿罪，是指国家机关、国有公司、企业、事业单位、人民团体，索取、非法收受他人财物，为他人谋取利益，情节严重的行为。本罪的行为主体是单位，必须是国家机关、国有公司、企业、事业单位、人民团体。本罪的行为方式是索取、非法收受他人财物，为他人谋取利益。本罪的行为结果，是情节严重。

示例 9－14 某市人民医院骨科、王某单位受贿案

一审人民法院认为："被告单位某市人民医院骨科非法收受业务单位医疗器械回扣共计人民币 196200 元，所收回扣，用于该科室医疗事故的赔偿、日常支出及福利发放，并为业务单位谋取利益，且受贿数额在 10 万元以上，也达到了立案标准，属情节严重。被告单位某市人民医院骨科的行为构成单位受贿罪。被告人王某作为被告单位某市人民医院骨科直接负责的主管人员，又直接参与和业务单位回扣比例的约定，并经手收受业务单位的回扣，其行为亦已触犯刑律，构成单位受贿罪。"〔14〕

根据刑法第 387 条的规定，犯本罪的，对单位判处罚金，并对其直接负责的主管人员和其他直接责任人员，处 5 年以下有期徒刑或者拘役。上述单位在经济往来中，在账外暗中收受各种名义的回扣、手续费的，以受贿论，依照上述规定处罚。

五、利用影响力受贿罪

（一）利用影响力受贿罪的概念和构成要件

利用影响力受贿罪，是指国家工作人员的近亲属或者其他与该国家工作人员关系密切的人，通过该国家工作人员职务上的行为，或者利用该国家工作人员职权或者地位形成的便利条件，以及离职的国家工作人员或者其近亲属以及其他与其关系

---

〔14〕 "某市人民医院骨科、王某单位受贿案一审判决书"，江苏省丹阳市人民法院刑事判决书（〔2005〕丹刑初字第 60 号）。

密切的人，利用该离职的国家工作人员原职权或者地位形成的便利条件，通过其他国家工作人员职务上的行为，为请托人谋取不正当利益，索取请托人财物或者收受请托人财物，数额较大或者有其他较重情节的行为。

1. 本罪的客观要件为，特定的非国家工作人员利用影响力受贿。

(1)本罪的行为主体是特殊主体，必须是与国家工作人员的近亲属或者其他与该国家工作人员关系密切的人，以及离职的国家工作人员或者其近亲属以及其他与其关系密切的人。所谓近亲属，主要是指夫、妻、父、母、子、女、同胞兄弟姊妹、祖父母、外祖父母、孙子女、外孙子女。所谓其他与其关系密切的人，是指除近亲属之外的其他关系亲近、可以间接或无形的方式对国家工作人员的行为、决定施加影响的人。所谓离职的国家工作人员，是指曾经是国家工作人员，但由于离休、退休、辞职、辞退等原因已离开国家工作人员岗位的人。

(2)本罪的行为方式是利用影响力受贿。具体有以下三种类型：第一，国家工作人员的近亲属或者其他与该国家工作人员关系密切的人，通过该国家工作人员职务上的行为，为请托人谋取不正当利益，索取或者非法收受请托人财物。第二，国家工作人员的近亲属或者其他与该国家工作人员关系密切的人，利用该国家工作人员职权或者地位形成的便利条件，通过其他国家工作人员职务上的行为，为请托人谋取不正当利益，索取或者非法收受请托人财物。第三，离职的国家工作人员或者其近亲属以及其他与其关系密切的人，利用该离职的国家工作人员原职权或者地位形成的便利条件，通过其他国家工作人员职务上的行为，为请托人谋取不正当利益，索取请托人财物或者收受请托人财物。应当注意的是，为请托人谋取的利益，必须是不正当利益，如果谋取的是正当利益，则不构成本罪。

(3)本罪的行为结果，是索取请托人财物或者收受请托人财物数额较大或者有其他较重情节的行为。

2. 本罪的主观要件为故意，过失不可能构成本罪。

示例 9－15 谈某利用影响力受贿案

一审法院认为："被告人谈某利用自己与时任三明现代物流产业开发建设有限公司总经理、国家工作人员何某的密切关系，帮助郑某积极向何某打招呼、说好话，通过何某职务上的行为，为请托人郑某获取建设工程代理招标业务并谋取利益；而何某看在被告人谈某'是老部下，共事期间关系不错'的份上，利用职权指使下属违反规定未进行'公开随机抽取招标代理机构'，而是直接指定给郑某做，为郑某谋取不正当利益。"〔15〕

〔15〕"谈某利用影响力受贿案一审判决书"，福建省三明市梅列区人民法院刑事判决书(〔2014〕梅刑初字第108号)。

（二）利用影响力受贿罪的认定

1. 本罪与受贿罪的界限。二者区分的关键主要在于主体不同。利用影响力受贿罪是与国家工作人员或离职的国家工作人员关系密切的非国家工作人员，受贿罪的主体则是在职的国家工作人员。

2. 本罪和共同受贿犯罪的界限。二者区分的关键在于，非国家工作人员和国家工作人员有无共同受贿的故意和行为。非国家工作人员与国家工作人员勾结，伙同受贿的，应当以受贿罪的共犯追究刑事责任。非国家工作人员是否构成受贿罪共犯，取决于双方有无共同受贿的故意和行为。国家工作人员的近亲属向国家工作人员代为转达请托事项，收受请托人财物并告知该国家工作人员，或者国家工作人员明知其近亲属收受了他人财物，仍按照近亲属的要求利用职权为他人谋取利益的，对该国家工作人员应认定为受贿罪，其近亲属以受贿罪共犯论处。近亲属以外的其他人与国家工作人员通谋，由国家工作人员利用职务上的便利为请托人谋取利益，收受请托人财物后双方共同占有的，构成受贿罪共犯。国家工作人员利用职务上的便利为他人谋取利益，并指定他人将财物送给其他人，构成犯罪的，应以受贿罪定罪处罚。

（三）利用影响力受贿罪的处罚

根据刑法第 388 条之一的规定，犯本罪的，处 3 年以下有期徒刑或者拘役，并处罚金；数额巨大或者有其他严重情节的，处 3 年以上 7 年以下有期徒刑，并处罚金；数额特别巨大或者有其他特别严重情节的，处 7 年以上有期徒刑，并处罚金或者没收财产。

根据《贪污贿赂解释》第 10 条第 1 款的规定、刑法第 388 条之一的定罪量刑适用标准，参照受贿罪的规定执行。

六、行贿罪

（一）行贿罪的概念和构成要件

行贿罪，是指为谋取不正当利益，给予国家工作人员以财物的行为。本罪的法益，是国家工作人员职务行为的不可收买性。

1. 本罪的客观要件为为谋取不正当利益，给予国家工作人员以财物。所谓不正当利益，是指行贿人为谋取违反法律、法规、规章或者政策规定的利益，或者要求对方违反法律、法规、规章、政策、行业规范的规定提供帮助或者方便条件。在招标投标、政府采购等商业活动中，违背公平原则，给予相关人员财物以谋取其竞争优势的，属于谋取不正当利益。在经济往来中，违反国家规定，给予国家工作人员以财物，数额较大的，或者违反国家规定，给予国家工作人员以各种名义的回扣、手续费的，以行贿论处。

2. 本罪的主观要件为故意，且具有谋取不正当利益的目的。如果行为人是为谋取正当利益而给予国家工作人员财物的，不构成行贿罪。但应注意，在这种情况下，如果国家工作人员收受的，则成立受贿罪。另外，因被勒索给予国家工作人员以财物，没有获得不正当利益的，不是行贿。

示例 9－16　胡某受贿、行贿、巨额财产来源不明案

一审法院认为："被告人胡某为谋取不正当利益，贿赂国家工作人员人民币 8 万元，其行为构成行贿罪。"〔16〕

（二）行贿罪的认定

1. 本罪与送礼行为的界限。送礼行为，是行为人为了维系、增强与相对方之间的感情而在节日、生日等特定日期赠送少量财物的行为。区分行贿与送礼行为的关系，在于行为人主观上是否具有利用国家工作人员的职务行为为自己谋取不正当的利益的故意。

2. 本罪与一般行贿行为的界限。对此，应当从数额、情节等方面予以综合判断。根据《贪污贿赂解释》第 7 条的规定，为谋取不正当利益，向国家工作人员行贿，数额在 3 万元以上的，应当追究刑事责任。行贿数额在 1 万元以上不满 3 万元，具有下列情形之一的，应当追究刑事责任：(1) 向 3 个人以上行贿的；(2) 将违法所得用于行贿的；(3) 通过行贿谋取职务提拔、调整的；(4) 向负有食品、药品、安全生产、环境保护等监督管理职责的国家工作人员行贿，实施非法活动的；(5) 向司法工作人员行贿，影响司法公正的；(6) 造成经济损失数额在 50 万元以上不满 100 万元的。

（三）行贿罪的处罚

根据刑法第 390 条的规定，犯本罪的，处 5 年以下有期徒刑或者拘役；因行贿谋取不正当利益，情节严重的，或者使国家利益遭受重大损失的，处 5 年以上 10 年以下有期徒刑，并处罚金；情节特别严重的，或者使国家遭受重大特别重大损失的，处 10 年以上有期徒刑或者无期徒刑，并处罚金或者没收财产。

行贿人在被追诉前主动交代行贿行为的，可以从轻处罚或者减轻处罚。其中，犯罪较轻的，对侦破重大案件起关键作用的，或者有重大立功表现的，可以减轻或者免除处罚。

根据《贪污贿赂解释》第 8 条的规定，具有下列情形之一的，应当认定为"情节严重"：(1) 行贿数额在 100 万元以上不满 500 万元的；(2) 行贿数额在 50 万元以上不

---

〔16〕"胡某受贿、行贿、巨额财产来源不明案"，载《最高人民检察院公报》2000 年第 4 号。

满100万元,并具有本解释第7条第2款的五种情形之一的;(3)其他严重情节。为谋取不正当利益,向国家工作人员行贿,造成经济损失数额在100万元以上不满500万元的,应当认定为刑法第390条第1款规定的“使国家利益遭受重大损失”。根据《贪污贿赂解释》第9条的规定,具有下列情形之一的,应当认定为“情节特别严重”:(1)行贿数额在500万元以上的;(2)行贿数额在250万元以上不满500万元,并具有本解释第7条第2款的五种情形之一的;(3)其他特别严重情节。为谋取不正当利益,向国家工作人员行贿,造成经济损失数额在500万元以上的,应当认定为刑法第390条第1款规定的“使国家利益遭受特别重大损失”。

七、对有影响力的人行贿罪

对有影响力的人行贿罪,是指为谋取不正当利益,向国家工作人员的近亲属或者其他与该国家工作人员关系密切的人,或者向离职的国家工作人员或者其近亲属以及其他与其关系密切的人行贿的行为。本罪的行为主体是一般主体,即已满16周岁、具有刑事责任能力的自然人和单位。本罪的行为方式是为谋取不正当利益,给予国家工作人员的近亲属或者其他与该国家工作人员关系密切的人,或者离职的国家工作人员或者其近亲属以及其他与其关系密切的人以财物。本罪的主观是故意,并具有谋取不正当利益的目的。

示例9-17 易某对有影响力的人受贿案

易某找到李某,通过其堂兄(县打私办主任李某某)放行被查扣的被扣押的3车冻品中的2车。事后易某送给李某、李某某人民币35万元。对此,一审法院认为:“被告人易某为谋取不正当利益,给予与国家工作人员关系密切的人财物,其行为已构成对有影响力的人行贿罪。”〔17〕

根据刑法第390条之一的规定,犯本罪的,处3年以下有期徒刑或者拘役,并处罚金;情节严重的,或者使国家利益遭受重大损失的,处3年以上7年以下有期徒刑,并处罚金;情节特别严重的,或者使国家利益遭受特别重大损失的,处7年以上10年以下有期徒刑,并处罚金。单位犯本罪的,对单位判处罚金,并对其直接负责的主管人员和其他直接责任人员,处3年以下有期徒刑或者拘役,并处罚金。

〔17〕“易某对有影响力的人行贿案一审判决书”,云南省河口瑶族自治县人民法院刑事判决书(〔2016〕云2532刑初106号)。

八、对单位行贿罪

对单位行贿罪，是指为谋取不正当利益，给予国家机关、国有公司、企业、事业单位、人民团体以财物的，或者在经济往来中，违反国家规定，给予各种名义的回扣、手续费的行为。

根据刑法第 391 条的规定，犯本罪的，处 3 年以下有期徒刑或者拘役，并处罚金。单位犯本罪的，对单位判处罚金，并对其直接负责的主管人员和其他直接责任人员，依照自然人犯罪的规定处罚。

九、介绍贿赂罪

介绍贿赂罪，是指向国家工作人员介绍贿赂，情节严重的行为。所谓介绍贿赂，是指在行贿人与受贿人之间沟通关系、撮合条件，使贿赂行为得以实现的行为。

示例 9－18　张某介绍贿赂案

二审法院认为："上诉人（原审被告人）张某利用其系万源市城管局下属单位工作人员，熟悉该城管局从事协助城市管理工作的工作人员的便利条件，在请托人与城管局相关工作人员之间沟通、联络、传递贿赂款物，使请托人将贿赂款和请托事项传递给相关工作人员，先后共收取请托人贿赂款 9 万元，实际交给城管局相关工作人员 7 万元，其行为已构成介绍贿赂罪。"[18]

根据刑法第 392 条的规定，犯本罪的，处 3 年以下有期徒刑或者拘役，并处罚金。介绍贿赂人在被追诉前主动交代介绍贿赂行为的，可以减轻处罚或者免除处罚。

十、单位行贿罪

单位行贿罪，是指单位为谋取不正当利益而行贿，或者违反国家规定，给予国家工作人员以回扣、手续费，情节严重的行为。

根据刑法第 393 条的规定，犯本罪的，对单位判处罚金，并对其直接负责的主管人员和其他直接责任人员，处 5 年以下有期徒刑或者拘役，并处罚金。因行贿取得的违法所得归个人所有的，依照行贿罪的规定定罪处罚。

十一、巨额财产来源不明罪

巨额财产来源不明罪，是指国家工作人员的财产、支出明显超过合法收入，差额

---

〔18〕"张某介绍贿赂案二审裁定书"，四川省达州市中级人民法院刑事裁定书（〔2017〕川 17 刑终 49 号）。

巨大的，不能说明来源的行为。

本罪的行为主体是特殊主体，只限于国家工作人员。本罪的行为内容是，财产、支出明显超过合法收入，超额巨大，而本人又不能说明其来源。所谓不能说明来源，是指不能说明来源合法，主要包括以下情况：(1)行为人拒不说明财产来源；(2)行为人无法说明财产的具体来源；(3)行为人所说的财产来源经司法机关查证并不属实；(4)行为人所说的财产来源因线索不具体等原因，司法机关无法查实，但能排除存在来源合法的可能性和合理性的。所谓"非法所得"，一般是指行为人的全部财产与能够认定的所有支出的总和减去能够证实的有真实来源的所得。根据《经济犯罪纪要》第5条的规定，在具体计算时，应注意以下问题：(1)应把国家工作人员个人财产和与其共同生活的家庭成员的财产、支出等一并计算，而且一并减去他们所有的合法收入以及确属与其共同生活的家庭成员个人的非法收入。(2)行为人所有的财产包括房产、家具、生活用品、学习用品及股票、债券、存款等动产和不动产；行为人的支出包括合法支出和不合法的支出，包括日常生活、工作、学习费用、罚款及向他人行贿的财物等；行为人的合法收入包括工资、奖金、稿酬、继承等法律和政策允许的各种收入。(3)为了便于计算犯罪数额，对于行为人的财产和合法收入，一般可以从行为人有比较确定的收入和财产时开始计算。本罪是纯正不作为犯，行为人在财产、支出明显超过合法收入，被有关机关责令说明来源的状况下应当说明财产来源却不予说明。本罪的主观要件为故意。

示例9-19 王某受贿、巨额财产来源不明案

一审法院认为："被告人王某对其家庭财产、支出明显超过合法收入的部分不能说明来源，差额特别巨大，其行为已构成巨额财产来源不明罪。"〔19〕

根据刑法第395条第1款的规定，犯本罪的，处5年以下有期徒刑或者拘役；差额特别巨大的，处5年以上10年以下有期徒刑。财产的差额部分以非法所得论，予以追缴。

十二、隐瞒境外存款罪

隐瞒境外存款罪，是指国家工作人员违反国家规定，故意隐瞒不报在境外的存款，数额较大的行为。本罪行为主体是国家工作人员。本罪的行为方式，是在境外有数额较大的存款，但违反国家规定而隐瞒不报。

---

〔19〕"王某受贿、巨额财产来源不明案死刑复核裁定书"，载《最高人民检察院公报》2011年第3号。

示例9-20　徐某受贿、巨额财产来源不明、隐瞒境外存款案

一审法院认为:"被告人徐某系国家机关工作人员,利用职务之便,为他人谋取利益,收受他人贿赂共计人民币96.5万元,其行为已构成受贿罪;徐某具有申报个人境外存款的法定义务,未如实申报个人境外存款人民币73.5万余元,其行为已构成隐瞒境外存款罪;徐某有巨额财产人民币849万余元不能说明来源,其行为已构成巨额财产来源不明罪,应予数罪并罚。"〔20〕

根据刑法第395条第2款的规定,犯本罪的,处2年以下有期徒刑或者拘役。

十三、私分国有资产罪

私分国有资产罪,是指国家机关、国有公司、企业、事业单位、人民团体,违反国家规定,以单位名义将国有资产集体私分给个人,数额较大的行为。

本罪的行为主体是单位,但处罚的是直接负责的主管人员和其他直接责任人员。本罪的行为方式,是违反国家规定,以单位名义将国有资产集体私分给个人,数额较大。"国有资产",是指国家依法取得和认定的,或者国家以各种形式对企业投资和投资收益、国家向行政事业单位拨款等形成的资产。"以单位名义",是指私分国有资产是单位领导共同研究决定的,体现了单位的意识和意志。"集体私分给个人",是集体研究决定将国有资产分配给单位的所有成员或者多数人。本罪的行为结果是数额较大。

示例9-21　吴某等私分国有资产、贪污、挪用公款案

吴某决定以给职工扩股、直接发存单的形式私分套取的国有资金,并授意邹某、方某具体实施,共支出126.8万元。对此,二审法院认为:"被告人吴某、邹某、方某身为国家工作人员,违反国家规定,套取数额巨大的国有资金并以单位名义私分给个人,其行为均构成私分国有资产罪。"〔21〕

本罪与集体共同贪污的区分,应当注意把握以下两个方面:首先,在客观行为方式上,集体共同贪污一般是少数人以侵吞、窃取、骗取或者其他手段秘密进行的,而对单位内部其他多数成员则是不公开的,多会采取做假账或平账的手法以掩人耳

---

〔20〕"徐某受贿、巨额财产来源不明、隐瞒境外存款案一审判决书",上海市静安区人民法院刑事判决书(〔2010〕静刑初字第200号)。

〔21〕"吴某等私分国有资产、贪污、挪用公款案二审判决书",浙江省高级人民法院刑事判决书(〔2010〕浙刑二终字第6号)。

目；私分国有财产一般是在本单位内部以公开、表面合法的形式进行的，一般在财务账上不会隐瞒私分的国有财产，只是会采取不按规定规范记账的方法来应付各种监督。其次，主体方面，集体共同贪污属于个人共同犯罪，一般是利用职务便利非法占有公共财产的个别单位成员，因此承担刑事责任的主体是参与贪污犯罪的自然人；私分国有资产属于单位犯罪，参与私分国有资产的一般是单位的一定层次、规模的所有人或大多数人。

示例 9－22 高某等贪污案

二审法院认为："本案中，被告人高某等人都是办事处的领导成员，在党委扩大会上研究决定使用公款为其个人'集资'购买私房时，均是利用了自己的职务便利，形成了明确的侵吞公款的共同主观故意，该扩大会实质上是被告人利用领导管理层决策的形式来掩盖共同实施贪污的手段。从非法占有公款的主体来看，基本上是参与会议的少数人员，并不是单位大多数人或者所有人。因此，这一事实不符合私分国有资产罪的特征，而是完全符合共同贪污犯罪的构成要件。"〔22〕

根据刑法第 396 条第 1 款的规定，犯本罪的，对其直接负责的主管人员和其他直接责任人员，处 3 年以下有期徒刑或者拘役，并处或者单处罚金；数额巨大的，处 3 年以上 7 年以下有期徒刑，并处罚金。

十四、私分罚没财物罪

私分罚没财物罪，是指司法机关、行政执法机关违反国家规定，将应当上缴国家的罚没财物，以单位名义集体私分给个人的行为。本罪的行为对象是罚没财物。所谓罚没财物，是指司法机关、行政机关和法律、法规授权的机构依据法律、法规对公民、法人和其他组织实施处罚所得的罚款以及追缴、没收的财物。

示例 9－23 李某贪污、私分罚没财物案

一审法院认为："被告人李某将应当上缴的罚款款项以单位名义私分给全体职工，且数额较大，其行为符合私分罚没财物罪的犯罪构成，应当依照私分罚没财物罪定罪处罚。"〔23〕

〔22〕"高某等贪污案二审判决书"，载《刑事审判参考》2007 年第 5 集，指导案例第 462 号。

〔23〕"李某贪污、私分罚没财物案一审判决书"，天津市滨海新区人民法院刑事判决书(〔2013〕滨刑初字第 96 号)。

根据刑法第 396 条第 2 款的规定,犯本罪的,对其直接负责的主管人员和其他直接责任人员,处 3 年以下有期徒刑或者拘役,并处或者单处罚金;数额巨大的,处 3 年以上 7 年以下有期徒刑,并处罚金。

第十章　渎　职　罪

第一节　渎职罪概述

一、渎职罪的概念和构成要件

（一）渎职罪的概念

渎职罪，是指国家机关工作人员利用职务上的便利或者徇私舞弊、滥用职权、玩忽职守，妨害国家机关的正常活动，致使国家和人民利益遭受重大损失的行为。

本章罪的法益是国家机关的正常工作秩序。国家机关的公务活动应当合法、公正、高效。渎职行为，破坏国家机关的正常工作秩序，降低国家机关的公务活动在公众心目中的威信，最终必然侵害公民的合法权益。

（二）渎职罪的构成要件

1. 本章罪的客观要件表现为国家机关工作人员利用职务上的便利或者徇私舞弊、滥用职权、玩忽职守，妨害国家机关的正常活动，致使国家和人民利益遭受重大损失。

（1）本章罪的行为主体，除故意泄露国家秘密罪、过失泄露国家秘密罪外，都是特殊主体，必须是国家机关工作人员。所谓国家机关工作人员，是指在国家机关中从事公务的人员，包括在各级国家权力机关、行政机关、司法机关和军事机关中从事公务的人员。在乡（镇）以上中国共产党机关、人民政协机关中从事公务的人员，视为国家机关工作人员。关于国家机关工作人员的认定，不应当采用身份标准（行为人是否具有公务员的身份、编制、填写过干部履历表等），而应当采用职务标准（行为人是否具有履行公务的职责）。

根据2002年12月28日全国人民代表大会常务委员会《关于〈中华人民共和国刑法〉第九章渎职罪主体适用问题的解释》的规定，在依照法律、法规规定行使国家行政管理职权的组织中从事公务的人员，或者在受国家机关委托代表国家机关行使职权的组织中从事公务的人员，或者虽未列入国家机关人员编制但在国家机关中从事公务的人员，在代表国家机关行使职权时，有渎职行为，构成犯罪的，依照刑法关于渎职罪的规定追究刑事责任。

示例 10－1　陈某等滥用职权案

二审法院认为:"对村民委员会、居民委员会等基层组织人员协助人民政府从事行政管理工作时,滥用职权、玩忽职守构成犯罪的,应当依照刑法关于渎职罪的规定追究刑事责任。"〔1〕

根据2012年12月7日最高人民法院、最高人民检察院《关于办理渎职刑事案件适用法律若干问题的解释(一)》[以下简称《渎职解释(一)》]第7条的规定,依法或者受委托行使国家行政管理职权的公司、企业、事业单位的工作人员,在行使行政管理职权时滥用职权或者玩忽职守,构成犯罪的,应当依照全国人民代表大会常务委员会《关于〈中华人民共和国刑法〉第九章渎职罪主体适用问题的解释》的规定,适用渎职罪的规定追究刑事责任。

示例 10－2　崔某环境监管失职案

二审法院认为:"实践中,一些国有公司、企业和事业单位经合法授权从事具体的管理市场经济和社会生活的工作,拥有一定管理公共事务和社会事务的职权,这些实际行使国家行政管理职权的公司、企业和事业单位工作人员,符合渎职罪主体要求;对其实施渎职行为构成犯罪的,应当依照刑法关于渎职罪的规定追究刑事责任。"〔2〕

(2)本章罪的行为方式是实施渎职行为。主要有以下行为表现:一是徇私舞弊,即出于徇私动机不公正地履行职责;二是滥用职权,即超越职权或者玩弄职权;三是玩忽职守,即不履行或者不正确履行应当履行的职责。

(3)本章罪的行为结果是致使国家和人民利益遭受重大损失。这里的"重大损失",主要是指有形的侵害结果;在个别情况下,也可能是无形的侵害结果。

2. 本章罪的主观要件,绝大多数犯罪为故意,少数犯罪为过失。

(三)渎职罪的认定

1. 渎职犯罪与受贿罪的关系。根据《渎职解释(一)》第3条的规定,国家机关工作人员实施渎职犯罪并收受贿赂,同时构成受贿罪的,除刑法另有规定外,以渎职犯罪和受贿罪数罪并罚。

2. 渎职犯罪的罪数问题。根据《渎职解释(一)》第4条的规定,国家机关工作人员实施滥用职权等渎职行为,放纵他人犯罪或者帮助他人逃避刑事处罚,构成犯

---

〔1〕"陈某等滥用职权案二审裁定书",载《最高人民检察院公报》2012年第6号。

〔2〕"崔某环境监管失职案二审裁定书",载《最高人民检察院公报》2012年第6号。

罪的,依照渎职罪的规定定罪处罚。国家机关工作人员与他人共谋,利用其职务行为帮助他人实施其他犯罪行为,同时构成渎职犯罪和共谋实施的其他犯罪共犯的,依照处罚较重的规定定罪处罚。国家机关工作人员与他人共谋,既利用其职务行为帮助他人实施其他犯罪,又以非职务行为与他人共同实施该其他犯罪行为,同时构成渎职犯罪和其他犯罪的共犯的,依照数罪并罚的规定定罪处罚。

3. 渎职犯罪与上级命令的关系。根据《渎职解释(一)》第5条的规定,国家机关负责人员违法决定,或者指使、授意、强令其他国家机关工作人员违法履行职务或者不履行职务,构成刑法分则第九章规定的渎职犯罪的,应当依法追究刑事责任。以"集体研究"形式实施的渎职犯罪,应当依照刑法分则第九章的规定追究国家机关负有责任的人员的刑事责任。对于具体执行人员,应当在综合认定其行为性质、是否提出反对意见、危害结果大小等情节的基础上决定是否追究刑事责任和应当判处的刑罚。

4. 渎职罪的经济损失。根据《渎职解释(一)》第8条的规定,所谓经济损失,是指渎职犯罪或者与渎职犯罪相关联的犯罪立案时已经实际造成的财产损失,包括为挽回渎职犯罪所造成损失而支付的各种开支、费用等。立案后至提起公诉前持续发生的经济损失,应一并计入渎职犯罪造成的经济损失。债务人经法定程序被宣告破产,债务人潜逃、去向不明,或者因行为人的责任超过诉讼时效等,致使债权已经无法实现的,无法实现的债权部分应当认定为渎职犯罪的经济损失。渎职犯罪或者与渎职犯罪相关联的犯罪立案后,犯罪分子及其亲友自行挽回的经济损失,司法机关或者犯罪分子所在单位及其上级主管部门挽回的经济损失,或者因客观原因减少的经济损失,不予扣减,但可以作为酌定从轻处罚的情节。

二、渎职罪的分类

本章共有25个条文,涉及37个具体罪名。根据行为主体的不同,可以将渎职罪分为三种类型:一般国家机关工作人员的渎职罪、司法工作人员的渎职罪、特定国家机关工作人员的渎职罪。

第二节 渎职罪分述

一、滥用职权罪

(一)滥用职权罪的概念和构成要件

滥用职权罪,是指国家机关工作人员滥用职权,致使公共财产、国家和人民利益遭受重大损失的行为。

1. 本罪的客观要件为国家机关工作人员滥用职权，致使公共财产、国家和人民利益遭受重大损失。

(1)本罪的行为主体是特殊主体，必须是国家机关工作人员。

(2)本罪的行为方式是滥用职权。所谓滥用职权，是指超越职权，违法决定、处理其无权决定、处理的事项，或者违反规定处理公务。

示例10-3 叶某滥用职权案

二审法院认为："土地使用权的划拨，应当经过县级以上人民政府依法批准，属于政府的职权范围。政府工作人员明知相关单位不符合国有土地划拨资格，仍划拨土地给该单位，应属于滥用职权的行为。"〔3〕

滥用职权，应以行为人具有职权为前提。如果行为人没有职权，或者行为人实施的行为与其职权没有任何关系，则不成立滥用职权。行为人的职权，不仅包括法定的职务权限，也包括根据惯例、基于国情等形成的职务权限。从实践来看，滥用职权主要有以下四种行为表现：一是超越职权，擅自决定或处理没有具体决定、处理权限的事项；二是玩弄职权，随心所欲地对事项作出决定或处理；三是故意不履行应当履行的职责；四是以权谋私、假公济私，不正确地履行职责。

(3)本罪的行为结果是致使公私财产、国家和人民利益遭受重大损失。本罪是结果犯，不具有这一结果的，不成立犯罪。

示例10-4 罗某等滥用职权案

一审法院认为："本案被告长期不正确履行职权，大肆勒索辖区部分无照商贩的钱财，造成无照商贩非法占道经营十分严重，暴力抗法事件不断发生，社会影响恶劣，已构成滥用职权罪。"〔4〕

根据《渎职解释(一)》第1条第1款的规定，具有下列情形之一的，应当认定"致使公共财产、国家和人民利益遭受重大损失"：(1)造成死亡1人以上，或者重伤3人以上，或者轻伤9人以上，或者重伤2人、轻伤3人以上，或者重伤1人、轻伤6人以上的；(2)造成经济损失30万元以上的；(3)造成恶劣社会影响的；(4)其他致使公共财产、国家和人民利益遭受重大损失的情形。

---

〔3〕"叶某滥用职权案二审裁定书"，载《最高人民检察院公报》2014年第3号。

〔4〕"罗某等滥用职权案一审判决书"，载《最高人民检察院公报》2012年第6号。

2. 本罪的主观要件为故意，即明知自己滥用职权的行为会给公共财产、国家和人民利益造成重大损失，并且希望或者放任这一结果的发生。实践中，本罪绝大多数情形下是间接故意，极少数情况下是直接故意，过失不能构成本罪。

（二）滥用职权罪的认定

1. 本罪与国有公司、企业、事业单位人员滥用职权罪的界限。二者的区别主要有：（1）法益不同。前者侵犯的是国家机关的正常管理秩序，后者侵犯的是公司、企业、事业单位的正常管理秩序。（2）行为主体不同。前者是国家机关工作人员，后者是国有公司、企业、事业单位人员。国有公司、企业、事业单位人员中依法或者受委托行使国家行政管理职权的工作人员，在行使行政管理职权时滥用职权，构成犯罪的，应依滥用职权罪定罪处罚。

2. 本罪与其他特殊滥用职权罪的界限。本罪是对国家机关工作人员滥用职权罪的一个概括规定，只适用于本章没有明确规定的国家机关工作人员滥用职权的情形。如果本章有明确规定的，则适用该特别规定。具体而言，国家机关工作人员实施滥用职权犯罪行为，触犯刑法第九章第398条至第419条规定的，依照该规定定罪处罚。国家机关工作人员滥用职权，因不具备徇私舞弊等情形，不符合刑法第九章第398条至第419条的规定，但依法构成第397条规定的犯罪的，以滥用职权罪定罪处罚。

示例10-5　江某滥用职权、何某贪污案

二审法院认为："原审被告人江某身为中共江津市金刚镇委书记，兼任中共金刚镇委、金刚镇人民政府成立的'金刚镇旅游开发领导小组'和'金油公路硬化领导小组'组长，未能正确履行其职责，违法成立公司，擅自授权他人管理，为他人利用该公司实施诈骗提供了重要条件，造成被骗单位重大经济损失，其行为构成滥用职权罪。"〔5〕

（三）滥用职权罪的处罚

根据刑法第397条的规定，犯本罪的，处3年以下有期徒刑或者拘役；情节特别严重的，处3年以上7年以下有期徒刑。徇私舞弊犯本罪的，处5年以下有期徒刑或者拘役；情节特别严重的，处5年以上10年以下有期徒刑。根据《渎职解释（一）》第1条第2款的规定，具有下列情形之一的，应当认定为"情节特别严重"：（1）造成伤亡达到第1款第1项规定人数3倍以上的；（2）造成经济损失150万元以上的；（3）造成第1款规定的损失后果，不报、迟报、谎报或者授意、指使、强令他人不报、迟

〔5〕"江某滥用职权、何某贪污案二审判决书"，载《重庆审判案例精选》（第2集），法律出版社2007年版，第40～42页。

报、谎报事故情况，致使损失后果持续、扩大或者抢救工作延误的；(4)造成特别恶劣社会影响的；(5)其他特别严重的情节。所谓徇私舞弊，是指国家机关工作人员为徇私情、私利，故意违背事实和法律，伪造材料，隐瞒情况，弄虚作假的行为。

二、玩忽职守罪

(一)玩忽职守罪的概念和构成要件

玩忽职守罪，是指国家机关工作人员玩忽职守，致使公共财产、国家和人民利益遭受重大损失的行为。

1. 本罪的客观要件为国家机关工作人员玩忽职守，致使公共财产、国家和人民利益遭受重大损失。

(1)本罪的行为主体是特殊主体，必须是国家机关工作人员。

(2)本罪的行为方式是玩忽职守。所谓玩忽职守，是指严重不负责任，不履行职责或者不正确履行职责。不履行，是指行为人应当履行，且能够履行，但却违背职责没有履行，包括擅离职守的行为。不正确履行，是指在履行职责的过程中，违反职责规定，马虎草率，粗心大意。

示例 10－6　樊某受贿、玩忽职守案

二审法院认为："被告人樊某作为陕西省体育彩票管理中心西安管理站站长兼西安市体彩中心负责人，受国家机关委托行使对体育彩票销售的监督管理职责，在监管过程中，放弃职守，疏于管理，致使杨某在体育彩票销售过程中有机可乘，弄虚作假，诈骗得逞，给政府的公信力造成严重的损害，造成恶劣的社会影响，情节特别严重，其行为已构成玩忽职守罪。"〔6〕

(3)本罪的行为结果是致使公共财产、国家和人民利益遭受重大损失、根据《渎职解释》第1条第1款的规定，其具体标准与滥用职权罪相同。

2. 本罪的主观要件为过失，故意不构成本罪。

(二)玩忽职守罪的认定

1. 本罪与滥用职权罪的界限。二者的区别主要有：(1)主观要件不同。前者的主观要件是过失，后者则是故意。(2)行为方式不同。前者是严重不负责任，不履行或者不正确履行职责；后者则是超越职权，违法决定、处理其无权决定、处理的事项，或者违反规定处理公务。

---

〔6〕"樊某受贿、玩忽职守案二审裁定书"，载《最高人民检察院公报》2005年第5号。

2. 本罪与其他特殊玩忽职守罪的界限。本罪是对国家机关工作人员玩忽职守罪的一个概括规定，只适用于本章没有明确规定的国家机关工作人员玩忽职守的情形。如果本章有明确规定的，则适用该特别规定。具体而言，国家机关工作人员实施玩忽职守犯罪行为，触犯刑法分则第九章第398条至第419条规定的，依照该规定定罪处罚。国家机关工作人员玩忽职守，因不具备徇私舞弊等情形，不符合刑法分则第九章第398条至第419条的规定，但依法构成第397条规定的犯罪的，以玩忽职守罪定罪处罚。

（三）玩忽职守罪的处罚

根据刑法第397条的规定，犯本罪的，处3年以下有期徒刑或者拘役；情节特别严重的，处3年以上7年以下有期徒刑。国家机关工作人员徇私舞弊，犯本罪的，处5年以下有期徒刑或者拘役；情节特别严重的，处3年以下有期徒刑或者拘役；情节特别严重的，处5年以上10年以下有期徒刑。根据《渎职解释（一）》第1条第2款的规定，本罪"情节特别严重"，其具体标准与滥用职权罪相同。

三、故意泄露国家秘密罪

（一）故意泄露国家秘密罪的概念和构成要件

故意泄露国家秘密罪，是指国家机关工作人员和非国家机关工作人员违反保守国家秘密法的规定，故意泄露国家秘密，情节严重的行为。

1. 本罪的客观要件为国家机关工作人员和非国家机关工作人员违反保安国家秘密法的规定，泄露国家秘密，情节严重。本罪的行为主体是一般主体，主要是国家机关工作人员，但也包括非国家机关工作人员。

示例10－7　朱某等故意泄露国家秘密、非法获取国家秘密案

二审法院认为："根据我国刑法的规定，故意泄露国家秘密罪的犯罪主体一般是国家机关工作人员，因职务因素接触国家秘密并负有保密义务的非国家工作人员也可以构成本罪。经查，朱某、潘某既非国家机关工作人员也非涉密人员，两名上诉人以收买的方法非法获取国家秘密，目的是为了考试作弊，其行为本身具有非法性，故对两名上诉人而言当然没有保守国家秘密的义务，因此，两名上诉人尚不符合泄露国家秘密罪的主体资格，原判对朱某、潘某以泄露国家秘密罪论处不当，二审应予纠正。"〔7〕

本罪的行为对象是国家秘密，行为方式是泄露国家秘密，行为结果是情节严重。

---

〔7〕"朱某等故意泄露国家秘密、非法获取国家秘密案二审判决书"，上海市第一中级人民法院刑事判决书（〔2014〕沪一中刑终字第223号）。

根据2006年7月26日最高人民检察院《关于渎职侵权犯罪案件立案标准的规定》(以下简称《渎职立案标准》)第3条的规定,涉嫌下列情形之一的,应予立案:(1)泄露绝密级国家秘密1项(件)以上的;(2)泄露机密级国家秘密2项(件)以上的;(3)泄露秘密级国家秘密3项(件)以上的;(4)向非境外机构、组织、人员泄露国家秘密,造成或者可能造成危害社会稳定、经济发展、国防安全或者其他严重危害后果的;(5)通过口头、书面或者网络等方式向公众散布、传播国家秘密的;(6)利用职权指使或者强迫他人违反国家保守秘密法的规定泄露国家秘密的;(7)以牟取私利为目的泄露国家秘密的;(8)其他情节严重的情形。

2. 本罪的主观要件是故意,行为人明知自己的行为会发生泄露国家秘密的结果,并且希望或者放任这一结果的发生。

示例10-8 于某故意泄露国家秘密案

二审法院认为:"故意泄露国家秘密罪的主观要件是明知为国家秘密而故意加以泄露。由于检察部门以及法院系统的保密规定本身都是秘密文件,被告人于某对这些文件及其内容不可能知悉;根据国家保密法及检察部门的保密规定,各级检察机关一个依照规定对诉讼活动中形成的诉讼文书标明密级和保密期,对那些不宜直接标明的,须告知应知悉者并作文字记载,而本案的犯罪对象即在法院复制的案件证据材料既未标明密级和保密期,检察部门也未告知应知悉者并作文字记载,因此,本案被告人于某主观上根本不可能明知在法院复制的案件证据材料为国家秘密,其不具备犯罪故意。"〔8〕

(二)故意泄露国家秘密罪的认定

1. 本罪与为境外窃取、刺探、收买、非法提供国家秘密、情报罪的界限。二者的主要区别在于:(1)行为方式不同。前者是将自己了解和掌握的国家秘密泄露给他人,后者是为境外的机构、组织、人员窃取、刺探、收买、非法提供国家秘密、情报。(2)行为结果不同。前者成立犯罪,要求达到情节严重的程度,后者则只要实施了窃取等行为,即构成犯罪,情节严重不是犯罪构成要素。

2. 本罪与间谍罪的界限。二者的主要区别在于,行为方式不尽相同。间谍罪必须是行为人在参加间谍组织或者接受间谍组织及其代理人的任务后提供国家秘密,因而所提供的对象只能是间谍组织及其代理人;而本罪则无此限制。

(三)故意泄露国家秘密罪的处罚

根据刑法第398条的规定,犯本罪的,处3年以下有期徒刑或者拘役;情节特别

〔8〕"于某故意泄露国家秘密案二审判决书",载《中国刑事审判指导案例》2012年第6册,指导案例第210号。

严重的,处 3 年以上 7 年以下有期徒刑。非国家机关工作人员犯本罪的,依照上述规定酌情处罚。

四、过失泄露国家秘密罪

过失泄露国家秘密罪,是指过失泄露国家秘密,或者遗失国家秘密载体,致使国家秘密被不应知悉者知悉或者超出了限定的接触范围,情节严重的行为。根据《渎职立案标准》第 4 条的规定,涉嫌下列情形之一的,应予立案:(1)泄露绝密级国家秘密 1 项(件)以上的;(2)泄露机密级国家秘密 3 项(件)以上的;(3)泄露秘密级国家秘密 4 项(件)以上的;(4)违反保密规定,将涉及国家秘密的计算机或者计算机信息系统与互联网相连接,泄露国家秘密的;(5)泄露国家秘密或者遗失国家秘密载体,隐瞒不报、不如实提供有关情况或者不采取补救措施的;(6)其他情节严重的情形。

示例 10-9 李某过失泄露国家秘密案

一审法院认为:"被告人李某违反保守国家秘密法的规定,在本市海淀区清河 621 厂宿舍 3 栋楼 3 单元 502 室,使用本人戴尔笔记本电脑,以网名'ligand'在'飞扬军事论坛'上'大陆狂飙板块'对一篇主题为'说说公安现役部队'的帖子进行了跟帖,其跟帖内容涉及我国重要国防战备工程的驻地、名称和性质,经中国人民解放军保密委员会鉴定系绝密级军事秘密。被告人李某违反保守国家秘密法的规定,过失泄露国家秘密,其行为已构成过失泄露国家秘密罪,应予惩处。"〔9〕

根据刑法第 398 条的规定,犯本罪的,处 3 年以下有期徒刑或者拘役;情节特别严重的,处 3 年以上 7 年以下有期徒刑。非国家机关工作人员犯本罪的,依照上述规定酌情处罚。

五、国家机关工作人员签订、履行合同失职被骗罪

国家机关工作人员签订、履行合同失职被骗罪,是指国家机关工作人员在签订、履行合同过程中,因严重不负责任被诈骗,致使国家利益遭受重大损失的行为。

根据刑法第 406 条的规定,犯本罪的,处 3 年以下有期徒刑或者拘役;致使国家利益遭受特别重大损失的,处 3 年以上 7 年以下有期徒刑。

〔9〕"李某过失泄露国家秘密案一审判决书",北京市海淀区人民法院刑事判决书(〔2014〕海刑初字第 855 号)。

六、徇私枉法罪

(一)徇私枉法罪的概念和构成要件

徇私枉法罪,是指司法工作人员徇私枉法、徇情枉法,对明知是无罪的人而使他受追诉、对明知是有罪的人而故意包庇不使他受追诉,或者在刑事审判活动中故意违背事实和法律作枉法裁判的行为。

1. 本罪的客观要件为司法工作人员徇私枉法、徇情枉法。

(1)本罪的行为主体是司法工作人员。所谓司法工作人员,是指具有侦查、检察、审判、监管职责的人员。

(2)本罪的行为方式是徇私枉法、徇情枉法。具体有以下三种情形:第一,对明知是无罪的人而使他受追诉。所谓追诉,是指以追究刑事责任为目的而进行的立案、侦查、起诉、审判活动。对无罪的人进行立案侦查,采取强制措施,提起公诉,进行审判等,都属于追诉;进入上诉任何一个诉讼环节,即可以认为被害人受到追诉。第二,对明知是有罪的人而故意包庇不使他受追诉。所谓不追诉,是指对有罪的人该立案的不立案,该采取强制措施的不采取,该提起公诉的不提起,该定罪的不定罪。所谓有罪的人,是指有证据证明实施了犯罪的人,而不是指被法院判决认定有罪的人。第三,在刑事审判活动中故意违背事实和法律作枉法裁判。所谓枉法裁判,包括无罪判有罪、有罪判无罪,以及重罪轻判、轻罪重判。

示例 10-10 孙某徇私枉法案

二审法院认为:"看守所管教人员为在押人员实施贿买立功线索提供便利条件,并将明显存疑的立功线索予以移交,具有使罪重的人减轻处罚的故意,构成徇私枉法罪。"[10]

根据《渎职立案标准》第 5 条的规定,涉嫌下列情形之一的,应予立案:(1)对明知是没有犯罪事实或者其他依法不应当追究刑事责任的人,采取伪造、隐匿、毁灭证据或者其他隐瞒事实、违反法律的手段,以追究刑事责任为目的立案、侦查、起诉、审判的;(2)对明知是有犯罪事实需要追究刑事责任的人,采取伪造、隐匿、毁灭证据或者其他隐瞒事实、违反法律的手段,故意包庇使其不受立案、侦查、起诉、审判的;(3)采取伪造、隐匿、毁灭证据或者其他隐瞒事实、违反法律的手段,故意使罪重的人受较轻的追诉,或者使罪轻的人受较重的追诉的;(4)在立案后,采取伪造、隐匿、毁灭证据或者其他隐瞒事实、违反法律的手段,应当采取强制措施而不采取强制措施,

---

〔10〕 "孙某徇私枉法案二审裁定书",江苏省常州市中级人民法院刑事裁定书(〔2014〕常刑二终字第 63 号)。

或者虽然采取强制措施,但中断侦查或者超过法定期限不采取任何措施,实际放任不管,以及违法撤销、变更强制措施,致使犯罪嫌疑人、被告人实际脱离司法机关侦控的;(5)在刑事审判活动中故意违背事实和法律,作出枉法判决、裁定,即有罪判无罪、无罪判有罪,或者重罪轻判、轻罪重判的;(6)其他徇私枉法应予追究刑事责任的情形。

2. 本罪的主观要件为故意,即明知自己的行为是徇私枉法却仍然为之。

(二)徇私枉法罪的认定

1. 本罪与包庇罪的界限。二者的区别主要有:(1)行为主体不同。前者是特殊主体,只能是司法工作人员,后者是一般主体。(2)行为方式不同。前者是司法工作人员利用指示、指挥承办案件或者具体承办案件的职务权限,使有罪的人不受追诉或者使重罪轻判,后者则与具体的职务权限无关。

2. 本罪与受贿罪的关系。根据刑法第 399 条第 4 款的规定,司法工作人员收受贿赂,又有徇私枉法行为的,构成受贿罪和徇私枉法罪,依照处罚较重的规定定罪处罚。但是,对于司法工作人员收受贿赂又实施其他犯罪的,如司法工作人员收受贿赂后私放在押人员的,或者行政工作人员收受贿赂又实施其他犯罪行为的,如税务工作人员收受贿赂后又不征、少征税款的,则应实行数罪并罚。

(三)徇私枉法罪的处罚

根据刑法第 399 条第 1 款、第 4 款的规定,犯本罪的,处 5 年以下有期徒刑或者拘役;情节严重的,处 5 年以上 10 年以下有期徒刑;情节特别严重的,处 10 年以上有期徒刑。司法工作人员收受贿赂,犯本罪的,同时又构成受贿罪的,依照处罚较重的规定定罪处罚。

七、民事、行政枉法裁判罪

民事、行政枉法裁判罪,是指在民事、行政审判活动中故意违背事实和法律作枉法裁判,情节严重的行为。枉法裁判,应限于法院的判决、裁定活动,不包括调解活动。

根据《渎职立案标准》第 6 条的规定,涉嫌下列情形之一的,应予立案:(1)致使当事人或者其近亲属自杀、自残造成重伤、死亡,或者精神失常的;(2)造成个人财产直接经济损失 10 万元以上,或者直接经济损失不满 10 万元,但间接经济损失 50 万元以上的;(3)造成法人或者其他组织财产直接经济损失 20 万元以上,或者直接经济损失不满 20 万元,但间接经济损失 100 万元以上的;(4)伪造、变造有关材料、证据,制造假案枉法裁判的;(5)串通当事人制造伪证,毁灭证据或者篡改庭审笔录而枉法裁判的;(6)徇私情、私利,明知是伪造、变造的证据予以采信,或者故意对应当采信的证据不予采信,或者故意违反法定程序,或者故意错误适用法律而枉法裁判的;(7)其他情节严重的情形。

根据刑法第399条第2款的规定,犯本罪的,处5年以下有期徒刑或者拘役;情节特别严重的,处5年以上10年以下有期徒刑。司法工作人员犯本罪并收受贿赂,同时又构成受贿罪的,依照处罚较重的规定定罪处罚。

八、执行判决、裁定失职罪

执行判决、裁定失职罪,是指司法工作人员在执行判决、裁定活动中,严重不负责任,不依法采取诉讼保全措施、不履行法定执行职责,或者违法采取保全措施、强制执行措施,致使当事人或者其他人的利益遭受重大损失的行为。这里的"判决、裁定",主要是指民事、行政方面的判决、裁定,也包括刑事附带民事的判决、裁定,但不包括单纯的刑事判决、裁定。本罪的主观要件为过失,故意不构成本罪。

根据《渎职立案标准》第7条的规定,涉嫌下列情形之一的,应予立案:(1)致使当事人或者其近亲属自杀、自残造成重伤、死亡,或者精神失常的;(2)造成个人财产直接经济损失15万元以上,或者直接经济损失不满15万元,但间接经济损失75万元以上的;(3)造成法人或者其他组织财产直接经济损失30万元以上,或者直接经济损失不满30万元,但间接经济损失150万元以上的;(4)造成公司、企业等单位停业、停产1年以上,或者破产的;(5)其他致使当事人或者其他人的利益遭受重大损失的情形。

根据刑法第399条第3款、第4款的规定,犯本罪的,处5年以下有期徒刑或者拘役;致使当事人或者其他人的利益遭受特别重大损失的,处5年以上10年以下有期徒刑。司法工作人员收受贿赂,犯本罪同时又构成受贿罪的,依照处罚较重的规定定罪处罚。

九、执行判决、裁定滥用职权罪

执行判决、裁定滥用职权罪,是指司法工作人员在执行判决、裁定活动中,滥用职权,不依法采取诉讼保全措施、不履行法定执行职责,或者违法采取保全措施、强制执行措施,致使当事人或者其他人的利益遭受重大损失的行为。

示例10-11　卢某执行判决、裁定滥用职权案

一审法院认为:"被告人卢某作为人民法院的院长,在明知该院的冻结裁定违反有关法律规定,但仍对被执行人的资金予以重复冻结,并不按要求进行复议,指令工作人员继续执行;在明知执行行为正在复议期间,被执行的资金依法不得处置,但仍根据执行申请人的要求将被执行资金支付给了申请人,在执行标的已经按法定程序依法拍卖后,明令经办人不按拍卖程序交付拍卖标的,并指令以非法定理由裁定拍卖无效,其行为是执

行判决、裁定滥用职权行为，该行为致使当事人的利益遭受了重大损失，构成了执行判决、裁定滥用职权罪。”〔11〕

根据《渎职立案标准》第8条的规定，涉嫌下列情形之一的，应予立案：(1)致使当事人或者其近亲属自杀、自残造成重伤、死亡，或者精神失常的；(2)造成个人财产直接经济损失10万元以上，或者直接经济损失不满10万元，但间接经济损失50万元以上的；(3)造成法人或者其他组织财产直接经济损失20万元以上，或者直接经济损失不满20万元，但间接经济损失100万元以上的；(4)造成公司、企业等单位停业、停产6个月以上，或者破产的；(5)其他致使当事人或者其他人的利益遭受重大损失的情形。

根据刑法第399条第3款、第4款的规定，犯本罪的，处5年以下有期徒刑或者拘役；致使当事人或者其他人的利益遭受特别重大损失的，处5年以上10年以下有期徒刑。司法工作人员收受贿赂，犯本罪同时又构成受贿罪的，依照处罚较重的规定定罪处罚。

十、枉法仲裁罪

枉法仲裁罪，是指依法承担仲裁职责的人员，在仲裁活动中故意违背事实和法律作枉法裁决，情节严重的行为。本罪的行为主体是依法承担仲裁职责的人员，包括经济仲裁员、劳动仲裁员、人事仲裁员等。

示例10-12 王某枉法仲裁案

一审法院认为：“被告人王某作为专职仲裁员，仲裁委主持工作的副主任，虽不是具体仲裁庭的组成人员，但在明知案件系伪造的情况下仍决定立案，并指定了承办仲裁员。其虽未与仲裁庭成员梁某、胡某等人进行明确商谋，但双方所追求的犯罪目的结果是一致的，且双方均相互明知相关材料系伪造的情况下，在内心上达成默契，行为上互相配合，才能最终作出枉法仲裁。双方的行为属于共同犯罪。”〔12〕

根据刑法第399条之一的规定，犯本罪的，处3年以下有期徒刑或者拘役；情节特别严重的，处3年以上7年以下有期徒刑。

---

〔11〕“卢某执行判决、裁定滥用职权案一审判决书”，载《最高人民检察院公报》2007年第5号。

〔12〕“王某枉法仲裁案一审判决书”，浙江省天台县人民法院刑事判决书(〔2013〕台天刑初字第277号)。

十一、私放在押人员罪

私放在押人员罪，是指司法工作人员私放在押的犯罪嫌疑人、被告人或者罪犯的行为。本罪的行为主体是司法工作人员，包括未被司法机关正式录用，而是受委托履行监管职责的人员，以及受委派承担监管职责的狱医、工人等非监管机关在编监管人员。本罪的行为对象是在羁押场所和押解途中的犯罪嫌疑人、被告人或者罪犯，但不包括被行政拘留、司法拘留的人员。本罪的行为方式是私放在押人员，主要有以下行为方式：(1)私自将在押的犯罪嫌疑人、被告人、罪犯放走，或者授意、指使、强迫他人将在押的犯罪嫌疑人、被告人、罪犯放走的；(2)伪造、变造有关法律文书、证明材料，以使在押的犯罪嫌疑人、被告人、罪犯逃跑或者被释放的；(3)为私放在押的犯罪嫌疑人、被告人、罪犯，故意向其通风报信、提供条件，致使该在押的犯罪嫌疑人、被告人、罪犯脱逃的。

根据刑法第 400 条第 1 款的规定，犯本罪的，处 5 年以下有期徒刑或者拘役；情节严重的，处 5 年以上 10 年以下有期徒刑；情节特别严重的，处 10 年以上有期徒刑。

十二、失职致使在押人员脱逃罪

失职致使在押人员脱逃罪，是指司法工作人员由于严重不负责任，致使在押的犯罪嫌疑人、被告人或者罪犯脱逃，造成严重后果的行为。本罪的主观要件为过失，故意不构成本罪。

根据刑法第 400 条第 2 款的规定，犯本罪的，处 3 年以下有期徒刑或者拘役；造成特别严重后果的，处 3 年以上 10 年以下有期徒刑。

十三、徇私舞弊减刑、假释、暂予监外执行罪

徇私舞弊减刑、假释、暂予监外执行罪，是指司法工作人员徇私舞弊，对不符合减刑、假释、暂予监外执行条件的罪犯予以减刑、假释、暂予监外执行的行为。本罪的主观要件是过失，且具有徇私的动机。

根据刑法第 401 条的规定，犯本罪的，处 3 年以下有期徒刑或者拘役；情节严重的，处 3 年以上 7 年以下有期徒刑。

十四、徇私舞弊不移交刑事案件罪

徇私舞弊不移交刑事案件罪，是指行政执法人员徇私舞弊，对依法应当移交司法机关追究刑事责任的不移交，情节严重的行为。本罪的行为主体是行政执行人员，即依法具有行政执法职权的行政机关工作人员，主要是工商行政管理、税务、监察等行政执法人员。

根据《渎职立案标准》第 12 条的规定，犯本罪的，涉嫌下列情形之一的，应予立

案：(1)对依法可能判处3年以上有期徒刑、无期徒刑、死刑的犯罪案件不移交的；(2)不移交刑事案件涉及3人次以上的；(3)司法机关提出意见后，无正当理由仍然不予移交的；(4)以罚代刑，放纵犯罪嫌疑人，致使犯罪嫌疑人继续进行违法犯罪活动的；(5)行政执法部门主管领导阻止移交的；(6)隐瞒、毁灭证据，伪造材料，改变刑事案件性质的；(7)直接负责的主管人员和其他直接责任人员为牟取本单位私利而不移交刑事案件，情节严重的；(8)其他情节严重的情形。

示例10-13　丁某徇私舞弊不移交刑事案件案

二审法院认为："丁某在查办上坝村滥伐林木案的过程中，明知该村滥伐林木数额巨大，行为人依法应受刑罚处罚，却徇私舞弊，指使他人修改销售账，隐瞒真相，不向司法机关移送案件，致使本应追究刑事责任的滥伐林木行为只受到行政处罚，由此放纵了犯罪，实属情节严重，其行为确已构成犯罪。"[13]

根据刑法第402条的规定，处3年以下有期徒刑或者拘役；造成严重后果的，处3年以上7年以下有期徒刑。

十五、滥用管理公司、证券职权罪

滥用管理公司、证券职权罪，是指国家有关主管部门的工作人员徇私舞弊，滥用职权，对不符合法律规定条件的公司设立、登记申请或者股票、债券发行、上市申请予以批准或者登记，致使公共财产、国家和人民利益遭受重大损失的行为。

根据刑法第403条的规定，犯本罪的，处5年以下有期徒刑或者拘役。

十六、徇私舞弊不征、少征税款罪

徇私舞弊不征、少征税款罪，是指税务机关工作人员徇私舞弊，不征、少征应征税款，致使国家税收遭受重大损失的行为。本罪的行为主体是税务机关工作人员。本罪的行为方式是不征、少征应征税款。所谓不征、少征应征税款，是指违反税法规定，不向纳税人征收应征税款，或者降低税额或征税率进行征收。本罪的行为结果是致使国家税收遭受重大损失。本罪的主观要件为故意，且具有徇私动机。

税务机关工作人员与逃税等犯罪分子共谋，利用职务便利，为后者不征、少征税款的，构成本罪和逃税罪等犯罪的共犯，应按想象竞合犯从一重处罚的原理，以逃税罪定罪处罚。税务机关工作人员犯本罪又非法收受他人贿赂，同时触犯受贿罪的，

---

〔13〕"丁某徇私舞弊不移交刑事案件案二审裁定书"，载《最高人民法院公报》2003年第6期。

应当实行数罪并罚。

根据《渎职立案标准》第14条的规定，涉嫌下列情形之一的，应予立案：(1)徇私舞弊不征、少征应征税款，致使国家税收损失累计达10万元以上的；(2)上级主管部门工作人员指使税务机关工作人员徇私舞弊不征、少征应征税款，致使国家税收损失累计达10万元以上的；(3)徇私舞弊不征、少征应征税款不满10万元，但具有索取或者收受贿赂或者其他恶劣情节的；(4)其他致使国家税收遭受重大损失的情形。

示例10－14　蒙某受贿案

一审法院认为："被告人蒙某身为国家税务工作人员，利用职务上的便利，向欠税单位索取财物，故意不征欠税单位应缴税款数额近10万元。此笔税款虽然至今尚未补征入库，但根据欠税单位的经济状况，尚可补征，被告人蒙某不征税款的行为并未致使国家的税款无法征收而实际造成损失。"[14]

根据刑法第404条的规定，犯本罪的，处5年以下有期徒刑或者拘役；造成特别重大损失的，处5年以上有期徒刑。

十七、徇私舞弊发售发票、抵扣税款、出口退税罪

徇私舞弊发售发票、抵扣税款、出口退税罪，是指税务机关工作人员违反法律、行政法规的规定，在办理发售发票、抵扣税款、出口退税工作中徇私舞弊，致使国家利益遭受重大损失的行为。

根据刑法第405条第1款的规定，犯本罪的，处5年以下有期徒刑或者拘役；致使国家利益遭受特别重大损失的，处5年以上有期徒刑。

十八、违法提供出口退税凭证罪

违法提供出口退税凭证罪，是指海关、外汇管理等国家机关工作人员违反国家规定，在提供出口货物报关单、出口收汇核销单等出口退税凭证的工作中徇私舞弊，致使国家利益遭受重大损失的行为。

根据刑法405条第2款的规定，犯本罪的，处5年以下有期徒刑或者拘役；致使国家利益遭受特别重大损失的，处5年以上有期徒刑。

十九、违法发放林木采伐许可证罪

违法发放林木采伐许可证罪，是指林业主管部门的工作人员违反森林法的规

---

〔14〕"蒙某受贿案一审判决书"，载《刑事审判参考》2003年第4集，指导案例第257号。

定，超过批准的年采伐限额发放林木采伐许可证或者违反规定滥发林木采伐许可证，情节严重，致使森林遭受严重破坏的行为。

根据《渎职立案标准》第 18 条第 1 款的规定，涉嫌下列情形之一的，应予立案：(1)发放林木采伐许可证允许采伐数量累计超过批准的年采伐限额，导致林木被超限额采伐 10 立方米以上的；(2)滥发林木采伐许可证，导致林木被滥伐 20 立方米以上，或者导致幼树被滥伐 1000 株以上的；(3)滥发林木采伐许可证，导致防护林、特种用途林被滥伐 5 立方米以上，或者幼树被滥伐 200 株以上的；(4)滥发林木采伐许可证，导致珍贵树木或者国家重点保护的其他树木被滥伐的；(5)滥发林木采伐许可证，导致国家禁止采伐的林木被采伐的；(6)其他情节严重，致使森林遭受严重破坏的情形。

示例 10－15 李某违法发放林木采伐许可证案

二审法院认为："李某作为林业局分管林政工作的副书记，在申请方未提交林权证，申请理由和采伐方式不符，且在同一份申请报告上审批不妥的情况下，核发林木采伐许可证，确有不合法律规范之处，其行为具有一定的违法性。但李某核发林木采伐许可证属在法定职责范围内履行职权，没有违反有关发放对象范围或者发放限额的规定。林木被滥伐致森林遭受严重破坏的后果是桥头集镇政府改变作业方式，桥头集镇林业站站长任某在组织采伐林木过程中未履行监管职责，他人超越采伐期限、超强度、超范围滥伐等多个因素后造成的，李某违反规定发放林木采伐许可证的行为与林木被滥伐致森林遭受严重破坏的后果之间没有刑法上的因果关系，故李某的行为不构成犯罪。"〔15〕

根据刑法第 407 条的规定，犯本罪的，处 3 年以下有期徒刑或者拘役。

二十、环境监管失职罪

环境监管失职罪，是指负有环境保护监督管理职责的国家机关工作人员严重不负责任，导致发生重大环境污染事故，致使公私财产遭受重大损失或者造成人身伤亡的严重后果的行为。本罪的行为主体，是负有环境保护监督管理职责的国家机关工作人员。本罪的行为方式，是严重不负责任，即不履行或者不正确履行职责。本罪的主观要件为过失。根据《环境污染解释》第 1 条、第 2 条的规定，致使公私财产损失 30 万元以上，或者具有情形之一的，应当认定为"致使公私财产遭受重大损失或者造成人身伤亡的严重后果"：(1)造成生态环境严重损害的；(2)致使乡镇以上

〔15〕"李某违法发放林木采伐许可证案二审判决书"。载《刑事审判参考》2011 年第 2 期，指导案例第 694 号。

集中式饮用水水源取水中断12小时以上的;(3)致使基本农田、防护林地、特种用途林地五亩以上,其他农用地10亩以上,其他土地20亩以上基本功能丧失或者遭受永久性破坏的;(4)致使森林或者其他林木死亡50立方米以上,或者幼树死亡2500株以上的;(5)致使疏散、转移群众5000人以上的;(6)致使30人以上中毒的;(7)致使3人以上轻伤、轻度残疾或者器官组织损伤导致一般功能障碍的;(8)致使1人以上重伤、中度残疾或者器官组织损伤导致严重功能障碍的。

示例10-16 崔某环境监管失职案

二审法院认为:"崔某身为国有事业单位的工作人员,在受国家机关的委托代表国家机关履行环境监督管理职责过程中,严重不负责任,导致发生重大环境污染事故,致使公私财产遭受重大损失,其行为构成环境监管失职罪。崔某所在的盐城市饮用水源保护区环境监察支队为国有事业单位,由盐城市人民政府设立,其系受国家机关委托代表国家机关行使环境监管职权,原判决未引用全国人民代表大会常务委员会《关于〈中华人民共和国刑法〉第九章渎职罪主体适用问题的解释》的相关规定,直接认定崔某系国家机关工作人员不当,予以纠正。"〔16〕

根据刑法第408条的规定,犯本罪的,处3年以下有期徒刑或者拘役。

二十一、食品监管渎职罪

食品监管渎职罪,是指负有食品安全监督管理职责的国家机关工作人员,滥用职权或者玩忽职守,导致发生重大食品安全事故或者造成其他严重后果的行为。本罪的行为主体是负有食品安全监督管理职责的国家机关工作人员,主要包括在国务院和各级地方人民政府及卫生行政、农业行政、质量监督、工商行政管理、食品药品监督管理等部门负有食品安全监督管理职责的工作人员。本罪的行为方式是滥用职权或者玩忽职守。滥用职权,是指超越职权,违法决定、处理其无权决定、处理的事项;玩忽职守,是指严重不负责任,不履行或者不认真履行其职责。滥用职权和玩忽职守是最典型的两种渎职行为,宜分别独立成罪,司法解释将其视为一个犯罪的两种不同行为类型,并不妥当。本罪的行为结果,是发生重大食品安全事故或者造成其他严重后果。所谓重大食品安全事故,是指食物中毒、食源性疾病、食品污染等源于食品、对人体健康有危害或者可能有危害的重大事故。所谓造成其他严重后果,是指虽未发生重大食品安全事故,但由于食品安全监督管理方面的问题,造成其他严重后果的情形。

---

〔16〕"崔某环境监管失职案二审裁定书",载《最高人民检察院公报》2012年第6号。

司法实践中，要注意本罪与相关犯罪的界限。(1)负有食品安全监督管理职责的国家机关工作人员，滥用职权或者玩忽职守，导致发生重大食品安全事故或者造成其他严重后果，同时构成食品监管渎职罪和徇私舞弊不移交刑事案件罪、商检徇私舞弊罪、动植物检疫徇私舞弊罪、放纵制售伪劣商品犯罪行为罪等其他渎职犯罪的，依照处罚较重的规定定罪处罚。(2)负有食品安全监督管理职责的国家机关工作人员滥用职权或者玩忽职守，不构成食品监管渎职罪，但构成其他渎职犯罪的，依照该其他犯罪定罪处罚。(3)负有食品安全监督管理职责的国家机关工作人员与他人共谋，利用其职务行为帮助他人实施危害食品安全犯罪行为，同时构成渎职犯罪和危害食品安全犯罪共犯的，依照处罚较重的规定定罪处罚。(4)负有监督管理职责的国家机关工作人员滥用职权或者玩忽职守，致使不符合安全标准的食品、有毒有害食品、假药、劣药等流入社会，对人民群众生命、健康造成严重危害后果的，依照渎职罪的规定从严惩处。(5)负有监督管理职责的国家机关工作人员在渎职过程中受贿的，应当以食品监管渎职罪和受贿罪实行数罪并罚。

示例 10－17 赛某、韩某食品监管渎职案

一审法院认为："被告人赛某、韩某作为国家工作人员，利用职务上的便利，非法收受他人财物，为他人谋取利益，其行为已构成受贿罪；被告人赛某、韩某作为质监局工作人员，在查办杨林丰瑞公司无生产许可证生产有毒、有害食品案件中玩忽职守、滥用职权，致使查获的不符合食品安全标准的原料用于生产，有毒、有害油脂流入社会，造成严重后果，其行为还构成食品监管渎职罪。"〔17〕

根据刑法第 408 条之一的规定，犯本罪的，处 5 年以下有期徒刑或者拘役；造成特别严重后果的，处 5 年以上 10 年以下有期徒刑。徇私舞弊犯本罪的，从重处罚。

二十二、传染病防治失职罪

传染病防治失职罪，是指从事传染病防治的政府卫生行政部门的工作人员严重不负责任，导致传染病传播或者流行，情节严重的行为。

根据刑法第 409 条的规定，犯本罪的，处 3 年以下有期徒刑或者拘役。

二十三、非法批准征用、占用土地罪

非法批准征用、占用土地罪，是指国家机关工作人员徇私舞弊，违反土地管理法

〔17〕"赛某、韩某食品监管渎职案一审判决书"，载《最高人民检察院公报》2014 年第 4 号。

规，滥用职权，非法批准征收、征用、占用土地，情节严重的行为。

根据《渎职立案标准》第21条的规定，涉嫌下列情形之一的，应予立案：（1）非法批准征用、占用基本农田10亩以上的；（2）非法批准征用、占用基本农田以外的耕地30亩以上的；（3）非法批准征用、占用其他土地50亩以上的；（4）虽未达到上述数量标准，但造成有关单位、个人直接经济损失30万元以上，或者造成耕地大量毁坏或者植被遭到严重破坏的；（5）非法批准征用、占用土地，影响群众生产、生活，引起纠纷，造成恶劣影响或者其他严重后果的；（6）非法批准征用、占用防护林地、特种用途林地分别或者合计10亩以上的；（7）非法批准征用、占用其他林地20亩以上的；（8）非法批准征用、占用林地造成直接经济损失30万元以上，或者造成防护林地、特种用途林地分别或者合计5亩以上或者其他林地10亩以上毁坏的；（9）其他情节严重的情形。

根据刑法第410条的规定，犯本罪的，处3年以下有期徒刑或者拘役；致使国家或者集体利益遭受特别重大损失的，处3年以上7年以下有期徒刑。

二十四、非法低价出让国有土地罪

非法低价出让国有土地罪，是指国家机关工作人员徇私舞弊，违反土地管理法规，滥用职权，非法低价出让国有土地使用权，情节严重的行为。

根据刑法第410条的规定，犯本罪的，处3年以下有期徒刑或者拘役；致使国家或集体利益遭受特别重大损失的，处3年以上7年以下有期徒刑。

二十五、放纵走私罪

（一）放纵走私罪的概念和构成要件

放纵走私罪，是指海关工作人员徇私舞弊，放纵走私，情节严重的行为。

1. 本罪的客观要件为海关工作人员徇私舞弊，放纵走私，情节严重。本罪的行为主体是特殊主体，必须是海关工作人员。本罪的行为方式是放纵走私。所谓放纵走私，是指放任、纵容走私，如放行走私罪犯、不缉查走私货物，不征收关税等。被放纵的是走私罪还是一般走私行为，不影响本罪的成立。本罪的行为结果是情节严重。

根据《渎职立案标准》第23条的规定，涉嫌下列情形之一的，应予立案：（1）放纵走私犯罪的；（2）因放纵走私致使国家应收税额损失累计达10万元以上的；（3）放纵走私行为3起次以上的；（4）放纵走私行为，具有索取或者收受贿赂情节的；（5）其他情节严重的情形。

2. 本罪的主观要件为故意，且具有徇私的动机。

（二）放纵走私罪的认定

1. 本罪与走私共犯的界限。根据《走私意见》第16条的规定，负有特定监管义务的海关工作人员徇私舞弊,利用职权,放任、纵容走私犯罪行为,情节严重的,构成放纵走私罪。放纵走私行为,一般是消极的不作为。如果海关工作人员与走私分子通谋,在放纵走私过程中以积极的行为配合走私分子逃避海关监管或者在放纵走私之后分得赃款的,应以共同走私犯罪追究刑事责任。

2. 本罪与其他相关犯罪的界限。海关工作人员故意放纵走私,不依法征收关税的,成立放纵走私罪,而非徇私舞弊不征、少征税款罪。海关工作人员发现行为构成走私罪,但徇私舞弊,既不将案件移交司法机关追究刑事责任,也不按海关法作出行政处理的,应认定为放纵走私罪;如果徇私舞弊不将案件移交司法机关处理,但按海关法作出行政处理的,则应认定为徇私舞弊不移交刑事案件罪。海关工作人员收受贿赂又放纵走私的,应以受贿罪和放纵走私罪数罪并罚。

示例 10-18 殷某放纵走私、受贿案

二审法院认为:"在本案中,被告人殷某既有放纵走私的故意,又有获取非法利益的故意;客观上,有利用职权对报关单空审放纵走私的行为,又有从走私分子处获得贿赂款的行为。其出于两个故意,实施两个行为,同时侵害了国家海关正常活动和国家工作人员职务行为的廉洁性,应构成两个罪名,即前者构成放纵走私罪,后者构成受贿罪,依法应数罪并罚。"〔18〕

(三)放纵走私罪的处罚

根据刑法第411条的规定,犯本罪的,处5年以下有期徒刑或者拘役;情节特别严重的,处5年以上有期徒刑。

二十六、商检徇私舞弊罪

商检徇私舞弊罪,是指国家商检部门、商检机构的工作人员徇私舞弊,伪造检验结果的行为。本罪的行为内容是伪造检验结果,主要有以下方式:(1)采取伪造、变造的手段对报检的商品的单证、印章、标志、封识、质量认证标志等作虚假的证明或者出具不真实的证明结论的;(2)将送检的合格商品检验为不合格,或者将不合格商品检验为合格的;(3)对明知是不合格的商品,不检验而出具合格检验结果的。

根据刑法第412条第1款的规定,犯本罪的,处5年以下有期徒刑或者拘役;造成严重后果的,处5年以上10年以下有期徒刑。

---

〔18〕"殷某放纵走私、受贿案二审判决书",上海市第二中级人民法院刑事判决书(〔2001〕沪二中刑终字第191号)。

二十七、商检失职罪

商检失职罪，是指国家商检部门、商检机构的工作人员严重不负责任，对应当检验的物品不检验，或者延误检验出证、错误出证，致使国家利益遭受重大损失的行为。

根据刑法第 412 条第 2 款的规定，犯本罪的，处 3 年以下有期徒刑或者拘役。

二十八、动植物检疫徇私舞弊罪

动植物检疫徇私舞弊罪，是指动植物检疫机关的检疫人员徇私舞弊，伪造检疫结果的行为。

根据刑法第 413 条第 1 款的规定，犯本罪的，处 5 年以下有期徒刑或者拘役；造成严重后果的，处 5 年以上 10 年以下有期徒刑。

二十九、动植物检疫失职罪

动植物检疫失职罪，是指动植物检疫机关的检疫人员严重不负责任，对应当检疫的检疫物不检疫，或者延误检疫出证、错误出证，致使国家利益遭受重大损失的行为。

示例 10－19　刘某动植物检疫徇私舞弊案

二审法院认为："上诉人刘某明知未检开证不符合法律规定，为徇私情仍从事上述行为，主观方面是故意，而非过失，其在主观上并没有预见自己的行为可能致使国家利益遭受重大损失，亦非应当预见的情形。其次，上诉人刘某的行为不符合该罪的客观构成要件。该罪在客观方面要求'致使国家利益遭受重大损失'，一般是指因造成重大疫情而使国家蒙受重大经济损失，造成严重政治影响，或者引起严重贸易争端等情形，本案并无充分证据证实上诉人刘某的行为导致了上述情形。故上诉人刘某的行为不符合动植物检疫失职罪的构成要件。"〔19〕

根据刑法第 413 条第 2 款的规定，犯本罪的，处 3 年以下有期徒刑或者拘役。

三十、放纵制售伪劣商品犯罪行为罪

放纵制售伪劣商品犯罪行为罪，是指对生产、销售伪劣商品犯罪行为负有追究责任的国家机关工作人员徇私舞弊，不履行法律规定的追究职责，情节严重的行为。

---

〔19〕"刘某动植物检疫徇私舞弊案二审判决书"，浙江省绍兴市中级人民法院刑事判决书（〔2016〕浙 06 刑终 187 号）。

不履行法律规定的追究职责,有以下两种情形:(1)不履行刑法规定的追究刑事责任的职责,主要表现为不将该犯罪提交司法机关处理;(2)不履行法律规定的追究其他法律责任的职责。如果行为同时符合生产、销售伪劣商品罪(共犯)、徇私舞弊不移交刑事案件罪、食品监管渎职罪的,应当从一重罪论处。

根据刑法第414条的规定,犯本罪的,处5年以下有期徒刑或者拘役。

三十一、办理偷越国(边)境人员出入境证件罪

办理偷越国(边)境人员出入境证件罪,是指负责办理护照、签证以及其他出入境证件的国家机关工作人员,对明知是企图偷越国(边)境的人员,予以办理出入境证件的行为。

根据刑法第415条的规定,犯本罪的,处3年以下有期徒刑或者拘役;情节严重的,处3年以上7年以下有期徒刑。

三十二、放行偷越国(边)境人员罪

放行偷越国(边)境人员罪,是指边防、海关等国家机关工作人员,对明知是偷越国(边)境的人员,予以放行的行为。

根据刑法第415条的规定,犯本罪的,处3年以下有期徒刑或者拘役;情节严重的,处3年以上7年以下有期徒刑。

三十三、不解救被拐卖、绑架妇女、儿童罪

不解救被拐卖、绑架妇女、儿童罪,是指对被拐卖、绑架的妇女、儿童负有解救职责的国家机关工作人员,接到被拐卖、绑架的妇女、儿童及其家属的解救要求或者接到其他人的举报,而对被拐卖、绑架的妇女、儿童不进行解救,造成严重后果的行为。本罪的行为主体是国家机关工作人员,主要是公安、司法等负有解救职责的工作人员。

根据刑法第416条第1款的规定,犯本罪的,处5年以下有期徒刑或者拘役。

三十四、阻碍解救被拐卖、绑架妇女、儿童罪

阻碍解救被拐卖、绑架妇女、儿童罪,是指负有解救职责的国家机关工作人员利用职务阻碍解救的行为。

根据刑法第416条第2款的规定,犯本罪的,处2年以上7年以下有期徒刑;情节较轻的,处2年以下有期徒刑或者拘役。

三十五、帮助犯罪分子逃避处罚罪

帮助犯罪分子逃避处罚罪,是指负有查禁犯罪活动职责的国家机关工作人员,

向犯罪分子通风报信、提供便利,帮助犯罪分子逃避处罚的行为。本罪的行为主体是负有查禁犯罪活动职责的国家机关工作人员,主要是司法及公安、国家安全、海关、税务等国家机关工作人员。这里的"负有查禁职责",是指对具体犯罪具有查禁的职责,但不要求具有刑事追诉权。具有刑事追诉权的司法工作人员,在刑事追诉过程中,对明知是有罪的人而故意不使其受追诉的,应以徇私枉法罪论处。

根据《渎职立案标准》第33条的规定,涉嫌下列情形之一的,应予立案:(1)向犯罪分子泄漏有关部门查禁犯罪活动的部署、人员、措施、时间、地点等情况的;(2)向犯罪分子提供钱物、交通工具、通讯设备、隐藏处所等便利条件的;(3)向犯罪分子泄漏案情的;(4)帮助、示意犯罪分子隐匿、毁灭、伪造证据,或者串供、翻供的;(5)其他帮助犯罪分子逃避处罚应予追究刑事责任的情形。

示例10-20　黄某帮助犯罪分子逃避处罚、销售假冒注册商标的商品案

二审法院认为:"上诉人黄某作为稽查支队稽查员,依照《中华人民共和国烟草专卖法》《中华人民共和国行政处罚法》及其所在部门的具体职能规定,负有查处倒卖烟草专卖品,生产、销售假冒注册商标的烟草制品等违法行为的职责,并对相关违法行为构成犯罪的,负有将案件移送司法机关依法追究刑事责任的职责。因此,黄某符合帮助犯罪分子逃避处罚罪的主体要求,其关于不具有查禁犯罪活动职责的上诉理由不能成立。黄某向蔡某通风报信,帮助蔡某逃避刑事处罚,其行为构成帮助犯罪分子逃避处罚罪。"[20]

根据刑法第417条的规定,犯本罪的,处3年以下有期徒刑或者拘役;情节严重的,处3年以上10年以下有期徒刑。

三十六、招收公务员、学生徇私舞弊罪

招收公务员、学生徇私舞弊罪,是指国家机关工作人员在招收公务员、学生工作中徇私舞弊,情节严重的行为。这里的招收学生工作,是指省级以上教育行政部门组织招收的学生工作。

根据刑法第418条的规定,犯本罪的,处3年以下有期徒刑或者拘役。

三十七、失职造成珍贵文物损毁、流失罪

失职造成珍贵文物损毁、流失罪,是指国家机关工作人员严重不负责任,造成珍

---

[20]　"黄某帮助犯罪分子逃避处罚、销售假冒注册商标的商品案二审裁定书",载《最高人民法院公报》2009年第6期。

贵文物损毁或者流失,后果严重的行为。本罪的行为主体是国家机关工作人员,主要是文物行政部门、公安机关、工商行政管理部门、海关、城乡建设规划部门等工作人员。

根据刑法第419条的规定,犯本罪的,处3年以下有期徒刑或者拘役。

第十一章　军人违反职责罪

第一节　军人违反职责罪概述

一、军人违反职责罪的概念和构成要件

（一）军人违反职责罪的概念

军人违反职责罪，是指军人违反职责，危害国家军事利益，依照法律应当受刑罚处罚的行为。军人违反职责罪的法益是国家的军事利益。国家的军事利益，是指国家在国防建设、作战行动、军队物质保障、军事机密、军事科学研究等方面的利益。军事利益，直接关系到国家的安全和利益，应当受到特别的保护。

（二）军人违反职责罪的构成要件

1. 本章罪的客观要件表现为军人违反职责，危害国家军事利益。本章罪的行为主体是特殊主体，即必须是军人，包括中国人民解放军的现役警官、文职干部、士兵及具有军籍的学员，以及执行军事任务的预备役人员和其他人员。本章罪的行为方式是违反职责，危害国家军事利益。军人职责有一般职责和具体职责之分。一般职责，是指任何军人都应履行的职责。具体职责，是指不同军人在执行不同任务时所负有的职责。违反职责，是指违反国家法律、法规、中央军委、各总部、各军、兵种和各军区制定的军事法规、军事规章所规定的军人职责。军人违反职责的行为既可以是作为，也可以是不作为，其中可以由不作为构成的犯罪较多。本章罪的行为场域，具体规定不同。大多数犯罪有特别要求，或者将其规定为犯罪构成要素，如“战时”“临阵”“在战场上”“在军事行动地区”等，或者将其作为法定刑升格的条件或者法定从重处罚情节。也有一些犯罪，对行为的时间和地点未作任何要求。

2. 本章罪的主观要件，绝大多数犯罪为故意，少数犯罪为过失。

二、军人违反职责罪的类型

本章共有 32 个条文，规定了 31 个具体罪名。根据行为发生的时间不同，可以将本章罪分为战时军人违反职责罪和平时军人违反职责罪。所谓战时，是指国家宣

布进入战争状态、部队受领作战任务或者遭敌突然袭击时。部队执行戒严任务或者处置突发性暴力事件时,以战时论。

第二节 军人违反职责罪分述

一、战时违抗命令罪

战时违抗命令罪,是指战时违抗命令,对作战造成危害的行为。违抗命令,是指违背、抗拒首长、上级职权范围内的命令,包括拒绝接受命令、拒不执行命令,或者不按照命令的具体要求行动等。主要有以下三种表现:(1)拒不接受、执行作战命令;(2)拖延或迟缓执行作战命令;(3)实施不符合作战命令的行为。对作战造成危害,是指因违抗作战命令而扰乱了整个作战部署,贻误了战机,影响了作战任务的完成,或者给敌人以可乘之机,使部队遭受较大损失等。

根据刑法第 421 条的规定,犯本罪的,处 3 年以上 10 年以下有期徒刑;致使战斗、战役遭受重大损失的,处 10 年以上有期徒刑、无期徒刑或者死刑。

二、隐瞒、谎报军情罪

隐瞒、谎报军情罪,是指故意隐瞒、谎报军情,对作战造成危害的行为。隐瞒、谎报,是指将应当向首长、上级报告的军事情况隐瞒不报,或者向首长、上级报告编造、篡改的军事情况。军情,是指与作战有关的我军、友军和敌军的情况及其他重要信息。

根据刑法第 422 条的规定,犯本罪的,处 3 年以上 10 年以下有期徒刑;致使战斗、战役遭受重大损失的,处 10 年以上有期徒刑、无期徒刑或者死刑。

三、拒传、假传军令罪

拒传、假传军令罪,是指拒传、假传军令,对作战造成危害的行为。拒传军令,是指负有传递军令职责的军人,明知是军令而故意拒绝传递或者拖延传递。假传军令,是指伪造、篡改军令,或者明知是伪造、篡改的军令而予以传达或者发布。

根据刑法第 422 条的规定,犯本罪的,处 3 年以上 10 年以下有期徒刑;致使战斗、战役遭受重大损失的,处 10 年以上有期徒刑、无期徒刑或者死刑。

四、投降罪

投降罪,是指在战场上贪生怕死,自动放下武器投降敌人的行为。自动放下武器,是指在战场上能够使用武器进行有效抵抗却自动放弃抵抗的行为。投降,是指向敌对一方表示屈服的行为。

根据刑法第423条的规定,犯本罪的,处3年以上10年以下有期徒刑;情节严重的,处10年以上有期徒刑或者无期徒刑。投降后为敌人效劳的,处10年以上有期徒刑、无期徒刑或者死刑。

五、战时临阵脱逃罪

战时临阵脱逃罪,是指战时临阵脱逃的行为。临阵,是指部队已经受领战斗任务,进入待命出击的地域和战场。脱逃,是指在战斗中或者在接受战斗任务后,因贪生怕死、畏惧战斗而逃离战斗岗位。

根据刑法第424条的规定,犯本罪的,处3年以下有期徒刑;情节严重的,处3年以上10年以下有期徒刑;致使战斗、战役遭受重大损失的,处10年以上有期徒刑、无期徒刑或者死刑。

六、擅离、玩忽军事职守罪

擅离、玩忽军事职守罪,是指指挥人员和值班、值勤人员擅自离开正在履行职责的岗位,或者在履行职责的岗位上,严重不负责任,不履行或者不正确履行职责,造成严重后果的行为。本罪的行为主体是指挥人员、值班人员和值勤人员。指挥人员,是指对部队或者部属负有组织、领导、管理职责的人员。专业主管人员在其业务管理范围内,视为指挥人员。值班人员,是指军队各单位、各部门为保持指挥或者履行职责不间断而设立的、负责处理本单位、本部门特定事务的人员。值勤人员,是指正在担任警卫、巡逻、观察、纠察、押运等勤务,或者作战勤务工作的人员。

根据刑法第425条的规定,犯本罪的,处3年以下有期徒刑或者拘役;造成特别严重后果的,处3年以上7年以下有期徒刑。战时犯本罪的,处5年以上有期徒刑。

七、阻碍执行军事职务罪

阻碍执行军事职务罪,是指以暴力、威胁方法,阻碍指挥人员或者值班、值勤人员执行职务的行为。本罪的行为主体是军人,行为对象是指挥人员、值班人员和值勤人员。

根据刑法第426条的规定,犯本罪的,处5年以下有期徒刑或者拘役;情节严重的,处5年以上10年以下有期徒刑;情节特别严重的,处10年以上有期徒刑或者无期徒刑。战时从重处罚。

八、指使部属违反职责罪

指使部属违反职责罪,是指指挥人员滥用职权,指使部属进行违反职责的活动,造成严重后果的行为。

根据刑法第427条的规定,犯本罪的,处5年以下有期徒刑或者拘役;情节特别严重的,处5年以上10年以下有期徒刑。

九、违令作战消极罪

违令作战消极罪,是指指挥人员在作战中故意违抗命令,临阵畏缩,作战消极,造成严重后果的行为。所谓违抗命令,临阵畏缩,作战消极,是指在作战中故意违背、抗拒执行首长、上级的命令,面临战斗任务而畏难怕险,怯战怠战,行动消极。

根据刑法第428条的规定,犯本罪的,处5年以下有期徒刑;致使战斗、战役遭受重大损失或者有其他特别严重情节的,处5年以上有期徒刑。

十、拒不救援友邻部队罪

拒不救援友邻部队罪,是指指挥人员在战场上,明知友邻部队面临被敌人包围、追击或者阵地将被攻陷等危急情况请求救援,能救援而不救援,致使友邻部队遭受重大损失的行为。本罪是典型的不作为犯。本罪的行为主体是指挥人员,行为方式是能救援而不救援,行为结果是致使友邻部队遭受重大损失。

根据刑法第429条的规定,犯本罪的,处5年以下有期徒刑。

十一、军人叛逃罪

军人叛逃罪,是指军人在履行公务期间,擅离岗位,叛逃境外或者在境外叛逃,危害国家军事利益的行为。叛逃境外,是指通过合法或者非法手段叛逃境外的行为。在境外叛逃,是指在境外履行国家、国防事务以及其他军事事务期间,擅自离队或者与派出单位和有关部门脱离关系,并滞留不归的行为。

根据刑法第430条的规定,犯本罪的,处5年以下有期徒刑或者拘役;情节严重的,处5年以上有期徒刑。驾驶航空器、舰船叛逃的,或者有其他特别严重情节的,处10年以上有期徒刑、无期徒刑或者死刑。

十二、非法获取军事秘密罪

非法获取军事秘密罪,是指违反国家和军队的保密规定,采取窃取、刺探、收买方法,非法获取军事秘密的行为。军事秘密,是指关系国防安全和军事利益,依照规定的权限和程序确定,在一定时间内只限一定范围的人员知悉的事项。

根据刑法第431条第1款的规定,犯本罪的,处5年以下有期徒刑;情节严重的,处5年以上10年以下有期徒刑;情节特别严重的,处10年以上有期徒刑。

十三、为境外窃取、刺探、收买、非法提供军事秘密罪

为境外窃取、刺探、收买、非法提供军事秘密罪，是指违反国家和军队的保密规定，为境外的机构、组织、人员窃取、刺探、收买、非法提供军事秘密的行为。

根据刑法第431条第2款的规定，犯本罪的，处10年以上有期徒刑、无期徒刑或者死刑。

十四、故意泄露军事秘密罪

故意泄露军事秘密罪，是指违反国家和军队的保密规定，故意使军事秘密被不应知悉者知悉或者超出了限定的接触范围，情节严重的行为。本罪的行为主体是军人，行为对象是军事秘密。

根据刑法第432条的规定，犯本罪的，处5年以下有期徒刑或者拘役；情节特别严重的，处5年以上10年以下有期徒刑。战时犯本罪的，处5年以上10年以下有期徒刑；情节特别严重的，处10年以上有期徒刑或者无期徒刑。

十五、过失泄露军事秘密罪

过失泄露军事秘密罪，是指违反国家和军队的保密规定，过失泄露军事秘密，致使军事秘密被不应知悉者知悉或者超出了限定的接触范围，情节严重的行为。根据刑法第432条的规定，犯本罪的，处5年以下有期徒刑或者拘役；情节特别严重的，处5年以上10年以下有期徒刑。战时犯本罪的，处5年以上10年以下有期徒刑；情节特别严重的，处10年以上有期徒刑或者无期徒刑。

十六、战时造谣惑众罪

战时造谣惑众罪，是指战时造谣惑众，动摇军心的行为。本罪的主体是军职人员，但不限于参加作战的军职人员。其他公民战时造谣惑众，扰乱军心的，应以战时造谣扰乱军心罪论处。造谣惑众，动摇军心，是指故意编造、散布谣言，煽动怯战、厌战或者恐怖情绪，蛊惑官兵，造成或者足以造成部队情绪恐慌、士气不振、军心涣散的行为。

根据刑法第433条的规定，犯本罪的，处3年以下有期徒刑；情节严重的，处3年以上10年以下有期徒刑；情节特别严重的，处10年以上有期徒刑或者无期徒刑。

十七、战时自伤罪

战时自伤罪，是指战时自伤身体，逃避军事义务的行为。自伤身体，是指亲手伤害自己，或者利用他人的故意或过失行为伤害自己。自伤身体，不以造成轻伤为前提，但必须达到足以逃避军事义务的程度。逃避军事义务，是指逃避临战准备、作战

行动、战场勤务和其他作战保障任务等与作战有关的义务。

根据刑法第434条的规定，犯本罪的，处3年以下有期徒刑；情节严重的，处3年以上7年以下有期徒刑。

十八、逃离部队罪

逃离部队罪，是指违反兵役法规，逃离部队，情节严重的行为。违反兵役法规，是指违反国防法、兵役法和军队条令条例以及其他有关兵役方面的法律规定。逃离部队，是指擅自离开部队或者经批准外出逾期拒不归队。

根据刑法第435条的规定，犯本罪的，处3年以下有期徒刑或者拘役。战时犯本罪的，处3年以上7年以下有期徒刑。

十九、武器装备肇事罪

武器装备肇事罪，是指违反武器装备使用规定，情节严重，因而发生责任事故，致人重伤、死亡或者造成其他严重后果的行为。武器装备，是指实施和保障军事行动的武器、武器系统和军事技术器材的统称。情节严重，是指故意违反武器装备使用规定，或者在使用过程中严重不负责任。

根据刑法第436条的规定，犯本罪的，处3年以下有期徒刑或者拘役；后果特别严重的，处3年以上7年以下有期徒刑。

二十、擅自改变武器装备编配用途罪

擅自改变武器装备编配用途罪，是指违反武器装备管理规定，未经有权机关批准，擅自将编配的武器装备改作其他用途，造成严重后果的行为。

根据刑法第437条的规定，犯本罪的，处3年以下有期徒刑或者拘役；造成特别严重后果的，处3年以上7年以下有期徒刑。

二十一、盗窃、抢夺武器装备、军用物资罪

盗窃、抢夺武器装备、军用物资罪，是指军人盗窃、抢夺武器装备或者军用物资的行为。军用物资，是指除武器装备以外专供武装力量使用的各种物资的统称，包括装备器材、军需物资、医疗物资、油料物资、营房物资等。

根据刑法第438条的规定，犯本罪的，处5年以下有期徒刑或者拘役；情节严重的，处5年以上10年以下有期徒刑；情节特别严重的，处10年以上有期徒刑、无期徒刑或者死刑。

示例 11－1　肖某盗窃武器装备案

一审法院认为："被告人肖某身为现役军人，利用站岗之机，私自携带执勤枪支离开部队，侵犯了部队对武器装备的管理权，其行为已构成盗窃武器装备罪。"〔1〕

二十二、非法出卖、转让武器装备罪

非法出卖、转让武器装备罪，是指非法出卖、转让军队武器装备的行为。所谓非法出卖、转让，是指违反武器装备管理规定，未经有权机关批准，擅自用武器装备换取金钱、财物或者其他利益，或者将武器装备馈赠他人的行为。

根据刑法第 439 条的规定，犯本罪的，处 3 年以上 10 年以下有期徒刑；出卖、转让大量武器装备或者有其他特别严重情节的，处 10 年以上有期徒刑、无期徒刑或者死刑。

二十三、遗弃武器装备罪

遗弃武器装备罪，是指负有保管、使用武器装备义务的军人，违抗命令，故意遗弃武器装备的行为。

根据刑法第 440 条的规定，犯本罪的，处 5 年以下有期徒刑或者拘役；遗弃重要或者大量武器装备的，或者有其他严重情节的，处 5 年以上有期徒刑。

二十四、遗失武器装备罪

遗失武器装备罪，是指遗失武器装备，不及时报告或者有其他严重情节的行为。

根据刑法第 441 条的规定，犯本罪的，处 3 年以下有期徒刑或者拘役。

二十五、擅自出卖、转让军队房地产罪

擅自出卖、转让军队房地产罪，是指违反军队房地产管理和使用规定，未经有权机关批准，擅自出卖、转让军队房地产，情节严重的行为。军队房地产，是指依法由军队使用管理的土地及其地上地下用于营房保障的建筑物、构筑物、附属设施设备，以及其他附着物。

根据刑法第 442 条的规定，犯本罪的，对直接责任人员，处 3 年以下有期徒刑或者拘役；情节特别严重的，处 3 年以上 10 年以下有期徒刑。

二十六、虐待部属罪

虐待部属罪，是指滥用职权，虐待部属，情节恶劣，致人重伤、死亡或者造成其他

〔1〕"肖某盗窃武器装备案一审判决书"，广州军区直属军事法院刑事判决书（〔2006〕军广直刑初字第 4 号）。

严重后果的行为。

根据刑法第443条的规定,犯本罪的,处5年以下有期徒刑或者拘役;致人死亡的,处5年以上有期徒刑。

示例11-2 王某等虐待部属案

二审法院认为:"上诉人王某、杨某甲、潘某与原审被告人杨某身为班长,伙同上诉人杨某乙、苟某与原审被告人李某、丁某在公安武警服役期间,滥用职权,对部属殴打、体罚,情节恶劣,并致五名被害人的生理、心理均受到不同程度的创伤,后该视频被上传至互联网,并在网上大量传播,造成了恶劣社会影响和严重后果,败坏了公安武装警察部队的声誉,八人的行为均已构成虐待部属罪。"〔2〕

二十七、遗弃伤病军人罪

遗弃伤病军人罪,是指在战场上故意遗弃伤病军人,情节恶劣的行为。

根据刑法第444条的规定,犯本罪的,对直接责任人员,处5年以下有期徒刑。

二十八、战时拒不救治伤病军人罪

战时拒不救治伤病军人罪,是指战时在救护治疗职位上,有条件救治而拒不救治危重伤病军人的行为。有条件救治而拒不救治,是指根据伤病军人的伤情或者病情,结合救护人员的技术水平、医疗单位的医疗条件及当时的客观环境等因素,能够给予救治而拒绝抢救、治疗。

根据刑法第445条的规定,犯本罪的,处5年以下有期徒刑或者拘役;造成伤病军人重残、死亡或者有其他严重情节的,处5年以上10年以下有期徒刑。

二十九、战时残害居民、掠夺居民财物罪

战时残害居民、掠夺居民财物罪,是指战时在军事行动地区,残害无辜居民或者掠夺无辜居民财物的行为。战时残害居民,是指战时在军事行动地区残害无辜居民。无辜居民,是指对我军无敌对行动的平民。

根据刑法第446条的规定,犯本罪的,处5年以下有期徒刑;情节严重的,处5年以上10年以下有期徒刑;情节特别严重的,处10年以上有期徒刑、无期徒刑或者死刑。

---

〔2〕"王某等虐待部属案二审裁定书",内蒙古自治区呼和浩特市中级人民法院刑事裁定书(〔2014〕呼刑一终字第119号)。

三十、私放俘虏罪

私放俘虏罪,是指擅自将被俘获的、不再进行反抗的敌方参战人员放走的行为。

根据刑法第447条的规定,犯本罪的,处5年以下有期徒刑;私放重要俘虏、私放俘虏多人或者有其他严重情节的,处5年以上有期徒刑。

三十一、虐待俘虏罪

虐待俘虏罪,是指虐待被俘获的、不再进行反抗的敌方参战人员,情节恶劣的行为。

根据刑法第448条的规定,犯本罪的,处3年以下有期徒刑。

后　　记

拙著《刑法总论》出版以后，受到不少读者的好评。受此鼓舞，《刑法分论》的编写也悄然提上议事日程。《刑法总论》和《刑法分论》是一对“孪生兄弟”，和《刑法总论》一样，本书在写作风格上也秉承准确、简明和实用三大特色。一方面，本书密切关注司法实践动态，充分吸收现行有效的刑法司法解释的内容；另一方面，本书尽可能采用简洁、清晰的语言，诠释刑法法条背后的深邃法理。此外，通过鲜活的案例，本书力求完美呈现刑法规范从“形而上”返回到“形而下”的过程。在案例的选择上，本书遵循以下三个原则：一是权威性原则，即优先选择最高人民法院和最高人民检察院公布的指导性案例、公报案例、刑事审判参考指导案例、人民法院案例选编中的名优案例；二是争议性原则，即优先选择法律关系复杂、争点问题聚讼，具有重大影响的疑难案例；三是时效性原则，即优先选择最新的、能够及时反映立法修改变化的热点案例。在案例的编写上，基本采用“一罪名一案例”的体例，但对一些非常见多发罪名，没有提供案例。对一些特别重要的罪名，提供两个乃至更多的案例，以便读者更好地理解诸多知识点。对一些尚无定论的争点问题，则刻意提供两个法律意见完全不同、处理结果截然相反的案例，以凸显这些问题的复杂性、不确定性。但由于篇幅所限，本书基本没有进行相应的评析。这一点请读者阅读时注意。

“法律的生命不在于逻辑，而在于经验。”美国联邦大法官霍姆斯这句耳熟能详的格言式的论断，有着诸多不同的解读。或许其意之一，是要强调实践反制理论、实践重于理论的实用主义法学观。就刑法分论教材的理论构建而言，这一点表现得尤为明显。与刑法总论教材对体系性、创新性、差异性的极致强调和推崇不同，刑法分论教材呈现出一种高度的实用性、稳定性和趋同性。首先，各种刑法分论教材在体系上通常都以刑法分则为蓝本，而刑法分则的体系基本上是恒定不变的。其次，各种刑法分论教材在阐述具体罪名时，都以犯罪构成要件（构成要件该当性）为核心。无论是采用我国传统的四要件犯罪论体系，还是大陆法系的阶层式犯罪论体系，抑或英美法系的双层次犯罪论体系，无一不是紧紧围绕正向的、积极的犯罪成立要件展开，而对逆向的、消极的犯罪成立要件或犯罪阻却事由（违法阻却事由、责任阻却事由）却着墨极少甚至只字不提。这种现象，使得刑法分论教材的差异性往往体现在对具体的规范术语的不同解读上，是一种求同存异式的分歧，而不同于刑法总论教材那种剑拔弩张式的、基本立场上的交锋。最后，各种刑法分论教材在阐述时，重心都放在具体的构成要件要素的解读方面。任何一种犯罪的成立条件，都可以细分为具体的数个构成要件要素。对这些构成要件要素内涵的厘定、诠释，是刑法分论教材的核心任务。换言之，刑法分论教材的基础性工作是明确，在判断一种行为构成某个具体犯罪时，应当具备哪些构成要件要素及其确切的含义。至于对这些要素的排列组合是采用递进式的还是耦合式，对这些要素的判断次序是遵循先客观要素后主观要素还是先主观要素后客观要素，则均非问题的关键。刑法分论教材的上述特点，印证了各种标新立异的犯罪论体系的区别委实是一种"横看成岭侧成峰"的差异。

信息时代，对法学研究和法律适用而言都是莫大的机遇。借助于各类数据库，人们可以轻易地检索到各种法学文献资料；借助于高速的互联网，人们可以随时跟踪他国的最新立法动态；借助于各类案例库，人们可以系统比较类似案件的处理结果。大数据技术的出现，更是对法学教育、立法活动、司法适用等带来革命性的影响。正是借助于大数据技术，最高司法机关才能够不断推出极具可操作性的司法解释，使刑法解释学的空间越来越逼仄；正是借助于大数据技术，侦查机关才能够不断地降低犯罪黑数，使职业罪犯面临"失业"的风险；正是借助于大数据技术，本书才能够搜集到最新的代表性案例，使课堂研讨的案例不再是纯粹的"法学院案例"；正是借助于大数据技术，人们才能够洞察到静态的法条在动态的生活中的真实样态，感受书面法律的现实功效。大数据，无疑是人们开启新的认知、创新价值的源泉。不过，我们也应当清醒地认识到，大数据的容繁杂性舍精准性、重相关性轻因果性等特点，又决定其具有先天的技术局限性。就法学学习而言，大数据只能展示法律规范的"实然"状态，而不能证成法律规范的"应然"状态。对法律规范语意的探询、挖掘，对法律规范价值的追寻、确定，都离不开人类的思维判断和道德偏好，这是技术的阈值所在。正是基于这一点，学徒式的法学教育始终有其存在的一定空间。总之，如果通过阅读本书，能够给读者带来一点求知方法上的启发，一种价值选择上的共鸣，则也不枉其忝列琳琅满目的教材之中矣。

叶良芳

2017 年 7 月于杭州

图书在版编目(CIP)数据

刑法分论/叶良芳著. —北京:法律出版社,2017
ISBN 978-7-5197-1354-6

Ⅰ.①刑… Ⅱ.①叶… Ⅲ.①刑法—分则—中国—高等学校—教材 Ⅳ.①D924.3

中国版本图书馆CIP数据核字(2017)第217956号

刑法分论
XINGFA FENLUN

叶良芳 著

责任编辑 吴 昉
装帧设计 凌点工作室

编辑统筹 法律教育出版分社
出版 法律出版社
开本 720毫米×960毫米 1/16
总发行 中国法律图书有限公司
印张 28.25
经销 新华书店
字数 534千
印刷 北京嘉恒彩色印刷有限责任公司
版本 2017年8月第1版
责任印制 沙 磊
印次 2017年8月第1次印刷

法律出版社/北京市丰台区莲花池西里7号(100073)
网址/www.lawpress.com.cn
投稿邮箱/info@lawpress.com.cn
举报维权邮箱/jbwq@lawpress.com.cn
销售热线/010-63939792
咨询电话/010-63939796

中国法律图书有限公司/北京市丰台区莲花池西里7号(100073)
全国各地中法图分、子公司销售电话:
统一销售客服/400-660-6393
第一法律书店/010-63939781/9782 西安分公司/029-85330678 重庆分公司/023-67453036
上海分公司/021-62071639/1636 深圳分公司/0755-83072995

书号:ISBN 978-7-5197-1354-6 **定价:**49.00元
(如有缺页或倒装,中国法律图书有限公司负责退换)